제2판

기업가정신과 창업

창업을 디자인하라

DESIGN ENTREPRENEURSHIP AND STARTUP

유순근 저

무역경영사

머리말

> 미래는 이미 여기 와 있다. 아직 널리 퍼지지 않았을 뿐이다(William Gibson).

불과 일 년 전에는 예상하지도 못했던 최근의 외부환경은 인간의 일상생활 자체를 급격하게 변화시키고 있다. 이러한 외부환경의 급격한 변화는 창업자에게는 위기이자 기회이다. 이러한 외부환경의 급격한 변화로 전통적인 재래식 사업의 창업기회는 더욱 위축되고 있으나 이와 달리 아이디어나 기술의 창업기회는 훨씬 증가하고 있다. 결국 전통적인 대면 창업의 시대는 기울고 새로운 비대면 창업의 시대가 각광받는 현실이 된 것이다. 코로나와 같은 단기간에 인류사회가 극복하기 어려운 사회적 현상이 앞으로도 발생할 가능성이 높아질 것이다. 이러한 전망이라면 창업의 방향을 어디로 정할 것인지는 매우 명확하다. 결국 재래식 창업이 아닌 미래지향적인 아이디어나 기술의 창업이 성공의 가능성을 높여줄 것이다.

상식으로 사업기회를 창출할 수 있다면 그것은 평범한 사업기회에 불과하다. 상식으로 평범한 해결책을 찾는 것이 아니라 기존 모델이나 아이디어를 변경한다면 새로운 사업기회가 된다. 이것은 결국 창조성과 혁신에 달려있다. 창업은 시장에서 다른 사람들이 제공하지 못하거나 찾지 못한 기회를 발견하고, 이를 제품으로 전환하여 고객들에게 경쟁자보다 더 탁월한 가치를 제공하는 활동이다. 따라서 창업가는 시장의 공백, 미제공이나 과소제공한 고객의 욕구와 기술의 공백을 찾는 과정이 필요하다. 이러한 과정은 다름 아닌 창조적 모방이다. 그래서 창업은 디자인하는 것이다. 따라서 창업은 남들이 보지 못한 시장이나 기술의 공백을 발견하고 독특한 가치를 제안하는 창조적 모방을 디자인하는 것이다.

창업의 성공은 창업가와 사회에 모두 이롭지만, 창업의 실패는 창업가에게 경제적 손실과 심리적 위축을 줄뿐만 아니라 사회나 국가에도 자원의 손실이다. 창업을 성공하기 위해서는 창업과 기업가정신의 디자인이 필요하다. 그렇다면, 창업과 기업가정신을 디자인하는 것은 왜 중요한가? 건물을 신축할 때 부지의 범위를 측량하고, 지질구조를 조사한다. 지질구조를 알아야 공사의 실패를 방지할 수 있다. 또한 관련 법규와 조례도 검토해야 한다. 전문가와 상의하여 건축설계를 하고 관련 기관에 건축물 심의를 받는다. 그런 후 건축을 하게 된다. 이와 마찬가지로 창업자는 시장을 조사하고, 기회를 발견하고, 사업 아이디어를 찾고, 제품을 개발하고, 고객에게 가치를 제공하는 단계를 디자인한 후 사업에 착수할 때 성공의 기회가 확대된다. 이러한 과정이 바로 창업과 기업가정신을 디자인하는 과정이다.

정보기술은 인류에게 삶의 질을 개선하지만 직장인들에게는 고용의 조건을 더욱 악화할 것이다. 직장인들은 직장근속 기간이 점점 더 단축될 뿐만 아니라 많은 일자리를 빼앗기고 있다. 인간의 수명은 의료와 영양의 발전으로 연장되고 있으나 연장된 수명은 노후 생활자금을 더 많이 필요로 한다. 연장된 수명만큼 경제적 활동의 연장이 필요하나 양자의 관계는 모순적이다. 이러한 사회적 추세로 청년창업이나 직장인의 퇴직 후 창업이 더욱 증가할 것이며, 더욱 연령에 관계없이 전 연령층에서 창업이 보편화되는 시대가 나타날 것이다. 그러나 창업은 경험하지 못한 세계로 들어가는 탐험이다. 새로운 비즈니스 모델을 찾기 위해 미지의 세계를 탐험할 창업가들을 안내하는 지침서가 필요한 이유이다. 창업이론, 실무기법과 사례를 학습하고, 자신의 경험, 지식과 기술을 활용할 때 창업은 성공할 수 있다.

혁신적인 사람은 기회를 잘 발견하거나 창조한다. 창업은 바로 창조적인 모방 활동이다. 창업은 남들이 하지 않고 세상에 아직 존재하지 않는 기회를 발견하거나 존재하더라도 새롭고, 다르게 제품이나 서비스로 전환하여 잠재고객들에게 제공하는 창조적 모방이다. 이러한 가치창조 활동이 성공하려면 기업가에게는 창조성, 혁신과 도전뿐만 아니라 전문지식과 경험이 필요하다. 그러나 창업가는 전문지식과 경험이 부족하여 사업의 좋은 기회를 성공으로 전환하지 못하는 안타까운 현실이 많이 있다. 따라서 저자는 창업과 경영에 필요한 전문적인 이론, 실무기법과 사례를 소개하기 위해 「창업을 디자인하라」는 창업 전문서적을 집필하였고, 그 동안 환경의 변화가 크게 일어나 차제에 개정판을 집필하게 되었다. 본 「창업을 디자인하라(2판)」에서는 창조적 모방, 아이디어 개발, 창업기업의 성장전략과 창업기업의 마케팅전략에 더욱 심혈을 기울였다. 이러한 부문이 초판에 비해 새로 추가하거나 보강한 부문이다. 따라서 본서는 창업을 공부하는 대학생, 창업 희망자나 기업가나 도전적이고 혁신적인 기업가정신이 필요한 경영자를 위한 창업경영 전문서적이다.

「창업을 디자인하라(2판)」은 총 14장으로 구성되어 있다. 제1장은 기업가정신과 과정, 제2장은 창업과 성공 요인, 제3장은 사업기회, 제4장은 사업 아이디어, 제5장은 제품 아이디어, 제6장은 제품개발, 제7장은 지식재산권, 제8장은 사업타당성분석, 제9장은 사업계획서, 제10장은 창업세무와 자금, 제11장은 창업마케팅, 제12장은 창업기업의 성장전략, 제13장은 협상과 설득, 제14장은 판매기술과 고객만족 등이 있다. 보다 심층적인 학습을 위해 각 장별로 국내와 해외의 기업가정신을 소개하였고, 각 장의 내용과 관련된 사례들을 게재하였다. 앞으로도 새로운 이론과 실무기법을 계속 보완할 것이며, 아울러 독자 제현들의 많은 조언과 충고를 부탁드린다. 끝으로 본서를 출판해주신 무역경영사의 채규호 사장님께 감사를 드린다.

2021년 01월

유 순 근

차 례

1장 기업가정신과 과정

2장 창업과 성공 요인

3장 사업기회

4장 사업 아이디어

5장 제품 아이디어

6장 제품개발

7장 지식재산권

8장 사업타당성분석

9장 사업계획서의 작성

10장 창업세무와 자금

11장 창업마케팅

12장 창업기업의 경영전략과 성장전략

13장 협상과 설득

14장 판매기술과 고객만족

01

기업가정신과 과정

FOCUS

엔지니어 출신 창업자 이해진 의장

◆ 한계도전 프로그램에 참여한 것이 사업 계기

이해진은 1997년 삼성SDS의 사내 벤처 네이버 포트로 출발한 뒤 1999년 네이버컴(주)이라는 이름으로 독립, 검색 포털 네이버 서비스를 시작했다. 네이버는 '항해하다'라는 뜻의 'navigate'에 사람을 뜻하는 접미사 er를 붙여 만든 단어로 인터넷을 항해하는 사람을 뜻한다. 이해진이 본격적으로 인터넷에 관심을 갖게 된 것은 삼성SDS에서 실시한 한계도전 프로그램에 참여한 것이 계기가 되었다. 이 프로그램은 사원들의 창의적인 아이디어 발굴, 신규 사업 영역 개척과 스피드 경영 실현을 목적으로 선발된 직원이 1년간 자신이 원하는 것에 도전할 수 있는 프로젝트이다. 한계도전팀에서 인터넷이라는 정보의 바다를 발견한 이해진은 PC통신 이후 인터넷 시대가 펼쳐질 것으로 확신했다. 1994년 국산형 검색엔진 개발에 본격적으로 뛰어들었고, 1996년에 회사에 인터넷 사업을 하자고 제안하였으나, 안타깝게도 검색엔진의 수입원인 배너 광고만으로는 시장성이 없다는 이유로 회사에서 채택되지 않았다. 이것이 바로 사업 계기가 되었다.

◆ 네이버컴으로 분사

네이버는 삼성SDS의 사내 벤처 제도를 활용하여 사내 벤처로 출발하게 되었다. 이해진 소사장은 인터넷 검색엔진 개발과 사업을 할 수 있는 기술자 세 명과 함께 양재동에 사무실을 내고 온라인 광고를 유치하기 시작하였다. 1999년 6월 네이버는 삼성SDS에서 독립기업인 네이버컴으로 분사하였다. 당시 자본금은 5억 원이었으나 당시는 IMF 직후 IT와 인터넷이 급부상하기 시작한 때로 1999년 11월에는 한국기술투자로부터 100억 원의 투자유치에 성공하였다. 국내 포털은 시장규모가 너무 작고 뚜렷한 수익모델도 없는 가운데 무료서비스와 경품행사 등을 통해 무한경쟁에 나서면서 심한 성장통을 겪었다. 야후코리아, 라이코스코리아 등 해외 포털들이 막강하여 네이버는 당시 업계 5위에 머물러 있었다. 경쟁력은 기술력이었고, 이 기술력은 소비자들이 빠르게 지각한다. 인터넷 서비스는 소비자들에게 전환비용이 없기 때문에 서비스 품질이 좋은 데로 쉽게 이동하는 특성이 있다. 네이버는 기술력에 집중하여 품질주의를 통해 인지도를 쌓아가게 된다.

◆ 한게임과의 통합

김범수 씨도 삼성SDS를 퇴사하고 1998년 게임 포털인 한게임을 창업하였다. 그러나 창업 후 1년 6개월 만에 한게임의 회원이 1,000만 명에 이르렀지만, 적절한 수익모델이 없었기 때문에 회사의 운영비용을 확충하는 것이 문제였다. 네이버컴은 100억 원대의 투자를 받아 자금의 여유가 있었으나 안정적 수익구조가 필요하였다. 이러한 양사의 필요로 2000년 7월 네이버컴은 한게임을 합병하게 되었다. 그러나 2000년 겨울은 인터넷 버블로 투자심리가 냉각되었고 재무상황도 악화되어 가고 있었다. 이러한 위기를 돌파하기 위해 이해진 의장은 한게임 유료화 전략을 추구하였다. 한게임 유료화로 이용자의 감소를 방지하기 위해 기존의 무료 사이트를 존속하고, 유료화는 사용자의 편의성과 이용 속도의 개선으로 이원화하였다. 합병 전 6천만 원 적자가 순이익 100억 원으로 흑자 전환되는 한게임의 이중경로가 성공하였다.

◆ 대화형 검색서비스인 지식iN

2001년 네이버는 네이버컴에서 인간의 미래지향적 의지와 가치를 상징하는 의미인 NHN(Next Human Network)으로 사명을 변경하고, 사업 영역을 인터넷 포털, 게임, 모바일, 솔루션 비즈니스 등으로 확대하였다. 이러한 사업 영영의 확대정책이 성공하여 2002년 코스닥 시장에 등록하게 되었다. 네이버 점유율의 급격한 상승은 2002년 10월 지식iN 도입이 계기가 되었다. 지식iN은 대화형 검색서비스인 '지식iN'이다. 검색엔진의 기술이 뛰어나더라도 한글로 된 정보를 찾을 수 없는 일이 자주 발생했다. 웹사이트에 널려 있는 지식을 거두는 데 머물지 말고, 사람들 개개인의 머릿속에 있는 경험과 노하우를 끄집어낼 수 있는 방안을 개발하게 된 것이다. 지식iN의 원리는 인터넷 사용자가 지식iN에 접속해 질문을 입력하면 다른 네티즌이 자신의 지식을 바탕으로 답변을 적어 올리는 방식이다. 일반적인 검색은 네티즌이 필요한 정보를 웹상에서 찾는 것인데 반해 지식iN은 네티즌들의 머릿속에 있는 지식을 웹상으로 끌어내는 방식이다. 적극적인 참여가 가능한 것은 한국 네티즌 특유의 경쟁심이었다. 또한 네이버는 기존 정액제 방식 대신에 고객이 광고주 사이트를 방문한 경우에만 광고비를 지출하는 광고방식을 도입하였다. 이러한 광고방식은 초기 투자비용 없이 저렴한 비용으로 표적광고를 할 수 있기 때문에 소액광고주들에게 검색광고 기회를 제공할 수 있었다. 이러한 일련의 경영성공으로 2003년 상반기 네이버가 검색과 종합 포털에서 1위를 차지한다. 네이버는 네이버비즈니스플랫폼(주), LINE Corp., 라인플러스(주), 캠프모바일(주) 등 많은 종속회사와 자회사를 두고 있다.

이해진의 어록

- 다윗이 골리앗을 이길 수 있는 유일한 힘은 집중과 속도뿐이다.
- 모바일에서 네이버는 아무것도 아니다. 없어질 수도 있다.
- 인터넷 서비스는 브랜드보다 퀄리티다.
- 기획은 못해도 되니 오타는 내지 말아라.
- 하나에 집중하고 몰입해라.
- 결국 돈은 핵심역량에서 나오더라.
- 회사는 조기축구회가 아니다.
- 적이 철갑선 300척이라면 우린 목선 10척에 불과하다.
- 성공은 더 이상 발 디딜 곳이 없을 때 이뤄진다.
- 리더십은 성공경험과 신뢰에서 나온다.
- 업무시간의 25%는 자기개발에 쏟는다.
- 나는 엔지니어 출신 창업자다.

1절 기업가의 특성

기업가는 다른 사람들이 미처 발견하지 못하거나 이용하지 않은 아이디어나 문제를 확인하고, 이를 사업화하는 사람으로 새로운 것을 창조할 기회를 탐색하고, 그 기회에 따라 행동할 뿐만 아니라 새로운 아이디어를 창조하고, 제품을 개발하여 새롭거나 독특한 목표시장을 찾는다. 그들은 아이디어를 창조하기 위해 주변에 있는 많은 기회를 활용한다. 이처럼 기업가는 창조, 혁신이나 아이디어를 상품, 서비스 및 사업의 원천으로 간주한다. 창업의 위험을 감수하고 성공한 기업가는 부, 명성, 존경 및 성취로 보상을 받는다.

1. 기업가

기업가는 사업을 시작하고 사업이 성장하기 위해 항상 우수한 아이디어를 찾는다. 새롭고 가치 있는 아이디어의 창출은 혁신적이고 창의적인 과정이다. 기업가가 사업을 하면서 겪는 가장 큰 어려움의 하나는 사업 아이디어를 찾는 일이다. 유용한 아이디어는 지식, 전문기술, 취미, 경험, 관심과 사회적 네트워크 등이 교차하는 곳에서 발생한다. 따라서 기업가는 새로운 사업을 위한 가장 좋은 아이디어를 찾고, 이를 수익성이 있는 제품으로 전환하는 역할을 한다. 이러한 과정은 창조, 혁신과 도전에 의해서 이루어진다.

1) 기업가의 정의

기업가(entrepreneur, 起業家)는 사업기회를 확인하고, 이익과 성장을 성취하기 위해 위험을 추구함으로써 새로운 사업을 창조하는 사람이다. 기회를 확인하고 사업의 이익을 얻기 위해 모험사업(venture)을 조직하고, 진취적으로 행동하고, 어떤 제품이나 서비스를 어떻게, 얼마나 생산할 것인지를 결정하는 사람이다. 기업가는 위험추구자로서 모험자본을 제공하고, 사업 활동을 추적하고 관리한다. 따라서 기업가는 경제적 독립을 대단히 중요하게 생각하고, 제품의 우수성과 차별성을 추구하며, 언제나 적절한 위험과 변화를 선호한다. 기업가는 변화를 항상 찾고, 변화에 반응하고, 기회로 이용하는 개인으로 혁신은 사업을 위한 기업가의 도구이다. 이처럼 기업가는 기회를 인식하고 포착하는 혁신가나 개발자이다. 또한 기회를

시장성이 있는 아이디어로 전환하고, 시간, 노력, 돈이나 기술을 통해 가치를 창조한다. 따라서 기업가는 경쟁적인 시장의 위험을 감수하고 보상을 추구하는 사람이다.

2) 기업가의 특징

시장에서 기회를 탐색하고 혁신과 위험을 추구하는 기업가는 관찰, 호기심과 도전정신이 다른 사람들보다 뛰어나다. 성공한 기업가는 지식, 전문기술, 경험, 취미, 시장과 고객의 관찰을 통해 뛰어난 아이디어를 창출하고, 이러한 아이디어를 구체적인 사업으로 전환하는 특징이 있다. 이처럼 성공한 기업가는 창의적이고, 혁신적이며, 모험적이고, 적은 자원으로도 많은 것을 성취하는 능력이 탁월한 사람이다. 또한 기업가는 사업기회를 인식하고 활용하기 위해 포착하는 멀리 보는 통찰력과 능력이 있는 사람이다. 따라서 기업가가 갖고 있는 개인적 특징을 요약하면 [표 1-1]과 같다.

표 1-1 기업가의 개인적 특징

핵심능력	기업가 활동
선도성	자발적으로 행동하고, 새로운 영역, 제품이나 서비스로 사업을 확대한다.
기회인식	사업기회를 확인하고, 유용한 기회를 만들기 위해 필요한 자원을 동원한다.
불굴	장애를 극복하기 위해 반복적이거나 다른 행동을 조치한다.
정보수집	충고를 얻기 위해 전문가와 상담하고, 고객이나 공급자의 욕구를 수집한다.
양질제품 관심	양질의 제품이나 서비스를 생산하거나 판매하기 위한 열망을 표현한다.
몰입	일을 완성하기 위해 개인적 희생을 하거나 추가적인 노력을 확대한다.
효율성 지향	더 빠르고, 더 좋고, 더 경제적으로 일하기 위한 방법과 수단을 발견한다.
계획	내적으로 관련된 다양한 일을 계획에 따라 동시에 이룬다.
문제해결	새로운 아이디어를 창안하고, 혁신적인 해결책을 발견한다.
자신감	사업을 스스로 결정하고, 초기 장벽에도 불구하고 비전을 고수한다.
경험	사업, 자금, 마케팅 등의 분야에서 전문지식을 보유한다.
자기비판	과거 실수나 다른 사람의 경험으로부터 배우고, 결코 성공에 만족하지 않는다.
설득	사업의 동반자를 갖기 위해 고객과 투자자를 설득한다.
유력자 사용	영향력이 있는 사람을 유지하고, 자신이 갖고 있는 정보의 보급을 제한한다.
독단성	업무에 대한 지시, 질책이나 규율이 독단적이다.
추적	일이 완성되고 고급표준을 확보하기 위한 보고시스템을 개발한다.
대인관계	사업관계에서 단기적 이익보다 장기적 호의를 더 높게 평가한다.
종업원 복지	종업원의 고충에 신속하게 반응함으로써 종업원에 대한 관심을 표현한다.
신뢰	사업 손실을 보더라도 종업원, 공급자와 고객을 대할 때 정직을 유지한다.

경영자(manager)는 회사의 사업을 계획하고 과업을 지시하고 관리하며, 필요할 때 사업을 수정하는 고용인이다. 기업을 창업하려면 기업가가 필요하고 기업을 운영하려면 경영자가 필요하다. 최고경영자와 경영진은 의사결정자이고, 관리자는 조직의 직원이다. 경영자는 전략계획, 운영계획, 자원조직, 인력계획, 조정, 동기부여와 조직의 과업을 관리한다. 경영자는 조직에 의해 임명받고 고용계약으로 급여를 받지만, 기업가는 유급경영자가 아니며 새로운 사업을 시작하고 성공적으로 완수하려는 동기를 갖고 있다. 때때로 기업가와 경영자는 동의어로 간주되기도 하지만, 양자의 주요 차이점은 [표 1-2]와 같다.

표 1-2 기업가와 경영자의 차이점

관점	기업가	경영자
동기	개인적 만족을 위해 창업한다.	이미 설립된 기업에 서비스를 제공한다.
신분	소유자	고용인
위험	위험과 불확실성을 책임진다.	기업에 포함된 어떤 위험도 지지 않는다.
보상	매우 불확실하고 고정되지 않은 수익	확실하고 고정된 급여
혁신	제품을 생산하는 방법을 스스로 생각한다.	기업가가 사전에 준비한 계획을 수행한다.
자격	성취동기, 사고의 독창성, 위험추구	경영이론과 실행에서 건전한 지식

2. 기업가정신

사람들은 기업가를 업계 반항자, 비순응자 또는 역동적 활동가로 종종 생각하지만, 기업가는 혁신가, 변화 주도자 또는 위험 감수자이다. 이러한 기업가에게는 계산된 위험을 감수하려는 의지가 필요하다. 기업가는 새로운 사업을 위해 가치를 창조하고, 새로운 것을 찾고, 아이디어를 개발하는 창조성과 혁신을 추구한다. 기업가정신은 창조성, 혁신, 위험추구와 기회추구가 기본적인 요소이다. 슘페터(J. A. Schumpeter)에 의하면 기업가정신은 본질적으로 창조적인 활동이다. 기업가는 새롭고 더 좋은 방법으로 일을 하고, 불확실성 하에 의사결정을 한다. 따라서 기업가는 혁신하고, 새로운 사업을 수행하는 사람이다.

1) 기업가정신의 정의

기업가정신은 새로운 모험사업을 추구하고 운영하는 기업가의 정신이다. 즉, 기업가정신(entrepreneurship)은 이익을 얻기 위해 모험사업을 추구하고, 조직하고, 운영하는 능력과 의지이다. 기업가정신은 대체적으로 혁신, 위험추구와 기회추구로 간주한다. 기업가정신은 사

INSIGHT 코로나 뚫은 2030 창업

코로나19 사태 속에서도 차별화된 아이템으로 성공 신화를 써 나가는 2030 창업가들의 도전정신이 빛나고 있다. 패션과 식음료 분야가 올해 들어 심각한 불황을 겪고, 창업을 기피하는 분위기가 퍼졌지만 아이디어와 기술로 정면 승부를 펼친 것이 주효했다. 밀레니얼 사장들은 최근 떠오르는 '건강 · 다이어트'와 '고급화'를 키워드로 잡고 특정 소비계층을 겨냥해 연속 완판 신화를 이어가고 있다. 아이템과 기술력이 있지만 자금력과 판로가 부족하다는 단점은 새로운 창업 플랫폼인 크라우드 펀딩을 이용해 해결했다. 2030 창업은 크라우드 펀딩을 발판으로 큰 폭 증가하고 있다. 올 들어 패션 · 잡화 분야 창업 사례가 43% 늘었고, 푸드 부문에서도 새로운 창업 사례가 26% 증가했다. 20 · 30대의 신선한 아이디어 창업이 대부분인 것으로 파악된다. 이들 창업기업은 매출 실적에서도 성과를 내고 있다.

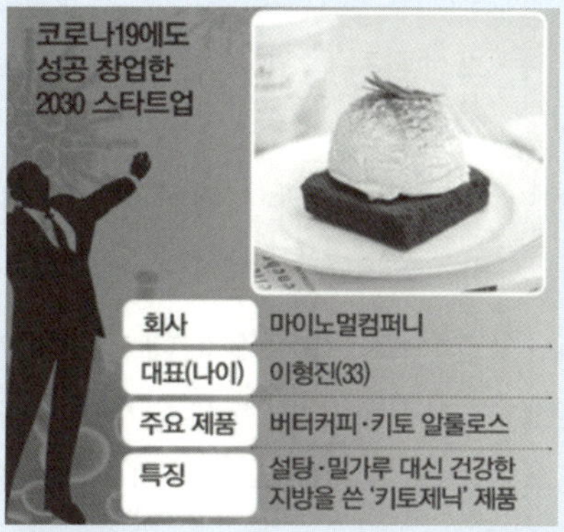

당연해 보이는 사례지만 건강에 초점을 맞춰 성공을 거둔 창업이 대표적이다. 이형진 마이노멀컴퍼니 대표(33)는 대학생 시절 정제 탄수화물이 인체에 미치는 악영향에 대해 문제의식을 갖던 차에 설탕과 밀가루가 없는 식탁을 위해 '키토제닉' 식이요법을 연구하기 시작했다. 키토제닉 식이요법이란 탄수화물 양을 20g 이하로 제한하는 대신 영양소의 80%를 지방으로 섭취하는 식단을 말한다. 각고의 노력 끝에 탄생한 제품이 바로 마이노멀컴퍼니의 '버터커피'다. 당류가 포함되지 않은 버터커피는 뉴질랜드산 초지방목 앵커버터와 건강한 지방으로 불리는 MCT오일(중쇄지방산) 등을 주원료로 사용해 열량을 135㎉로 낮췄다. 덕분에 맛있으면서도 가볍게 즐길 수 있는 커피로 유명세를 타며 펀딩 금액인 3억3,000만 원을 모으는 데 성공했다.

출처: 매일경제 2020.10.09

업기회의 인식, 기회에 대한 적절한 위험의 관리와 프로젝트의 결실에 필요한 인적자원과 물적자원을 동원하는 의사소통과 경영기술을 통하여 가치를 창조하려는 시도이다. 혁신(innovation)은 새롭게 하거나 다르게 하는 것이다. 즉, 아이디어와 자원을 유용한 방법으로 변환하여 신제품, 서비스, 공정과 시장을 산출하는 것이다. 기업가들은 고객들의 변화하는 요구사항을 충족하기 위해 다르고 독특한 일을 하는 것을 항상 찾고 있다. 위험추구(risk taking)는 새로운 사업을 하는 데 있어서의 위험이다. 새롭고 다른 일을 하는 것은 위험이다. 변화하는 고객의 선호, 경쟁의 증가, 원재료와 같은 다양한 요소에 의존하기 때문에 기업은 이익을 획득하거나 손실을 초래할 수 있다. 위험추구는 계속적으로 시도하고 궁극적으로 성공을 만드는 능력이다. 기회추구는 사업기회의 인식을 통해서 가치를 창조하려는 시도이다. 따라서 기업가정신의 주요 특징을 다음과 같이 요약할 수 있다.

- **기업경영**: 기업가는 자금조달, 제품개발, 마케팅 등의 전체 경영을 책임진다.
- **창조성**: 개인적 · 심리적 특성으로 대담성, 상상력이나 창조성이 있다.
- **혁신**: 새로운 것을 창조하고, 생산을 조직하고, 위험을 감수하며, 불확실성을 다룬다.
- **기회 발견**: 기업가는 기회를 발견하기 위해 행동이 민첩하다. 수익의 원천은 다른 시장 참여자들에게 알려지지 않은 것의 발견이다.
- **리더십**: 계획, 규칙, 비전을 설정하고, 타인들과 의사소통한다.
- **의사결정**: 기업가는 불확실성 하에서 의사결정 한다. 판단은 가능한 미래결과의 범위가 알려지지 않을 때 사업의 의사결정을 의미한다.
- **위험추구**: 혁신을 추구하는 사업은 창조적인 경영으로 위험추구를 촉진한다. 불확실성은 보장되지 않고 계산할 수 없는 위험이다.

기업가는 아이디어를 창안하고 판매를 지원하는 조직을 구축하여 사람들이 구매할 제품 또는 서비스를 만들기 위해 노력하는 사람이다. 따라서 기업가는 혁신적인 아이디어를 개발하고, 사업으로 전환하기 위해 아이디어와 기회를 이용하기 위해 모험을 감수하고, 거의 개인적으로 추진전략을 개발하는 사람이다. 기업가정신은 이익을 얻기 위해 모험사업을 개발하고, 조직하고, 운영하는 능력과 의지이다. 기업가가 성공하려면 창조성, 혁신, 추진력과 통찰력이 필요하다. 따라서 기업가는 사람이고, 기업가정신은 기업가가 수행하는 행동 과정이며, 기업은 대상을 뜻한다. [그림 1-1]은 기업가, 기업가정신과 기업 간의 관계이다.

그림 1-1 기업가, 기업가정신과 기업 간의 관계

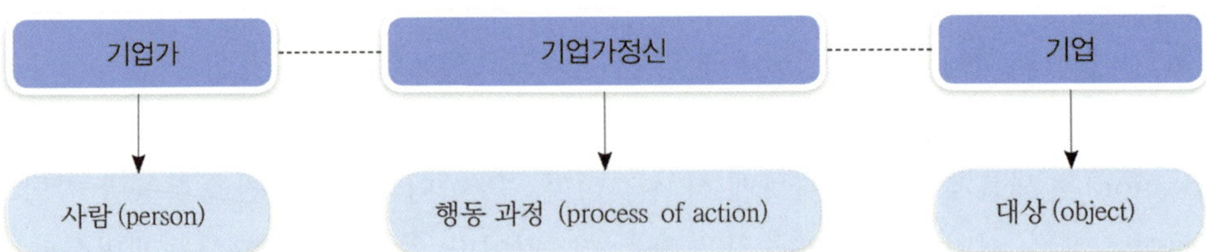

2) 기업가정신의 자극 요인

기업가정신에 대한 인식이 변화되고 있는 추세이다. 다양한 유형의 경험과 전망으로 사업 아이디어를 개발하는 많은 사람들은 자신의 사업을 진취적으로 시작한다. 기업가정신을 자극하는 요인들이 개인이나 환경에 따라서 다양하다. 기업가정신을 자극하는 공통적인 요인은 참신한 아이디어의 상품화 욕구, 의사결정권, 창조 욕구, 은퇴 시기의 조기화와 기대 수명

의 연장, 근로 기간의 연장과 고용의 불확실성이 있다.

첫째, 참신한 아이디어의 상품화 욕구가 기업가정신을 자극한다. 아이디어가 매우 참신하고 독특하여 이를 제품으로 개발하고 싶은가? 직장에서 자신의 아이디어가 거절당했는가? 자신이 착상한 아이디어가 매우 우수한가? 자신이 업무 중이거나 개인적인 경험이나 취미 등으로 창안한 아이디어가 가치가 있어서 제품으로 개발할 욕구가 있고, 이를 실현하는 방법의 하나가 기업을 창업하는 길이다.

둘째, 개인들이 스스로 의사결정권을 갖고 싶은 욕구가 있다. 다른 사람을 위해 일할 때 사용자들의 결정과 행동의 혜택을 받지만, 스스로 일할 때는 독립적으로 결정을 내리고, 위험을 부담하고, 사업 성과를 독점할 수 있다. 또한 기업가들은 사업이나 조직에 대해 더 큰 통제력을 갖게 되고, 모든 결정에 대한 위험을 감수한다. 의사결정권은 기업가정신의 세계를 매력적으로 여기는 이유 중 하나이다.

셋째, 기업가가 되고자하는 욕구에 기여하는 또 다른 요인은 새로운 것을 창조하는 흥분과 재미이다. 많은 기업가들은 아이디어를 제품이나 서비스로 구체화하는 것에 흥분한다. 이것은 새로운 발견에 대한 새로운 창조이고, 무에서 유를 창조하는 과정이다.

넷째, 은퇴 시기의 조기화와 기대 수명의 연장은 점점 가속화되는 경향이 있다. 이것은 경제적 부담감을 증가시킨다. 많은 사람들은 일을 즐기지만 은퇴는 종사할 수 있는 기회를 박탈하여 개인들을 무력화시킬 수 있다. 근로를 통한 소일거리와 지속적인 수입에 대한 열망은 사람들에게 자신의 사업 기회를 모색하도록 자극한다.

다섯째, 근로 기간의 단축과 고용의 불확실성이다. 실직한 사람을 아는가? 직장에서 부당한 대우를 받은 적이 있는가? 소득이 감소했거나 복지가 박탈당했는가? 대부분의 사람들은 대기업에서 안정적인 직업을 찾아 장기적으로 근무하는 것을 선호했다. 전통적인 근로자와 고용주 역할을 기반으로 근로자와 고용주 간에는 상호 공감과 충성도에 대한 기대가 있었다. 공식적이고 비공식적인 합의는 직원이 매일 출근하여 자신의 책임을 다하면 해당 기업에서 장기적으로 고용된다는 것이다. 그러나 경쟁이 심화되고 새로운 사업 관행이 발전함에 따라 이러한 장기적 고용의 보장은 더 이상 사실이 아니다. 즉, 고용 확실성이 점차 사라지고 있다. 사람들이 자신의 경력과 수입에 대해 새로운 관점을 갖게 되면서 사람들은 자신의 길에 대한 책임이 자신에게 있다는 것을 점점 더 깨닫게 되었다. 이러한 인식과 수용은 기업가적 벤처를 통해 자신의 미래를 만드는 것을 자극하고 있다.

3) 기업가정신의 도구

기업가정신은 수익을 획득할 목적으로 환경, 사회, 문화, 기술이나 인구 등의 변화와 기회를 이용하여 가치를 창조한다. 즉, 시장의 공백, 미제공이나 과소 제공한 고객의 욕구 등을 발견하여 고객의 문제를 해결하는 과정이다. 가치를 창조하는 기업가의 비결은 창조성과 혁신이다. 기업가는 고객의 욕구를 충족하거나 고객의 문제를 해결하는 상품이나 서비스를 창조하기 위해 새로운 아이디어와 새로운 통찰력을 활용한다.

(1) 창조성과 혁신

새로운 것이 더 낫다(Newer is better). 참신성은 단순히 새로운 것이기 때문에 무언가가 더 좋고 옳다고 가정한다. 새롭거나 현대적인 것을 주장하는 것은 독점적으로 새로운 것에 기초하여 현재 상태보다 우수하다. 참신성은 무언가가 새로운 것이거나 현대적이기 때문에 우월해야 한다는 생각이다. 새롭기 때문에 더 좋다는 추론은 여러 가지 이유로 매력적이다. 첫째, 서양 문화에는 새로운 것이 오래된 것보다 낫다는 강력한 의미가 포함된다. 둘째, 진보의 개념은 새로운 것들이 오래된 것들보다 우수하다는 것을 암시한다. 셋째, 미디어 광고는 종종 새로운 것이 더 낫다는 메시지를 보낸다. 이러한 이유로 인해 사람들은 아이디어, 제품, 개념 등이 새롭기 때문에 더 낫다는 것을 종종 잘 받아들인다.

아이디어가 새롭기 때문에 사람들은 정확하거나 우수하다고 믿는 경향이 있다. 창조성(creativity)은 새로운 것을 만드는 능력이다. 사람들은 새로운 것을 상상하고 얼마나 유용한지를 생각할 수 있지만, 대부분은 반드시 현실로 만들기 위해 필요한 조치를 취하지는 않는다.

혁신(innovation)은 새로운 것을 만드는 과정이다. 새로운 아이디어를 갖고 있는 것만으로는 충분하지 않고, 아이디어를 제품으로 변환하는 것을 의미한다. 혁신은 창조적인 아이디어를 유용한 응용으로 변환하는 것이지만, 창조성은 혁신의 선결조건이다. 따라서 창조성은 새로운 것을 창조하여 새로운 지식을 산출하는 것이며, 혁신은 아이디어와 자원을 유용한 방법으로 변환하여 신제품, 서비스, 공정과 시장을 산출하는 것을 의미한다.

그림 1-2 창조성과 혁신의 특징

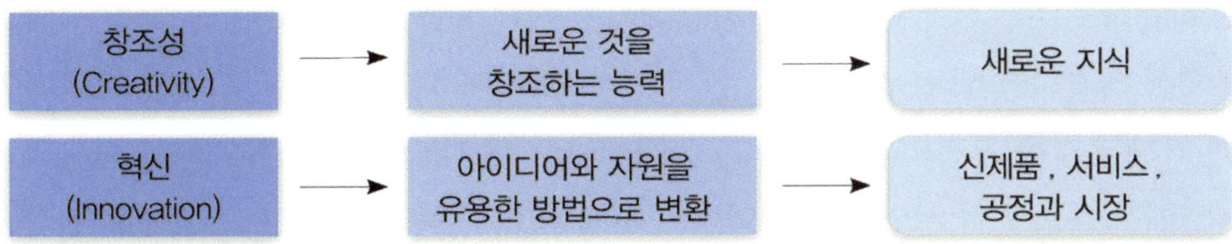

(2) 창조성과 기업가정신

어떤 기업가 유형에 속하는가? 창업을 성공적으로 경영할 수 있는 능력이 있는가? 창조성과 기업가정신을 얼마나 갖고 있는가? 기업가라고 해서 모두가 창조적인 것은 아니고, 창조성은 개인의 능력과 의지에 따라 다르다. 창조성과 기업가정신에 따라 혁신가, 분투가, 모방자와 부진자로 구분할 수 있다. 혁신가는 창조성과 기업가정신을 매력적으로 결합하여 창조성과 기업가정신이 높은 사람이다. 분투가는 과도하게 아이디어를 낭비한다. 그래서 아이디어의 상업적 적용을 파악하고 이용하는 능력이 부족하다. 모방자는 창의성이 부족하지만 적어도 다른 회사를 모방을 할 수 있고 다른 회사로부터 오는 창조성을 개선할 수 있다. 부진자는 창조성이 부족하고 기업가정신이 투철하지 못해 생존이 의심스러운 사람이다.

그림 1-3 창조성과 기업가정신

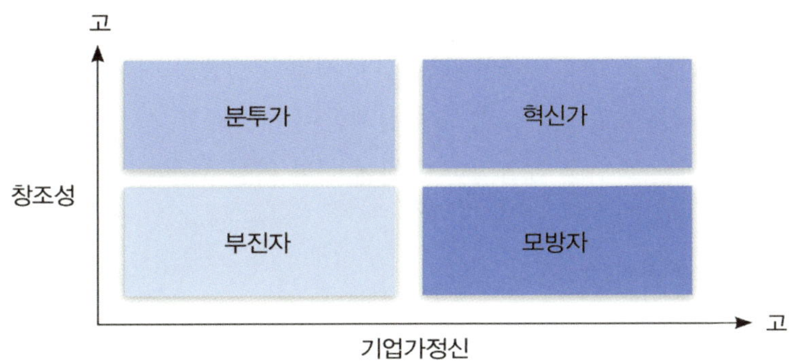

(3) 창조적 과정

창조성은 아직 개발되지 않았거나 제공되지 않은 제품이나 기술의 공백을 발견하고 이를 해결하는 능력이다. 창조성을 효과적으로 발휘할 수 있는 방법이 있는가? 또한 어떻게 하면 공백을 발견하고 아이디어를 창안할 수 있는가? 이러한 활동을 하는 과정이 바로 창조적 과정이다. 창조적인 과정은 시장이나 기술의 공백과 사회의 변화를 통하여 기회를 발견하고 아이디어를 창출함으로써 시작된다. 기업가에 의해서 창안된 아이디어는 사업 아이디어로 전환되고, 최종적으로는 신제품이 된다. 시장에서 아이디어를 탐색하고 창출하면, 구체적인 고객의 문제를 해결하는 방법을 찾을 수 있게 된다. 이것이 해결되면 바로 사업 아이디어가 된다. 이때 가장 우수한 최적의 아이디어를 선정한다. 적용기술의 개발 가능성과 회사의 자원으로 가능한지를 파악하여 사업 아이디어를 구체화하고, 최종적으로 고객과 시장의 검증을 받고 사업의 타당성을 검증한다. 이러한 전 과정은 창조성과 발명이다.

그림 1-4 창조적 과정

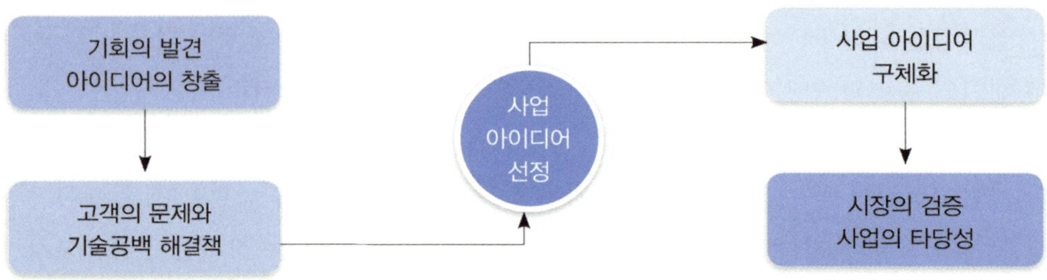

(4) 위험추구

창조성과 혁신을 수행하는 데는 위험이 수반된다. 사업 아이디어는 창조성과 혁신을 통해 상품이나 서비스로 전환된다. 기업가는 시장에서 기회를 찾고, 이 기회를 사업 아이디어로 전환하여, 창조성과 혁신을 통하여 제품을 개발한다. 개발된 제품은 시장에 출시하여 이익과 성장을 확보하게 된다. 창조성과 혁신을 통하여 신제품이 개발되고, 시장에서 성공할 것으로 기대하고, 자원을 투입하는 과정은 불확실한 미래에 대한 위험추구이다. 기업가는 발명과 창조

그림 1-5 기업가의 위험추구 과정

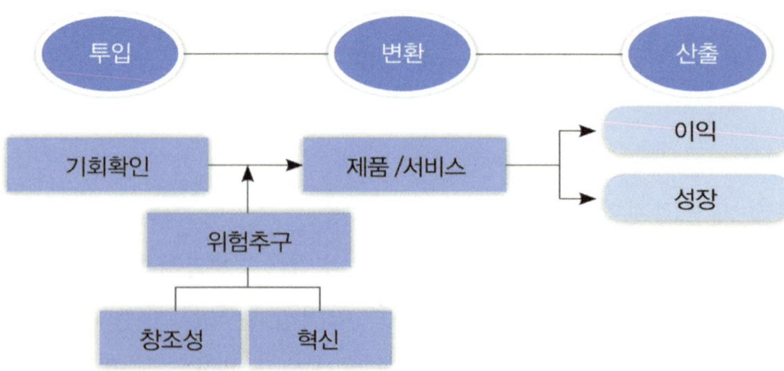

성을 밀접하게 연결하고, 발명이 상업적으로 이용할 수 있는 기회에 도전한다. 창조성이 발명이나 기회탐구와 연결하는 것은 위험추구이다. 기업가는 창조적 아이디어를 사업의 구조와 의미 있는 행동과 연결하는 사람이다. 성공적인 기업가정신은 시장에서 창조성, 혁신과 적용을 투입하는 지속적인 과정이다. 창조성은 경쟁우위를 구축하는 데 중요한 원천일 뿐만 아니라 생존에 필수적이다. 문제에 대한 창조적인 해결책을 개발할 때 기업가들은 과거에 했던 것 이상을 해야 한다. 따라서 기업가는 기회를 확인하고, 창조성과 혁신을 통하여 제품이나 서비스를 창조하는 위험을 감수하고 이익과 성장을 실현한다.

(5) 문제 해결자

현명한 기업가는 기회 식별 관점에서 고객의 문제를 인식하는 능력이 탁월하다. 기업가는 문제를 인식하면 이를 해결하기 위해 새로운 기회로 변환하여 벤처기업을 창출한다. 한 고객의 문제를 해결하는 과정에서 이것을 개인의 단순한 해결책이 아니라 복합적인 문제로 인식하여 현실적인 해결책을 찾고 그 해결책을 성공적인 벤처로 발전시키려면 기업가적 사고방식이 필요하다. 기업가는 당면한 문제를 파악해 이를 해결하거나, 새로운 사업에 도전하거나, 좌절에 직면하였을 때 이러한 문제를 해결할 수 있는 능력이 있어야 한다.

일상생활에서 어떤 고객의 문제가 발생하는가? 무엇이 자신이나 고객의 삶을 불편하게 하는가? 어떻게 하면 이를 해결할 수 있는가? 만약 문제에 대한 해결안이 존재한다면 삶이 더 좋거나 더 편리해질 수 있는가? 기업가는 자신이나 고객의 불편이나 문제를 관찰하여 이를 해결하려는 열정이 있는 문제 해결자이다. 또한 기업가는 고객의 문제를 식별할 때 서비스 관련 문제뿐만 아니라 프로세스 관련 문제도 고려한다.

- 어떤 문제를 확인했는가?
- 문제를 해결하기 위해 무엇을 할 수 있는가?

자신이나 고객의 삶에서 어떤 어려움을 겪고 있는 문제가 무엇인가? 이러한 문제를 어떻게 해결할 수 있을지 적극적으로 생각해 본 적이 있는가? 분석적 관점에서 문제가 정확히 무엇인지 아는가? 사람들은 종종 문제를 정확하게 식별했는지 여부에 대한 이해가 거의 없는 상태에서 문제에 대한 해결책을 선택하는 경향이 있다. 문제를 식별하고 해결안의 잠재력, 참신성 및 실행 가능성을 테스트하는 것은 문제 해결의 중요한 부분이다. 문제를 탐구하기 시작하면 다음과 같은 여러 원인이 있음을 알게 된다.

- 더 나은 것, 더 빠른 것, 더 쉬운 것의 필요성
- 업계, 제품 또는 서비스에 대한 세계 변화의 영향
- 지역, 인구 통계 또는 고객의 심리를 기반으로 한 시장 동향

INSIGHT 기업은행, 2021년 상반기 혁신 창업기업 60여 곳 모집

IBK기업은행[024110]은 창업육성 프로그램 'IBK창공(創工)'에 참가할 2021년 상반기 혁신 창업기업 모집을 시작한다고 밝혔다. 모집대상은 창업 7년 미만의 기업이다. 1차 서면평가, 2차 대면평가를 통해 서울 마포와 구로, 부산에 있는 센터 3곳에서 총 60여 개 기업을 선발한다. 기업은행은 선발기업에 대해 ▲ 공유오피스 형태의 사무 공간 ▲ 1대1 전담 멘토링 ▲ 투자 유치를 위한 데모데이 ▲ 국내 · 외 판로개척 등을 지원한다. 우수기업으로 선발된 기업에는 은행의 직접 투자 또는 IBK금융그룹의 초기투자 펀드를 활용한 투자 등 금융 지원도 제공한다. 기업은행은 2017년 이후 'IBK창공' 프로그램을 통해 현재까지 총 243개의 혁신 창업기업을 대상으로 1,571억 원의 투 · 융자, 2,877여 건의 컨설팅·멘토링을 지원해 왔다.

출처: 연합뉴스 2020.10.06

2절 기업가의 유형과 기능

창의성과 혁신을 장려하는 조건은 무엇인가? 기업가정신을 장려하는 것은 창조와 혁신의 실천에 대한 지원이다. 또한 실패를 받아들이는 것은 기업가로서 성공의 핵심 특징이다. 토마스 에디슨이 전구를 개발했을 때처럼 많은 위대한 발명품은 수십 번의 실패를 거듭한 후 탄생했다. 기업가정신을 장려하는 조건은 아이디어, 문제, 과제 및 해결책을 논의하기 위해 다른 사람들과 연결할 수 있는 능력과 기회이다. 아이디어 교환을 지원하는 개방된 환경에서 다른 사람들과의 이러한 연결은 창의성과 혁신을 장려하는 데 필수적이다.

1. 기업가의 유형

기업가는 기회와 야망의 경계를 넓히는 모든 산업의 핵심이다. 이들은 각 국가의 전체 수익에 매우 많이 기여하고 있으며, 이것이 바로 그들이 경제에서 매우 중요한 역할을 하는 이유이다. 또한 기업가정신은 많은 독립적이고 효율적인 노동자를 배출한다. 혼자서 사업 아이디어를 현실로 만드는 사람들은 창조성에 훨씬 더 동기 부여되고 결과를 성취한다. 성공을 거두면 얻을 수 있는 잠재적인 이점은 산업, 국가 경제, 경우에 따라 전 세계에 큰 변화를 가져올 수 있다. 이것은 기업가정신이 경제에서 매우 강력한 도구이며 가치가 있음을 뜻한다. 기업가를 다양한 기준으로 분류할 수 있는데, 클래런스 댄호프(Clarence Danhof)는 기업가를 경제발전의 단계를 기준으로 분류한다. 경제발전의 초기단계에서 기업가는 덜 주도적인 경향이 있다. 경제발전이 진행됨에 따라 기업가들은 더욱 혁신적이고 열정적이다. 기업가는 경제발전의 기준으로 혁신적 기업가, 모방 기업가, 신중 기업가와 변화 거부 기업가 등으로 분류한다.

1) 혁신적 기업가

혁신적 기업가는 정보의 결합과 제품 요소의 신기한 결합이 특징이다. 또한 새로운 사업을 시작하는 창조적이고 혁신적인 아이디어를 갖고 있는 기업가이다. 이들은 혁신적이고 새로운 기회를 감지하고 새로운 아이디어를 구현하고 새로운 기술을 사용하며 새로운 시장에 도달하고 새로운 조직을 만든다. 혁신적 기업가는 신기술, 신제품이나 신시장을 도입하기 위한 기회를 찾아낸다. 혁신적 기업가는 기업을 시작할 자금을 조달하고, 다양한 요소를 결합하고, 최고경영자를 선택하고, 결과적으로 새로운 것을 창조하여 국가의 경제 성장과 전 세계 경제 전반에 매우 유익하다. 그들은 사회의 모든 영역에서 변화를 가져오고 사업을 발전시킨다.

2) 모방 기업가

모방 기업가는 기존 기업가의 혁신이나 기술을 모방하고, 동일한 방법으로 회사를 설립한다. 이들은 혁신하지 않고 단지 기존 기업자들이 혁신한 기술과 방법을 채택한다. 이러한 기업가 유형은 선진국이나 선발기업에서 이미 사용하고 있는 제조기술을 모방하는 유형으로 후진국에 적당하다. 또한 이미 테스트를 거친 기술을 채택함으로써 청년들에게 충분한 고용을 만들어 경제 발전의 대리인으로 취급된다.

3) 신중 기업가

신중 기업가는 소심하고 신중하다. 기업 안에 있는 어떤 변화를 실험할 때 많은 조심과 회의가 특징이다. 이러한 기업가들은 모방하지 않으면 기업에서 상대적인 손실이 예상된다고 확실하게 인식될 때만 모방을 한다. 그들은 기업에서 새로운 기술을 채택하거나 혁신하는 접근방식에 매우 회의적이다. 또한 이들은 채택하지 않으면 기업의 손실이나 붕괴로 이어진다는 사실을 깨달을 때만 새로운 기술을 채택한다. 그들은 오래된 생산 기술로 기존 사업에 남아 있는 것을 좋아하지만, 그들은 변화하는 환경에 적응할 수 없다.

4) 변화 거부 기업가

변화 거부 기업가는 미래 전망에서 보수적이거나 전통적이다. 그들은 심지어 기술이 변화하더라도 제조의 구식 기술을 언제나 편하게 느낀다. 그들은 심지어 수익을 희생하더라도 결코 전통적인 사업, 전통적인 기계와 회사의 전통적인 시스템을 철수하지 않는다. 그들은 전통적인 사업과 전통적인 기계 또는 사업시스템을 제거하는 것을 결코 좋아하지 않는다. 환경과 사회는 크게 변화하더라도 이들은 변경사항을 채택하지 않는다. 그들은 전통적인 방식으로 계속 운영하고 변화에 저항하기 때문에 뒤처져 있다. 그들의 기업 활동은 하나 또는 두 개의 혁신으로 제한될 수 있고, 수익 감소의 위험에도 불구하고 생산 변화를 받아들이기를 거부한다.

2. 기업가의 기능

기업가정신은 주로 혁신, 위험추구와 기회추구이다. 기업가는 자신의 전문지식, 기술, 경험, 관심, 취미나 관계를 활용하여 새로운 사업 아이디어를 창출하고, 이를 사업으로 연결하고, 기업을 경영한다. 또한 기업가는 사업기회를 탐구할 뿐만 아니라 사람, 자금, 기계, 재료와 방법과 같은 자원을 동원한다. 따라서 기업가의 주요 기능은 아이디어 창출, 혁신, 위험추구, 몰입과 열정, 조직과 관리 및 의사결정 등이 있다. 이러한 기업가 기능은 기업의 규모, 형태와

그림 1-6 기업가의 기능

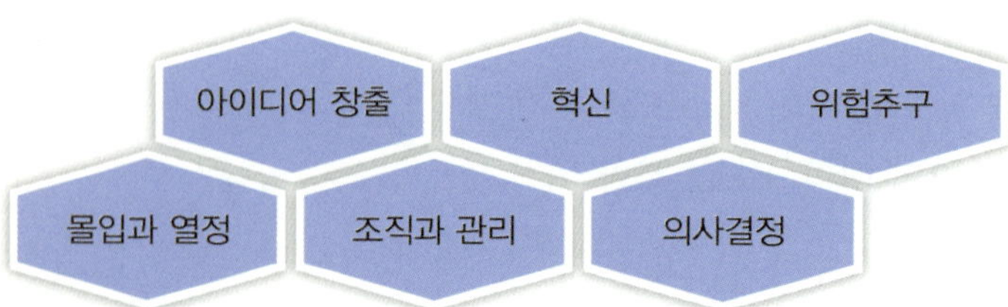

기업가 개인의 특질에 따라 다르지만, 이는 경험, 훈련과 교육에 의해서 향상될 수 있다.

1) 아이디어 창출

기업가는 시장과 고객을 탐구하여 찾은 아이디어를 실천한다. 사업 아이디어는 사업환경 심사와 시장조사를 통해 창안될 수 있다. 상업적으로 실행할 수 있는 최적의 사업기회를 선택할 목적으로 많은 아이디어를 창안하는 것이 기업가의 기능이다. 기업가는 다양한 아이디어를 생각하고, 활용가능성을 테스트하는 계량기법을 적용하고, 아이디어를 경험적 발견으로 보충하고, 최적 대안에 도달하고, 실무적으로 적용한다. 아이디어의 선택은 비전, 직관, 통찰력, 예리한 관찰, 경험, 교육과 훈련으로 조사 방법의 적용을 포함한다. 아이디어 창출은 제품 선택과 프로젝트 확인을 포함한다.

2) 혁신

기업가에 의해서 수행되는 가장 중요한 기능은 혁신이다. 회사의 현재 상태를 분석하고, 기존 자원의 새롭고 생산적인 결합으로 새로운 수준의 균형에 이르는 것이다. 아이디어를 창조적으로 생각하고, 이러한 아이디어를 실현하기 위해 창조성과 혁신을 사용한다. 혁신은 상상력과 창조성을 포함한다. 기업가는 시장기회를 탐색하고 사업기회를 찾는다. 사업기회가 제품 아이디어가 되려면 창조성을 발휘해야 한다. 창조적인 사고방식을 통해 제품 아이디어를 개발한다. 이러한 제품 아이디어는 기업가의 혁신 과정을 통하여 고객에게 새로움을 전달하기 위해 신제품으로 개발된다. 모험사업에서 새롭고 다른 것을 창조하지 않는다면 기업가가 아니다. 또한 기업가는 생산 요소를 결합하고, 국가의 경제발전에 도움을 준다.

기업가가 변화에 기여하는 다섯 가지 유형이 있다. 즉, 초기확장, 후기확장, 요소혁신, 제품혁신과 시장혁신이다. 초기확장은 제품의 최초생산을 의미하고, 후기확장은 생산된 제품에서의 추가적인 변화를 뜻한다. 요소혁신은 공급이나 생산 요소의 생산성 향상을 위한 새로운

그림 1-7 기업가의 창조성과 혁신

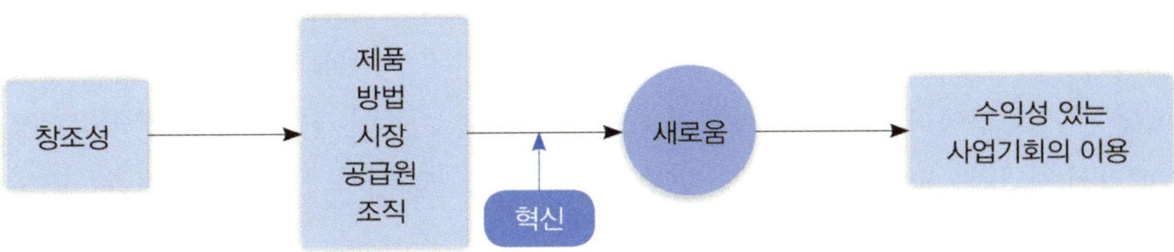

원천이나 새로운 형태의 자본, 노동력과 재료의 확보이다. 제품혁신은 생산공정의 변화로 새로운 기술의 사용이나 사람들 간의 관계구조의 형태에서 변화이다. 따라서 제품혁신은 새로운 제품의 생산, 기존 제품의 품질이나 원가에서의 변화이지만 시장혁신은 새로운 시장과 유통경로의 발견이다. 기업가의 장점은 새로운 것을 창조하는 데 있다. 이와 같이 혁신은 완전히 새로운 제품을 기획하는 것이며, 기업가의 혁신은 불연속적 혁신, 동적 연속적 혁신, 연속적 혁신과 모방이 있다.

- **불연속적 혁신**: 이전에 충족하지 못했던 고객욕구를 충족하는 비약적인 상품이나 서비스이다. 예를 들면, 1980년대 후기 PC나 휴대폰은 구매자 행동 패턴에 파괴적인 영향(disruptive effect)을 준다.
- **동적 연속적 혁신**: 현재 제품을 실질적으로 개선한 것으로 노트북이나 안드로이드 폰이며, 약간의 파괴적 영향이 있다.
- **연속적 혁신**: 상품이나 서비스를 계속적으로 향상하는 변화이다. 예를 들면, 노트북용 수명이 긴 배터리와 스마트폰용 새로운 소프트웨어의 도입은 파괴적인 영향이 거의 없다.
- **모방**: 상품이나 서비스를 개발하기 위해 다른 회사의 혁신을 사용한다. 예를 들면, Apple이 iPad를 도입했을 때 다른 회사들은 후속적으로 휴대용 태블릿 장치를 출시하였다.

3) 위험추구

개발된 모든 아이디어가 성공을 보장하지는 않는다. 기업가는 기업의 성공이나 실패위험을 감수한다. 이러한 위험은 보험이 없다. 아이디어를 실현하여 사업을 운영한다면 기업가는 스스로 손실을 감당해야 한다. 위험추구는 불확실성을 진취성, 재능과 현명한 판단에 의해 감소하려고 하는 기업가의 가장 중요한 기능이다. 기업가가 추구하는 혁신은 위험과 부정적이거나 긍정적인 상관관계가 있다.[1] [그림 1-8]은 혁신과 위험 간의 상관관계를 나타낸 도표이다. 불연속적 혁신과 모방은 위험과의 상관관계가 높지만, 연속적 혁신과 동적 연속적 혁신은 위험과의 상관관계가 낮다.

위험(risk)은 결과의 분포가 알려져 있어 감소될 수 있지만, 불확실성(uncertainty)은 계산될 수 없다. 기업가의 위험은 가능한 수익의 계산된 평가에 근거한다. 기업가가 갖고 있는 위험에는 네 가지 영역이 있다.[2] 즉, 재무적 위험, 경력위험, 가족과 사회적 위험, 심리적 위험이다. 따라서 기업가는 신중한 위험관리가 필요하다. 위험관리는 사업의 수익을 보존하고 우발

1) Morris(2011).
2) Urban(2011).

그림 1-8 혁신과 위험의 상관관계

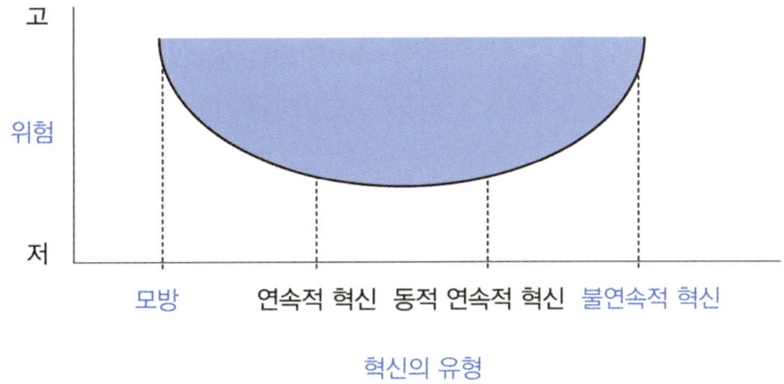

적인 손실을 최소화함으로써 자산을 보존하는 과정이다. 이러한 사업위험의 관리전략은 주로 수용, 축소, 제거와 이전 등이 있다.

- **수용**: 기업가는 위험에 관해 할 수 있는 것이 거의 없다. 위험은 통제 밖이며 특정한 위험을 제거하는 비용은 너무 크다.
- **축소**: 기업가는 위험축소를 위하여 시스템과 과정을 도입할 수 있다.
- **제거**: 종종 가능하지는 않지만 위험제거는 이상적이다.
- **이전**: 사업으로부터 위험을 이전하는 것은 유용한 전략이다. 위험을 이전하기 위해 보험과 제휴를 사용한다.

4) 몰입과 열정

기업가정신은 기업가가 장애물을 극복할 수 있는 태도로 도전할 수 있는 사고방식이다. 기업가정신은 무엇을 의미하는가? 이것은 특정한 과업에 몰입하고, 열정적이거나, 긍정적이거나, 대담하거나, 호기심이 많다는 것을 의미한다. Airbnb의 창립자들은 미사용 공간을 임대할 수 있는 개인의 권리를 지원하는 데 열정이 있었다. 기존의 호텔 모델이 더 우수할 이유는 무엇인가? 개인 주택 소유자가 사용하지 않는 공간을 임대하고 그 공간을 소득으로 활용할 자유를 포기할 이유는 무엇인가? Airbnb는 빠르게 성장한 공유경제 공간에서 보다 유연하고 저렴한 옵션을 만드는 데 성공했다. 기업가는 가치 있는 아이디어를 제시하려는 열정과 기존 패턴과 프로세스를 넘어 생각하려는 의지가 있다. 또한 기존 패턴을 변경하거나 적어도 기존 패턴에 대한 대안을 제공한다.

열정은 기업가 과정에서 중요한 요소이다. 그것 없이는 기업가는 사업을 운영하려는 추진력을 잃을 수 있다. 열정은 외부 세계가 부정적인 메시지를 보내거나 긍정적이지 않은 피드백을 보낼 때 기업가를 계속 유지할 수 있는 내적 의지이다. 기업이 존재하는 이유와 그 사명을 달성하기 위한 기업가의 목표를 자세히 설명하는 명확한 사명 선언문은 기업가의 열정을 이끌고 사업을 순조롭게 유지한다.

5) 조직과 관리

창업 기업은 대체로 전문경영인이 관리하지 않고 기업가에 의해 운영된다. 기업가는 생산의 다양한 자원을 결합하고, 적절하게 조직하고, 제조단위로 전환하는 혁신을 적용한다. 또한 시장과 정부정책을 조사하고, 사업목표를 결정하며, 자금을 관리한다. 원재료를 확보하고, 인력의 확보와 양성에 책임을 진다. 혁신적인 기업가는 다음과 같은 활동을 관리한다.

- **사업환경의 평가**: 기회와 위협, 장점과 단점을 파악한다.
- **아이디어의 적합성 검토**: 사업목적이 회사의 자원에 적합한지를 검토한다.
- **시장과 제품조사**: 시장과 제품조사는 제조하려는 제품에 관한 자료의 체계적인 수집이다. 기업가는 제품수요, 대체품, 고객 등을 조사한다.
- **정부 규제와 정책조사**: 정부의 정책 변화가 사업에 미치는 영향을 조사한다.
- **목표결정**: 사명, 비전, 목적과 목표를 결정하고 규정한다.
- **기업의 형태결정**: 기업가는 제품의 성격, 투자금액, 활동, 제품 유형과 품질, 인적자원의 질에 근거하여 기업의 형태를 결정해야 한다.
- **자금관리**: 자금조달은 기업가의 가장 중요한 기능이다. 사업의 모든 활동은 자금과 적절한 경영에 달려있다. 내 · 외적으로 자금을 조달하는 것은 사업가의 책무이다.
- **원재료 확보**: 기업가는 원재료의 저렴하고 지속적인 원천을 확인해야 한다. 생산원가를 절감하고 경쟁을 극복하는 데 도움이 된다.
- **기계와 장비의 확보**: 기업가의 기능은 기업설립을 위한 기계와 장비의 조달이다. 기계를 조달할 때 기술의 명세, 기계능력, 설치 후 A/S 등을 확인해야 한다.
- **인력의 선발과 배치**: 인력을 추산하고, 인력을 선발하고, 종업원을 배치한다.

6) 의사결정

기업가는 경영의사결정을 하고, 대내 · 외적으로 좋은 관계를 유지하고, 회사를 대표한다. 또한 제품의 수요고객을 개발하고, 자원을 조달하여 제품을 개발하고, 표적고객에게 제공한다. 기업의 성장을 위한 전략을 개발하고 기업의 성공을 실현한다. 기업이 발전함에 따라 기업가는 새로운 지도자의 역할을 맡고, 또한 비전 제시자로 행동한다. 기업가의 지휘기능은 인적자원에서 최선을 끌어내는 것이다. 팀워크와 동기를 부여한다. 기업가는 명령과 통제 스타일에서 지시와 협업 스타일로 이전한다. 기업가는 기업의 성장을 관리해야 한다. 위기를 다루고, 재무적 성장에 대한 다양한 방법을 탐구하고, 벤처사업에 가치를 두는 적절한 성장전략을 개발하고 계획한다.

3. 기업가정신의 장벽

혁신, 위험추구와 기회추구와 같은 기업가정신은 창업기업의 성공에 중요한 요소이지만, 기업가정신의 몇 가지 문제와 장벽 때문에 창업기업은 실패할 수 있다. 기업가는 많은 장점이 있는 것처럼 보이지만 반면에 많은 어려움을 갖고 있거나 사업계획 외에는 다른 기회를 박탈당할 수 있다. 사업을 하는 것은 기업가에게는 이득이 될 수 있지만 많은 장애에 직면하게 되는데 장애는 다름 아닌 기업가와 창업팀에게 보장할 수 없는 수익의 불확실성이다. 창업기업은 높은 파산으로 인해 전체 투자자금을 잃을 수 있는데, 대략 초기 실패위험은 35%이다. Vesper와 Karl에 의한 창업기업의 장벽 유형은 다음 [표 1-3]과 같다.

표 1-3 기업가정신의 장벽

장벽 유형	세부사항
금융장벽	• 초기투자의 원시자본이나 정부의 금융지원의 부족 • 차입금 상환에 대한 공포
환경장벽	• 원재료의 부족 • 노동력의 부족 • 지대, 임차료와 기반시설의 부족
개인적 장벽	• 시장지식의 부족 • 실행 가능한 컨셉의 부족 • 안주 또는 동기부여 부족 • 기술이나 아이디어의 진부화
사회와 법적 장벽	• 법적 제약과 규제 • 독점과 보호주의 • 특허침해 • 사회적 낙인
예측할 수 없는 시장	• 경기침체 • 예기치 않은 수요

세계화와 외국상품의 진입	• 경쟁력 있는 외국상품 • 수출상품의 도전
위험	• 파산위험 • 자원관리 부실에 의한 갑작스런 차질 위험
심리적 장벽	• 고된 과업 • 형편없는 삶의 질 • 높은 스트레스 • 완전책임 • 실망과 환멸

4. 기업가의 주요 실수

기업의 평균 수명이 점점 짧아지고 있다. 일반적으로 중소기업은 자원의 한계, 비효율적인 경영과 재무적 불안정성으로 시장에서 대기업보다 더 많이 사라진다. 파산은 기업을 설립한 후 운영하는 동안에 기업가의 여러 가지 실수에 의해 발생한다. 이러한 실수는 대부분 기업가의 지식이나 경험의 부족에서 온다. 기업가들이 흔히 하는 실수는 경영부실, 경험부족, 초보적 자금관리, 저급품의 출시, 전략부족, 계획되지 않은 성장, 적절한 정보의 부족, 불필요한 재고와 부정확한 가격결정이다.

1) 경영부실

기업가들이 가장 많이 하는 실수는 지식의 부족에서 발생하는 부실한 경영관리이다. 기업가는 자신의 사업을 운영하는 능력, 지도에 필요한 리더십과 지식이 부족하다. 이것은 통상 회사를 운영하는 중에, 특히 사업이 일정한 규모에 도달한 후에 발생하는데 경영지식이 부족하기 때문이다. 일정한 규모의 사업은 지식과 경험이 있는 전문경영인에 의해서 운영되는 성과관리가 필요한데, 많은 창업 기업가들은 이를 이해하지 못해 실패한다.

2) 경험부족

사업을 성장시키는 데는 기업가의 경험을 필요로 한다. 필요한 기술을 갖고 있지 않은 영역에서 창업하고 경영하는 것은 제품이나 서비스의 질을 간과하기 쉽다. 신생기업은 기술과 경험 있는 인력의 부족에 직면한다. 대부분의 사람들은 수백 명의 종업원과 안정적인 실적을 갖고 있는 잘 확립된 조직에서 일하는 것을 선호하고, 경험이 있는 인력은 신생기업에서 일하는 것을 원하지 않는다. 경험이 있고 숙련된 인력의 부족은 생산성과 산출물의 질을 떨어뜨린다. 특히 위기 때 고급인력의 부재로 경영위험을 겪는다.

3) 초보적 자금관리

사업성공은 자본의 이용성에 달려있다. 사업실패의 원인은 종종 불충분한 자금이다. 특정한 활동의 수행으로부터 수익을 얻을 수 있을 때 제때에 자금을 지급하지 못하면 파산에 이를 수 있다. 경영은 적절한 원가계산 방법의 사용과 적절한 자금관리를 필요로 한다. 그러나 기업가들은 사업수행의 각 단계에서 유동성을 확보하기 위해 현금흐름을 잘 고려하지 못한다. 많은 운영 문제로 재무관리를 상대적으로 소홀히 하는 경향이 있는데, 기업가들은 자금조달에 관심을 두지만, 자금의 운용에는 관심을 덜 둔다. 재무관리의 공통적인 실수는 불량채권관리, 부적절한 현금관리, 비생산적인 투자, 과도한 예산결정과 형편없는 재고관리 등이다.

4) 저급품의 출시

고객을 위한 좋은 제품을 고려하고 생산하여 판매하는 것이 고객으로부터 신뢰를 얻고 고객을 계속적으로 유지하는 길이다. 그러나 자원의 부족, 시장조사의 불충분, 성급함과 거래관계의 미숙으로 저급품을 출시하는 경우가 있다. 저급품의 출시는 표적고객에게 실망감을 주어 불만족을 유발하여 긍정적 구전의 확산을 방해한다. 또한 잘 만들어진 마케팅 계획에 의한 판매를 실시하는 능력이 부족하여 고객에게 효과적으로 접근하지 못한다.

5) 전략부족

기업가는 무지나 시간의 부족으로 경영전략이 대기업에만 필요하다고 생각한다. 이로 인한 생존전략의 부족은 신설된 회사가 성장하는 데 한계가 있다. 분명한 목표가 없이는 경쟁우위를 성취할 수 없기 때문에 기업은 파산한다. 명확한 전략이 없다면 표적고객을 알 수 없고, 고객을 유지하는 방법을 알 수 없고, 경쟁자보다 고객의 욕구를 더 잘 충족하는 방법을 알 수 없거나 주어진 경쟁환경에서 지속 가능한 발전을 확보할 수 없다.

6) 계획되지 않은 성장

모든 기업가는 지속적이고 급격히 발전하는 사업을 원한다. 그러나 이러한 성장은 계획되어야 하고 통제되어야 한다. 그렇지 않다면, 이러한 성장을 통제할 수 없고 반갑지 않은 추락으로 들어가는 큰 실수를 겪을 수 있다. 계획되지 않은 성장은 언제나 바람직한 상황이 아니다. 높은 성장은 생산시설, 인력, 유통과 작업능력에 큰 압박을 준다. 이것들은 한계까지 생산량을 증가하고 더 많은 자본투자를 필요로 하여 성장과 보조를 맞추지 못한다. 기업의 가장 흔한 현상은 현금이 고갈되어 유동성 위기에 닥치게 된다.

회사의 역량에 대해 무지하거나 지나친 자신감이 있는 많은 기업가들은 부적절한 사업성장과 발전으로 장애를 만난다. 사업이 일정하게 성장한 후에는 충분한 경영 재능이 있는 특정한 전문가를 고용하여야 한다. 기업가가 이러한 필요성을 인식하지 못한다면, 증가하는 이용가능한 자원을 효과적으로 관리할 수 없어 심지어는 파산에 이를 수 있다.

7) 적절한 정보의 부족

심지어 무료로 유통되는 정보의 시대에서도 대기업이 활용할 수 있는 정보의 질은 신생기업보다 더 우수하다. 고급정보는 언제나 비용이 들고 작은 벤처기업은 고급정보를 얻기 위해 많은 것을 투자할 수 없다. 예를 들면, 신시장에 진입하기 전에 신생 벤처기업은 고객, 소매상과 도매상을 인터뷰하기 위해 직원을 보낸다. 반면 대기업은 시장조사 회사가 미래의 제품이나 서비스의 잠재력과 신시장의 기회를 전문적으로 조사한다.

8) 불필요한 재고와 부정확한 가격결정

신생기업은 필요한 기계설비와 장비에 대한 투자는 관심이 많으나 제품재고에는 관심이 덜하다. 그러나 비효율적인 재고는 사업의 계속성에 방해가 되는 불필요한 재고비용이 될 수 있다. 부적절한 재고관리는 큰 문제가 된다. 생산은 부적절한 재고 때문에 멈출 수 있고, 초과재고는 낭비와 재무적 손실이 될 수 있다.

제품이나 서비스의 가격은 중요하다. 가격을 부정확하게 결정하는 것이나, 경쟁자의 가격경쟁으로 과도하게 가격을 인하하거나 최저가격에 가장 좋은 제품을 판매한다는 인식은 사업실패에 이를 수 있는 실수이다. 그래서 가격결정은 제품이나 서비스를 생산할 때 발생하는 비용의 정확한 지식과 경쟁시장으로부터 출발해야 한다. 원가구조, 생산성 수준, 수요의 성격과 경쟁관계를 고려하여 가격정책을 채택해야 한다. 재고의 비정상적 평가는 회사의 재무상태를 오판할 수 있으며, 이는 부적절한 가격정책으로 이어질 수 있다. 가격은 판매량과 직접적으로 관련이 있기 때문에 가격의 부적절한 관리는 기업가에게 많은 문제를 야기한다.

5. 성공적 기업가의 특성

모든 기업가들은 한결같이 성공을 기대하고 사업에 도전한다. 그러나 실패하는 기업가들도 많다. 어떤 기업가들이 성공하는가? 성공한 창업자들은 야망, 창조성, 끈기, 위험추구, 도전에 대한 긍정적 반응, 독립심, 직관과 혁신을 갖고 있다. 개인으로서의 기업가의 특징이나 자질은 기업의 성공에 필수적이다. 많은 연구에서 성공적인 기업가의 특징에는 혁신, 성취동기와 목표지향성, 위험추구와 불확실성 관리능력, 조직기술과 의사소통능력, 기술지식과 문제해결, 전념과 신속한 반응에 대한 열망, 지도와 인간관계 능력 등이 있다.

1) 혁신

이용 가능한 자원의 제약에서 혁신적 기업가는 가능한 자원을 잘 이용한다. 혁신적 기업가는 사업기회를 인식하기 위한 창조적인 비전을 갖고 있고, 창조적인 생각을 하고 다양한 문제와 상황을 분석할 수 있다. 그들은 신제품, 신기술과 새로운 경제 활동을 도입한다. 또한 그들은 변화를 예상하고 결정해야 하는 다양한 상황을 항상 면밀하게 연구한다. 드럭커(P. F. Drucker)에 의하면 기업가는 새롭고 다른 것을 창조하고 가치로 전환한다.

2) 성취동기와 목표지향성

성공적인 기업가는 과업성취를 위한 강한 동기를 갖고 있고 사업을 성공하기 위해 상당한 노력을 기울인다. 그들은 성취하기 위한 강력한 동기가 되는 적극적인 모험과 성취욕구를 갖고 있다. 또한 그들은 목표지향적이고 고객의 미충족욕구를 충족하는 제품과 서비스를 생산하는 것을 목표로 한다. 그들은 계획자, 행동자, 공상가와 행동수행자이고 상상하는 것을 실행하고, 현실적이지만 도전적인 목표를 설정한다.

3) 위험추구와 불확실성 관리능력

기업가는 무모한 위험추구자가 아니라 계산하는 위험추구자이다. 기업가는 다른 관점으로 상황을 관찰하고, 목표를 현실적으로 달성할 수 있다고 믿는다. 또한 그들의 지식, 배경과 경험의 영역에서 기회를 찾고, 성공의 확률을 높인다. 기업가는 문제를 예견하고, 공급자, 채권자와 함께 문제를 공유하는 방법을 창안하고 성공적인 벤처기업을 창조하기 위해 위험을 최소화한다. 성공적인 기업가는 무모한 위험추구자가 아니라 오히려 사업의 위험을 제거하는 사람이다. 그들은 가능한 결과가 무엇인지를 생각하는 것이 심지어 어려울 때 일에 기꺼이 뛰어드는 의지를 보인다.

4) 조직기술과 의사소통능력

기업가는 과업을 달성하기 위해 적절한 사람을 선정하는 방법을 안다. 자원과 사람을 효과적으로 결합하는 것은 기업가의 비전을 실현하게 한다. 그들은 사업목표를 달성하기 위한 최적의 가능한 방법으로 자원을 동원하는 능력을 갖고 있다. 지도자로서 기업가는 은행, 종업원, 고객, 채권자와 새로운 기업과 관계된 모든 사람과 효과적으로 의사소통한다.

5) 기술지식과 문제해결

기업가는 합리적인 수준의 기술지식을 가져야 한다. 이것은 대부분의 사람들이 충분히 열심히 일한다면 얻을 수 있는 능력이다. 기업가는 변화를 열망하고 시장에서 이용할 수 있는 새로운 산업이나 상업적인 기술에 적응해야 한다. 또한 초창기의 작은 문제들이 기업의 초기 단계에서 많이 발생하고, 기업가는 난제를 기회로 전환하는 창조적인 문제해결자이다. 기업가는 아이디어 구상에서 실행까지 항상 많은 문제에 직면한다. 결단력이 있는 기업가는 가장 적은 돈과 시간을 소비하여 문제에 대한 적절한 해결안에 도달한다. 문제해결능력의 부족은 대부분의 문제를 해결되지 않은 상태로 남게 한다.

6) 전념과 신속한 반응에 대한 열망

기업가는 성공적인 사업을 하는데 전념과 헌신한다. 기업가가 열심히 일하고 회사를 성공적으로 만드는 것은 기업가의 전념을 필요로 한다. 많은 기업가는 기업을 창설하고 성장을 유지하기 위해 극복할 수 없는 장벽을 극복해야만 한다. 이것은 전념을 필요로 한다. 기업가는 사업운영의 도전을 즐기고 운영하는 방법을 아는 것을 좋아하고 시장의 변화와 고객의 욕구에 끊임없이 신속하게 반응을 찾는다. 이러한 즉각적인 반응으로 문제를 신속하게 해결하고 새로운 일에 또 다시 도전한다.

7) 지도와 인간관계능력

기업가는 경영자보다는 오히려 지도자이다. 기업가는 팀을 구축하고, 팀을 교육하고, 높은 수준의 동기를 유지하고, 창조적인 환경을 팀에 제공한다. 그는 팀이 생산성과 효율을 높이기 위해 충성심과 근면을 고취한다. 재치 있고 따뜻한 인간관계는 기업가에게 성공을 가져오는 중요한 요소이다. 고객, 종업원, 공급자, 채권자와 지역사회와 좋은 관계를 유지하는 기업가는 인간관계에 소홀히 하는 사람들보다 더 성공한다.

3절 기업가 과정과 자질

기업가 사고방식은 경험에 기반을 둔 기존 방식을 떠나 미래형 아이디어이다. 이것은 입증된 성공의 역사가 있는 검증된 과정과 제품에 대한 심각한 도전이 된다. 새로운 아이디어는 불가능하거나 이상하게 보일 수도 있으며, 업계 내에서 확립된 예측 가능한 관행에 대해 역행할 수도 있고 딜레마를 만들 수 있다. 기업가는 때때로 문서화된 연구에서 제시된 것이 아니라 새롭고 입증되지 않은 것을 시도한다. 때때로 기업가들은 과거의 성공과 연구를 무시한다. 이러한 기업가 사고방식은 창의성, 문제 해결 능력 및 혁신 성향이다.

1. 기업가 과정

기업가들은 창의성, 문제 해결 및 혁신을 통해 새로운 사업을 추구한다. 그들은 새로운 아이디어를 탐구하고, 새로운 관점에서 상황을 꿈꾸고, 반영하고, 바라보는 시각을 갖는다. 어떤 혁신은 업계의 혼란을 초래하거나 심지어 새로운 산업을 창출할 수도 있다. 이러한 기업가 정신이 기존의 기업들과 경쟁할 수 있는 도구이다. 기업가 과정은 창업의 성공과 변화에 집중하는 리더십 기능이다. 이것은 특징적인 단계를 포함한다. 즉, 사업기회를 확인하기 위한 다양한 창업환경을 탐구하고, 벤처기업을 창업하고, 조직화하고, 인력을 충원하고, 자원을 조달하고, 관리하고, 경쟁전략을 선택하는 과정이다. [그림 1-9]는 기업가 과정이다.

그림 1-9 기업가 과정

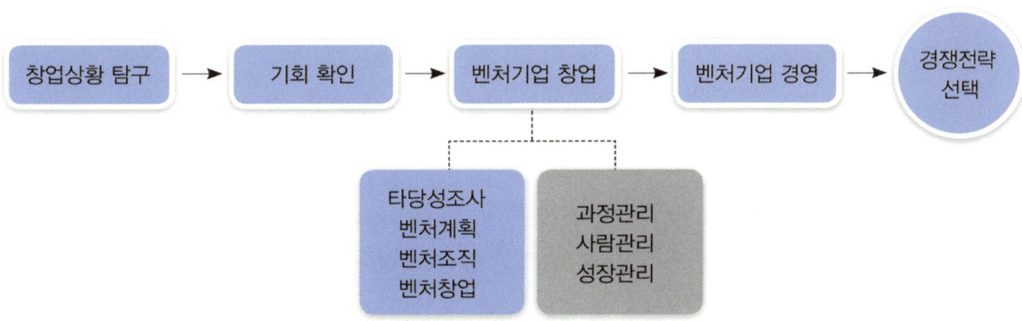

1) 창업상황 탐구

외부환경은 기업가에게 많은 기회와 위험을 함께 제공한다. 외부환경은 법적 환경과 변화하는 사업의 현실을 구성하는 새로운 경제, 사회의 법과 규제의 현실을 포함한다. 창업환경은 사업에 중대한 영향을 미치는 통제불가능한 요소이다. 환경은 게임의 규칙과 의사결정이 성공적인지를 결정하기 때문에 창업상황을 조사하는 것은 중요하다. 기업가는 창업 의사결정이 이루어지는 환경을 정밀하게 확인해야 한다. 환경의 탐구를 통해서 기업가는 성공적인 벤처사업의 발달이 되는 미개발된 기회와 경쟁우위를 발견할 수 있다.

2) 기회확인

창업 과정의 중요한 측면은 기회확인이다. 기회는 혁신과 가치창조를 위한 독특하고 특징이 있는 가능성을 제공하는 긍정적인 외적 추세나 변화이다. 기업가에게는 이용할 수 있는 기회가 아주 많다. 그런 기회 중에서 어떤 것은 높은 잠재력이 있는 실제 기회가 아니지만 어떤 것은 성장전망을 갖고 있다. 기업가는 수익성이 있는 기회를 탐구하고, 그런 다음 매력적인 사업기회를 선택한다. 그러나 기회를 확인하는 것만으로는 충분하지 않다. 창업 과정은 가능한 경쟁우위를 정확하게 찾아내는 것이다. 경쟁우위는 조직의 경쟁력이다. 기업이 경쟁우위를 갖는 것은 조직의 장기적인 성공과 생존에 필수적이다. 따라서 사업 기회확인은 기업가의 본질적인 기능으로 기업의 성패를 좌우한다.

3) 벤처기업 창업

기업가가 일단 외부적 환경을 탐구하고 가능한 기회와 경쟁우위를 확인하면, 벤처기업을 실제적으로 창업하는 문제를 조사해야 한다. 창업 과정은 벤처기업의 타당성 조사, 벤처기업 계획, 벤처기업 조직과 벤처기업 창업 과정이 포함된다. 자금, 물적자원과 경영자원은 벤처기업을 창업하기 위해서 선택해야 할 요소이다. 또한 기업가는 기업의 유형을 결정해야 한다.

4) 벤처기업 경영

벤처기업이 설립되면 다음 과정은 기업을 경영하는 것이다. 설립 초기에는 부족한 자원과 네트워크로 인해 기업가는 사업에 전념해야 하고, 많은 경영의사결정을 거의 단독적으로 수행해야 한다. 경영자원의 개발과 운영은 때로는 벅찬 과업이나 기업가의 창의성과 몰입으로 해결해야 한다. 기업경영은 사업환경에 대한 예측과 선제적 적응이 필요하다. 따라서 기업가는 과정, 사람과 성장을 관리함으로써 벤처기업을 효과적으로 관리할 수 있다. 이것은 지도, 의사결정, 실행, 통제와 다양한 관리기술 등의 재능을 필요로 한다.

5) 경쟁전략 선택

벤처기업이 설립되고 운영되면 마지막 단계는 경쟁우위 전략을 선택하는 것이다. 벤처기업이 경쟁우위를 찾지 못한다면, 시장에서 경쟁하기가 매우 어렵다. 따라서 기업가는 남들이 시도하지 않는 틈새시장을 탐구하고, 새롭고, 유용하고, 독특하고, 더 좋은 우수한 제품을 개발하고, 고객과의 밀착성을 유지함으로써 경쟁력을 확보해야 한다. 경쟁우위 확보는 진출한 사업 영역에 전념할 수 있게 되고, 경쟁자의 위협을 적게 받게 되고, 따라서 기업운영이 안정적으로 되는 길이다. 다음은 드럭커(P. F. Drucker)가 제시한 기업가 전략이다.

- 신속한 의사결정과 실천
- 창조적 모방
- 기업가적 유도(entrepreneurial judo)[3)]
- 전문적인 틈새의 탐구와 선점
- 효용 창, 소비자에게 참된 가치 전달

2. 기업가 자질

창업기업은 기업가 자신이 전체가 된다. 기업가는 회사의 모든 것을 책임지는 위치에 있다. 즉, 창업 기업가에게는 사업 기회를 찾고, 아이디어를 창안하고, 제품이나 서비스를 개발하고, 자금을 조달하고 운영하고, 사업전략을 수립하고, 직원을 선발하고, 조직을 관리하는 책임이 있다. 자신의 사업을 경영하려는 창업자는 사업계획과 개인적 몰입과 희생을 준비하는가? 사업 소유는 우두머리가 되고, 자신의 재무적 미래를 책임지고, 보수를 주는 사람 없이 일주일에 거의 7일을 일하는 놀랄 만한 기회일 수 있다. 또한 기업가는 사업에 집중하는 것을 방해하는 환경을 극복할 수 있어야 한다.

1) 기업가 자질 테스트

기업가로서 기업의 모든 경영을 책임지고 과연 창업에 도전하여 성공할 수 있을까? 창업에 성공하는 기업가 자질을 갖고 있는가? 나는 기업가로서 성공할 수 있는가? 성공에 대한 공식은 없지만 [표 1-4]는 기업가 자질 테스트로 기업가적인 자질 여부를 판단하는 데 도움이 될 것이다. 이 검사는 단지 도구이지만 창업을 결정할 때 유용하다. 다음 각 문항에 동의하지 않

3) 공격해 오는 상대의 강한 힘에 맞서는 것이 아니라 상대의 힘을 이용해 허점을 찔러 제압하는 유도 기술처럼 기업가는 경쟁자의 약점을 이용하는 전략이다.

는다면 0, 잘 판단이 안 된다면 2, 동의한다면 3을 기록하여 총점을 산출한다. 이 기업가 자질 테스트는 기업가의 체질이 있는지를 간결하게 판별할 수 있는 도구이다.

표 1-4 기업가 자질 테스트 문항

번호	질문 문항	0	2	3
1	나는 끈기가 있다.			
2	나는 투자할 자산이 있고 자금의 일부를 기꺼이 잃을 수 있다.			
3	나의 사업이 수익이 있을 때까지 나의 생활수준을 낮출 준비가 되어 있다.			
4	나는 새롭고 다른 아이디어를 갖고 있다.			
5	나는 변화에 적응할 수 있다.			
6	나는 문제를 도전과 기회로 본다.			
7	나는 정서적 좌절로부터 빨리 회복할 수 있다.			
8	나는 긍정적인 사람이고 나 자신을 확신한다.			
9	나는 통제 상태에 있는 것을 좋아한다.			
10	나는 경쟁을 좋아한다.			
11	나는 창업하려고 하는 사업과 유사한 사업에 관여하여 왔다.			
12	창업을 도와주고 성공적인 사업을 소유하거나 운영할 친구나 사람이 있다.			
13	나의 가족들은 나의 결정을 지지하고 사업의 부침에서 오는 스트레스를 견딜 준비가 되어있다.			
14	나는 스트레스가 많은 업무량, 긴 시간, 불규칙적인 일정, 주말 및 휴일 작업을 처리할 수 있는 육체적인 체력과 정서적 강점을 가지고 있다.			
15	나는 조직을 잘하고 미리 계획한다.			
16	나는 임대인, 종업원과 고객 등 모든 사람과 잘 지낸다.			
17	나는 사람을 잘 판단하고, 도움이 필요할 때 적절한 사람을 고용할 수 있다.			
18	가장 좋은 방법으로 종업원을 관리하고 감독할 수 있다.			
19	창업에 필요한 기본적인 기술과 자본을 갖고 있지 않다면 나는 그것들을 확보할 때까지 계획을 기꺼이 연기할 수 있다.			
20	좋아하지 않는 사람과 나는 함께 잘 지낼 수 있다.			
21	나는 실수를 인식하고, 인정하고, 배울 수 있다.			
22	나는 결정을 잘 하고 행동조치를 이행한다.			
23	나는 내 주위에서 발생하는 것을 관찰할 수 있고 사람들이 원하는 것을 알 수 있다.			
24	나는 다른 사람에게 물건을 잘 팔고 나의 아이디어와 서비스를 판매할 수 있다.			
25	나는 언제나 일을 잘 하는 방법을 찾고 있다.			

26	나는 결코 포기하지 않는 사람이다.			
27	나는 일이 발생하는 것을 기다리는 대신에 일이 발생하게 만든다.			
28	발전하기 위해 나는 충고, 평가와 건설적 비평을 찾는다.			
29	나는 경청을 잘한다.			
30	나는 평균 이상의 신용이 있다.			
총 점				

출처: Small Business Development Centers

자질 테스트 결과의 판단

- 총점 72 ~ 90: 사업을 시작한다. 사업가의 체질을 갖고 있다.
- 총점 58 ~ 71: 잠재력을 갖고 있으나 약한 영역에 있는 기술을 향상하고 추진력이 필요하다.
- 총점 45 ~ 57: 귀하는 사업을 혼자 시작하는 것을 원하지 않는다. 귀하의 약한 영역을 보완할 수 있는 사람을 찾을 필요가 있다.
- 총점 45: 자기고용은 귀하에게 적합하지 않을 수 있다. 귀하는 누군가를 위해 일하는 것이 더 행복할 것이다.

2) 개인적 역량분석

창업기업에 필요한 자원은 적성, 인성, 사고나 행동방식, 특별한 기술이나 경영경험, 법적 필요사항과 창업비용이다. 창업자의 개인적 역량은 창업의 성공에 중요한 요소이다. 기술능력은 사업의 유형에 따라 독특하다. 사업은 기업가의 기술적 장점으로 설립된다. 워크넷에서는 창업적성검사를 제공하고 있다. 창업을 희망하는 사람은 참고할 만하다. 이 창업적성검사 도구는 사업을 운영하는 데 필요한 중요한 기능이나 지식을 기술하고, 적성 여부를 판단한다. 신규사업자는 얼마나 많은 경험을 갖고 있는가? 이들은 최적의 운영에 필요한 경험과 능력을 갖고 있는가? 이 문제에 대한 자기성찰은 어렵지만 중요하다.

모든 성공적인 사업은 많은 사업 영역에서 마케팅, 재무분석, 운영, 구매와 인사관리를 포함하여 경영기술의 복합적인 결합을 필요로 한다. 어느 누구도 완벽한 경영자가 될 수는 없지만 자신에게 솔직한 것이 중요하다. 서툰 경영 때문에 대부분의 신설 사업은 실패한다. 자신의 경영 장점과 단점을 고려하고, 장점이 균형을 이루는 사람을 고용하거나, 추가적인 경험이나 지식을 얻을 필요가 있다. 사람에 따라 회사성공에 차이가 많이 있다. 좋은 종업원은 한계사업을 양호하게 하지만, 열등한 종업원은 우수한 기업을 파괴할 수 있다. 창업진흥원(https://www.k-startup.go.kr)을 활용하여 자신의 개인적 역량을 분석하는 것이 바람직하다.

중소벤처기업부
창업진흥원
K STARTUP
사업소개
자가진단소개
창업역량 자가진단키트를 사용하는 창업자를 위한 설명 페이지 입니다.
자가진단지의 작성 목적
본 자가진단 키트의 결과를 통해 본인의 사업역량과 사업아이템의 부족한 점을 보완할 수 있는
고도화를 위한 기초자료로 활용될 것입니다.

02

창업과 성공 요인

- 1절 창업의 기본
- 2절 창업의 과정
- 3절 인터넷 쇼핑몰 창업
- 4절 창업기업의 성공 요인

이봐, 해봤어, 현대그룹 정주영 회장

◆ 모험, 통찰력과 창의성으로 성공을 이끈 정주영 회장

현대그룹의 창업자인 정주영 회장(1915~2001)은 가진 것도 배운 것도 없이 신용, 창의성과 도전정신으로 기업을 창업하여 세계적인 기업으로 성장시킨 한국경제의 성장에 공헌한 위대한 기업가이다. 정주영 회장은 어려서 할아버지에게 한문을 배웠고, 송전소학교를 졸업한 후 16세에 소 판 돈 70원을 갖고 상경했다. 아버지의 설득으로 다시 농촌생활을 했으나 이후에도 2번에 걸쳐 가출하여 스스로의 운명을 개척해 나아갔다. 빈곤한 농부의 자식, 송전소학교, 가출소년, 부두노동자와 쌀가게 배달원으로 시작하여 현대건설, 현대자동차, 현대중공업, 현대제철, 현대상선 등 수없이 많은 기업을 창업하여 세계적인 회사로 성장시킨 기업가이다. 과감한 도전정신과 창의력으로 사업성공을 이끈 정주영 회장이 창업한 1960년대는 국민 1인당 소득이 80달러에 불과하여 자본, 기술, 경험 등이 거의 없는 절대빈곤의 국가였다.

◆ 근면과 신용

1933년 18세 때 가출하여 인천 부두, 신축 공사장 등지에서 막노동 생활을 하고 풍전 엿공장에서 일하던 정주영은 마침내 첫 직장으로 쌀가게인 복흥상회에 취업하게 된다. 쌀가게에 취업하여 쌀 배달을 하면서 신용과 근검이 가장 큰 자산이라는 생각으로 밤에는 자전거 타기 연습, 경리장부 정리, 곡물분류와 정리로 쌀가게 주인의 신임을 얻었다. 급기야는 쌀가게 주인이 아들이 있는데도 불구하고 신용과 근면성을 인정하여 쌀가게를 정주영에게 넘겨주었다. 쌀가게를 인수해 경일상회를 개업하게 되었고, 이때 정주영 회장은 자동차와 인연을 맺게 된다. 정주영 회장은 트럭을 한 대 구입하여 농촌에서 직접 쌀을 구입해 도매를 겸했다. 그러나 불행하게도 1939년 일제의 전시 체제령으로 쌀 배급제가 실시되어 경일상회를 폐쇄할 수밖에 없었다.

◆ 시험받지 않은 삶은 살 가치가 없다

現代

일본의 통제를 받지 않는 사업을 찾다가 어느 날 트럭을 단골로 정비해 주던 정비사 이을학 씨를 만나 새로운 사업에 도전하게 되었다. 그 당시 서울에서 가장 컸던 정비업체인 경성모터스에서 일하던 이을학 씨의 권유로 1940년 25세 때 서울 북아현동에 있던 아도서비스(Art Service)라는 작은 자동차 정비공장을 당시 돈으로 3천5백원을 주고 인수하게 된다. 그러나 자동차정비업체를 운영한 지 4년 만인 1943년 이마저도 일제에 의해 포기하게 된다. 이러한 좌절에도 불구하고 해방 이후 1946년에 현대자동차공업사를 설립해 운영하였고, 일 년 후 1947년 5월 현대토건사를 설립하게 된다. 현대토건사는 6·25 동란으로 인한 전후 복구사업을 수행하였으나 물가상승으로 거액의 손해가 발생하였는데, 그 공사가 바로 고령교 공사였다. 그러나 손해를 감수하면서 공사를 계약대로 해냈다. 결국 그는 친척들의 집까지 팔아 자금을 충당하여 신용을 지킨 덕에 후일 한강교 복구공사를 수주하게 된다. 정주영 회장은 자본이 아니라 신용을 쌓아놓지 못하는 것을 두려워하라고 했다. 왜냐하면 정주영 회장은 신용을 잃으면 모든 것을 잃는다는 자신의 신념이 확고했기 때문이었다.

◆ 적극성, 근검, 창조성과 불굴의 개척정신

현대건설은 1965년 9월 '태국 파티니 나라티왓'고속도로 건설공사를 수주했다. 이 공사는 국내건설업 사상 최초의 해외진출로 현대는 물론 국가의 경사로 기록되었다. 물론 이 공사에서도 현대는 2억 8천 8백만 원이라는 큰 적자를 내었다. 결국 경험의 부족으로 비싼 대가를 치렀다. 그 후 중동, 알라스카, 괌, 호주 등 해외시장을 개척하였고, 자동차, 조선, 반도체, 항공 등으로 도전하여 새로운 사업 영역을 개척하였다. 1971년 울산 허허벌판 모래사장에 세계 최대의 조선소 건설을 계획하였다. 정주영 회장은 미포만 해변 사진 한 장과 외국 조선소에서 빌린 유조선 설계도 하나 들고 유럽을 돌았다. 차관을 받기 위해서였다. 부정적인 반응만 받다가 1971년 9월 영국 바클레이은행의 차관을 받기 위한 추천서를 부탁하기 위해 A&P 애플도어의 롱바톰 회장을 만났지만 거절당하였다. 이때 정주영은 우리나라 5백 원짜리 지폐를 꺼내 거기 그려진 거북선 그림을 보여줬다. "우리는 영국보다 300년이나 앞선 1500년대에 이미 철갑선을 만들어 외국을 물리쳤소. 비록 쇄국정책으로 시기가 좀 늦어졌지만, 그 잠재력만큼은 충분하다고 생각하오"라며 설득해 결국 차관 도입에 성공할 수 있었다. 조선소 청사진과 이순신 장군의 거북선이 있는 지폐로 26만 톤급의 대형선박 수주, 조선소가 완공되기도 전에 수주선박의 진수식, 자체 개발하여 수출한 국산 승용차 고유모델 1호 포니, 유조선 공법으로 서산의 대단위 농지확보 등은 창의력, 도전과 신념의 결과이다. 정주영 회장의 기업가정신은 적극성, 근검, 창조성과 불굴의 개척정신이다.

◆ 돌파경영과 창조적 개척정신의 리더십

돌파경영은 어려운 난관에 부딪혀서도 "할 수 있다"는 과감한 도전정신과 창의력으로 사업성공을 이끌어내는 경영을 뜻한다. 정주영 회장은 과감한 도전과 창의력, 시련은 있어도 실패는 없다는 기업가정신과 자본가가 아니라 부유한 노동자라는 성취정신으로 한국의 경제발전에 위대한 업적을 남긴 기업가였다. 현대그룹의 성공은 미래를 보는 통찰력, 새로운 방법을 생각해내는 창의력, 도전정신, 개척정신, 손해를 감수하는 신용과 특유의 근검, 미래의 번영을 생각하는 정주영 회장의 창조적 개척정신의 리더십이다.

정주영의 어록

- 이봐, 불가능하다구? 해보기나 했어?
- 사업은 망해도 다시 일어설 수 있지만 신용은 한번 잃으면 그것으로 끝이다.
- 시련일 뿐이지 실패는 아니다.
- 내가 실패라고 생각하지 않는 한 실패일 수 없다.
- 무슨 일을 시작하든지 된다는 확신 90%와 반드시 되게 할 수 있다는 자신감 10% 외에 안 될 수도 있다는 생각은 단 1%도 가지지 않는다.
- 길을 모르면 길을 찾고, 길이 없으면 길을 닦아야지.
- 여유가 없으면 창의가 죽는다. 나는 그걸 경험으로 체득한 사람이다.
- 성패는 일하는 사람의 자세에 달린 거야.
- 사람은 의식주를 얼마나 잘 갖추고 누리며 사느냐가 문제가 아니다.
  얼마나 많은 사람에게, 얼마나 좋은 영향을, 얼마나 미치면서 사느냐가 중요하다.
- 나는 꽤 부유한 노동자일 뿐이며, 노동으로 재화를 생산해 내는 사람일 뿐이다.
- 나는 생명이 있는 한 실패는 없다고 생각한다.
- 낙관하자. 긍정적으로 생각하자.
- 신용은 나무처럼 자라는 것이다.
- 신용이란 명예스러운 것이다.
- 긍정적인 사고가 행복을 부른다.
- 나는 자기가 하고 싶은 일을 성취한 사람이 부를 가진 사람이라고 생각한다.
- 새도 부지런해야 좋은 먹이를 먹는다.
- 모든 일은 가능하다고 생각하는 사람만이 해낼 수가 있다.
- 인생의 성공 혹은 실패를 잡고 있는 것은 시간과 행동이다.
- 스스로 운이 나쁘다고 생각하지 않는 한은 나쁜 운이란 건 없다.
- 머리는 쓰라고 얹어 놓고 있는 것이다.
- 미지의 분야라고 힘들다고 피하거나 두려워하는 것은 패배주의이다.
- 나는 젊었을 때부터 새벽에 일어났다. 더 많이 일하려고.
- 내 이름으로 일하면 책임을 전가하지 못한다.
- 잘 먹고 잘 살려고 태어난 게 아니야, 좋은 일을 해야지.
- 더 바쁠수록 더 일할수록 더 힘이 나는 것은 신이 내린 축복이다.
- 시간이란 한 순간도 정지라는 것이 없다.

1절 창업의 기본

창업은 지금까지 경험하지 못한 새로운 세계로 뛰어 들어가는 흥분과 매력이 있는 도전의 세계이다. 창업은 고유한 제품이나 서비스를 개발하고 이를 시장에 출시하기 위해 한 명 이상의 기업가가 기업을 새로 설립하는 활동이다. 본질적으로 전형적인 신생기업은 창업자 또는 그 친구 및 가족의 초기 자금으로 운영한다. 창업의 중요한 과제는 제품을 개발하기 위해 상당한 금액을 조달하는 것이다. 이를 위해서는 자신의 아이디어가 진정으로 새롭거나 기존 제품을 보다 혁신적으로 개선하여 탁월하고 독특한 제품을 개발해야 한다.

1. 창업의 정의

창업은 이윤창출을 목적으로 창업자가 기업을 새로 설립해서 사업을 개시하는 것을 의미한다. 즉, 창업자가 영리를 목적으로 새로운 아이디어와 다양한 경영자원을 동원하여 상품이나 서비스를 생산 혹은 판매할 수 있는 새로운 기업을 만드는 활동이다. 따라서 창업은 해결안이 확실하지 않고, 성공이 보장되지 않는 문제를 해결하기 위해 도전하는 일이다. 중소기업창업지원법 제2조에 따르면, 창업은 중소기업을 새로이 설립하여 사업을 개시하는 것으로 규정한다. 법에서 창업은 제조업, 광업, 건축, 엔지니어링 기타 기술 서비스업, 정보처리 기타 컴퓨터 운용관련업, 기계 및 장비 임대업을 새로이 개시하는 것으로 규정한다. 중소기업창업지원법은 중소기업의 창업을 촉진하기 위해 창업절차를 간소화하고, 다양한 금융과 세제를 지원한다.

창업의 주체는 대체로 기업가이며, 기업가는 기회를 탐색하여 이를 사업 아이디어로 전환하고, 혁신과 모험정신으로 기업을 설립하여 사업 활동을 시작한다. 이러한 사업 활동의 목적은 성취욕구와 부의 추구이다. 창업은 사업가 개인의 물질적인 풍요를 얻을 뿐만 아니라 고용을 확대하여 일자리 창출로 이어져 결국은 사회 일반에게까지 부와 삶의 질을 개선한다. 따라서 기업가의 창업은 기업가, 종업원, 공급자, 고객, 지역사회와 사회 일반에게 경제적 소득, 우수한 제품과 서비스, 과학과 기술의 발전 등 많은 긍정적 효과를 가져다준다.

2. 창업의 구성 요소

창업은 잠재고객을 대상으로 일정한 자원을 활용하여 제품이나 서비스를 창조하는 경제적 활동이다. 창조적 경제 활동은 기회를 활용하는 것이지만 많은 자원과 노력을 필요로 한다. 창업에 필요한 기본적인 요소는 창업자, 사업 아이디어와 자본이다. 창업은 창업자가 사업 아이디어를 자본과 결합하고, 고객에게 제공할 제품과 서비스를 생산하여 판매하는 조직을 구성하는 행위를 의미한다. 따라서 창업은 창업자가 이윤을 추구하기 위해 사업 아이디어에 인적 요소와 물적 요소를 결합하여 기업을 조직하는 활동이다.

그림 2-1 창업의 구성 요소

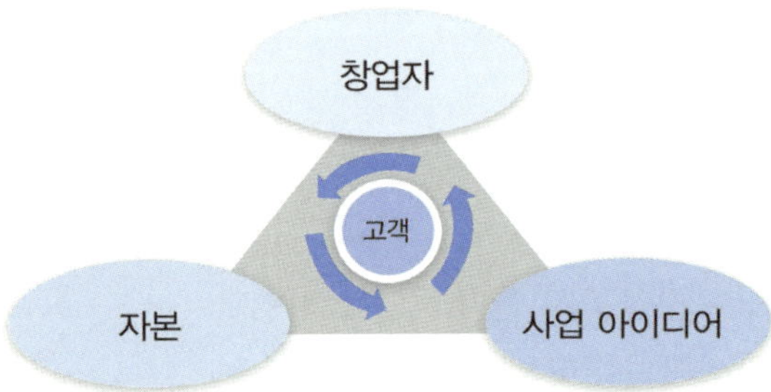

1) 창업자

창업자는 창업에서 가장 중요한 요소이다. 창업자는 인적 요소로 기업을 조직화하고 운영을 주도하는 사람이다. 창업자는 창업을 주도적으로 계획하고, 추진하며, 창업에 필요한 자금과 위험을 책임진다. 종업원은 창업자와 함께 상품이나 서비스를 생산하고 판매한다. 창업자는 시장, 고객과 경쟁자 분석을 통하여 사업 아이디어를 창안하고, 이를 상품이나 서비스로 전환하는 전반적인 역할을 담당한다. 창업자는 사업 아이디어를 찾고, 고객의 욕구와 문제를 해결하고, 이를 인적자원이나 물적자원과 결합하여 상품이나 서비스로 전환한다. 또한 출시

할 상품과 서비스의 경제성과 사업성을 분석하고, 사업계획서를 작성하고, 생산과 판매에 필요한 자원을 동원한다. 창업자의 경험, 지식, 기술, 가치관, 열정, 집념, 헌신, 리더십, 인맥, 정력, 성격, 친화력과 자원동원능력 등은 창업기업의 성공과 직결된다. 창업자의 자질이나 능력은 기업의 성패에 중요한 요인이 되는데, 창업자에게는 다음과 같은 능력과 자질이 요구된다.

- 미래에 대한 통찰력과 판단력
- 사업기회에 대한 창의력과 추진력
- 도전정신과 모험정신
- 성취욕구와 독립욕구
- 경영능력과 리더십
- 윤리의식과 사회적 책임의식
- 열정과 인내심

2) 사업 아이디어

사업 아이디어는 창업을 통해 시장이나 고객에게 제공할 사업내용의 토대로 기업의 존재 근거이다. 사업 아이디어는 시장에서 제공하지 못한 고객욕구, 문제와 이에 대한 해결책이다. 창업기업이 제공할 상품이나 서비스는 소비자가 지각하는 가치가 가격보다 커야하고, 충분한 시장수요가 있어야 한다. 이러한 사업 아이디어는 창업자나 창업 구성원의 상상력과 창조성 등 인적 요인에 의해 이루어진다. 사업 아이디어는 시장의 공백, 고객의 미충족욕구, 경쟁제품의 미제공이나 과소제공에서 문제를 발견하여 해결책을 찾은 사업성이 있는 아이디어이다. 특히, 성공적인 사업 아이디어는 산업의 매력성과 수익성이 있어야 한다. 이러한 사업 아이디어는 창업기업이 고객에게 가치를 제공하기 위한 상품이나 서비스를 결정한다. 창업기업은 고객에게 탁월하고 차별적인 가치를 제공하기 위해 사업 아이디어를 창안하여 선정하고, 이를 생산과 판매를 위해 조직하여 사업의 방향을 결정한다. 사업 아이디어의 원천은 주로 창업자이지만, 창업 구성원이나 기타 제3자인 경우도 있다. 사업 아이디어는 내용에 따라 다음과 같이 크게 네 가지 유형이 있다.

- **미제공이나 과소제공 욕구**: 지금까지 존재하지 않은 상품이나 서비스를 새롭게 생산하여 새로운 시장에 제공한다. 시장과 고객의 욕구에 대한 지식이 불충분하기 때문에 위험이 크지만 큰 보상을 얻을 수 있다.
- **모방제품이나 개선제품**: 이미 존재하는 기존 상품이나 서비스를 개선하여 기존 시장이나 새로운 시장에 제공한다. 시장이 형성되어 있고, 시장과 고객의 욕구에 대한 지식이 있기 때문에 위험이 적지만, 기존의 경쟁자들과 경쟁하여야 한다.
- **주문자 상표**: 주문자의 상표(OEM: original equipment manufacturer)로 생산한 반제품이나 완제품을 판매하는 경우이다. 기술개발이나 마케팅 노력을 기울일 필요가 없어 안정적인 생산과 판매가 가능하지만, 장기적으로는 수익과 성장에 한계가 있다.

- **독점적 유통**: 기존의 제조자로부터 상품이나 서비스를 독점적으로 공급받아 판매만을 전문으로 한다. 위험은 상대적으로 적지만 이익은 크지 않다.

기업가는 혁신적 행동과 특유한 지식으로 기존 시장의 불균형, 이익 동기나 민첩성을 활용함으로써 기회를 발견한다. 사업 아이디어는 사업기회와 결합하여야 한다. 좋은 사업기회는 기술, 경제와 상업적으로 실행 가능하고, 타당하고, 환경적으로 지속 가능한 고객의 욕구와 문제이다. 기회는 새로운 제품, 서비스, 원재료와 조직의 방법이 도입되고, 제조비용보다 더 큰 가격으로 판매될 수 있는 상황이다. 가치를 창조하거나 추가하는 것이 매력적이고, 지속적이고, 시의적절한 잠재적 상품이나 서비스이어야 한다. 사업기회는 시장에 혁신적인 새로운 상품이나 서비스를 제공하고, 기존의 상품이나 서비스를 개선하거나 수익성이 있는 상품이나 서비스를 모방하고, 수익을 추구하는 잠재적인 모험이다. 즉, 현재시장에 없는 미래상품과 서비스를 창조할 수 있는 아이디어, 신념과 행동이다. 따라서 사업기회는 새로운 기술의 개발로 발생하는 새로운 정보의 창조, 정보의 비대칭으로 나타나는 시장의 비효율의 활용과 정치 규제나 인구 변화로 발생하는 자원에 대한 대체사용으로 온다.

3) 자본

창업을 많은 활동이 필요하고 활동에는 돈이 수반된다. 자본은 사업 아이디어를 상품이나 서비스로 전환하고 기업을 운영하는 데 필요한 금전적 자원뿐만 아니라 기술, 토지, 건물, 기계설비, 부품, 원재료 등을 포함한다. 창업 요소 중 중요한 비중을 차지하는 자본은 사업 아이디어를 구체적으로 제품화하는 데 필요한 기술이나 자원 등을 조달하는 데 사용된다. 필요한 적절한 자본은 상품이나 서비스의 생산과 판매에 매우 중요하다.

자본에는 창업자의 자기자본과 타인자본이 있다. 창업자금의 조달원천은 대체로 70% 대 30% 법칙이 적용된다. 즉, 창업 시에 자기자본과 타인자본의 비율이 7:3이 이상적이다. 창업자금은 대체로 시설자금과 운전자금으로 사용된다. 시설자금은 사업장 매입이나 임차비용, 집기비품의 구입비나 제품생산에 필요한 생산설비의 구입비이다. 운전자금은 사업을 시작한 후 회사운영에 필요한 재료비, 인건비, 경비 등이다. 창업의 초기에는 타인자본의 조달에 한계가 있기 때문에 창업자의 자기자본에 의존할 수밖에 없다. 그러나 벤처기업의 요건을 충족하면 자본의 조달원천으로써 벤처캐피탈을 활용할 수 있다.

4) 고객개발

기업의 중심은 고객이다. 기업은 고객을 위해 모든 활동을 유지하는 것이다. 고객개발은 콜롬비아 대학교 교수인 스티브 블랭크(Steve Blank)가 주장한 모델로써, 초기단계에 있는 신생기업을 위한 리스크 감소 방법론이다. 제품뿐만 아니라 고객도 개발 또는 개선의 대상이다. 성공적인 창업을 만들기 위해서는 무엇이 필요한가? 매년 많은 기업이 창업되지만 그 중에 실패하는 기업도 많다. 그 이유는 무엇일까? 바로 제품이나 서비스를 구매할 고객이 부족하기 때문이다. 판매 없이 기업이 없고, 고객 없이 판매가 없으며, 판매 없이 제품이 존재할 수 없다. 따라서 고객은 기업의 생명이다.

기업가로서 새로운 벤처의 성공 확률을 높일 수 있는 방법은 바로 고객개발이다. 이러한 전략의 초기 개선은 초기 성공가능성에 엄청난 영향을 미칠 수 있을 뿐만 아니라 회사의 라이프사이클 전체에 걸쳐 지속될 경우 장기적인 성공을 거둘 수 있다. 고객개발은 신생기업이 대기업의 축소판이 아니라는 것을 전제로 한다. 창업을 시작하는 동안 실험하고 검증해야 하는 가장 중요한 측면은 무엇인가? "제품과 시장의 적합성"이라고 하는 "고객발견" 및 "고객검증"에 집중하는 것이다. 고객발견은 고객개발이라고 하는 4 단계 프로세스의 첫 번째 단계이다. 고객개발단계는 고객발견, 고객검증, 고객창조와 고객확대이다.

그림 2-2 고객개발단계

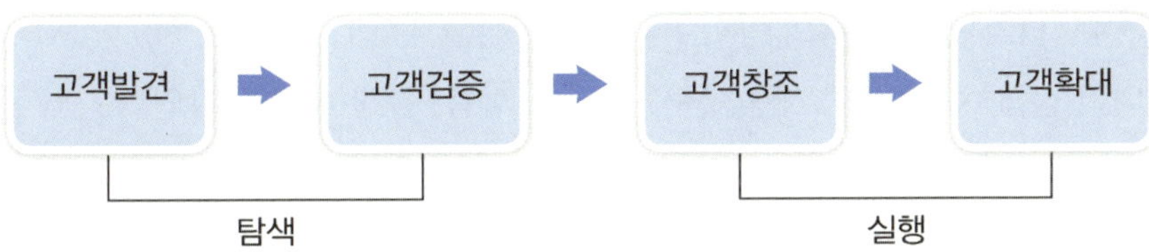

고객발견의 목표는 기업 설립자의 비전을 성공적으로 실행하기 위해 표적고객을 가정하는 것이다. 가정한 표적고객이 실제로 제품이나 서비스를 구매할 고객인지를 먼저 검증하는 것이 중요하다. 창업팀은 가설을 검증하기 위해 실제 증거를 수집하고 실험할 수 있다. 다음으로 또 검증해야 하는 가장 중요한 가정은 바로 제품과 시장의 적합성이다. 제품과 시장의 적합성은 해당 시장의 욕구를 만족시킬 수 있는 제품을 개발하여, 즉 목표시장에 부합하는 좋은 제품을 시장에 출시하는 것을 의미한다. 따라서 제품이 고객이나 시장의 욕구를 충족하는 지를 검증한다. 제품과 시장의 적합성이 높으면 고객이 제품 또는 서비스에 대해 비용을 기꺼이 지급하고 구매하고 제품에 만족하여 고객 이탈률은 상대적으로 낮게 된다. 고객검증의 목표는 제품이나 서비스, 운영, 브랜드 포지셔닝, 비즈니스 모델, 판매 및 마케팅을 개선하는 것이다.

이러한 탐색단계가 완료되면 고객을 유인하는 실행단계로 이동한다. 실행의 첫 단계인 고객창조는 검증된 표적고객에게 적합한 제품을 제공하여 신규고객을 유인하는 활동이다. 특히 영업 및 마케팅과 관련하여 표적고객의 유인을 확장하는 것이다. 신규고객을 유인하고 제품을 판매하는 일은 매우 어려운 과업일 수 있다. 그러나 기존고객을 유지하는 일은 신규고객의 유치보다 더욱 쉬운 과업이다. 마지막으로 고객확대는 기존고객의 유지, 추가적인 신규고객의 유인과 기존고객의 충성고객화를 강화하는 전략이다.

3. 창업의 유형

영리를 추구하기 위해 또는 성취를 하기 위해 기업가는 창업을 한다. 창업은 새로운 상품이나 서비스를 신규고객에게 제공하는 것을 의미한다. 따라서 창업은 창업자가 영리를 목적으로 새로운 아이디어와 다양한 경영자원을 결합하여 상품이나 서비스를 생산 혹은 판매할 수 있는 새로운 기업을 만드는 행위이다. 따라서 아이디어와 경영자원의 성격에 따라 창업의 유형이 다르다. 창업 유형은 기술 창업, 아이디어 창업, 지식서비스 창업, 일반 창업, 자영업 창업, 청년 창업과 시니어 창업으로 구분한다.

- **기술 창업**: 기계 · 재료, 전기 · 전자, 정보 · 통신, 화공 · 섬유, 생명 · 식품, 환경 · 에너지, 공예 · 디자인 등 업종의 창업
- **아이디어 창업**: 틈새 유형 제품, 틈새 서비스 상품, 틈새 유통의 창업
- **지식서비스 창업**: 만화, 게임, 캐릭터, 애니메이션, 영화, 방송, 전자출판, 음악, 이러닝, 정보서비스, 디자인 등 업종의 창업
- **일반 창업**: 통신판매업, 인터넷 쇼핑몰, 유통업, 프랜차이즈 창업 등
- **자영업 창업**: 소규모 점포 형태로 도소매, 음식, 서비스 업종의 소상공인 창업
- **청년 창업**: 39세 이하의 창업자가 하는 지식서비스, 문화콘텐츠, 제조업의 창업
- **시니어 창업**: 50대 전후의 직장 퇴직자의 창업

창업 형태를 기술에 따라 분류하면 아이디어, 기술과 지식 서비스 창업과 일반 창업으로 구분할 수 있다. 기술 창업은 창업자나 창업팀의 아이디어나 기술적 전문성을 기반으로 신기술이나 지식을 활용하여 사업화하는 경우이다. 즉, 창업자나 창업팀이 아이디어나 독특한 전문 기술이나 지식을 기반으로 사업기회를 실현하기 위해 창업하는 경우이다. 아이디어, 기술과 지식서비스 창업의 형태는 매우 다양하지만 벤처 창업이 해당된다. 이러한 창업은 독창적인 아이디어나 신기술을 기반으로 창업하기 때문에 위험은 많으나 성공하면 큰 수익을 기대할 수 있다. 이와 달리 일반 창업은 신기술이나 전문지식보다는 창업자금이 있다면 일반적으

로 쉽게 창업하여 사업을 할 수 있는 경우이다. 예를 들면, 음식점, 치킨집, 편의점, PC방이나 유통과 같은 서비스 창업이 해당한다. 즉, 소상공인이나 프랜차이즈가 해당한다. 이러한 일반 창업은 경기에 민감하고 경쟁이 치열하기 때문에 장려하지 않는다. 따라서 본서는 아이디어 및 기술 창업을 중심으로 창업을 설명한다.

표 2-1 창업의 유형

구분	아이디어, 기술과 지식서비스 창업	일반 창업
목적	아이디어나 기술의 제품화	생계형
특징	지식기술 집약형	노동집약형
성장성	강	약
경쟁성	약	강
위험	강	약

INSIGHT **코로나 위기를 기회로 … 비대면 창업기업 '급성장'**

코로나 위기를 오히려 기회로 삼아 성장하는 창업기업들이 있습니다. 이처럼 비대면 관련 창업기업들이 코로나를 발판삼아 성장하고 있습니다. 대구창조경제혁신센터가 올해 지원한 창업기업 백여 개 가운데 50%가 비대면 관련 기업으로 코로나 이전보다 5배 이상 증가했습니다.

출처: KBS 2020.10.19

4. 창업조직의 유형

창업을 결정하면 창업기업의 유형을 결정해야 한다. 신생기업의 유형은 주로 개인기업이거나 주식회사이다. 개인기업은 설립절차가 매우 간단하고, 설립 후 관리하기가 쉽다. 주식회사는 설립절차가 복잡하고, 설립 후 회사가 준수해야 할 사항들이 많다. 따라서 매출액이 적은 초기에는 개인기업으로 시작하고, 매출액이 증가하면 세금의 차이, 자금조달의 용이성과 기업의 신용 등의 사유로 주식회사로 전환하는 것이 바람직하다.

1) 개인기업

개인기업(sole proprietorship)은 소유권이 가장 간단하고, 가장 인기 있는 형태이다. 개인기업은 한 개인이 소유하고 관리한다. 즉, 개인기업은 한 사람의 소유자와 한 사람의 의사결정자이다. 개인기업은 상대적으로 작고 단순하게 기업을 유지하기를 원하는 기업가들에게는 이상적이다. 어떤 기업가는 동업이 개인기업의 단점을 극복하는 방법이라고 생각한다. 예를 들면, 특정한 관리, 기술이나 경험이 부족하거나 필요한 자본이 부족한 사람은 경영기술이나 투자할 자금을 갖고 있는 사람들과 협력함으로써 자신의 단점을 보충할 수 있다. 다음은 개인기업의 장점이다.

- **설립 용이성**: 개인기업의 매력은 설립의 용이성, 속도와 절차의 간편성이다. 개인기업 설립은 하루에 회사 설립의 모든 단계를 종결할 수 있다.
- **저렴한 설립비용**: 쉬운 설립절차 이외에 설립비용이 가장 적게 든다. 회사 설립에 필요한 발기인, 정관작성, 주주총회 개최와 설립등기 등이 필요하지 않다.
- **이윤동기**: 기업가가 회사의 모든 비용을 지급하면, 세후 이익을 모두 사용할 수 있다. 대부분의 기업가들은 이윤동기가 가장 강력하다.
- **의사결정 권한**: 개인사업자들은 회사의 운영을 전체적으로 결정하고, 통제하고, 신속하게 반응할 수 있다. 이러한 능력은 변하는 시장에서 자산이다.
- **소유의 법적 제한**: 개인기업은 사업 소유권에 대한 특별한 규제가 없다.
- **폐업 용이성**: 기업가가 폐업을 결정한다면 신속하게 종결할 수 있다.

개인기업은 새로운 사업을 계획하는 대부분의 사람들에게 매력적이지만, 상당한 단점이 있다. 그래서 사업이 어느 정도 궤도에 진입하면, 자금조달, 세율과 대외적인 공신력의 한계를 극복하기 위해 주식회사로 전환하는 경우가 많다. 따라서 창업 초기에 매출액이 그리 많지 않다고 추정되면, 설립비용이나 인력관리의 측면에서 개인회사로 시작하고, 어느 정도 매출액에 이르면 주식회사로 전환하는 것이 바람직하다. 다음은 개인기업의 단점이다.

- **개인의 무한책임**: 개인기업 소유자는 회사의 모든 부채에 대해 개인적으로 무한책임이다. 기업가와 기업은 하나이다. 소유자는 회사의 모든 자산을 소유하고, 기업이 파산한다면 채권자들은 채권을 보호하기 위해 기업가의 모든 자산을 강제적으로 매각할 수 있다. 즉, 회사의 부채가 개인기업 소유자의 부채이다.
- **자본조달의 한계**: 사업이 성장하고 확장된다면 기업은 추가적인 자금조달이 필요하다.

그러나 소유자는 투자와 차입이 매우 제한적이다.

- **전문기술과 능력의 한계**: 소유자는 기업을 경영하는데 필요한 전체 범위의 전문기술을 소유하고 있지 못하다. 소유자들이 사업성공에 필수적인 분야에서 전문기술, 지식과 경험이 부족하기 때문에 기업이 실패한다.
- **고립감**: 홀로 기업을 경영하는 것은 기업가에게 최대의 유연성을 허용하지만, 고립감을 자아낸다. 문제를 해결하거나 새로운 아이디어에 피드백을 구할 수 있는 사람이 없다. 기업가들이 누구의 조언이나 지도 없이 의사결정을 해야 할 때 고독이나 두려움을 느낀다. 중요한 의사결정은 기업가의 어깨에만 달려있다.
- **사업 계속성의 부족**: 소유자가 사망하고, 은퇴하거나 무능력하게 될 때 기업은 자동적으로 종결된다. 계속성의 부족은 개인회사에서 내재적이다.
- **소득세율**: 개인기업의 소득세율은 법인세율보다 더 높다. 세율의 차이가 법인사업자로 전환하는 주된 이유 중의 하나이다.

2) 주식회사

주식회사는 오늘날 가장 대표적인 기업의 형태이다. 코스닥 등록이나 거래소 시장에 상장하려면 주식회사 형태가 되어야 하고, 자본조달 측면에서 개인회사에 비해 유리하다. 주식회사는 자본이 주주의 출자 단위인 주식으로 분할되어, 주주는 그 주식의 인수가액을 한도로 하는 출자의무를 부담하나 회사 채무에 대하여 별도의 책임을 지지 않는 회사이다. 따라서 주식회사의 특징은 자본, 주식과 주주의 유한책임인 물적회사이다.

(1) 주식회사의 성격

주식회사(corporation)는 주식의 발행으로 설립된 회사로 주주는 회사에 대해 인수한 주식의 가액을 한도로 출자의무를 부담할 뿐 이외의 어떤 의무도 부담하지 않는다. 주주가 출자하여 자본이 구성되고, 자본은 일정한 금액의 주식으로 분할되고, 주주는 자신이 인수한 주식의 인수가액 한도 내에서 회사의 채무에 대하여 책임을 진다. 주식회사의 특징은 자본단체이며, 자본은 주식발행에 의해서 조달되고, 주주는 인수한 주식에 비례한 유한책임이 있다.

(2) 주식회사의 장 · 단점

주주는 출자자로서 주주총회에 출석하여 의결권을 행사할 수 있고, 이익배당을 청구할 수 있지만, 업무집행에 참여하지 않는다. 주식의 양도는 자유롭고, 주주의 수가 많아서 대자본을 유인할 수 있어 대기업의 경영에 알맞은 회사제도이다. 이러한 주식회사의 장점은 자본의 증권화, 주주의 유한책임제도, 소유와 경영의 분리가 있다.

- **자본의 증권화:** 출자의 단위를 소액 균등화하여, 소액으로도 출자할 수 있다. 또한 보유 지분은 다른 주주의 동의 없이 제3자에게 매매가 가능하다.
- **주주의 유한책임제도:** 출자자는 자신의 출자액 한도 내에서만 회사의 자본위험에 대한 책임을 진다. 대량의 자금을 조달할 수 있고, 기업위험을 분산시킬 수 있다.
- **소유와 경영의 분리:** 소수의 지배주주와 전문경영인들로 분리되어, 기업의 원활한 경영이 이루어질 수 있다.

주식회사는 특정한 법률 요건을 갖춰야 하며 자신만의 재산을 가지며 법정에 제소할 수도 있고 제소를 당하기도 하며, 계약을 맺을 수도 있다. 주식회사는 법적인 지위를 갖기 때문에 소유주는 주식회사의 행위에 대한 책임을 부분적으로 면제받기도 한다. 반면 주식회사는 많은 장점에도 불구하고 단점이 있다. 기업 지배권의 집중, 법인격과 유한책임의 남용, 이해관계자의 이익침해와 정부나 법적 규제 등과 같은 단점이 있다.

- **기업 지배권의 집중:** 대주주와 경영진들에게 집중된 지배권을 이용하여 자신들의 이익만을 추구함으로써 회사재산과 존립을 위태롭게 할 수 있다.
- **법인격과 유한책임의 남용:** 대주주가 회사의 법인격이나 유한책임을 남용하여 자신의 사익을 추구하고, 유한책임 이외에는 아무런 책임을 지지 않을 수 있다.
- **이해관계자의 이익침해:** 대주주의 잘못된 경영판단으로 회사가 도산하면 근로자, 소비자, 공급자, 주주, 채권자 등 이해관계자의 이익이 침해된다.
- **정부나 법적 규제:** 상법에 의한 규제, 공시와 보고 의무가 있고, 사업목적은 정관에 의해서만 변경이 가능하다. 회사 설립절차가 복잡하고, 설립비용이 많이 소요된다.

(3) 주식회사의 기관

주식회사는 기능을 달리 하는 세 기관으로 분립, 운영되고 있다. 즉, 의사결정기관인 주주총회, 집행기관인 이사회와 집행을 감독하는 감사가 각각 존재하여, 운영의 민주적 수행을 법적으로 규정하고 있다. 현재 상법상으로 이사의 임기는 3년, 감사의 임기는 3년으로 되어 있다. 다음은 가장 일반적인 기업 형태인 주식회사의 기관이다.

- **주주총회:** 회사의 기본조직과 경영에 관하여 주주들이 의사를 표시하여 공동으로 결정

하는 최고의결기관인 정기주주총회와 임시주주총회가 있다.

- 이사회: 이사는 주주총회에서 선임되고, 대표이사는 대외적으로 회사를 대표하고, 대표는 대내적으로는 업무집행의 최고책임자로 주주총회로부터 위임받은 경영 활동을 수행하는 최고 집행기관이다.
- 감사: 감사는 회계감사와 업무감사를 수행하며, 주주총회에서 선임된다.

3) 창업기업의 결정

창업기업은 기업의 법적 구조에 따라 개인기업과 법인기업으로 나누어진다. 개인기업은 사업주 개인이 단독으로 출자하고 직접 경영하며, 채권자에 대한 무한책임을 지는 형태로서 소규모 운영에 알맞다. 법인기업은 법인격이 주어진 기업이며, 주로 주식회사가 대표적이다. 법인기업은 그 자체로 완전한 법인격을 가지고 스스로의 권리와 의무의 주체가 되며, 기업의 소유자로부터 분리되어 영속성이 존재할 수 있는 기업을 말한다. 대표자는 회사 운영에 대해 일정한 책임을 지며, 주주는 출자금의 한도로 채무자에 대해 유한책임을 진다. 따라서 법인기업은 일정 규모 이상으로 성장성이 있는 유망사업에 적합하다.

벤처기업은 첨단의 신기술과 아이디어를 개발하여 사업에 도전하는 기술집약형 중소기업을 의미한다. 다른 기업에 비해 기술성이나 성장성이 높아 벤처기업육성에 관한 특별조치법에 의거하여 정부로부터 우선 지원을 받을 수 있다. 벤처기업은 주로 소수의 기술 창업가가 기술혁신의 아이디어를 상업화하기 위해 설립한 신생기업이다. 높은 위험부담이 있으나 성공할 경우 높은 기대이익이 예상되고, 성장성이 높고, 시장잠재력이 풍부하다. 높은 경영위험에 도전하는 기업가에 의해 주도된다.

소호(SOHO: Small Office Home Office)란 작은 사무실(Small Office)과 자택 사무실(Home Office)을 사용하는 근무 형태로 인터넷 등을 활용하여 자신의 사업을 주체적으로 전개하는 지적 사업의 소규모 사업장이다. 1인 창조기업은 자신의 경험, 기술 등을 통해 보다 창조적이고 새로운 서비스를 제공하는 기술집약적 기회형 창업이다. 소상공인은 주로 외식업, 소매업이나 유통업 등 규모가 작은 점포 형태의 창업이다. 프랜차이즈는 브랜드와 경영기술을 가지고 있는 본사와 가맹점 계약을 체결하고 브랜드, 서비스나 경영기법 등을 제공받아서 동일한 브랜드로 사업을 하는 형태를 말한다.

표 2-2 개인기업과 법인기업의 장 · 단점

구분	개인기업	법인기업
장점	• 설립등기가 필요 없고 사업자등록으로 사업개시가 가능 • 기업이윤과 손실은 기업주에게 전부 귀속 • 창업비용과 창업자금이 비교적 적게 소요 되어 소자본 창업 가능 • 기업 활동 자유, 계획수립과 변경용이 • 초기 중소규모 사업에 적합	• 자본조달과 대자본 형성용이 • 출자금액 범위 내에서 법적 유한책임 • 소유와 경영의 분리 가능 • 상장 등을 통하여 기업의 대중화 가능 • 법인 공신력이 높아 영업상 유리 • 일정 규모 이상의 성장 유망산업에 적합
단점	• 기업주가 채무자에 대한 무한책임 • 투자 등 자본조달 한계 • 사업양도 시 높은 양도소득세 • 소유와 경영의 일치로 경영능력의 한계 • 대표자 변경 시 폐업 후 신규 등록	• 설립절차가 복잡하나, 최소 납입자본금 요건이 없음 • 기업이윤이 출자지분에 따라 배당 • 주주 상호 간의 이해관계 대립 마찰소지 • 각종 법상 각종 의무가 많음

5. 인터넷 비즈니스

인터넷은 비즈니스를 보다 쉽게 수행할 수 있을 뿐만 아니라 새로운 비즈니스를 계속적으로 만들고 있다. 온라인이든 아니든 모든 비즈니스에는 웹사이트가 필요하다. 모든 재택 사업 아이디어와 마찬가지로 온라인에서 성공하려면 사업을 계획하고, 연구하고, 실행할 수 있는 선택을 해야 한다. 어떤 통신매체도 인터넷만큼 주의를 받지 못한다. 모든 주요 신문, 잡지와 TV 방송은 정보교환이 생활을 어떻게 변화시키는지를 다루고 있다. 분명히 인터넷은 소비자들이 상품과 서비스에 관한 정보를 찾거나 구매하는 도구가 되었다. 따라서 자원이 부족한 중소기업은 인터넷 비즈니스가 강력한 경쟁무기가 될 수 있다.

1) 인터넷 비즈니스의 관계

e-비즈니스(e-business)는 인터넷을 기업경영에 도입하여 기존기업의 경영 활동 영역을 가상공간으로 이전하여 활용하는 모든 상행위이다. e-비즈니스는 거래행위는 물론 소비자

거래업체와 관계형성을 통한 원가절감과 잠재고객 발굴 등도 포함한다. e-커머스(e-commerce)는 인터넷 웹사이트 상에 구축된 가상의 상점을 통해 상품과 서비스를 판매하는 모든 행위를 의미한다. 정보기술을 활용한 모든 상행위라고 할 수 있다. e-커머스는 인터넷을 통해 제품, 서비스나 정보의 거래와 교환이다. 즉, 인터넷을 통해 사업정보를 공

유하고, 사업관계를 유지하고, 사업을 운영하는 것을 의미한다. 인터넷 마케팅(internet-marketing)은 인터넷과 다른 전자수단을 통해서 상품, 서비스, 정보와 아이디어 마케팅으로 온라인 마케팅(online marketing)이라고도 한다. e-commerce나 e-business는 인터넷 마케팅보다 더 광범위하다.

그림 2-3 인터넷 비즈니스의 관계

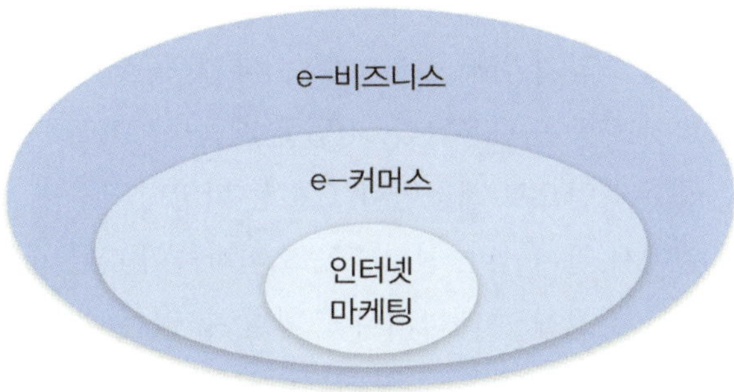

e-business는 운영효율을 창조하기 위해 인터넷과 온라인 기술을 사용함으로써 고객에게 가치를 증가한다. 예를 들면, 온라인 재고관리, 회계시스템, 조달, 공급자 성과 평가, 공급체인 효율향상, 기계수리에 대한 처리요청, 계획, 외주와 생산의 통합 등이 있다. 중요한 사업시스템은 고객, 판매회사와 공급자를 인터넷으로 연결한다. 마케팅은 고객의 욕구를 충족하고, 대가를 받기 위해 온 · 오프라인에서 수행하는 활동이다. 마케팅, 상품과 서비스의 판매와 구매는 e-business의 부분집합이다. e-commerce는 추가적이고 신속한 성장을 경험하고, 더 많은 시장점유율을 계속적으로 확보할 수 있다. 성장과 수익을 증가시키고 비용을 감소하는 데 도움이 된다. 어떤 기업은 생존하기 위해 인터넷에 의존한다. e-commerce야 말로 중소기업의 민첩성과 혁신성을 갖지 못한 대기업과 맞서 경쟁할 수 있다는 것이 큰 장점이다. 다음은 e-commerce의 혜택이다.

- **저렴한 운영비용**: 유지하는 데 많은 공간과 직원이 필요하지 않다.
- **접근성**: 고객이 원할 때 즉시 구매할 수 있다.
- **맞춤형 서비스 제공**: 반복구매자를 인지하고 개인수준에서 고객을 처리할 수 있다.
- **고객충성도 증가**: 가치 있는 것을 제공하는 동안 고객에게 정보를 제공할 수 있다. 예를 들면, 다음 구매 시에 사용할 수 있는 쿠폰제공이나 제품사용법 설명 등이 있다.

2) 인터넷 비즈니스의 유형

인터넷 비즈니스는 B2B(Business to Business), B2C(Business to Consumer), C2C(Consumer to Consumer)와 G2G(Government to Government)로 분류된다. 이것은 가장 기본적인 형태이다. B2B는 기업 간의 거래, B2C는 기업과 소비자 간의 거래, C2C는 소비자 간의 거래와 G2G는 정부 간의 거래이다. B2C는 기업이 상품과 서비스를 최종 고객에게 판매하는 것이다. B2B는 새로운 기업고객에게 접근하고, 현재 고객에게 더욱 효과적으로 서비스를 제공하고, 구매효율성과 더 좋은 가격을 얻기 위해 웹사이트, 이메일, 온라인 제품목록, 온라인 거래 네트워크 등을 사용한다. 기업은 제품정보, 고객구매와 고객지원서비스를 온라인으로 제공한다. C2C는 다양한 제품에 대해 이해당사자 간에 웹에서 일어난다. 인터넷은 소비자들이 다른 사람과 직접적으로 제품이나 정보를 구매하거나 교환할 수 있는 수단을 제공한다. C2B는 소비자와 기업 간의 거래 형태이다. 소비자들은 인터넷의 덕분으로 기업과 커뮤니케이션하는 것이 더 쉬워졌다. 많은 기업들은 회사 웹사이트를 통해 제안과 질문을 받기 위해 잠재고객과 기존고객을 초청한다. 고객들은 웹사이트에서 판매자를 찾고, 학습하고, 구매를 하고, 피드백을 줄 수 있다. 웹사이트를 사용하여 고객들은 기업과 거래를 추진할 수 있다.

그림 2-4 인터넷 비즈니스의 유형

	소비자 표적	기업 표적
기업 주도	B2C (Business to Consumer)	B2B (Business to Business)
소비자 주도	C2C (Consumer to Consumer)	C2B (Consumer to Business)

표 2-3 인터넷 비즈니스의 모델

구분	Customer(C)	Business(B)	Government(G)
Customer(C)	C2C	C2B	C2G
Business(B)	B2C	B2B	B2G
Government(G)	G2C	G2B	G2G

INSIGHT 오래된 애착인형 재탄생시켜 주는 '된다공방'

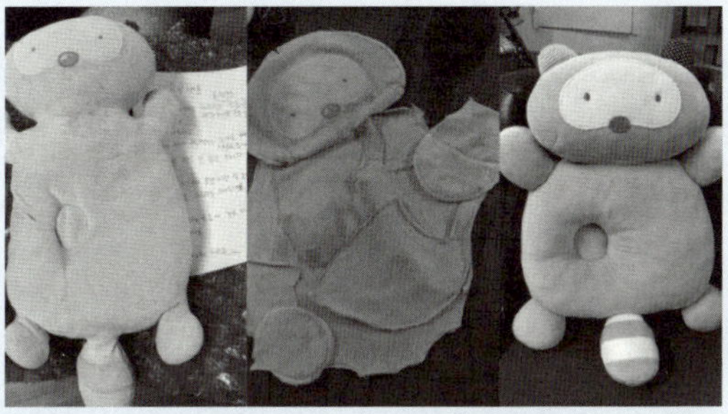

코로나19로 인한 비대면 언택트 생활이 지속되면서 소자본, 무자본으로도 가능한 1인 창업에 대한 관심이 높아지고 있다. 여기 자신만의 독특한 아이템을 개발해 소자본으로 창업에 성공한 1인 창업자가 있다. "우연히 낡은 토끼 인형을 들고 공방에 들어오신 할머니의 애착인형을 수선해 드렸어요. 제 SNS에 올린 것이 계기가 돼 생각지도 못한 틈새사업이 시작됐지요". 이동현(62) '된다공방' 대표는 대학에서 산업디자인을 전공한 서양화가다. 작은 그림 화실을 운영하며 유화 작품을 그리는 일을 했다. 동네에서 손재주가 좋기로 소문난 이 대표는 "낡은 인형을 손 봐달라"는 지인의 부탁으로 '애착인형 수선'이라는 창업 아이템을 기획하게 됐다고 말했다.

'된다공방'의 상호는 '된다고 생각하면 무엇이든지 된다'는 뜻이다. "낡고 오래돼 버려질 수도 있는 인형을 재탄생시켜줘 고맙다는 피드백을 받을 때 가장 기쁘다"는 이 대표. 그가 한 달 평균 소화하고 있는 애착인형 수선 건수는 약 20건에 달한다. 한 건당 작업 기간은 대략 5~6일, 인형이 많이 상하거나 난이도가 높은 경우는 그 이상 소요된다는 게 이 대표의 설명이다. 이어 "주문은 하루 평균 2~3건이 들어오고 있지만, 모든 작업이 수작업인데다 혼자서 일을 하기 때문에 예약제로 작업량을 조절하고 있다"고 전했다.

출처: 한경잡앤조이 2020.10.16

2절 창업의 과정

창업은 아이디어나 기술을 근거로 실행하는 것이다. 기업은 아이디어를 탐색하고 해결안을 도출하고 컨셉을 창출하고 제품을 개발하여야 판매 활동을 할 수 있다. 이러한 과정에서 사전에 회사를 설립하고 시작할 수도 있고 일정한 단계를 완료하고 회사를 설립할 수도 있다. 창업의 준비절차가 완료되지 않은 시점에서 회사를 설립하면 자금지출과 성과 지연으로 인하여 창업자와 창업팀은 초조해지고 불안해질 수 있다. 회사 설립의 시기는 창업자의 판단에 달려있다. 그러나 창업 전에 아이디어나 기술에 관한 창조적 구상이 선행되어야 한다.

1. 창업의 과정

창업의 방법은 기술지향과 고객욕구지향에 따라서 다르다. 기술지향은 기술의 공백을 찾아 기술을 개발하고, 이를 제품이나 필요로 하는 업체에 적용하는 과정이다. 고객욕구지향은 고객의 욕구를 찾아 이를 제품개발에 적용하는 과정이다. 기술이나 고객욕구지향은 근본적으로는 시장의 공백을 찾는다는 점에서는 동일하지만, 제품개발 프로세스는 다소 차이가 존재한다. 기술지향이든 고객욕구지향이든 창업의 과정은 대체로 준비절차와 본절차로 구분한다. 준비절차에서는 기회를 확인하여 아이디어를 탐색하고, 해결안을 도출하여 제품을 개발하는 과정이 포함된다. 제품을 개발하고 테스트 마케팅을 하여 사업성이 있다고 판단된다면, 회사 설립절차에 돌입한다. 준비절차는 착실하게 충분한 기간을 거치는 것이 좋다. 준비되고 성공적인 토대가 마련된 후에 창업을 하는 것이 바람직하다. 이러한 과정을 거치는 창업자는 많은 자금과 자원을 낭비하지 않아 초조하지 않고 제품개발에 전념할 수 있다.

신제품개발은 기업의 본질적인 경영 활동이며 수익창출의 원천이다. 혁신은 새로운 아이디어, 장치나 방법에 의해서 고객의 미충족욕구와 기대를 충족하는 가치창출 과정으로 기업의 생존과 성장에 필수적이다. 혁신은 기존 제품을 새로운 제품으로 대체하거나, 기존 제품을 진부화하고, 새로운 제품범주를 창조하는 것을 의미한다. 신제품개발은 시장에 현재 존재하지 않는 제품에 관한 새로운 아이디어의 개념화이거나 이미 시장에 존재하는 제품향상을 목표로 한다. 소비자 욕구와 필요의 변화, 제품수명주기상의 성숙기 제품, 쇠퇴기 제품, 경쟁자의 활동, 제품상의 문제와 환경 변화에 대응하여 기업의 수익을 창출하기 위해서 기업은 신제품을 개발한다. 신제품개발(New Product Development: NPD)의 절차는 아이디어 탐색, 해결안 도출, 제품컨셉 창출, 제품개발, 마케팅전략과 출시 과정으로 진행된다.

아이디어의 탐색은 사업기회를 탐구하여 제품 아이디어를 선정하는 과정이다. 또한 고객에게 제공되지 않은 욕구, 과소제공하거나 미충족한 욕구를 확인한다. 제품 아이디어를 토대로 제품컨셉을 창출한 후 제품컨셉을 최종 선정하여 제품을 개발한다. 제품이 개발되면 지식재산권의 획득과 사업타당성을 분석한다. 사업타당성을 분석한 후 시장에서 사업성이 있다고 판단된다면 이때 창업팀을 조직화한다. 비로소 창업의 시기가 된 것이다. 즉, 자금조달 방법, 조직의 구축과 시장전략을 수립하는 시기이다. 창업기업의 유형은 개인사업자나 법인사업자를 선택하는 문제가 있는데, 사업의 규모에 따라서 결정한다. 회사설립은 창업팀을 구성하기 전이나 후에 상황에 따라 준비절차 기간 중에 결정할 수 있다.

그림 2-5 창업의 과정

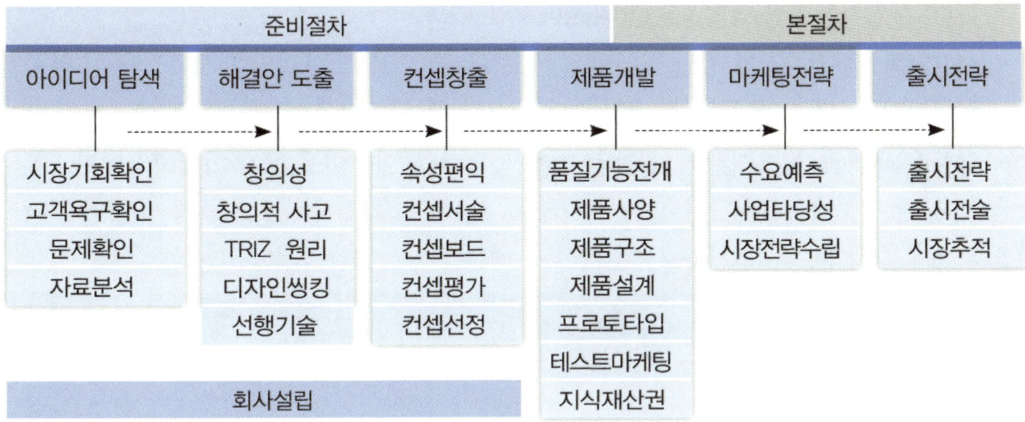

2. 창업의 절차

1) 창업 인 · 허가의 취득

창업 시 업종을 선정하고 사업계획을 수립하면, 다음으로 해당 업종이 인 · 허가 대상인지를 파악한다. 법령에 의해서 인 · 허가 등록 및 신고를 득해야 사업을 개시할 수 있는 업종은 사전에 주무관청이나 시 · 군 · 구에 인 · 허가나 신고를 하여야 한다. 일반적으로 사업의 인 · 허가 신청은 관할 시 · 군 · 구청의 해당 부서에 필요한 서류를 작성하여 제출한다. 관할 행정기관은 현장 확인이나 서류를 통하여 허가 여부를 결정할 수 있다. 그러나 인 · 허가 업종이 아닌 경우 사업자등록만으로 사업을 개시할 수 있다. 인 · 허가는 허가, 신고, 등록, 지정, 면허, 인정 등이 있다. 인 · 허가의 내용은 시설기준, 자격기준, 준수사항 등이 있다. 인 · 허가 내용은 법률에 있고, 절차는 시행령에 있으며, 신청서 서식은 시행규칙에 있다. 사업장 임대차계약 전에 인 · 허가 내용을 검토한다.

- **면허업종**: 대통령령으로 정하는 시설기준과 그 밖의 요건을 갖추어 해당 기관의 면허를 받아야 한다.
- **허가업종**: 법령에서 정한 일정한 요건을 갖추어 허가 여부를 판단 받아야 한다.
- **지정업종**: 해당 기관에 해당 업종의 영업 행위가 가능한 업체로서 지정을 받아야 하는 업종을 의미한다. 예를 들면, 담배소매업은 관할 시장, 군수, 구청장으로부터 소매인의 지정을 받아야 한다.

- **등록업종**: 해당 기관의 법령에서 정한 일정 요건을 충족하여 영업등록증을 발급받아야 한다. 사업자등록과 영업등록은 다르다.
- **신고업종**: 해당 기관에 사업의 내역을 신고하는 것으로 그 사업의 개시가 가능한 업종을 의미한다. 소규모 창업이 가능한 대부분의 사업은 신고업종에 해당한다. 대표적인 신고업종은 무역업, 체육시설업, 장례식장업, 목욕탕업, 이 · 미용업, 옥외광고업이다.

표 2-4 허가 · 면허업종 및 지정업종

면허 · 허가	지 정
• 주류 판매업 • 양식어업, 정치망어업, 공동어업 • 건강 기능식품 제조업 • 일반 게임 제공업(청소년 이용불가 게임물) • 낚시터업 • 식품조사 처리업, 유흥주점 영업 • 신용정보업 • 의약품도매상 • 화물자동차운송사업	• 담배소매업

표 2-5 등록업종

등 록	
• 게임제작업, 게임배급업 • 청소년게임 제공업, 인터넷 컴퓨터 게임시설 제공업 • 복합 유통게임 제공업 • 국제결혼 중개업 • 담배판매업 • 건설기계 대여업 • 골재채취업 • 공인중개사무소 • 여행업, 관광숙박업, 관광객 이용시설업, 국제회의업 • 농약제조 · 판매 · 수입업 • 자동차운전학원 • 다단계판매업 • 부동산개발업	• 비료생산업 • 사료제조업 • 유아숲체험원 • 수출입 목재 열처리업 • 식품제조 · 가공업 • 식품첨가물 제조업 • 액화석유가스 위탁 운송사업 • 비디오물 시청 제공업 • 안경업소 • 폐자동차 재활용업 • 유료직업소개소 • 학원 • 선불식 할부거래업자

표 2-6 신고업종

신 고	
• 숙박업, 목욕탕업, 이용업, 미용업, 세탁업, 위생관리용역업 • 승마시설 • 산후조리업 • 방문판매업, 전화권유판매업 • 저수조청소업 • 수상레저 교육사업 • 즉석판매제조 · 가공업, 식품운반업, 식품소분 · 판매업, 식품냉동 · 냉장업, 용기 · 포장류제조업, 휴게음식점, 일반음식점, 위탁급식업, 제과점 • 양곡가공업(제분, 제조, 도정) • 음반 · 음악영상물 제작 및 배급업	• 온라인 음악서비스 제공업 • 의료기기 수리업 및 판매업 • 이러닝 사업자 • 인쇄사 • 통신판매업 • 직업정보 제공사업 • 요트장업, 조정장업, 카누장업, 빙상장업, 승마장업, 종합체육시설업, 수영장업, 체육도장업, 골프연습장업, 체력단련장업, 당구장업, 썰매장업, 무도학원업, 무도장업 • 축산물 운반업, 판매업 • 교습소

2) 개인기업의 창업절차

신규로 사업을 개시하는 자는 법령에 의하여 인 · 허가 등록 및 신고가 필요한 업종인지 사전에 확인한다. 필요한 업종이라면 인 · 허가 등록 및 신고를 득하고 새로 사업을 시작하려는 사업장이 소재하는 관할 세무서 민원봉사실에 사업자를 신청하면 대체로 신청일 즉시 사업자등록증을 교부받는다. 개인사업자 등록은 설립절차가 간단하고, 연간 매출액에 따라 일반과세자나 간이과세자 중에 선택할 수 있다. 사업자등록 신청 시 구비서류로는 사업자등록신청서 1부, 법령 규정의 업종인 경우는 사업 인 · 허가증 사본 1부, 주 사업장 매매계약서 또는 임대차계약서 사본 1부, 대표자 주민등록등본 1부 등이 필요하다.

그림 2-6 개인기업의 창업절차

표 2-7 과세자별 구분

	일반과세자	간이과세자
대상	연매출액 8,000만 원 이상	연매출액 8,000만 원 이하
매출세액	공급가액 × 10%	공급가액 × 업종별 부가가치율 × 10%
세금계산서 발급	발급 의무	발급 의무
매입세액 공제	전액 공제	매입세액 × 업종별 부가가치율

3) 법인기업의 창업절차

대체로 사업을 운영하는 데는 개인기업보다는 법인기업이 유리한 점이 많기 때문에 일반적으로 주식회사를 설립하는 경우가 가장 많다. 주식회사를 설립할 때는 대상 소재지의 법무사와 상의하는 것이 편리하다. 설립 형태는 발기설립과 모집설립이 있다. 발기설립은 발기인이 주식의 전부를 인수하는 경우이나, 모집설립은 발기인이 주식의 일부만을 인수하고 나머지는 주주를 모집하여 주식을 인수시키는 경우이다.

그림 2-7 법인기업의 창업절차

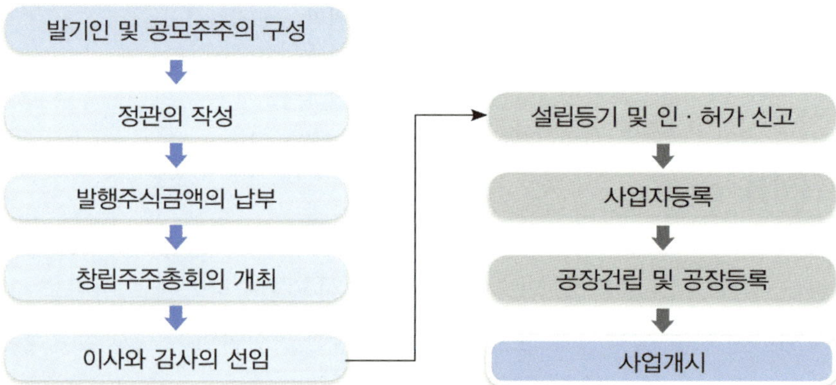

- **발기인 구성:** 발기인은 형식적으로는 정관에 발기인으로 기명날인한 자로 개인이나 법인도 될 수 있다. 발기인은 3인 이상이며(자본금 5억 원 이하의 경우에는 1인도 가능), 발기인은 1주 이상의 주식을 인수한다.
- **정관 작성:** 발기인은 정관을 작성한다. 정관에는 회사의 상호, 목적(업태, 종목), 본점 주소지, 1주의 금액, 설립 자본금 등을 기재한다.
- **주식발행 사항 결정:** 정관의 기재나 발기인의 결의에 의하여 주식의 종류, 액면 이상 발행사항, 청약과 납입기일, 납입 취급은행 등 주식발행 사항을 결정한다.
- **주식인수:** 발기설립은 주식의 전부를 발기인이 인수하나, 모집설립은 주식의 일부를 발기인이 인수하고 잔여주식에 대해 주주를 모집하여 주식을 배정한다.
- **주금납입:** 발행주식의 총수가 인수된 때에는 지체 없이 각 주식에 대한 인수가액의 전액을 취급은행에 납입하고, 취급은행으로부터 주금납입보관증명서를 받는다.
- **발기인총회와 창립총회 개최:** 발기설립은 발기인총회를 통하여 인수한 주식수의 과반수의 결의로 이사 및 감사를 선임하고, 모집설립은 창립총회를 통하여 발기인의 보고를 청취하고, 정관을 승인하고, 이사와 감사를 선임한다.

- **설립경과 조사:** 이사와 감사는 취임 후 회사의 설립에 관한 모든 사항을 조사하여 발기인(또는 창립총회)에 보고한다.
- **대표이사 선임:** 선임 이사들이 이사회를 개최하여 대표이사를 선임한다.
- **설립등기:** 발기설립은 검사인의 조사보고와 법원의 변경처분의 절차가 종료된 때로부터 2주 내에, 모집설립은 창립총회가 종결된 날 또는 변태설립 사항의 변경절차가 종료된 때로부터 2주 내에 설립등기를 한다.

3절 인터넷 쇼핑몰 창업

인터넷 쇼핑몰은 전통 시장과 달리 시간적 · 공간적 제약과 국경이 없다. 고객들은 인터넷에 구축된 가상점포에서 언제 어디서나 비교적 저렴한 가격으로 상품을 구입할 수 있다. 사업자의 입장에서는 운영비가 거의 들지 않고, 상권의 제약 없이 고객들에게 상품을 판매할 수 있다. 인터넷 쇼핑몰은 인터넷 공간에 상품을 진열하고, 판매하는 상점이다. 고객은 오프라인 매장을 직접 찾지 않고, 인터넷 쇼핑몰에서 판매되고 있는 상품을 브랜드, 가격, 품질 등을 비교하며 구매할 수 있기 때문에 시간과 노력을 절약할 수 있다.

1. 인터넷 쇼핑몰의 특징

인터넷 쇼핑몰은 인터넷 환경에 존재하는 가상점포를 말한다. 인터넷 쇼핑몰은 전통시장과 달리 시간적 · 공간적 제약과 국경이 없다. 고객들은 인터넷에 구축된 가상점포에서 언제 어디서나 비교적 저렴한 가격으로 상품을 구입할 수 있다. 사업자의 입장에서는 운영비가 거의 들지 않고, 상권의 제약 없이 고객들에게 상품을 판매할 수 있다.

1) 인터넷 쇼핑몰의 개요

인터넷 쇼핑몰은 인터넷 공간에 상품을 진열하고, 판매하는 상점이다. 고객은 오프라인 매장을 직접 찾지 않고, 인터넷 쇼핑몰에서 판매되고 있는 상품을 브랜드, 가격, 품질 등을 비교하며 구매할 수 있기 때문에 시간과 노력을 절약할 수 있다. 또한 판매자의 신속한 배송으로 신체적 노력을 절약할 수 있다. 이와 마찬가지로 판매자는 물리적 매장이 없이 상품을 인터넷 공간에서 진열 · 판매할 수 있기 때문에 투자비용, 재고비용, 진열비용과 운영비가 매우 적다.

2) 인터넷 쇼핑몰의 특징

인터넷 쇼핑몰은 가상공간에서 판매되는 점포이다. 이러한 인터넷 쇼핑몰은 사업자, 인터넷 환경, 가상 쇼핑몰과 구매 고객이 결합된 사업이다. 사업자는 통신판매하는 비대면적 소매업자이다. 고객과 사업자를 연결하는 인터넷 환경이 구축되어야 한다. 이러한 인터넷 환경은 사업자와 고객이 직접 대면하지 않고, 인터넷 환경에서 접속하여, 주문하고, 주문을 처리하는 사업이다. 가상 쇼핑몰은 인터넷 환경에서 구축된 점포이다. 가상점포에서 구매하려는 고객은 진열상품을 평가하고, 주문절차에 따라 구매를 완료하면, 사업자는 상품을 배송한다. 인터넷 쇼핑몰의 성공 요인은 다양한 상품의 구색, 저렴한 가격정책, 신속한 배송과 사업자의 신뢰이다.

표 2-8 인터넷 쇼핑몰의 특징

	특 징	과 제
사업자	통신판매 하는 비대면적 소매업자	신뢰성과 서비스의 극대화
인터넷	언제 어디서나 구매 가능	주문절차의 용이성과 결제의 안전성
판매	제품정보와 구전효과	전문적이고, 충분한 정보의 제공
쇼핑몰	다양한 상품구색과 배송	다양하고, 독특한 상품과 신속하고, 정확한 배송

2. 인터넷 쇼핑몰의 창업 과정

인터넷 쇼핑몰의 창업 과정은 시장조사로부터 시작된다. 자신의 전문지식, 경험과 관심 분야에 있는 시장과 고객을 조사한다. 시장의 공백과 고객의 요구를 찾아, 아이템을 선정하고, 사업계획서를 작성한다. 인터넷 쇼핑몰 창업에 필요한 사업자등록과 통신판매업신고를 한 후 인터넷 쇼핑몰을 구축하고, 쇼핑몰을 오픈하고 운영하는 과정이다.

그림 2-8 인터넷 쇼핑몰의 창업 과정

시장조사와 아이템 선정 → 사업계획과 사업등록 → 인터넷 쇼핑몰 구축 → 쇼핑몰 오픈과 운영

1) 시장조사와 아이템 선정

인터넷 쇼핑몰의 창업절차는 비교적 간단하고, 쉬운 사업지만, 완전히 정보가 노출된 사업이기 때문에 초기의 시장조사와 아이템 선정은 매우 중요하다. 일시적인 유행이나 경쟁이 심한 아이템은 창업자의 활력을 잃게 한다. 따라서 시장과 고객의 철저한 조사를 통하여 경쟁력이 있는 유통틈새를 찾는 것이 사업의 성공에 매우 중요하다.

(1) 시장조사

인터넷 구매의 편리성으로 고객의 연령층이 다양화되고, 지역적인 한계를 뛰어넘어 고객층이 지속적으로 증가하고 있다. 또 구매결제의 간결화와 다양화, 해외물류의 발달로 해외구매 고객을 표적으로 한 인터넷 쇼핑몰이 증가하고 있는 추세이다. 그러나 인터넷 쇼핑몰은 고객들에게 제품정보가 다 공개되는 완전경쟁에 가까운 시장이 사업자들에게는 한계가 된다. 고객들은 제품정보에 해박한 지식을 갖고 있고, 현명하다. 이러한 고객들을 유인하기 위해서는 철저한 시장조사와 고객에 대한 지속적인 추적관리가 필요하다. 시장조사의 시작은 대형 오픈마켓을 연구하는 것이다. G마켓, 옥션, 11번가, 인터파크, 쿠팡, 티몬 등과 같은 오픈마켓이나 소셜커머스에서 인기상품을 조사한다. 계절, 직업, 연령이나 성별로 소비자 관심사항을 조사한다. 다음은 인터넷 쇼핑몰 창업의 시장조사에 필요한 내용들이다.

- **온라인 시장조사**: 오픈마켓, 대형 종합쇼핑몰과 전문몰, 네이버 검색순위
- **오프라인 시장조사**: 동대문, 남대문 등 도매시장, 백화점, 대형할인점
- **유사업체 벤치마킹**: 경쟁대상 업체의 정보조사

(2) 아이템 선정

인터넷 쇼핑몰 창업자가 선정한 아이템은 사업의 씨앗이다. 씨앗은 사업성공의 원인변수이다. 좋은 씨앗이 좋은 환경에서 좋은 수확을 얻듯이 좋은 아이템이 우수한 결실을 얻는다. 따라서 아이템을 선정할 때 주요 고려 요소는 창업자의 경험, 전문지식과 관심, 틈새제품, 탐색속성이나 경험속성, 표적고객, 재구매율, 제품공급과 재고 등이 있다.

① 창업자의 경험, 전문지식과 관심

인터넷 쇼핑몰 창업은 사업이다. 사업의 성공은 자신의 경험, 전문지식과 관심을 활용할

수 있는 분야에 몰입하는 것이다. 즉, 창업자의 개인적 특질이 사업성공의 관건이다. 취급하는 제품에 대한 전문지식은 고객과의 연결을 강화하고, 고객의 욕구를 충족할 수 있는 기반이다. 또한 전문성은 제품의 공급과 배송을 원활하게 하고, 고객에게 우수한 가치를 제공하고, 고객의 가치 변화에 유연성 있게 대응할 수 있고, 판매수익을 확보할 수 있다. 따라서 창업자는 판매하고자 하는 제품의 정보와 가치를 평가하는 데 전문적인 안목이 있어야 한다.

② 틈새제품

인터넷 쇼핑몰은 제품의 품질, 가격, 특징 등 제품에 관한 정보가 다 노출되어, 구매자들이 비교 · 평가하여 구매하기가 쉽다. 모든 쇼핑몰이 취급하는 제품이라면, 경쟁이 치열하여 가격경쟁력을 얻기가 쉽지 않다. 따라서 고객들에게 새롭고, 신기하고, 독특하고, 더 좋은 제품을 기획하는 것이 바람직하다. 온라인과 오프라인에서 취급하지 않는 틈새제품을 기획하면, 적절한 판매수익을 확보할 수 있고, 잠정적으로 경쟁이 제한된 시장을 가질 수 있다. 틈새제품은 일시적인 유행제품이 아니라 지속적인 성장이 예상되는 소비추세를 반영할 수 있는 제품이어야 한다. 또한 틈새제품은 특정한 매니아층을 형성하는 전문품이거나 오프라인에서 비교적 구매하기 어려운 제품이어야 한다. 따라서 특정한 표적고객의 욕구를 파악하고, 표적고객에 적합한 제품을 포지셔닝한다.

③ 탐색속성이나 경험속성

고객들은 제품을 오감으로 감지하기 전에 인터넷 쇼핑몰에서 제공하는 제품정보에 의존하여 제품을 구매하게 된다. 제품특징, 속성, 가격, 품질과 쇼핑몰의 신뢰성 등을 쉽게 탐색하고, 확신할 수 있는 제품을 취급한다. 제품을 사용해 본 후에도 제품의 속성과 특징을 파악하기 어려운 신뢰속성은 쇼핑몰과 사업자의 깊은 신뢰가 필요하다.

④ 표적고객과 재구매율

표적고객의 선정은 사업의 기둥과 같다. 기둥이 부실하면, 건물이 붕괴되듯이 표적고객이 제품을 구매해 주지 않는다면, 사업은 유지될 수 없다. 취급제품을 먼저 선정하고, 그 제품에 맞는 표적고객을 탐색할 수 있다. 인터넷 쇼핑몰 사업이 성공하려면, 표적고객은 구매력이 있는 수요를 유발할 수 있어야 하고, 제품구매의 편리성을 추구하는 고객이어야 한다. 또한 표적고객에게 재구매율이 높은 제품을 선정해야 한다. 표적고객과 쇼핑몰 커뮤니티를 형성하고, 제품구매의 편리성과 신뢰성뿐만 아니라 표적고객의 자아와 일치시킬 수 있는 제품과 쇼핑몰 이미지 창조에 많은 노력이 있어야 한다.

⑤ 제품공급과 재고

인터넷 쇼핑몰은 사업자와 제품의 유형성을 고객들에게 제공하기 힘든 무형의 사업이다. 따라서 고객의 주문에 신속하게 제품을 공급할 수 있는 적절한 제품재고를 확보하여야 한다. 제품공급자의 적절한 재고확보를 전제로 하지 않는다면, 인터넷 쇼핑몰은 신뢰가 훼손되어 고객들로부터 불만과 항의가 빈발할 수 있다. 적절한 재고가 확보되지 않는다면, 결국 사업은 힘들게 된다. 따라서 제품공급자의 공급여력과 신뢰를 정밀하게 파악해야 한다. 2~3개의 제품공급자를 사전에 확보한다. 다음은 제품공급자 선정 시 고려사항이다.

- 제품공급의 지속성과 적절한 재고
- 반품처리와 배송
- 세금계산서 발행과 판매수익
- 대금결제 조건

2) 사업계획과 사업등록

사업계획 과정은 사업계획서 수립, 사업자등록 및 통신판매신고 등이 있다. 사업계획서는 사업의 과거와 현재 상태를 기술하지만, 주요 목적은 사업의 미래를 표현하는 것이다. 창업은 창업자에게는 새로운 경험이므로 창업 이후에 발생이 가능한 잠재적인 문제를 파악하기 어렵고, 창업절차는 매우 복잡하다. 이러한 문제를 사전에 파악하고 대비책을 마련할 필요가 있다. 사업계획서 수립은 제9장 사업계획서를 참고하기 바란다.

인터넷 쇼핑몰 사업을 하려면, 사업자등록, 통신판매 신고와 부가통신사업 신고 등이 있다. 이러한 등록이나 신고는 각각 기관에 관계없이 거의 유사하다. 통신판매 신고는 전기통신매체, 광고물 등을 통해 소비자와 직접 상거래가 이루어지는 통신판매업을 하는 경우 신고하는 민원사무이다.

표 2-9 등록 및 신고 유형

사업자등록	통신판매 신고	부가통신사업 신고
• 세무서 • 등록비: 무료 • 즉시 발급	• 인터넷 가능 • 등록비: 45,000원 • 구청	• 자본금 1억 이상 • 체신청

3) 인터넷 쇼핑몰 구축

인터넷 쇼핑몰 구축의 첫 단계는 도메인을 선정하고 등록하는 것이다. 도메인이 확보되면, 자사의 사이트를 구축하고, 제품을 판매할 공간인 쇼핑몰을 제작한다. 또한 자사의 쇼핑몰뿐만이 아니라 기존의 대형 쇼핑몰이나 오픈마켓 입점을 계획한다.

(1) 도메인 선정 및 등록

도메인(domain)은 인터넷 숫자로 이루어진 인터넷상의 컴퓨터 주소를 알기 쉬운 영문으로 표현한 것으로 인터넷상의 주소이다. 도메인은 도메인 공인기관에서 구매한다. 도메인의 이름은 짧고, 기억하기 쉽고, 간단해야 한다. 그러나 이러한 좋은 이름은 이미 다른 사람들이 확보하고 있을 것이다. 도메인은 연회비를 사용료로 지급하는데 2~3만 원 내 · 외이다. 다음은 주요 도메인 공인기관이다.

- 후이즈: http://www.whois.co.kr
- 가비아: http://www.gabia.com
- 아이네임즈: http://www.i-names.co.kr

(2) 사이트 구축과 기존 쇼핑몰 입점 결정

쇼핑몰 창업자는 자신의 사이트와 기존 쇼핑몰을 통해서 제품을 판매하는 것이 바람직하다. 오프라인에서 제품을 판매하려면 상품을 진열할 수 있는 매장이 있어야 하듯이 온라인에서 상품을 판매할 수 있는 매장이 바로 사이트이다. 이 사이트에 제품을 진열하고, 고객이 주문과 결제하는 공간이 바로 쇼핑몰 사이트이다. 인터넷 쇼핑몰에서 제품을 판매하려면 자신의 사이트나 기존 쇼핑몰 입점이 있어야 한다. 따라서 자신의 사이트를 구축하고, 호스팅 서비스를 이용하거나 기존 쇼핑몰 업체에 입점하는 것을 고려한다.

① 사이트 구축과 호스팅

도메인은 인터넷 주소를 확보한 것이지만, 고객들이 알지 못한다. 고객들이 알고 자신의 도메인을 찾아 방문하려면, 자신의 사이트가 구축되어야 한다. 쇼핑몰 사이트를 구축하면, 서버를 갖고 있어야 하나 비용이 많이 든다. 그래서 서버는 연회비를 지급하고 사용하는데, 이때 쇼핑몰 프로그램까지 호스팅 받으면 된다. 대부분 도메인 등록업체가 인터넷 쇼핑몰 운영자를 위한 호스팅 사업까지 한다. 호스팅(hosting) 서비스는 서버와 네트워크를 갖춘 사업자에게 월별로 일정 금액을 지급하고, 임차한 온라인상의 공간을 사용하는 것이다. 인터넷 쇼핑몰을 시작하는 사업자는 비교적 어려움 없이 시장에 진입할 수 있는 장점이 있다.

먼저 네이버, 다음이나 구글 등을 통해서 쇼핑몰에 고객들이 들어오도록 해야 한다. 이러한 검색엔진을 통해서 방문을 유도하려면, 호스팅이 완료된 후 네이버, 다음, 네이트 등 검색엔진에 자사의 사이트를 등록한다. 고객들은 대부분 검색엔진을 통해서 유입된다. 따라서 검색엔진 등에 키워드 광고 등을 기획하는 것이 필요하다.

② 인터넷 쇼핑몰의 종류

인터넷 쇼핑몰은 틈새유통 사업이다. 판매방식에 의한 쇼핑몰 종류는 단독형 쇼핑몰과 입점형 쇼핑몰이 있고, 입점형 쇼핑몰은 종합대형 쇼핑몰, 오픈마켓, 카페, 소셜커머스, B2B 판매 등이 있다. 단독형 쇼핑몰은 사업자가 자신의 독립된 가상점포에서 판매하는 쇼핑몰이고, 입점형 쇼핑몰은 다른 사업자가 구축한 가상점포에 일정한 수수료를 받고 상품을 판매해 주는 가상점포이다. 또 운영 형태, 규모 등에 따라 종합쇼핑몰과 전문 쇼핑몰이 있고, 이런 경우는 독립된 주소를 가지고 있는 인터넷 쇼핑몰이다.

그림 2-9 인터넷 쇼핑몰의 종류

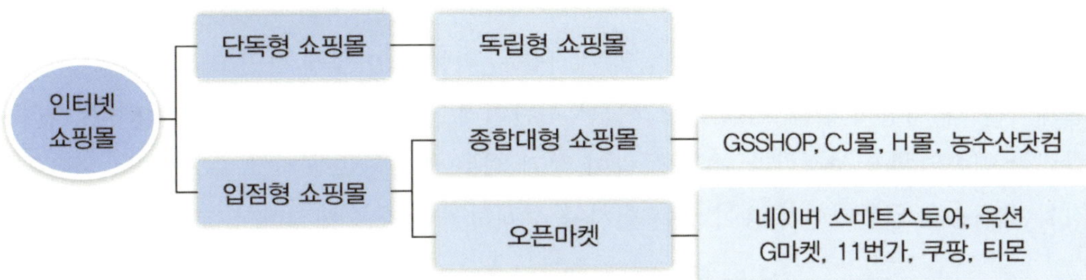

표 2-10 인터넷 쇼핑몰의 특징

구 분	설 명
단독형 쇼핑몰	• 사업자가 자신의 가상점포에서 자신의 상품을 판매하는 방식 • 운영비가 들고, 쇼핑몰 홍보에 한계가 있다.
입점형 쇼핑몰	• 대형 인터넷 쇼핑몰에 입점 · 판매방식: GSSHOP, CJmall, 인터파크 등 • 제품 경쟁력이 있는 판매자에게 적합하며, 대형 인터넷 쇼핑몰의 고객을 활용할 수 있으나, 판매수수료를 지급해야 한다.
오픈마켓	• 특정한 업체가 개설한 인터넷 쇼핑몰을 통해 구매자에게 직접 상품을 판매할 수 있도록 하는 전자상거래 사이트: 네이버 스마트스토어, 옥션, G마켓, 11번가 등 • 온라인 판매경험이 없거나, 저렴한 가격에 상품공급이 가능한 판매자에게 적합

오픈마켓은 판매자 활동 및 구매자 활동을 동시에 할 수 있는 인터넷 장터이다. 대표적인 오픈마켓은 G마켓, 옥션, 11번가 등이 있고, 이들은 시스템을 제공한 대가로 판매자 회원들에게 상품등록수수료, 판매수수료, 광고수수료 등의 수익구조를 갖고 있다. 네이버 스마트스토어는 네이버의 다양한 판매 영역과 검색 결과에 상품을 노출할 수 있어 이용자를 빠르게 만나고, 네이버페이 결제수수료를 제외하고는 거의 추가 운영비가 없어 안정적이다.

③ 상품등록

오프라인에서 제품을 판매하려면 매장에 상품을 진열한다. 상품진열이 바로 쇼핑몰 사이트에 상품을 등록하는 것이다. 상품등록은 과장되지 않고, 사실적인 정보를 자세하게 전달한다. 제품사진은 고객에게 제품구매를 유도하는 도구이다. 제품사진은 실물이 명확하고, 정확하게 표현되어야 하고, 스토리가 있는 사진이면 더욱 훌륭하다. 그러나 저작권이 있는 사진을 사용해서는 안 된다.

④ 주문결제시스템과 택배

인터넷 쇼핑몰 사용자는 대부분 제품을 주문하고, 대금결제를 카드로 한다. 온라인 카드결제시스템은 쇼핑몰 호스팅 업체에서 서비스를 해주기 때문에 의뢰하면 된다. 무통장이나 계좌입금을 하는 고객을 위해 모든 은행의 계좌를 준비한다. 이렇게 하면 고객들이 주문한 후 결제하는 데 이상이 없다. 인터넷 고객들은 시간이 없고 급하다. 배송은 경쟁력이다. 따라서 확실한 배송업체를 선정한다. 초기 물량이 적기 때문에 배송료가 비쌀 수 있지만, 신속하고 정확한 배송을 원한다면 신용이 있는 회사를 선택하여 계약을 체결한다.

4) 쇼핑몰 오픈과 운영

고객들은 인터넷 쇼핑몰에 저절로 오지 않는다. 고객들을 유인하려면 홍보가 필요하다. 홍보는 자극제가 있어야 하기 때문에 흥미 있고, 매력 있는 이벤트를 기획한다. 할인 이벤트, 사은품 이벤트, 회원 로그인이나 구매 후 이벤트 참여 등으로 고객들을 유인하는 자극제를 기획한다. 메일링, 게시판, 후기 등을 통해 고객과의 접점을 강화하고 고객층을 파악한다. 고객은 왕이다. 그렇기 때문에 고객들은 특별한 대우를 받고 싶어 하고, 특별한 대우가 있는 쇼핑몰을 찾는다. 또한 고객들은 불안하다. 불안은 위험

이다. 고객들의 지각된 위험을 감소하는 것은 신뢰이다. 신뢰구축은 바로 쇼핑몰의 매출이다. 고객으로부터 신뢰를 받으려면 일관성이 있는 정책이 필요하고, 고객의 실수나 반품에 대한 신속한 고객응대로 회복시켜주어야 한다. 신속한 배송, 신속한 환불, 신속한 고객응대는 신뢰의 기반이고, 신뢰는 충성고객을 만들고, 충성고객은 회사의 매출과 수익에 기여한다.

고객들은 연대의식이 있고, 다른 고객들과 정보와 의견을 공유하고 싶어한다. 자료는 항상 최신의 것으로 갱신하고, 고객들 간의 커뮤니티, 고객과 쇼핑몰 사업자 간의 커뮤니티를 구축하기 위해 네이버, 다음 등의 까페나 블로그를 개설하여, 쇼핑몰의 홍보수단으로 활용할 뿐만 아니라 다양한 콘텐츠를 고객들에게 제공한다. 이렇게 할 때 고객들과의 친밀감과 연대감이 강화되고, 고객들은 자발적으로 긍정적인 구전을 전파하는 쇼핑몰의 홍보대사가 된다.

4절 창업기업의 성공 요인

1. 창업기업의 특징

창업기업은 소유자나 관리자가 매우 높은 개인화된 경영방식이 있고, 소수의 종업원을 고용하며, 산업 내에서 중요도가 적은 독립적인 조직이다. 오늘날 창업기업은 대기업보다 상당히 창조적이고 혁신적인 경향이 있을 뿐만 아니라 고용의 주요 원천이다. 창업기업이 경제적으로나 사회적으로 중요하나 높은 실패율은 전반적으로 경제나 사회에 해롭다.

1) 창업기업의 특징

창업기업은 시장에 밀착하고, 유연성과 적은 이익으로 운영할 능력을 갖고 있고, 신속하게 의사결정을 할 수 있다. 그러나 자금, 인적, 물적이나 정보자원이 제한적이다. 일반적으로 창업기업은 산업 내에서 상대적으로 규모가 작고, 끊임없는 불확실성에 직면하고, 공식적인 전략을 계획하지 않고, 즉흥적으로 경영하는 바람직하지 못한 경영방식을 갖고 있다. 또한 소유자나 관리자의 매우 높은 개인화된 경영방식에 대부분 의존하고 있다. 창업기업은 대기업에 비해 유연성, 혁신과 간접비에서는 유리하나, 시장 지배력, 네트워크 접근, 자본과 경영자원에서 한계가 있다. 많은 창업기업의 경영자들은 마케팅, 정부규제, 자본조달과 조직관리에서 문제를 경험한다. 창업기업의 종업원들은 대기업의 종업원보다 매우 높게 동기를 받고, 다양한 업무를 수행하고, 그들의 사장과 더욱 밀접하게 일한다. 이러한 방식들이 대기업과 다른 특성의 마케팅을 수립하고 실행해야 할 이유이다.

2) 기업가의 개인적 특질

중소기업의 경영에서 소유자가 회사의 전반적인 경영을 책임지는 것이 일반적이다. 즉, 중소기업에서 기업가들은 사업 자체와 분리할 수 없는 경우가 많다. 중소기업의 마케팅 지식은 대체로 기업가의 마케팅 지식에 의존한다. 회사경영에 관한 기업가의 영향력을 지나치게 과장한 측면이 있지만, 기업가의 관리능력은 기업성공이나 실패의 가장 중요한 결정 요인이다. 기업가들이 모두 동일한 것은 아니지만, 신념, 이상, 선호, 경험과 지식은 본질적으로 중소기업 그 자체이다. 그러나 기업을 창업하는 이유, 교육, 경험, 전략적 경영능력과 성장에 대한 태도는 각각 다르다. 기업가의 특질을 직관과 계획, 성장에 대한 태도와 개인적 특징 등 측면에서 살펴본다.

그림 2-10 중소기업 소유자의 특질

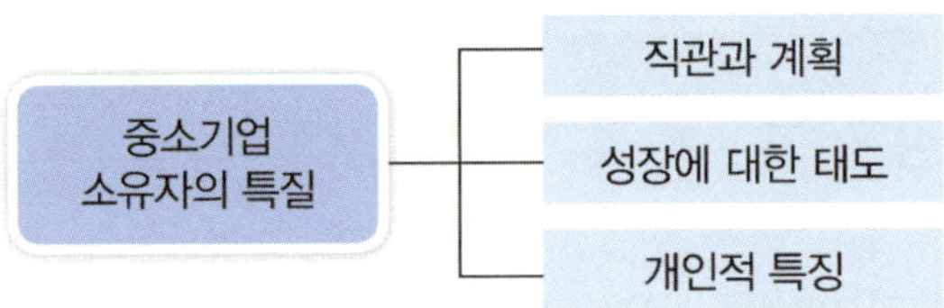

(1) 직관과 계획

기업가는 자원의 제약으로 사업에 관하여 전략적으로 생각할 시간이 없다. 일반적으로 기업은 계획체계에서 공식과 비공식의 영리한 균형을 이루어야 한다. 기업가들은 공식적인 전략계획이 사업에 이익이 된다는 것을 잘 믿지 않는다. 많은 성공적인 중소기업이 전략경영을 실행하지 않았다는 증거도 있다. 이러한 현상은 복잡한 이론과 수준 있는 공식절차를 기업가들이 사용하지 않을 뿐만 아니라 정교한 계획과 관리기법보다는 오히려 비공식적인 경영실무와 직관에 따라 경영하는 것을 선호한다. 이것은 많은 마케팅 이론이 대기업을 위한 것으로 중소기업을 위한 이론이나 기법이 거의 없기 때문이다.

(2) 성장에 대한 태도

기업가의 성장에 대한 태도의 하나는 기업의 규모가 작을 때 독재 경영방식이 성공한다는 것이다. 그러나 회사가 성장함에 따라 경영방식과 조직구조가 변화할 필요성이 있다. 중소기업은 대기업에 비하여 자원의 제약이 많기 때문에 새로운 경영방식의 도입과 혁신이 오히려 더 필요하다. 회사의 성장은 기업가의 이미지와 회사가 활동하는 시장에 달려 있고, 이러한 경영환경은 직관과 독재 경영방식을 탈피할 필요가 있다. 따라서 기업가에게 혁신과 과학적인 경영방식이 기업의 성장에 중요한 의미가 있다.

(3) 개인적 특징

사람들은 성공과 성취를 향한 지름길을 찾는 데 많은 시간을 허비한다. 성공한 사람들은 성공한 이유가 있고, 실패한 사람은 실패한 요인이 각각 있다. 그래서 성공한 창업가의 개인적 특징을 살펴보는 것은 창업가에게 매우 유용할 것이다. 다양한 경로를 도전한 많은 기업가의 성공사례를 정리해 보면 창업기업을 경영하는데 많은 도움이 될 것이다. 새로운 기업을 일으켜 성공에 오른 창업자들은 위험에 대하여 도전적이고, 업무에서는 정열적인 자세를 갖고 있다. 그들은 창업기업의 특유한 장점과 단점을 알고, 이에 적합한 이론과 기법을 개발하여 회사를 경영한다. [그림 2-11]은 중소기업을 더 혁신적인 경영방식으로 자원의 한계를 극복한 성공한 창업기업의 소유자나 경영자들의 특질이다.

그림 2-11 성공한 창업기업가의 특질

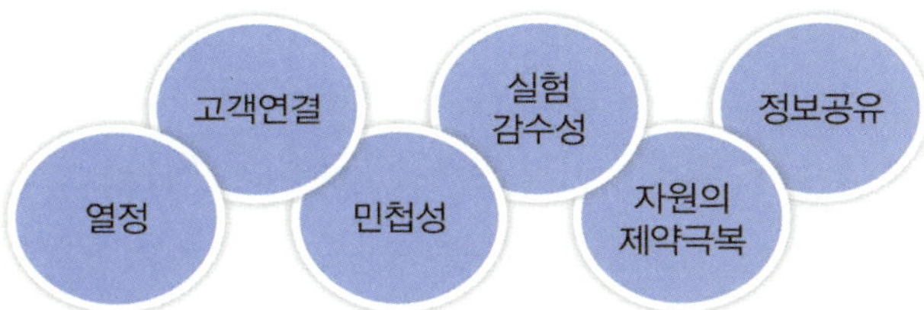

- **열정**: 기업가들은 사업성공에 관심이 있고, 새로운 구상과 아이디어에 개방적이다.
- **고객연결**: 고객욕구를 잘 알고, 충족하기 위해 고객과 밀접하게 연결되어 있다.
- **민첩성**: 기업가들은 변화하는 환경에 더 쉽게 적응할 수 있다.
- **실험 감수성**: 기업가들은 어떤 실험에 대한 실패위험을 기꺼이 감수하려고 한다.
- **자원의 제약극복**: 기업가는 자원이 적지만, 적은 것보다 많은 역할을 하는 데 능숙하다.
- **정보공유**: 아이디어 공유에 대한 사회적 네트워크가 있다.

2. 중소기업의 성공 요인

대기업은 언제나 승리의 좋은 기회를 갖고 있는 것처럼 보인다. 실제로 중소기업은 좋아하는 부문에서 사업을 하는 고유한 영역을 갖고 있다. 경쟁우위를 확인하고, 유연하게 혁신을 유지하고, 고객과 밀접한 관계를 구축하고, 품질을 위해 노력한다면, 중소기업을 경영할 때 성공을 달성할 기회는 증가할 것이다. 사업에 성공하기 위해서 경쟁자가 제공하는 것보다 더 큰 가치를 고객에게 제공해야 한다. 가치는 기업에게 경쟁우위를 제공한다. 경쟁우위가 더 강력하고, 더 오랫동안 유지될수록, 고객을 획득하고 유지하는 기회는 더욱 증가한다. 사업은 경쟁자보다 더 좋게 제공하는 상품이나 서비스를 가져야 한다. 그렇지 않다면 시장의 압력은 사업을 진부하게 만들 것이다. 중소기업은 고유의 경쟁우위를 활용해야 시장에서 성공할 수 있다. 따라서 중소기업의 경쟁우위이자 성공비결은 혁신, 유연성과 고객과의 밀접성 등이 있다.

그림 2-12 중소기업의 성공 요인

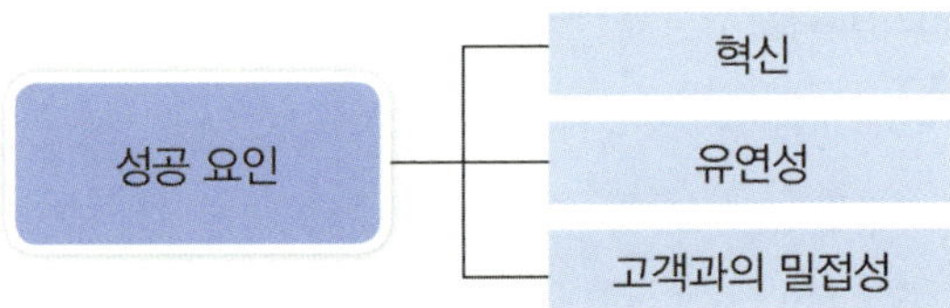

1) 혁신

실제로 혁신(innovation)은 독립적인 발명가와 중소기업에서 온다. 그 이유는 무엇인가? 대부분 대기업의 연구개발 부서는 회사가 이미 만든 제품의 개선에 집중하는 경향이 있다. 이러한 관행은 회사가 거대한 공장과 설비투자로부터 이익을 창출하려는 동시에 기존 제품과 관련된 새로운 아이디어와 제품을 개발하는 경향이 있다. 예를 들면, 이동통신회사들은 고객들에게 더 좋은 서비스를 제공하기 위해 중계국을 계속적으로 확장하고, 새로운 부가서비스를 제공한다. 이와 달리 중소기업은 매일 많은 발명에 몰입한다.

중소기업은 새로운 기술과 시장을 도입하고, 새로운 시장을 창조하고, 새로운 제품을 개발하고, 새로운 아이디어와 행동을 촉진해야 한다. 기존 제품공정, 아이디어와 사업을 새롭고 개선된 것으로 대체하는 것을 창조적 파괴(creative destruction)[1]라고 한다. 그러나 이것은

1) Joseph A. Schumpeter (2013), *Capitalism, Socialism and Democracy*, Routledge.

그림 2-13 혁신의 유형

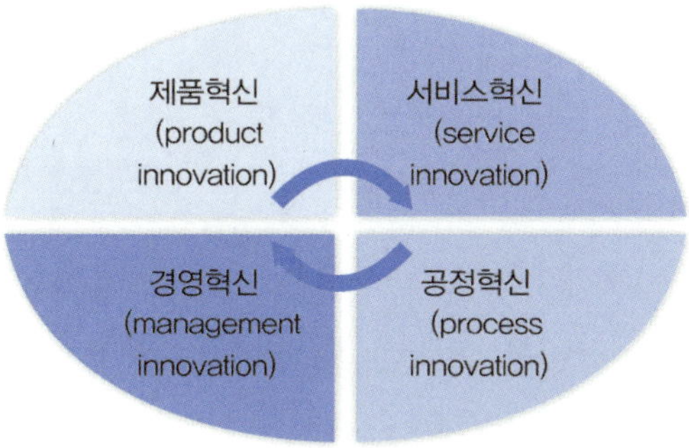

- 제품혁신: 새롭거나 개선된 제품의 개발
- 서비스혁신: 새롭거나 변경된 서비스의 제공
- 공정혁신: 물리적 투입을 조직하는 방법의 발명
- 경영혁신: 경영자원을 조직하는 새로운 방법의 창안

쉬운 과정이 아니다. 변화는 위협적이지만, 변화의 이면에는 위협과 기회의 양면성이 동시에 상존하고 있기 때문이다. 중소기업이 신기술을 개발할 때 창조적 파괴에 이르는 변화의 추진력이 발생한다. 슘페터(J. A. Schumpeter)의 주장처럼 중소기업은 혁신을 창조할 때 중요한 역할을 한다. 다음은 중소기업이 창조하는 혁신의 유형이다.

2) 유연성

유연성은 실수, 오류와 비효율을 수정하는 데 도움이 된다. 유연성(flexibility)은 쉽게 변경할 수 있는 권한과 시스템을 의미한다. 변경할 권한을 갖는다면 유연한 것이다. 유연성은 기업운영의 시스템에서 나온다. 기업운영의 시스템은 변경에 반응할 때 쉽고 신속하여야 한다. 변경에 더 유연한 기업을 만들 수 있는 시스템과 제도가 성공의 핵심 요소이다. 변경에 반응하는 속도는 경영에서 정확한 유연성이다. 그래서 재조정하고, 변경하고, 추진하는 유연성은 중요하다. 환경이 시간을 통하여 변경할 수 있기 때문에 사업은 언제나 불확실하다. 따라서 유연성이 환경을 수용할 필요가 있다.

3) 고객과의 밀접한 관계

중소기업가들은 고객과 이웃을 개인적으로 잘 알고 친밀하다. 이러한 친밀성으로 고객의 욕구와 필요를 직접 알고, 개인화된 서비스를 제공할 수 있다. 반면에 대기업은 마케팅조사의 제한된 표본을 통해서만 고객을 알게 된다. 고객을 개인적으로 알게 되면, 중소기업은 전문품, 개인화된 서비스와 품질에 근거하여 경쟁우위를 구축할 수 있고, 대량생산으로 얻는 거대기업의 저가격과 맞서 경쟁할 수 있다. 특히 중소기업은 고객과 구축하는 라포(rapport)[2]가 매우 중요하다는 것을 언제나 기억해야 한다.

2) 상호 간에 신뢰하며, 감정적으로 친근감을 느끼는 인간관계.

INSIGHT 혁신의 딜레마(Dilemmas of Innovation)3)

- 혁신은 미지, 경영은 관리에 관한 것이다. 알려지지 않은 것을 어떻게 관리하는가?
- 혁신은 규칙을 파괴하는 것이다. 규칙을 파괴하는 사람들은 조직에서 오래 있지 못한다.
- 고객욕구를 다루기 때문에 혁신은 성공한다. 그러나 고객에게 욕구를 물을 때 고객은 자신의 욕구를 알지 못하거나 설명할 수 없다.
- 혁신은 위험하다. 혁신하지 않는 것은 더욱 위험하다.
- 혁신은 혁명적이거나 진화적이다. 위험과 수익은 다르고, 또 양자는 다른 구조와 경영 스타일을 필요로 한다.
- 자주 혁신하는 회사는 잠재적인 수익이 있을 때도 자신의 제품을 진부하게 한다.
- 혁신은 기술적으로 복잡하고 비용이 들지만, 대부분의 비약적인 혁신은 상당한 예산이 있는 대기업이나 R&D 실이 아니라 개인 발명가와 기업가에서 온다.
- 혁신을 기획하는 사람들은 새로운 상품이나 서비스를 완벽하게 하려고 하지만, 시장은 완벽한 것이 아니라 충분히 좋은 것을 원한다. 혁신을 최적으로 만드는데 필요한 추가적인 시간과 돈은 고객이 지급할 가격을 높이고 기회의 창을 잃는 결과가 된다.
- 혁신이 천재나 수재와 관련이 있더라도 끈기의 기능이 있다.
- 혁신이 게임의 규칙을 파괴하지만, 또한 완전히 다른 게임을 수반한다.
- 시장에 처음으로 출시하는 것이 성공과 관련이 있는 것도 아니고 두 번째와 세 번째 출시하는 것이 실패와 관련이 있는 것도 아니다.

3. 중소기업의 실패 요인

중소기업의 실패율은 한 마디로 혼란스럽다. 실패율은 60%에서 10%로 매우 다른 수치를 갖고 있기 때문이다. 실패율에는 많은 요인들이 빠져있고, 산업에 따라서 다양하다. 또한 실패율의 차이를 설명하는 중요한 요인은 기간 설정이 다르다. 기간 설정은 여러 의미가 있다. 실제로 다양한 이해관계자 집단들이 평가에 사용된 기준에 따라서 동일한 기업을 동시에 성공과 실패로 판단할 수 있다. 중소기업은 자금부족과 마케팅의 부적절성으로 대기업보다 상당히 취약하다는 견해는 일반적이다. 비호의적인 경제상황, 부적절한 사업계획과 관리능력과 같은 요인이 결합된 취약성은 중

3) Morris, Pitt and Honeycutt(2001).

소기업의 실패와 관련이 있다.

중소기업의 실패 원인은 대체로 마케팅 능력의 부족, 경영의 부적절성, 자금의 부적절성과 외적 요인 등이 있다. 경영의 부적절성은 기업실패에서 가장 빈도가 높다. 이것은 모든 비행기의 추락을 조종사의 실패라고 설명하는 것처럼 모두 포괄하는 설명이다. 또는 경제침체와 같은 환경이나 외적 요인이다. 이러한 요인은 서로 관련이 없는 독립적인 요소가 아니다. 침체되는 경제는 기업의 판매를 위축시키고, 이것은 부정적으로 기업의 현금흐름에 영향을 준다. 자금의 부적절성이나 자금의 부족이 있다. 이러한 현금흐름 문제를 관리하기 위한 지식이나 경험이 부족한 소유자는 기업실패를 보게 될 가능성이 크다.

그림 2-14 중소기업의 실패 이유

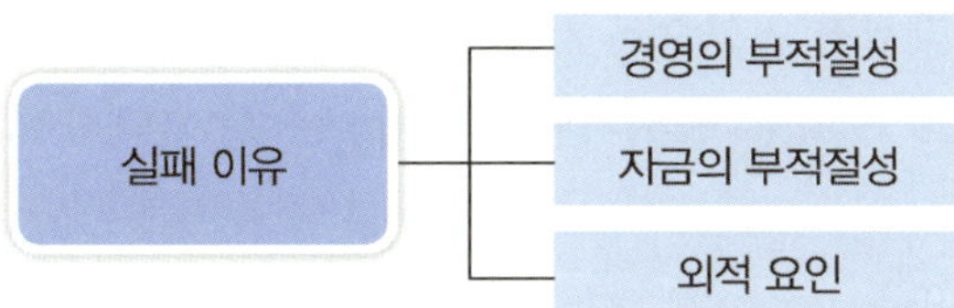

1) 경영의 부적절성

경영의 부적절성은 일반적으로 중소기업 실패의 주요 원인이 된다. 소유자나 경영자의 경영무능 때문에 일어난다. 구체적으로 경영의 부적절성은 행동문제, 경영기술의 부족, 특정한 기술능력의 부족과 마케팅 근시안(marketing myopia)[4]을 포함한다. 자원이 상대적으로 부족하기 때문에 중소기업은 계획을 직관적인 방법으로 선택하는 경향이 있다. 중소기업은 전략계획을 개발할 뿐만 아니라 계속적인 갱신으로 수행할 필요가 대기업보다 오히려 더 많이 있다. 그런데도 많은 기업가들은 전략적인 계획을 수립하지 않고, 직관에 따라 경영을 하고, 직원을 정확하게 선택하거나 관리할 능력을 갖고 있지 않다.

2) 자금의 부적절성

자금문제는 창업자금, 현금흐름과 자금관리 등 세 측면에서 분류된다. 기업은 사업운영을 시작할 때 자금이 필요하다. 창업자들은 창업 시 운영에 필요한 자금을 과소 추정한 경우가 많다. 창업 이후 필요자금의 과소추정은 너무 낙관적인 자금흐름 추정에 원인이 있다. 필요자

4) 테오도르 레빗(Theodore Levitt) 하버드대 교수는 마케팅 근시안을 먼 미래를 예상하지 못하고 바로 앞에 닥친 상황만 고려한 마케팅이라고 한다. 근시안적 시각을 가진 조직 또는 기업은 오래 갈 수 없다. 사업단위를 제품이 아니라 고객의 욕구로 정의할 것을 제시한다.

금에 대한 계획의 실패가 곧 사업실패로 연결된다.

양호한 현금흐름관리는 기업의 생존에 필수적이고, 중소기업은 특히 세밀한 주의를 요한다. 중소기업은 채권관리와 같은 효과적인 자금통제를 개발하고 유지해야 한다. 기업가는 적어도 회계와 자금에 기본적으로 친숙해야 하며, 사업을 관리하기 위해 회계사의 충고에 유의해야 한다.

3) 외적 요인

사업에서 경제환경은 가장 중요하다. 대체로 경제환경이 중소기업 실패의 30~50% 사이라고 한다. 경제성장률, 환율, 이자율과 실업률의 경제적 요인은 실패에 미치는 영향이 크다. 이러한 외적 경제변수의 잠재적 영향으로 기업가는 계획자가 되거나 잠재적 우발성이나 변화를 다룰 필요가 있다. [표 2-10]은 중소기업의 실패 이유를 요약하여 설명한 것이다.

표 2-11 중소기업의 실패 이유

경영의 부적절성	자금의 부적절성	외적 요인
• 사업계획의 실패 • 사업운영관리의 경험부족 • 비효율적인 인력충원 • 불충분한 의사소통 기술 • 충고의 실행이나 반응의 실패 • 과거실패의 학습 무시 • 경쟁 무시와 혁신실패 • 고객기반의 다양화 실패 • 비효과적인 마케팅전략	• 현금흐름 문제 • 불충분한 최초자금 • 부적절한 자금기록 • 회계사의 통찰력 미활용 • 부적절한 자금확보전략 • 성장에 추가되는 자금부족	• 경제침체 • 실업증가 • 이자율 상승 • 고객이 원하지 않는 제품이나 서비스 • 대항하기 어려운 해외경쟁 • 사기 • 재난

4. 창업기업의 성공 요인

창업기업은 기존고객이 없어 새로운 시장에서 신규고객을 확보해야 한다. 이러한 신규고객은 경쟁자의 고객일 수 있고 새로 개척하는 고객일 수 있다. 고객을 확보하고 판매를 확대하기 위해서는 창업기업은 기존기업보다 더 정밀하고 새로운 방식의 전략이 요구된다. 그러나 신설기업은 정보나 자료가 거의 없고 경험이나 노하우도 적다. 따라서 사업을 성공적으로 경영하기 위해서 중소기업의 성공과 실패 요인을 참고할 만하다. 창업에 성공하기 위해 창업 전에 사업 성공전략을 수립할 사항을 확인할 필요가 있다. 따라서 성공 요인은 이익을 창출할 만한 시장규모와 정의, 충분한 자금확보, 유능한 종업원의 확보와 유지, 그리고 정확한 정보수집 등이 있다.

그림 2-15 창업기업의 성공 요인

- 시장규모와 정의
- 충분한 자금확보
- 유능한 종업원의 확보와 유지
- 정확한 정보수집

1) 시장규모와 정의

누가, 왜, 상품과 서비스를 구매하는가? 마케팅 기법은 제품을 구매하는 고객이 누구인지, 그리고 고객이 원하는 것이 무엇인지, 즉 표적고객과 제품을 발견하는 데 도움이 된다. 이러한 정보가 있다면, 특정한 상품이나 서비스를 제공하는 수익성에 관하여 현명한 의사결정을 할 수 있다. 사업을 시작하기 위해서는 시장규모가 충분히 크고, 잠재고객들이 공통적으로 갖고 있는 것과 잠재고객들이 좋아하거나 싫어하는 것을 파악하여, 고객들에게 가장 가치 있는 것을 제공하고, 경쟁우위를 유지해야 한다.

2) 충분한 자금확보

기업가들은 충분한 창업자금의 확보 없이 창업을 시작하려고 한다. 신생기업의 생명선은 현금이다. 취약한 자금은 성공의 기회를 약화시킨다. 수익은 궁극적인 목표이지만, 부적절한 현금흐름은 혈액공급을 차단하여 성장의 기회를 제한한다. 따라서 창업자본을 조달할 때 현금흐름을 고려한 현명한 계획이 필요하다.

3) 유능한 종업원의 확보와 유지

유능한 인재의 확보와 유지는 중소기업에게는 어려운 과업이다. 중소기업은 직원선발에 충분한 시간을 들이지 않고, 우발적으로 채용하는 경향이 있다. 사업을 시작하기 전에 직원을 고용하고, 훈련하고, 동기를 부여하여야 한다. 고용한 종업원은 가장 가치 있는 자산인 동시에 창업의 동반자이다. 사업을 성공적으로 만드는 것은 종업원의 기술, 지식과 정보이다. 이러한 무형자산을 지식자본이라 한다.

4) 정확한 정보수집

조직의 경영자들은 모든 관련 정보를 얻기 전에 의사결정을 하는 것이 어렵다. 다양한 정보원으로부터 자문을 받고 몇 가지 유리한 점을 고려한다면 더 정확한 그림을 그릴 수 있다. 따라서 시장과 고객에 관한 정확한 정보를 수집하고 분석할 수 있어야 한다. [표 2-12]는 창업정보를 얻을 수 있는 유용한 웹사이트이다.

표 2-12 창업정보 웹사이트

번호	기 관	웹사이트
1	창업진흥원	http://www.kised.or.kr
2	소상공인시장진흥공단	http://www.semas.or.kr
3	서울산업통상진흥원	http://www.sba.seoul.kr
4	소상공인포털	http://www.seda.or.kr
5	중소기업연구원	http://www.kosbi.re.kr
6	중소기업진흥공단	http://www.sbc.or.kr
7	중소기업청	http://www.smba.go.kr
8	창업보육네트워크시스템	http://www.bi.go.kr
9	창업정보관리시스템	http://www.changupnet.go.kr
10	한국산업단지공단	http://www.kicox.or.kr
11	한국창업보육협회	http://www.kobia.or.kr
12	창업넷	http://www.k-startup.go.kr
13	중소벤처기업부	http://www.mss.go.kr/site/smba/main.do
14	기업마당	http://www.bizinfo.go.kr
15	소상공인마당	http://www.sbiz.or.kr

03

사업기회

- 1절 사업기회
- 2절 비즈니스 모델

FOCUS

인재제일과 사업보국의 이병철 회장

◆ 첫 사업의 실패와 교훈

삼성그룹 창시자인 이병철 회장(1910~1987)은 부모의 일본 유학 반대로 효성그룹의 창업주인 조홍제를 찾아가 일본 유학 자금을 사정했다. 일본 유학 경비 500원을 빌려준 조홍제의 도움으로 그와 함께 일본에 유학하였다. 1929년에 와세다대학교 정치경제학과에 입학했다. 유학 초기 한동안 책에 빠졌다가 틈만 나면 곳곳의 공장을 방문해서 일본 공업의 실상을 파악하였다. 대학 시절부터 이병철은 기업인의 꿈을 꾸었다. 대학 시절 공부에 열중하고 스스로 충실하게 생활했으나 1학년 때 건강 악화로 쉽게 지치고 조금만 책을 읽어도 쉽게 피로해지는 증상이 생겨 휴학계를 내고 온천을 찾아다니며 병을 치료했으나 소용이 없었다. 결국 1931년에 대학을 자퇴하고 귀국하였다.

고향에서 특별히 할 일 없이 무위도식하던 이병철은 친구들과 노름판에 빠졌다. 회한과 두려움에 며칠 꼬박 새웠으나 자신에게 맞는 사업을 구상하기 시작했다. 사업을 하겠다고 결심을 굳힌 그는 며칠 후 아버지에게 자신의 생각을 말했다. 그러자 아버지는 별말 없이 아들에게 선선히 사업자금을 내주었다. 그는 장사할 곳으로 경성부터 부산, 대구 등지를 직접 물색하여 생각해 보았으나 고향 인근의 항구 마산이 떠올랐다. 쌀을 생각한 그는 마산은 조선 각지에서 생산한 쌀을 수집하여 도정해서 일본으로 보내는 도정공장이 있는 것을 알아냈고, 바로 마산에서 1936년 고향 친구인 정현용, 박정원과 동업으로 도정공장과 협동정미소를 운영하기 시작했다. 그러나 중일전쟁의 여파로 사업이 부진하여 이병철 회장은 정미소, 자동차 회사와 김해 땅을 모두 팔아 은행 빚을 갚고 나니 잔여재산이 거의 없었다. 그러나 정미소와 운수회사의 실패는 귀중한 교훈이었다.

◆ 치밀한 준비와 사업환경을 보는 눈

이병철 회장은 1938년 3월 29세에 3만 원의 자본금으로 대구에 삼성상회를 창업하였고, 1941년에 주식회사로 전환하였다. 청과류와 어물 등을 생산자로부터 공급받아 도 · 소매와 중국 수출로 사업을 확장하고, 1942년 조선양조를 인수하고, 1947년 경성으로 상경하여 다음 해 삼성물산공사를 창설하고, 무역업을 확대하였다. 그는 1950년 초 일본공업시찰단원의 한사람으로 선정되어 출국하였다. 일본 제조업, 수공업과 전후 공업시설 복구현장을 직접 시찰하고 귀국하였으나, 서울에서 6·25전쟁을 맞았다. 그래서 부산으로 피난을 떠나 부산에서 1951년에 다시 삼성물산을 설립하여 무역업을 시작하였고, 홍콩 등지에서 비료와 설탕을 수입해 국내에 팔았다. 이때 벌은 수익을 1953년 전쟁으로 미래가 불확실한 상황에서도 제조업에 투자하였다. 이병철 회장은 사업보국의 뜻을 펼치기 위해 제일제당과 제일모직을 설립하여 수입대체산업 육성에 주력했다. 제일모직을 설립한 지 3년 만인 1957년에 골덴텍스라는 브랜드를 출시하였다. 제일모직은 이후 모직의 본고장인 영국에 양복을 수출하면서 전국 납세액 4%를 감당하는 대한민국 최고의 기업이 되었고, 이때 삼성이라는 새로운 재벌이 탄생했다.

◆ 탁월한 기업가정신

제일모직이 성장하면서 1972년 7월 제일모직 경산 공장을 분리하면서 합성섬유를 제조하는 시설을 갖추어 제일합섬을 설립했고, 1969년 삼성전자와 삼성전기를 잇따라 설립하여 삼성그룹 육성의 도약대를 만들었다. 1974년 삼성석유화학, 삼성중공업을 설립하여 중화학공업에 진출하였고, 수출위주 경제 성장 정책에 맞추어 전자제품, 화학제품과 중공업 등의 대량 해외 수출을 통해 막대한 부를 축적하여 대기업으로 성장시키는 발판을 마련했다. 이후 삼성정밀 · 용인자연농원 등을 설립하였다. 1980년대에는 전자, 항공, 정밀, 화학 등 기술산업의 육성을 통하여 한국의 기간산업을 발전시켰다. 삼성전자의 라디오, 세탁기, 텔레비전 등은 항상 금성에 뒤진 만년 2위였다. 항상 1등 제품을 만들고자 했던 이병철 회장은 자존심이 많이 상했다. 비협조적인 합작투자사인 산요전기와의 합작을 청산하고, 단독으로 텔레비전을 생산하여 미국에 성공적으로 수출했다. 1973년 말 삼성텔레비전의 국내시판이 허용되면서 이익이 발생하기 시작했다. 다른 업체들이 흑백텔레비전에 집중할 때 삼성은 컬러텔레비전을 개발하여 1974년 국산 컬러텔레비전 1호를 생산해내는 데 성공했다. 1981년 컬러텔레비전 방송이 시작되면서 삼성은 상승세가 시작되어 1984년 국내텔레비전 시장점유율이 1위를 차지하였다.

◆ 탁월한 개척정신과 기회를 포착하는 능력

이병철 회장은 나이 73세인 1983년에는 반도체를 국가적 사업이고 미래 산업이라고 판단하여 도쿄에서 대용량 메모리 반도체 사업에 투자하는 결단을 내렸다. 앞을 내다보는 탁월한 개척정신과 기회를 포착하는 능력으로 기업가정신을 발휘하였다. 이병철의 결단으로 가전제품 제조업체였던 삼성이 반도체 산업을 선택했을 때 주변의 반응은 냉담했지만, 삼성은 담담하게 반도체 사업을 추진하여 그해 64K D램을 개발하였다. 미국과 일본에 이어 세계에서 세 번째 개발이었다. 10년 뒤인 1992년 삼성은 256메가비트 메모리 장치를 생산하면서 세계 반도체 1위에 올랐다. 국내 기업가정신의 창시자인 이병철 회장은 한국 근대사이자 발전사였다. 이병철 회장은 사업보국, 인재제일, 합리주의와 모험정신이라는 경영철학으로 미래를 개척하여 글로벌 기업으로 성공한 기업가였다.

이병철의 어록

- 부자처럼 행동하라. 나도 모르는 사이에 부자처럼 되어 있다.
- 자신의 영혼을 위해 투자하라. 투명한 영혼은 천년 앞을 내다본다.
- 있을 때 겸손하라. 그러나 없을 때는 당당하라.
- 부자 옆에 줄을 서라. 산삼 밭에 가야 산삼을 캘 수 있다.
- 남의 잘됨을 축복하라. 그 축복이 메아리가 되어 나를 향해 돌아온다.
- 써야 할 곳과 안 써도 좋을 곳을 분간하라. 판단이 흐리면 낭패가 따른다.
- 들어온 떡만 먹으려 하지 말라. 떡이 없으면 나가서 만들어라.
- 적극적인 언어를 사용하라. 부정적인 언어는 복이 나가는 언어이다.
- 깨진 독에 물을 붓지 말라. 새는 구멍을 막은 다음 물을 부어라.
- 자꾸 막히는 것은 우선멈춤 신호이다. 멈춘 다음 정비하고 출발하라.
- 사업은 국내 · 외 정세를 정확히 통찰해야 하고, 무모한 과욕을 버리고, 자기 능력과 한계를 냉철히 판단해야 한다.
- 요행의 유혹에 넘어가지 말라. 요행은 불행의 안내자이다.
- 요행을 바라는 투기는 절대로 피해야 하며, 직관력의 연마를 중시하는 한편 제2, 제3의 대비책을 강구해야 한다.
- 대세가 기울어 이미 실패라는 판단이 서면 깨끗이 미련을 버리고 차선의 길을 택해야 한다.
- 힘들어도 웃어라. 절대자도 웃는 사람을 좋아한다.
- 돈은 거짓말을 하지 않는다. 돈 앞에서 진실하라.
- 씨돈은 쓰지 말고 아껴두어라. 씨돈은 새끼를 치는 종자돈이다.
- 자신감을 높여라. 기가 살아야 운이 산다.
- 검약에 앞장서라. 약 중에 제일 좋은 약은 검약이다.
- 장사꾼이 되지 말라. 경영자가 되면 보는 것이 다르다.

1절 사업기회

기회는 제품개발의 맥락에서 신제품을 위한 아이디어의 단서이다. 소비자들의 욕구를 충족하고 기업의 수익성을 실현할 가능한 해결안을 찾을 때 기회는 비로소 제품개발로 이어질 수 있다. 기업은 고객에게 탁월한 가치를 전달하기 위해 기업에 유리하고 유익한 환경을 활용함으로써 기회를 사업의 계기로 만든다. 기회는 환경이나 시장의 변화를 경쟁자들보다 먼저 찾을 때 기업이 이용할 수 있는 유리하고 독특하고 새롭고 다른 경쟁우위가 된다.

1. 사업기회의 이해

기회(opportunity)는 기업에 신제품, 서비스나 사업을 위한 욕구를 창출하는 일련의 호의적인 환경이다. 기회는 경쟁자가 다루지 않았기 때문에 기업이 이용할 수 있는 최근 확인한 욕구, 필요와 수요추세에서 온다. 기업은 시장기회를 확인해야 미충족욕구(unmet needs)를 탐색할 수 있다. 사업기회는 제품수요를 증가시키거나 변화추세를 이용할 수 있는 유리한 조건이다. 아이디어는 시장기회에 관한 생각, 인상이나 관념으로 욕구나 문제를 발견하고 문제해결에 관한 생각이다. 아이디어나 사업기회만으로는 제품개발의 기준을 충족하지 못한다. 아이디어에 고객의 미충족욕구를 해결하는 해결책이 있고, 수익성이 있는 아이디어가 제품 아이디어가 된다. 사업을 시작한 기업가가 열심히 일하지 않기 때문이 아니라 고객의 미충족욕구에 대한 해결책이 부족하기 때문에 사업에 실패한다.

- 사업기회: 제품수요를 증가시키거나 변화추세를 이용할 수 있는 유리한 조건
- 아이디어: 욕구나 문제를 발견하고 문제해결에 관한 생각
- 제품 아이디어: 미충족욕구를 해결하는 해결책이 있고 수익성이 있는 아이디어

우수한 기회에 반응함으로써 기회에 가치를 추가하는 것은 기업가이다. 기업가는 수익이 되는 호의적인 환경에서 적절한 시기에 해결할 수 있는 중요한 고객이나 시장의 문제를 찾는다. 우수한 기회는 중요한 문제를 해결하는 잠재력을 갖고 있다. 고객의 문제를 해결할 수 있

는 기회는 고객들에게 가치가 있을 뿐만 아니라 신생기업에 수익성이 있기 때문에 매력적이다. 매력적인 기회의 특징은 기회의 적시성, 해결성, 중요성, 수익성과 맥락성이다.

그림 3-1 매력적인 기회의 특징

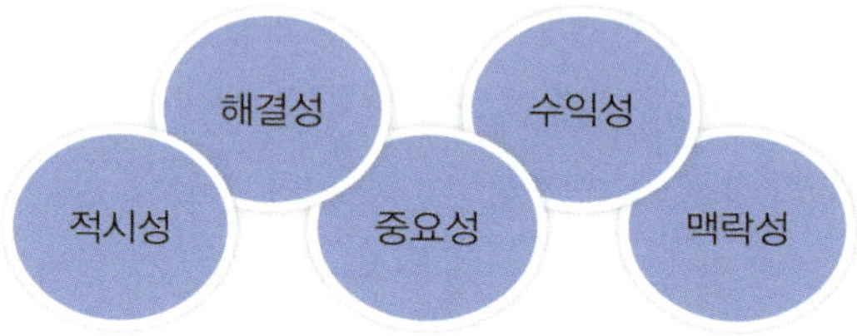

- 적시성(timely): 현재의 욕구나 문제
- 해결성(solvable): 가용자원으로 가까운 미래에 해결될 수 있는 문제
- 중요성(important): 고객이 중요하게 생각하는 문제나 욕구
- 수익성(profitable): 고객이 구입하고 회사에 수익을 주는 문제해결안
- 맥락성(context): 호의적인 규제와 산업환경

2. 사업기회의 유형

사업기회를 분류하는 데는 많은 방법이 있지만, Ulrich의 2가지 차원이 특히 유용하다. 기회는 제품개발팀이 사용할 수 있는 고객이나 시장욕구 지식과 해결안 지식의 두 측면이 있다. 기회 1에서 기회 3으로 갈수록 위험뿐만 아니라 불확실성도 증가한다. 실패위험이 증가하기 때문에 제품개발팀은 이미 잘 알고 있는 것으로부터 해결안을 찾기 어렵다. 따라서 해결안의 지식이 확장되어야 한다. 기회가 클수록 시장에 대한 욕구는 처리되지 않았거나 새롭게 생기며 이를 해결하기 위한 대안도 현재까지 사용하지 않은 지식을 요구한다. 기회 1에 대한 해결안은 주로 기존 시장에 대한 기존 제품의 개선, 확장, 변형과 원가절감이다. 현재 해결안으로 가능하기 때문에 상대적으로 위험이 낮은 기회이다. 기회 2는 시장이나 기회 중에 적어도 하나 이상은 적게 알려진 영역이다. 현재까지 사용하지 않은 해결안을 요구하는 영역으로 해결안의 지식을 새롭게 적용해야 한다. 기회 3은 불확실성이 최고 높은 수준을 나타내고, 세상에 새로운 기회를 탐구하는 영역이다. 이 영역은 새로운 해결안과 접근법을 고안해야 가능하다.

그림 3-2 기회의 유형

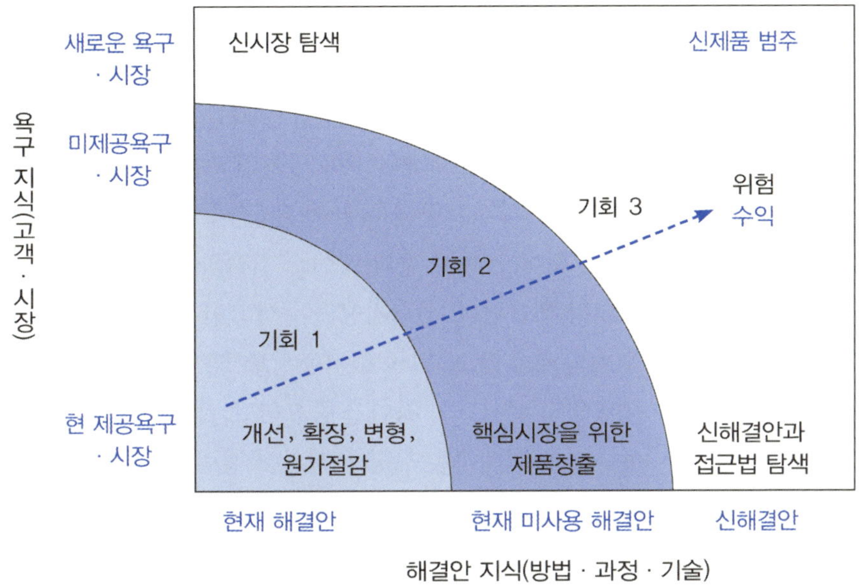

출처: Terwiesch and Ulrich(2009).

INSIGHT SK텔레콤, 비대면 유망 기술 보유 스타트업 5곳과 사업기회 모색

SK텔레콤은 '포스트 코로나 시대'에 유망한 비대면 기술을 가진 스타트업 5곳과 함께 사업 기회를 모색한다. SK텔레콤은 글로벌 파트너 발굴 · 협력 프로그램 'TEAC'(TIP Eco- system Acceleration Center)를 통해 비대면서비스를 함께 개발할 북미·아시아 유망 기업을 공모했다. 공모에는 19개국 63개 기업이 참여했다. TEAC는 SK텔레콤 · 페이스북 · 인텔 · 노키아 · 도이치텔레콤 등이 지난 2016년 차세대 통신 인프라를 개발하고자 설립한 연합체 'TIP'의 스타트업 협력 프로그램이다.

두 달간의 공모를 통해 최종적으로 5개 스타트업이 선정됐다. 비대면 라이브 콘서트 스트리밍 기업 '키스위(Kiswe)'는 유일한 미국 회사다. 나머지 4곳은 한국 스타트업으로, 인공지능(AI) 실내 측위 솔루션을 보유한 '다비오', 선박 접안 모니터링 솔루션 '시드로닉스', 다중카메라 라이브 중계방송 솔루션 '39도씨', 경로분석 및 배달로봇 자율주행 솔루션 '뉴빌리티' 등이다. SK텔레콤은 선정된 스타트업들이 기술 · 서비스를 테스트할 수 있도록 자사 5G 등 핵심 인프라를 지원할 계획이다.

출처: 문화일보 2020.10.11

3. 사업기회의 창

전략전문가인 타이어(Tyre)와 올리코스키(Orlikowski)는, 기회의 창(window of opportunity)은 기회로 이용할 수 있는 창문으로 특정 시간에 짧은 기간 동안 열렸다가 어느 정도 지나면 닫힌다고 한다. 기회의 창은 즉시 포착해야만 하는 호의적인 짧은 기회이다. 창이 열리고, 시장이 성숙함에 따라 창은 닫히기 시작한다. 곡선은 PC와 소프트웨어, 스마트 폰과 바이오 기술과 같은 새로운 산업의 급속한 성장 패턴이다. 성숙기산업은 성장이 빠르지 않고, 곡선의 경사가 가파르지 않고, 기회의 가능성도 적다. 기회의 창을 고려할 때 창이 열리는 시간의 길이가 중요하다. 새로운 벤처가 성공이나 실패를 알기 위해서는 상당한 시간이 걸린다.

즉시 기회를 창조하고 포착하는 과정을 생각하는 방법은 열려 있는 창, 기회의 창으로 이동하는 컨베이어 벨트(conveyer belt)로부터 대상을 선택하는 과정이다. 컨베이어 벨트의 속도가 변하고, 이동하는 창이 끊임없이 열리고 닫힌다. 컨베이어 벨트의 속도가 끊임없이 변화하는 것은 시장이 불안하기 때문이다. 기회를 창조하고 포착하기 위해서 창이 닫히기 전에 컨베이어 벨트로부터 기회를 선택해야 한다. 기업은 이 짧은 기회를 감지할 수 있도록 항상 주의하고 관찰해야 한다. 외부적 환경으로 기회의 창이 열려져 있을 때 기업은 시장상황과 역량이 적합하다면, 전략적으로 우월한 위치를 선점할 수 있다. 신제품을 위한 시장이 출현하면 기회의 창이 열리고, 새로운 진입이 일어난다. 어떤 지점에서 시장이 성숙하여 새로운 진입자에 대한 기회의 창이 닫히면 기회를 활용할 수 있는 가능성은 거의 없다.

그림 3-3 기회의 창

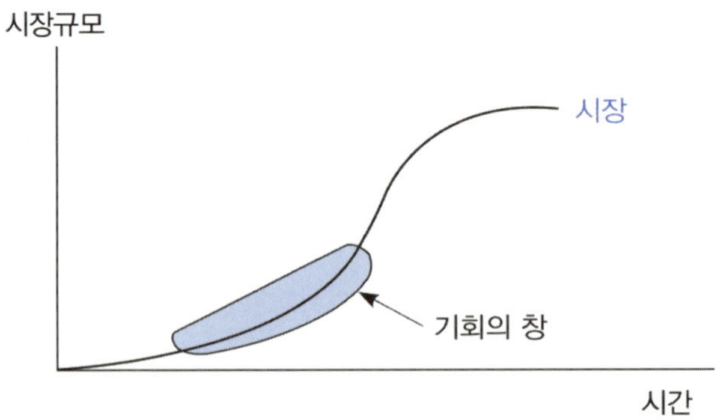

4. 파괴적 혁신

크리스텐슨(Clayton Christensen)이 소개한 파괴적 기술 또는 파괴적 혁신(disruptive innovations)은 기존시장에 진입하거나 완전히 새로운 시장을 창출하여 새로운 가치 네트워크를 창출하는 개념, 제품 또는 서비스를 지칭하는 이론이다. 파괴적 혁신으로 결국 기존시장과 가치 네트워크를 파괴하고, 시장이 기대하지 않는 방식으로 제품 또는 서비스를 개선하는 혁신을 설명한다. 신규 진입자는 기존기업이 갖지 않은 새로운 기능이 필요한 대체 해결안을 제공하고 결국 주류 고객이 원하는 것을 추가한다. 예를 들면, Tesla는 기존 자동차 제조업체와 비교할 때 다른 기능인 소프트웨어, 배터리 기술 및 빠른 반복 기능은 기존 자동차 제조업체가 잘하지 못하는 기능이며 획득하는 데 시간과 자원이 필요하다.

파괴적 기술은 기존기술과 뚜렷하게 구별되는 특징 때문에 새로운 고객이 중시하는 다른 특성들을 가지고 있다. 더 저렴하고, 작고, 단순하고, 사용이 더 편리하기에 새로운 신규시장을 창조할 수 있고, 지속적인 개선을 추가한다면 기존시장의 지배가 가능하다. 파괴적 혁신은 단순하고 저렴한 제품이나 서비스로 시장의 밑바닥을 공략한 후 빠르게 시장 전체를 장악함으로써 결국 기존의 경쟁자를 대체하고 가차 없이 시장을 석권하는 과정이다. 파괴적 혁신을 통해 성장을 추구할 때 가치를 인식하는 기업들은 다양한 점에서 수익을 낸다.

파괴적인 신생기업(disruptive upstarts)이 가치사슬의 상층을 점령함에 따라 새로운 시장이 닫혀져 기존기업들은 기반을 잃게 된다. 어떤 기업들은 고객의 욕구가 진화하는 것보다 더 빠르게 혁신하는 경향이 있기 때문에 이들은 궁극적으로 매우 정교하고, 비싸고, 복잡한 제품이나 서비스를 생산함으로써 시장의 상층에서 지속되는 혁신을 추구한다. 시장의 상층에 있는 가장 다루기 어렵고 까다로운 고객들에게 가장 높은 가격을 부과함으로써 회사는 매우 큰 수익을 달성할 수 있다. 파괴적 기업의 제품특징은 낮은 가격, 작은 표적시장과 단순한 제품과 서비스이다. 파괴적 기술(destructive technique)은 기존기술과 기존시장을 대체하여 전혀 새로운 산업과 가치를 창출하는 혁신기술을 뜻한다.

크리스텐슨(Christensen) 교수가 「혁신 기업의 딜레마」에서 혁신을 파괴적 혁신과 존속적 혁신을 소개하였다. 파괴적 혁신 또는 와해성 혁신(disruptive innovation)은 고객의 전통적인 기대와 전혀 다른 기능이나 내용을 지닌 제품을 제공함으로써 새로운 시장의 욕구를 충족시키는 혁신이다. 즉, 이전의 기술보다 더 낮은 혜택을 주지만 훨씬 더 싼 비용으로 생산할 수 있어서, 종전의 기술과 비교할 때 혜택과 비용의 차이가 더 큰 기술을 의미한다. 존속적 혁신

(sustaining innovation)은 기존기술의 점진적 고도화를 통해 성능이 개선된 제품을 원하는 고객들의 욕구를 충족시키는 혁신이다.

5. 사업기회의 원천

중소기업은 언제나 신상품과 서비스의 추진 요인을 갖고 있다. 대기업으로 연상되는 많은 제품과 발명은 중소기업에서 창조되었다. 예를 들면, 에어컨, 베이클라이트(Bakelite)[1], FM 라디오, 회전 나침반, 컴퓨터 단층촬영기, 인공심박조율기(pacemaker), 선체의 외부에 붙어 있는 엔진, 퍼스널 컴퓨터, 냉동식품, 안전면도기, 소프트 콘택트 렌즈와 지퍼 등이다. 이러한 창조성과 혁신의 결과물은 재무자원, 인적자원이나 물리적 자원이 부족한 중소기업이 신상품과 서비스를 제공함으로써 고객가치를 제공하는 경쟁우위를 발견할 수 있다. 중소기업은 창조성과 혁신의 몰입을 어떻게 장려할 것인지를 고려하는 것이 중요하다.

1) 창조성과 혁신

중소기업이 대기업과 경쟁하는 방법은 혁신을 더 잘하는 것이며, 이것은 새롭고 다른 것(new and different)을 창조하는 것이다. 혁신은 상품이나 서비스가 사용되는 새로운 방법을 포함한다. 혁신은 고객에게 도달하기 위한 새로운 방법이나 새로운 고객을 확인하는 것이다. 따라서 혁신은 고객가치를 제공하는 새로운 방법을 발견하는 데 집중한다.

창조성은 고객가치를 구성하는 혁신적인 수단을 창안하는 것이다. 혁신과 관련된 큰 실수 중의 하나는 혁신은 높은 창조적 개인과 R&D 시설을 갖고 있는 조직에 제한되어 있다는 생각이다. 고객의 욕구, 기술의 공백과 아이디어는 기업가의 창조성, 혁신과 도전정신과 결합할 때 사업의 기회가 된다. 사업기회가 되는 고객의 욕구는 시장에 과소제공이나 미제공한 욕구이다. 따라서 욕구와 기술의 공백은 기업가에게 제품 아이디어가 된다.

2) 사회와 소비자 추세

기업 모두가 사회와 소비자 추세와 관련이 있는 것은 아니다. 어떤 기업은 비교적 안정된 환경에서 운영되고, 표준상품이나 서비스를 제공한다. 지역의 작은 식당은 메뉴에 표준가격을 제공한다. 남성복 상점 주인은 주류 남성복을 제공하는 것을 예상한다. 중소기업은 최근에

---

1) 베이클랜드(Leo Baekeland)가 발명한 합성수지의 일종으로 경화되기 전의 제1차 반응에서 생긴 것이 천연의 로진을 닮아 합성수지라고 불리며, 베이클라이트의 상품명으로 공업화되어, 오늘의 인조재료, 즉 플라스틱의 시초가 되었다.

그림 3-4 공백과 제품 아이디어의 창조

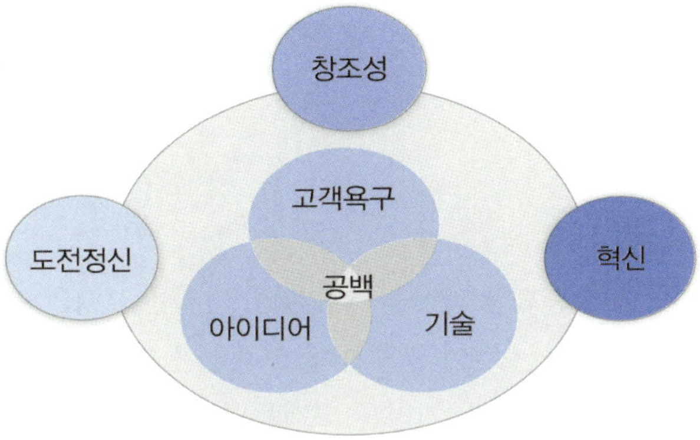

만들어진 사회나 소비자 추세를 확인한다면 더 큰 이익을 얻을 수 있다. 기업이 쉽게 새로운 사회와 소비자 추세를 확인할 수 있다면 신제품을 개발할 수 있다.

추세는 일시적 유행과 다르다. 일시적 유행(fads)은 고객을 감동시킬 수는 있지만, 그 자체의 특성에 의해서 짧은 수명을 가지고 있다. 반면 추세(trends)는 어떤 현상이 일정한 방향으로 나아가는 경향으로 미래의 잠재력이다. 중소기업은 추세를 잘 활용할 수 있다. 작은 규모는 광범위한 관료구조가 아니기 때문에 더 큰 유연성을 갖고 매우 신속하게 움직일 수 있다. 중소기업의 큰 과제는 적절한 시기에 추세를 정확하게 확인할 수 있어야 하는 것이다. Google Trends(www.google.com/trends)는 특정한 시간범위 동안에 특정한 주제가 검색된 것을 추적한다. 이 시스템은 복합주제를 추적할 수 있고, 검색된 주제와 특정 지역을 조사할 수 있다. 특정한 추세의 존재를 알기 쉬운 그래픽 형태로 자료가 제시된다.

기술과 인구통계의 추세는 큰 기회가 된다. 예를 들면, 인터넷이 없을 때에는 온라인 쇼핑과 모바일 폰은 먼 꿈이었으나 이러한 것들이 오늘날은 보편화되었다. 기회는 의약, 농업, 재료, 에너지, 운수, 주택, 컴퓨터나 교육 분야에 산재해 있다. 특히, 많은 기회가 라이프스타일의 변화에서 발생한다. 예를 들면, 스타벅스는 고급과 개인화된 커피제품을 제공한다. 고급제품 분야는 문화와 소득수준의 발전에 따라 성장하고 있다. 기업가는 외부환경의 변화를 확인해야 한다. 이러한 것들은 기호의 변화뿐만 아니라 기술의 변화에서 발생한다. 인구와 문화추세는 많은 기회를 제공한다. 다음은 기회를 창조하는 사회와 문화추세이다.

- 인구의 고령화
- 일인가구의 증가
- 맞벌이 부부

- 종교조직의 변하는 역할
- 여성의 역할 증가
- 매체영향력의 증가
- 개도국의 중산층 증가

3) 고객의 이해와 발견

가치제안은 어떤 기업에게 중요한 과제를 제공한다. 기업은 고객의 편익과 비용에 대한 고객들의 지각을 완전하게 이해하는 것이 필요하다. 고객들은 제공물의 편익과 비용으로써 제품가치를 지각하는 데 어려움이 있다. 기업은 고객들의 욕구를 어떻게 확인하는가? 단순한 해답은 고객의 소리(voice of the customer)에 귀를 기울이는 것이다. 이것은 고객들에게 적극적으로 말하도록 하는 것이다. 만족도조사나 회사의 웹사이트를 사용하여 고객의 응답을 요청하는 것이다. 고객을 잘 이해하고 출시할 신상품과 서비스를 평가하기 위해서 시장조사를 실시한다. 회사는 다음과 같은 질문을 설명하여야 한다.

- 회사는 고객의 어떤 욕구를 현재 충족하고 있는가?
- 회사는 고객의 어떤 욕구를 현재 충족하지 못하는가?
- 미충족 고객욕구를 어떻게 확인하는가?
- 고객이 원하는 가치제안은 무엇인가?
- 회사의 가치제안은 경쟁자와 어떻게 다른가?

6. 틈새시장

경쟁이 적거나 치열하지 않고 수익성이 있는 시장이나 제품은 없을까? 경쟁자가 없거나 적은 시장이 바로 틈새시장이다. 이러한 틈새시장을 '남이 아직 모르는 좋은 낚시터'로 종종 비유한다. 틈새는 존재하지는 않지만, 다른 기업이 불충분하거나 전혀 다루지 않고, 상품이나 서비스를 개발하지 않고, 전달하지 않는 욕구와 필요를 확인함으로써 창조될 수 있다. 틈새시장은 거대 경쟁자가 독차지할 수 있는 규모경제에 맞서 중소기업이 경쟁할 수 있는 이용 가능한 매력적인 기회가 있는 시장이다.

1) 틈새시장의 특징

틈새시장(niche market)이란 유사한 기존상품이 많지만 수요자가 요구하는 상품이 아직

시장에 존재하지 않아서 공급이 틈새처럼 비어 있는 시장이다. 즉, 틈새시장은 지금까지 존재하지 않았던, 존재했더라도 관심을 끌지 못하고, 대체재가 없어 새로운 수요가 확실한 시장이다. 이러한 틈새시장은 고객의 욕구와 관심이 있는 큰 시장의 세분시장으로 전체 시장과는 다르다. 예를 들면, 애완시장은 큰 시장이지만 흰 담비는 대부분의 회사가 제공하지 않는 작은 틈새시장이다. 틈새제품은 틈새시장의 욕구를 제공하기 위해 특별히 창조된 전문품이나 서비스이다. 항공기 기내용 포장 스낵은 스낵 제품 포장자가 만든 틈새제품이다. 틈새제품은 틈새유형제품, 틈새서비스, 틈새유통과 틈새위치로 분류된다.

- **틈새유형제품**: 어떤 틈새시장을 위해 특별히 창조된 제품이나 포장이다. 예를 들면, 대형책, 항공기 간식 및 출산 옷 등이 있다.
- **틈새서비스**: 제품이 실제로 서비스인 것이다. 바쁜 전문직을 위한 가정 식품배달이 해당된다. 전문조류 사업처럼 특별한 지식이나 전문지식도 틈새서비스이다.
- **틈새유통**: 부가가치가 특별한 시장에 제공하기 위해 기존 제품에 집중하는 곳으로 인터넷에서 발생한다. 예를 들면, 모든 종류의 배터리만을 판매하는 온라인 배터리점이 있다. 라지 몰이나 스몰 몰 등은 인터넷에서 볼 수 있는 틈새유통이다.
- **틈새위치**: 일반상품이나 서비스가 전문 틈새의 위치로 배달되는 곳에 있다. 위치가 틈새이다. 막힌 시외도로에서 판매하는 오징어나 뻥튀기, 졸업식 학교에서 판매하는 꽃다발이나 사진촬영, 또 레스토랑에서 판매하는 꽃이 해당된다.

INSIGHT 틈새시장의 특징

- 수익성: 수익이 있는 적절한 규모와 구매력을 갖고 있다.
- 성장: 잠재적인 성장이 예상된다.
- 제한된 경쟁: 뛰어난 생산자의 경쟁이 없다.
- 경쟁우위: 필요한 자원, 기술과 경쟁자보다 더 잘 할 수 있는 시장을 갖고 있다.
- 고객호감도: 경쟁을 방어하고, 고객의 충분한 충성도를 구축할 수 있다.

INSIGHT KISTI, 넥스트 노멀 시대 대비 '유망 기술사업기회 10선' 소개

KISTI는 코로나19 관련 국내 · 외 뉴스, 경제지, 산업시장 데이터, 지식기반 위키데이터, KISTI 보유 유망기술 관련 아이템 약 97,000개 및 26만 개 문서 등을 활용해 향후 패러다임 이슈와 기술사업기회 후보군을 도출했다. 10대 기술사업기회는 ▪ 접촉자 추적 시스템 ▪ 증강현실 ▪ 디지털 헬스 ▪ 서비스 로봇 ▪ 바이오보안 ▪ 무인운반차 ▪ 현장진단기기 ▪ 전자회의 시스템 ▪ 클라우드 스토리지 ▪ 디지털 교육 플랫폼이다.

개별 기술사업기회에 대해 데이터 기반으로 코로나 팬더믹 발생 후 신규 부상성과 시장성을 분석하고, 네트워크 분석을 통해 확장 가능한 응용 아이템들을 도출했다. 분석 결과는 기업, 정부, 연구기관 등의 향후 유망 기술사업기회의 신성장동력화와 사업화 전략수립에 기초자료로 활용될 것으로 기대되고 있다.

출처: 전자신문 2020.09.24

2) 틈새사업

틈새사업(niche business)은 틈새시장에 전적으로 틈새제품을 제공함으로써 구축되는 시장이다. 사업 아이디어를 탐구하고 발전할 때 틈새시장, 틈새제품, 틈새마케팅과 궁극적인 목표인 틈새사업 간의 관계를 이해하는 것이 중요하다. 처음 사업을 시작한다면 최소한 방어적인 틈새사업을 착수한다. 이미 사업을 시작했다면 틈새마케팅을 사용하여 틈새시장에 집중하거나 틈새제품을 추가한다. 또한 틈새시장에서 사업을 하고 있다면 다른 분야의 틈새시장에 걸치는 것을 생각하는 것이 필요하다.

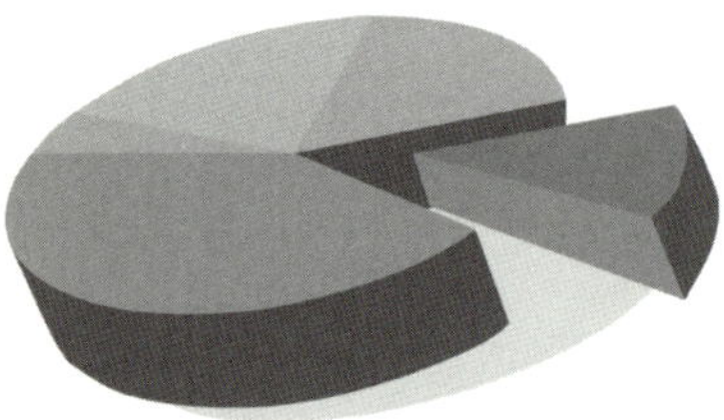

틈새시장이란 유사한 기존상품이 많지만 수요자가 요구하는 상품이 아직 시장에 존재하지 않아서 공급이 틈새처럼 비어 있는 시장이다. 즉, 기업이 어떤 사업을 할 만한 기회를 의미한다. 이러한 틈새시장은 몇 가지 장점이 있다. 틈새시장은 경쟁이 거의 없거나 적다. 틈새시장에서 고객과의 강력한 관계를 형성할 수 있고, 경쟁이 거의 없기 때문에 사업이 안정적이다. 이러한 시장에서 기업은 계속적인 기술과 능력을 개발하여 새로운 진입자로부터 경쟁우위를 확보할 수 있다. 또한 수익성이 높은 시장에 집중함으로써 새로운 기회를 찾기 위한 노력이나 시간을 낭비할 필요가 거의 없다.

표 3-1 틈새시장의 이점

구 분	설 명
약한 경쟁	매력적인 틈새시장은 사실상 경쟁이 없고, 새로운 진입의 위험이 적은 시장이다.
강력한 관계	핵심고객과의 강한 관계를 구축하여 경쟁위협으로부터 틈새시장진입자를 보호한다.
사업 안정성	경쟁이 적거나 없다. 변동성을 경험하지 못한 기업에 안정성을 준다.
향상된 능력	회사는 계속적으로 기술과 능력을 추가한다. 이것은 경쟁우위가 된다.
사업의 집중	새로운 기회를 찾기 위해서 시간이나 노력을 낭비하지 않고 핵심사업에 집중한다.
높은 수익	고객들이 가격을 중요한 속성으로써 고려하지 않기 때문에 수익이 높다.

3) 틈새마케팅전략의 수립

틈새시장은 유사한 인구, 구매행동과 라이프스타일을 갖는 고객집단을 고려한다. 예를 들면, 품질보증과 생산자원을 중요시하는 식품 구매자나 편리한 형태에서 쉬운 준비음식을 찾는 소비자를 포함한다. 동일한 구매행동이 있는 소비자들조차도 심지어 다른 동기를 갖는다. 표적시장 이해는 잠재고객의 욕구를 충족하는 데 필요한 자원, 관심과 사업 요소를 갖고 있는지 밝히는데 중요하다.

특성이 비슷한 소비자를 확인하면 표적마케팅 활동과 브랜드 촉진 방법으로써 군집화(clustering)하는 것이 도움이 된다. 기업이 제품을 구매하거나 특정한 판매점을 방문하는 소비자의 동기를 이해한다면, 소비자의 군집화는 표적과 효과적인 마케팅 활동을 계획할 수 있다. 군집화는 잠재적 방문자 수와 상이한 고객집단에 대한 적절한 가격을 추정하는 데 도움이 된다. 틈새가 확인된 후 다음 단계는 구매자를 발견하고 그들의 주의를 끌어들이는 것이다. 잠재적 구매자와 연결하기 위해 효과적인 촉진계획과 메시지를 개발할 필요가 있다. 틈새시장 소비자와 연결하기 위해서 웹사이트, 홍보전단, 인적 커뮤니케이션, 포장, 이미지 등과 같은 마케팅믹스는 신뢰할 수 있는 광고 주장, 동기유발 메시지와 일관된 이미지를 통합할 필요가 있다. 다음은 틈새시장 마케팅을 위한 규칙이다.

- **시장의 독특한 욕구충족:** 소비자와 시장조사를 실시한다.
- **적절한 정책개발:** 세분시장의 동기와 관심을 목표로 하는 촉진정책을 개발한다.
- **테스트시장:** 소매상이나 협력자와 최소한 시장테스트로 시작한다.

틈새마케팅(niche marketing)은 큰 연못에 있는 작은 고기 대신 작은 연못에 있는 큰 고기

(a big fish in a small pond)를 목적으로 한다. 틈새시장 마케팅은 경쟁을 완화하고 제품가격에 대한 통제력을 얻는 방법이다. 약한 경쟁으로 틈새시장 제품에 대한 수요는 탄력성이 적다. 대량마케팅은 모든 고객이 동일한 제품욕구를 갖고 있다는 가정에서 사용하는 산탄총 접근이지만, 틈새마케팅은 잘 정의된 고객집단, 즉 고유한 욕구를 제공하는 집중된 소총 접근이다.

INSIGHT Lefty's: The Left Hand Store

2008년 Margaret Majua가 개장한 Lefty's는 샌프란시스코의 소매점으로 왼손잡이용 제품을 전문으로 한다. 큰 시장에서 취약한 커뮤니티를 식별하는 것은 틈새 마케팅에 접근하는 현명한 방법입니다. Divvies와 마찬가지로 Lefty's: The Left Hand Store는 오른손이 아닌 왼손을 선호하는 사람들로 구성된 커뮤니티를 발견했다. 인구의 90%가 오른손을 사용하기 때문에 왼손잡이는 "오른쪽"을 위해 설계된 제품을 사용하는 데 폭넓게 적응해야 했다. Lefty's는 이것을 기회로 보았다. 그들은 다른 10%만을 위해 디자인된 제품을 판매하는 상점을 만들었고 이 소규모의, 종종 무시되는 고객들로부터 성공을 거두었다.

(1) 틈새시장 진입 시 고려사항

생산자의 관점에서 적당한 틈새를 확인하는 것은 부가가치를 붙여 판매가격과 수익을 증가시킬 수 있는 기회이다. 그러나 특정한 틈새시장 속으로 확장하는 것을 회사가 결정하기 전에 탐구해야 할 많은 요인들이 있다. 틈새시장으로 이동하기 전에 다양한 요인들을 고려해야 한다. 틈새시장에 진입할 것인지 여부를 결정할 때 고려할 요소는 고객인식, 제조 영향, 몰입, 시장과 마케팅이다.

- 고객인식: 마케팅은 제품의 싸움이 아니라 인식의 싸움이다.[2] 틈새시장을 결정할 때 제품이 고객의 인식에 어떻게 영향을 주는지를 아는 것이 중요하다.
- 제조 영향: 틈새시장 진출에 필요한 회사의 내부자원을 확인한다. 조직이 확장에 필요한 인력과 장비를 갖고 있는가? 인력이 틈새기회에 필요한 부분에서 훈련되어 있는가? 얼마나 많은 인력이 새로운 기회에 필요한가?

2) A. Ries and Trout(2004).

- **몰입**: 틈새시장을 추구하기 위해 회사는 몰입되어 있는가? 수익이 있기 위해서는 어느 정도의 기간이 필요한가? 새로운 틈새시장에서의 성공을 어떻게 측정하는가? 부가가치 기회가 회사의 장기계획과 일치하는가?
- **시장과 마케팅**: 틈새기회는 이미 제조한 다른 제품과 관련이 있는가? 새로운 틈새시장의 판매에 관하여 지식이 있는가? 새로운 틈새시장에서 주요 경쟁자는 누구인가? 그들은 얼마나 큰가? 신제품이나 부가가치 영역에서 강력한 경쟁우위를 개발할 수 있는가?

2) 틈새시장 진출전략 수립절차

틈새마케팅(niche marketing)은 특정한 틈새에 제품을 출시하는 전략이다. 예를 들면, 항공사들이 신혼부부들의 욕구를 알고, 유리한 시장을 향해 표적광고를 할 수 있다. 이러한 고객틈새에 변형제품을 제공하기 위해 기존제품을 수정하기까지 한다. 틈새시장은 틈새에 집중함으로써 사업을 키우는 기법인데 마케팅전략을 고려할 때 필수적인 요소가 있다.

- **고객파악**: 세분화를 고려한다.
- **목표와 목적설정**: 틈새시장에 접근하고, 비용을 낮추고, 프리미엄 가격을 확보한다.
- **자원의 적합성**: 틈새마케팅은 회사의 자원, 역량, 선호와 일치해야 한다.

기업이 틈새시장에 진출하기로 결정하면 적절한 목표를 달성할 수 있는 전략을 수립한다. 수익성이 있는 틈새시장이 우연히 발견되더라도 틈새기회를 찾고 개발할 때 체계적인 전략이 필요하다. 즉, 수익성이 있는 틈새시장을 활용하기 위해 무엇을 판매할 것인지, 어디에서 팔 것인지, 누구에게 팔 것인지, 그리고 판매가격을 어떻게 할 것인지를 결정하기 위한 틀을 형성한다. 다음은 틈새시장 진출전략을 수립하는 절차이다.

그림 3-5 틈새시장 진출전략 수립절차

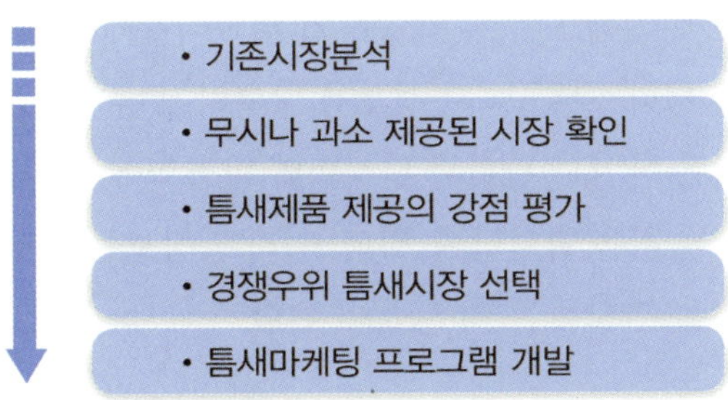

① 기존시장분석

첫 단계는 기존시장을 분석하는 것이다. 고객이 누구인지, 현재 진출자나 경쟁자가 누구인지, 어떤 제품이나 제품계열이 제공되는지, 어떤 가격이 책정되었는지, 그리고 어떤 유통경로가 사용되는지를 찾는다. 이러한 정보를 기업이 수행하는 조사로부터 이용할 수 있다.

② 무시나 과소 제공된 시장 확인

기존시장에 있는 어떤 세분시장이 현재 무시되었거나 과소 제공되었는지를 알아낸다. 이러한 사항들이 바로 틈새시장의 기회가 된다. 정보는 개인적 관찰, 현재 시장참여자들의 면접, 컨설턴트, 협회 간행물, 정부 간행물, 시장정보나 신문을 통해서 얻을 수 있다.

③ 틈새제품 제공의 강점 평가

무시된(neglected) 또는 과소 제공된(underserved) 세분시장의 욕구를 만족할 때 효과적으로 필요한 자원과 기술을 알아낸다. 경쟁에 필요한 원재료, 장비, 기술, 자금과 관리자원을 고려한다. 또한 판매원 규모와 유통경로 구성원과 같은 마케팅 필요사항을 고려한다. 추가적으로 시장분할에서 예상되는 경쟁이나 경쟁자를 알아낸다.

④ 경쟁우위 틈새시장 선택

경쟁우위를 갖고 제공할 수 있는 틈새시장을 선택하는 것이다. 장점, 위치와 자원에 근거하여 하나 이상의 세분시장을 선택한다. 틈새마케팅은 임시적이거나 경쟁자에 의해서 공격을 받을 때 위험할 수 있다. 하나의 틈새시장보다 더 많이 전문화하는 것은 위험을 감소시키고 성공의 기회를 증가시킨다. 시장틈새에 포지션을 어떻게 설정할 것인가를 고려한다.

⑤ 틈새마케팅 프로그램 개발

시장의 욕구를 충족하기 위한 마케팅 프로그램을 개발한다. 선택된 틈새시장에 대해 고객에게 효과적으로, 그리고 이익이 되도록 제공하기 위하여 최고의 제품, 가격, 촉진과 유통시스템을 밝혀낸다. 탁월한 서비스는 고객충성도를 구축하고 유지하는 데 도움이 된다. 틈새시장을 조사하는 좋은 방법은 산업과 관련된 전시회와 박람회에 참가하는 것이다. 이러한 곳에서 기업들이 이미 제공하는 것을 확인할 수 있다. 이러한 정보는 틈새시장으로 확장하는 아이디어가 성공할 수 있는지를 판단하는 데 도움이 된다.

7. 사업기회의 탐색

기업가는 아이디어나 기술로 시작하여 제품에 적합한 시장 잠재력을 탐색한다. 마케팅기회는 기업이 처리하지 않은 고객들의 바람이나 충족되지 않은 고객욕구가 존재한 곳이다. 어떤 기업가들은 시장의 욕구나 문제에 민감하여 환경에서 기회를 발견하고 신제품에 대한 가능성을 지각한다. 그러나 문제인식이나 가능성에 대한 민감성은 문제를 해결하기 위한 아이디어의 창출로 반드시 전개되는 것은 아니다. 미제공된 제품, 지역, 유휴생산설비, 미활용된 기술이나 발명, 불용자산 등과 같이 전혀 사용하지 않거나 충분히 사용하지 않은 자원을 확인하는 데 기업가들마다 다르다. 발명가, 과학자나 개인들은 발명, 신기술의 시장수용이나 상업적 실행가능성과 관계없이 신상품과 서비스에 관한 아이디어를 창출할 수 있는 능력이 뛰어나다. 기회는 누구에게나 의식적이든 무의식적이든 주어진다. 그러나 기회가 있다 하더라도 사전에 추구할 가치가 있는지를 결정하는 것은 쉬운 일이 아니다. 기회를 포착하는 능력과 이를 활용하는 능력이 뛰어나면 사업기회는 확대될 수 있다.

1) 기회의 구성 요소

기업가들은 기회를 발견하고 이를 성공적인 사업으로 전환한다. 기회는 새로운 제품, 서비스나 사업을 위한 욕구를 창조하는 호의적인 환경이다. 대부분의 벤처는 외적 자극과 내적 자극 중의 하나로 시작한다. 어떤 벤처는 외적으로 자극을 받는다. 예를 들면, 기업가는 기업설립을 결정하고, 기회를 발견하고 인식하고, 사업을 시작한다. 베조스(Bezos)는 1994년 뉴욕시 투자회사에서 돈 잘 버는 직업을 포기하고, 매력적인 기회를 찾기 위해 시애틀로 향하여 이커머스 회사인 아마존닷컴을 시작하였다. 또 소셜 학습서비스인 벤치프레프(BenchPrep)와 같은 기업들은 내적으로 자극을 받는다. 창의적인 기업가는 문제나 사업공백을 인식하고, 이것을 채우기 위해 사업을 창조한다.

기회를 이용하는 것과 다른 제품, 서비스나 사업기회를 확인하는 것은 어렵다. 기업가들이 기회 확인 과정에서 하는 공통적인 실수는 약간 좋은 것에 매료되어 사업을 시작하려고 하는 것이다. 이러한 방법이 현명하게 보이더라도 올바르지 않다. 기회 인식의 비결은 기업가가 제작하고 판매하기 원하는 것이 아니라 고객들이 필요로 하고 기꺼이 구매하려는 제품이나 서비스를 확인하는 것이다. 기회의 필수적인 요소는 고객욕구, 매력성, 지속성과 적시성이다. 새로운 제품을 위한 시장이 있으면 기회의 창은 열린다. 시장이 성장함에 따라 기업은 수익성이 있는 위치에 진입하고 확립하려고 노력한다. 그러나 어떤 시점에서 시장은 성숙되어 있고 기회의 창은 닫혀 있을 수 있다.

그림 3-6 기회의 필수적인 요소

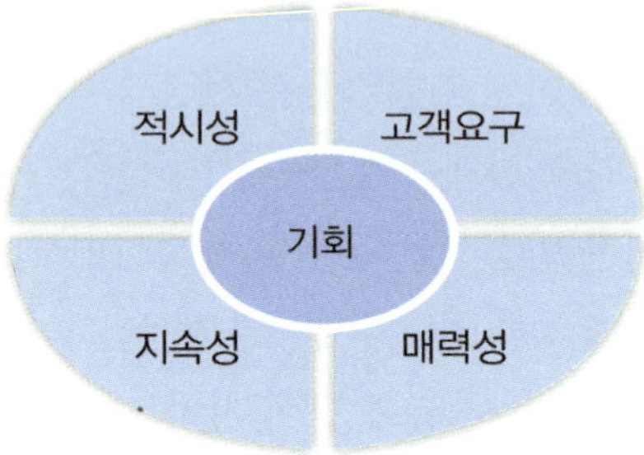

2) 시장규모의 추정

시장규모의 추정은 잠재고객의 수를 계산하는 과정이다. 기업이 제공하는 욕구에 대한 해결안을 잠재고객들이 구입할 것이라는 가설을 형성한다. 동일한 제품속성을 공유하는 다른 소비자들에 대해서도 가설을 검증한다. 합리적으로 좋은 가설이라면, 잠재고객으로부터 실제 시장잠재력을 추정하기 위해 보고서와 자료를 찾을 수 있다. 아직도 비현실적인 자료이므로 기회의 최고와 최저 가능 범위로써 시장기회를 생각하는 것은 매우 유용하다.

3) 추세발견

좋은 틈새시장을 찾기 위해서 추세를 발견해야 한다. 유망제품이나 유행제품을 구분할 필요가 있다. 추세는 사회 변화에 따라 일정한 형태가 있기 때문에 틈새를 더 잘 찾을 수 있다. 기회 확인 방법은 추세를 관찰하고, 사업가들이 추구하는 기회를 창조하는 방법을 연구하는 것이다. 경제적 요인, 사회적 요인, 기술진보, 정치행동과 규제 변화에 대한 추세를 관찰하여 사업이나 제품 · 서비스를 위한 기회를 탐색하는 데 활용한다. 추세관찰과 사업기회의 탐색은 복합적인 시장조사의 과정으로 새로운 사업의 시작단계에 해당한다.

(1) 경제적 요인

경제적 요인은 소비자들의 가처분소득에 영향을 미치고, 이것은 소비자들의 구매 형태에 직접적인 영향을 준다. 예를 들면, 이자율 하락은 신규주택건설과 소비의 증가를 가져온다. 조사와 관찰, 구매시장 예측과 분석에 의해서 이러한 요인을 확인할 수 있다.

그림 3-7 추세관찰과 사업기회의 탐색

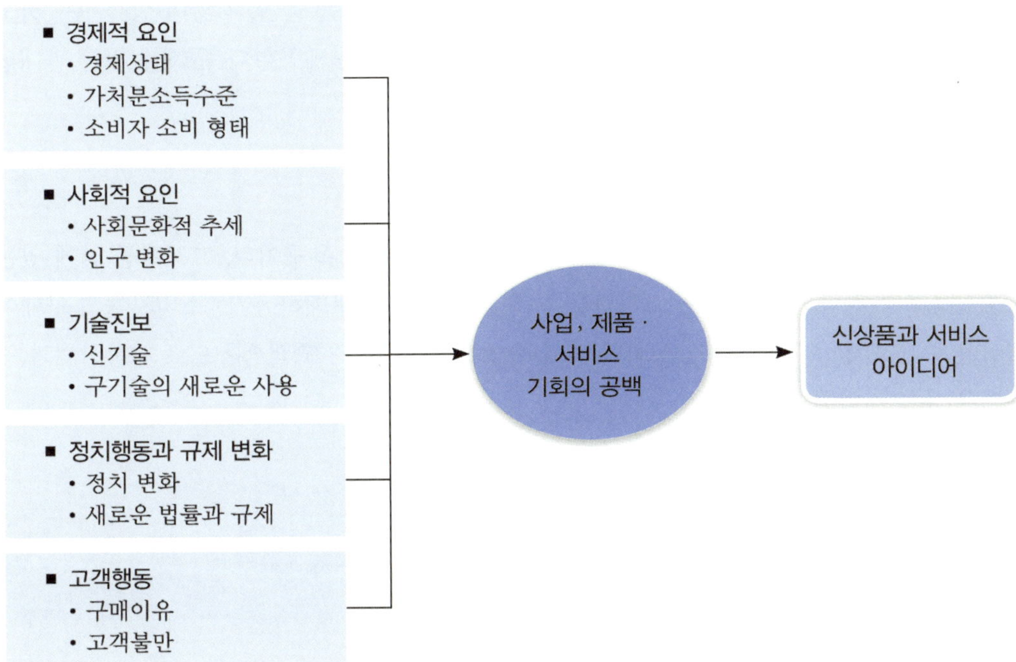

(2) 사회적 요인

사회적 요인이 신제품, 서비스와 사업 아이디어에 어떻게 영향을 주는지를 이해하는 것은 기회 인식의 기본이다. 예를 들면, 패스트푸드 레스토랑의 지속적인 확산은 패스트 음식에 대한 사랑 때문이 아니라 사람들이 바쁘다는 사실 때문이다. 새로운 기회를 가능하게 하는 최근의 사회적 추세는 가족과 근무 형태, 인구의 고령화, 작업자의 다양화, 산업의 세계화, 건강관리에 대한 관심증가, 컴퓨터와 인터넷의 확산, 핸드폰 사용자의 증가, 음악의 새로운 규범과 오락의 유형 등이다.

(3) 기술진보

기술진보는 기업가들에게 새로운 기술이 현재와 미래의 기회에 영향을 준다. 일단 기술이 창조되면 뒤이어 제품은 향상되어 나타난다. 기술의 진보는 종종 기회를 창조하는 경제와 사회적 변화와 꼭 들어맞는다. 예를 들면, 핸드폰의 창안은 기술적인 성취이지만, 사용자들에 의해 기술적 진보의 자극을 더욱더 받는다.

(4) 정치행동과 규제 변화

정치행동과 규제 변화는 기회에 대한 토대를 제공한다. 예를 들면, 기업이 법을 준수하도록 하는 새로운 법률은 창업을 시작하는 기업가에게는 기회를 제공한다. 규제를 받는 반대편에 있는 기업은 새로운 사업의 기회가 생성되기 때문이다.

(5) 고객행동

고객이 제품사용에서 느끼는 결핍감이나 기대는 미충족된 욕구이다. 고객행동 안에 있는 미충족욕구와 기회를 발견한다. 소비자들은 특정 제품을 왜 구매하는가? 소비자들의 구매에 영향을 주는 요인은 무엇인가? 사회의 변화 요인은 무엇인가? 고객행동으로 제품선택과 구매이유 등을 파악할 수 있다.

2절 비즈니스 모델

고객의 문제를 이해하는 것은 사업을 시작할 때 직면하는 과제이다. 고객이 원하는 제품은 고객의 실제 문제를 해결하는 제품이다. 그러나 제품이 고객의 요구에 부합하는지 확인하는 것은 성공적인 사업을 시작하는 한 부분이다. 회사는 어떻게 수익을 창출할 것인지 파악하는 것이 바로 비즈니스 모델이다. 즉, 비즈니스 모델은 사업에서 수익을 창출하는 방법과 적절한 비용으로 고객에게 가치를 제공하는 방법이다. 이러한 도구를 통해 기업가는 비용과 수익 흐름을 구조화할 수 있는 다양한 방법을 실험하고 테스트하고 확립할 수 있다. 기업가는 비즈니스 모델 캔버스를 사용하여 비즈니스 모델을 가상으로 신속하게 변경하고, 그러한 변경이 현재와 미래의 비즈니스에 어떤 영향을 미칠지 즉시 확인할 수 있다.

1. 비즈니스 모델의 이해

인터넷의 출현으로 새로운 형태의 사업을 개발하기 위해 비즈니스 모델이라는 용어가 널리 사용된다. 아마존, 이베이, 델과 맥도날드와 같은 회사들은 가치창조의 기존 논리를 파괴하고, 그들의 산업 영역을 사로잡는 혁신적인 모델로 세계적으로 알려지게 되었고, 빠르게 성공적인 비즈니스 모델의 상징이 되었다.[3] 이러한 기업들은 가치창조와 가치포착의 특별한

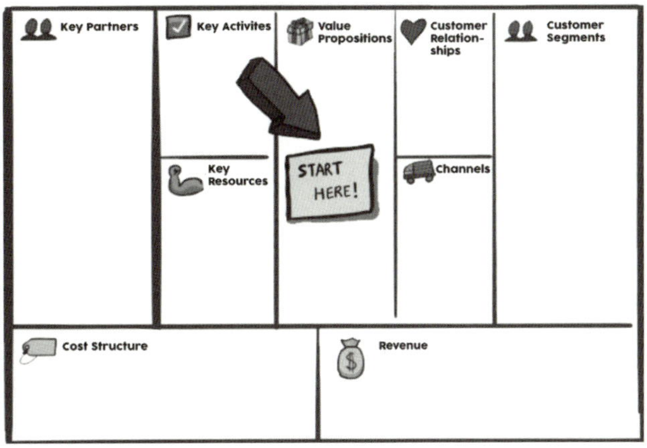

방법을 시도한 기업들이다. 아마존의 혁신적인 비즈니스 모델은 도서 소매 부문에서 기존의 소매회사와 다른 온라인 소매업 기업의 새로운 유형을 창조하였다. 이처럼 비즈니스 모델 혁신은 고객들이나 재무분석과 같은 경제적 행위자들이 회사에 관하여 어떻게 생각하는지와 시장분류에 관하여 생각하는 방법을 수정할 수 있다. 따라서 비즈니스 모델이 새로운 서비스와 제품을 조사하는 체계적이고 구조화된 방식을 제시한다.

1) 비즈니스 모델의 개념

비즈니스 모델(business model)은 어떤 상품이나 서비스를 어떻게 소비자에게 제공하고, 어떻게 마케팅하며, 어떻게 돈을 벌 것인가에 관한 계획이나 사업 아이디어이다. 즉, 비즈니스 모델은 새로운 서비스나 제품이 제공하는 가치의 개발, 도입과 촉진 등과 관련된 요인들을 이해하는 체계적이고 구조화된 방식이다. 이러한 의미에서 비즈니스 모델은 혁신하고자 하는 욕구와 실제로 제공할 수 있는 것 간의 간격을 채우는 것이다. 기업은 비즈니스 모델을 사용함으로써 새로운 서비스나 제품의 개발, 도입과 촉진에 있는 위험을 잘 통제할 수 있고, 서비스나 제품의 성공 기회를 창조할 수 있다. 따라서 비즈니스 모델은 기업이 가치를 어떻게 창조하고 유지하는지에 관한 논리를 일관성 있게 설명한다. Moingeon과 Lehmann-Ortega에 따르면 비즈니스 모델은 고객에게 가치제안, 가치구성과 수익등식을 통해서 가치를 창조하는 구조를 의미한다.

- **가치제안**: 가치제안은 고객에게 제공되는 상품이나 서비스를 포함한다. 회사가 고객에게 가치제안을 제공하고, 고객은 회사로부터 가치를 제공받는다.
- **가치구성**: 가치구성은 고객에게 가치를 어떻게 전달하고, 가치를 달성하기 위해 사용되는 활동과 자원을 의미한다. 이러한 요소는 가치사슬의 결합이다.
- **수익등식**: 수익등식은 가치제안과 가치구성의 결합으로 얻는 결과이다. 수익등식은 판매수입, 비용구조와 자본에 영향을 준다.

3) V. Sabatier, Mangematin, V., & Rousselle, T.(2010).

그림 3-8 비즈니스 모델

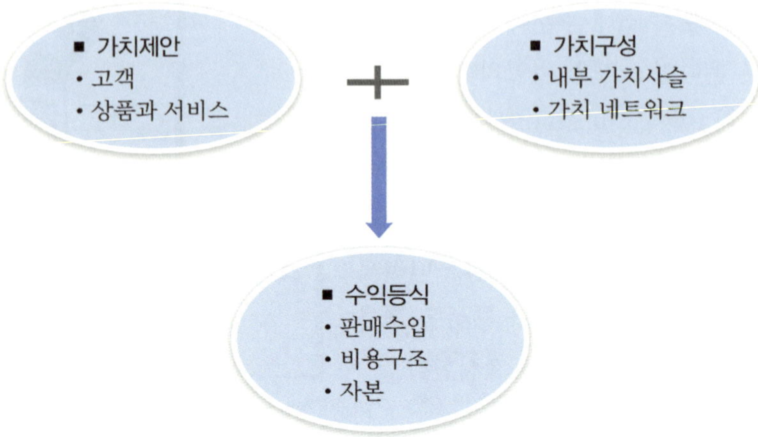

출처: Moingeon과 Lehmann-Ortega(2010).

2) 비즈니스 모델의 분류기준

비즈니스 모델은 공급자, 회사, 고객과 기타 다른 협력자로 구성되는 가치사슬 흐름에 근거한다. 이러한 비즈니스 모델의 주요 기준은 거래품목, 소유권 관계와 수익으로 구분된다. 고객, 공급자와 협력자가 비즈니스 모델의 역할 수행 구성원들에게 주어진 특정한 역할을 고려한다. 어떤 회사는 다른 회사를 위해 고객의 역할을 하지만, 이것은 자신의 고객을 위해 공급자로서 행동하는 것을 의미한다.

표 3-2 비즈니스 모델 분류기준

거래품목			소유권 관계			수익		
서비스	상품	보조제품	생산	콘텐츠	중개	직접수익	수수료	구독료

(1) 거래품목

모든 비즈니스 모델에서 고객, 공급자와 협력자들은 어떤 품목의 교환을 통해서 서로 상호작용한다. 거래품목(traded items)은 수익을 얻기 위해 고객에게 제공된 제품이다. 이 기준은 서비스, 상품과 보조제품이 있다. 서비스(service)는 고객지원, 구매자와 판매자 연결과 같은 서비스이다. 상품(goods)은 유형제품이고, 보조제품(supplementary product)은 기업의 핵심 서비스나 상품이 아니라 서비스나 상품의 구매를 촉진하는 제품이다.

(2) 소유권 관계

제공된 상품이나 서비스의 소유권(ownership)은 생산, 콘텐츠와 중개로 구분된다. 생산(production)은 회사가 생산한 품목이다. 콘텐츠(contents)는 대중매체나 관련 미디어 활동에 게재된 구조화된 메시지이다. 콘텐츠는 사용자들 간의 상호작용 없이 생산될 수 없다. 중개기관은 상품과 서비스를 사용자와 연결하는 플랫폼을 제공하는 것을 의미한다.

(3) 수익

수익(revenue)은 직접수익, 수수료와 구독료가 있다. 직접수익은 비즈니스 모델의 소유자로서 회사가 정의된 사용자나 고객에게 상품이나 서비스를 제공함으로써 수익을 얻는 것이다. 수수료(commission)는 이커머스 회사의 주된 수입으로 서비스의 사용자들이 지급하는 돈이다. 구독료(subscription fee)는 사용자들로부터 받는 수수료로 임대의 형태로 얻게 된다. 이 수수료는 고정, 기간이나 사용량 기준으로 부과된다.

INSIGHT 유통가 '구독경제', 시범서비스에서 '정식 모델'로 변신 중

신종 코로나바이러스 감염증(코로나19) 여파 이후 식품업계가 생존을 위해 시범적으로 도입했던 구독서비스가 하나의 트렌드가 아닌 문화로 자리잡는 모습이다. 코로나19 사태가 장기화 국면에 접어들면서 이미 구독서비스를 경험해본 이들의 바이럴 마케팅이 새로운 소비자들을 끌어들이며 성장하는 사업모델이 아닌 정착한 모델로 변화시키고 있는 것이다.

최근 구독서비스를 론칭한 기업들은 코로나19 여파로 소비자들의 반응이 뜨거워 매출 상승의 효과를 봤다고 한목소리를 냈다. 베이커리 뚜레쥬르는 구독료를 내면 특정 제품을 정상가 대비 50~80% 낮은 가격에 주기적으로 제공하는 월간 구독서비스를 론칭했다. 빅데이터 분석을 통해 반복 구매율이 가장 높은 프리미엄 식빵, 모닝세트, 커피 3종을 선정해 뚜레쥬르 직영점 9곳에서 시범 운영해본 뒤 가맹점으로 확대 운영한다는 계획이다. 결과는 대성공이었다. 해당 제품군의 매출이 30% 이상 급증했다. 뿐만 아니라 구독 제품 수령을 위해 방문한 매장에서 추가로 제품을 구매하는 매출도 증가한 것으로 집계됐다. 고객들은 저렴한 가격에 제품을 즐길 수 있어 좋고 업체는 매출이 늘어나 서로 윈윈하는 상황이 생긴 것이다. 이에 회사는 월간 구독서비스를 가맹점으로 확대 운영하기로 결정했다.

출처: 뉴스시스 2020.09.22

2. 비즈니스 모델의 분류

많은 학자들이 비즈니스 모델의 유형 분류를 제안하였다. 노스 캐롤라이나 주립대학교 마이클 라파(Michael Rappa) 교수는 일반적인 9가지 비즈니스 모델을 제안하였고, 각 유형별로 사업 운영방식에 따라 보다 구체적인 모델들을 제시하였다. 그러나 비즈니스 모델은 아직도 다양한 방식으로 개발되고, 정의되고, 분류되고 있는 실정이다. 이것은 웹에서 관찰될 수 있는 비즈니스 모델의 포괄적이고 타당한 분류를 제시하려는 시도이다. 인터넷 비즈니스는 계속 진화하기 때문에 제시된 분류는 완전하지는 않지만, 새로운 비즈니스 모델을 혁신하는 데 유용하다.

표 3-3 비즈니스 모델의 분류

모델 유형	설 명
중개 모델	중개인은 다른 관계자들에게 서비스를 제공하고 대가를 받는다.
광고 모델	상품과 서비스의 광고를 제공하는 모델이다.
정보중개 모델	고객정보를 수집하여 기업에 판매하는 모델이다.
판매자 모델	상품과 서비스의 도매상과 소매상의 온라인 상점이다.
생산자 모델	생산자가 직접 판매하는 모델이다.
제휴 모델	상품구매를 촉진하기 위해 파트너 사이트와 제휴하고 재무 인센티브를 제공한다.
공동체 모델	유사한 흥미를 가진 사람들끼리 서로 정보를 공유한다.
구독료 모델	사용자들은 서비스를 사용하기 위해 주기적으로 사용료를 지급한다.
사용량 모델	사용량에 따라 사용료를 지급한다.

1) 중개 모델

중개 모델(brokerage model)은 중개인(broker)이 다른 관계자들에게 어떤 서비스를 제공하고, 대가로 요금을 부과한다. 제공된 제품은 중개인의 소유가 아니다. 제공된 서비스에 따라 중개인은 수익을 창출하고, 이것은 서비스의 양에 따라 수수료(commission)를 부과한다. 그러나 다른 회사가 생산한 상품이나 서비스의 소유권을 갖는 경우도 있는데, 제품의 판매자로서 행동하고 제공된 품목에 책임이 있다. 또한 중개인은 시장조성자로서 직접적 수익을 창출한다. 중개인은 판매자도 되고, 구매자도 되어, 거래를 촉진한다. 새로운 비즈니스 모델의 계속적인 출현으로 수수료 부과방식은 매우 다양하다.

2) 광고 모델

광고 모델(advertising model)은 이커머스 회사가 상품과 서비스의 광고를 제공하는 모델이다. 수익 방법은 제공된 상품과 서비스에 따라 다양하다. 회사가 웹사이트에 광고를 게시하고, 이러한 경우에 수입은 수수료 기준이다. 반면 이커머스 광고회사가 광고 패키지를 제공할 때 수익은 직접적이다. 또한 회사는 다른 대안을 결합하고, 다른 방식으로 수익을 창출할 수 있다. 광고회사는 콘텐츠(주로 무료)와 배너광고 형태의 광고 메시지가 결합된 서비스를 제공한다. 배너광고는 광고회사를 위한 수입의 주요 원천이다. 광고회사는 콘텐츠 제작자나 유통자이다. 방문이 많거나 사이트가 전문화될 때 광고 모델은 효과적이다.

3) 정보중개 모델

정보중개 모델(infomediary model)은 인터넷에서 고객정보를 수집하여 기업에 판매하는 모델이다. 고객정보는 다양한 방법을 통해 수집, 가공되어 데이터베이스화된다. 특정 시장에서 소비자, 생산자 및 제품을 이해할 수 있도록 정보중계를 제공하여 수익을 창출한다. 회사가 사업 파트너에게 제공되는 서비스나 제품에 근거하여 대가를 받기 때문에 비즈니스 모델에서 만들어지는 수익은 직접적인 형태이다. 정보가 신중하게 분석되고 표적 마케팅 캠페인에 사용될 때 소비자와 소비습관에 관한 자료는 가치가 크다.

4) 판매자 모델

판매자 모델(merchant model)은 상품과 서비스의 도매상과 소매상의 온라인 상점이다. 즉, 아마존닷컴, 예스24처럼 오프라인 비즈니스 모델을 온라인으로 옮겨놓은 것이다. 판매자 모델에서 주된 수입은 판매이윤으로 직접적이다. 판매는 표시가격이나 경매에 근거한다.

5) 생산자 모델

생산자 모델(manufacturer model)은 생산자가 직접 판매하는 모델로 생산자가 직접 구매자에게 접촉하여 기존 유통망을 생략하는 모델이다. 제품의 생산자는 제품의 완전한 소유권을 갖고 제품을 제공한다. 이러한 모델에서 거래되는 품목은 상품이다. 생산자가 제품을 생산하고, 직접 구매자에게 판매하여 기존 유통망을 생략하는 모델이다. 델 컴퓨터가 인터넷과 전화를 사용해 직접 판매하는 대표적인 사례이다.

6) 제휴 모델

제휴 모델(affiliate model)은 웹사이트 발행자(publisher)가 그의 노력에 의해 파트너의 웹사이트에 의해서 유인된 방문자, 회원, 고객의 수나 매출을 기준으로 소정의 보상을 받는 수익 모델 기법이다. 제휴 모델을 통해 판매자에게는 판매기회가 발생한다. 변형 형태는 배너교환, 클릭당 광고료 지급과 수익공유 프로그램 등이 있다.

7) 공동체 모델

공동체 모델(community model)은 온라인을 통해서 유사한 흥미를 가진 사람들끼리 서로 정보를 공유할 수 있게 한다. 이 모델은 주로 전문적인 문제해결에 기여한 사람에게 제공된다. 기여자의 성격은 동일하고, 서비스의 소유권은 콘텐츠 소유권이다. 창출된 수익은 제품 유형에 달려 있다. 콘텐츠 소유권자는 웹 페이지에 방송광고에 대한 수수료를 받는다. 수익은 보조제품의 판매나 자발적인 기여에 근거할 수 있다. 수익은 맥락광고와 고급서비스에 대한 예약과 관련이 있다. 인터넷은 공동체 비즈니스 모델에 적당하고 개발의 영역이 크다.

8) 구독료 모델

구독료 모델(subscription model)은 사용자가 신문처럼 일정액을 내면 원하는 상품이나 서비스를 공급자가 주기적으로 제공하는 방식이다. 회사는 콘텐츠 소유권을 갖고 있다. 사용자의 접속에 대해 구독료를 받는 모델은 신문사와 리서치 기관의 유료서비스가 있다. 회사가 사전에 돈을 받고 어떤 전문제품을 제공한다면, 제공된 서비스나 자료는 제품으로 간주된다. 모든 경우에 수익은 구독료에 따라 발생된다.

9) 사용량 모델

사용량 모델(utility model)은 수도요금, 전기요금이나 장거리 전화요금처럼 사용량만큼 지급하는 방식이다. 서비스는 동일한 유형의 고객들에게 제공되고, 회사는 정보의 콘텐츠 소유권을 갖는다. 이용자의 요구에 따라 네트워크를 통해 필요한 정보를 제공하는 방식이다. 구독자 서비스와 달리 측정된 서비스는 실제 사용률에 근거한다. 인터넷 서비스 제공자는 주로 연결된 시간 동안 고객에게 요금을 부과한다. 사용량 모델은 서비스 이용률이 높을 때 유지 가능한 모델이다. 구독료 모델은 일정 금액을 지급하는 것이나 사용량 모델은 사용량을 지급하는 것이다.

3. 비즈니스 모델 캔버스의 개념

비즈니스 모델을 설계할 때 많은 요인들이 고려되어 매우 복잡한 과업이지만 알렉스 오스터왈더(A. Osterwalder)가 창안한 시각도구를 사용한다. 도구의 시각 구성 요인은 사업의 다양한 구성 요소가 상호 간에 어떻게 영향을 주는 지를 이해함으로써 설계 과정을 단순화한다. 비즈니스 모델 캔버스는 9개의 상호 관련된 영역으로 구성되고, 이것은 각 영역이 설명되는 순서에 따라 간단하게 기술된다. 각 영역의 내용과 관련된 영역 간의 흐름과 친숙해지면 비즈니스 모델 캔버스는 사용하기 더욱 쉬워진다. 진단도구로써 역할을 하고, 시나리오 계획에 도움이 되기 때문에 비즈니스 모델 캔버스는 다목적이다.

1) 비즈니스 모델 캔버스의 개념

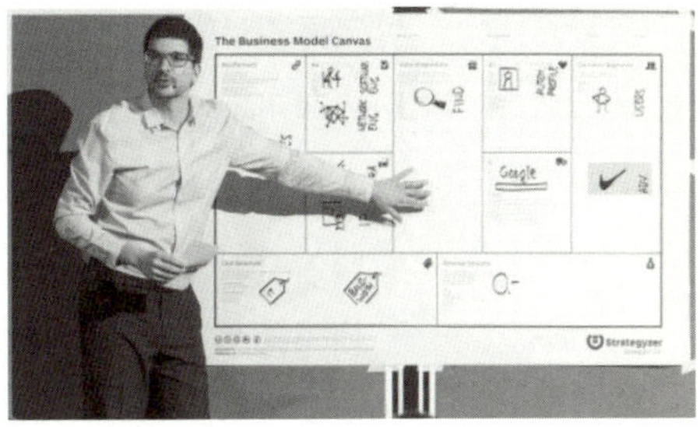

비즈니스 모델은 회사가 가치제안을 창조하고, 고객에게 전달하고, 거래로부터 수익을 얻는 방법을 기술하는 기법이다. 즉, 비즈니스 모델 캔버스는 어떤 상품이나 서비스를 어떻게 소비자에게 편리하게 제공하고, 어떻게 마케팅하며, 어떻게 돈을 벌겠다는 아이디어를 기술한 것이다. 비즈니스 모델의 목적은 조직이 어떻게 가치를 창조하고, 전달하고, 포착하는 원리를 효과적으로 기술하는 것이다. 이것은 아이디어가 사업으로 어떻게 전환되는지에 관한 명확한 통찰력을 전달하는 것이다. 즉, 대립되는 방법을 비교하고, 대조하고, 비평하고, 차이를 분명히 하는 것이다. 알렉스 오스터왈더(Alex Osterwalder)와 예스 피그누어(Yves Pigneur)는 비즈니스 모델을 9개 요소로 제안한다.

표 3-4 비즈니스 모델 9개 영역

영역 구축		설명
제품	가치제안(value propositions)	제공된 상품과 서비스의 독특한 강점
기반관리	핵심활동(key activities)	가치제안을 실행할 때 가장 중요한 활동
	핵심자원(key resources)	고객을 위한 가치를 창조하는데 필요한 자원
	핵심파트너(key partners)	가치제안을 수행하는데 필요한 파트너 관계
고객접점	고객세분화(customer segments)	제공하려는 특정한 표적시장
	유통경로(channels)	유통의 제안된 경로
	고객관계(customer relationship)	고객과 함께 회사가 원하는 관계의 유형
재무측면	비용구조(cost structure)	비용구조의 특징
	수익원(revenue streams)	회사가 돈을 버는 방법과 가격결정 방법

출처: A. Osterwalder & Pigneur, Y.(2010), *Business Model Generation: A Handbook for Visionaries, Game Changers and Challengers*, Wiley.

2) 비즈니스 모델 캔버스의 구조

오스터왈더(A. Osterwalder)는 기업이 사업기회를 활용하기 위해 고객에게 가치를 어떻게 제공하는지를 충분히 기술하기 위해 9개 차원을 사업 의사결정이라고 제안한다. 또한 이해, 창조성, 토론과 분석을 촉진하기 위한 실제적이고, 직접 해 보는 도구로써 캔버스(canvas)를 제안한다. 이 모델 캔버스는 대안을 평가하고, 기록하고, 분석하기 위한 구조를 제공한다.

- 고객세분화(customer segments): 고객은 누구인가?
- 가치제안(value propositions): 제공할 핵심가치는 무엇인가?
- 유통경로(channels): 핵심가치를 어떻게 전달할 것인가?
- 고객관계(customer relationships): 고객들과 어떤 관계를 맺을 것인가?
- 수익원(revenue streams): 이윤을 어떻게 창출할 것인가?
- 핵심자원(key resources): 보유하고 있는 핵심자원은 무엇인가?
- 핵심활동(key activities): 어떤 핵심활동을 수행해야 하는가?
- 핵심파트너(key partnerships): 어떤 파트너십을 가져야 하는가?
- 비용구조(cost structure): 모든 활동을 수행하기 위한 비용구조는 어떠한가?

그림 3-9 Osterwalder의 비즈니스 모델 캔버스 구조

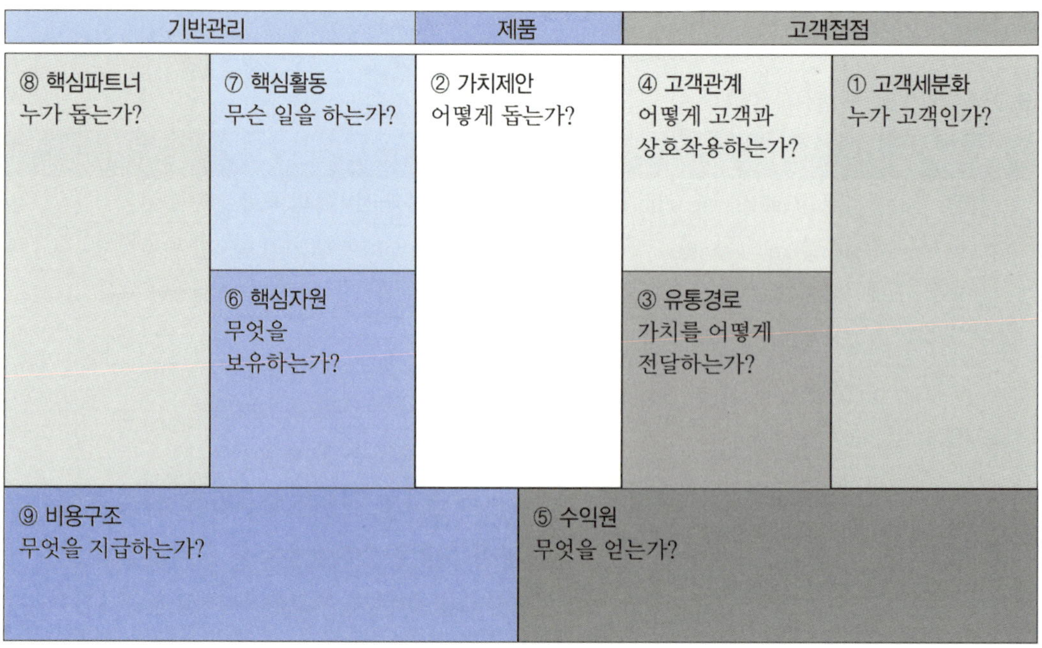

04

사업 아이디어

- 1절 고객욕구의 성격
- 2절 고객욕구의 확인
- 3절 사업 아이디어 개발

FOCUS

기회를 포착하고 행동하는 기업가 구인회 회장

◆ 협동조합 설립으로 사업의 길에

LG그룹의 창업자인 연암(蓮庵) 구인회 회장(1907~1969)은 한국의 산업화를 이끈 주역 중의 한 사람이다. 구인회 회장은 1926년 서울 중앙보고에 진학했으나 그해에 학업을 중단하고, 고향에서 선배 · 동료들과 함께 협동조합을 설립하고, 1929년에 협동조합 이사장이 되어 조합운영을 통해 이득의 원리를 터득했다. 많은 기업을 설립하는 그는 "국민들에게 꼭 필요한 제품을 개발해 보급하겠다"는 고객중시 경영철학으로 화장품, 치약, 플라스틱, 전화기, 냉장고, TV, 세탁기, 에어콘 등을 국산화하여 생활문화에 혁신을 일으킨 기업가이다.

◆ 평소 사람들과 좋은 신용관계로 재기

구인회 회장은 1931년 7월 부친으로부터 받은 종자돈 2,000원과 동생 구철회의 자금 1,800원으로 진주에 구인회포목상점을 열었다. 그러나 장사가 잘 안 되어 고향의 토지를 담보로 동양척식회사로부터 8,000원을 융자받아 포목 유통을 확장하여 돈을 벌었지만, 1936년 병자년의 대홍수로 그 동안 축적했던 재산의 대부분을 잃었다. 병자년 수해를 딛고 재기한 것은 평소 사람들과 좋은 신용관계를 유지했기 때문이었다. 부산과 진주의 은행들에서 자금조달이 쉽지 않았으나 이전부터 사귀어 온 원창약방의 주인 원준옥으로부터 한 장으로 정리한 사업계획서로 자금을 조달할 수 있었다. 평소 지켜온 신용이 재기의 발판이 된 것이다.

◆ 화장품 유통업에서 제조업으로 전환

구인회 회장은 1941년 구인회포목상점을 주식회사 구인상회로 전환하고, 1945년 부산에서 미군정청 승인 제1호 무역업체인 조선흥업사를 설립했다. 유통업에서 제조업으로 눈을 돌리게 한 것은 화장품이었다. 흥아공업에서 생산한 여성용 화장품인 아마쓰 구리무(크림)를 사다가 팔기 시작했다. 아마쓰 구리무에 대한 서울 소비자들의 반응이 좋아 화장품을 직접 제조하기로 결심했다. 회사를 설립하기 직전 Lucky Cream(樂喜크림)을 개발 · 생산하고, 사진 모델로는 할리우드 여배우 디아나 더빈(Deanna Durbin)을 내세웠다. 화장품을 판매해서 얻은 자금과 고향의 논밭을 처분해 마련한 3,000만 환으로 1947년 락희화학공업사를 설립하여 럭키크림을 본격적으로 생산했고 매출이 급증한 덕택으로 사업기반이 탄탄해졌다.

◆ 문제는 새로운 발명과 사업기회

화장품의 문제는 크림통 뚜껑이 쉽게 깨지는 것이었다. 연구와 실험으로 합성수지를 개발하여 뚜껑을 만들고, 칫솔, 비눗갑, 빗과 이어서 비닐시트, 필름, PVC 파이프와 비닐장판 등 제품을 생산함으로써 플라스틱 시대를 열었다. 깨지지 않는 화장품 통의 뚜껑 개발을 위해 진력을 기울였던 연암은 플라스틱이라는 단어가 생소했던 시절에 화학산업에서 기회를 포착하고 추진하는 창조적 기업가였다.

연속적인 사업성공이라도 6·25 전쟁 중에 5억 원이라는 대규모 투자를 하는 것은 무모하였다. 그러나 연암은 "다들 걱정하는 것도 무리가 아니다. 그렇지만 세상살이란 눈을 크게 뜨고 먼 장래를 내다보면서 살아야 하는 법이다. 눈앞의 이익만 살피거나, 어려운 일을 피하고 요령 부리며 산다는 것은 결코 좋은 일이 아니다. 사업은 남이 손대기 전에 해야 빛이 나는 법이다. 화장크림 사업도 전란 속에 키운 게 아닌가? 생산업자가 국민의 생활용품을 차질 없이 만들어 공급하는 일도 애국하는 길이다. 그래서 나는 이 플라스틱 사업을 해 볼 생각이다. 다들 어떻게 생각하나?"라고 말하면서 화장품 사업으로 번 돈 3억 원과 차입금 2억 원을 투자하여 한국 최초의 플라스틱 공업에 진출한다.

사업의 중심을 화장품에서 플라스틱 성형으로 전환했다. 1953년에 화장품사업을 청산하고 동양전기를 락희화학에 흡수했다. "이런 것이 바로 우리가 해야 할 진짜 사업인기다. 생산업자는 부족한 생활필수품을 만들어 내는 게 참 애국하는 길인기라. 남들이 미처 생각지 못하고 있는 사업을 한 번 성공시켜보자. 그런 보람 한 번 찾아보자"라는 의지가 있었다. 치약, 칫솔, 비누, 합성세제 등을 연이어 한국 최초로 생산하였다. 1964년 최초의 합성세제인 '하이타이'를 생산하여 주부들의 생활에 변화를 가져왔다. 점차로 사업이 고밀도폴리에틸렌, PVC, 아크릴 등 석유화학계 기초화학 물질, 정유산업, 생활용품, 화장품, 음료사업으로 확대되었다.

◆ 전자산업의 시작

1950년대 후반 전기통신 시설이 상당한 수준으로 복구됨에 따라 구인회 회장은 라디오를 비롯한 전자공업 진출을 모색했다. 전자산업 진출에 많은 반대가 있었으나 "사업은 기회고 선점이다"라는 신념으로 1959년 금성사를 설립하여 Gold Star 라디오 국산화에 성공했다. 연암은 상대방을 배려하고 관용하며 양보하는 사업가였다. "남이 안 하는 일 가운데 우리가 할 수 있는 일을 찾되,

어디까지나 국민경제에 유익하고 소비자들에게 이익이 되는 것이어야 한다"라는 성품이었다. 그러나 다른 사람이 자신의 사업 영역에 들어오는 것에 불쾌한 감정을 가졌지만 양보하는 편이었다. 연암은 남의 영역에 뛰어들지 않는다는 자신만의 상도의(商道義) 철학을 견지했다. 물론 이러한 상도의 원칙에 대해서는 다른 견해가 있을 수 있으나, 어쨌든 연암은 그런 철학의 소유자였다. 냉장고, 흑백 TV, 에어컨, 승강기 등의 국산화에 성공함으로써 사업기반을

다졌다. 연암의 생각은 "남이 안 하는 것을 해라. 뒤따라가지 말고, 앞서 가라. 새로운 것을 만들라"라는 것이었다. 이후 금성사는 전화기, 선풍기, 세탁기 등을 개발 · 생산하여 한국인들의 일상생활을 크게 변화시켰다. 1964년 말부터는 동남아 · 중남미 등에 전자제품을 수출을 시작했다. '전자제품은 금성'이란 말이 소비자들 사이에 회자되어 금성사는 락희화학과 함께 국내최초와 최고를 지향해왔다. 현재 LG와 GS는 다른 그룹으로 분리됐다. 시대의 변화와 추세를 정확하게 예측하고, 현재에 만족하지 않고, 새로운 분야를 개척하는 도전정신과 국리민복의 사업목적, 책임경영과 인화단결이 오늘날 LG가 글로벌 기업으로 성장한 힘이다.

구인회의 어록

- 남이 미처 하지 않은 것을 선택하라.
- 뒤따라가지 말고, 앞서 가라.
- 새로운 것을 만들라.
- 신념이 있을 때 놀라운 힘을 발휘한다.
- 국민생활에 없어서는 안 될 것부터 착수하라.
- 일단 착수하면 과감히 밀고 나가라.
- 성공해도 거기에 머물지 말고, 그보다 한 단계 높은 것에 도전하라.
- 빨리 핀 꽃은 빨리 지게 되어 있다.
- 길게 멀리 내다볼 수 있는 통찰력을 지닌 이웃이 되었으면 좋겠다.
- 사치를 일소하고 소박한 생활로 돌아가야 한다.
- 매화는 모진 추위를 겪어야 비로소 향기를 뿜는다.
- 역경과 시련, 실패는 승자가 되기 위한 하나의 과정에 지나지 않는다.
- 누가 더 열망하고 더 열심히 움직이느냐에 차이가 있을 뿐이다.
- 열망하라. 그리고 포기하지 말고 끝까지 부지런히 움직여라.
- 성공은 우리 모두의 것이다.
- 남에게 의뢰하는 마음은 성공을 방해하는 가장 무서운 적이다.
- 없을 때는 가난을 이겨내는 데 충실하고, 있을 때엔 분수에 맞게 생활하라.
- 사업은 남이 손대기 전에 해야 빛이 나는 법이다.
- 남이 안 하는 일을 찾되, 국민경제에 유익하고 소비자들에게 이익이 되어야 한다.

사업 아이디어를 창안하는 방법은 무엇인가? 사업 아이디어는 자신의 주위에 있고, 시장 동향과 소비자 욕구에 대한 분석에서 나온다. 사업 아이디어는 기업에 수익을 제공할 수 있는 제품이나 서비스를 개발할 수 있는 아이디어이다. 실행 가능한 사업 아이디어를 찾으려면 "기업은 시장성 있는 기술과 경험을 가지고 있는가? 고객들이 제품이나 서비스에 대해 기꺼이 지급할 것인가?"라고 자문해 볼 필요가 있다. 새로운 제품이나 서비스에 대한 사업 아이디어를 창조하는 핵심은 충족되지 않은 시장욕구를 파악하는 것이다. 따라서 사업 아이디어는 고객들이 구매할 가치 있는 아이디어이다.

1절 고객욕구의 성격

고객욕구는 고객이 제품이나 서비스를 구매하도록 유도하는 동기이다. 기업은 고객의 욕구를 충족하는 제품을 개발하기 위해 고객의 욕구를 탐색한다. 고객은 실제 또는 인지된 편익을 얻기 위해 제품이나 서비스를 구매하며, 또한 그것이 편익을 제공할 것이라고 믿는다. 또한 고객들은 독특한 제품가치를 위해 제품 또는 서비스를 구매한다. 고객의 욕구를 파악하는 것은 고객의 문제를 진정으로 해결하는 제품을 만들고자 하는 기업의 사명이다.

1. 욕구의 의미

욕구(needs)는 현재 상태(what is)와 이상적 상태(what should be) 간의 차이 또는 불일치이다. 욕구는 본원적 욕구로 어떤 기본적인 것이 결핍된 상태이나 필요(wants)는 욕구를 만족시킬 수 있는 구체적인 상품이나 서비스에 대한 바람이다. 예를 들면, 욕구는 "배가 고프다"처럼 막연한 결핍 상태이나, 필요는 "밥이 먹고 싶다"처럼 구체적인 희망을 의미한다. 욕구는 고객의 행동을 유발시키는 동기의 직접적인 원인이 된다. 즉, 욕구가 내 · 외적 자극을 받아서 활성화되면 동기가 된다. 따라서 욕구는 자극을 받아 동기가 되고, 동기는 특정 행동의 원인이 된다. 고객의 욕구는 고객이 제품을 통해 해결되기를 원하는 문제로 상품이 제공하는 편익(benefits)을 통해서 충족될 수 있다.

그림 4-1 욕구의 의미

욕구 (needs) = 이상적 상태 (desired state) − 현재 상태 (current state)

2. 욕구의 유형

사람들은 무언가를 수리하려고 할 때 공구나 도구를 구매한다. 이처럼 욕구는 거의 항상 현재 상황에 대한 문제 또는 불만족으로 시작된다. 필요성이 명확할수록 구매자가 구매할 가능성이 높아진다. 잠재고객이 자신에게 문제가 있음을 인정하고 무언가를 원하거나 필요로 할 때 그는 구매 영역에 들어간다. 제품이 기능성의 기대치를 넘는 감동적인 특징을 갖는다면 고객은 대단히 만족하고 그러한 특징이 있는 제품을 반복적으로 찾을 것이다. 독특한 편익이 제품에 포함될 때 고객들은 감동을 경험한다. 그러나 오늘의 감동특징은 내일의 당연적 특징이 된다.

1) 기본적 욕구

기본적 욕구(basic needs)는 어떤 상품이나 서비스가 충족하여 줄 것이라고 가정하거나 기대하는 욕구이다. 제품이 고객을 만족시키는 기본적이고 본질적인 욕구이다. 예를 들면, 세탁세제는 의류에 있는 때나 먼지를 제거해 준다. 샴푸는 두발을 깨끗이 해준다. 기본적인 욕구만으로 상품이나 서비스를 차별화하기는 매우 어렵지만, 제품이 기본적으로 충족해야 할 최소한의 당연적 욕구이다. 기본적 욕구는 제품의 사용 목적과 관련이 있는 제품범주 욕구이다.

2) 표현된 욕구

표현된 욕구(articulated needs)는 잠재적 욕구를 보다 구체적으로 표현한 욕구로 고객들이 비교적 쉽게 말로 표현할 수 있는 욕구이다. 고객이 현재 느끼는 욕구 중에서 일부 충족되지 못한 부분일 수 있다. 또한 이러한 욕구는 고객들이 기존제품으로 일부 충족하고 있거나 적어도 기존시장에서 충분히 충족이 가능한 욕구이다. 예를 들면, 열고 닫기에 좀 더 편리한 양문형 냉장고가 있다.

3) 잠재적 욕구

잠재적 욕구(latent needs)는 구체적으로 표현되지 않고, 고객의 마음속에 잠재되어 있는 욕구로 고객들이 보고 경험하기 전까지 욕구를 갖고 있다고 인식하지 못하고 깨닫지 못하는 욕구이다. 회사가 이러한 욕구를 제공한다면 고객들은 놀라거나 흥분할 수 있는 욕구이다. 고객이 잘 느끼지 못하고 있지만, 기업은 욕구를 충족할 수 있는 해결책을 만들 수 있는 부분이다. 기본적 욕구와 표현된 욕구는 소비자조사를 통해서 탐색할 수 있지만, 잠재적 욕구는 발견하기 매우 어렵다. 이 잠재적 욕구는 고객들이 기존제품으로 만족하고 있지 않으며 인식하고 있지도 않은 욕구이다. 예를 들면, '배터리가 필요 없는 스마트폰'이다.

잠재적 욕구는 공급자들에게도 쉽게 보이지 않고, 심지어 소비자들도 잘 지각하지 못하는 경우가 많다. 고객의 잠재적 욕구를 확인하는 것은 쉽지 않다. 이러한 잠재적 욕구는 미충족 욕구, 미제공 및 과소제공 욕구 등으로 제품범주를 창출할 수 있다.

미충족 요구(unmet needs)는 회사가 고객의 욕구를 잘 알지 못하거나 회사의 기술이나 자원의 부족으로 고객의 욕구를 충족시키지 못할 때 발생하는 욕구이다. 이러한 욕구에는 과소제공 욕구와 미제공 욕구를 포함하는 광범위한 욕구로 고객이 인식하거나 인식하지 못할 수 있다. 회사가 고객욕구를 인식하지 못한다면 고객욕구를 조사하고, 기술부족이라면 기술을 개발하여 문제를 해결해야 한다. 미충족 고객욕구를 해결하는 제품과 서비스를 판매한다면 이것은 새로운 고객욕구와 제품범주를 창출할 수 있는 영역이다.

미제공 욕구(unserved needs)는 고객들의 욕구와 기대가 존재하지만 기업들이 시장에 제공하지 못할 때 발생하는 욕구나 기대이다. 기술부족, 수요부족, 집중화, 시장세분화, 자원의 한계나 기타 사유로 시장에 제공하지 못하는 경우이다. 미제공 욕구의 상품화는 새로운 시장을 창출하는 제품범주 창출전략으로 시장선도전략이 될 수 있는 신제품과 신시장이다. 예를 들면, 많은 대히트작(blockbuster)은 이러한 틈새시장에 접근하여 성공한 경우이다.

과소제공 욕구(underserved needs)는 상품이나 서비스의 기능을 제공하지만 뭔가 부족한 부분이 있는 욕구이다. 완전한 문제해결책을 제공하지 못한 제품들은 시장에 비교적 많다. 상

그림 4-2 잠재적 욕구의 종류

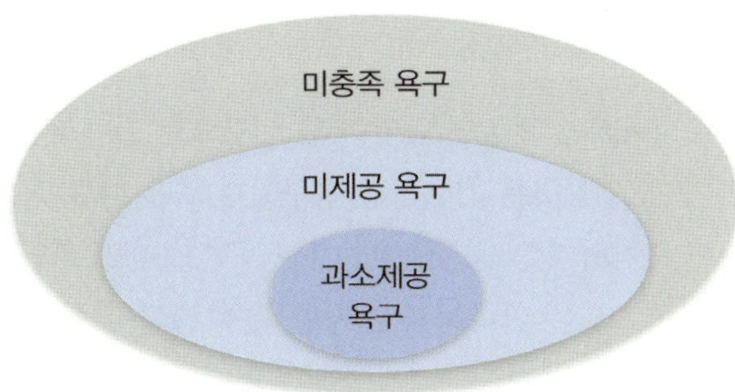

품이나 서비스의 불충분한 제공으로 고객들이 만족하지 못하는 욕구로 불완전한 만족이 발생한다.

4) Kano 모형에 의한 욕구 유형

고객욕구는 고객이 제품이나 서비스로부터 얻는 편익의 언어적 기술이다. 예를 들면, 고객은 안전한 차, 해상도가 선명한 컴퓨터 모니터, 주름이 잘 가지 않는 바지 또는 살이 찌지 않는 음식을 원한다. 그래서 개발팀은 제품을 설계하기 위해 이러한 욕구를 제품특징으로 면밀히 계획한다. Kano 모형은 제품의 품질 요소에 따라 소비자의 만족에 차이가 나타나는 것을 설명하는 모형이다. 품질 요소를 욕구로 변경하여 설명한다. 소비자의 욕구를 충족한다고 해서 반드시 소비자는 만족하는 것은 아니다. 따라서 매력적인 욕구를 탐색하여 소비자들이 중요하다고 생각하는 속성을 찾는 것이 바람직하다.

그림 4-3 Kano diagram[1])

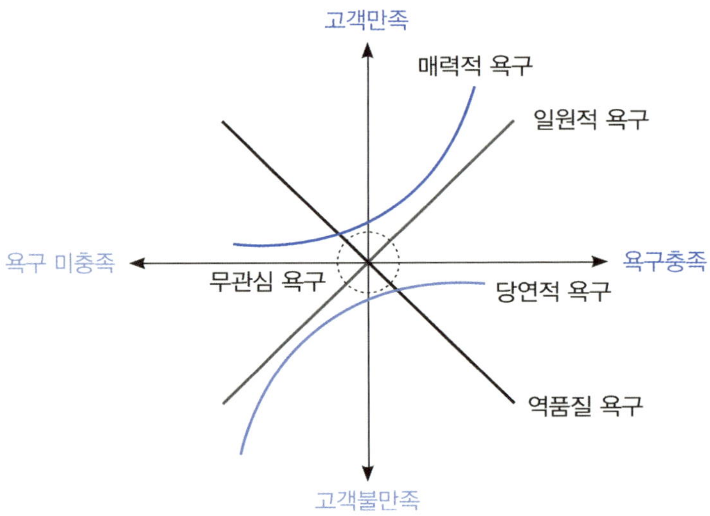

(1) 당연적 욕구

당연적 욕구(must-be needs)는 제품에 당연히 있을 것으로 기대하는 욕구로, 고객은 이 욕구가 충족되지 않으면 크게 실망하는 기본적인 욕구이다. 그러나 충족되어도 고객은 당연한 것으로 받아들여 만족이 증가하지 않을 것이다. 예를 들면, 스마트폰의 통화품질이 양호하더라도 고객들은 통화품질만으로는 만족하지 않지만, 통화품질이 불량이라면 대단히 실망할

1) Bayus(2008).

것이다. 따라서 만일 당연적 품질조건이 충족되지 않는다면 고객은 제품에 매력을 느끼지 않을 것이다. 당연적 욕구는 범주욕구로 제품이 반드시 있어야 할 품질욕구이다.

(2) 일원적 욕구

일원적 욕구(one-dimensional needs)는 욕구가 충족되면 고객은 만족하고, 충족되지 않는다면 고객은 불만족하는 욕구이다. 충족의 수준이 높을수록 고객만족은 더욱 높다. 이런 욕구의 충족은 고객충성도를 얻을 수 있다.

(3) 매력적 욕구

매력적 욕구(attractive needs)는 제품이 제공하는 제품속성으로 고객만족에 높은 영향을 미치는 제품기준이다. 고객은 품질요건을 기대하지는 않으나 충족되면 상대적인 만족보다 더 크다. 이와 달리 충족되지 않아도 고객은 불만족하지 않는다. 결과적으로 매력적인 품질요건은 제품을 경쟁자와 차별화할 수 있는 요소이지만, 경쟁자들이 충족하면 이는 당연적 품질욕구나 일원적 욕구수준으로 떨어지게 된다.

(4) 무관심 욕구

고객은 기업이 제공하는 제품속성에는 관심이 없으며 그것의 유 · 무에도 관심이 없는 욕구가 무관심 욕구(indifferent needs)이다. 기업은 자원과 시간을 투입하여 고객의 만족에 아무런 영향을 미치지 않는다면 낭비 요소가 되기 때문에 이는 자원과 시간을 다른 부문으로 재할당하는 것이 더 현명하다.

(5) 역품질 욕구

고객이 제품속성을 바라지도 않고 오히려 그 반대를 기대하는 욕구가 역품질 욕구(reverse needs)이다. 예를 들면, 일반적으로 고객들은 주택의 창문이 큰 것을 선호하지만 어떤 고객은 집 안의 큰 창문을 고려하지 않고 오히려 에너지 절약으로 작은 창문을 원하는 경우가 해당된다. 이처럼 때로는 고객이 원하는 욕구와 상반되게 제품이 설계되는 경우가 있다. 하이테크 제품은 기술집약적으로 고객에게 사용의 어려움을 준다. 제품 사용성을 높이고 기술의 복잡성으로 인한 소비자의 기술저항을 극복하는 것이 필요하다.

3. 고객욕구의 원천

소비자들의 욕구는 내적 요인과 외적 요인에 의해 발생된다. 욕구는 자극에 의해 동기를 유발하고, 동기는 행동의 원인이 된다. 욕구는 단일의 동기에서 발생하는 것이 아니라 복합적인 동기에 의해서 발생하는 다차원적인 개념이다. 따라서 행동의 원인을 파악하기 위해서는 소비자들의 욕구를 파악하는 것이 중요하다. 욕구의 발생원천은 기능적 욕구, 경험적 욕구와 상징적 욕구로 구분한다. 이중에서 기능적 욕구는 반드시 충족해야 할 욕구이다.

그림 4-4 욕구의 종류

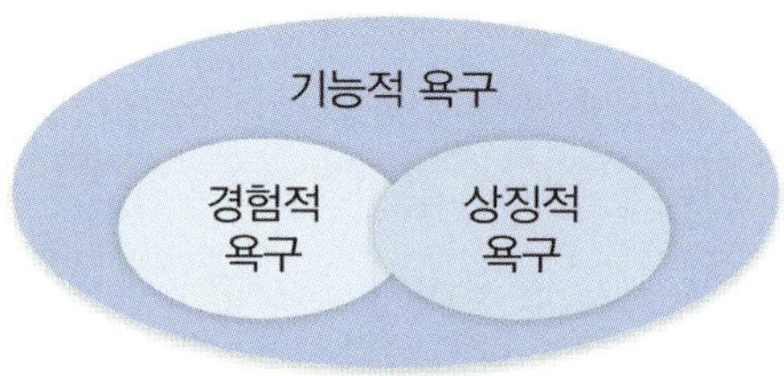

1) 기능적 욕구

기능적 욕구(functional needs)는 실용적 욕구라고도 하며, 제품의 구매나 사용으로부터 기능적인 편익을 추구하고자 하는 욕구이다. 이러한 요구는 기존 문제를 해결하거나 향후 문제를 피하는 것과 관련이 있을 수 있다. 제품의 기본적인 속성과 밀접한 관련이 있지만, 안전과 위험회피 욕구 등과 같은 기본적인 동기들과도 관련이 있다. 예를 들면, 자동차를 구매할 때 엔진의 출력, 주행성, 가격, 안전성과 연비를 비교하여 구매하는 경우가 해당된다. 두통을 완화해주는 아스피린, 바이러스를 제거해주는 방역제 등이 있다.

2) 경험적 욕구

경험적 욕구(experiential needs)는 쾌락적 욕구라고도 하며 상품이나 서비스를 사용함으로써 느끼는 쾌감, 환희, 즐거움과 관련된 욕구이다. 경험적 욕구는 브랜드 사용 경험에서 오는 감각적 만족을 의미한다. 사람들은 인지적 자극과 다양성을 포함한 감각을 통해 즐거움을 추구한다. 경험의 예로는 미각의 즐거움, 냄새의 힘, 운전 경험 등이 있다. 이러한 욕구는 감각적인 즐거움, 지적 호기심, 다양성 추구 등 영화, 콘서트, 뮤지컬, 여행 등이 있다.

3) 상징적 욕구

상징적 욕구(symbolic needs)는 상품이나 서비스의 소비를 통해 얻을 수 있는 비상품 관련 속성에 관한 욕구이다. 자아 존중감, 자아 이미지, 남과 다르다는 차별성, 사회적 연대감, 사회적 존경이나 인정 등을 얻기 위한 욕구이다. 상징적 욕구는 사회생활의 결과로 배운 욕구이며 존중에 대한 욕구, 자기 향상, 바람직한 집단과의 동일시 등이 포함된다. 고객들이 사회적 신분, 유대, 소속, 성취 등을 충족하기 위해 명품, 고급세단, 고급 레스토랑을 이용하는 경우이다.

INSIGHT Google의 10대 지도원리

구글의 경쟁자는 오직 구글뿐이다. 성공한 기업은 독특한 성공 요소가 있다. 구글의 성공 요소는 10대 지도원리에 입각한 경영과 업무자세이다. 사용자 중심은 숨겨진(hidden), 표현하지 않은(unarticulated) 고객욕구를 이해하기 위해 사람을 관찰하는 것에서 시작된다. 개발자가 고객이 되어 고객의 생활로 고객의 삶을 체험하는 것이다. 다음은 구글의 지도원리이다.

- 사용자에게 집중하면 모든 사람이 따를 것이다.
- 한 가지 일을 실제로 잘하는 것이 중요하다.
- 느린 것보다는 빠른 것이 더 좋다.
- 웹 자체가 민주주의이다.
- 대답을 자신의 책상에서 꼭 할 필요가 없다.
- 악한 일을 하지 않고도 돈을 벌 수 있다.
- 항상 외부에 더 많은 정보가 있다.
- 정보에 대한 욕구는 모든 국경을 초월한다.
- 정장을 입지 않아도 업무를 훌륭히 수행할 수 있다.
- 큰 것이 매우 좋은 것은 아니다.

2절 고객욕구의 확인

고객욕구의 확인은 표적시장의 고객에 대한 정보를 정확하게 수집 · 분석하여 고객의 미충족욕구, 숨겨진 욕구, 과소제공이나 미제공 욕구를 확인하여 시장기회를 찾는 과정이다.

고객과 직접 대면하면서 면접하는 심층면접과 집단을 대상으로 면접하는 표적집단면접은 정성적 방법이다. 사전에 설문지를 작성하여 개인별로 면접하는 개인면접, 인터넷이나 전화조사는 정량적 방법이다. 구조적 방법으로 목록격자기법이나 수단목표분석이 있다. 조사 과정은 제품개발 과정의 통합된 부분으로 제품컨셉의 창출과 직접적으로 관련되어 있다. [그림 4-5]와 같이 제품 사명 선언문에 근거한 제품개발을 염두에 두고, 시장과 고객에 관한 자료수집, 자료분석, 욕구분류, 상대적 중요도 추출과 아이디어추출 과정으로 이어진다.

그림 4-5 고객욕구의 확인 과정

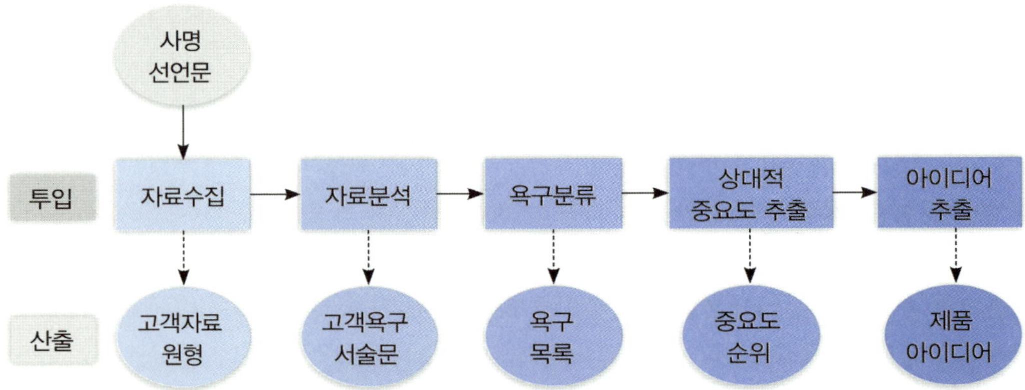

1. 자료수집

기업이 구체적인 시장전략을 명시하고, 제품개발을 위한 특정한 제약과 목적을 제품개발 전에 제시하는 정보를 제품 사명 선언문이라 한다. 이 사명 선언문은 제품계획의 진행방향을 구체적으로 명시한 것으로 제품개발의 지침이 된다. 즉, 제품과 관련된 기능 부문, 제품개발 전략, 제품개발 활동과 조직, 제품개발 목표를 서술한 것이다. 이 선언문은 회사의 목적, 경영전략과 자원과 일치해야 한다. 따라서 기업은 사전에 회사의 비전, 제품개발전략과 사업기회

를 달성할 수 있는 제품 사명 선언문을 작성하여야 한다.

고객의 욕구와 필요, 시장의 경쟁상황과 시장의 성격을 철저하게 이해하는 것이 제품성공에 필수적이다. 고객에게 강력하게 집중하는 것은 제품의 성공률과 수익성을 향상시킬 뿐만 아니라 제품개발 출시기간을 단축시킬 수 있다. 따라서 시장과 고객의 정보를 정확하고, 적시에 수집하여야 한다. 고객에 관한 원자료 수집은 고객의 제품사용 경험과 고객접촉에 관한 자료를 수집하는 절차이다. 자료수집 방법은 관찰법, 실험법과 설문법이 있는데 단독으로 또는 결합하여 사용한다. 마케팅조사 결과는 고객행동에 관한 통찰력과 제품의 개발방향을 제공하며, 고객이 만족하지 못한 제품에 대해서는 진행중단의 결정기준이 된다.

2. 조사대상

새롭고 성공적인 제품은 기업이 극심한 경쟁시장에서 생존과 성장을 확실히 하기 위해서 필수적이다. 혁신이 기술 가능성과 고객욕구를 결합한 결과이지만, 제품성공의 중요한 요인은 고객욕구이다. 고객욕구를 알아내기 위해서 신제품개발 초기단계에서 고객의 소리(voice of the customer: VOC)가 무엇인지를 파악해야 한다. 고객의 소리는 고객에 의해 분류되고 우선시하는 고객욕구의 집합이다. 따라서 기업은 고객의 소리로 잠재적인 욕구의 가장 상세한 부분을 이해할 수 있다.

고객이 진실로 원하는 것을 심도 있게 파악하기 위해서는 새로운 시장조사법이 필요하다. 전통적인 조사방법의 기본적인 한계는 기존시장과 제품에 너무 집중되어 있다는 점이다. 고

그림 4-6 고객욕구의 조사대상

- 표적대상과 선도사용자
- 잠재적 욕구
- 제품구매와 소비맥락
- 제품선호 · 사용과 유사점 · 차이점
- 제품사용추세
- 대체품과 대안품

객욕구의 정확한 파악을 위해서는 조사를 실시할 조사대상자나 내용을 구체적으로 정의하여야 한다. 이러한 조사대상은 일반적으로 표적대상과 선도사용자, 숨겨진 욕구, 제품구매와 소비맥락, 제품선호 · 사용과 유사점 · 차이점, 사용추세, 그리고 대체품과 대안품 등이 있다.

1) 표적대상과 선도사용자

주된 사용자들을 탐색하고, 그들의 욕구를 충족시키는 것은 제품성공에 이르는 길이다. 표적대상자에 따라 가치, 선호, 구매방식, 사용장소, 사용량과 사용빈도 등이 매우 다르다. 따라서 표적소비자를 대상으로 고객욕구를 조사하는데, 이러한 조사들은 조사자들에게 많은 정보들을 제공할 수 있다. 신제품의 확산을 위해서는 선도사용자 확인이 절대적으로 필요하다. 선도사용자(lead users)들은 중요한 시장추세의 최첨단에 있다. 최첨단에서 만나는 신기한 욕구에 대한 해결안을 찾는 데도 강한 자극을 갖고 있다.

선도사용자를 확인하기 위해 다양한 관점을 고려한다. 선도사용자는 잠재시장과 관련이 있는 산업에 관심이 많다. 선도사용자와 접촉을 유지하기 위해서 네트워크가 필요하다. 잠재시장에 관하여 더 많이 알고 있다고 생각하는 첫째 사람에게 질문한다. 선도사용자를 현재 시장에서 만난다면 그 사람을 잠재시장의 정보원으로 활용할 수 있다. 따라서 그의 관계망을 통하여 또 다른 적절한 선도구매자와 사용자를 확인할 수 있게 해준다.

2) 잠재적 욕구

경쟁자와 차별하기 위해서는 소비자의 잠재적 욕구를 발견하는 것이다. 이러한 욕구를 발견하려면 필요한 욕구의 형태와 욕구의 표현에서 몇 가지 특징을 이해해야 한다. 표현한 욕구는 고객이 말로 직접 표현할 수 있는 욕구이다. 이러한 욕구는 장기적인 기본적 욕구를 대신하여 단기적 문제에 대한 해결안과 기술적 특징으로 해결된다. 따라서 전통적인 시장조사방법은 이러한 욕구를 수집하는 데는 적합하지만, 고객이 직접적으로 표현하는 것만을 욕구라고 인식하는 것은 매우 적절하지 않다. 중요한 것은 표현하지 않은 욕구를 고려해야 한다. 조사자들의 중요한 과업은 소비자의 숨겨진 또는 잠재적 욕구를 포착하는 것이다.

3) 제품구매와 소비맥락

소비맥락이란 소비자들이 소비행동에 의미를 부여해 영향을 미치는 주변 상황이다. 소비자들은 사회적 · 문화적 및 상황적 맥락에 많은 영향을 받기 때문에 브랜드나 제품에 대한 사용상황은 마케팅에서 중요하다. 이것은 제품이나 브랜드의 선택 및 사용과 관련되는 문제이다. 예를 들면, 응답자가 막힌 코를 치료하기 위해 사용하는 제품은 초기, 중기, 치료 중 또는 낮이나 밤에 욕구가 발생할 수 있다. 제품의 구매와 소비는 각각 시간과 관련되어 확인된다. 또한 남들이 보는 제품의 구매, 선물제품과 집에서 사용하는 제품의 구매는 상황적 요인이 많이 다르다. 물리적 상황(장소, 시간, 사람)이나 욕구상태가 존재한다. 브랜드나 제품은 효과적인 포지션과 광고에 중요한 사용상황과 관계가 있다. 따라서 욕구가 발생하는 상황을 탐색하고 분석할 필요가 있다.

4) 제품선호 · 사용과 유사점 · 차이점

개인적 제품선호도나 사용은 브랜드 비교에 근거하여 브랜드에 대한 일반적인 차이를 지각한 결과일 뿐만 아니라 주된 구매자나 사용자의 생활양식, 가치관, 신념, 문화, 사회적 신분과 소득에 따라 매우 다르다. 고객들이 제품을 사용하는 이유와 비사용자들이 제품을 사용하지 않는 이유는 각각 다르다. 또한 경쟁자의 다른 제품과의 유사점과 차이점은 브랜드를 구분하는 직접적인 방법이기도 하다. 유사점은 제품의 본래 기능인 제품범주를 나타내고, 차이점은 경쟁자 제품에 비해 강력하고, 독특하고, 신기한 속성을 말한다. 중요한 속성과 결과는 고객의 선호도나 사용률을 증가하여 더 높은 시장 성과로 가는 길이 된다.

5) 제품사용추세

제품의 과거사용과 기대된 미래사용 간의 관계는 신제품의 성장성을 예측할 수 있는 지표이며, 소비자의 사용추세는 기업의 수익성과도 관련이 적다. 예를 들면, 이 제품이 과거에 사용했던 것보다 더 자주, 더 적게 혹은 동일하게 사용하느냐고 사용빈도를 질문할 수 있다. 증가, 감소나 동일한 사용은 이유가 각각 다르다. 사용추세에 대한 추적분석은 시장추세와 시장성장의 잠재영역에 대한 생생한 통찰력을 준다.

6) 대체품과 대안품

대체품(subsititutes) 분석은 사용과 관련된 지각된 속성의 유사성 정도를 끌어낸다. 대체품의 출현가능성이 있을 때 추가하거나 제거할 필요가 있는 속성이나 편익을 밝혀낸다. 대체 브랜드가 선택대안에 있거나 없는지와 이유를 응답자에게 질문할 수 있다. 어떤 경우에 특정 브랜드를 사용하는지, 특정 브랜드 사용으로 무엇을 얻는지 알아낸다. 특정 브랜드가 새로운 환경에 적합한 긍정적인 이유와 적합하지 않은 부정적인 이유를 끌어내고 세분시장을 확인한다. 김위찬과 르네 마보안이 저술한『블루오션 전략』에서 처음 언급한 대안상품(alternatives)은 대체품보다 훨씬 광범위하며, 형태는 달라도 동일한 기능이나 핵심적인 편익을 제공하는 제품 및 서비스를 말한다. 예를 들면, 영화관과 레스토랑은 물리적 특성이나 기능은 다르지만, 저녁 외출을 즐긴다는 점에서 이 둘은 대안상품인 것이다.

3. 고객욕구의 포착

숨겨진 고객욕구 포착의 의미는 통찰력을 창출하고 숨겨진 욕구를 확인하기 위해 원자료를 수집하고 분석하는 것이다. 숨겨진 욕구를 발견하기 위해서 원자료를 수집할 때 방법의 결합사용은 2가지 이유에서 주로 권장한다. 복합적인 자료수집 방법은 숨겨진 욕구를 포착할 기회를 증가시키고, 조사결과의 신뢰성을 향상시킨다.[2] 고객욕구와 신뢰성에 영향을 주는 두 번째 요인은 조사에 관여된 고객의 수이다. 따라서 고객욕구를 포착하기 위해서는 복합적인 조사 방법의 사용과 적절한 응답자가 필요하다. 숨겨진 욕구를 포착하는 방법은 체계적 관찰법, 맥락적 면접, 감정이입구축법, 감정이입 선도사용자와 같은 민족지학 조사법이나 개인적 경험, 친구, 친척과 전문가 활용, 고객좌절과 같은 다양한 경험을 활용한다.

1) 민족지학 조사법

민족지학(ethnography)은 민족학 연구와 관련된 자료를 수집 · 기록하는 학문으로 한 지역에 거주하는 민족, 주로 미개민족의 문화 · 사회조직 · 생활양식 따위를 실지 조사를 바탕으로 체계적으로 기술하는 학문이다. 이에서 유래한 민족지학 관찰조사법은 주로 고객을 감정이입하여 고객욕구를 탐구하는 방법이다. 고객과 함께 시간을 보내면서 욕구를 탐색할 뿐만 아니라 고객을 심층 이해하는 것이다. 이것은 주로 관찰법이다. 다른 용어로는 감정이입 설계(empathic design)이지만 주로 민족지학 조사라고 한다. 숨겨진 욕구를 포착하기 위해서 다기능 팀은 많은 시간을 고객의 환경에서 보내고 다양한 자료를 수집하고, 그런 다음 분석한다. 이러한 방법은 체계적 관찰법, 맥락적 면접법, 감정이입구축법과 검정이입 선도자사용법이 있다.

그림 4-7 민족지학 조사법

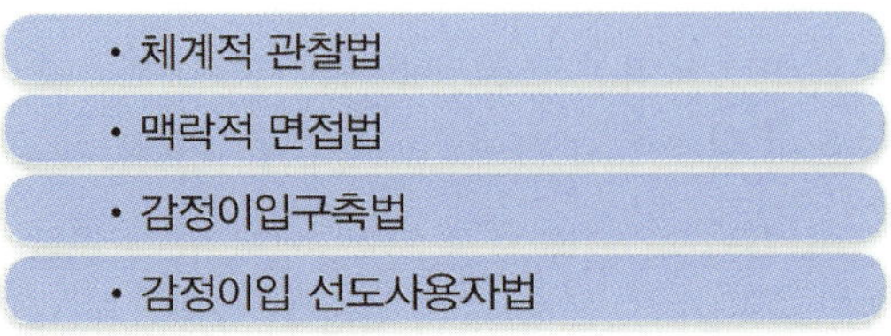

2) Goffin & Mitchell(2010).

(1) 체계적 관찰법

체계적 관찰법(systematic observation)은 고객들이 말하는 것을 신뢰하지 않는 대신에 고객이 실제로 제품을 사용하는 행동을 체계적으로 관찰하는 것이다. 관찰하는 동안 관찰자는 다량의 원자료를 산출하는 고객행동을 녹화하는 것이다. 이때 각 행동에 대해 관찰 받는 것을 느끼지 않도록 하는 것이 중요하다. 시간이 많이 소모되고 자료분석이 복잡하지만 이 방법은 숨겨진 고객욕구를 발견하는 데 매우 효과적이다.

(2) 맥락적 면접법

맥락적 면접법(contextual interview)은 체계적 관찰법의 실제적 보완으로 관찰, 질문과 녹화를 겸한다. 제품을 사용하는 고객을 대상으로 질문하고 녹화하는 방법이다. 이것은 문서기록과 녹화로 구성되어 자료의 양이 크지만 녹화보다 분석하기가 쉽고, 제품이 어떻게 사용되는지에 관한 충분한 이해를 얻기 위해 고객환경 안에서 수행하는 면접법이다. 고객이 제품을 사용하는 동안 조사자에게 암묵적 지식을 드러내 보이도록 함으로써 조사자는 고객이 어떤 방법으로 제품을 사용하는지를 탐구하기 위해 질문을 할 수 있다. 준구조화된 면접질문으로 한 사람은 면접지침에 따라 실시하고, 다른 한 사람은 기록한다. 면접지침은 활동과 관련된 주요 질문으로 신중하게 계획되어야 한다. 그러나 지침은 추가적인 질문이 요청될 수 있다.

(3) 감정이입구축법

감정이입구축법(empathy building)은 조사자나 개발자가 고객이 되어, 고객의 입장으로 들어가서 사용자 경험을 하는 것이다. 다른 사람의 처지에서 생각하라는 역지사지(易地思之)이다. 다른 사람의 신체적 상황을 자신의 신체로 체험하는 방법은 정형화되어 있지 않지만, 고객, 조사 활동과 집중된 상품이나 서비스에 달려 있다. 조사자나 개발자가 고객과 함께 활동을 실천하는 기업도 있고, 기업의 시설 내에 동일한 환경의 활동을 재구축하는 기업도 있다. 예를 들면, Ford Focus 차를 설계할 때 제품설계자들은 자동차 안으로 기어 들어갈 때 연장자들이 직면하는 문제를 탐지하기 위해 두꺼운 옷을 입는다.

(4) 감정이입 선도사용자법

감정이입 선도사용자법(empathic lead users)은 잠재적 욕구를 확인하기 위한 방식으로 제품설계자나 고객이 선도사용자가 되어 제품을 직접 경험하는 기법이다. 이 방법은 제품 사용환경을 바꾸어 제품을 사용함으로써 수행된다. 사용자가 직접 제품경험을 통해 매우 혁신적인 신제품을 제안하는 방법이다. 이 방법을 사용하면 단지 면접법을 사용하는 것과 비교하여 잠재적 욕구를 훨씬 더 많이 발견한다. 그러나 단점은 실제 환경에서 사용될 수 있는 제품을 필요로 하고, 일반 사용자를 선도사용자로 변환해야 하는 점이다.

2) 다양한 경험 활용법

개인적인 관찰이나 경험은 유용한 정보를 제공한다. 많은 아이디어나 발명은 개인적인 경험에서 나온다. 개인적 경험, 친구, 친척과 전문가 활용이나 고객으로부터 직접 듣는 고객좌절 등은 직접적이고, 생생하고, 시의적절한 정보를 제공한다. 이러한 자료를 토대로 하여 많은 사업기회를 찾은 사례들이 매우 많다.

그림 4-8 다양한 경험 활용법

- 개인적 경험
- 친구, 친척과 전문가 활용
- 고객좌절

(1) 개인적 경험

많은 제품과 기업은 기업가가 경험한 현재 상태에 대한 불만족으로 창조되었다. 개인적인 경험은 사업의 좋은 기회가 된다. 개인적인 경험은 사업 아이디어로써 훌륭한 원천이 된다. 시장기회를 평가할 때 중요한 점은 기술확산이다. 예를 들면, FedEx의 창립자인 프레드 스미스(Fred Smith)는 편지가 하루 안에 전달되지 못하는 이유를 이상하게 생각했다. 이것이 물품을 하루 안에 배달할 수 있는 회사를 창업한 이유이다. 이탈리아 여행 중에 스타벅스 회장인 하워드 슐츠(Howard Schultz)는 유럽풍 카페가 미국에 없는 이유를 의아하게 느꼈다. 단순히 커피 제품만을 파는 곳이 아니라 이국적 분위기, 친절한 서비스, 재즈 음악을 제공하면서 소비자들에게 감성적 체험을 제공하는 곳이 스타벅스이다.

(2) 친구, 친척과 전문가 활용

친구, 친척이나 준거집단이 어떤 상품과 서비스를 구매하는지와 구매하는 이유를 알아본다. 그러면 그들이 어떤 문제를 해결하기를 원하는지를 탐색할 수 있다. 예를 들면, 조사자가 최첨단 제품을 구매하는 친구를 찾고, 그들이 무엇을 구매 요소에서 고려했는지를 알아보는 것이다. 또한 전문가, 컨설턴트, 미래학자 등은 틈새를 발견하는 데 도움을 준다. 전문가들은 관련 산업에 대한 지식, 경험과 정보가 풍부하고, 항상 새로운 정보에 정통해 있는 경우가 많다. 이들을 통한 기회의 발견은 새롭고 참신한 아이디어를 얻는 데 유용하다.

(3) 고객좌절

고객들은 제품사용 중에 작동이 잘 안 되어 마음이 상하는 좌절을 경험한다. 이러한 고객좌절을 이해하면 기회가 된다. 회사의 상품이나 서비스에 좌절을 느끼는 소비자들은 반복구매를 기피하고, 다른 사람들에게 회사를 비판하는 경향이 크다. 자신이 겪은 불편, 불만이나 분노를 자신의 고객도 동일하게 느끼는지를 고객에게 묻고, 회사의 직원이 고객에게 동일한 실수를 하는지를 점검한다. 잘못된 것을 반복적으로 허용하는 것은 자신의 사업에서 현실적인 변화를 거부하는 것이다. 따라서 고객의 공통적인 좌절을 확인하여 고객이 동일한 좌절이나 불만을 경험하지 않도록 변화를 추구한다. 사업을 향상하는 데 도움이 되는 해결안은 각 상황 안에 있다.

INSIGHT 소비자의 튀는 행동을 주목하라

칩체이스(Jan Chipchase)와 슈타인하트(Simon Steinhardt)는 새로운 비즈니스 기회를 찾는 방법을 소비자의 창발성 행위(emergent behaviors)에 주목한다. 창발성(創發性)이란 남이 모르거나 하지 아니한 것을 처음으로 또는 새롭게 밝혀내거나 이루어 내는 성질이다. 이러한 의미가 마케팅에서는 문제해결을 위해 전혀 다른 목적으로 사용하는 것을 의미한다. 예를 들면, 빵 만드는 데 쓰는 베이킹 소다를 주부가 과일 씻는데 사용하는 행동이나 유모차를 지팡이 삼아 끌고 다니는 할머니 행동이다. 창발성 행위는 왜 생기는 것일까? 바로 사용자가 어떤 상품과 서비스를 사용하면서 요구나 불편한 점을 추가로 느꼈기 때문이다. 이런 점을 해소하려는 노력이 창발성 행위로 나타난다.

영국 킹오브셰이브 창립자인 윌 킹(Will King)은 자신의 창발성 행위에서 창업 힌트를 얻었다. 윌 킹도 처음에는 남들처럼 셰이빙 젤이나 폼을 이용해 면도를 했다. 거품이 얼굴을 가려서 면도 부위가 잘 보이지 않아 긁히고 베이기 일쑤였고, 피부 트러블도 자주 생겼다. 이 문제를 해결하려고 윌 킹은 오일을 묻혀 면도하기 시작했다. 이런 자신의 창발성 행위를 사업화하기로 결심했다. 이렇게 탄생한 게 바로 세계 최초의 면도용 오일(Shaving Oil)이다. 윌 킹과 같은 문제로 고통받고 있던 소비자는 단숨에 면도용 오일에 몰려들었다. 킹오브셰이브는 20년이 지난 지금도 영국 면도용 오일 시장에서 1위를 굳건히 지키고 있다.

4. 조사 과정

고객의 욕구발견은 심오한 과정이다. 고객의 욕구를 분명하게 정의하면 해결책이 당연히 드러나게 되어 있다. 욕구발견의 핵심은 제품구매와 사용방식 사이에 존재하는 틈을 찾는 일이다. 욕구가 어떤 특정한 해결안보다 더 오래 지속되기 때문에 조사자가 고객욕구를 포착하는 데 집중한다면 욕구를 포착할 수 있다. 따라서 올바로 관찰한다면 기회가 나타날 것이고, 그릇되게 본다면 노력은 낭비될 것이다. 욕구발견은 제품설계 조사의 한 과정이다. 그 목적은 제품이 만족을 목표로 하는 사용자의 기본적인 욕구를 확인하는 것이다.

욕구조사는 고객의 욕구를 이해하여 설계규범과 제품해결책을 창출하는 것이다. 설계규범은 고객욕구를 해결함으로써 고객에게 실제 가치를 제공하는 당연적 품질특징이나 성능의 높은 수준을 말한다. 제품해결책은 실제 사용자 욕구를 충족하고, 직접적으로 설계규범을 따르는 컨셉, 제품과 원형제품이다. 고객의 욕구를 밝혀내어 제품 아이디어로 연결하기 위한 조사 과정은 구상과 준비, 관찰과 기록, 그리고 해석과 재구성으로 이루어진다.

그림 4-9 조사 과정

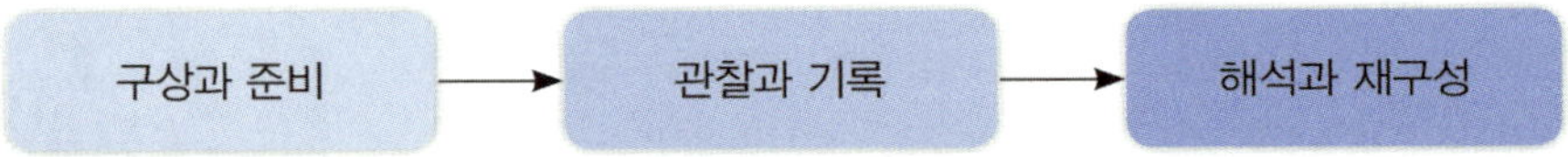

1) 구상과 준비

고객욕구조사의 첫 단계로 조사문제, 범위, 목적, 표적고객이나 고객집단을 결정한다. 질문의 유형과 찾을 정보를 사전에 구상하는 단계이다. 다음 단계로 넘어가기 전에 이차자료와 기타 조사를 잘 이해하는 것이 중요하다. 이미 이루어진 조사를 다시 반복할 필요는 없다. 조사를 시작하기 전에 준비할 사항이 있다.

- 조사문제를 구성하고, 조사목적을 결정한다.
- 모집단을 정의한다.
- 세분시장을 확인하고, 고객과 시장을 일치시킨다.
- 주제에 근거한 설정된 자료를 조사한다.

2) 관찰과 기록

고객의 행동과 그들이 직면하는 문제를 발견하는 것이다. 고객들이 문제라고 전혀 깨닫지 못하거나 지각하지 못하는 것도 문제이다. 고객을 관찰할 때는 고객의 행동을 방해하지 않을 뿐만 아니라 고객이 관찰 받는다는 것을 알지 못하는 자연스런 환경을 조성해야 한다. 다음은 고객을 관찰할 때 고려해야 할 것들이다.

- 관찰할 집단에 몰두한다.
- 고객을 이해하기 위해서 조사자는 관찰할 집단의 상황에 자신을 노출시킨다.
- 자연스런 행동을 유지하도록 강요하지 않는다.
- 관찰 받을 때 사람들은 자신의 행동을 경계하고, 최소한으로 유지하려고 한다.
- 적절한 기록 방법을 사용한다.

사람들이 해야 할 것과 하지 말아야 할 것을 때때로 말로 적는 것은 어렵기 때문에 녹화와 같은 방법을 고려한다. 그리고 관찰만으로 고객과 행동을 완전히 포착할 수 없기 때문에 질문하는 것이 필요하다. 따라서 고객욕구를 포착하기 위한 질문은 현재 상황에 대한 고객의 감정과 생각을 더 깊게 이해할 수 있다. 다음은 면접할 때 고려할 사항이다.

- 고객 자신이 속한 환경에서 면접한다.
  환경은 이전에 숨겨진 욕구를 인식할 수 있도록 고객을 촉발할 수 있다.
- 고객의 용어로 정보를 기록한다.
  중요한 정보가 해석될 때 손실될 수 있기 때문에 고객 자신의 언어로 고객의 의견을 포착하는 것이 중요하다.

3) 해석과 재구성

이전 단계에서 얻은 자료를 처리해야 유용한 정보가 된다. 따라서 관찰이나 면접으로 수집한 자료를 해석하고 처리한다. 제품개발 과정은 욕구발견 과정과 병행하여 계속 진행할 수 있다. 고객의 상황을 개선하기 위해 문제가 해결될 필요가 있다는 것을 기억한다.

- 욕구서술문을 만든다.
- 욕구를 분류하고 우선순위를 정한다.
- 조사를 재구성한다.

INSIGHT 고객의 숨겨진 욕구를 탐구할 때 직면하는 문제

- 새로운 고객욕구를 평가하기 위한 자원이 충분하지 않다.
- 새로운 고객욕구에 관한 정보를 체계적으로 수집하지 않는다.
- 고객욕구의 평가가 과도하게 단기적인 고객만족에 집중된다.

- 숨겨진 미래의 욕구를 잊는다.
- 고객은 경쟁제품 안에 존재하는 동일한 기술적 해결안을 원한다.
- 고객은 배경욕구를 나타내지 않는다.
- 개별고객의 의견이 고객욕구를 평가할 때 너무 지배적이다.
- 고객의 새로운 욕구에 관한 정보는 편견이 있고, 개발 중에 변경된다.
- 사용자들이 현재 제품과 기술적 해결에 지나치게 고착된다.
- 비관련제품일 때 컨셉을 사용자들이 평가하는 것이 어렵다.
- 사용자들이 기술을 이해하기가 너무 어렵다.

3절 사업 아이디어 개발

기회인식은 시장욕구나 미제공 자원의 탐색, 지각, 특정한 시장욕구와 특정한 자원 간의 적합성 인지와 발견 등으로 진행된다. 이러한 과정에서 기회의 인식, 발견과 창조가 각각 나타난다. 사업기회 개발 과정은 시장기회를 확인하여, 결과를 토대로 유망한 사업기회를 선정하는 과정이다. 먼저 시장의 기회확인 대상을 설정하여 탐지 · 판별한 다음 선정할 수 있는 최적의 유망기회를 발굴하는 일련의 과정은 간단한 과정이 아니지만, 시장기회는 모든 사업기회의 시작이다. 사업기회 개발 과정은 대상기회의 선정, 기회창출과 판별, 대상기회의 심사와 유망기회의 선정이 단계적으로 진행된다.

1. 사업 아이디어의 관점

우수한 아이디어를 찾고 있는가? 성공적인 기업가들은 우수한 아이디어를 찾기 위해 상상력과 창의력을 사용한다. 성공한 회사는 모두 한 가지 공통점이 있다. 즉, 그들은 모두 고객의 문제를 선도적으로 해결했다. Google, Netflix 및 Uber와 같은 회사는 구체적인 고객문제를 해결하고, 계속해서 큰 성과를 거두고 있다. 이들은 경쟁자보다 먼저 고객문제를 발견하고 해결했고, 문제를 해결할 수 있는 상품이나 서비스가 무엇인지를 항상 연구하고 개발한다.

좋은 아이디어를 찾는 것이나 기회를 포착하는 것은 쉽지 않다. 기회란 새로운 상품, 서비스 또는 사업의 욕구를 창출하는 유리한 상황을 의미하지만 기회는 항상 변한다. 어떤 사람들은 변화를 좋아하지 않고 두려워하므로 매력적이라고 생각하는 아이디어를 받아들이기 어려울 수 있다. 따라서 변화를 원하지 않는 사람들은 우수한 아이디어를 포착할 수 없다.

1) 사업 아이디어

완전히 독창적인 아이디어는 거의 존재하지 않는다. 대부분의 유망한 아이디어는 다른 사람의 아이디어를 모방하거나 결합한 것이다. 성공한 사업은 누군가의 아이디어로 시작되었다. 사업 아이디어는 보통은 돈을 벌기 위해 제공될 수 있는 상품이나 서비스에 집중된다. 아이디어는 처음에는 상업적 가치가 없어 보일 수 있다. 사실 대부분의 초기 아이디어는 추상적인 형태로 희미하게 존재하기 때문이다. 또한 창안자의 마음속에 있는 모든 아이디어가 아무리 우수해 보이더라도 수익성이 있는 것은 아니다. 따라서 아이디어는 고객의 욕구를 충족시키거나 문제를 해결할 때 가치가 있고 매력적이다.

사업을 시작하기 전에 실행하고 싶은 사업에 대한 명확한 아이디어가 필요하다. 사업 아이디어는 고객의 미충족 욕구나 불평, 제품의 문제나 기술의 공백을 해결하는 해결책이 있고 수익성이 기대되는 아이디어이다. 고객의 미충족 욕구는 현재 또는 잠재적 미충족 욕구이다. 고객들이 돈을 기꺼이 지급할 수 있는 상품이나 서비스가 되어야 판매가 되고 수익을 창출할 수 있다. 모든 사업은 고객 없이 성공할 수 없다. 고객이 누구인지를 아는 것이 중요하다. 어떤 상품이나 서비스를 특정 유형이나 지역의 고객들에게 판매하는가? 상품이나 서비스를 어떻게 판매할 것인가? 예를 들면, 제조업체는 고객이나 도 · 소매업체에 직접 판매할 수 있다. 어떤 업체는 고객에게만 직접 판매한다.

2) 사업 아이디어의 관점

사업은 모든 고객들을 만족시키는 것을 목표로 하지 않고 특정한 고객들을 목표로 한다. 특정한 고객이 목표고객 또는 표적고객이다. 따라서 사업 아이디어의 관점은 표적고객, 판매제품과 유통경로이다. 이러한 관점이 계획된다면 아이디어를 창안하는 데 더욱 효율적이다. 아이디어의 관점을 설정하기 위한 질문이 있다. 이러한 질문에 답하면 아이디어를 더 자세하게 창조하는 데 도움이 된다. 아이디어는 자신의 사업을 시작하는 첫 단계이다.

- **표적고객**: 누구에게 판매할 것인가?
- **판매제품**: 무엇을 판매할 것인가?

- 유통경로: 어디에서 판매할 것인가?

기업은 상품이나 서비스를 통해 고객과 관계를 맺는다. 첫째, 표적고객을 묘사한다. 제품을 구매할 사람들은 누구인가? 그들은 회사, 젊은이들, 노인들, 남자인가 여자인가? 둘째, 팔고 싶은 판매제품을 묘사한다. 무엇을 판매할 것인가? 그것은 어떻게 생겼는가? 제품 특징은 무엇인가? 생산하는 데 얼마나 걸리는가? 제품가격은 어떠한가? 회사의 자원으로 개발과 생산이 가능한가? 수익성과 시장성이 있는가? 셋째, 판매하는 유통경로를 묘사한다. 어디에서 판매할 것인가? 직접 또는 위탁 판매인가? 제품을 표적고객들에게 알릴 필요가 있을 때 어떻게 알릴 것인가? 이러한 관점에서 사업성이 있는 아이디어를 창안한다.

2. 사업 아이디어의 조건

사업 아이디어의 수용 가능성과 수익성은 아이디어의 혁신성에 달려 있다. 혁신성은 이전에는 거의 채택되지 않았던 새로운 생산 또는 유통 방법을 사용하는 것을 의미한다. 그러나 매우 중요한 점은 아이디어가 고객들에게 약속하는 편익이다. 이러한 편익은 비용절감의 형태로 고객에게 전달될 수 있다. 고객들은 모두 적은 비용으로 높은 품질의 제품을 구입하기를 원한다. 비용절감에 중점을 둔 아이디어는 장기적으로 수익성이 높다. 이와 같이 성공적인 사업 아이디어는 고객의 문제해결, 시장의 수용성과 제품의 수익성을 충족해야 한다.

그림 4-10 사업 아이디어의 요소

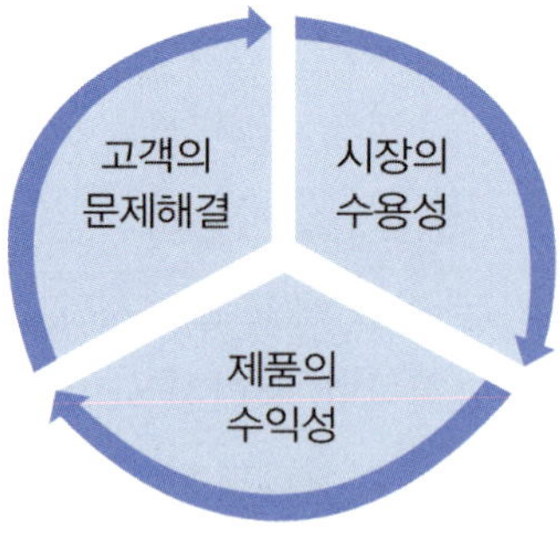

- 고객의 문제해결: 고객의 문제를 해결하거나 고객의 욕구를 충족시킴으로써 고객에게 이익을 제공한다. 고객은 욕구를 충족하기 위해 상품이나 서비스를 구입한다.
- 시장의 수용성: 시장이 기꺼이 제품을 수용할 수 있어야 한다. 유망한 아이디어는 큰 시장에서 받아들일 수 있는 상품이나 서비스를 제공한다.

- **제품의 수익성**: 제품이 수익을 창출할 수 있어야 한다. 유망한 아이디어는 얼마나 많은 돈을 벌 수 있고 어떻게 돈을 벌 수 있는지 보여준다.

INSIGHT 성공적인 아이디어의 기준

- 성공적인 아이디어는 자신도 구매하고 싶은 것이다.
- 성공적인 아이디어는 고객의 욕구를 충족한다.
- 성공적인 아이디어는 다른 사람들의 아이디어를 모방하되 개선한 것이다.
- 성공적인 아이디어는 다른 사람들이 복제하기가 어렵다.

3. 사업 아이디어의 원천

어떤 의미에서 기회인식 및 선택은 신제품개발과 유사하다. 따라서 제품 또는 기회인식 및 선택 프로세스는 기회 또는 제품에 대한 아이디어로 시작된다. 기업가가 추구하고자 하는 가장 유망한 기회 또는 제품에 대한 아이디어는 내부 또는 외부의 다양한 원천에서 발견될 수 있다. 사업 아이디어와 기회의 가장 좋은 원천은 무엇인가? 어떻게 사업기회를 찾을 수 있는가? 최고의 사업을 어떻게 알 수 있는가? 혁신적인 아이디어를 개발하려면 어떻게 해야 하는가? 아이디어는 모두 자신과 자신의 환경에 있다. 이러한 아이디어 중 일부는 시장 및 소비자 욕구 분석에서 나오지만 다른 아이디어는 오랜 연구 과정에서 나온다.

그림 4-11 아이디어의 원천

- 자원, 기술, 재능이나 열정 검토
- 추세의 지속적 추적과 기회의 활용
- 기존제품의 개선과 모방
- 매스미디어 활용
- 전시회와 박람회 관찰
- 유통 및 산업조사
- 고객의 욕구와 불만 청취
- 브레인스토밍

1) 자원, 기술, 재능이나 열정 검토

아이디어를 찾으려면 우선 자신이 갖고 있는 자원을 파악한다. 자신을 돌아보고 자신의 자원, 기술, 재능이나 열정을 검토한다. 아이디어나 기회를 찾을 때 가장 먼저 자신의 내면을 들여다보는 것이다. 대부분의 사람들은 무지, 나태 및 자기 의심으로 인해 아이디어의 가장 큰 원천을 놓친다. 재능이 있거나 특정 분야에서 입증된 기술을 보유하고 있다면 그러한 재능이나 기술을 분석한다. 자신이 가장 잘할 수 있는 사업을 시작하기 위해 다음과 같이 질문한다.

- 고객들이 기꺼이 지급할 수 있는 아이디어인가?
- 어떤 재능이나 기술이 있는가?
- 취미는 무엇인가?
- 사업 열정이 있는가?

자신의 전문기술을 다른 사업 분야에 적용한다. 새로운 상품이나 서비스를 찾는 또 다른 방법은 다른 곳에서 얻은 기술을 사용하는 것이다. 종종 배운 기술을 창의적으로 적용하여 완전히 다른 분야를 개선할 수 있다. 예를 들면, 세계적으로 가장 유명한 기타회사인 펜더의 창시자인 레오 펜더(Leo Fender: 1909~1991)는 라디오 수리공으로 일했다. 전자기술과 증폭기술을 사용하여 최초의 일렉 기타를 제작했다. 사업 아이디어를 고려할 때 모든 기술을 포함한다. 다른 분야에 혁명을 일으킬 재능이 있을 수 있다. 자원, 기술, 재능이 있더라도 이를 실현할 열정이 없다면 성공하기 힘들다.

2) 추세의 지속적 추적과 기회의 활용

최근 사건을 계속적으로 관찰한다. 추세를 지속적으로 추적하고 기회를 찾는 것이 사업의 준비 과정이다. 사회적 사건 및 추세는 매우 좋은 아이디어의 근원이다. 뉴스를 정기적으로 읽고 아이디어를 발견하려는 의도를 갖고 있다면 많은 사업기회가 눈에 보일 것이다. 시장 동향, 새로운 유행, 산업에 대한 정보는 사업 가능성과 잠재력을 지닌 새로운 아이디어를 파악하는 데 도움이 된다. 추세를 파악하기 위해 일반적인 키워드 또는 인터넷 검색어가 무엇인지 확인한다. 이렇게 하면 사람들이 가장 자주 검색하는 내용을 확인할 수 있다. 다음은 추세를 파악하기 위해 관찰을 통해 사람의 행동을 묘사하는 데 사용할 수 있는 질문이다.

- 사람들은 무엇을 구매하는가?
- 사람들은 무엇을 필요로 하는가?
- 사람들은 왜 구매하는가?
- 사람들은 무엇을 원하고 무엇을 살 수 없는가?
- 사람들은 무엇을 사고 무엇을 싫어하는가?
- 사람들은 무엇을 더 많이 사고 있는가?

3) 기존제품의 개선과 모방

사업이 독창적인 아이디어만을 기반으로 해야 성공한다고 가정하는 것은 일반적인 실수일 수 있다. 실제로 그것은 정반대일 수 있다. 새로운 아이디어는 검증되지 않았기 때문에 위험하다. 다른 한편으로 주어진 환경에서 사업이 똑같이 성공적이지는 않을 수 있다. 이러한 측면에서 시장조사, 광고 및 홍보가 중요하다. 따라서 아이디어는 기존의 아이디어를 개선하되 독창적이면서 동시에 유용한 가치를 제공해야 한다. 실제로 대부분의 성공한 제품은 기존의 아이디어를 다르고, 독창적이고, 새롭게 개선한 것이다.

많은 신제품들은 점진적인 기능이나 성능을 개선한 제품이다. 기업들은 제품의 사용성이나 디자인, 포장을 개선하거나 새로운 제품 사용자를 찾아 포지션한다. 대부분의 제품은 자사나 경쟁자의 기존제품을 점진적으로 개선하거나 모방한 제품이다. 이러한 개선이나 모방은 새롭고, 독특하고, 가치가 있는 경우에 경쟁력이 있다. 따라서 기존제품을 다른 방식으로 개선하거나 모방하는 것이 매우 중요하다.

그림 4-12 기존제품의 개선

(1) 기능 추가, 변형 및 결합

창의성은 새로운 것을 창조하는 것뿐만 아니라 기존의 것을 모방하여 새로운 방법으로 새로운 기능을 추가, 변형하거나 결합하는 것이다. 기존제품에 새로운 기능을 추가하거나 제품을 다른 제품과 결합하면 새로운 가치가 창조된다. 예를 들면, 전화기에 컴퓨터를 결합한 휴대폰은 인터넷, 카메라가 결합되어 새로운 기능의 제품으로 출시된다.

(2) 사용성 향상

제품사용의 용이성은 고객을 편안하게 하고 사용 위험을 경감시켜준다. 제품의 사용성은 제품을 사용하기 쉬운 정도, 작동 방법을 익히기 쉬운 정도나 반복적인 실수가 적은 정도이다. 부드럽고 윤이 나는 제품사용에 적절한 질감을 제공한다. 촉각적인 경험은 디지털 세상에서도 제품에 가치를 추가한다.

(3) 디자인 개선

제품 외관, 질감과 기능을 약간만 변경해도 매력을 높일 수 있다. 성공을 위해 제품의 조잡한 디자인을 손질한다. 최고의 소비자에게 색상, 미학 및 모양이 어필되는가? 미니멀리즘이 제품을 간소화하여 공간을 적게 차지하고 효율성을 높일 수 있는가?

(4) 포장 개선

제품 외관보다 포장을 새로 고치는 것이 더 쉽다. 가격을 올리고 싶다면 포장을 변경하여 새로운 가치가 있는 것처럼 보이게 한다. 재활용 포장재를 사용하면 친환경적이고 자원을 절약하기 때문에 고객들이 구매할 때 기분이 좋아진다.

(5) 명확한 사용자

제품사용자가 명확한 제품은 어떻게 작동하는지에 대한 혼란이 감소된다. 둘 이상의 제품 또는 다른 세분시장에 출시하는 경우 가격을 책정하고 표적고객을 명확하게 지정하여 제품의 차이점 및 용도를 분명히 제시한다.

4) 매스미디어 활용

매스미디어는 훌륭한 정보, 아이디어 및 기회의 원천이다. 신문, 잡지, 라디오, TV, 케이블 및 인터넷 사이트는 모두 정보를 얻을 수 있는 대중매체이다. 신문이나 잡지의 상업광고를 신중하게 살펴보고 현재 산업의 추세나 변화를 감지한다. 또한 인쇄된 기사나 TV 또는 다큐멘터리에 있는 기사에서 소비자의 욕구나 패션의 변화를 파악할 수 있다. 예를 들면, 사람들은 건강한 식습관이나 체력에 관심이 매우 많다는 것을 읽거나 들을 수 있다.

5) 전시회와 박람회 관찰

자신만의 좁은 생각 틀 안에서 벗어나기 위해 진지하게 새로운 사람들을 만나면 시야와 정보가 확대된다. 또 자신과 다르게 생각하는 새로운 사람과 대화한다. 업계 외부의 사람들이나 기존고객과 대화를 나눈다. 전시회 및 박람회에는 많은 아이디어와 기회를 제공한다. 이러한 행사를 정기적으로 방문하면 새로운 제품 및 서비스를 찾을 수 있다.

다양한 분야의 사람들과 이야기한다. 새로운 소프트웨어를 생각해 내고자 한다면, 동료 컴퓨터 전문가들과 이야기하지 말고 다른 분야의 사람들, 특히 친숙하지 않은 사람들과 만나서 이야기한다. 상품이나 서비스를 직접 사용하여 삶을 개선하는 방법을 알아본다. 이것은 틀 밖에서 생각하고 다른 각도에서 사물을 보는 데 도움이 된다. 이처럼 새로운 관점은 창의력을 크게 향상시킬 수 있고 새로운 기회를 포착할 수 있다.

6) 유통 및 산업조사

영업 담당자, 유통업체, 제조업체 및 프랜차이즈 파트너를 만난다. 이들은 항상 아이디어의 훌륭한 원천이다. 판매점은 최신의 제품과 인기 있는 제품을 취급한다. 판매점을 탐색하면 최신의 추세와 변화를 파악할 수 있다. 아이디어가 필요한 경우 가까운 상점, 가급적 많은 제품이 있는 백화점을 방문한다. 그런 다음 통로를 걸어보고 고객들이 많이 보거나 구매하는 제품을 관찰한다. 판매점은 고객들에게 무슨 제품을 제공하는가? 그러한 제품의 장점과 결점은 무엇인가? 필요한 제품이 시장에 현재 없다면 이것은 아이디어의 단서이다.

7) 고객의 욕구와 불만 청취

새로운 사업 아이디어의 핵심은 고객이다. 설문조사를 통해 상품 또는 서비스에 대한 합리적인 결과를 제공할 고객의 욕구를 확인하거나 분석할 수 있다. 그러한 설문조사는 공식적으로 또는 비공식적으로 사람들과 대화함으로써 실시될 수 있다. 인터뷰, 설문지나 관찰을 통해 조사한다. 시장조사는 일반적으로 아이디어를 얻은 후에 사용되지만 초기 조사를 통해 고객들이 가치 있게 여기는 것을 발견할 수 있다. 이것은 고객들의 욕구와 필요에 근거한 고객지향적 아이디어를 창안하는 데 도움이 될 수 있다.

많은 새로운 상품이나 서비스가 고객의 불만과 좌절로 생겨났다. 소비자가 상품이나 서비스에 대해 심각하게 불만을 제기할 때마다 아이디어를 얻을 수 있다. 또한 고객들이 제품사용 중에 겪는 불편이나 좌절이 있다. 특히, 혁신적인 첨단기술 제품인 경우에는 제품사용 불편이나 좌절이 심할 수 있다. 이것은 매우 가치 있는 정보이다. 아이디어는 더 나은 상품 또는 서비스를 고객에게 제공하거나 다른 회사에 판매할 수 있는 새로운 상품 또는 서비스일 수 있다.

고객들이 가장 성가시게 생각하는 부분은 제품개선의 유용한 아이디어이다.

8) 브레인스토밍

창의력을 키운다. 이 단계에서 자신의 아이디어를 너무 비판하지 않는다. 대신 마음을 열고 자유롭게 생각해 낸다. 창의력을 자극하고 아이디어를 도출할 수 있는 몇 가지 방법이 있다. 브레인스토밍은 창의적인 문제해결 기법이며 아이디어를 생성하는 원천의 하나이다. 목적은 가능한 한 많은 아이디어를 도출하는 것이다. 대개 질문 또는 문제 설명으로 시작한다. 예를 들면, "오늘 집에서 필요한 상품과 서비스는 무엇인가?"라는 질문을 던질 수 있다. 아이디어는 하나 이상의 아이디어가 추가되어 더 좋고 더 많은 아이디어로 창출될 수 있다.

INSIGHT 페이스북

페이스북은 미국 캘리포니아주 멘로파크에 본사를 둔, 소셜 네트워크 서비스이다. 2004년 2월 4일에 마크 저커버그가 하버드대 동문이자 룸메이트인 사람들과 함께 웹사이트를 개설했다. 하버드 대학 심리학과 학생인 Mark Zuckerberg는 학생과 직원이 개인 프로필 및 기타 정보를 공유할 수 있는 캠퍼스 전체의 소셜 네트워킹 웹사이트가 필요하다는 것을 인식했다. 그는 계속해서 페이스 북을 개발했으며 세계에서 가장 어린 억만 장자가 되었다.

4. 사업 아이디어의 탐구 태도

기업가들은 사업을 위한 성공적인 아이디어나 영감을 어디에서 찾는가? 그들은 좋은 사업 아이디어를 어떻게 찾는가? 사업기회를 확인하기 위해 공식 및 비공식적인 다양한 원천을 사용한다. 영감은 일반적으로 특정 제품에 대한 수요, 수출 가능성과 같은 시장환경의 추적에서 온다. 아이디어는 경쟁회사의 새로운 제품 및 기술의 발견으로부터 도출될 수 있다. 또한 생산 및 소비에 관한 조사, 시장조사, 수입대체 분석, 기술개발의 효과, 정부 규제 및 정책 등 다양한 조사결과에서 아이디어를 창안할 수 있다.

1) 아이디어 창출 자세

어떤 사람들에게는 아이디어로 떠오르는 것이 도로에서 신호등을 발견하는 것만큼이나 쉽지만 어떤 사람들에게는 거의 불가능하다. 새로운 아이디어 창출은 쉽지 않은 일이나 창의성을 향상하는 방법과 도구를 활용하면 그렇게 어려운 것은 아니다. 방법을 익히고 충분한 연습을 하고 문제를 인식하고 필요를 확인하기 위해 의식적으로 노력하는 사람은 새로운 아이디어를 생각해 내는 능력을 향상시킬 수 있다. 스티브 존슨(Steve Johnson)은 『좋은 아이디어가 나온 곳』의 저자로서 이 주제에 대해 수년간 연구하고 저술했다. 그는 다음과 같은 경우에 훌륭한 아이디어를 개발할 가능성이 높다고 주장한다.

- 다른 분야에서 탐험하고 실험해 본다.
- 시간을 두고 아이디어를 천천히 개발한다.
- 이상한 연결에 대한 아이디어를 탐구하고 개방한다.
- 실수를 저지르는 것을 두려워하지 않는다.
- 오래된 제품의 새로운 용도를 찾는다.
- 이전에 출시된 플랫폼을 기반으로 구축한다.

2) 상호 연결성

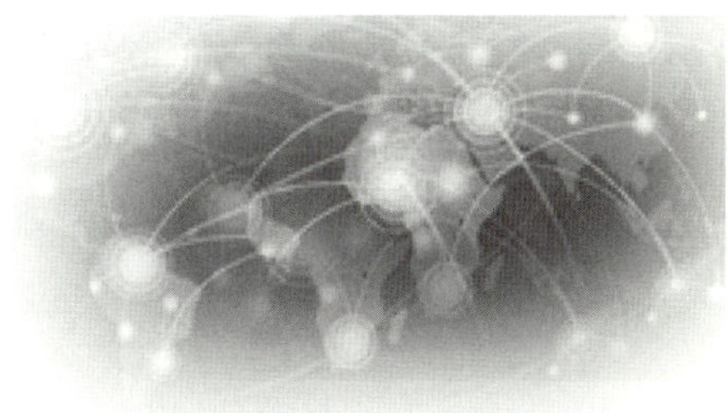

좋은 아이디어는 네트워크의 산물이다. 인간이 처음에 정착촌에 밀집되었을 때 혁신이 급증했다. 농업의 발달로 인류는 처음으로 수천 명이 넘는 정착집단을 형성하기 시작했다. 정착집단은 많은 사람들과의 연결이 가능했고, 다른 사람들의 마음에 빠르게 뿌리를 내릴 수 있었다. 함께 살고 함께 일하면 새로운 아이디어를 생각해 내는 것이 훨씬 쉽다는 것을 깨달았다. 온라인, 도서 및 기타 의사소통에서 많은 사람들의 아이디어와 상호작용하는 경우에 새로운 아이디어를 쉽게 창안할 수 있는데, 비결은 역시 연결성이다. 경험이 많을수록, 경험하는 행동이나 환경의 변화가 많을수록 뇌가 더욱 탄력적으로 변하거나 새로운 연결과 재연결이 가능해질 수 있다. 많은 연습을 하면 할수록 새로운 연결고리를 만드는데 더 좋은 두뇌가 된다. 두뇌를 적극적으로 사용할수록 새롭고 좋은 아이디어가 쉽게 떠오른다.

3) 열정적 취미나 일을 사업으로 전환

자신의 열정적인 취미나 일이 사업으로 전환되는 경우가 많다. 이미 적극적으로 무언가를 하고 있는 사람들은 사업을 성공시킬 가능성이 매우 높다. 따라서 정기적으로 무언가를 하고 자신을 잘 알고 있다면 사업이 될 수 있는 방법이 무엇인지에 대해 생각해야 한다. 예를 들면, 정기적으로 아이디어로 전환될 수 있는 일은 요리, 그림, 공예, 연구, 보석 가공, 수선, 소셜 미디어 교육 등이 될 수 있다. 누구나 규칙적으로 또는 비규칙적으로 일을 한다. 이 중 잘하는 것이나 취미를 사업으로 바꾸는 것에 대해 생각한다. 또한 이미 알고 있는 것으로 사업을 시작하는 것은 자신의 전문성과 경험을 활용할 수 있다. 이렇게 하면 사업처럼 느껴지지 않을 수도 있으며 프로세스를 즐길 수 있다. 일이 잘 풀리면 어떻게 느낄지 신중히 생각한다. 고객 요구사항을 충족시키거나 판매를 시작하면 더욱 즐거울 수 있다. 많은 일을 하고 경험할수록 새로운 아이디어를 창출하거나 이질적인 아이디어들을 결합할 수 있는 재료가 늘어나고, 결국에는 아이디어가 더욱 정교해진다.

5. 사업 아이디어 탐구 방법

사업을 시작하는 데 많은 일이 필요하다. 사업계획을 세우고, 투자자를 찾고, 융자를 받고, 직원을 모집해야 한다. 그러나 이러한 것들을 하기 전에 사업에 대한 아이디어를 먼저 생각해야 한다. 이것은 새로운 상품, 서비스 또는 방법일 수 있지만 고객이 비용을 기꺼이 지급할 수 있는 제품이어야 한다. 훌륭한 아이디어는 사고, 창의력 및 조사를 필요로 한다. 성공하는 기업가가 되기를 원한다면 아이디어를 생각해 낼 때 현재의 문제점이나 시장의 공백을 발견해야 한다. 첫째, 현재의 문제점을 파악한다. 종종 기업이나 발명은 누군가가 현재의 일을 하는 방식에 좌절했기 때문에 시작되었다. 어떤 사람이 무언가에 대해 좌절감을 느낀다면 다른 사람들도 똑같은 방식으로 느낄 수 있기 때문에 잠재적인 시장이 될 수 있다. 둘째, 기업가들은

그림 4-13 사업 아이디어 탐구 관점

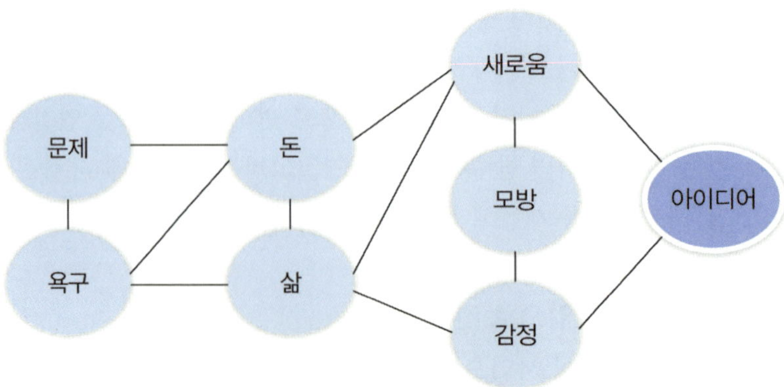

시장에 있는 공백의 발견으로 인해 성공을 거두고 있다. 공백은 고객에게 미제공이나 과소 제공한 욕구이다. 이것은 문제의 발견으로 문제의 해결을 필요로 한다. 이와 같이 아이디어의 탐구 관점은 문제, 욕구, 돈, 삶, 새로움, 모방과 감정에서 시작한다.

1) 현재의 문제를 해결한다.

아이디어는 고객이 갖고 있는 문제점을 해결하는 것이다. 사용하는 데 익숙해진 제품은 실제로 고객의 문제를 해결하기 위해 발명된 것이다. 예를 들면, 눈부심을 방지하기 위한 선글라스, 누군가가 침입한 것을 알리는 방범경보기, 화재 발생을 알리는 화재경보기 등이 있다. 따라서 고객의 문제를 확인하면 해결안을 창안하기 쉽다. 자신의 좌절감이 제작에 대한 아이디어라는 것을 깨닫게 되면 실제로 재미 있게 시작할 수 있다.

문제를 해결한 사례는 GoPro 카메라이다. 창업자인 Nick Woodman은 인도네시아 서핑 여행을 하고 있었다. Nick은 서핑을 즐기면거 좋은 사진을 찍을 수 있는 저렴한 가격에 고품질의 장비를 생각했다. 그 결과 다른 저렴한 카메라에서는 볼 수 없었던 탁월한 비디오 및 좋은 액션 샷을 촬영할 수 있는 광각 렌즈 HD 카메라를 창안했다. 이처럼 문제를 발견하는 습관을 갖게 되면 아마 그것을 즐기기 시작할 것이다. 모든 문제는 새로운 상품, 서비스 또는 회사를 위한 기회이다. 특히 많은 사람들이 가지고 있는 문제인 경우 더욱 그렇다. 이와 같이 아이디어는 시장에서 공백과 결함의 발견에서 시작된다.

2) 미래의 문제를 해결한다.

현재 갖고 있는 문제를 해결하는 것이 새로운 아이디어를 제시하는 유일한 방법만은 아니다. 장차 존재할 수 있는 문제를 해결하는가? Solar City와 Tesla Motors를 포함한 Elon Musk가 수행하는 벤처기업은 약간의 비웃는 소리를 낼지 모른다. 그러나 화석 연료의 부족은 가까운 장래에 문제가 될 것이며, Elon은 그러한 문제를 해결하기 위한 조치를 취하고 있다. 이것은 그가 처음으로 혁신할 수 있는 시간을 제공한다.

아이디어를 위한 시장이 아직 없다면 미래의 문제가 될 것이라고 생각하는 사람들에게 호소하여 아이디어를 창출할 수 있다. 잠재적 문제를 발견하려면 미래를 관찰한다. 성공적인 기업가는 오래된 방법이나 기술을 고집하지 않고 오히려 미래를 바라보고 미래에 어떤 것이 성공할 것인지를 탐색한다. 현재의 추세를 살펴보고 한 걸음 더 나아가면 시간을 앞당겨 잠재적으로 시장에 혁명을 일으킬 수 있는 아이디어가 떠오른다.

3) 고객의 진화하는 욕구를 충족한다.

고객의 진화하는 욕구와 필요를 충족시킨다. 욕구를 생각하고 이러한 욕구를 충족시키기 위해 만들어진 상품과 서비스에 대해 생각한다. 매슬로우(Maslow)의 욕구단계설에서 생리적 욕구는 가장 기본적인 욕구이다. 의 · 식 · 주를 해결하려는 상품이나 서비스를 고려한다. 사랑과 소속욕구 수준으로 올라가면 사용자가 친구 및 가족과의 관계를 느낄 수 있는 카톡이나 페이스북을 필요로 한다. 또한 사람들은 존중감을 높이기 위해 좋아하는 책과 음악을 통해 꿈을 이루고 자신감을 높이며 최선을 다한다. 이와 같이 고객의 욕구는 진화하기 때문에 상품이나 서비스도 진화해야 한다.

4) 고객의 돈을 절약한다.

고객의 욕구를 해결하는 또 다른 아이디어는 고객에게 경제적으로 이익이 되는 아이디어이다. 창안의 좋은 방법은 고객들의 돈을 절약하는 것이다. LED 형광등은 에너지 절약형 전구이기 때문에 고객들이 돈을 절약하기 위해 구입할 수 있다. 자동차의 연비를 향상하는 설계는 자동차 사용자의 경제성을 높인다. 그리고 인터넷 쇼핑몰은 많은 돈을 절약할 수 있기 때문에 소비자들은 인터넷에서 제품구매를 선호한다. 소비자들이 돈을 저축하는 방법을 이해할 수 있다면, 좋은 사업 아이디어를 얻을 수 있다. 좋은 아이디어를 얻으려면 고객의 의견을 경청한다. 고객에게 더 나은 상품이나 서비스를 제공하기 위해 개선할 수 있는 점과 경쟁자가 자신보다 잘하고 있는 점이 무엇인지 물어본다.

5) 고객의 삶을 편하게 한다.

고객의 삶을 향상시킬 상품이나 서비스를 탐색한다. 고객의 삶을 향상시키는 것이 무엇인지 마음에 떠오르는가? 고객의 잡일이나 일을 덜 불쾌하게 할 수 없을까? 잠에서 깨어 일어날 시간을 알려주는 타이머, 간편하게 음식을 조리할 수 있는 전자레인지와 ICT와 결합된 앱 등은 일상의 생활을 편하게 해준다. 실제로 기존 서비스를 쉽게 적용하거나 고객의 삶을 편하게 해주는 새로운 혜택을 도입할 수 있다. 인생을 더 편하게 해줄 수 있는 행동, 상품, 서비스 또는 자질구레한 것을 생각해 낼 수 없을까? 어떻게 편리하고, 스트레스가 적고, 즐겁게 사용할 수 없을까? 가장 작은 변화로도 인기 있는 것을 만들 수 없을까?

6) 새로운 상품이나 서비스를 발명한다.

창의적인 마음을 갖고 있는가? 그렇다면 창의력을 활용하여 과거에는 결코 존재하지 않았던 상품이나 서비스를 발명할 수 있는가? 창의력을 개발하려면 문제를 넘어서는 사고방식이나 인식이 필요하다. 주위를 둘러보고 자신에게 물어야 한다. 구체적인 상황이나 사람들의 문제에 가장 적합한 해결안은 무엇인가? 그러면 사람들이 원하는 추가서비스에 대해 물어볼 수 있다. 성공한 아이디어를 개발하려면 목표시장에 집중하고 목표고객들이 관심을 가질 만한 서비스에 대한 아이디어를 분석하고 팀원들과 함께 브레인스토밍한다. 새로운 상품이나 서비스에 대한 사업 아이디어를 얻는 열쇠는 충족되지 않은 시장의 욕구를 발견하는 것이다. 예를 들면, 홍채 인식에서 가정 보안서비스처럼 개인들의 삶을 안전하게 하기 위해 향상된 보안을 요구하는 새로운 보안 상품과 서비스가 폭발적으로 증가했다.

7) 다른 사람들의 아이디어를 모방한다.

다른 사람들의 아이디어를 모방하는 것은 전혀 부끄러운 것이 아니다. 그러나 모방하되 다르고 더 좋게 모방해야 한다. 실제로 가장 좋은 아이디어는 다른 사람의 생각에 기초한다. 창의력은 다른 사람이 숨긴 원천을 찾아 새롭게 변형하는 능력이다. 충분한 사례를 통해 자신의 아이디어를 제안하거나 다른 아이디어를 향상시킬 수 있다. 현재 업계가 제공하는 것보다 한 발 더 나아간 아이디어를 취함으로써 시장에서 좋은 틈새시장을 개척할 수 있다. 예를 들면, 구글이 사업을 시작했을 때 다른 인터넷 검색엔진이 많이 있었다. 그러나 구글은 검색을 개선하는 매우 정확한 알고리즘[3]으로 개발했다. 즉, 구글은 성공적으로 우수한 아이디어와 인터넷 검색엔진을 갖고 있었고 또한 이를 실제로 개선했다.

8) 기본적 감정에 호소한다.

무엇이 사람들을 화나게 하는가? 무엇이 행복하게 하는가? 무엇이 질투하게 하는가? Andy Maslen(2015)은 『설득적 광고 문안 작성』에서 기본적 감정을 사용할 것을 제시한다. 즉, 설득적 광고 문안은 고객의 두뇌 속 깊숙한 곳으로 안내한다. 판매와 스토리텔링(storytelling)은 사람들이 이야기를 하고, 듣고, 다른 사람과 소통하고 싶은 행위를 활용하는 기법이다. 고객들이 광고 문안에 참여하면 더 쉽게 설득되고, 기업가는 아이디어를 수집할 수 있다. 심리적인 욕구를 활용하여 사람들의 행동을 수정한다. Andy는 이야기와 고객의 욕구 및 필요 간의 연관성에 초점을 맞춤으로써 고객으로부터 유용한 결과를 얻었다. 인간은 종종 7가지 기본 감정, 즉 자존심, 선망, 정욕, 탐욕, 열성, 태만 및 분노 중 하나를 토대로 결정을 내린다. 기본 감정을 살펴보고 사용하는 상품과 서비스가 이러한 욕구를 어떻게 충족하고 있는지 검토한다. 인간은 이성보다는 감정에 의해 더 영향을 받기도 한다.

---

3) 알고리즘(algorithm)은 어떤 문제를 해결하기 위한 절차, 방법, 명령어들의 집합.

6. 사업 아이디어의 개발

사업 아이디어는 기존제품을 새로운 제품 또는 개선제품으로 대체하거나 더 저렴한 제품을 생산하거나 가치를 더할 수 있는 방법을 포함한다. 새로운 기업을 위한 올바른 기회를 식별하고 선정하는 것은 성공적인 기업의 가장 중요한 능력 중 하나이다. 미네소타대학교 교수인 Ardichvili는 기회인식에서 인식, 발견 및 창조라는 세 단계를 제안한다. 새로운 아이디어의 출현은 다양한 원천에서 나올 수 있다.

1) 사업 아이디어의 개발

부정확하게 정의된 시장욕구와 미사용된 자원의 조합을 보다 정확하게 정의하고 기회로부터 아이디어를 창안한다. 그런 다음 기업가는 아이디어를 상세하게 채운다. 아이디어가 미사용된 자원으로부터 발생된다면 특정한 사용자에게 가져다주는 이익과 가치는 더욱 명확하게 된다. 사업 컨셉을 비즈니스 모델로 발전시키면 의도된 가치는 더욱 크다.

모든 사업 아이디어는 시장과 고객에 대한 지식을 기반으로 한다. 즉, 아이디어를 고객의 문제해결이나 욕구충족에 집중한다. 시장은 상품이나 서비스를 구매하고자 하는 사람들을 가리킨다. 즉, 고객(시장)은 장소, 지역에 사는 사람, 거주하는 방법 및 돈을 소비하는 상품이나 서비스에 따라 다르다. 시장을 이해하면 이전에 간과한 많은 아이디어를 인식할 수 있다. 아이디어를 창출할 때는 모든 것을 마음껏 열어 두는 것이 가장 좋다. 가능한 한 많은 아이디어를 생각하고 가능한 모든 기회를 나열한다. 이러한 개발 활동은 가장 실현가능성이 높고 가장 수익성이 높은 아이디어를 찾아낸다.

현지 사업을 조사하거나 기존 사업자에게 질문하는 등 아이디어를 제안하는 데는 여러 가지 방법이 있다. 얻은 정보는 다른 정보원을 보완하고 아이디어를 명확하게 설명하는 데 도움이 될 수 있다. 새로운 아이디어를 찾기 위해 다양한 방법을 사용하여 아이디어 목록에 아이디어를 적는다. 사업을 설립하는 과정을 이미 경험한 사람들로부터 많은 것을 배울 수 있다. 그들로부터 다음과 같은 정보를 얻으려고 시도한다.

- 어떤 아이디어로 사업을 시작하였는가?
- 아이디어의 원천은 무엇인가?
- 아이디어를 어떻게 개발했는가?

- 사업이 지역사회에 어떻게 이익을 주는가?
- 사업을 시작하기 위해 자금을 어떻게 조달하였는가?

자신의 관심 분야, 경험 및 네트워크를 통해 아이디어 목록을 작성한다. 자신의 과거 경험에서 파생시킬 수 있는 가능한 아이디어가 있는가? 각 유형의 경험에 대해 생각해 본다. 시장에서 고객으로서의 경험은 무엇인가? 주변 사람들은 잠재고객이다. 이용할 수 없거나 정확히 필요하지 않은 상품과 서비스를 찾으려는 그들의 경험을 포착한다. 쇼핑 경험에 대해 사람들이 말하는 것을 주의 깊게 듣는다. 현지에서 구할 수 없는 것을 찾는 가족이나 친구들에게 물어본다. 다른 연령대, 사회 신분 등의 사람들과 이야기함으로써 지식을 넓힐 수 있다. 한 지역사회 단체, 대학 등을 방문하여 시장에 대한 이해를 넓힐 수 있다.

그림 4-14 아이디어 목록

아이디어	설 명
■ 아이디어: 미등록자 확인 장치 • 속성: 미등록자의 눈동자만 보면 작동하는 음성과 빛을 내는 센서	• 어떤 문제를 해결하는가? • 어떤 욕구를 충족하는가? • 어떤 상품이나 서비스를 제공하는가? • 경쟁자와 어떻게 다른가? • 누구에게 판매할 것인가? • 아이디어를 실현할 자원이 있는가? • 어떻게 판매할 것인가?
■ ……	• ~하는가?
■ ……	• ~하는가?

학습 | 현지조사 | 환경 탐색 | 경험 | 브레인스토밍

2) 아이디어 평가

아이디어가 개발되면 평가 및 개선하는 과정이 이어진다. 평가 과정은 아이디어의 독창성 조사, 현재 또는 잠재적 경쟁자 조사, 아이디어의 타당성 조사, 위험과 장애 요인 확인, 정교화, 사업 아이디어의 진행 또는 중단 결정으로 구성된다. 평가는 선별하기 위한 과정으로 각각의 아이디어의 강점과 약점을 비교한다. 좋은 아이디어가 있지만 실제로 구현할 방법이 없는 경우가 있다. 이러한 경우에 계속 진행하기 전에 실제로 수행할 수 있는지 생각한다. 예를

들면, 훌륭한 레스토랑을 개점할 수 있다고 생각하지만 요리 학교에 다녔던 적이 한 번도 없었다면 이 아이디어는 비현실적일 수 있다. 따라서 현실과 너무 멀리 떨어져 있는 목표와 아이디어를 제거하는 방법은 목표의 현실성을 파악하는 것이다.

(1) 독창성 조사

누군가 자신의 아이디어를 이미 생각해 냈는지 조사한다. 아이디어가 다른 사람이 생각한 것일 수도 있다. 또한 누군가가 이미 사업을 수행했는지 조사한다. 철저한 조사를 통해서 자신의 아이디어가 진정으로 독창적인지 확인하는 것이 중요하다. 확인하는 방법은 인터넷이나 특허 검색 등이 있다. 먼저 인터넷을 검색한다. 염두에 두고 있는 상품이나 서비스를 입력한다. 완전히 일치하지 않을 수 있으므로 모든 단서를 따라 누군가가 이미 같은 사업을 시작했는지 판단한다. 상표 및 특허를 검색한다. 이것은 인터넷 검색보다 훨씬 어려운 복잡한 과정이다. 이것을 제대로 탐색하려면 변리사와 상담한다.

(2) 현재 또는 잠재적 경쟁자 조사

현재 또는 잠재적 경쟁자를 조사한다. 누군가가 이미 아이디어를 생각해 낸 것을 알게 된다면 당황하지 않는다. 많은 새로운 사업은 경쟁이 치열해 더 나은 상품 또는 서비스를 제공함으로써 경쟁업체를 이겨낸다. 첫째, 경쟁자의 상품이나 서비스를 구입하여 어떻게 작동하는지 직접 파악한다. 이렇게 하면 사업을 개선할 수 있는 방법을 찾을 수 있다. 둘째, 경쟁자의 고객과 대화한다. 경쟁자의 고객에 대한 설문조사를 실시한다. 자신이 만족하고 만족하지 못하는 것을 구체적으로 질문하여 사업에 반영한다. 셋째, 경쟁자의 인지도를 살펴본다. 경쟁에 대해 토론하는 리뷰 페이지 또는 블로그가 있다. 경쟁자가 하는 일에 만족하는지 알아보기 위해 신중하게 읽는다.

(3) 위험과 장애 요인 확인

아이디어의 위험과 장애 요인을 확인한다. 모든 사업계획에는 재정적이든 인적이든 위험이 포함된다. 자금부족, 사업 파트너와의 혼란, 인적관계의 와해에 이르기까지 수많은 어려움에 직면할 수 있다. 이러한 잠재적 위험에 대비한다. 향후 발생할 수 있는 장애물을 확인한다. 잠재적 위험에 대해 생각함으로써 사업을 손상시키지 않고 성공적으로 위험을 극복할 가능성을 높일 수 있다. 많은 창업에서 발생할 수 있는 몇 가지 사업 문제가 있으므로 장애물을 피하기 위해 다음 사항을 명심한다. 신뢰하는 사람들과 협력한다. 그러나 나쁜 파트너는 사업에 혼란을 야기한다. 신뢰할 수 있는 사람과 협력하여 문제를 함께 해결한다. 진행하기 전에 충분한 자금이 있는지 확인한다. 많은 사업은 자금부족으로 실패한다. 부채 또는 파산을 피하기 위해 자금이 부족한 경우 아이디어를 진행하지 않는다.

(4) 타당성조사

타당성조사는 아이디어의 시장, 운영, 기술, 경영 및 재정적 측면에 대한 포괄적이고 상세한 평가이다. 원하는 문제를 해결했는가? 중요한 문제에 대한 철저한 조사가 있었는가? 타당성조사는 아이디어가 실행 가능한지를 사전에 조사하는 것이다. 아이디어를 가족, 친구 및 동료에게 알린다. 진실을 말할 수 있는 지인들과 상담한다. 아이디어를 제시하고 어떻게 개선하는지 알려준다. 그들이 자신의 상품이나 서비스를 살 것인지 물어보고 정직한 대답을 요구한다. 이렇게 하면 신뢰할 수 있는 몇 명의 지인들로부터 아이디어를 조기에 평가할 수 있다. 그들은 아이디어를 장려하거나 건설적인 비판을 제공하거나 아이디어가 미래를 가지고 있는지를 말할 수 있다. 또한 잠재고객과 대화한다. 일단 좋은 아이디어라고 생각하는 것을 공식화하고, 가까운 친구들에게 말하고, 시장이 있는지 알아본다.

인터뷰를 직접 실시한다. 사업에 관심이 있는 사람들이 있는 지역으로 이동한다. 예를 들면, 새로운 종류의 낚시 미끼를 개발하려는 경우 낚시용품점에 가서 사람들과 이야기한다. 사업에 대해 설명하고 쇼핑객에게 그러한 사업에 관심이 있는지 물어본다. 이때 상호작용을 짧게 한다. 어떤 사람들은 관심이 있으나 어떤 사람들은 짜증을 낸다. 설문조사를 실시한다. Google 설문지와 같은 프로그램을 사용하여 설문조사를 쉽게 디자인할 수 있다. 아직 실제 사업을 하지 않았으므로 설문조사를 실시하는 데 어려움을 겪을 수 있다.

(5) 정교화

사업 아이디어의 평가 작업은 아이디어의 개선 및 정교화 작업이다. 아이디어의 구성 과정에서 고려하지 못했던 요소들이 발견된다면 아이디어를 더욱 정교화할 수 있다. 아이디어 평가 수행 과정은 아이디어 정교화 과정이다. 따라서 새롭고, 독특하고, 가치 있고, 유용한 아이디어가 될 수 있도록 아이디어를 개선한다. 이것은 다음 단계로 넘어 가기 전에 중요하다.

(6) 아이디어의 진행 또는 중단 결정

아이디어의 평가결과를 토대로 아이디어를 진행할 것인가 또는 중단할 것인가를 결정한다. 이것은 전체 사업 개발 프로세스에서 가장 중요한 단계이다. 어떤 점에서 이것은 진행 또는 중단의 갈림길이다. 일단 사업 진행의 길에 들어가면 되돌릴 수 없다. 프로젝트에 대한 의문이나 제한사항이 있을 경우 계속 진행해서는 안 된다. 그렇기 때문에 결정을 내릴 때 공개적이고 정직하며 철저한 토론이 필요하다. 어떤 사람은 앞으로 진행을, 다른 사람은 중단을 원할 수 있다. 이것은 드문 일이 아니다. 각자는 상대방의 주장에 정직하게 대처해야 한다. 문제가 해결될 수 없다면 이 시점에서 사업을 중단할지 결정해야 한다.

고려해야 할 또 다른 중요한 요소가 있는데 이것은 진행하기 전에 프로젝트에 대한 몰입이다. 사업개발 초보자는 대체로 사업을 시작하는 데 필요한 시간과 노력을 과소평가한다. 현재 프로젝트 참여자의 재정적 책임은 사업 진행에 대한 중요한 신호이다. 이 단계에는 세 가지 가능한 결정 중의 하나가 발생한다.

- 진행: 실행 가능하고 앞으로 계속 진행할 수 있다고 결정한다.
- 검토: 더 많은 조사를 하거나 추가 대안을 검토하기로 결정한다.
- 포기: 실행 가능하지 않으며 이를 포기한다고 결정한다.

사업을 진행하면 환경은 항상 변하고 새로운 환경에 직면하게 된다. 기업가도 환경에 적응하려면 기꺼이 변화해야 한다. 사업을 성공적으로 완수하면 시장은 여전히 주변에서 변화할 수 있다. 경쟁력을 유지하기 위해 이러한 변화를 따른다. 실패로부터 계속 전진한다. 창업은 많이 실패한다. 창업은 끝이 아니며 더 나은 아이디어와 더 나은 재원을 필요로 한다.

05

제품 아이디어

- 1절 아이디어와 창의성
- 2절 창조적 사고기법
- 3절 트리즈 원리
- 4절 아이디어 선별

FOCUS

독학으로 이룬 세계 최대 부호 빌 게이츠

◆ 독학으로 세계 제일을 이룬 빌 게이츠

빌 게이츠(Bill Gates)는 1955년 미국 워싱턴주 시애틀에서 변호사의 아들로 태어났다. 1967년 레이크사이드 스쿨(Lakeside School)에 입학하면서부터 컴퓨터와 관계를 맺게 되었으며, 이곳에서 마이크로소프트사의 공동 창업자인 폴 앨런(Paul Allen)을 만났다. 빌 게이츠는 여러 면에서 애플의 창업자인 스티브 잡스(Steve Jobs)와 비교된다. 우여곡절이 많았던 잡스와 달리 그는 명문가에서 태어나 안정적인 환경에서 유복하게 성장했다. 그는 초등학교를 다니면서 자신이 소프트웨어에 관심이 있다는 것을 알았다. 고등학교 시절엔 친구 폴 앨런과 함께 교통량 데이터를 분석해 그래프로 그려주는 회사를 설립하기도 했다.

◆ 프로그래밍 언어 베이직에서 아이디어를 얻어 앨런과 공동으로 MS 설립

빌 게이츠는 1973년 하버드대학교 법학과에 입학하였다가 수학과로 전과하였다. 1973년 하버드대학교에 입학하여 폴 앨런과 함께 인텔 8088 마이크로프로세서용 BASIC 해석 프로그램을 최초로 개발했고, 1974년 폴 앨런과 함께 다트머스대학교에서 개발한 컴퓨터 프로그래밍 언어 베이직(BASIC)에서 아이디어를 얻어 소형 컴퓨터에 쓰일 새로운 버전(Altair Basic) 개발에 성공하였다. 빌 게이츠는 3학년 때인 1975년 대학을 중퇴하고 앨런과 공동으로 MS를 설립했다. 1981년 당시 세계 최대의 컴퓨터 회사인 IBM사로부터 퍼스널컴퓨터에 사용할 운영체제 프로그램(후에 DOS) 개발을 의뢰받아 기틀을 마련하게 되었다. 1995년 8월 '윈도 95'를 출시함으로써 PC 운영체제의 획기적 전환을 가져 왔고, 이는 발매 4일 만에 전 세계적으로 100만 개 이상의 판매실적을 올리는 대기록을 세웠다.

MS의 성과는 그 자체로 빌 게이츠의 업적이다. 초창기 MS는 마이크로컴퓨터 프로그래밍 언어에서 두각을 나타냈다. 1981년에는 IBM PC에 맞는 디스크 운영체계(DOS: Disk Operating System)를, 그 후에 비IBM 계열의 PC에서도 작동하는 MS-DOS를 만들었다. 1987년 MS는 윈도(Windows) 운영체제의 최초 버전을 출시했다. 이후 윈도3.0 그리고 이를 이은 윈도95의 인기에 힘입어 MS는 전 세계 컴퓨터 소프트웨어 산업을 사실상 장악하기에 이르렀다. MS는 세계 1위의 OS 및 애플리케이션 공급자가 되어 현재 MS 윈도OS는 데스크톱 분야에서 표준으로 받아들여지고 있고, MS는 서버 부문에서도 막강한 영향력을 행사하고 있다.

빌 게이츠는 IBM PC가 수십 년간 PC의 표준으로 자리 잡게 한 일등 공신이다. 그는 1980년대 애플 매킨토시의 성공을 보고, PC에 매킨토시와 유사한 인터페이스를 제공하는 윈도를 개발해 IBM PC를 살릴 수 있었다. 빌 게이츠는 고유한 제품을 개발하지 않고 단지 경쟁사의 아이디어만을 모방해 왔다고 비판받기도 한다. 대표적인 사례가 애플의 그래픽 사용자 인터페이스를 모방한 윈도의 인터페이스와 넷스케이프 웹브라우저를 모방한 인터넷 익스플로러다. 빌 게이츠는 불공정한 경쟁을 통해 데스크톱 운영체계 산업과 소프트웨어 산업의 성장 환경을 붕괴했다고 비난을 받는다. PC의 급속한 확산과 세계 컴퓨터 시장의 주도권을 장악하면서 막대한 부를 축적하여 세계 억만장자 순위에서 23년째 1위를 차지하고 있다. 그는 강연이나 저서를 통해 컴퓨터와 IT산업 전반에 대한 견해를 밝히는 등 실제로 미국과 세계 IT산업의 발전에 크게 기여했다. 2008년 6월 자선 활동에 전념하기 위하여 33년 간 경영하던 MS에서 퇴임하고, 현재는 기술을 통해 사회문제를 해결하려는 '빌 & 멜린다 게이츠 재단'을 설립해 사회봉사에 전념하고 있다.

◆ 빌 게이츠의 기업가정신

MS의 성공은 빌 게이츠의 기업가정신의 성공이다. 단지 혁신이나 꿈보다는 사업기회의 잠재적 원천으로써 소프트웨어에 대한 훌륭한 학습 방법을 취했다. 그는 조립식 컴퓨터 키트의 선도적인 제작자였지만, 우수한 인재를 채용하고, 철저한 성과주의에 기초한 창조적 인력과 학습조직을 구축하였다. 일등주의의 실현은 우수한 인재에서 가능하다. 끊임없는 새로운 아이디어를 창출하는 창조정신과 스스로가 과업을 설정하고 일하는 자발성이 있다. 스티브 발머의 영입 후 동업적 협력체제를 구축하는 한편 최고를 창출해내는 지치지 않는 인내심이다. 미래의 첨단기술에 대한 연구개발과 스피드 경영, 변화와 혁신의 주도자, 일등주의와 소비자의 수요와 정보에 대한 분석력과 예측능력이다. 훌륭한 경영자가 되려면 사람을 좋아하고 대화에 능숙해야 한다. 사람들과 교류하는 것을 진정으로 즐기지 않는다면 그들을 잘 다루는 것은 힘들다.

◆ 빌 게이츠의 성공전략

빌 게이츠의 성공전략은 인재발굴, 기술관리, 제품전략, 창조성과 학습조직으로 요약할 수 있다. 인재발굴전략은 기술과 사업에 대한 이해가 깊은 CEO, 관리자와 종업원의 채용이다. 기술관리전략은 기능별 전문가를 두고, 전문가는 독자적으로 연구 영역을 설정하고, 회사는 이들을 지원하는 제도를 확립하고, 직능별 승진제도를 구축한다. 제품전략은 표준화를 주도하는 우수한 제품으로 시장에 조기 진입한다. 또한 제품의 점진적 개선으로 기존 제품을 진부화하고, 시장의 표준화를 주도하도록 대량판매를 강화하고 독점적인 계약을 체결한다. 또한 신시장에 진입하기 위하여 제품들을 통합하거나 확장하고 단순화한다. 창조성과 학습조직전략으로 일정 인원을 한정된 제품개발에 배치함으로써 창조성을 집중시킨다. 고객 활동과 자료를 기초로 제품기능과 개발 우선순위를 결정한다. 이러한 창조성을 기초로 한 제품개발이 성공적으로 수행하기 위한 학습조직을 구축한다. 과거와 현재의 과업과 경험으로부터 체계적인 학습을 실시한다. 벤치마킹 기법을 통해 업무 개선 및 피드백을 촉진하고, 제품 부문 간의 연계 및 정보공유를 증대시킨다.

빌 게이츠의 어록

- 태어나서 가난한 건 당신의 잘못이 아니지만 죽을 때도 가난한 건 당신의 잘못이다.
- 실수는 누구나 한번쯤, 아니 여러 번, 수 백, 수 천 번 할 수 있다. 그러나 같은 실수를 반복하면 그건 못난 사람이다.
- 인생이란 결코 공평하지 않다. 이 사실에 익숙해져라.
- 겨울은 내 머리 위에 있다. 하지만 영원한 봄은 내 마음 속에 있다.
- 좋게 만들 수 없다면 적어도 좋아 보이게 만들어라.
- 지식재산권의 유통기한은 바나나만큼이나 짧다.
- 성공을 자축하는 것도 중요하지만 실패를 통해 배운 교훈에 주의를 기울이는 것이 더 중요하다.
- 공부벌레들에게 잘 해주십시오. 나중에 그 사람 밑에서 일하게 될 수도 있다.
- 어릴 적 정말 많은 꿈이 있었고, 그 꿈의 대부분은 많은 책을 읽을 기회가 많았기에 가능했다고 생각한다.
- 가장 불만에 가득 찬 고객은 가장 위대한 배움의 원천이다.
- 텔레비전은 현실이 아니다. 현실에서는 커피를 마셨으면 일을 시작해야 한다.
- 자신에게 엄격한 사람이 되라.
- 훈련을 통해 좋은 습관을 만들어라.
- 나쁜 습관을 빨리 과감히 버려라.
- 작은 일도 소홀히 여기지 말라.
- 평범한 것이 큰 일을 이룬다.
- 작고 하찮은 일부터 시작하라.
- 작은 것에서 승부를 낼 줄 알아라.
- 큰 일이든 작은 일이든 시종일관 충실하라.
- 행동을 변화시키려면 많은 돈을 투자해야 한다.

1절 아이디어와 창의성

제품개발에서 창의성은 새로운 아이디어를 창출하기 위한 다양한 범위와 문제해결을 위한 접근법으로부터 지식과 경험의 요소를 결합하는 능력을 말한다. 이것은 생각의 구조와 패턴을 미리 극복하는 것을 뜻한다. 창의성기법은 기존의 방법을 개선하거나 새로운 것을 창조하는 향상원리이다. 창조적 사고기법에는 확산적 사고와 수렴적 사고가 있다.

1. 아이디어

아이디어는 기회와 문제에서 얻을 수 있다. 제품 아이디어는 고객의 미충족욕구를 해결하는 해결책이 있고, 수익성이 기대되는 아이디어이다. 따라서 제품 아이디어는 다른 기업이 충족시키지 못하는 소비자들의 욕구와 필요를 탐구하는 과정에서 창출된다. 제품컨셉(product concept)은 소비자들이 제품사용으로부터 얻는 편익으로 제품 아이디어를 언어, 상징, 디자인 등으로 표현한 것이다. 따라서 기회는 시장에서 문제를 확인하고, 기회를 발견하여, 제품 아이디어를 착상하고, 고객에게 편익을 제공할 제품컨셉을 창출하여 신제품으로 진화한다.

- **제품 아이디어**: 미충족욕구를 해결하는 해결책이 있고, 수익성이 기대되는 아이디어
- **제품컨셉**: 제품 아이디어를 언어, 상징, 디자인 등으로 표현한 것

그림 5-1 기회의 진화

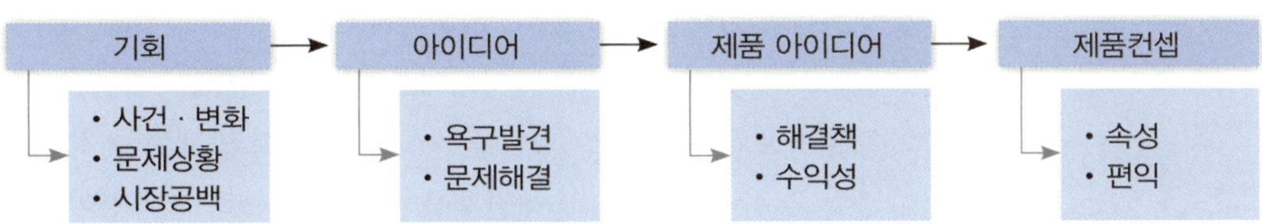

예를 들면, 도둑이 벽을 타고 올라와 집에 있는 물건을 훔쳐 달아나는 사건은 문제이지만, 기회는 이 문제를 인식하고 신상품이나 서비스를 위한 욕구를 창출할 수 있는 호의적인 환경이다. 문제를 인식하고 해결안을 찾을 수 있는 환경이 발생할 때 기회는 오는 것이다. 따라서 방범과 퇴치장치를 생각했다면 아이디어가 된다. 이 아이디어를 발전시켜 도둑이 접근하는

것을 감지하여 퇴치할 장치가 바로 제품 아이디어이다. 접근할 때 소리로 퇴치하고, 녹화하여 증거로 남기는 굉음과 녹화기능 CCTV가 제품컨셉이 되고, 이를 제품으로 개발하면 '도둑 끝 CCTV' 신제품이 된다. 이를 도식하면 아래와 같다.

그림 5-2 시장기회의 진화

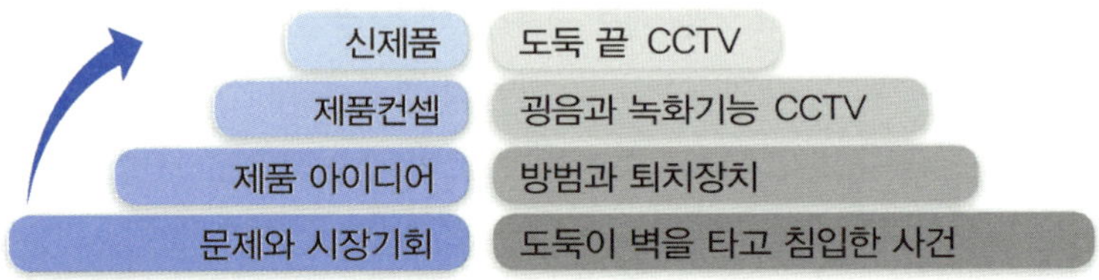

2. 창의성

창의성이란 사물을 새롭게 탄생시키거나, 새로운 사물에 이르게 하는 개인의 지적 특성인 동시에 새롭고, 독창적이고, 유용한 것을 만들어 내는 능력이다. 따라서 창의성은 확산적 사고(divergent thinking)와 수렴적 사고(convergent thinking)를 포함하는 다양한 지적능력, 인성, 지식, 환경의 총체적인 관점이다. 창의성은 의식적 사고나 노력뿐만 아니라 무의식적인 사고와 노력의 영향을 받아 일어나기도 한다. 창의성은 모든 사고가 총체적으로 결합되어 나타나는 가장 고차적인 사고능력이다. 과학과 공학에서 창의성은 새로운 아이디어, 컨셉의 창출이나 기존 아이디어 간의 새로운 연상을 포함하는 정신적 과정이다. 따라서 창조적 사고는 신제품을 창조하거나 문제해결과 현상을 설명하는 데 필수적인 과정이다.

1) 창의성

창의력이 있는 사람들은 새롭고 상상력이 풍부한 아이디어를 현실로 바꾸는 데 능숙하다.

창의성은 새로운 방식으로 세상을 인식하고, 숨겨진 패턴을 찾고, 관련이 없는 현상을 연결하고, 해결책을 생성하는 능력이 특징이다. 창의성은 아이디어, 상상력, 꿈을 현실로 바꾸는 것이다. 창의성(creativity)은 無에서 또는 기존의 자료에서 새로운 것을 발견하고, 새로운 것을 만들고 산출하는 것을 의미한다. 따라서 창의성은 새롭고 유용한 것을 산출하는 능력이다.

2) 창의성의 구성 요소

매슬로우(Maslow)는, 창의성은 일상생활 전반에서 넓게 나타나며 매사를 보다 창의적으로 수행해 나가는 어디에서나 볼 수 있는 성향이라고 하였다. 즉, 자신이 맡은 일에서 얼마만큼 창의적으로 사고하고 행동할 수 있느냐를 기준으로 삼는다. 창의성의 구성 요소는 유창성, 융통성, 독창성과 정교성을 포함한다.

- 유창성(fluency): 많은 아이디어를 내는 능력
- 융통성(flexibility): 유창성의 연장으로 사물을 다른 각도에서 볼 수 있는 능력
- 독창성(originality): 아이디어의 양보다 질, 소재의 독특성
- 정교성(elaboration): 아이디어를 정교하게, 세밀하게 하는 능력

INSIGHT 창의성을 방해하는 요소(Amabile)

- 평가: 평가받는다는 것에 대한 스트레스
- 과다한 보상: 보상이 너무 심한 경우 내적 동기가 사라질 위험
- 경쟁: 심리적으로 불안정한 상태에서 창의성이 충분히 발휘되지 않는다.
- 선택권의 제한: 스스로 선택할 수 있는 기회를 주어야 창의성이 증진된다.
- 창의성을 저해하는 말 사용: 부정, 조소, 비난, 무시, 경멸, 핀잔

2절 창의적 사고기법

창의적 사고(creative thinking)는 생산적 사고라고도 하며, 이전에는 관계가 없었던 사물이나 아이디어의 관계를 재형성시키는 역동적인 힘이다. 따라서 과거의 경험을 이용하여 미지의 새로운 결론이나 새로운 발명을 끌어내는 사고 과정이다. 이는 고차적 정신능력을 제공하는 다양한 정보로 다양한 결과를 산출해 내는 능력으로써 확산적 사고와 수렴적 사고가 동시에 요구된다. 확산적 사고기법은 주어진 문제에 대해 가능한 많은 해결책을 창출하는 기법이다. 유의미하고 새로운 연결을 만들고 표현하는 사고기법으로 아이디어를 생성해 내는 사고 과정이다. 반면 수렴적 사고는 주어진 문제에 대한 최적의 해결책을 창출하는 사고기법으

그림 5-3 창의적 사고기법에 의한 아이디어 선별 과정

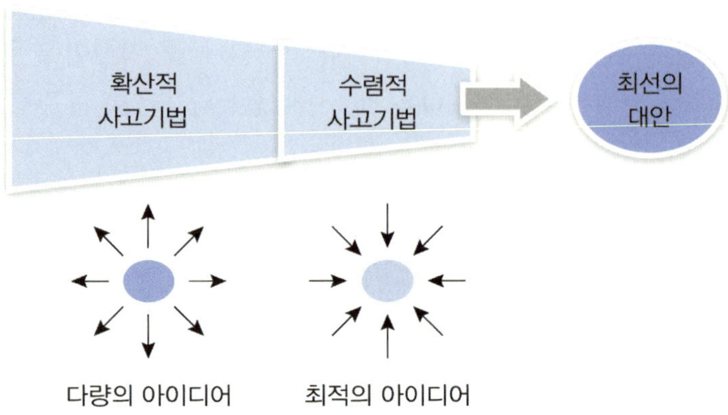

표 5-1 창의적 사고기법의 종류

구 분	의 미	사고기법	
확산적 사고	가능한 많은 아이디어 창출 다량의 아이디어 생산	브레인스토밍 스캠퍼 마인드맵 연꽃기법	브레인라이팅 시네틱스 속성열거법
수렴적 사고	아이디어의 분석, 정교화, 선택 소수의 최적안 선택	P-P-C기법 쌍비교분석법	고든법 역 브레인스토밍

로 아이디어들을 분석하고, 다듬고, 선택하는 사고 과정이다. 따라서 창의적 사고 과정은 확산적 사고기법을 통하여 가능한 많은 아이디어를 창출하고, 그런 다음 수렴적 사고기법을 통하여 최적의 아이디어를 선별하는 것이다.

1. 확산적 사고기법

확산적 사고기법은 주어진 문제에 대해 가능한 많은 해결책을 창출하는 기법이다. 유의미하고 새로운 연결을 만들고 표현하는 사고기법으로 아이디어를 생성해 내는 사고 과정이다. 따라서 많은 아이디어를 산출함으로써 최적의 아이디어를 선택할 수 있다.

1) 브레인스토밍

브레인스토밍(Brain Storming)은 400여 년 전 인도의 힌두교 교리를 가르칠 때 사용된 교수 방법을 토대로 오스본(Alex F. Osborn)이 창안한 기법이다. 브레인스토밍은 뇌에 폭풍을

일으킨다는 뜻으로 어느 한 주제에 대해 다양한 아이디어를 공동으로 내놓는 집단토의기법이다.

어떤 구체적인 문제에 대한 해결방안을 생각할 때, 비판이나 판단없이 질을 고려하지 않고 머릿속에 떠오르는 대로 가능한 많은 아이디어를 창출하는 방법이다. 이 방법은 문제해결에 유용하다고 생각되는 정보를 권위, 책임이나 고정관념에 빠지지 않고 자유분방하게 끄집어내는 것으로, 언어의 논리구조 틀에 제약되는 좌뇌보다는 오히려 이미지, 유추, 비유 또는 패턴 형식의 인식 등을 담당하는 우뇌를 활동시키는 것이다. 브레인스토밍은 비판금지, 다다익선, 자유분방, 결합과 개선 등 4가지 규칙이 있다. 이와 같은 4가지 규칙을 지지(Support), 자유분방(Silly), 양산(Speed), 결합과 개선(Synergy)으로 4S라고도 한다.

- 비판금지(deferment-of-judgment)
  - 산출 아이디어에 대해서 끝날 때까지 평가나 판단을 금지한다.
  - 어떤 것이든 말하며 부적절한 제안이라도 평가나 비판하지 않는다.
- 다다익선(quantity yield quality)
  - 아이디어의 수준에 관계없이 가능한 많이 산출하도록 한다.
  - 아이디어의 질보다 많은 양의 아이디어를 산출한다.
- 자유분방(free-wheeling)
  - 과거의 지식, 경험, 전통 등에 관계하지 않고 자유롭게 아이디어를 산출한다.
- 결합과 개선(combination and improvement)
  - 제안된 아이디어에 다른 아이디어를 결합, 개선하여 새로운 아이디어를 창출한다.

아이디어 생성을 위한 진행시간이나 아이디어의 수를 미리 정할 수 있다. 아이디어를 정리한 후 하나씩 평가 과정을 거쳐 좋은 아이디어를 선택한다. 소심한 참여자들이 많은 경우에는 Brain Writing으로 변경할 수 있다. 다음은 브레인스토밍의 진행절차이다.

- 집단의 크기: 5~12명(투표를 위해 홀수가 좋음)
- 집단의 구성: 구성원의 성별, 연령이나 수준을 균등하게 구성하여 문제에 대해 다양하고 폭넓은 시각을 갖고 다양한 아이디어를 산출한다.
- 사회자: 많은 아이디어를 발표할 수 있도록 자유스럽게 진행한다.
- 기록자: 발표 내용을 빠뜨리지 않고 핵심단어로 기록한다.

2) SCAMPER

SCAMPER는 창의력을 발휘하고 조직에서 직면할 수 있는 도전을 극복하는 데 사용할 수 있는 방법이다. SCAMPER는 새로운 것이 이미 모두 존재하기 때문에 이를 개선하여 새로운 용도로 개발하는 것을 가정한다. SCAMPER를 활용하려면 먼저 해결하려는 문제가 무엇인지 명확하게 정리한다. 즉, 개선할 문제를 정리한 다음에 아이디어를 SCAMPER 목록에 따라 질문하며 답을 찾는다. 제품의 기존 용도를 새로운 용도로 대체하거나 재료를 결합하여 새로운 모양이나 음향으로 변경하는 등 혁신적인 창의기법이다. SCAMPER는 제품개선이나 신제품개발에 많이 활용된다. 이것은 대치(Substitute), 결합 · 혼합(Combine), 적용(Adapt), 수정(Modify) · 확대(Maginify) · 축소(Minify), 다른 용도 사용(Put to Other Use), 제거(Eliminate), 재배치(Rearrange) 등의 두음자를 결합한 기법이다.

표 5-2 SCAMPER의 활용

단 계	질 문	예
대치	대신 사용할 수 있을까?	종이컵, 나무젓가락
	누구? 무엇? 성분? 장소?	고무장갑, 태양 전지, 물침대
결합 · 혼합	무엇을 결합할 수 있을까?	전화기, 카메라와 컴퓨터 결합 → 핸드폰
	혼합하면? 조합하면?	스팀청소기, 코펠
적용하기	조건 · 목적에 맞게 조절할 수 있을까?	장미 덩굴 → 철조망,
	번안하면? 각색하면? 비슷한 것은?	산우엉 가시 → 벨크로(Velcro)
	적용하면?	돌고래 → 수중음파 탐지기
수정 · 확대 · 축소	색, 모양, 형태 등을 바꿀 수 없을까?	Post-it, 워크맨, 노트북
	확대? 축소? 변형? 빈도를 높이면?	마트로시카 인형
	생략? 간소화? 분리? 작게? 짧게?	소형냉장고
다른 용도 사용	다른 용도로 사용할 수 없을까?	폐타이어 → 발전소의 원료
	수정하면? 맥락을 바꾸면?	톱밥 → 버섯 재배
제거	삭제, 제거할 수 있을까?	씨 없는 수박
	없애면? 줄이면? 압축시키면?	알뜰 폰, 반값 TV
	낮추면? 가볍게 하면?	압축기
재배치	순서를 바꿀 수 없을까?	장갑 → 다섯 발가락 양말
	거꾸로? 반대로? 바꾸면?	발전기, 선풍기, 양수기
	위치를 바꾸면? 원인과 결과를 바꾸면?	가속기, 감속기

INSIGHT 제품 아이디어 얻으려면 스캠퍼(SCAMPER)를 활용하라

- 대체: 기존의 것을 다른 것으로 바꿔 보면 어떨까? 기존의 라면 면발을 구성하는 밀가루 성분을 다른 것으로 대체하면 어떨까? 면발을 쌀로 대체해 볼까? 당면으로 바꿔서 라면 칼로리를 확 낮춰 보는 건 어떨까요? 이 질문 하나로 '쌀라면' '당면라면' 등과 같은 제품을 탄생시킬 수 있다.
- 결합: A와 B를 합쳐 보면 어떨까? 라면과 떡볶이를 결합해 보면 어떨까? 라면과 짬뽕을 합쳐 보면 어떨까? 이런 질문으로 '라볶이' '짬뽕라면'과 같은 제품이 나올 수도 있다.
- 적용: A에서 사용되던 원리를 B에도 적용해 볼 수 있을까? 타 제품에서 사용되는 원리를 적용해 볼 수 있을까? 사람들의 라면 먹는 방식을 응용해 볼 수 있을까? 실제로 일본 라면회사 닛신(NISSIN) 사장인 안도가 서양인의 라면 먹는 방식을 적용해 혁신제품을 만들었다. 해외에 자사의 라면을 수출하려고 할 때 서양인이 라면을 아주 독특한 방식으로 먹는다는 것을 알게 됐다. 일본인은 일본식 사발에 라면을 끓여 먹는 반면에 서양인은 사발이 없어 컵에 라면을 부수어 넣고 뜨거운 물을 부어 먹는 것이다. 이에 안도 사장이 서양인이 라면을 끓여 먹는 방식을 적용해 만든 것이 바로 우리 모두가 즐겨 먹는 '컵라면'이다.

- 확대와 축소: A를 더 크게 키우거나 줄일 수 있는가? A사는 이 질문을 통해 '왕뚜껑'처럼 기존의 컵라면보다 사이즈가 두 배 정도 큰 제품을 출시할 수도 있다. 최근 다이어트 열풍에 맞춰 기존 컵라면의 절반 크기밖에 안 되는 60g짜리 '컵누들' 같은 제품을 개발할 수도 있다.
- 다른 용도로 사용: A를 B 이외에 C로도 사용해 볼 수 있는가? 국내 식품업체인 오뚜기는 바로 이 질문을 던져 겉보기엔 라면같이 생겼지만 과자로 먹을 수 있는 '뿌셔뿌셔'라는 제품을 출시했다. 라면을 끼니용이 아닌 가벼운 스낵용으로 탈바꿈시킨 것이다.
- 제거: A를 구성하는 요소의 일부분을 없애 보면 어떨까? 물 없이도 먹을 수 있는 컵라면을 만들 수 있을까? 실제로 만들어진 것이 물을 붓지 않고도 전자레인지에 데우기만 하면 면발에서 물이 새어 나와 흥건한 국물이 만들어지는 '즉석우동'이다.
- 거꾸로 하기: A에 대한 편견을 거꾸로 뒤집어 보는 것은 어떨까? '라면 국물은 빨갛다'라는 전제를 뒤집어 '라면 국물은 빨갛지 않다'를 떠올릴 수 있다. 이 아이디어에서 출발한 것이 출시되자마자 대박 난 '꼬꼬면'이나 '나가사키면'과 같은 국물이 하얀 라면이다.

출처: 전자신문 2016.07.20

3) 시네틱스

시네틱스(Synectics)는 서로 관련 없는 요소들의 결합을 의미하는 희랍어의 synecticos에서 유래했다. 이는 시네틱스사를 창립한 고든(Gordon)이 개발한 것으로 유사한 문제의 인식을 촉진하는 것이다. 즉, 시네틱스는 여러 개의 유추(analogy)로부터 아이디어나 힌트를 얻는 방법이다. 서로 다르고 언뜻 보기에 관련이 없는 것 같은 요소를 연결시킨다. 어떤 사물과 현

상을 관찰하여 다른 사상을 추측하거나 연상하는 것이다. 친숙한 것을 이용해 새로운 것을 창안하는 것과 친숙하지 않은 것을 친숙한 것으로 보는 것이다. 고든은 비유를 활용한다. 비유는 사물, 현상, 사건 등의 유사, 비교 등의 관계를 나타내는 것으로 비유를 통해서 특정 사물과의 개념적 거리를 느끼고, 고정관념을 깨뜨리고 새로운 대안을 창출할 수 있다. 상상력을 동원해서 특이하고 실질적인 문제전략을 이끌어내는데 유용하다.

표 5-3 시네틱스의 진행절차

① 문제제시: 팀원에게 문제를 제시한다.
② 해결목표의 설정: 해결해야 할 문제를 목표의 형태로 구체적으로 기록한다.
③ 유추요구의 질문: 사회자는 목표에 근거 유추한 것에 어떤 것이 있는지 질문한다.
- 직접유추(direct analogy): 창조하려는 대상과 다른 것을 선택하여 두 대상을 직접 비교 검토하는 것(우산으로 낙하산의 원리 파악)
- 의인유추(personal analogy): 자신이 해결하려는 대상이 되어 보는 것(자신이 직접 자동차가 되어 차가 겪는 어려움 생각하기)
- 상징적 유추(symbolic analogy): 두 대상물 간의 관계를 기술하는 과정에서 상징을 활용(마케팅은 성공의 천사이다)
- 환상적 유추(fantasy analogy): 환상적이고 신화적인 유추(하늘을 나는 자동차)

④ 유추선택: 각 도출된 안들 중 과제해결에 사용할 수 있는 것 선택
⑤ 유추검토: 해결목표에 따라 상세한 힌트를 찾고, 검토한다.
⑥ 가능성 연결: 도출안을 현실적으로 쓸 수 있는 아이디어로 연결한다.
⑦ 해결책 작성

4) 마인드맵

토니 부잔(Tony Buzan)이 창안한 마인드맵(Mind Map)은 좌 · 우뇌의 기능을 유기적으로 연결한 사고력 중심의 두뇌개발기법이다. Mind Map이란 생각의 지도란 뜻으로 무순서, 다차원적인 특성을 가진 사람의 생각을 읽고, 생각하고, 분석하고, 기억하는 것들에 대해 빈종이 위에 이미지, 핵심단어, 색과 부호를 사용하여 마음의 지도를 그려나가는 기법이다. 이 기법은 복잡한 아이디어를 빠르고 쉽게 파악할 수 있고, 아이디어들 간의 관계를 확인하는 것이 편리하며, 새로운 통찰력을 얻을 수 있는 가능성을 높여 준다. 우뇌 기능인 색상을 활용하여 집중력과 기억력 등을 높이기 위해 가지별로 다른 색상을 사용한다. 같은 가지에서는 핵심단어를 반복하여 사용하지 않도록 한다. 마인드맵의 장점은 다음과 같다. 두뇌에 숨어 있는 잠재적 가능성을 쉽게 이끌어 낼 수 있다. 신속하게 시작하고, 짧은 시간 동안 많은 아이디어

를 발상해 내게 한다. 우뇌, 좌뇌 전체를 활발히 움직이게 한다. 작은 공간에 많은 양의 정보를 표현할 수 있다. 다음은 마인드맵의 진행절차이다.

(1) 중심 이미지

먼저 나타내고자 하는 주제를 종이의 중앙에 함축적으로 나타낸다. 주제를 이미지로 표현한 것을 중심 이미지 또는 핵심 이미지라 한다. 중심 이미지는 함축적인 단어, 상징화한 그림, 기호, 삽화, 만화, 사진이나 인쇄물 등으로 나타내고 채색을 하여, 주제를 가장 효과적으로 시각화하면서 상상력을 자극할 수 있는 방법을 택한다. 예제에서 중심 이미지는 기업가이다.

그림 5-4 중심 이미지

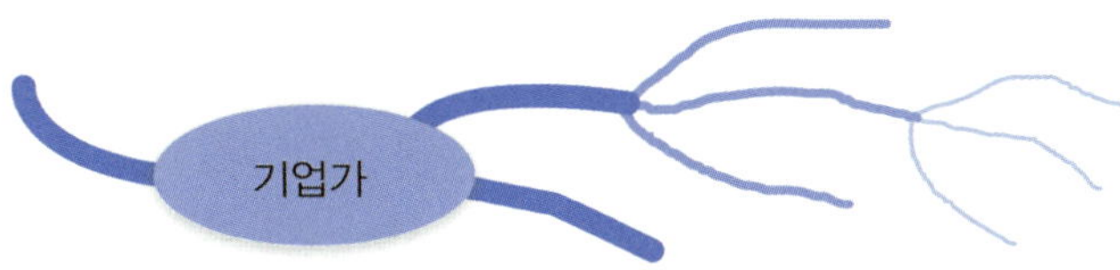

(2) 주가지

중심 이미지로부터 연결된 가지를 주가지라 한다. 중심 이미지 쪽 가지는 굵고, 그 반대 쪽 가지는 가늘어지게 곡선을 유지하도록 한다. 주가지 위에는 핵심 단어(명사, 동사, 형용사, 부사 등)를 쓴다. 그 이유는 중심 이미지가 그림이므로 주가지에서 그림이 다시 나올 때에는 생각의 폭이 넓어져 혼돈을 일으킬 수도 있기 때문이다.

그림 5-5 주가지

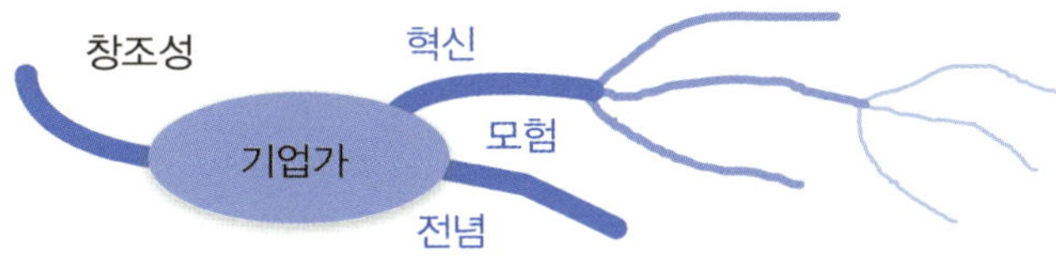

(3) 부가지

주가지로부터 연결된 가지를 부가지라 한다. 부가지는 주가지보다 작고 가늘게 나타내며, 부가지 위에는 핵심단어, 그림, 기호, 약화 등으로 표현해도 된다. 양쪽 뇌의 기능을 사용함으로써 효과를 높이기 위함이다. 또 부가지 작성 시 주가지별로 차례대로 작성하지 않아도 된다. 중심 이미지와 주가지가 이미 연결성을 갖고 집중해야 할 생각을 확고하게 만들어 놓고 있으므로 부가지의 경우 생각이 먼저 떠오르는 쪽을 선정하여 연결해도 생각의 혼돈은 일어나지 않는다. 부가지는 생각이 이어지는 한 가지를 계속 그려 나간다.

그림 5-6 부가지

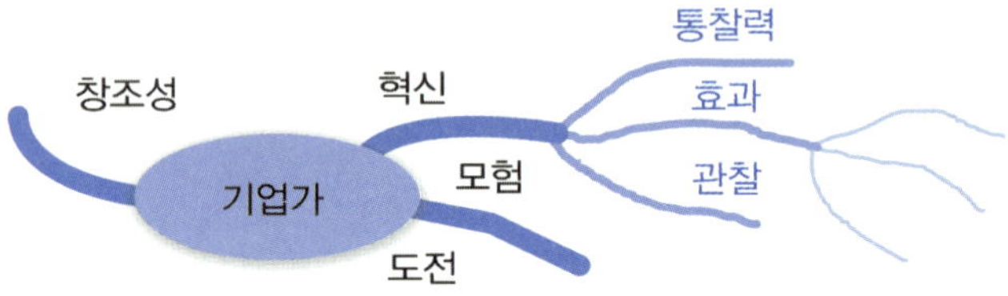

5) 속성열거법

속성열거법(Attribute Listing)은 제품공정상에서 아이디어나 서비스 개선의 기회를 찾기 위한 목적으로 네브라스카 대학의 Robert Crawford 교수가 개발한 기법이다. 대상을 속성에 의해서 세분화하고, 각 속성마다 사고의 방향을 국한시켜 새로운 아이디어, 개선안이 상기되도록 만든다. 이 기법은 문제 해결안이나 서비스 개선의 아이디어를 찾기 위해서 제품공정이나 서비스상에서 과정상의 속성을 체계적으로 변화시키거나 다른 것으로 대체한다. 어떤 대상, 형태, 사물, 아이디어, 방법, 과제 등의 전체나 각 부분들에 대해 대표적인 성질이나 형태의 특성을 기술하고, 개선, 변형, 대체하는 등을 발상하는 방법이다. 즉, 사물의 중요한 속성 등을 빼내어 열거하고, 각 항목마다 바꾸는 아이디어를 생각하여 항목을 짜 맞추고 효과 있는 아이디어에 연결하는 단순한 방법이다. 속성열거법은 팀의 구성원들이 아이디어를 내지 못할 때나 아이디어가 너무 한편으로만 치우칠 때 새로운 아이디어가 나오도록 유도하기 위하여 사용된다. 어떤 문제를 제거하거나 축소시키기 위하여 문제에 해당하는 필수적인 속성들을 검사하여 그 속성 자체를 고치거나 변경하고자 할 때 주로 사용된다.

(1) 속성의 종류

- 물리적 속성: 명사적 속성, 형용사 속성, 동사적 속성
  - 명사적 속성: 전체, 부분, 재료, 제조 방법(예: 핸들, 바퀴, 백미러)
  - 형용사 속성: 제품의 성질(예: 빠른, 얇은, 무거운, 가벼운)
  - 동사적 속성: 제품의 기능(예: 이동한다. 정차한다)
- 사회적 속성: 규범, 금기, 책임감, 정치, 리더십, 커뮤니케이션 등
- 심리적 속성: 인지, 동기부여, 인상, 상징성, 자아상 등
- 공정 속성: 마케팅, 제조, 판매, 기능, 시간 등

- 가격 속성: 제조단가, 도매가격, 소매가격, 소비자가격 등
- 생태학적 속성: 환경에 대한 긍정적, 부정적 영향

(2) 진행절차

- 아이디어 발상의 대상과 주제를 결정한다.
- 대상이 가진 특성을 도출한다.
  - 물리적 특성으로 나누어 특성을 도출한다.
  - 도출된 특성은 카드나 메모지 등에 적은 후 정리한다.
  - 5~7명이 같이 하는 편이 훨씬 쉽다.
- 도출된 특성을 나누어 정리한다.
- 중복, 누락 부분을 확인한다.
- 열거한 특성을 기초로 개선 아이디어를 제시한다.
- 도출된 아이디어로부터 개선안을 생각한다.
- 개선안을 평가해 실시안을 결정한다.

INSIGHT 매력적인 아이디어를 발견하는 방법

- 시장에 있는 공백을 찾는다.
- 경쟁이 서투른 것을 찾는다.
- 고객을 위해 문제를 해결한다.
- 아이디어를 새로운 방법으로 결합한다.
- 창조적인, 모방적인, 새로운 방식으로 생각한다.
- 다른 사람의 성공적인 아이디어를 모방한다.
- 아이디어를 추가한다.
- 제품, 서비스나 공정을 개선한다.
- 자신의 취미나 기량을 개발한다.

6) 연꽃기법

연꽃기법(Lotus Blossom)은 연꽃모양으로 아이디어를 발상해 나가는 사고기법으로 아이디어나 문제해결의 대안을 다양한 측면에서 얻기 위하여 활용된다. 주로 기존의 기술이나 제품을 응용하여 새로운 방법을 찾으려고 할 때나 미래 시나리오를 가상으로 만들 때 적용된다. 연꽃기법은 마인드맵의 자유로움과 스토리보드의 구조가 결합된 창의적 사고기법으로 일본

크로바 경영 연구소의 마쓰무라 야스오(Matsumura Yasuo)가 개발했다 하여 MY법이라고도 한다. 기본적으로 연꽃에서 힌트를 얻은 아이디어이다. 연꽃의 꽃잎들은 가운데를 중심으로 밀집되어 있으면서 바깥으로 펼쳐진다. 연꽃기법은 아이디어, 문제, 이슈, 주제 등을 3칸과 3줄로 이루어진 표에 배열하는 데서부터 시작한다. 가운데 네모 칸을 둘러싸고 있는 8개의 칸은 연꽃잎이 배열된 모습과 유사하다. 해결책, 아이디어, 독창적인 용도, 주제의 확대 등 핵심 아이디어와 관련이 있는 것들이 꽃잎이 된다. 이러한 프로세스를 한 번 반복한 후에는 중앙을 둘러싼 아이디어들이 새로운 연꽃의 중심부가 될 수 있다.

(1) 연꽃기법의 장점

- 연꽃기법은 집단이나 개인이 아이디어나 대안을 얻기에 유용한 방법으로 기존 기술이나 제품을 응용하는 새로운 방법을 찾으려고 할 때 유용하다.
- 다양한 아이디어를 이끌어 낼 수 있고, 독창적인 아이디어가 많이 표출될 수 있다.
- 토론하는 과정을 통하여 상호작용을 통한 협동적인 학습을 할 수 있다.
- 표현능력, 추론능력을 키울 수 있어 학습 참여도를 높일 수 있다.
- 미래 시나리오를 가상으로 만들어내려고 할 때 유용하게 쓰일 수 있다.

(2) 진행절차

- 먼저 가로 · 세로 각각 세 칸짜리 표 아홉 개로 이루어진 그림 가운데 표 중간에 중심주제를 기록한다.
- 중앙에 쓴 중심주제를 해결하는 방향이나 관점이 다양한 하위주제로 중심주제 주변 여덟 칸에 기록한다.
- 중심주제를 작성한 가운데 표를 뺀 나머지 표 여덟 개 중간에 중심주제를 해결하는 다양한 방안과 관점을 담은 하위주제를 기록한다.
- 하위주제 아이디어를 생각해 하위주제 표 주변 여덟 칸에 기록한다.
- 상대방의 아이디어를 평가나 비판하지 않고, 자유로운 분위기를 조성한다.
- 개인이 아이디어를 작성하면 중심주제를 해결하는 하위주제에 따른 각 아이디어를 조합해 가장 좋은 새 대안을 만들기도 한다.
- 하위 주제별로 최적 아이디어에 동그라미를 쳐서 아이디어를 정리한다.

예) 스마트폰에 관한 아이디어 찾기

① [그림 5-7]의 가운데에 스마트폰을 기록한다.

② 좌측 상단 A 주위에 a1 … a8까지 아이디어를 산출하여 기록한다. 이 아이디어의 중심주제가 A가 된다. 이 A를 중앙에 있는 셀의 스마트폰 좌측 상단에 기록한다.

③ 이와 같은 방식으로 B, C, D, E, F, G, H의 중심주제를 찾아 선정하여 중앙에 있 는 스마트폰 주위의 각 셀에 기록한다.

그림 5-7 연꽃기법의 다이어그램 만들기

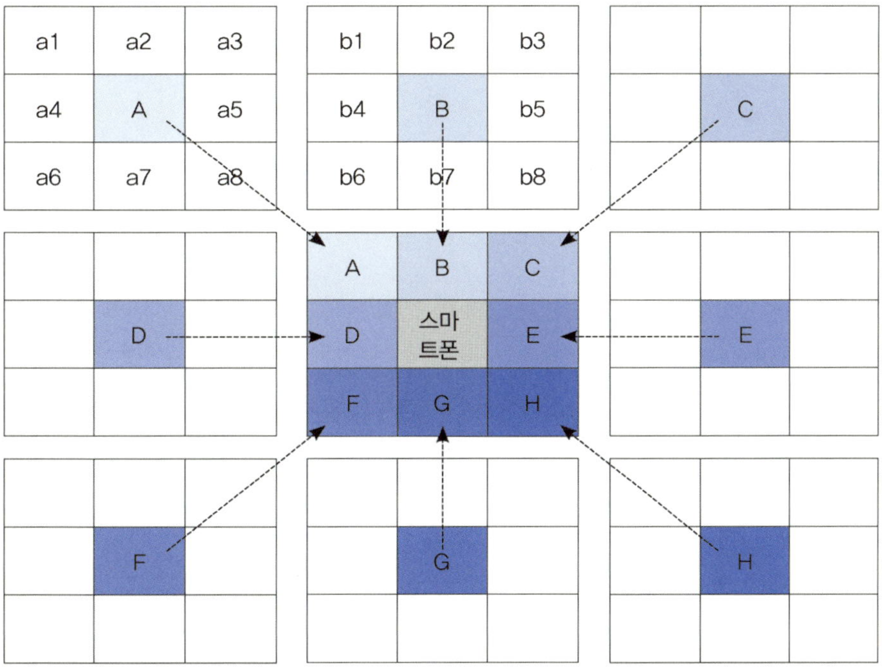

2. 수렴적 사고기법

수렴적 사고는 주어진 문제에 대한 최적의 해결책을 창출하는 사고기법으로 아이디어들을 분석하고, 다듬고, 선택하는 사고 과정이다. 확산적 사고기법에 의해 산출된 다량의 아이디어 중에서 소수의 최적안을 선정하는 기법이다.

1) P-P-C기법

P-P-C기법(Positive-Possibilities-Concerns)은 의심스러운 생각이 드는 아이디어에 대해 긍정적인 면, 가능성이 있는 면, 의심스러운 면으로 구분하여 이야기해 보는 대화기법이다. 이 기법을 사용하면 너무 성급하거나 극단적으로 판단하는 것을 막을 수 있으며, 아이디어가

가지고 있는 모순점을 보완하여 문제해결을 위해 보다 완벽한 계획을 세울 수 있다.

표 5-4 P-P-C기법의 기록표

구 분	설 명
P (Positive)	• 긍정적인 면 • 제시된 아이디어의 훌륭한 면을 칭찬해 준다.
P (Possibilities)	• 가능성이 있는 면 • 아이디어를 구체적으로 응용할 수 있는 상황을 항목별로 작성한다.
C (Concerns)	• 의심스런 면 • 없애려면 어떻게 하면 좋을 것인가?

2) 고든법

고든법(Gordon Technique)은 진정한 문제가 무엇인지를 모른다는 상태에서 출발한다. 주제와 전혀 관계없는 사실로부터 발상을 시작해서 문제해결로 몰입하는 것이다. 브레인스토밍과 달리 문제를 바로 제시하지 않고 문제와 직접적으로 관계가 없는 멀고 폭넓은 추상적인 문제를 제시하여 시작한다. 문제를 알고 있는 사람은 리더뿐이며, 리더는 크고 추상적인 문제로부터 작고 구체적인 문제로 구성원을 유도해 나간다. 다음은 고든법의 진행절차이다.

- 참가하는 사람은 해결하려고 하는 문제의 성질, 그 문제해결에 필요한 지식, 기술에 있어서 전문성을 가진 사람으로 구성한다.
- 리더가 문제를 이해한다.
- 리더는 팀원들이 자유롭게 발언하도록 한다.
- 리더는 해결이 가까워질 때까지 팀원들에게 문제를 알리지 않는다.
- 생각이 날 때까지 계속한다.
- 리더는 해결이 가까워지면 팀원들에게 문제를 알려 실현 가능한 아이디어를 형성한다.
- 문제에 대한 해결점을 찾는다.

3) 쌍비교분석법

쌍비교분석법(Paired Comparison Analysis)은 많은 대안들이 모두 중요해서 무엇을 먼저 실천하거나 처리할지를 판단하고자 할 때 사용되는 기법이다. 즉, 우선순위를 정하여 대안을 선택하고 결정할 때 사용하는 기법으로 많은 아이디어들 중에서 중요한 아이디어의 순서를 결정할 때 사용한다. 모든 대안들에 대하여 한 번에 한 쌍씩 비교하여 상대적인 중요성을 결정한다. 이 기법은 노력과 시간이 많이 들지만, 아이디어들이 모두 중요해서 우선순위를 매기기 힘들 때 적절하게 사용할 수 있다. 다음은 쌍비교분석법의 진행절차이다.

- 주어진 아이디어로부터 만들 수 있는 2개의 쌍들에 대해 우열을 비교함으로써 아이디어별 점수를 계산한다.
- 가로축과 세로축에 아이디어를 기입한다.
- 세로축의 아이디어가 더 좋으면 +1, 같으면 0, 나쁘면 -1
  ⓐ안이 ⓑ안보다 좋으면 +1, 같으면 0, 나쁘면 -1을 기록한다.
- 아이디어의 개수가 5~10개 정도인 경우 효과적이다.

표 5-5 쌍비교분석의 기록표

ⓑ / ⓐ	출력	정숙성	안정성	연비	합계	순위
출력	0	-1	1	1	1	2
정숙성	-1	0	1	1	1	2
안정성	1	1	0	1	3	1
연비	-1	-1	1	0	-1	4

4) 역 브레인스토밍

역 브레인스토밍(Reverse Brainstorming)은 Hotpoint 회사가 고안해 낸 것으로 대안이 가지고 있는 부정적인 측면과 가능한 모든 약점에 대한 아이디어를 생성해 내는 것이다. 브레인스토밍은 문제해결이나 상황에 대하여 아이디어를 생성하는 것인 반면에 역 브레인스토밍은 생성해 놓은 아이디어를 실제상황에 적용하거나 실천할 것을 예상해보고, 아이디어에 대한 비판점이나 문제점, 약점만을 생성하는 것이다. 아이디어가 가질 수 있는 약점들을 모두 발견해 내고 아이디어가 실천될 때 잘못될 수 있는 것을 예상한 후 최선의 해결 방법을 찾는 기법이다. 역 브레인스토밍을 할 때는 평가할 대안의 수가 10개 이내일 경우에 활용하는 것이 효과적이다. 아이디어를 만들어 낸 사람이 직접 아이디어 평가에 참여할 수 있으며, 첫 번째 아이디어에 대한 비판을 모두 하고 나면 두 번째 아이디어를 비판한다. 약점이 가장 적고 문제를 잘 해결할 수 있을 것 같은 아이디어를 선택한다. 그 다음의 단계는 실천을 위한 행동계획을 세우는 것이다. 다음은 역 브레인스토밍의 진행절차이다.

- **목표와 문제 확인하기**
  종이에 선정된 아이디어들의 목록과 함께 목표와 문제를 제시한다.
- **아이디어에 대한 비판 생성하기**
  아이디어가 적힌 종이에 그 아이디어에 대한 반론을 기록한다.
- **해결책 선정하기**
  비판된 아이디어를 검토하고 수정하여 가장 적절한 해결책을 찾는다.
- **실천계획 세우기**
  해결책의 실천을 위한 행동계획 세우기

3절 트리즈 원리

1946년에 시작되어 여전히 진화하고 있는 트리즈는 소련 발명가인 Genrich Altshuller와 그의 동료들에 의해 개발되었다. 이것은 창조적 문제해결이론이다. 대부분은 배우기 쉽고 즉시 문제에 적용할 수 있다. 트리즈 원리는 다루기 어렵거나 불가능해 보이는 상황에 직면했을 때에도 문제나 도전을 해결하는 데 도움이 된다. 명확한 사고와 혁신적인 아이디어 창안을 통해 트리즈는 이상적인 솔루션을 찾는데 유용한 창의적 문제해결이론이다.

1. 트리즈의 특징

러시아의 겐리히 알츠슐러(Genrich Altshuller) 박사는 "세상을 바꾼 창의적인 아이디어들에는 일정한 형태가 있다"는 가설을 세우고, 특허를 분석하여 가장 많이 활용된 아이디어 유형을 추출한 발명원리와 문제해결이론을 창안하였다. 트리즈는 모순(contradiction)을 발견하고, 모순을 해결하면 발명이 된다는 창의적 이론이다. 특히 트리즈는 엔지니어들 사이에서 인기가 높아지고 있는 문제해결 및 브레인스토밍 기술이다. 겐리히 알츠슐러가 발명한 트리즈는 마치 한 집단과 함께 브레인스토밍 활동 과정에 전 세계의 모든 발명가를 초대 한 것처럼 모든 과학 및 기술 분야의 창의적 원리를 사용하는 창의성과 혁신 도구이다.

1) 트리즈의 구조

TRIZ(트리즈)는 러시아어 Teoriya Resheniya Izobretatelskikh Zadatch의 약자로 영어로는 Theory of Inventive Problem Solving(창의적 문제해결이론)이다. 러시아의 과학자 겐리히 알츠슐러(Genrich Altshuller)는 1940년대 당시 군 관련 기술 문제를 해결하던 중에 전 세계 특허 중에서 창의적인 특허 4만 건을 추출 · 분석한 결과, 모든 발명 과정에는 공통의 법칙과 경향성이 있는 것을 발견하였다. 창의적으로 문제를 해결할 수 있는 체계적인 문제 해결책을 찾아내고, 이를 트리즈(TRIZ)라 하였다.

독일의 미하엘 오를로프(Michael Orloff) 박사와 영국 배스대학의 대럴 만(Darrel Mann) 교수가 현대적으로 수정하여 39가지 모순해결 매트릭스와 40가지 트리즈의 발명원리를 만들었다. 물리적 모순은 시간, 공간, 조건, 전체와 부분 등 분리의 원리로 해결책을 찾는다. 39가지 기술변수를 활용해 그 모순을 정의하고, 모순 테이블을 만들어 이들이 충돌할 때 40가지 발명원리를 적용하는 것이다. 세상의 위대한 발명들은 대체로 물리적 모순이나 기술적 모순을 해결한 것이다.

그림 5-8 TRIZ의 구조

2) 발명의 5가지 수준

겐리히 알츠슐러는 러시아 특허 20만 건을 분석한 뒤 먼저 특허발명을 5가지 수준으로 분류하였다. 창의적 문제해결에 어떤 공통된 원리들이 있지 않을까라는 의문을 갖고 찾아낸 원리가 모순의 극복이었다. 트리즈는 3과 4수준의 4만 특허를 분석한 결과 창의적인 문제해결의 공통점은 모순을 극복한 것이었다.

그림 5-9 발명의 5가지 수준

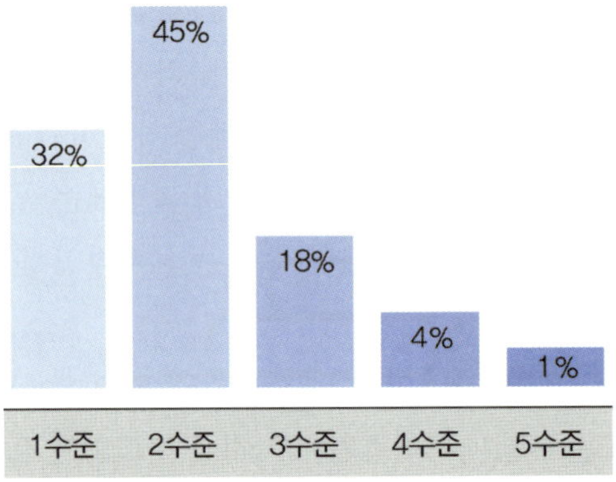

1수준: 전통적인 해결책(개인적 지식), 시행착오 1~10번
2수준: 기존 체계의 개선(동일산업 내 지식), 시행착오 10~100번
3수준: 현재 시스템의 획기적인 개선(타산업 내 지식), 시행착오 100~1,000번
4수준: 새로운 발명(타분야의 과학), 시행착오 1,000~10,000번
5수준: 획기적인 신개념의 선구자적 발명(새로운 과학), 시행착오 10,000~100,000번

2. 트리즈에 의한 문제해결

발명원리와 기술변수를 활용하는 트리즈에 의한 문제해결 과정은 문제의 분석, 모순도출, 모순의 모델링, 트리즈 도구 적용과 해결책의 평가 등을 거친다. 문제의 정의를 정확하게 해야 최선의 해결책이 도출될 수 있다. 이렇게 해서 도출된 해결책은 특허정보 검색을 통하여 지식재산으로 확보되거나 신제품개발에 활용할 수 있다.

1) 문제의 분석

현재 상태와 이상적인 상태 간의 차이를 발견하기 위해서 당면한 문제가 무엇인지를 정의한다. 문제를 정의한 후에 문제의 도식화(사물의 구조, 관계, 변화 상태 등을 시각화)를 통해서 문제를 재정의하여, 핵심적인 문제가 무엇인지 파악한다. 문제를 구성하는 시스템, 환경, 자원, 고객의 요구사항 등을 함께 고려한다. 고객의 요구사항은 고객이 상품이나 서비스에 대하여 요구하는 특징과 사양이다. 문제분석은 최소한의 시스템의 변화로 문제해결 방안을 찾기 위해 최소 문제로 서술한다. 전문적인 용어를 사용하지 않고 문제를 일반적인 용어로 기술한다. 필요한 결과를 얻고자 하는 내용을 기술한다.

그림 5-10 트리즈에 의한 문제해결 과정

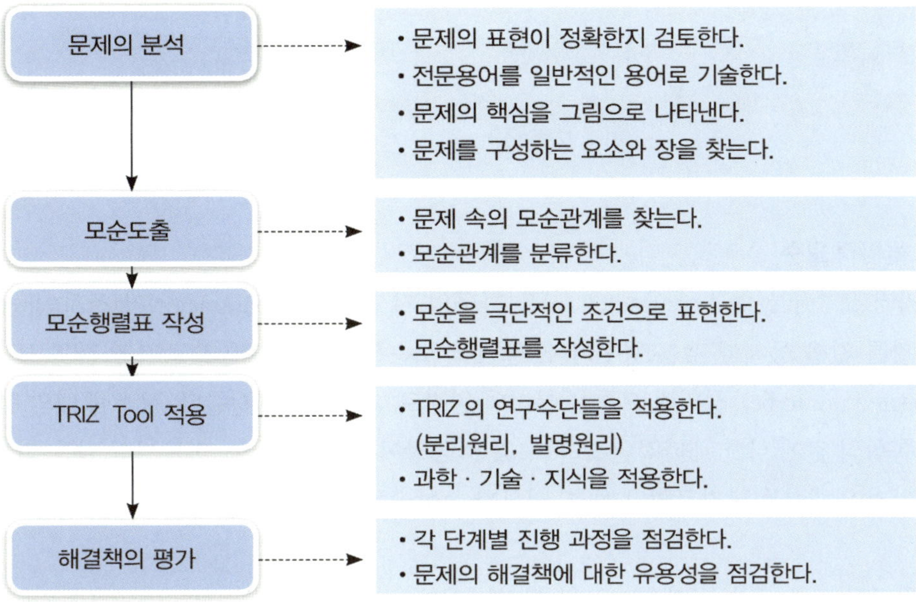

2) 모순도출

모순(contradiction)은 서로 양립하거나 공존할 수 없는 것들의 대립현상으로 최소한 두 가지 이상의 요소가 갈등을 일으키는 상황이다. 따라서 모순은 어느 하나를 좋게 하면 어느 하나가 나빠지는 것을 말한다. 모순이 반대 세력으로 성장하고, 본래의 것과 격렬하게 부딪혀 나감으로써 새로운 것으로 발전되어 간다.

- 모순: 서로 양립하거나 공존할 수 없는 것들의 대립현상

찾아낸 문제 속에서 모순관계를 파악한다. 물리적 모순과 기술적 모순을 분리하고, 발생할 수 있는 모순을 찾고, 선택된 기술적 모순의 특성을 극단적인 상황으로 격상시킨다. 문제해결을 위해 하나의 기술적 특성을 개선하면 다른 기술적 특성에 악영향을 미쳐 또 다른 문제를 야기하는지를 파악한다. 모순을 발견하여 해결하면 바로 발명이 된다. 기술적 모순을 물리적 모순으로 전환하는 것이 모순해결에 중요하다.

그림 5-11 모순과 발명의 인과관계

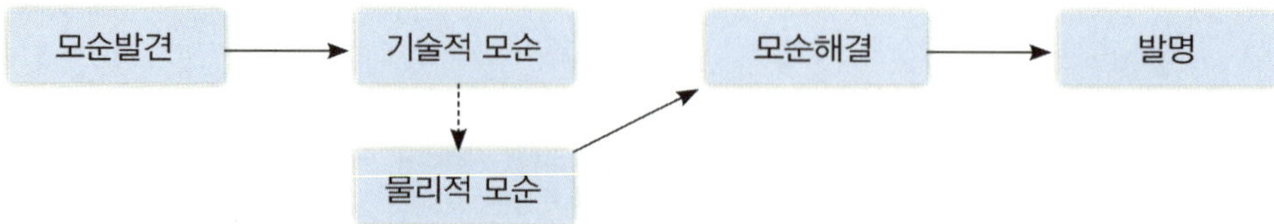

(1) 물리적 모순

물리적 모순(physical contradiction)은 하나의 기술적 변수(parameter)가 서로 양립할 수 없는 다른 값을 동시에 갖는 경우이다. 물리적 모순은 동시 존재함으로써 생기는 모순이다(To be and not to be). 물리적 모순은 분리의 원리로 해결책을 제시한다. 시스템 내의 한 특성이나 특성의 값에 상호 배타적인 요구가 있는 상황이다. 예를 들면, 면도기의 날은 면도성능을 높이기 위해서는 날카로워야 하고, 피부가 손상되는 것을 방지하기 위해서는 무뎌야 한다.

- 물리적 모순: 동시 존재함으로써 생기는 모순

INSIGHT 물리적 모순

[예 1] 자전거 체인은 단단해야 하지만 동시에 유연해야 한다.

- 회전력을 바퀴에 전달하기 위하여 체인은 단단해야 하고
- 둥근 체인 휠에 감기기 위하여 유연해야 한다.
- 전체와 부분에 의한 분리

[예 2] 비행기의 착륙 바퀴는 있어야 하지만 동시에 없어야 한다.

- 착륙 바퀴는 착륙 시에는 있어야 하고
- 비행 중에는 저항을 줄이기 위하여 없어야 한다.
- 시간에 의한 분리

물리적 모순은 분리의 원리로 모순을 해결할 수 있다. 분리의 원리(separation principle)는 시간분리, 공간분리, 조건분리와 부분과 전체 분리가 있다.

- 시간분리: 한 속성은 어떤 때는 존재하거나 존재하지 않게 시간적으로 분리한다.
- 공간분리: 한 속성이 한쪽에서는 존재하고, 다른 쪽에서는 존재하지 않는다.

그림 5-12 모순의 구조

물리적 모순	기술적 모순
• 하나의 변수가 다른 값을 동시에 가짐 • 예: 비행기의 바퀴 이착륙 시에는 반드시 존재해야 하고, 비행 중에는 존재하지 말아야 함	• 서로 다른 두 개가 모순을 일으킴 • 예: 하드디스크의 기록 용량과 정확도 용량을 늘리면 기록의 정확도 감소, 기록의 정확도를 올리면 용량 감소
⬇	⬇
• 분리의 원리: 양립불가능 해결 (시간, 공간, 조건, 전체와 부분)	• 39가지 기술변수 • 40가지 발명원리

- 조건분리: 한 속성은 어떤 조건에서는 높고, 다른 조건에서는 낮다.
- 부분과 전체분리: 한 속성은 시스템수준에서는 존재하지만, 부품수준에서는 존재하지 않는다.

(2) 기술적 모순

기술적 모순(technical contradiction)은 서로 다른 기술적 변수들이 서로 충돌하는 것이다. 시스템의 한 특성을 개선하면 다른 특성이 악화되는 상황이다. 예를 들면, 자동차의 가속성능을 향상하면 연비가 나빠지는 현상이다. 이러한 모순을 해결하는 것이 발명이다. 기술적 모순은 40가지 발명원리를 해결책으로 제시하고, 서로 상반되는 기술적 변수들에 해당할 수 있는 것들을 39가지로 표준화된다. 물리적 모순은 사물의 본질이지만, 기술적 모순은 처리의 결과이다. 따라서 기술적 모순을 더욱 강화하여 물리적 모순으로 전환하여 문제를 해결한다.

INSIGHT 기술적 모순

[예 1] 서로 다른 두 기술적 요소가 충돌하는 경우
- 하드디스크의 기록의 정확성을 증가하면 기록 용량이 감소
- 기록 용량을 증가시키면 기록의 정확도가 감소

[예 2] 석유회사의 화학공정 반응속도와 불순물 양과의 모순
- 석유 생산량을 늘리면 품질이 저하되고
- 품질을 높이면 생산량이 감소

- 기술적 모순: 시스템의 한 특성을 개선하면 다른 특성이 악화되는 상황

(3) 관리적 모순

관리적 모순(administrative contradiction)은 문제 해결자에게 부여되는 상반된 요구로 희망과 현실과의 모순이다. 어떤 상황에서 불편하게 느끼는 현상으로 문제의 발견이나 욕구도출의 단계이다. 문제발견은 고객이 느끼고 있는 불편이나 욕구를 포착하는 것을 말한다.

- 관리적 모순: 문제 해결자에게 부여되는 상반된 요구

3) 모순행렬표 작성

모순행렬표(contradiction matrix)는 기술적 모순을 제거하기 위해 발명원리를 발견할 수 있도록 만든 행렬표이다. 상충되는 두 개의 기술적 변수를 선택하면, 이들이 교차하는 영역에서 기술적 모순을 해결하는데 사용된 발명원리를 발견할 수 있다. 기술적 모순은 모순행렬표를 작성하고, 모순해결을 위해 40개 발명원리를 적용한다. 모순을 극단적인 조건으로 표현하고, 모순을 벗어나는 어떤 요소를 가정한다. 이러한 핵심은 기술적 모순에서 물리적 모순으로 이끌어 나가는 것이다. 한 변수를 개선하면, 다른 변수가 악화된다. 이 악화되는 변수를 발명의 원리로 해결한다. 다음은 모순행렬표의 구성이다.

- 모순행렬의 행: 개선되는 특성
- 모순행렬의 열: 악화되는 특성
- 모순행렬의 셀: 적용할 수 있는 발명의 원리 제안
- 기술변수(39): 무게, 길이, 면적, 부피, 속도, 힘, 압력, 모양 등
- 발명의 원리(40): 분할, 추출, 국부적 품질, 비대칭 등

[그림 5-13]은 모순행렬표의 작성 예이다. 한 특성을 개선하면 다른 특성이 악화되는 경우 악화되는 특성을 해결할 수 없을까? 악화되는 특성을 어떤 발명원리를 통해서 해결할 수 있을까? 상충되는 두 개의 기술적 변수를 선택하면, 이들이 교차하는 영역에서 기술적 모순을 해결하는데 사용된 발명원리를 찾을 수 있다. 다음은 모순행렬표 작성절차이다.

- 39가지 기술변수를 사용해서 문제를 구성한다.
- 모순행렬에서 악화변수와 개선변수를 찾는다.

그림 5-13 모순행렬표 작성 예

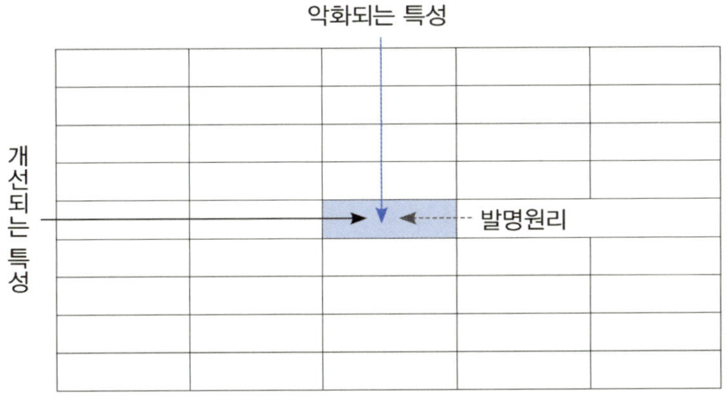

- 전항에서 찾은 행과 열이 만나는 셀에 발명의 원리를 문제해결에 적용한다.
- 발명의 원리를 참고하여, 아이디어를 연상한다.
- 연상된 아이디어 간의 결합을 시도한다.

예를 들면, 유압기의 동력을 증가하려고 한다. 그런데 유압기의 동력을 증가하면 속도가 떨어진다. 동력과 속도가 동시에 증가할 수 없을까? 이러한 모순을 해결하기 위해 사전예방 조치, 조처 과부족, 공압이나 유압사용 등으로 해결한다([표 5-7] 참조). [그림 5-13]은 기술적 모순과 40개 발명원리에 근거한 해결책을 찾는 방법을 보여준다. 물리적 모순은 고속과 저속, 경질과 연질, 고형물질과 투과물질, 거친 성질과 연한 성질, 동적 성질과 고정 성질, 냉기와 온기, 그리고 대소 등이다. 이러한 성질들은 물리적 모순으로 분류하고 분리의 원칙을 적용한다. 기술적 모순으로부터 물리적 모순을 형성하는 것은 모순을 깨뜨리는 데 사용된다.

표 5-6 모순행렬표

개선변수 \ 악화변수		1	4	9	29	32	36
		움직이는 물체의 무게	고정된 물체의 길이	속도	제조의 정확성	제조 용이성	장치의 복잡성
9	속도			3, 11, 1, 27	28, 27, 35, 26		35, 3, 24, 37
21	곡선화	2, 28, 13, 38		11, 16, 29	28, 32, 1, 24		
17	온도	8, 1, 37, 18		3, 35, 13, 21	35, 10, 23, 24		3, 28, 35, 37
25	시간의 낭비	35, 26, 24, 37		1, 35, 10, 38	1, 10, 34, 28		

4) TRIZ 도구 적용

많은 발명은 적은 수의 해결원리에 의해서 이루어진다. 모순해결은 혁신이지만, 절충은 혁신적 해결책이 아니다. 기술체계의 진화는 패턴에 근거하고, 부분적으로 예측할 수 있다. 모순의 해결책을 찾기 위해 39가지 기술변수, 40가지 발명원리와 분리의 원리 등과 같은 TRIZ의 수단들을 적용한다. 문제(기술적 모순)는 한 변수를 개선하면 다른 변수가 악화되는 것이다. 구체적인 문제를 해결하는데 사용할 수 있는 일반적인 해결책을 찾아내기 위해 먼저 미래에 사용될 수 있는 관계나 상관관계를 찾아내서 문제와 해결책을 분류한다. 일반적인 경우를 추상화할 때 문제와 해결책을 상관관계나 관련성에 따라 분류하는 것이 필요하다. 구체적인 해결책을 끌어내기 위해 관련성을 설정한다. TRIZ 원리를 끌어내어 해결책을 찾을 때 공통적인 상관관계를 설정하기 위해 문제와 해결책을 분류한다.

그림 5-14 TRIZ 적용 도구

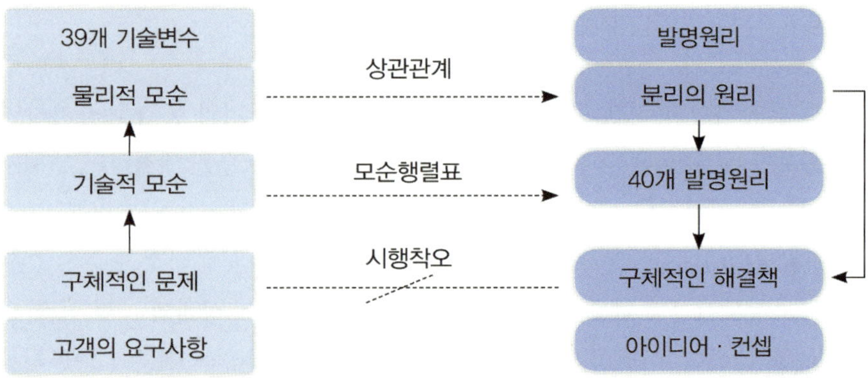

표 5-7 40가지 발명원리

1. 분할(segmentation)
2. 추출(extraction)
3. 국부적 품질(local quality)
4. 비대칭(asymmetry)
5. 통합(consolidation)
6. 다용도(universality)
7. 포개기(nesting)
8. 공중부양(counterweight)
9. 사전 반대조치(prior counteraction)
10. 사전 조치(prior action)
11. 사전 예방조치(cushion in advance)
12. 동등성(equipotentiality)
13. 역방향(do it in reverse)
14. 곡선화(spheroidality)
15. 역동성(dynamicity)
16. 조처 과부족(partial or excessive action)
17. 차원변화(transition into a new dimension)
18. 진동(mechanical vibration)
19. 주기적 작용(periodic action)
20. 유용한 작용의 지속(continuity of useful action)
21. 급히 통과(rushing through)
22. 전화위복(convert harm into benefit)
23. 피드백(feedback)
24. 중간매개물(mediator)
25. 셀프 서비스(self service)
26. 복사(copying)
27. 값싸고 짧은 수명(dispose)
28. 기계시스템 대체(replacement of mechanical system)
29. 공기압 또는 유압사용(pneumatic or hydraulic construction)
30. 유연막 또는 박막(flexible membranes or thin films)
31. 다공성 물질(porous material)
32. 색깔변화(changing the color)
33. 동질성(homogeneity)
34. 폐기 및 재생(rejecting and regenerating parts)
35. 속성변화(transformation of properties)
36. 상태전이(phase transition)
37. 열팽창(thermal expansion)
38. 산화제(accelerated oxidation)
39. 불활성환경(inert environment)
40. 복합재료(composite materials)

표 5-8 39가지 기술변수

1. 움직이는 물체의 무게(weight of moving object)
2. 고정된 물체의 무게(weight of nonmoving object)
3. 움직이는 물체의 길이(length of moving object)
4. 고정된 물체의 길이(length of nonmoving object)
5. 움직이는 물체의 면적(area of moving object)
6. 고정된 물체의 면적(area of nonmoving object)
7. 움직이는 물체의 부피(volume of moving object)
8. 고정된 물체의 부피(volume of nonmoving object)
9. 속도(speed)
10. 힘(force)
11. 압력(pressure)
12. 모양(shape)
13. 물체의 안정성(stability of object)
14. 강도(strength)
15. 움직이는 물체의 내구력(durability of moving object)
16. 고정된 물체의 내구력(durability of nonmoving object)
17. 온도(temperature)
18. 밝기(brightness)
19. 움직이는 물체가 소모한 에너지(energy spent by moving object)
20. 고정된 물체가 소모한 에너지(energy spent by nonmoving object)
21. 동력(power)
22. 에너지의 낭비(waste of energy)
23. 물질의 낭비(waste of substance)
24. 정보의 손실(loss of information)
25. 시간의 낭비(waste of time)
26. 물질의 양(amount of substance)
27. 신뢰성(reliability)
28. 측정의 정확성(accuracy of measurement)
29. 제조의 정확성(accuracy of manufacturing)
30. 물체에 작용하는 유해한 요인(harmful actors acting on object)
31. 유해한 부작용(harmful side effects)
32. 제조용이성(manufacturability)
33. 사용편의성(convenience of use)
34. 수리가능성(repairability)
35. 적응성(adaptability)
36. 장치의 복잡성(complexity of device)
37. 조절의 복잡성(complexity of control)
38. 자동화의 정도(level of automation)
39. 생산성(productivity)

5) 해결책의 평가

도출된 해결안이 어떤 유용한 효과를 발생시키는지와 적용할 수 있는지를 검토한다. 일반적인 해결원리를 기술하고, 다른 문제에 대한 해결원리를 바로 적용이 가능한지 검토한다. 또한 다른 문제에 대해서 해결원리를 반대로 적용할 수 있는지 검토한다. 추가 발명, 설계도, 계산, 조직의 변화에 대한 저항극복 등에 관한 목록을 작성한다. 그리고 특허를 검색하여 특허등록 가능성을 점검한다. 특허청 특허 DB를 활용하여 검색한다. 각 단계별 진행 과정을 마지막으로 점검하고, 문제의 해결책에 대한 유용성을 평가한다. 해결안을 검증하고, 필요하다면 기술적 해결안을 수정한다. 해결책이 본래의 목적대로 도출되었는지를 평가하는 것이다. 다음은 주요 평가사항이다.

- 주요 해결사항이 시스템의 복잡성을 감소하게 하는가?
- 어떤 물리적 모순이 해결되었는가?
- 어느 요소가 어떻게 제어되는가?
- 여러 사이클 사용에도 내구성에는 문제가 없는가?

3. 선행기술의 조사

선행기술 조사는 연구자들이 연구개발을 하기 전에 연구동향을 조사하기 위해 또는 연구개발 완료단계에서 특허출원을 하기 전에 유효한 권리획득 등을 목적으로 선행문헌을 조사하는 것이다. 특허정보의 조사는 기술개발의 갭을 찾고, 중복연구를 방지하기 위한 것이다. 발명은 자연법칙을 이용한 기술적 사상의 창작으로써 고도한 것으로 정의하며, 불특허 사유에 해당되지 않고, 다른 선출원이 없는 경우에만 배타적 권리를 특허출원일로부터 20년간 부여한다. 신기술을 발명한 자에게 기술을 공개하는 대가로 독점권을 부여하는 동시에 제3자에게 공개된 신기술의 이용 기회를 부여하는 제도이다.

1) 특허정보의 조사목적과 활용

특허는 특허정보를 일반에 공개하는 대가로 특허권자에게 부여되는 독점적 권리이다. 특허정보를 조사하는 목적은 신기술개발을 위한 기초자료를 입수하고, 특허출원 전 권리획득 가능성을 검토하여 향후 특허분쟁에 대비하기 위한 증거자료를 확보하기 위한 것이다. 특허정보 조사는 기술동향 및 권리동향을 파악하여 미개척 대상 분야, 즉 기술 갭을 찾을 수 있을 뿐만 아니라 새로운 제품개발에 대한 아이디어를 창안하는데 매우 유용한 방법이다. 또한 연구개발 방향을 수립하고, 연구개발 중에 일어나는 문제를 해결하기 위한 아이디어를 찾을 수 있다. 사전에 선행기술을 파악하여 중복연구를 예방할 필요가 있다. 다음은 선행기술을 조사하는 목적이다.

(1) 신기술이나 신제품개발을 위한 기초자료

- 관련 기술 분야의 개발동향 파악
- 연구개발 주제를 선정하거나 미래기술 예측
- 선행기술조사로 중복연구 및 중복투자 방지
- 기술개발 시 문제점 해결을 위한 아이디어 발견
- 타사의 기술개발 동향 파악
- 종래 기술의 문제점 파악과 참고
- 특허취득 가능성 판단 및 기술적 범위의 확인
- 무용한 특허출원 여부 사전 검토

(2) 특허분쟁에 대처하기 위한 증거자료

- 자사의 실시기술에 대한 공지기술 확보
- 타사 보유 특허조사로 특허분쟁 사전 예방
- 침해 가능 특허에 대한 회피설계 가능 여부 파악
- 특허권 소멸 여부 확인

2) 특허 정보조사의 종류

신제품개발과 관련된 특허정보를 조사하는 대표적인 방법이 몇 가지 있다. 서지사항 조사는 발명자 · 출원인 등의 인명정보, 특허권자, 출원번호, 공개번호, 등록번호 등을 파악하기 위해 특허공보의 서지사항을 조사하는 것이다. 이를 통하여 경쟁자의 특허권이나 기술개발 동향을 파악할 수 있다. 특허성 조사는 특허출원 전에 특정 발명이 특허를 받을 수 있는 특허의 유용성, 산업성, 신기성을 구비하고 있는지를 판단하기 위해 선행자료를 조사하는 것이다. 권리취득 가능성을 미리 확인한 후 출원 여부를 결정하거나 청구범위를 변경할 수 있도록 권리를 취득하기 위한 조사이다. 조사 방법에 따라 관련 자료를 수집하는 기초 정보조사, 기술을 분류하는 분류 정보조사와 기술을 분류하고 분석하는 분석 정보조사가 있다.

표 5-9 특허정보의 조사 유형

조사 유형	설 명
기술정보조사 (state of the art search)	특정 기술 분야나 연구개발 주제와 관련된 일반적인 기술이나 배경기술을 찾아서 기술개발에 활용
제품 출시 전 기술조사 (freedom to operate)	기술개발 및 특허출원이 어려운 경우 안전하게 출시실시하기 위해서, 특허권이 만료된 특허를 조사하여 활용
특허성조사 (patentability search)	특허를 조사하여 특허 출원 시 문제시 될 수 있는 청구를 보정
무효/침해조사 (validity/infringement search)	특허권 없이 제품을 판매하고 있으나 타인의 특허권을 침해할 소지가 있는 경우, 타인의 특허권을 무효화하기 위한 무효심판을 청구하거나 타인의 특허 침해 여부가 성립되지 않음을 확인하는 권리범위 확인심판을 청구할 때 특허조사
특허맵 (patent landscape analysis)	특정 분야의 특허맵을 작성하여, 특허권자가 보유한 기술의 단점을 파악하고, 기술추세 예측하여 체계적인 특허전략에 활용

3) 특허정보 검색

미국 특허청 조사에 의하면 특허문헌에 공개된 71%가 다른 문헌에서는 공개되지 않았다. 특허정보를 얻으려면, 특허정보 검색이 중요하다. 특허청에서 제공하는 특허정보 검색서비스와 e특허나라에서 특허정보를 검색할 수 있다.

(1) 한국

- 한국특허정보원(http://www.kipris.or.kr): 국내 산재권(무료)
- e특허나라(http://www.patentmap.or.kr): 국내 산재권(무료)
- 윕스(http://www.wips.co.kr): 국내 · 외 산재권(유료)

(2) 해외

- 미국특허청(http://www.uspto.gov): 무료
- 일본특허청(http://www.jpo-miti.go.jp): 무료
- 유럽공동체특허청(http://www.epo.co.at): 무료
- 세계지식재산권기구(http://www.wipo.org): 무료

4절 아이디어 선별

1. 사업기회의 선정

창조적인 제품은 새로움과 유용성이 있어야 한다. 새로움(newness)은 독창성(originality)과 관련이 있다. 유용성(usefulness)은 사회적 가치의 의미에서 창조성에 종종 이바지한다. 제품 아이디어 선별 과정은 유망기회의 확인과 숨겨진 고객욕구의 확인을 통하여 문제를 확인하고, 아이디어를 창출하여 아이디어를 선별하는 과정을 거친다.

그림 5-15 제품 아이디어 선별 과정

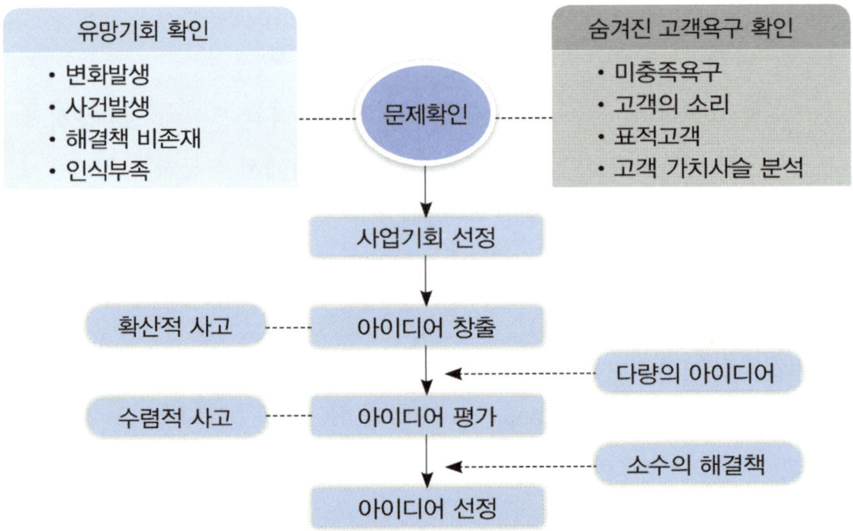

1) 유망기회의 확인

기회는 기업에게 신제품, 서비스나 사업을 위한 욕구를 창출하는 일련의 호의적인 환경이다. 어떤 변화나 사건이 사회에 발생하였는데 이를 해결할 대상이 존재하지 않는다거나 있더라도 부족하다면 사업기회가 되는 것이다. 이러한 현상은 시장을 불완전하게 정의하거나 기회를 인식하여 포착하지 않았기 때문에 발생할 수 있다. 기회는 현실적인데 아직까지 시장에 해결책이 제시되어 있지 않다면 매우 좋은 여건이다. 새로운 역량이나 기술, 충분히 이용하지 않거나 제공되지 않은 자원은 잠재고객을 위한 새로운 가치를 창출할 수 있는 좋은 조건이다.

그러나 아무리 좋은 아이디어라도 사회문화적으로 수용하기 어렵고 법적 규제가 있다면 초기에 탈락시키는 것이 바람직하다.

2) 숨겨진 고객욕구 확인

욕구는 고객의 행동을 유발시키는 동기의 직접적인 원인이 된다. 경쟁자와 차별하기 위해서는 소비자의 숨겨진 욕구를 발견하는 것이다. 미충족된 시장욕구, 제공되지 않은 상품이나 서비스, 정의하지 않은 기술, 발명이나 제품 아이디어 등은 모두 시장기회가 된다. 고객욕구의 확인 과정은 표적시장의 고객에 대한 정보를 정확하게 수집 · 분석하여 고객의 미충족욕구, 숨겨진 욕구, 과소제공이나 미제공욕구와 불만족한 욕구 등을 확인하여 시장기회를 찾는 과정이다. 숨겨진 욕구의 탐구는 혁신적이고, 비약적인 제품을 창출할 수 있는 기회이다. 회사가 숨겨진 욕구를 처리한다면 고객욕구의 충족과 차별화의 경쟁력을 갖기 때문에 소비자의 욕구를 끊임없이 처리 · 개발하고 해결책을 창출해야 한다. 만일 이를 처리하지 않는다면 고객의 소리를 무시하는 결과가 된다. 다음과 같은 질문에서 해답을 찾는다.

- 숨겨진 욕구는 무엇인가?
- 제공되지 않은 욕구는 무엇인가?
- 고객이 원하는 것은 무엇인가?
- 불만족은 무엇인가?
- 불완전한 만족은 무엇인가?
- 고객은 과연 구매할 것인가?

3) 문제확인

근원적인 고객문제를 해결하기 위해서는 징후(symptom)가 아니라 원인(cause)을 다루어야 한다. 징후는 나타난 현상이지만 원인은 문제이다. 예를 들면, 열병으로 아스피린을 복용한다면 원인이 아니라 징후를 처리하는 것이다. 이것은 임시적 안도를 경험할 수 있으나, 원인이 해결되지 않은 채로 남아있기 때문에 열병은 다시 되돌아올 것이다. 이와 같이 제품판매와 관련된 문제도 마찬가지이다. 예를 들면, 제품의 판매가 저조할 때 제품력이나 포지션을 개선하기보다 판매촉진에 집중하는 경우 일시적인 매출증가를 가져올 수 있으나 그 효과는 단기에 그칠 수 있다.

사업기회는 문제를 해결하기 위하여 체계적으로 시작해야 한다. 적합한 제품 아이디어를 얻는 것은 제품개발 초기단계에 제품판매의 불확실성을 감소하기 위해 매우 중요하다. 고객욕구의 확인과 기술적 기반으로 이루어지는 새로운 해결책은 고객의 새로운 사용계획을 유발하고, 표적집단을 개발하는 것이다. 따라서 기회확인은 시장에 있는 공백을 찾는 것이다. 그러나 시장에 있는 공백(gap)은 고객의 욕구가 있는 시장이지만, 소매상이나 제조업자에게 이익이 되는 충분히 큰 시장을 의미하지는 않는다. 따라서 고객의 욕구가 있고, 충분히 규모 있는 시장의 공백이어야 매력적이다.

INSIGHT 소비자의 취향에 맞추지 못한 신제품

기업에서 야심차게 내놓은 신제품들이 소비자들로부터 외면을 받는 경우가 있다. 신제품들이 사랑을 받지 못한 이유는 무엇일까? 소비자의 취향을 무시했기 때문이다.

펩시콜라는 1992년 투명한 콜라를 선보였다. 카페인과 색소가 없는 건강함을 내세웠지만, 콜라의 원래 이미지에 익숙한 소비자들은 사이다와 비슷한 콜라를 받아들이지 않았다. 신라면 블랙 농심은 사골국물 등 고급 식재료를 이용해 스테디셀러 신라면의 프리미엄 라인을 선보였지만, 비싼 가격과 인스턴트 식품의 한계를 극복하지 못해 예상만큼의 성과를 얻지 못하였다. 스프레이 형태의 치약은 치약 성분 중 계면활성제가 피부와 위에 장애를 가져오고, 요거트 샴푸는 소비자들의 취향을 맞추지 못해 세상에 나왔다 사려졌다.
출처: 한국경제 TV 2016.02.25

2. 창조적 모방

혁신은 기업이 새로운 제품을 개발하여 시장에서 경쟁우위를 달성하기 위한 중요한 전략이다. 조직은 경쟁회사가 자사의 제품을 모방하기 어려운 독특한 역량을 개발한다. 회사의 독특한 역량은 제품의 진기성을 창안할 수 있는 방법이나 능력이다. 그러나 기업들은 경쟁회사의 새롭고 독특한 제품기능을 자주 모방한다. 모방은 경쟁제품이나 기존 제품과 유사한 형태, 속성, 기능이나 이름을 본떠서 만드는 제품전략이다. 실제로 모방은 혁신보다 더 많을 뿐만 아니라 사업 성장과 이익을 추구하는 보편적인 방법이다. 모방전략은 회사가 경쟁제품을 모방하는 데 집중하고, 이것은 현재 기업들에게 대안적이고 일반적인 전략이다.

1) 모방의 방식

모방(imitation)은 시장진입 및 경쟁우위 개발을 위한 제품전략이다. 모방은 산업계에서 과소평가되고 있지만 많은 제품들이 사실은 모방 제품이다. 예를 들면, 코카콜라는 RC 콜라(Royal Crown Cola)를 모방하여 다이어트 콜라 제품을 복제했다. 개발자인 약사 클라우드(Claud Hatcher)는 약국에서 RC 콜라를 개발하였다. 이처럼 회사의 모방제품이 원래 혁신자의 제품을 능가하는 유명한 사례가 많다. 벤치마킹, 차별화, 핵심역량이나 고유 자원은 모두 모방을 방지, 구현 또는 활용하는 능력과 관련이 있다. 기업은 경쟁자들을 추격하기 위해 경쟁자의 성공전략을 모방한다. 모방이라고 해서 반드시 경쟁제품을 100% 모방하는 완전한 모방만을 의미하는 것은 아니다. 즉, 일부만을 모방하는 불완전한 모방이 있다. 기업은 성공적인 혁신의 예를 찾아내어 그 일부를 모방하고 원제품을 약간 수정할 수 있다. 모방자들은 매우 성공적으로 원제품을 극복하거나 원제품보다 품질이 떨어져 실패할 수도 있다. 이러한 모방의 방식은 복제 모방, 주변 모방, 점진적 모방과 창조적 모방이 있다.

그림 5-16 모방의 방식

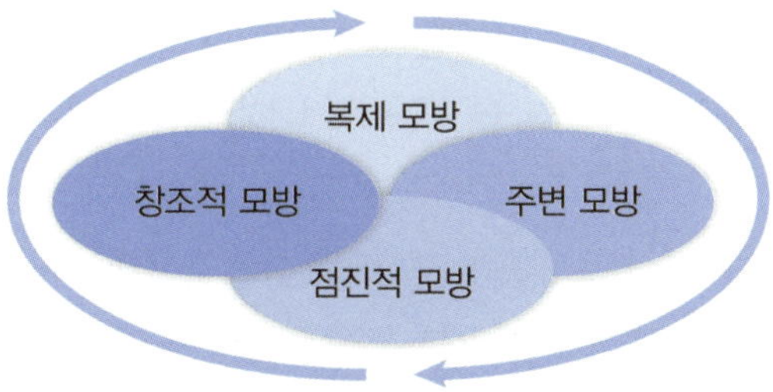

- **복제 모방**: 원제품을 합법적으로 복제하여 모방자의 브랜드 이름으로 판매된다. 이 전략을 통해 기업은 제한된 비용으로 신속하게 시장에 진입할 수 있다. 품질이 원래 제품보다 높거나 가격이 훨씬 낮기 때문에 소비자들에게 인기가 있다.
- **주변 모방**: 주변 요소를 수정하거나 다른 디자인을 개발하고, 제품을 재구성하거나, 새로운 대체 재료를 사용하거나, 다른 제조 프로세스를 사용하여 혁신을 모방할 수 있다.
- **점진적 모방**: 이것은 기술 도약이다. 이 경우 모방자는 상당한 기술개발로 시장에 진입하여 선도적 혁신자를 추월한다.
- **창조적 모방**: 기존 기업의 개선된 제안을 도입하거나 경쟁업체가 개발한 제품을 기반으로 제품에 새로운 기능을 수정하거나 추가한다. 선도자 제품의 혁신적인 복제이다.

복제 모방은 시장 선도자들의 제품을 직접 복제한 것이므로 시장 선도자의 제품과 유사한 신제품을 출시한다. 이것은 주요 경쟁제품과 품질수준이 거의 동일하지만 훨씬 낮은 가격에 판매한다. 복제 모방과 달리 창조적 모방은 기존제품을 모방하되 다르게, 새롭게, 독특하게, 유용하게 모방하는 것이다. 결과적으로 창조적 모방은 경쟁제품에 새로운 기능을 추가하거나 변경하기 때문에 이 전략을 사용하는 기업은 프리미엄 가격을 부과할 수 있고 모방제품이나 기존제품보다 더 선호된다. 따라서 복제 모방은 창조적 모방보다 단기적으로 더 높은 시장점유율을 달성할 수 있다. 추가 특징이 있는 창조적 모방 제품은 대부분의 고객들이 제품을 채택하기 전에 시장 반응을 기다리기 때문에 고객의 제품 채택을 지연시킬 수 있다. 따라서 창조적 모방은 단기적으로 시장점유율이 낮을 수 있다.

2) 모방의 유형

모방의 원칙은 제품 및 프로세스의 성능을 지속적으로 개선하는 것이다. 모방자는 이전에 복제된 제품으로 시장에 진입할 수 있는 개척자뿐만 아니라 후기 진입자 사이에서 찾을 수 있다. 모방은 경쟁 프로세스의 필수적인 부분이지만 모방의 영향이 과소평가되고 있다. 그러나 제품을 직접 창조하여 비용이 많이 드는 제품개발 못지않게 모방은 사업 성장전략의 하나이다. 독특한 혁신은 가장 높은 수준의 창의성과 실험을 포함한다. 특히, 복제라는 사실을 숨기려는 의도가 있는 경우는 위조품이며 이것은 법적으로 불법이다. 모방제품의 유형으로는 착상의 정도에 따라 위조품, 모조품, 디자인 복제품 및 창조적 개작이 있다.

- **위조품**: 원래 제품과 동일한 브랜드 이름 또는 상표를 사용하는 불법 복제품이다. 즉, 정당한 권리 없이 타인의 상표를 불법으로 부착하거나 타인의 제품을 모방한 제품이다. 이것은 불법으로 기업은 위조품을 생산하거나 판매해서는 안 된다.
- **모조품**: 경쟁제품에 대한 특허권, 실용신안권, 디자인권이나 저작권과 같은 법적 보호의 부재 또는 특허 기간의 만료로 인해 법적 제한 없이 개발하여 자체 브랜드 이름이 포함된 원본 제품의 합법적 모조품이다.
- **디자인 복제품**: 자체 브랜드 이름이 있고 고유한 사양을 보유한 경쟁제품의 디자인이나 스타일의 복제품이다. 독특하고 혁신적인 기술을 갖고 있다.
- **창조적 개작**: 경쟁제품을 창의적으로 개선하는 것이다. 기존 아이디어를 새로운 제품에 적용하는 것은 물론 경쟁제품에서 영감을 얻은 진정으로 혁신적인 제품이다. IBM이 개인용 컴퓨터 시장에 진출하여 원래의 혁신을 성공적으로 개선하였으나 모방자인 Apple은 IBM을 능가하는 새로운 기술을 개발하였다.

그림 5-17 모방의 유형

3) 모방의 방법

신생기업과 기존기업 모두 성장속도를 가속화하기 위해 획기적인 신제품과 서비스를 찾기 위해 노력하면서 혁신의 주제가 기업의 관심 주제가 되었다. 그러나 성공적인 사업의 대부분은 1,093개의 특허를 낸 Thomas Edison과 같은 천재에 의해 시작된 것이 아니다. 예를 들면, Google의 현재 검색엔진은 최초의 검색엔진과는 거리가 멀었고, 또한 Facebook은 최초의 소셜 네트워킹 사이트가 아니었다. 구글과 페이스북은 오히려 후발자였다. 선도자 우위는 시장에서 가장 먼저 또는 특정 전략을 가장 먼저 사용하는 기업의 혜택 또는 위치이다. 즉, 신제품이나 새로운 서비스를 가지고 시장에 처음 진입하는 기업이 얻는 혜택이다. 후발자 우위는 시장에 늦게 진입한 기업이 선도자가 개척한 시장에 추격자로 뛰어들어 적은 위험으로 얻는 혜택 또는 선도자와 혁신자를 따르는 위치이다.

후발자와 시장 도전자는 종종 다른 기업의 기술발전을 모방하거나 새로운 시장이 나올 때까지 기다리면서 위험을 줄인다. 즉, 구글과 페이스북은 개선된 기술과 비즈니스 모델로 시장에 뛰어 들기 전에 선도자들이 시장을 이미 구축한 기업의 예이다. 새로운 아이디어를 창안하는 것도 중요하지만 선도자를 따르는 것도 중요하다. 선도자의 경험을 보고 듣고 배우면 선도자들의 값 비싼 실수를 피할 수 있다. 아직 확신할 수 없다면 업계 선도자나 사상가를 모방하는 것이다. 모방이 사업전략으로서 발명보다 더 나은 이유가 있다. 성공적인 모방이 되기 위한 방법으로는 지속적 시장조사, 벤치마킹, 제품개선과 자원절약 등이 있다.

그림 5-18 성공적 모방의 방법

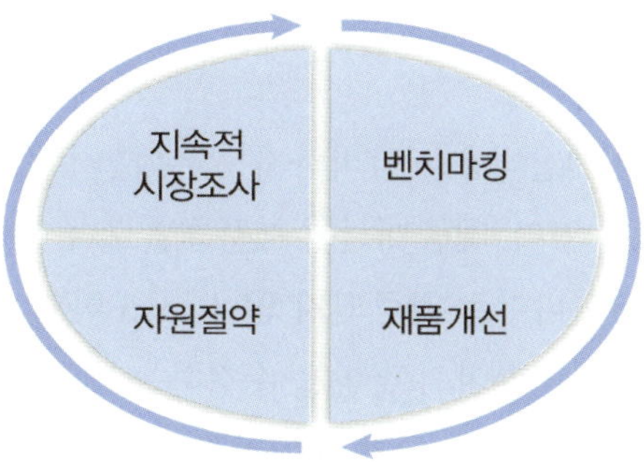

(1) 지속적 시장조사

시장과 고객의 욕구는 항상 변화하고 있다. 선도자가 강한 시장 지위를 갖고 있다면, 그들은 시장에 매우 능숙하지만 조직이 비대하여 변화하는 환경에 빠르게 대응하지 않을 수 있다. 소비자들은 제품이나 서비스를 잘 안다. 소비자들이 선도자 제품에서 무엇을 좋아하고 싫어하는지를 탐색한다. 소비자들이 선도자 제품을 왜, 어떻게 구매하는가? 소비자들이 만족하는 요소는 무엇이고 불만족하는 요소는 무엇인가? 후발자들이 시장의 변화에 민감하고 민첩하게 대응하려면 지속적인 시장조사가 필요하다. 또한 경쟁업체를 항상 관찰한다. 경쟁업체의 광고, 기사, 행사, 또는 인터뷰에 주의를 기울이는 것이 현명하다.

사람들은 새로운 것과 다른 것을 좋아하는 경향이 있다. 고객들은 기호가 동일하더라도 약간의 차이가 있는 것을 더 좋아한다. 사람들은 습관의 생물이기도 하지만 변화의 생물이기도 하다. 익숙한 것을 좋아하기도 하지만 낯선 것을 좋아하기도 한다. 동일한 스타일이나 기능의 제품을 매일 사용하는 것은 지겨울 수 있다. 시장조사를 통해 시장과 소비자의 욕구를 파악하는 것은 시장과 고객과의 거리를 좁히는 길이다. 그래서 새롭고, 다르고, 독특하고, 유익한 제품이 시장에서 승리할 수 있다.

(2) 벤치마킹

우수한 회사는 우수한 요인을 갖고 있고, 경쟁우위인 이러한 우수한 요인은 많은 시간, 노력과 자원이 투입된 결과이다. 후발자는 선도자에 비해 시장, 소비자와 경쟁에서 경험이 부족하다. 부족한 경험을 간접적으로 빠르게 배울 수 있는 방법이 바로 벤치마킹이다. 벤치마킹은 선도자의 우수한 사례를 연구하여 회사에 도입하는 것이다. 선도자의 학습곡선을 활용하고, 제품의 결함 요인과 장점 요인을 파악하면, 자원의 낭비를 줄일 수 있고 시장에서 실패를 예방할 수 있다. 성공한 기업을 분석하는 것은 회사가 현재 어디에 있고 또한 있어야 할 곳을 알게 해주는데 이것은 벤치마킹이다. 최초가 아닌 기업의 입장에서 벤치마킹은 다른 회사의 성공에 대한 통찰력을 배우지만 더 중요한 것은 실패를 줄이는 것이다.

(3) 제품개선

경쟁제품을 모방하여 초기 개발비용을 낭비하지 않는다면 회사의 자원을 최대한 활용하고 제품을 더 완벽하게 생산할 수 있다. 제품개선이 제품개발보다 더 쉽다. 선도자의 실수로부터 배운다. 혁신 또는 새로운 아이디어는 검증되지 않은, 시도하지 않은 기회를 발견하는 것이다. 그러나 모방은 초기 사업 아이디어의 결함을 수정하는 데 도움이 된다. 사례 연구는 제품의 주요 문제와 약점을 식별할 수 있다. 모방은 이러한 실수와 더 중요한 실수를 방지하는 데 도움이 된다.

개선은 기존제품 또는 서비스에 새로운 것을 제공한다. 혁신은 문제를 해결하는 것이다. 기존모델을 기반으로 사업을 수행할 때 소비자에게 무엇이 효과가 있는지, 무엇이 효과가 없는지를 파악하여 회사 역량을 고객의 욕구 충족에 집중할 수 있다. 비즈니스 모델을 새로 만드는 데 초점을 집중하기보다는 오히려 소비자에게 집중할 수 있다. 소비자들의 미충족욕구에 집중하고 이러한 욕구사항을 충족하는 혁신적인 제품 또는 서비스를 만들 수 있다.

(4) 자원절약

자원은 항상 무한하지가 않고 유한하다. 특히 후발자는 선도자에 비해 자금력이 열세이다. 선도자는 시장에 가장 먼저 제품을 출시하기 위해 후발자보다 먼저, 더 많은 제품개발 비용과 시장개척 비용을 투자한다. 제품개발과 시장개척 이외에도 제품을 고객들에게 알려야 한다. 제품정보와 가치제안을 고객에게 전달하는 것은 비용의 문제가 된다. 제품을 알리려면 소비자들을 교육해야 하므로 비용이 많이 든다. 새로운 제품이나 서비스에 대해 소비자들을 교육하는 데는 많은 노력, 시간과 자금이 필요하다. 후발자들은 선도자들이 소비자들에게 제품을 홍보하여 이미 형성된 시장에 개선된 제품으로 더 적은 비용으로 진입할 수 있다. 결국 회사는 적은 비용으로 큰 효과를 기대할 수 있다.

4) 모방의 기법

고객들은 새롭고 다른 것을 추구하는 경향이 있어 여행을 하거나 낯선 경험을 한다. 이것은 제품에서도 마찬가지이다. 모방이 혁신보다 낫다(Imitation is better than innovation). 모방하되 더 좋게 모방하라(Imitate, but better). 더 좋은 모방은 혁신보다 더 낫다. 그러나 혁신보다 모방이 우수하려면 경쟁제품을 모방하되 경쟁제품보다 다르고, 새롭고, 독특하고, 유익하게 모방해야 한다. 결국 모방도 창의적 과정이며 시장에서 성공하려면 모방제품은 경쟁제품과 다른 차별성이 있어야 한다. 이러한 모방의 특징을 구현하는 데는 창의적 사고와 발상의 전환이 필요하다. 우수한 모방이 되어 경쟁제품을 이기려면 탁월한 모방의 방법이 요구된다. 우수한 제품이 되기 위한 모방의 방법은 동종 모방, 이종 모방과 융합 모방이 있다.

(1) 동종 모방

동종 모방은 가장 일반적인 제품의 모방이다. 경쟁제품과 동일한 기능이나 성능으로 특정한 기능을 차별화하거나 디자인을 다르게 할 수 있으나 대부분은 동일한 욕구와 기능을 갖고 동일한 시장을 경쟁하는 세분시장을 표적화하기 때문에 경쟁이 가장 치열할 수 있다. 그러나

그림 5-19 모방의 방법

일부 속성을 다르게 하여 품질, 기능과 가격의 차별화 정책을 목표로 제품을 개발할 수 있다. 모방하되 다르게 모방하는 방법을 찾을 수 있다.

기존제품의 특정한 기능이나 성분을 제거하면 어떨까? 특정한 속성만 추출하면 어떨까? 분리하거나 변화를 주면 어떨까? 무게, 길이, 면적, 속도, 방향, 힘, 모양, 강도, 온도, 운동성 등에 변화를 주면 어떨까? 계속적인 진동 대신에 간헐적인 진동은 어떨까? 폐식용유를 비누로 만들어 사용하면 어떨까? 이러한 의문을 해결하면 창의적인 제품이 될 수 있다.

(2) 이종 모방

이종 모방은 서로 다른 제품범주에서 아이디어를 얻어 제품개발에 활용하는 것이다. 아이디어는 서로 다른 관련성이 없는 경우에 독특하고 시장 확장성이 높을 수 있다. 이종 모방은 동종 모방보다 더 많은 유추나 상상력이 필요하다. 이종 모방은 제품 간에 서로 관련이 없거나 관련이 있는 제품일 수 있으나 비관련성일 경우 확장성이 더 클 수 있다. 다른 용도 사용은 관련성이 있는 유사한 용도이거나 다른 용도일 수 있다. 다른 종류에서 특정한 기능이나 속성을 모방하여 제품개발에 적용한다면 획기적인 새로운 용도나 고객을 찾을 수 있고 실제로 제품개발이 성공하는 경우가 많다.

다른 제품의 속성이나 기능을 추출해서 제품개발에 활용할 수 없을까? 게임기를 교육, 운전, 훈련, 오락용이나 건강관리용으로 활용할 수 없을까? 조작 시뮬레이터를 중장비 훈련용으로 사용할 수 없을까? 안내 로봇을 전투 로봇으로 할 수 없을까? 또는 안내 로봇을 자동차 운전 로봇으로 할 수 없을까? 비행기의 엔진을 자동차에 활용할 수 없을까? 화재경보기의 센서 기능을 노인 헬스케어에 활용할 수 없을까? 음파 탐지기를 석유 탐사기에 활용할 수 없을까? 치료약품을 성형미용에 활용할 수 없을까? 마그네트론을 통해 음식물을 데울 수 없을까? 주파수를 사용하여 사람의 질병을 치료하면 어떨까? 개 짓는 소리를 가정 보안용에 사용하면? 이러한 의문은 이종 모방을 가능하게 한다. 이종 모방을 통해 기업은 서로 다른 용도의 제품을 모방하여 기존에 사용하지 않았던 새로운 용도를 개발할 수 있다. 적은 수준의 이종 모방은 다른 용도로 전용할 수 있는 제품을 개발하는 것이다.

(3) 융합 모방

융합 모방은 제품범주 욕구가 동일하거나 다른 제품의 기능이나 속성을 추출하여 결합함으로써 전혀 다른 제품범주 욕구를 창출할 수 있다. 융합 모방은 철의 합금이나 이종 간 교배와 같이 다원주의 사고방식으로 우수한 잡종을 생산하는 것이다. 이것은 서로 다른 두 종류를 결합함으로써 결합 성분이 전혀 다를 수 있다. 결합 속성이 전혀 다른 속성을 생산하면 획기적인 속성이 될 수 있다. 일원론적 사고는 세계를 단일의 시스템으로 보는 사고방식이지만 다원론적 사고는 세계를 여러 개로 나누어 복합시스템으로 보는 것이다. 그렇게 하면 결합된 시스템은 서로 다른 요소로 결합되는 것이다.

서로 다른 요소를 결합하면 새로운 창조물이 나타날 수 있을까? 휴대폰에 광학기술인 렌즈를 부착하면 어떨까? 의자와 안마기를 결합하면 어떨까? 쟁기와 자동차를 결합하면 어떨까? 열원과 초음파를 결합하여 초음파 건조기를 만들면? 세라믹 타일에 일회용 시트를 붙이면? 유압이나 공압을 결합한 드릴은? 레이저를 결합한 톱? 공기부양선? 이러한 다원적 사고를 활용하면 제품개발에 유용한 아이디어를 찾을 수 있다. 이러한 모방을 통해 기업은 기존제품과 전혀 다르고, 더 독특하고, 더 유용한 신제품을 개발할 수 있다. 융합 모방에 의한 신제품은 고객의 욕구를 창조할 수 있고, 시장을 선도할 수 있고, 이러한 경우 제품범주를 창조할 수 있다.

3. 아이디어의 창출

아이디어 창출은 시장기회와 고객의 잠재욕구에서 찾아낸 정보와 자신의 영감을 회사의 사명과 목적에 적합한 아이디어로 변환하는 것이다. 경영자, R&D 직원, 마케팅 직원들은 내부원천이나 외부원천으로부터 영감을 찾음으로써 활발하게 새로운 아이디어를 탐색한다. 시장기회와 고객욕구 확인을 통해서 문제에 대한 해결책이 바로 아이디어가 된다. 이러한 아이디어는 확산적 사고를 통해서 많은 아이디어를 생산하고, 수렴적 사고를 통해 최적의 아이디어를 선별한다. 창조적 사고기법은 확산적 사고와 수렴적 사고를 모두 포함한다.

집단이나 개인에게 적당한 방법을 통하여 아이디어를 생성한다. 문제중심 질문은 아이디어 창출을 위한 좋은 출발이다. 내 · 외부 원천으로부터 수집한 정보를 아이디어로 변환하려면 이를 자극하는 요인을 활용하는 것이 효과적이다. 기회와 고객욕구의 탐색을 통해 문제점을 해결하기 위한 자극 요인은 차원 수, 수량, 순서, 시간, 원인결과, 특성, 형태, 상태나 신시장 적용 등에 관한 요소들이 있다.

표 5-10 아이디어의 자극 요인

구 분	요 소
차원 수	큰, 작은, 긴, 짧은, 두꺼운, 얇은, 깊은, 얕은, 수평 위치, 수직 위치, 십자형,
	경사, 병렬, 계층화, 반전, 역으로
수량	더 많은, 더 적은, 비율 변경, 세분, 결합, 추가, 완성
순서	배열, 우선순위, 시작, 조립, 분해, 집중
시간	빠르게, 느리게, 더 짧은, 연대기, 영속적, 동시, 기대, 갱신, 반복, 교대
원인결과	자극, 격려, 강화, 더 크게, 부드러운, 변경, 파괴, 영향상쇄
특성	강한, 약한, 변경, 변환, 대체, 교환, 안정화, 반전, 탄력, 균일, 저렴한, 비싼,
	색상 추가, 색상 변경
형태	동적, 고요, 가속, 감속, 방향, 이탈, 매력, 격퇴, 인정, 금지, 해제, 감소, 회전,
	정지, 동요, 진동, 주기, 간헐
상태	더운, 추운, 경화, 연화, 성형, 개폐, 부드럽게, 일회용, 통합, 부분, 전체, 액화
	기화, 분쇄, 마모, 윤활, 대소, 건조, 절연, 거품, 응고, 신축성
시장 적용	기존 시장, 신시장, 국내시장, 해외시장
	남성, 여성, 아동, 직장인, 장년, 노년, 신혼, 독신

4. 아이디어의 평가

창출된 아이디어가 많을수록 좋은 아이디어를 많이 생산할 수 있지만, 아이디어가 양적으로 많다고 해서 모두 다 좋은 아이디어라 할 수 없다. 그렇기 때문에 아이디어를 선별할 필요가 있다. 일차선별의 목적은 초기에 열등한 아이디어를 제거하는 것이다. 선별할 때 중요한 점은 오류가 발생하지 않도록 하는 것이다. 즉, 좋은 아이디어를 제거하는 탈락오류와 불충분한 아이디어를 제품개발과 상업화로 진행하는 진행오류이다.

1) 아이디어의 일차평가

아이디어의 평가 방법은 현재 경쟁자 제품이나 자사제품을 기준으로 하여 기준안을 만들고, 기준안보다 우수하면 +1점을, 동일하면 0점을, 열등하면 -1점을 주어, 총합하여 순위를 정한다. 전체 안에 대한 개략적인 평가에 지나지 않기 때문에 각 안별로 비교하여 비교적 우수한 안을 적정한 숫자만큼 선별한다. [표 5-11]의 아이디어 1차 평가표를 활용한다.

표 5-11 아이디어 1차 평가표

평가질문	기준안	1안	2안	3안
기회가 현실적이다.	0			
시장에 있는 공백이다	0			
숨겨진 욕구이다	0			
제공되지 않은 욕구이다.	0			
고객을 위한 문제해결이다.	0			
아직까지 해결책이 제시되지 않았다.	0			
불만족을 해결한 것이다.	0			
제공할 만한 가치가 있다.	0			
소비자가 구입할 것이다.	0			
충분한 잠재적 수익을 제공한다.	0			
완전히 새로운 아이디어이다.	0			
새로운 방법으로 결합한 아이디어이다.	0			
모방한 아이디어이다.	0			
제품, 서비스나 공정을 개선한 것이다.	0			
합 계				
순 위				

2) 아이디어의 최종평가

참으로 좋은 아이디어인가? 많은 아이디어 중에서 필요한 것과 불필요한 것을 선별하는 과정이 최종평가 과정이다. 이 단계에서 과제는 추가적인 탐색을 위한 적절한 아이디어를 확인하고 결정하는 것이다. 아이디어 선별목표는 성공할 가능성이 낮은 제품 아이디어를 제거하고, 최선의 아이디어를 선택하는 것이다. 아이디어의 분석과 평가는 단계가 많을수록 성공과 실패에 대한 확신성은 높아지나 상대적으로 비용과 시간이 많이 소요되는 상충관계이다. 따라서 최적해를 탈락하는 오류와 불량해를 선택하는 오류를 범하지 않기 위하여 평가기준을 사용하는 것이 효과적이다.

이 단계는 이전단계에서 얻은 새로운 정보에 근거하여 아이디어를 재평가하는 것이다. 진행결정은 아이디어를 사업분석으로 이동하는 것으로 시간과 돈에서 더 높은 투자를 필요로 한다. 여기서는 최종 평가를 위해 가중치를 둔 평가표를 사용할 수 있다. [표 5-12] 아이디어 최종 가중치 평가표를 활용하여 각각의 평가항목에 대해 10점 척도를 사용하는 것이 좋다.

1~2차에서 넘어온 각안을 평가하고 비교하여 득점이 많은 안을 선택할 수도 있고, 각각의 안에서 우수한 평가 요소를 결합할 수도 있다.

표 5-12 아이디어 최종 가중치 평가표

평가항목		가중치	점수	가중 평가치
전략	회사 전략과의 적합성			
	회사 이미지 일치성			
	법적 제약성			
	수익성			
기술	기술개발 능력			
	기술개발 기간			
	기술개발 비용			
마케팅	고객가치			
	고객편익			
	제품차별성			
	경쟁상황			
	시장규모			
	타제품과 잠식 여부			
	매출기여도			
생산	생산원가			
	생산인력			
	생산능력			
	원자재 조달능력			
OO안	합 계	100		
	순 위			

06

제품개발

FOCUS

손자병법에 경영철학을 접목한 이승법칙 손정의

◆ 도전할 산을 정하면 고민하지 말고 앞으로 나아가라

손정의(孫正義)는 SOFTBANK 그룹의 최고경영자이다. 일본 최대 소프트웨어 유통회사이자 IT투자기업인 소프트뱅크사를 설립한 이후 세계적인 인터넷 재벌로 떠오른 재일교포 3세이며, 재산이 132억 달러로 세계 부호 17위이다. 손정의 회장은 가난한 재일교포로 태어나 통신회사인 소프트뱅크를 설립하여 야후 재팬을 기반으로 120여 개 회사를 인수하고, 중국의 알리바바에 투자하였고, 한국 등 세계적으로 유망한 기업에 과감한 투자를 하고 있다. 투자 기업들이 주식공개를 하자 희대의 연금술사로 불린다.

◆ 손정의의 성장배경과 이승법칙

어린 시절 '조센진'이라며 차별과 멸시를 많이 받은 손정의는 후쿠오카 지역 명문고에 들어갔으나, 고교 1학년 때 미국 캘리포니아 주립대학 버클리 캠퍼스 영어 연수를 다녀온 후 자퇴하였다. 그런 후 1974년 미국으로 유학을 떠났다. 검정고시로 고교 과정을 마치고 1975년 홀리네임즈대학교에 입학하였다. 이때부터 한국인이라는 차별로 사용하던 야스모토 마스요시 성을 버리고 자신의 성인 손 씨를 썼다. 홀리네임즈대학교 재학 중 1977년 버클리대 경제학부로 편입하였다. 대학 시절 1년에 250여 건의 발명을 해내고, 일본어를 입력하면 영어로 번역해 주는 번역 장치를 개발해 1백만 달러에 판매하였다. 일본 소프트뱅크를 설립하고 어느 정도 사업이 궤도에 올라갔을 때 손정의는 만성 간염에 걸려 입원과 퇴원을 반복하게 되었다. 병원에서는 비즈니스 서적, 역사서, 카네기나 록펠러, 마쓰시다 고노스케, 혼다 소이찌로 등의 성공 스토리 등 수많은 책을 옆에 쌓아두고 독서하게 된다. 그 중에서 무엇보다도 강한 영향을 받은 것이 바로 손자병법과 란체스터의 법칙이었다. 손자(孫子)는 중국 춘추시대에 오왕(吳王) 합려에게 등용되어 활동한 사상가이다. 입원도 좋은 시련이라고 생각하고 손자를 공부해 얻은 한 가지 결론은 손자의 손과 손정의의 손을 곱해서 손의 이승법칙(孫의 二乘法則)이라고 이름 붙인 비즈니스 법칙을 만들게 되었다. 이 법칙은 一流攻守群 道天地將法 智信仁勇嚴 頂情略七鬪 風林火山海이다. 손정의는 신규 사업에 도전할 때, 사업이 새로운 국면이나 분기점을 맞을 때 이 스물다섯 자를 머릿속으로 떠올려 몇 번이고 자문자답을 반복하며 나아갈 길과 비즈니스 방향을 결정해 왔다.

- 일류공수군(一流攻守群): 일인자가 되려는 사람은 시대의 흐름에 미혹되지 않고, 흘러가지 않고, 공격과 수비에 균형을 이루어 무리로써 싸운다.
- 도천지장법(道天地將法): 싸움을 이기는 데는 5가지를 갖춰야 한다. 도는 방침, 천은 시기, 지는 상황, 장은 리더, 법은 조직 형태이다.
- 지신인용엄(智信仁勇嚴): 리더에게 요구되는 조건은 5가지이다. 지혜, 신뢰, 배려, 용기와 위엄이다. 최고경영

자는 이러한 자질을 갖추어야 한다.

- 정정략칠투(頂情略七鬪): 정상에 오르려면 현실에 근거하여 목표와 전략을 수립하고 70%의 승률이 있다고 생각하면 일을 도모해야 한다.
- 풍림화산해(風林火山海): 빠르기가 바람과 같고, 조용함이 숲과 같고, 공격은 불과 같고, 움직임이 산과 같고, 삼키는 것은 바다 같이 한다.

◆ 소프트뱅크 설립과 지속적인 발전

미국에서 대학을 졸업하고 일본으로 귀국하여 1981년 자본금 1억 엔과 직원 2명으로 소프트뱅크를 설립하였다. 회사를 설립한 후 파산위기를 겪기도 하였다. 위기를 극복하기 위해 전자전시회에 참여했고, 1년 뒤 매출 35억 엔의 중견기업으로 성장하였다. 그 후 미국의 첨단업체인 야후, 킹스턴테크놀로지, 지프 데이비스 등에 속속 투자하면서 세계적인 인터넷 재벌로 부상되었다. 일본에서 하위 이동통신사인 보다폰 일본법인을 인수하여 소프트뱅크 모바일로 상호변경하였다. 2010년 소프트뱅크는 창립 30주년을 기념하며 2040년까지 소프트뱅크를 계열사 5,000개, 시가총액 200조 엔의 세계 톱10 기업으로 만들겠다는 비전을 제시하였다. 2013년 7월 일본 3위의 소프트뱅크는 미국 3위 이동통신사 스프린트 넥스텔 지분 78%를 216억 달러에 인수하였다.

2000년 15년 전 창업한지 2년밖에 안 된 알리바바그룹에 2천만 달러(220억 원)를 투자하여 지분의 34.4%를 보유하는 최대주주가 되었다. 현재 증시상장으로 알리바바의 총가치는 160조 원으로 투자 가치는 약 55조 원에 달해 무려 2,700배의 투자가치가 상승한 것이다. 또한 소프트뱅크는 2015년 6월 한국의 쿠팡에 10억 달러(한화 1조 1,000억 원)를 투자하였다. 소프트뱅크가 쿠팡에 투자를 결정한 배경으로는 전국 단위 물류센터 구축 및 배송 전담 직원 쿠팡맨을 통한 자체 배송시스템 완성, 판매부터 배송까지 직접 책임지는 새로운 다이렉트 커머스 모델 실현, 거래액 중 최대 81%, 평균 75%로 높은 모바일 거래 비중, 모바일 앱 다운로드 수가 2천 500만으로 전국민 2명 중 1명 꼴의 사용자 보유와 해외 R&D센터를 통한 글로벌 수준의 IT기술력 보유 등이다. 유례가 드문 대규모 투자로 쿠팡이 제 2의 아마존, 알리바바와 같은 글로벌 이커머스 업체로 성장이 가능할 것으로 전망된다.

◆ 현대경영은 속도경영과 최고의 전문가 네트워크

"유능한 경영인은 결정이 아무리 힘들더라도 결코 미루지 않는다. 실패한 결정 10개 중 8개는 판단을 잘못해서가 아니라 '제때' 결정을 못 내렸기 때문이다"라는 손정의 회장의 말이다. 현대 경영의 특징은 속도경영이다. 이를 실현하기 위해 10명 단위의 소규모 팀제를 편성하여, 팀의 일상적인 경영 활동은 팀장에게 권한을 부여하고, 사업팀장 이상에게는 급료와 상여 이외에 자사 주식을 부여하여 주인의식을 고취한다. 관리자와 경영진의 업무를 구분하여 경영진은 M&A, 제휴, 방향성 제시와 같은 의사결정, 과감한 결단과 추진에 집중한다. 따라서 사업에 도움이 되면 위험을 부담하더라도 과감하게 도전하는 결단력과 추진력이 가능하다. 기업가의 인맥관리도 매우 중요하다. 전 세계적인 전문가와 네트워크를 구축하여 최고의 정보를 수집하고 경영에 활용하는 전략이다. 영향력이 있는 최고 전문가인 컴퓨터 황제 빌게이츠, 미디어계의 루퍼트 머독, 넷스케이프의 짐 클라크 이들과의 개인적인 친분을 이용해 정보를 수집하는 전문가 중심의 인적 네트워크 구축이다. 최고경영인은 해당 분야의 전문가를 강조한다.

◆ 미래를 예견하는 통찰력

향후 10년 이내에 손 안의 PC 시대가 올 것을 예측하고 보다폰을 인수하고, 또 전자상거래의 활성화를 예측하고 알리바바를 인수하였다. 이러한 사업의 적중은 미래를 예견하는 통찰력이며 이는 최고의 전문가 네트워크에서 오는 정보력이다. 통찰력과 속도경영은 주력사업을 과감하게 전환할 수 있다. 무선과 컨텐츠 융합시대에 1등이 되기 위해서는 단 하루라도 빨리 이동통신사업에 진출해야 한다며 신규투자의 80%인 3,000억 엔을 보다폰 K.K의 정상화에 과감하게 투입하여 유선통신 기업이 불과 1년 만에 이동통신기업으로 변신하였다. 이러한 특유의 기업가정신이 현실에 안주하지 않는 공격적인 투자로 위기를 호기로 전환하여 이례 없는 성장을 지속하고 있다. 손정의 회장은 코로나19 감염 검사 회사를 설립하기도 했다.

손정의의 어록

- 자신의 그릇을 스스로 작게 만들지 마라.
- 도망갈 길을 끊고서라도 열정을 바칠 용기를 가져라.
- 상상할 수 있는 것은 반드시 실현할 수 있다.
- 머리가 터질 정도로 생각하라.
- 상대하기 까다로운 사람이 되어라.
- 자신감을 가져라. 그 첫걸음은 자기를 믿는 것으로부터 시작된다.
- 행운은 누구한테나 온다. 단, 그것을 정말로 살리는 것은 적다.
- 순풍은 자만심을 부르고, 역풍은 성장을 자극한다.
- 상식으로 생각해서 해결책이 나오지 않을 때는 절호의 찬스라고 생각하라.
  상식으로 가능한 범위라면 결국 그것은 평범한 것이다.
- 인생이라는 것은 최고로 훌륭한 것이다.
- 일분일초도 헛되이 하고 싶지 않다.
- 고난은 비약적 성장의 원천이다.
- 기술의 진화는 영원하다. 그것은 인간에게 꿈이나 원망이 있는 한 계속된다.
- 신념을 가진 사람의 미래에는 무한대의 가능성이 있다.
- 일을 완수하기 위해 오늘이 있다. 노력을 아껴서는 안 된다.
- 세상은 나쁜 한숨만으로는 아무것도 변하지 않는다.

1절 제품컨셉 창안

기업은 창조성과 혁신을 통해 고객들이 필요로 하는 제품성능과 편익을 제공해야 한다. 제품컨셉은 제품의 최고의 품질과 최대 성능을 보여주기 위해 제품의 편익을 이해하는 방법이다. 마케터는 고객에게 제품을 마케팅하기 전에 제품컨셉을 검토한다. 제품컨셉은 고객들이 품질, 성능 및 기능이 가장 뛰어난 제품을 선호한다는 생각에 기반을 두고 있지만 어떤 고객들은 더 간단하고 사용하기 쉬운 제품을 선호한다.

1. 제품컨셉

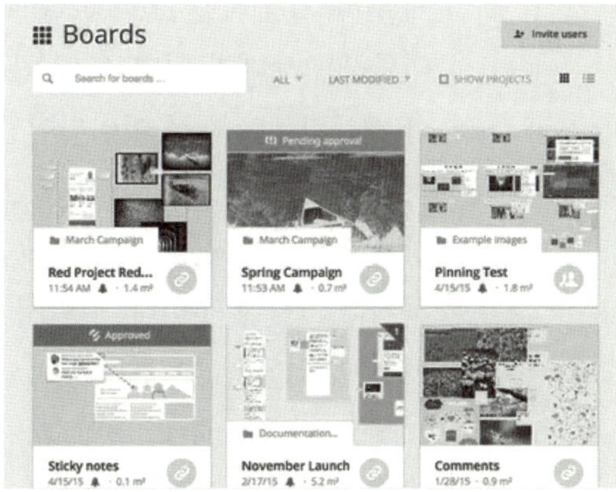

컨셉은 공통된 속성을 추출하여 종합한 보편적 관념이다. 제품컨셉(product concept)은 의미 있는 소비자 언어로 상세하게 표현한 신제품 아이디어이다. 즉, 제품컨셉은 제품 아이디어를 소비자들에게 제공할 제품편익으로 전환한 것이다. 제품컨셉은 소비자욕구를 추출하여 소비자들에게 제공할 수 있는 편익을 기술한 것이다. 제품 아이디어를 제품컨셉으로 전환하여, 가장 우수한 제품컨셉을 선정하고, 이를 토대로 제품사양을 결정하여 제품을 설계한다. 회사는 제품컨셉을 사용하여 제품에 정체성을 부여하고 가치와 유용성을 추가하여 표적고객들이 이러한 제품편익을 지각하고 시장에서 제품을 구매하도록 하는데 유용하다.

1) 컨셉의 개념

컨셉(concept)은 개념, 구상, 발상, 상품 · 판매의 기본적 테마 등을 의미한다. 어떤 대상의 특성을 마음속에서 결합함으로써 형성된 어떤 대상에 대한 생각이다. 이처럼 컨셉은 어떤 대상을 마음속에서 상상한 것이며, 사고나 판단의 결과로써 형성된 특정한 사물, 사건이나 상징적인 대상들의 공통된 속성을 추출하여 종합한 보편적 관념이다. 어떠한 사물이나 대상의 공통적인 요소를 추출하여 인간의 감각적 경험으로 표현할 때 인식은 매우 효과적이다. 왜냐하면 어떤 대상의 보편성을 뽑아 전달할 때 인식의 공감이 이루어지기 때문이다. 인식을 높이기 위한 컨셉의 구성 요소가 있다. 바로 컨셉은 전달하는 내용을 듣는 대상인 청자(Who), 전달할 내용(What), 전달하는 방법(How)과 공감해야 할 이유(Why) 등으로 이들은 간결해야 한다. 즉, 컨셉은 표적대상, 전달내용, 전달방법과 공감이유의 함수이다.[1] 따라서 소비자들의 지각과 인식은 이러한 4가지 요소에 크게 영향을 받는다.

그림 6-1 컨셉의 함수

Concept	=	f(Who, What, How, Why)

2) 제품컨셉의 개념

한 제품의 언어는 그 제품의 세계이다. 시장기회를 탐색하여 제품 아이디어를 얻게 되면 제품개발을 하기 위해 제품컨셉을 창출하고, 여러 과정을 통하여 최적의 제품컨셉을 선정하게 된다. 제품컨셉(product concept)은 제품 아이디어를 구체화하기 위한 과정으로 제품을 형태화하는 토대가 되며, 의미 있는 소비자 언어로 상세하게 표현한 신제품 아이디어이다.[2] 또한 제품컨셉은 제품 아이디어를 소비자가 사용하는 언어로 전환시킨 것이며, 소비자의 미충족욕구(unmet needs)를 특정 상품이나 서비스가 해결해 줄 수 있다는 약속, 그 욕구를 제품이 만족시켜줄 수 있는 이유와 그 제품에 대한 소비자의 인식에 영향을 줄 수 있는 요소를 설명하거나 기술한 것이다. 따라서 제품컨셉은 소비자들이 제품사용으로부터 얻는 편익이나 가치를 의미한다.

제품의 기능, 속성, 편익, 가치, 존재 이유나 독특한 판매제안에 관한 명확한 기술인 제품컨셉은 간단하고 쉬운 일상용어로 표현해야 한다. 소비자가 알기 어려운 전문용어로 표현한다면 소비자는 그 제품의 기능, 속성이나 편익을 충분히 이해하지 못한다. 그러므로 제품컨셉은 간단하고, 쉽고, 분명하고, 사실적으로 구성한다. 제품컨셉의 용도는 신제품개발 목적에 따른 설계지침, 물리적 원리, 재료와 형태에 관한 추상적 구현이라 할 수 있다.

3) 제품컨셉의 구성 요소

제품컨셉은 실제 세계뿐만 아니라 인간의 마음속에 존재하거나 존재할 수 있는 제품의 기능, 속성, 편익이나 가치를 표현한 것으로 제품의 특징이 된다. 제품은 유형적 형태와 이미지의 관념을 포함하기 때문에 유형적이거나 무형적 요소가 포함된다. 제품컨셉은 제품 아이디

1)유순근(2016), 센스 마케팅, 무역경영사.
2) Kotler *et al.*(2014).

어를 구체적으로 언어로 표현한 것이다. 예를 들면, 기존의 마케팅 서적은 대부분 이론중심의 책이었다. 그래서 저자가 저술한 센스마케팅은 소비자의 욕구를 탐구하여 좋은 제품을 만들고(제품속성), 좋아 보이는 상품을 고객에게 전달하는 데 필요한 이론과 실무기법(제품속성)을 마케팅 담당자(표적고객)에게 제공한다. 또한 최신의 마케팅 이론과 실무기법은 창의적인 제품개발과 마케팅전략을 수립하는 데 도움이 된다(제품편익). 따라서 회사의 판매를 증가하고, 브랜드자산을 강화함에 따라 자신의 역량을 확대할 수 있다(구매이유).

이와 같이 제품 사용에서 얻을 수 있는 혜택을 표현하는 제품컨셉에는 표적고객(target)에게 전달하는 소비자의 문제를 해결할 수 있는 제품속성(attribute), 제품을 구매하거나 사용함으로써 얻는 제품편익(benefit)과 고객이 제품을 구매할 이유(rationale)가 포함된다. 따라서 제품컨셉은 고객에게 전달하는 속성, 제품편익과 고객이 구매할 이유 등으로 구성된다. 즉, 제품컨셉은 표적고객, 제품속성, 제품편익과 구매이유의 함수이다.[3] 그러므로 소비자들의 제품에 대한 지각과 인식은 이러한 4가지 요소에 주로 영향을 받는다.

그림 6-2 제품컨셉의 함수

Product Concept = *f* (Target, Attribute, Benefit, Rationale)

4) 서비스컨셉

서비스컨셉(service concept)은 조직이 고객, 종사자, 주주와 채권자들에 의해서 지각되는 서비스를 가지려는 방법이며, 서비스 패키지의 구성 요소나 고객편익 패키지이다. 즉, 서비스컨셉은 고객에게 제공하는 편익과 가치, 전달 방법과 구매이유의 기술이다. Johnston과 Clark의 연구에 따르면 서비스컨셉은 서비스 전달 방법인 서비스 운영, 고객의 서비스에 대한 직접적인 경험인 서비스 경험, 고객에게 제공된 서비스 결과와 고객이 서비스의 비용에 대하여 서비스에 내재한 것으로 지각하는 편익인 서비스의 가치이다. 따라서 서비스컨셉은 서비스를 제공받는 표적고객과 서비스 제공자(people), 서비스 운영(operation), 서비스 경험(experience), 서비스 결과(outcome)와 서비스 가치(value)의 함수이다.

그림 6-3 서비스컨셉의 함수

Service Concept = *f* (People, Operation, Experience, Outcome, Value)

---

3) 유순근(2020), 신제품개발론, 박영사.

2. 제품속성과 편익

제품컨셉의 속성과 편익은 고객들에게 핵심편익을 제공하는 데 매우 중요하다. 시장의 기회를 확인하고, 미충족욕구나 과소제공된 욕구를 발견하여 제품 아이디어를 창출하고, 목표로 하는 제품범주욕구를 찾는 데서부터 출발한다. 이를 토대로 목표고객을 선정하여 최적의 속성을 추출하는 과정으로 속성과 편익을 개발한다. 여기서 개발된 속성과 편익목록은 제품컨셉 개발의 투입 요소로 잠재고객의 미충족된 욕구, 과소제공이나 미제공된 욕구를 반영하여 선정된다. [그림 6-4]는 투입 요소를 사전에 검토하여 제품컨셉의 속성과 편익을 개발하는 일련의 과정을 단계별로 설명한다.

그림 6-4 제품속성과 편익 추출 과정

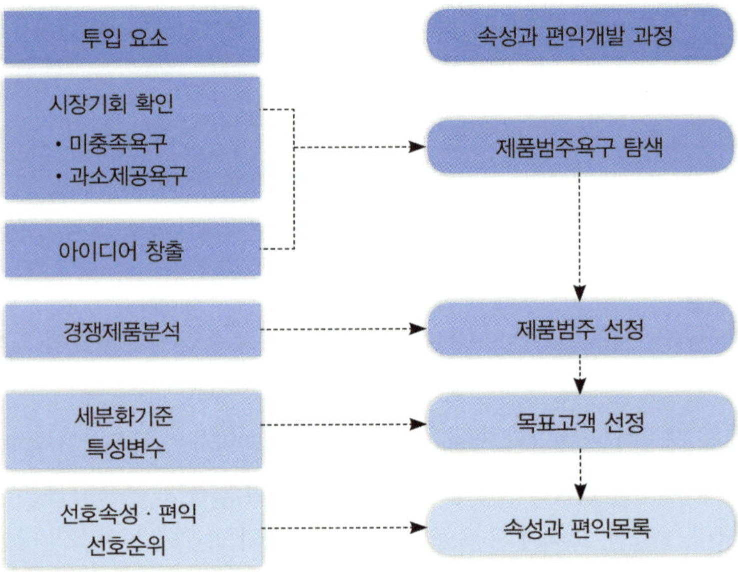

1) 제품범주욕구의 탐색

미충족욕구, 과소제공욕구나 기술의 공백 등으로부터 제품 아이디어를 창안하여 신제품을 개발하려면 먼저 어떤 용도에 사용하는 제품인지를 결정해야 한다. 이것이 바로 제품범주욕구의 탐색 과정이다. 제품범주는 소비자의 욕구와 사용용도가 동일한 제품의 집합이다. 제품이 무슨 용도인지를 고객들이 알도록 하고, 경쟁제품보다 더 우수하다는 것을 고객들에게 인식시키는 것이 필요하다. 따라서 표적고객의 제품범주욕구를 확인한다.

(1) 시장기회의 확인

시장기회를 확인하면 시장에서 경쟁자나 자사가 소비자들에게 제공하지 못한 속성이나 편익을 발견할 수 있다. 특히 소비자들이나 경쟁자들이 미처 알지 못하여 제공하지 않은 미충족 욕구나 과소제공된 속성은 제품 아이디어가 된다. 이러한 아이디어를 통해 문제를 확인하여 해결방안을 찾으면 바로 신제품이 될 수 있다. 예를 들면, 최근에 여름철에 인기가 있는 비말 차단 마스크가 있다. 비말 차단용 마스크는 숨쉬기 불편한 KF80 · KF94와 같은 보건용 마스크를 대신하기 위한 조치로, 일상생활에서 비말(침방울)을 통한 감염을 예방하기 위한 목적으로 사용하는 마스크이다. 숨겨진 욕구의 탐구는 혁신적이고, 비약적인 제품을 창출할 수 있는 기회이지만, 고객욕구는 날로 진화하고 있기 때문에 포착하기 쉽지 않다. 회사는 소비자의 욕구를 끊임없이 다루고, 새롭게 창출해야 하고, 만일 이를 처리하지 않는다면 고객의 소리를 무시하는 결과가 된다.

(2) 아이디어의 창출

시장기회와 고객욕구의 확인을 통해서 제공되지 않은 문제에 대한 해결책이 바로 아이디어가 된다. 이러한 아이디어는 확산적 사고를 통해서 많은 아이디어를 생산하고, 수렴적 사고를 통해 최적의 아이디어를 선별한다. 아이디어 창출에 활용되는 기법인 창조적 사고기법은 확산적 사고와 수렴적 사고를 모두 포함한다. 아이디어 창출은 시장기회와 고객의 숨겨진 욕구에서 찾아낸 정보와 자신의 영감을 회사의 사명과 목적에 적합하게 아이디어로 변환하는 것으로 시작한다. 아이디어 창출 과정에 경영진, 직원과 잠재고객뿐만 아니라 이해관계자집단을 포함하는 것이 바람직하다.

(3) 경쟁제품 분석

경쟁제품이 제공, 미제공이나 과소제공하는 제품특징과 편익을 탐색하고, 경쟁제품의 결함이나 고객의 불만사항을 파악하여 차별화된 제품을 설계하기 위해 경쟁제품을 분석하는 것이다. 따라서 자사의 제품범주를 정의하여, 경쟁환경과 경쟁제품을 분석하는 절차를 수립하는 것이 필요하다. 경쟁제품을 분석하기 전에 먼저 해야 할 사항은 주된 경쟁자의 설정과 경쟁자의 자원을 분석하고, 그런 다음 경쟁제품을 분석하는 것이 바람직하다. 회사가 경쟁하고자 하는 경쟁제품을 선정하고 나면 경쟁제품의 소비자 반응 상태를 탐색하는 정보를 수집한다. 그런 후 경쟁제품의 표적고객, 핵심편익, 제품차별화 속성이나 성능을 추출한다. 경쟁제품이 제품범주를 창출했는지 또는 분할했는지, 선도제품인지 또는 어느 위치에 포지션하였는지를 분석한다.

(4) 제품범주와 욕구

제품범주는 제품유형에 따라 제품을 조직화하는 방법이다. 제품범주(product category)는 소비자의 욕구와 사용목적이 동일한 제품의 집합이다. 제품유형은 제품범주 내에서 보다 구체적인 욕구를 만족시키는 여러 가지 제품형태를 의미한다. 제품범주욕구는 제품범주의 기능을 활용하여 문제나 결핍감을 해소하려는 욕구로 제품의 용도와 관련된 욕구이다. 이러한 욕구에는 기능적 욕구, 경험적 욕구와 상징적 욕구가 있다. 제품범주욕구에서는 특정한 브랜드를 고려하기보다는 대체로 특정한 문제를 해결하려는 욕구이다. 따라서 제품범주는 제품의 핵심적 욕구를 함축하고 있다. 이를테면, 자동차는 거리이동, 휴대폰은 통화, 장난감은 즐거움을 제공하는 데 이러한 제품범주의 핵심적인 욕구가 범주욕구이다.

표 6-1 범주욕구의 종류

범주욕구	구매동기	제품 예
기능적 욕구	문제해결(Problem Solution)	진통제: 심한 통증(제품범주욕구)
		진통제 복용: 통증해소(문제해결)
	문제예방(Problem Prevention)	문제발생 전 사전예방
		생리대, 섬유유연제, 컨디션, 예방주사
	접근-회피갈등(Conflict Resolution)	긍정적 편익은 접근, 부정적 편익은 회피
		다이어트식품
	불완전한 만족(Incomplete Satisfaction)	불만족하지만 구매를 방해할 정도는 아님
		닥터캡슐
경험적 욕구	감각적 즐거움(Sensory Pleasure)	소비자의 감각기관 자극
		술, 기호식품, 오락, 대중음악
	지적탐구(Exploratory Interest)	두뇌 활동 자극
		독서, 영화 ,바둑, 기념품 수집
상징적 욕구	자아표현(Self Expression) 사회적 인정(Social Recognition)	상징물로 자아표현과 자아이미지 형성
		열망집단 동일시, 화장품, 패션제품, 명품

2) 제품범주의 선정

시장환경과 경쟁상황을 분석한 다음 시장진입을 어떻게 할 것인가는 매우 중요하다. 왜냐하면 경쟁자와 관련하여 다각도로 검토하고, 자사의 제품에 적합한 제품범주를 설정하여, 제품컨셉을 창출하는 것은 향후 포지션을 설정하고, 시장에 출시하는 모든 과정에 영향을 미치기 때문이다. 이러한 제품범주의 선정전략에는 일반적으로 제품범주 창출, 제품범주 분할과 시장세분화전략으로 구분할 수 있다.

표 6-2 제품범주 진입전략

전 략	의 미
제품범주 창출전략	시장선도자가 제품범주를 창출하여 최초로 시장에 진입하는 전략
제품범주 분할전략	후발 참여자가 시장에 이미 형성된 제품범주를 분할하여 자사제품을 차별화된 하위범주에, 기존 경쟁제품은 진부한 하위범주에 연결하여 차별화를 시도하는 전략
시장세분화전략	이미 동일한 제품범주에 다수의 상표들이 진입하여 제품범주가 있는 시장에 신제품으로 진출하는 전략으로, 동일한 제품범주에서 동일한 표적고객이나 다른 표적고객을 대상으로 하는 전략

(1) 제품범주 창출전략

제품범주 창출전략은 시장선도자가 새로운 제품범주를 창출하여 처음으로 시장에 진입하는 전략이다. 제품범주가 형성되어 있지 않아 선발자로서 제품범주를 처음으로 창조하고, 편익을 유발하여야 한다. 제품범주를 규정하는 편익인 범주욕구를 자사의 제품과 연관하여 포지션하는 방법이다. 상표를 특정 제품범주욕구와 연관하여 포지션하는데 이를 1차 포지션이라고도 한다. 예를 들면, 숙취해소제의 컨디션, 즉석밥의 햇반, 섬유유연제의 피죤이나 섬유탈취제의 페브리지 등은 최초로 출시하여 시장을 개척하고 제품범주를 창출한 제품들이다. 이러한 제품범주 창출형 제품들은 시장을 선도하고, 해당 제품범주의 대표제품으로 인식되어 제품 성공력을 높여줄 수 있다.

(2) 제품범주 분할전략

제품범주 분할전략은 후발 진입자가 시장에 이미 형성된 제품범주를 분할하여 자사의 제품을 차별화된 우수한 하위범주와 관련시키고, 기존의 경쟁제품은 진부하고 열등한 하위범주와 관련시키는 전략이다. 예를 들면, 조미료 시장에서 과거에 미원에 비해 열세를 만회하지 못하던 CJ는 천연조미료라는 다시다를 출시하면서 자사제품은 천연조미료, 경쟁자 제품은 화학조미료로 포지션하는 전략을 사용하였다. 조미료라는 제품범주를 화학조미료와 천연조미료라는 제품범주의 분할을 통해 시장을 분화하고 창조한 것이다.

(3) 시장세분화전략

시장세분화전략은 이미 동일한 제품범주에 다수의 상표들이 진입하여 제품범주가 만들어져 있는 시장에 새로운 제품으로 진출하는 전략이다. 이것은 동일한 제품범주에서 동일한 표적고객이나 다른 표적고객을 대상으로 하는 전략이다. 이미 제품범주명이 있고, 경쟁상표들은 동일한 제품범주명에 의해 집단화한 상황에서 후발 진입자는 제품범주욕구를 충족하면서 선발진입 상표와 차별화를 시도하는 전략이다. 이때 중요한 점은 제품범주 내에서 경쟁상표와 차별화된 속성-편익과 관련하여 포지션하여 경쟁제품보다 탁월하다는 것을 소비자들이 인식할 수 있어야 한다. 예를 들면, 고농축 세탁세제를 출시할 때 원래의 제품범주욕구를 충족하면서 경쟁제품과 다른 탁월한 차별점인 고농축으로 적게 쓰는 세제를 부각한 경우이다.

3) 목표고객의 선정

제품시장과 서비스 시장을 세분하려면 중요한 소비자, 제품이나 상황 등 관련된 기준에 근거하여 세분시장을 확인하고 표적시장을 선정한다. 세분화기준은 대체로 인구통계변수, 심리변수와 행동변수가 있다. 인구통계변수는 인구, 연령, 소득, 사회계층과 지리 등이 있다. 심리변수는 라이프스타일, 개성, 지각, 태도와 추구편익 등이 있다. 행동변수는 구매, 거래, 소비, 사용, 매체사용, 기술사용, 충성도 등이다.

제품범주의 선정은 경쟁제품과 비교하여 구체적인 표적고객의 특성을 제품이 제공하는 욕구와 편익으로 연결하는 것이다. 구체적인 목표고객의 특성은 기존 사용자, 잠재적 사용자 등의 예상 사용량이나 사용빈도, 라이프스타일, 사회적 신분과 소득 등 변수를 고려한다. 이를 선호하는 표적고객을 "~를 위한 제품, ~가 선호하는 편익"처럼 암묵적으로 나타낸다. 예를 들면, 컨디션은 우루사를 경쟁제품으로 할 수 있다. 직장인들의 음주가 많았던 시절에 숙취해소제인 컨디션은 "직장인을 위한 숙취해소제"와 같이 표적고객을 직장인으로 선정하고, 제품편익을 나타내는 숙취해소제의 제품범주를 제시할 수 있다.

4) 속성과 편익목록 선정

시장에서 제공되지 않거나 과소제공되는 미해결된 제품범주욕구 중에서 잠재고객이 선호할 속성과 편익을 선정한다. 고객의 문제를 해결할 해결안에 따라서 잠재고객의 선호속성과 편익을 순위에 따라 목록을 작성할 수 있다. 이때 중요한 점은 추출한 속성과 편익이 자사의 자원으로 해결이 가능한지를 함께 검토하는 것이다. 또한 현재 개발되었거나 개발된 기술이 제품화할 수 있는지를 관련 부서와 협의하는 것이 바람직하다. 속성과 편익을 개발한 후에는 제품컨셉을 제작하는 과정으로 전환한다.

2절 제품컨셉의 개발

제품 아이디어에 대한 해결안을 근거로 제품개발을 위한 속성과 편익을 추출한다. 추출한 속성과 편익목록을 토대로 변환 과정을 통하여 제품컨셉으로 창출한다. 제품속성, 제품편익과 구매이유를 결합하여 제품컨셉을 창출하게 된다. 소비자는 여러 가지 속성의 덩어리를 구매하는 것이기 때문에 속성 덩어리를 구성하기 위한 언어적 구성이 바로 제품컨셉이다. 선정된 속성과 편익이 제품컨셉 창출의 투입 요소가 된다. 투입되는 속성과 편익에서 제품특징과 이를 구현할 적용기술, 핵심적이고 차별적이면서 고객이 감각적으로 자각할 수 있는 편익, 그리고 제품을 구매해야 할 이유를 드러낼 수 있는 제품컨셉을 개발하여야 한다.

그림 6-5 제품컨셉의 개발 모델

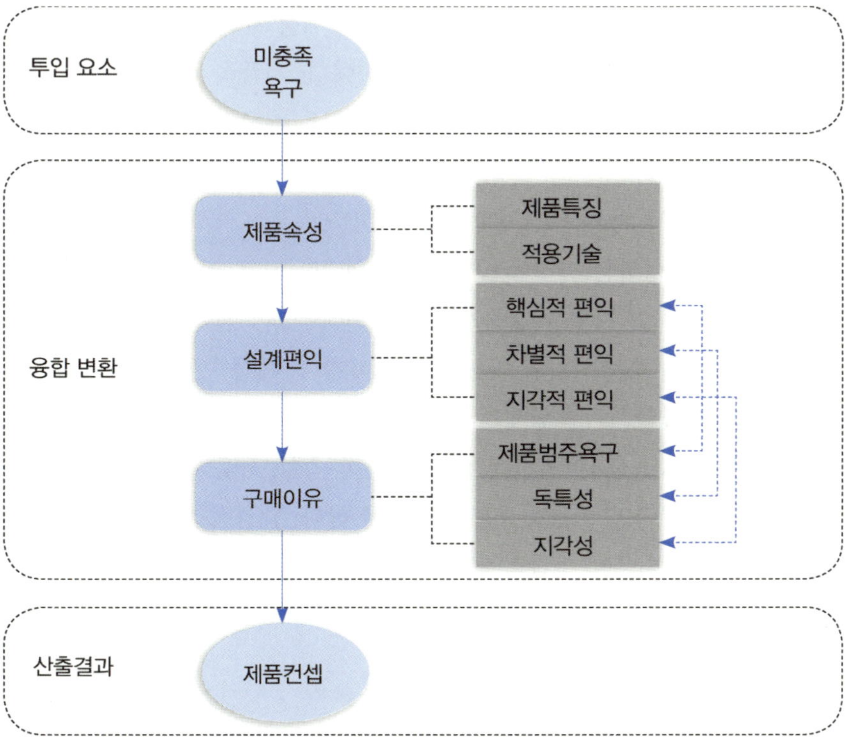

1. 제품속성과 편익의 변환

제품은 다양한 속성으로 구성되어 있다. 이러한 제품속성은 크기, 색상, 기능성, 구성 요소와 시장에서 제품의 소구나 수용에 영향을 주는 특징을 포함한다. 속성은 소비자들의 기능적 · 사회적 · 상징적인 욕구를 만족시켜주는 성질이자 소비자들이 제품을 평가하는 지표이다. 가령 승용차를 구입할 경우 안전성, 연비, 디자인, 가격, 내구성, 브랜드명, A/S, 옵션 등을 비교하게 된다. 따라서 기업은 제품속성을 변화시킴으로써 소비자에게 매력적인 품질을 제시하여 고객들의 제품선호도를 증가시킬 수 있다.

1) 제품속성의 결정

제품속성(product attributes)에는 제품기능을 가능하게 하는 제품특징과 적용기술이 있다. 제품특징은 기업이 출시하여 판매하는 제품의 물리적 특징으로 외관, 형태, 크기, 색상, 무게, 속도, 내구성, 재료, 기능, 성능과 같은 변수를 포함한다. 제품편익(product benefit)은 제품이 구매자에게 제공하는 이익이나 가치이다. 제품특징이 제품 자체에 존재하는 것이라면, 제품편익은 소비자가 제품으로부터 느끼는 가치의 본질이다. 제품특징은 제품을 사용하는 방법이나 사람과 관계없이 동일하게 유지되지만, 제품편익은 제품사용자에 의해서 평가될 뿐만 아니라 제품특징에 의존한다. 기술은 제품의 성능이 기능하여 편익을 창출할 수 있는 물리적 형태와 무형적 요소를 구현하는 공정 방법을 의미한다.

제품특징은 제품을 구성하는 사양(specification)의 작동으로 제품 아이디어가 제품화되었을 때 표적고객에게 제공할 수 있는 기능성을 확보할 수 있어야 한다. 또한 경쟁자의 제품에 비해 표적고객에 대한 속성들의 차별적 편익을 고려한다. 제품속성은 1차속성, 2차속성과 3차속성으로 구분할 수 있다. 1차속성에는 기술적 속성과 인간적 속성이 있다. 기술적 속성은 물리적 속성과 기능적 속성으로, 인간적 속성은 미적 속성, 사용자 속성과 심리적 속성으로 구성된다. 인간은 합리적이면서도 감성적인 판단을 한다. 감성적인 판단은 구매결정에서 결정적인 역할을 수행하기 때문에 인간적 속성의 중요성이 날로 증대하고 있다. 이와 같이 이론들을 종합하여 [그림 6-6]과 같이 제품속성을 분류한다.

그림 6-6 제품속성의 분류

1차속성	2차속성	3차속성
기술적 속성	물리적 속성	재료 , 재질 , 원료 , 물성 촉감 , 질감 , 형태 , 길이 무게 , 크기
	기능적 속성	기능의 효율성 작동의 용이성 구조의 신뢰성 기술과 특허수준
인간적 속성	미적 속성	디자인 , 색상 , 형태 스타일의 특징 , 그래픽 장식 , 마감처리
	사용자 속성	사용자 인터페이스 사용의 편리성과 쾌적성 사용의 안전성과 적응성
	심리적 속성	스타일의 유행성 , 상징성 사회적 적합성과 차별성 감각성과 가시성

2) 제품편익

제품편익(product benefit)은 소비자들이 제품사용으로 얻는 혜택으로 고객의 욕구나 필요를 만족하는 실제적인 요소나 상징적 요소를 포함한다. 실제적인 요소는 비용효과성, 디자인, 성능 등으로 구성되나, 이미지, 인지도, 평판 등으로 상징적 요소를 형성한다. 제품은 기능적 편익, 상징적 편익과 경험적 편익 등을 제공한다. 기능적 편익(functional benefit)은 제품의 기능적이거나 물리적 성능을 통해 문제를 해결하여 얻는 편익이다. 상징적 편익(symbolic benefit)은 자아 이미지와 관련되어 있는 자아표현욕구를 충족하여 얻는 편익이다. 경험적 편익(experiential benefit)은 즐거움, 재미, 환희와 긴장완화를 충족하여 얻는 편익이다.

그림 6-7 제품편익의 종류

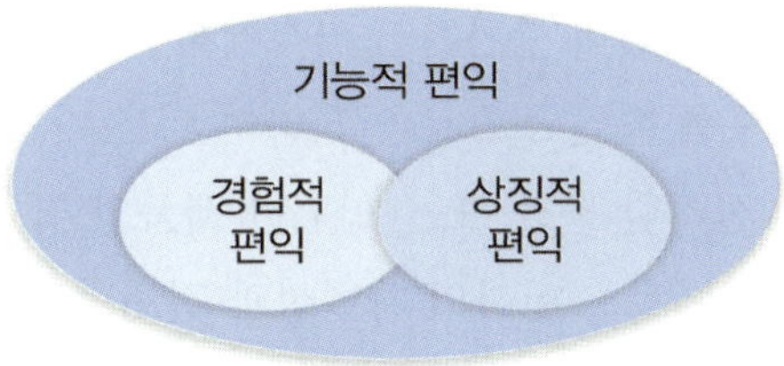

- 기능적 편익: 제품의 기능적이거나 물리적 성능을 통해 문제를 해결하여 얻는 편익
- 상징적 편익: 자아 이미지와 관련되어 있는 자기 표현적 욕구를 충족하여 얻는 편익
- 경험적 편익: 즐거움, 재미, 환희와 긴장완화를 충족하여 얻는 편익

3) 설계편익

설계편익은 핵심적 · 차별적 · 지각적 편익으로 구분된다. 핵심적 편익(core benefit)은 주로 기능적 편익으로 제품이 무슨 용도로 사용되는가를 나타내는 편익이다. 이 편익은 제품의 고유기능으로 제품범주 안에 포함된 제품범주욕구를 의미한다. 차별적 편익은 이 제품이 경쟁자의 제품에 비하여 어떻게 다른가를 나타내는 편익이다. 경쟁제품에 비하여 다른 편익을 제공하는 것이다. 지각적 편익은 고객이 상품이나 서비스에서 지각할 수 있는 물리적이거나 유형적인 제품특성이다. 이것은 제품을 오감으로 인식할 수 있는 정도로 경쟁제품보다 쉽게 인식할 수 있는 편익을 제공하는 것이다.

4) 구매이유

소비자들의 구매이유는 표현컨셉의 3요소로 요약된다. 구매컨셉은 제품이 사용하는 용도가 무엇인지(제품범주욕구), 경쟁자의 제품과 어떻게 다른지(독특성)와 소비자들이 오감에 의해 쉽게 지각과 인지할 수 있는 정도(지각성) 등이 간결하게 표현되어야 한다. 제품범주욕구는 제품범주를 나타내는 표현이어야 소비자들이 제품용도를 혼돈하지 않는다. 아무리 제품의 성능이 뛰어나더라도 제품이 무엇에 사용하는 제품인지 소비자가 잘 알지 못한다면 제품은 성공할 수 없다.

경쟁자의 제품과 차별성이 없다면 제품은 존재감이 부각되지 못한다. 상품이나 서비스의 독특성은 경쟁자와 차별하는 요소이다. 독특성은 제품의 지각된 독점성과 진귀성으로 제품에 대한 소비자의 욕망이나 선호를 증가시킨다. 독점성은 다른 제품에는 없는 속성을 특정한 제품만이 갖고 있는 상태이며, 진귀성은 신기성으로 다른 사람들이 이미 생산해 낸 것과는 다른 것으로서 새롭고, 특이하고, 예상했던 것이 아닌 낯선 현상을 의미한다. 또한 진귀성은 새로운 문화의 공유된 경험이나 개인의 주관적인 지각에서 발생하는 현상이다. 고객들이 제품을 더욱 독특하다고 생각할수록 비싼 것으로 인식하여 더욱 가치 있는 것이 된다. 특성은 특징적이거나 개인화된 상표, 신기한 물건, 또는 희귀한 제품의 취득을 통해서 성취할 수 있다. 독특성을 확립하는 수단은 대체로 소비자의 차별성과 진귀성의 선택과 유사성의 회피 행동이다. 독특성을 표현하는 것은 이미지의 역할, 즉 자아와 사회적 이미지를 강조하기 위한 것

그림 6-8 구매컨셉의 3요소

제품범주욕구	→	제품의 용도는 무엇인가?
독특성	→	제품이 경쟁제품과 어떻게 다른가?
지각성	→	제품을 오감으로 인식할 수 있는가?

이다. 소비자가 오감에 의해 제품을 인식하지 않는다면 그 제품은 소비자의 관심과 흥미를 끌지 못한다. 소비자들은 자신의 경험을 토대로 기억을 재구성하기 때문에 소비자의 인지적 지각을 높이려면 소비자의 경험에 근거한 표현이 효과적이다.

2. 제품컨셉의 개발

제품컨셉은 제품을 쉽게 이해할 수 있도록 제품 아이디어를 글이나 그림으로 묘사한 것이다. 제품을 사전에 경험하지 못한 잠재고객들이 제품이 제공하는 편익을 이해하여 제품 구매 의도가 있는지를 판단하는 데 유용하다. 다량의 제품컨셉을 창출하고, 컨셉의 문제점과 개선점을 발견하여 최적의 컨셉에 이르는 과정을 거치는 것이 제품컨셉의 정교화 과정이다.

1) 제품컨셉의 개발 과정

제품컨셉의 개발은 가설 제품컨셉의 창안부터 시작된다. 많은 가설컨셉을 개발하는 것은 제품컨셉을 정교화하기 위해서이다. 추출된 아이디어를 정리하여 최종의 최적 제품컨셉을 선정하기 위해 만든 초안을 가설컨셉이라고 한다. 불충분한 제품컨셉을 제거하고, 최적의 제품컨셉을 찾기 위해서 가설컨셉을 여러 개 만든다. 가설컨셉의 산출과 제품컨셉 보드의 구성으로 가설컨셉 작업이 완료되면 개인면접, 표적집단면접이나 서베이를 통해서 가설컨셉을 평가하여 수정하게 된다. 수정 제품컨셉도 동일한 과정을 반복적으로 거쳐 정교화 과정을 거친다. 이렇듯 제품컨셉은 평가와 수정을 거쳐 최종 제품컨셉에 이르게 된다.

2) 최적 제품컨셉의 조건

아이디어도 좋아야 하지만 이를 추상화하는 제품컨셉 제작도 매우 중요하다. 최적의 제품컨셉은 다양한 속성이나 기능을 함축적으로 또는 상징적으로 간단하고 분명하게 표현하는 것이 필수적이다. 이러한 제품컨셉에 포함될 사항은 문제해결 편익, 욕구충족 이유, 제품형태, 디자인, 외적 · 기능적 요소, 브랜드명, 크기, 가격 등이다. 최적 제품컨셉은 소비자들이

그림 6-9 제품컨셉의 정교화 과정

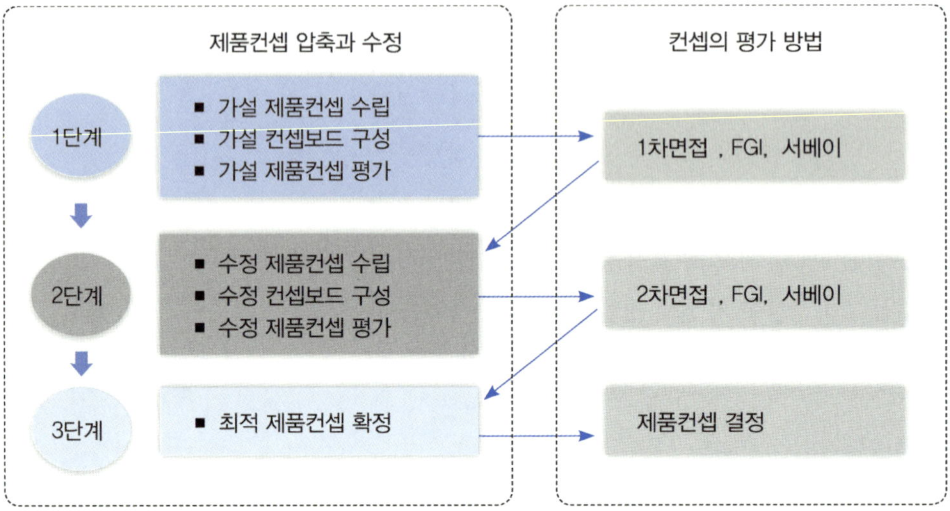

돈을 지급할 만한 가치가 있어야 한다. 제품컨셉의 시장성은 성장하고 있는 현재 시장의 추세를 반영하고, 시장규모를 창출하거나 확대할 수 있어 수익을 얻을 수 있는 정도이다.

3) 제품컨셉 서술문

다수의 가설 제품컨셉을 비교평가하기 위해 제품컨셉 서술문을 구성한다. 제품컨셉 서술문은 시용구매를 유도하기 위해 특정한 문제에 대한 상품이나 서비스의 해결책을 언어나 시각으로 표현한 것이다. 기존의 다른 제품이나 문제해결과 관련하여 선택된 편익을 제공하는

표 6-3 제품컨셉 서술문 추출

제품 아이디어		
제품속성	제품특징	
	적용기술	
설계편익	핵심적 편익	
	차별적 편익	
	지각적 편익	
구매이유	제품범주 욕구	
	독특성	
	지각성	
제품컨셉 서술문		

기대된 제품속성, 형태나 기술에 관한 진술이다. 예를 들면, 농축세제를 제품컨셉 서술문으로 구성하면 "적게 써도 세척력이 탁월하고, 농축하여 보관과 사용이 간편한 세탁세제"라고 할 수 있다. 이처럼 서술문은 제품속성, 설계편익 및 구매이유를 토대로 작성한다.

3절 제품컨셉의 선정

제품 아이디어가 시제품으로 전환되기 전에 아이디어가 적절한지를 테스트하기 위해 제품 컨셉 보드를 제작하여 제품속성이나 구매의향을 파악할 수 있다. 제품컨셉 보드는 제품의 속성을 개선하거나 정교화하는 목적으로도 사용된다. 제품 아이디어 또는 포지셔닝에 대한 서면 설명이 있는 보드가 제품컨셉 보드로 이것을 응답자들에게 제시하고 그들의 의견을 알아보는 것이기 때문에 사실적으로 제작한다.

1. 제품컨셉 보드의 제작

최적의 제품컨셉을 선정하기 위해서는 사전에 제품컨셉 보드를 제작한다. 제작된 제품컨셉 보드를 잠재고객들에게 제시하여 최적의 제품컨셉을 선정하게 된다. 제품편익을 적절하게 표현할 수 있는 컨셉보드를 작성하고, 적절하게 제작되었는지를 평가하고, 완성된 컨셉보드를 잠재고객들이나 표적집단면접을 통해서 개발할 제품의 제품편익을 선정한다.

1) 제품컨셉 보드의 구성

제품컨셉 서술문을 통해 제품컨셉 보드를 작성한다. 제품컨셉 보드(product concept board)는 면접조사나 표적집단면접을 통해서 개발된 제품컨셉이 얼마나 소비자욕구에 부응하는지, 제품컨셉 자체의 문제점과 개선점, 그리고 구매의도를 발견하기 위해 제품개발 전에 사용된다. 또한 제품컨셉에서 제시하는 제품속성, 핵심편익과 구매이유를 평가하여 최적의 제품컨셉을 도출하는데 매우 효과적이다. 따라서 시장에 출시될 제품과 매우 유사하고, 과장 없이 사실적으로 구성한다. 제품컨셉 보드에 들어갈 구성 요소는 다음과 같다.

표 6-4 제품컨셉 보드의 구성 요소

① 컨셉 헤드라인: 신상품을 한마디로 표현할 수 있는 핵심문장
② 제품범주명:
③ 핵심표적:
④ 브랜드 체계:
⑤ ABV(Attribute-Benefit-Value) 체인:
⑥ 부가적 편익(Sub Benefit):
⑦ 예상 TPO(Time, Place, Occasion):
⑧ SKU(Stock Keeping Units): 출시할 모든 제품의 품목
⑨ 가격:

2) 제품컨셉 보드의 평가

장식서술 보드는 매우 인기 있는 형태로 전형적인 광고처럼 이미지나 제품외관뿐만 아니라 친숙한 상업적 언어, 말과 어구를 적용한다. 또 다른 제시 방법은 대략적인 모형광고나 심지어 완전한 광고 형태도 있다. 제작된 제품컨셉 보드를 잠재고객들에게 제시하기 전에 검토하여 수정과 보완 작업을 거치는 것이 좋다. 제품컨셉 보드의 평가기준은 제품이 제공해 줄 수 있는 핵심편익, 구매이유, 차별성, 가독성과 지각성 등을 검토한다.

그림 6-10 제품컨셉 보드의 예

가격: 1,500원/120ml

신선한 인삼 한 뿌리의 효능이 그대로 살아 있는 한 뿌리

- 인삼 엑기스를 희석해서 만든 인삼음료와 달리 인삼 한뿌리 전체(1)를 사용하였습니다.
- CJ의 기술(2)로 인삼 한 뿌리의 맛과 영양(3)을 생생하게 살렸습니다.
- 꿀과 우유의 맛과 부드러움(4)이 스며 있습니다.
- 피곤할 때나 공복(5) 시에 마시면 든든한 인삼의 영양을 섭취할 수 있습니다.

CJ

표 6-5 제품컨셉 보드의 평가기준

속 성	세부 내용
핵심편익	• 핵심편익은 명확하게 설명되어 있는가? • 핵심편익의 설명을 명확하게 이해할 수 있는가? • 단어나 그림들이 단순하고도 직접적인 소비자의 언어인가?
구매이유	• 소비자들이 구매할 만한 이유가 있는가? • 그 이유를 믿을 수 있는가?
차별성	• 제품의 우수성과 품질을 설명하는가? • 제품의 혁신성과 독특성을 설명하는가? • 의미 있는 차별화인가?
가독성	• 컨셉을 30초 이내에 읽을 수 있는가? • 보기와 읽기가 편한가? • 읽기가 지루하지 않은가? • 아이라도 이해할 수 있을 만큼 쉽게 썼는가?
지각성	• 컨셉에 있는 사진이 구매욕구를 불러일으키는가? • 제품형태가 컨셉 내에서 볼 수 있는가? • 모든 품목을 제시하는가? • 브랜드명이 포함되어 있는가?

2. 제품컨셉안의 선정

제품컨셉 보드를 제시하고, 제품 아이디어가 표적소비자에게 어떻게 전달되는지와 소비자들이 느끼는 반응을 평가하는 것이 제품컨셉의 평가이다. 제품컨셉 평가는 제품 아이디어의 서술과 실제 제품개발의 간격을 점검하는 일종의 품질검사이다. 각각의 제품컨셉은 소비자욕구나 편익에 집중하여 제시되는 하나 이상의 제품컨셉 서술문을 잠재소비자집단이 평가하는 것이다. 제품컨셉 평가의 목적은 아래와 같다.[4)]

- 초기 아이디어 발전
- 좋지 못한 제품컨셉 제거
- 제품컨셉의 가치 확인
- 최고의 잠재고객 세분화 확인
- 제품컨셉의 시장잠재력 추정
- 시용구매율이나 판매추정

4) Peng and Finn(2008).

1) 제품컨셉의 평가항목

제품진단(product diagnostics)은 제품컨셉의 독특성, 제품의 신뢰성, 사용자의 문제해결 정도와 돈에 합당한 가치 등을 조사하는 과정이다. 이와 달리 속성진단(attribute diagnostics)은 어떤 특성이나 속성이 쓸모없는 정도나 개선되어야 하는 정도를 알려준다. 즉, 속성진단은 어떤 특성이나 속성이 개선되었거나, 제품컨셉 보드에 제시된 이미지나 사진이 구매욕구를 불러일으키는 정도이다. 응답자 인구통계 수집자료는 표적시장의 인구통계와 사회경제적 특징을 확인하는 데 도움이 된다. 따라서 이러한 속성과 현재 구매습관 자료는 미래행동을 예측하는 데 도움이 된다.

그림 6-11 제품컨셉의 평가항목

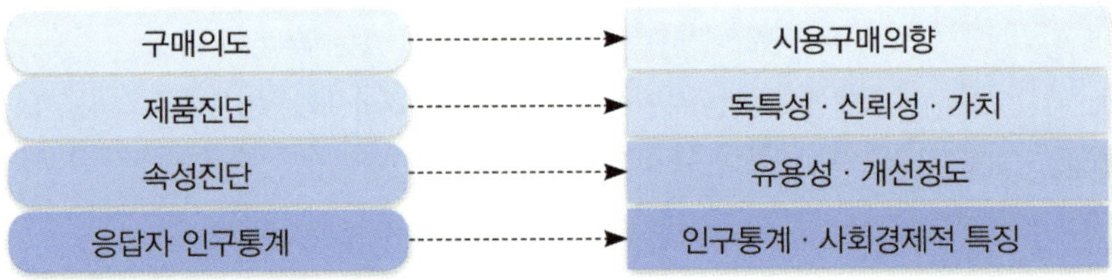

다음은 제품컨셉 보드를 제시하고 독특성을 묻는 문항이다.

◆ [설문] 이 제품이 유사한 제품에 비해 어느 정도 독특하다고 생각하나요?(독특성)

① 전혀 독특하지 않다.
② 별로 독특하지 않다.
③ 어느 쪽도 아니다.
④ 약간 독특하다.
⑤ 확실히 독특하다.

다음은 제품컨셉 보드를 제시하고 속성개선을 묻는 문항이다.

◆ [설문]: 이 제품은 기존제품을 많이 개선하였다고 생각하나요?(속성진단)

① 전혀 개선하지 못했다.
② 별로 개선하지 못했다.
③ 어느 쪽도 아니다.
④ 어느 정도 개선했다.
⑤ 아주 잘 개선했다.

2) 제품컨셉안의 선정

제품컨셉안의 선정 과정은 많은 대안을 평가하여 순위가 낮은 대안을 제거하는 과정이다. 각각의 대안별로 제품컨셉 평가 설문지를 통하여 응답자들의 응답을 집계하여 비교 · 평가하여 최적의 제품컨셉안을 선정한다. 각각의 설문항목에 가중치를 두어 평가할 수도 있다. 이때 가중치는 속성의 중요도에 따라 다르게 설정할 수 있다. 설문지의 응답점수를 제품컨셉 평가 집계표에 기재하여 총점을 산출한다. 대안컨셉별로 평가하여 집계하고, 총점을 산출하여 순위를 산정한다. 또한 각 대안컨셉에서 우수한 속성을 추출하여 결합하는 재구성 방법으로 최적 제품컨셉을 선정하는 과정도 필요하다.

[표 6-6]에서 제품컨셉안은 컨셉 1안이 평가도와 구매의도에서 최고 점수를 얻어 최적의 제품컨셉안으로 선정될 수 있다. 설문문항은 5점 척도이다. 각각의 속성과 문항의 배점을 차례대로 곱하여 합산하면 총점이 된다. 제품컨셉 1은 제품속성과 구매의도에서 1위이다. 가중치와 컨셉 1안의 총점계산은 다음과 같다.

$$(0.2\times5)+(0.1\times4)+(0.1\times4)+(0.1\times3)+(0.1\times4)+(0.1\times3)+(0.1\times3)+(0.1\times4)+(0.1\times4)=3.9$$

표 6-6 제품컨셉 평가집계표

설문항목	가중치	제품컨셉 1	제품컨셉 2	제품컨셉 3
핵심편익	0.2	5	3	2
제품 호감도	0.1	4	3	3
제품가치	0.1	4	4	3
독특성	0.1	3	3	4
신뢰성	0.1	4	3	3
가격	0.1	3	3	5
디자인	0.1	3	5	4
브랜드 이미지	0.1	4	3	4
A/S	0.1	4	4	3
총 점	1	3.9	3.4	3.3
구매의도		4.6	4.5	3.8
순 위		1	2	3

4절 제품개발과 테스트

아이디어를 물리적 형태로 전환하는 과정이 바로 신제품개발 과정이다. 신제품개발은 신제품을 시장에 출시하기 위해 제품 아이디어의 물리적인 형상화이다. 소비자 선호도의 변화, 경쟁 심화 및 기술 발전으로 인해 또는 새로운 기회를 활용하기 위해 기업은 신제품개발에 집중한다. 혁신적인 기업은 시장이 원하는 것을 이해하고, 제품을 개선하고, 고객의 기대를 충족하고 초과하는 신제품을 개발함으로써 번창할 수 있다.

1. 신제품개발 과정

신제품개발(New Product Development: NPD)은 시장기회의 인식과 고객의 미충족욕구의 탐색으로 시작하여 아이디어 창출, 제품컨셉 창출, 제품사양의 결정과 제품설계, 시제품개발과 테스트, 경제성분석, 마케팅전략의 수립과 출시, 그리고 출시 후 관리로 끝을 맺는 활동이다. 따라서 신제품개발은 전략, 조직, 컨셉창출, 제품 · 시장계획과 신제품의 상업화에 관한 전반적인 과정이다. 신제품개발의 구체적인 절차는 아이디어 탐색, 해결안 도출, 제품컨셉 창출, 제품개발, 마케팅전략과 출시 과정으로 진행된다. 본서에서는 저자가 개발한 신제품개발 모델에 따라서 각 장에서 이론과 실무적 기법을 상세히 설명한다.[5)]

그림 6-12 신제품개발 모델

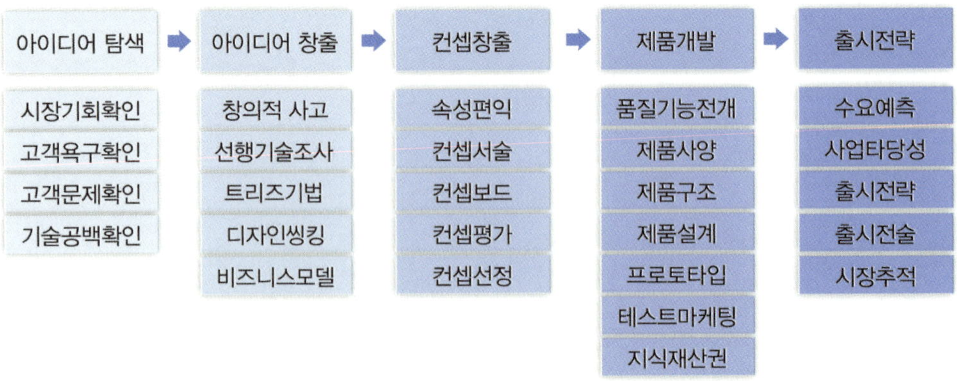

5) 유순근(2020), 신제품개발론, 박영사.

1) 아이디어 탐색

기업은 시장의 새로운 변화에 민감하고, 고객의 욕구와 필요를 탐색함으로써 신제품기회를 창출한다. 특정한 제품컨셉을 창출하기 위해 시장기회를 조사하고, 평가하여 제품 아이디어로 전환한다. 시장기회는 신제품, 서비스나 사업을 위한 욕구를 창출하는 일련의 호의적인 환경이다. 시장의 변화는 기업에 기회를 주며, 이러한 기회는 제품개발의 맥락에서 신제품을 위한 아이디어이다. 아이디어는 경험, 지식, 기술, 환경이나 고객의 욕구에서 시작된다. 잠재적 욕구는 미충족욕구, 미제공 및 과소제공욕구 등이 있다.

그림 6-13 잠재적 욕구의 종류

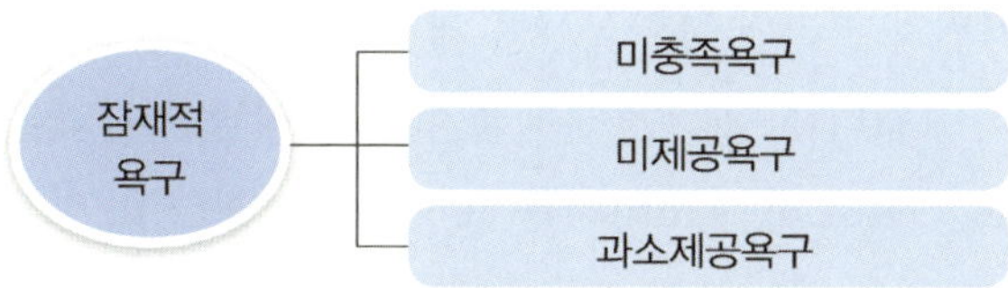

2) 해결안 도출

아이디어는 시장에 나타난 기회를 탐구하고 실행 가능한 컨셉을 개발하기 위해 필요하다. 모순은 서로 양립하거나 공존할 수 없는 것들의 대립현상으로 최소한 두 가지 이상의 요소가 갈등을 일으키는 상황이다. 모순을 발견하여 TRIZ 원리로 해결한다면 발명으로 이어질 수 있다. 특허기술정보는 최신 기술정보의 원천으로 기술배경, 문제점 및 해결 방법이 구체적으로 구현되어 아이디어 및 적용기술 개발에 효과적으로 활용할 수 있다. 특허정보의 검색은 아이디어의 개발과 중복연구 방지에 유용하고 특허회피나 침해를 사전에 예방할 수 있다.

3) 제품컨셉 창출과 선정

제품컨셉(product concept)은 의미 있는 소비자 언어로 상세하게 표현한 신제품 아이디어이다.[6] 아이디어를 개발하여 제품컨셉을 창출하고, 최종 컨셉안을 완성하는 단계까지를 제품컨셉의 창출 과정이라고 한다. 이 과정에서 다수의 가설컨셉을 창출하여 평가하고, 최적의 제품컨셉을 선정한다. 시장기회 확인 과정을 통해 제품범주욕구를 찾는다. 경쟁제품을 분석하여 제품범주를 선정하고, STP의 기준을 활용하여 목표고객을 선정한다.

6) Kotler, Keller, Ancarani, & Costabile(2014).

4) 제품개발

제품개발은 제품 아이디어를 설계 과정을 통해 물리적인 형성화 과정이다. 제품설계는 제품의 모양과 기능을 적용기술을 통해 유형적으로 구현하는 활동이다. 설계자들은 최종사용자에서 최고경영층 간의 연결자로서 확대된 역할을 수행할 뿐만 아니라 제품개발팀에게 최종사용자로부터 입수한 설계변경이 바람직한 최적의 정보를 전달하는 역할을 한다.

5) 마케팅전략

제품개발 과정 중에 진행이나 중지결정이 신제품의 수요예측을 필요로 하기 때문에 신제품의 예측은 신제품개발에서 중요한 요소이다. 신제품이 성공하기 위해서는 시장수용, 기술적 타당성과 회사의 자원과 관련된 불확실성을 해결한다. 신제품 예측은 매우 어려워 때로는 경시하는 경우가 있다. 그러나 성공적인 신제품 예측은 적절한 기법을 사용함으로써 가능하다. 시장을 세분화하고, 목표로 하는 소비자를 표적으로 선정하고, 경쟁제품보다 더 유리하게 소비자들의 마음속에 제품을 위치하게 하는 전략을 STP 전략이라고 한다.

6) 출시전략

제품출시는 개발한 신제품을 상업화하는 활동이다. 상업화는 신제품을 시장에 출시하는 것으로 제품출시, 안정적인 생산량 증가, 마케팅 프로그램개발, 공급사슬개발, 판매경로개발, 훈련개발과 지원개발을 포함한다. 제품출시는 최초 판매를 위해 신제품을 시장에 도입하는 과정이다. 제품출시 활동은 시장과 유통경로에 물리적인 포지셔닝으로 이전하는 단계로 개발단계에서 지출한 총비용을 훨씬 능가하는 상당한 신제품비용을 필요로 한다. 출시 활동 계획에서 오는 실수, 오산과 간과는 신제품 성공에 치명적인 장애가 된다. 신제품출시는 비용과 시간이 많이 들고, 위험하기 때문에 출시품목, 출시장소, 출시시기와 출시 방법 등을 전략적으로 계획해야 한다.

INSIGHT 신제품 성공의 추진 요인(Cooper, 2011)

- 독특하고, 탁월한 제품: 고객에게 독특한 편익과 설득력 있는 가치제안을 전달하는 차별화된 제품은 신제품 수익을 추진하는 요인이다.
- 고객의 소리: 시장중심, 고객중심은 성공에 매우 중요하다.
- 고객의 사전 사용: 제품의 고객사용은 사용자 측면의 요구사항과 욕구를 파악할 수 있기 때문에 신제품을 성공적으로 이끈다.

- 분명한 정의: 제품과 프로젝트의 분명한 정의, 진행변경과 불안정한 사양 회피는 높은 성공률과 빠른 출시를 의미한다.
- 세계적인 제품: 세계시장을 표적으로 한 세계적 제품은 한 국가의 욕구를 충족하기 위한 제품보다 더 많은 수익이 있다.
- 충실한 사전계획: 충실한 마케팅 계획은 출시의 핵심이다.
- 개발속도 계산: 개발계획을 가속화하더라도 질을 희생해서는 안 된다.

2. 제품사양의 결정

최종의 제품컨셉을 선정하면, 제품의 기능을 가능하게 하는 제품사양을 결정한다. 제품사양은 재료, 설계, 상품이나 서비스 등에 의해 만족되는 문서로 된 요구사항이다. 제품사양의 결정은 고객의 소리, 품질기능전개 등을 활용한다. 따라서 제품사양은 고객의 소리를 엔지니어의 소리로 전환하는 과정이다.

1) 고객의 소리

고객의 소리(voice of the customer: VOC)는 고객이 표현하거나 하지 않은 욕구나 요구사항을 기술하는 데 사용하는 용어이다. 고객의 소리는 고객의 기대, 선호, 불만과 고객의 요구사항을 포착하는 심층 과정이다. 고객의 소리는 욕구의 계층적 구조 속에서 조직화되고, 상대적 중요도와 만족을 서열화하는 제품개발기법이다. VOC 과정은 제품개발자에게 중요한 결과와 혜택을 준다. 고객욕구(customer needs)는 고객 자신의 언어로 상품이나 서비스에 의해 충족되는 편익을 기술한 것이다. 제품개발팀이 고객의 소리를 듣지 않고 너무 일찍 개발에 집중한다면 창조적 기회를 잃게 될 것이다.

2) 품질기능전개

품질기능전개(quality function deployment: QFD)는 일본 미쓰비시의 고베(Kobe) 조선소에서 개발된 종합적 품질관리기법이다. 새로운 프로젝트를 개발하기 위해 혁신적인 해결책, 정보를 얻는 방법과 가장 좋은 가능한 결과를 확보하는 방법이다. 고객욕구를 설계의 필요사항으로 전환하고, 이러한 필요사항을 중요한 특징과 구체적인 필요사항으로 변환한다. 품질기능전개는 제품기획, 설계, 생산의 각 단계에서 고객의 요구사항(고객의 목소리)을 회사의 기술적 요구사항으로 전환시키는 체계적인 방법이다. 따라서 제품개발 및 생산의 각 단계에서 고객의 요구사항을 파악하여 각 부문에 전달함으로써 고객만족을 통한 수익실현 과정이다.

그림 6-14 품질기능전개

품질기능전개는 고객의 소리를 엔지니어의 소리로 전환하는 것이다. 제품을 잘 설계하기 위해 설계팀은 설계하고 있는 것이 무엇인지와 최종 사용자가 설계로부터 기대하는 것이 무엇인지를 알 필요가 있다. 예를 들면, "필기가 잘 되는 펜"과 같은 고객욕구를 "일정한 잉크 점도나 부드러운 볼펜의 접촉면"과 같은 기술적 요구사항으로 전환한다. QFD는 주관적 품질 기준을 계량화하고, 측정할 수 있는 객관적 기준으로 해석하는 것으로 품질, 기능과 전개 등 3가지 요소가 중심이다. 품질(quality)은 고객의 기대를 만족시키는 우수한 제품의 품질, 속성, 특징, 성능을 의미한다. 기능(function)은 제품이 수행하는 것으로 측정 가능한 기능이고, 전개(deployment)는 고객의 소리를 누가, 어떻게, 언제 전환하는가에 관한 것이다. 따라서 품질기능전개는 고객욕구를 기술적 요구사항으로 전환하는 것을 의미한다.

QFD는 고객의 요구사항을 기술적 요구로 전환하여 품질의 집(House of Quality)이라는 행렬을 이용하는 기법이다. QFD공정을 실행하는 첫 단계에서 품질의 집을 만든다. 고객으로부터 입수한 자료를 통해 고객 요구사항을 기술적인 사양으로 전환하는 것이다. 품질의 집은

그림 6-15 품질의 집 기본모형

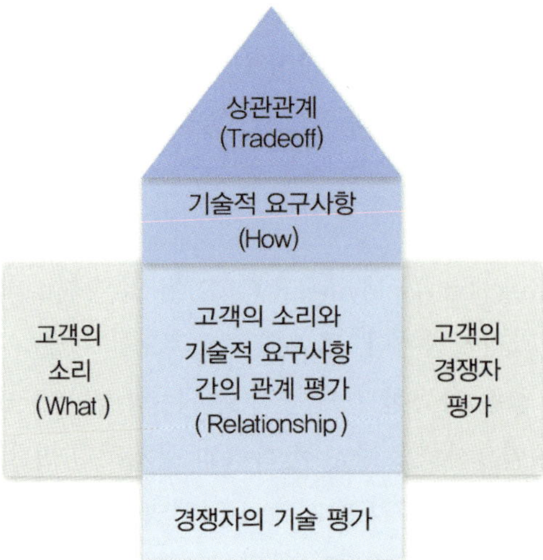

고객의 요구와 그의 중요도, 고객의 요구를 만족시킬 설계특성, 고객요구와 설계특성과의 관계, 설계특성 간의 상관관계, 그리고 경쟁자 제품과의 품질특성 비교, 경쟁기업의 벤치마킹 등을 고려하여 설정한 각 설계특성에 대한 목표치를 하나의 집과 같이 일목요연하게 나타낸 일람표이다. 품질의 집 작성은 신제품개발론(유순근 저)을 참조한다.

3) 제품사양

제품사양(product specification)은 제품수행을 상세하게 설명한 것으로 사용재료의 규격, 종류, 등급, 공법 등 도면에 나타내기 어려운 것을 자세히 쓴 설명서로 기술규격의 한 유형이다. 즉, 제품이 무엇을 할 수 있는가를 명확하고 측정 가능한 형식으로 표현한 것이다. 이것은 제품에 의해서 충족해야 할 자세한 요구조건을 공식적으로 문서화한 것으로 제품의 규격과 제품의 내용을 포함한다. 제품설계는 제품사양으로부터 시작한다.

표 6-7 기본적인 고객의 요구사항

구 분	설 명
성능(performance)	• 제품이 기준을 수행하는가? • 제품이 의도된 기능을 수행하는가?
특징(features)	• 제품이 어떤 편익을 제공하는가? • 그것은 유형적인 편익인가? 무형적인 편익인가?
신뢰성(reliability)	• 품질은 일관성이 있는가? 제품은 잘 작동되는가?
내구성(durability)	• 제품의 내구성은 좋은가? • 제품수명은 어느 정도 지속되는가?
일치성(conformance)	• 제품이 설계사양과 국가사양을 충족하는가?
사용성(usability)	• 제품은 사용하기 쉬운가?
심미감(aesthetics)	• 제품은 시각적 매력이 있는가?
품질(perceived quality)	• 가격이 제품의 품질을 반영하는가?

3. 제품설계

제품설계는 소비자들의 욕구를 충족하는 상품과 서비스를 창안하고 물리적 실체를 구현하기 위해 골격을 구성하는 과정이다. 즉, 고객의 소리를 제품사양으로 전개하여 설계의 특성에 따라 변환하여 가치를 창출하는 과정이다. 제품에 따라서 다르게 설정해야 할 설계의 핵심특성은 질, 양, 동일성과 방법이다. 질(quality)은 가치, 양(quantity)은 대량생산, 동일성(identity)

은 범주욕구, 그리고 방법(method)은 설계를 의미한다. 예를 들면, 경주용 자전거, 산악자전거나 일반자전거는 설계에서 핵심적 특성을 설정하는 방법이 다를 수밖에 없다.

1) 제품구조

제품은 전체적인 성능을 구성하는 기능 요소와 부품을 결합한 외형 요소로 이루어진다. 제품구조는 제품의 기능적 요소(functional elements)가 물리적 덩어리(physical chunks)로 배열되고 덩어리가 상호작용하는 방식이다.[7] 제품구조는 제품이 어떻게 설계, 제작, 판매, 사용과 수리되는지를 알려준다. 예를 들면, 자동차의 진행방향을 조절하는 조향장치는 조향 핸들, 조향 축, 조향 링크와 조향 기어 등의 구성부품으로 이루어져 있다. 이 구성부품이 조향장치라는 덩어리 속에서 결합된다. 다음은 제품에 요구되는 품질특성에 관한 요소이다.

- 물리적 요소
  - 외관의 특성(크기, 길이, 두께, 무게)
  - 동적 성질(속도, 강도, 취성), 물성(통기성, 투광성, 신축성)
  - 광학적 성질, 음향적 성질, 화학적 성질, 전기적 성질
- 기능적 요소: 효율, 안전성, 기능의 다양성, 사용성, 휴대성
- 인간적 요소: 이미지, 희소성, 습관, 지적·정서적 충실감
- 시간적 요소: 내한성, 내습성, 내진성, 지속성, 속효성(速效性)[8], 내구성, 보전성
- 경제적 요소: 저가, 유지비, 수선비, 처리비
- 생산적 요소: 작업성, 원재료, 수율
- 시장적 요소: 적시성(유행, 계절), 품종의 다양성, 신용, 제품수명주기

2) 제품설계

제품설계(product design)는 제품의 제조에 필요한 계획을 창출하고 결정하는 과정이다. 설계는 창의적인 과정이다. 제품설계의 많은 문제는 미적 감각, 의미, 원가, 지속가능성과 사용성을 포함하여 명확하게 이루어지지 않는 점이다. 제품설계를 일반적으로 산업설계, 공학설계, 공정설계와 시각설계로 분류한다.

산업설계(industrial design)는 형태, 심미감, 상징적 의미와 사용자 경험과 주로 관련되어 있다. 공학설계(engineering design)는 시스템, 기구의 기본적 기능과 특징을 개발하고 분석

7) Ulrich(1995).
8) 빠르게 나타나는 효과를 가진 성질.

하는 데에 다양한 기법과 과학적 원리를 적용하는 설계이다. 공정설계(process design)는 대량생산시스템을 위한 구성부품, 도구, 장비의 설계에 제한된 설계이다. 시각설계(visual design)는 품목의 외관특징에 관한 설계로 스타일링 설계(styling design)라고도 한다.

제품설계는 소비자들에게 팔리는 특정 품목에 관한 설계이다. 설계결과물이 본래의 의도대로 작동되는지와 요구사항을 충실히 만족하는지를 평가해야 한다. 이러한 기술설계를 평가하는 요소는 기능성, 구성, 실현가능성, 결과와 표현 등이 있다.

- 기능성(functionality): 인공물은 무엇을 수행하는가?
- 구성(construction): 인공물은 무엇으로 구성되는가?
- 실현성(realizability): 인공물을 어떻게 달성하는가?
- 영향(impact): 인공물의 위험과 혜택은 무엇인가?
- 표현(presentation): 인공물은 어떻게 보이는가?

4. 제품 테스트

제품평가는 개발팀에 의한 자체평가, 전문가평가와 사용자평가가 있다. 이 과정을 통과하면 테스트 마케팅으로 전환한다. 기능평가를 실시한 후 제품 사용자평가를 실험실과 사용자 환경에서 실시할 수 있다. 실험실평가는 사용자환경을 반영하지 못하는 단점이 있지만, 제품의 기술적 평가를 위한 평가도구와 기자재들을 구비하고 평가하기 때문에 기능, 성능이나 품질평가에서는 객관성을 확보할 수 있는 장점이 있다. 제품 사용자 테스트와 함께 구매의향, 독특성, 품질이나 신뢰성을 조사할 수 있다.

1) 제품 사용자 테스트

제품 사용자 테스트(user testing)는 제품을 실제로 사용할 고객들이 제품을 평가하는 것을 말한다. 제품이 아직까지는 완벽하지 않기 때문에 신제품이 고객의 요구사항을 충족하거나 문제를 해결할 때까지 개발팀은 테스트를 계속 진행한다. 설계기준과 제품과의 일치성, 사용의 용이성을 제공하는지, 제품의 불만, 불편이나 오류가 없는지는 등에 관한 사용자 테스트는 시장진입의 성공가능성을 한층 더 높여준다. 제품 사용자 테스트를 생략하면 제품고장이 마케팅 활동 중에 나타나 구매자를 쫓아내는 위험을 안고 가는 것이다.

2) 테스트 마케팅

테스트 마케팅(test marketing)은 제품과 마케팅 계획이 전면적인 출시 전에 출시 여부를 결정하기 위해 제품과 마케팅 계획을 선택된 모집단의 표본에게 제시하여 평가받는 제품개발 과정이다. 테스트 마케팅은 구매자들이 제품평가에 참여하는 것을 모르고, 실제 점포와 실제 구매상황으로 구성하는 현장실험실에서 이루어지는 실험이다. 이러한 현장실험을 테스트 시장(test market)[9]이라고 한다. 그러나 높은 실시비용 때문에 테스트 마케팅은 내구재[10]보다는 FMCG[11]에 더 적당하다. 테스트 마케팅은 상업화 전의 마지막 단계로 마케팅 계획의 모든 요소가 시험되는 곳이다. 테스트 시장의 유형은 모의점포 테스트 마케팅, 통제 테스트 마케팅과 표준 테스트 마케팅 등이 있다.

(1) 모의점포 테스트 마케팅

모의점포 테스트 마케팅(simulated store test marketing)은 실험실 내에 가상점포를 만들어 자사의 신제품과 경쟁제품을 진열하거나 광고를 보여준 후 실험에 참가한 대가로 받은 금액으로 가상의 점포에서 실제로 제품을 구매하도록 하는 방법이다. 최초 반응을 테스트하기 위해 보통 30~40명의 소비자 표본을 사용한다. 이 방법의 이점은 결과가 신속하고 광고효과를 평가할 수 있다는 것이다. 이 방법의 실시비용은 표준이나 통제 테스트 시장보다 저렴하다.

(2) 통제 테스트 마케팅

통제 테스트 마케팅(controlled test marketing)은 소수의 실제 점포를 선정하여 그 점포에서 소비자 반응을 조사하는 방법이다. 제품을 테스트 지역으로 보내지만, 제품, 촉진, 배치와 가격 같은 요소는 통제된다. 이 방법은 표준시험보다 일반적으로 더 신속하고 더 저렴하다. 그러나 점포의 대표성이 적기 때문에 결과를 판독할 때 더 많은 주의가 요구된다.

(3) 표준 테스트 마케팅

표준 테스트 마케팅(standard test marketing)은 표적시장을 대표할 수 있는 소수의 지역을 선정하여 그 지역 내 소매상에 신제품을 진열하고, 표적시장에 사용할 광고 및 판촉 캠페인과 유사한 캠페인을 실시한 후 소비자의 반응과 판매성과를 조사하는 방법이다. 스캐너 패널 자료(scanner panel data)[12]를 이용하면 테스트 결과를 거의 실시간으로 추적할 수 있다. 이 방

9) 신제품을 판매하기에 앞서 시장에서의 반응을 조사하기 위하여 시험적으로 선정되는 소규모 시장.
10) 자동차 · 세탁기 · 텔레비전 · 가구 등과 같이 장기간 사용되는 소비재.
11) FMCG(Fast Moving Consumer Goods): 구매주기가 짧으며, 단기간 내에 소비하는 주로 저렴한 가격의 제품군. 음식료품, 생활용품, 개인용품, 화장품, 영유아 제품 등 비내구재.

법으로 전국에 출시할 경우 사용한 마케팅 프로그램을 거의 정확하게 복제할 수 있다. 현실적으로 가장 효과적인 테스트 방법이지만 비용과 시간이 많이 소요된다.

12) 소비자들에게 소비자의 ID 번호를 주고 그들이 구입한 제품에 스캐너 코드를 읽으면 구입자, 구입품목과 구입일자가 자동적으로 컴퓨터 기억장치에서 기록된다.

07

지식재산권

FOCUS

위기는 새로운 기업변신의 기회 IBM 거스너

◆ PC시대의 주도권 상실

2005년 '애플 개발자회의' 연단에 오른 스티브 잡스가 아무도 예상하지 못했던 폭탄을 터트렸다. 매킨토시의 마이크로 프로세서를 IBM에서 인텔 칩으로 교체하겠다"고 선언한 것이다. 당시 이 발언은 그야말로 '쇼킹' 수준이었다. 애플이 오랫동안 사용해 온 IBM의 파워 PC 시스템과 결별하고 당시 최대 경쟁사였던 인텔과 손잡았기 때문이다. 게다가 시장 상황과는 거꾸로 가는 선택이었다. 미국을 대표하는 정보기술(IT)기업이자 초우량 기업이었던 IBM의 비극은 1981년 퍼스널 컴퓨터의 핵심인 '칩'과 '소프트웨어'를 공급받기 위해 외부 회사인 인텔사와 마이크로소프트사를 선정하면서부터 시작됐다. IBM은 하드웨어 기술에만 집착한 나머지 핵심 기술인 마이크로프로세서는 인텔에, 운영시스템(OS)인 소프트웨어는 마이크로소프트에 위탁 생산했다. 당시만해도 이들 기업이 IBM을 누르는 것은 사실상 거의 불가능했다. 1964년부터 1980년까지 전성기를 구가하던 IBM은 한순간의 잘못된 판단으로 PC시대의 주도권을 인텔과 마이크로소프트에 빼앗겼다. 특히 애플의 스티브 잡스가 IBM과의 결별을 선언하면서 상황은 더 나빠졌다.

◆ 초우량 기업에서 적자덩어리로

1911년 설립된 IBM은 100여 년 역사를 자랑하는 미국의 대표적인 IT 기업이다. 컴퓨터 제조기업으로 출발해 전 세계 컴퓨터 업계를 지배해 온 IBM은 1980년대 초 미 경제지 포천이 4년 연속으로 초우량 기업 1위로 선정할 정도로 견실한 기업이었다. 1989년 IBM의 기업가치(시가총액)는 541억 달러(약 65조 5,313억 원)로 미국 기업 중 1위였고, 판매와 순수익 면에서는 4위를 기록했다. 그러나 IBM은 1992년 160억 달러의 천문학적 규모의 적자를 기록했다. 1년 뒤인 1993년 초에는 9분기 연속 적자와 생산설비 40% 축소라는 대위기에 직면했다. 1993년 한 해 동안 IBM의 총 손실 역시 80억 달러에 달했다. 시장에서는 'IBM은 이제 끝났다'는 전망이 지배적이었다. IBM이 몰락한 것은 세계 최고라는 관료주의적 타성에 젖어 급속히 변화하는 시장에 제대로 대처하지 못했기 때문이다. 전 세계 132개국에 40만 명이라는 대군을 거느리고 있던 IBM은 조직의 비대화로 관료주의에 빠졌다. 주요 인사 결정은 모두 IBM 본사의 중역회의에서 이뤄졌고, 이런 방식 때문에 빠르게 변하는 시장의 변화 속도를 따라가지 못했다. 가장 하단 조직인 영업사원에서 오너까지 결재라인만 무려 11개에 달했다. 시대적 흐름에도 제대로 대응하지 못했다. PC 시장이 대형에서 개인용으로 바뀌었지만 이에 뒤처지면서 컴팩, HP, 델 등 후발 주자에게 밀렸다. IBM은 기술중심 조직으로 환경 변화에 빠르게 대응하지 못했으며, 정형화된 틀로 외부시각을 수용하지 못하는 관료적인 기업문화와 비효율적인 업무방식 등으로 최악의 상황에 빠졌다.

◆ IBM 경영위기의 원인

구 분	원 인
기술중심 조직	• 고객과 시장의 욕구를 반영하지 않은 기술개발, 최고라는 자만심 - IBM은 30만 명 이상의 전문가 집단조직으로 기술자중심의 최고기술 개발에 집착 - 급변하는 정보기술의 흐름을 놓쳐 MS, 인텔 등 경쟁기업에 핵심기술 주도권 상실 - 조직구성원으로 일하기보다는 각자의 색깔이 있는 전문가라는 인식 성향
관료적인 기업문화	• 조직지향적이고 관료적인 기업문화로 인해 정형화된 사고와 제도에 얽매임 - 문제점 도출 및 개선인력 부족, 새로운 BM 개발과 생산성 향상 시도에 소극적 - 시장/고객보다는 내부경쟁자 대응에 급급, 조직 간 시너지 창출 미흡 - 변화의 흐름에 뒤처지고, 누적된 적자경영에도 의사결정 지연
비효율적인 업무방식	• 복잡한 업무 프로세스로 신제품 출시 지연, 만장일치제로 신속한 의사결정 어려움 - 사업부서 간 내부이전 가격문제, 부서 간 소통문제 등 내부프로세스에 대한 불만 - 장기에 걸친 결재기간, 긴 회의시간, 외관을 중시하는 보고문화 - 전 세계 영업망이 전략적인 위치에 포진했지만, 중복된 인프라와 과도한 인력구조

◆ 고객 맞춤형 토털 솔루션 업체로 변신

IBM은 위기를 딛고 또다시 글로벌 초우량 기업으로 재탄생했다. 세계 최대의 서비스 및 컨설팅 회사, 세계 최대의 기술회사, 세계 최대 규모의 e-비즈니스 회사라는 평가를 받으며 업계를 다시 선도하고 있다. IBM의 극적인 재기의 비결은 고객중심의 경영혁신에 있다. 인터넷이 주도하는 새로운 시장을 예측하고 과감한 구조조정과 전략혁신, 프로세스의 재구축 및 기업문화혁신을 통해 고객의 기대에 신속하게 대응하며 고객을 만족시키는 데 성공했다. IBM은 주력 사업군을 제조업체에서 서비스업으로 변신 하는 데 성공하면서 성장 궤도를 달렸다. 1990년대 이후 부가가치가 낮은 범용(凡用) 제품의 제조는 대거 아웃소싱으로 외부화시켰다. 대신 부가가치가 높은 IT 하드웨어와 소프트웨어, 시스템 설계, 컨설팅 등을 고객 맞춤형으로 제공하는 토털 솔루션 업체로 거듭났다. 2002년 프라이스워터하우스쿠퍼스(PwC)컨설팅을 인수한 후 소프트웨어 자산관리 업체인 아이소곤도 인수해 소프트웨어와 서비스업에 집중했다. 2007년 SPSS 데이터 솔루션을 인수한 데 이어 2008년 스웨덴의 소프트웨어 업체 텔레로직도 인수하는 등 70개 이상의 소프트웨어 및 서비스 기업을 인수합병했다. 그 결과 소프트웨어 부문과 IT 서비스 부문 매출이 IBM 전체 매출의 대부분을 차지했다. 이 두 부문의 매출은 2001년 IBM 매출의 65%를 차지했으나 2011년 비중이 83%로 높아졌다.

◆ 제조 사업 버리고 서비스 조직으로 개혁

위기에 빠진 IBM을 구하기 위한 구원투수 격으로 투입된 루 거스너 회장은 무너진 IBM을 일으키는데 큰 공을 세웠다. 실적뿐 아니라 기업문화까지 송두리째 바꾸는 대대적인 혁신을 주도했다. 그는 1993년 IBM CEO로 영입

됐다. IBM 역사상 내부 발탁 승진이 아닌 외부에서 영입된 것은 그가 처음이었다. 사내 승진이 전통처럼 이어져 왔던 IBM 조직문화를 고려할 때 컴퓨터와는 전혀 무관한 전문경영인을 CEO로 선택한 것은 파격적이었다. 그는 식품기업인 RJR 나비스코와 카드회사인 아메리칸 익스프레스의 CEO로 근무했던 경험만 있을 뿐이었다. 그런 그가 IBM을 부활시킨 것은 '고객의 니즈'를 제대로 파악해 차별화된 방식을 택했기 때문이다. 거스너는 취임한 후 전 세계적으로 분산된 국가별 조직을 하나의 조직으로 통합했다. 이를 위해 의사결정 구조와 업무 프로세스를 바꿨다. IBM은 사실 이와는 완전히 반대로 회사를 사업별로 분리해야 한다고 보고, 실행을 앞두고 있었다. 그는 또 IBM의 VIP 고객 100명을 자신의 별장으로 초청해 IBM 제품을 사용하면서 느낀 점이나 불만 등 의견을 직접 묻고 개선에 나서는 등 실행에 옮기기도 했다. 제조 기반 사업을 버리고 IBM을 서비스 중심의 조직으로 바꿨다. 핵심사업이 아니라고 판단되는 사업과 자산도 신속히 처분했다. 그 결과 IBM은 1993년 당시 총 매출의 27%에 불과하던 IBM의 서비스 사업을 2002년에 총 매출의 45%를 차지하는 364억 달러 규모의 미국 내 최대 '서비스 회사'로 변신하는 데 성공했다. 그가 취임한 지 1년 만인 1994년에는 대규모 적자에서 벗어나 30억 달러의 순이익을 냈다. 명예퇴직 제도를 통해 인력을 감축하고 관리자 수와 상하부 단계를 줄이는 한편, 핵심인력을 외부에서 영입해 효율성도 높였다. 이를 통해 첫해 65억 달러의 비용을 절감해 기사회생의 발판을 다졌다. 고비용 구조도 꾸준히 개선해 한때 매출 대비 38%까지 이르던 비용 비율도 22%까지 낮췄다. 또 1997년 업계 최초로 'e-비즈니스'를 주창하면서 e 구매로 전환해 1994년부터 1997년까지 42억 달러의 비용을 절감했다. 제품개발, 공급사슬, 구매, 생산, 고객관리, 재무, 인사, 정보기술, 자산관리 등 10개의 핵심 업무프로세스를 웹에서 재통합하고 시장과 고객중심으로 재설계해 어떠한 고객의 요구에도 언제든 유연하게 대처할 수 있는 체제도 갖췄다. 이를 통해 IBM은 500억 달러에 달하는 구매 물량을 전자구매 프로세스로 바꾸고 매출 부분의 30%를 전자상거래화했다.

◆ 미래를 내다본 과감한 결정…PC 부문 中 레버노에 매각

루 거스너에 이어 2002년부터 CEO를 맡은 새뮤얼 팔미사노의 업적도 높이 평가된다. 정통 IBM 출신인 그는 2002년에 PwC의 컨설팅 사업 부문을 35억 달러에 인수하는 등 서비스 역량을 고도화했다. 그는 IBM의 상징인 PC사업 철수를 결정한 장본인이기도 했다. 2005년 중국의 레노버에 PC사업을 매각했다. 현재 PC사업이 어려움을 겪고 있다는 점을 고려하면 앞을 내다보는 눈을 가진 선택으로 평가된다. IBM의 최대 강점은 세계 최고의 기술과 인력을 보유한 기업이라는 점이다. IBM은 전세계 8개의 연구소에 3,000여 명의 과학자와 엔지니어가 종사하고 있고 전세계 24개의 제품개발 연구소에 12만5,000명의 연구원이 제품개발 연구에 몰두하고 있다. 또 IBM 왓슨연구소에서 5명의 노벨상 수상자를 배출했다. 또 지난해까지 23년 연속 미국 내 최다 특허 등록기업을 차지했다. IBM의 특허 등록 건수는 7,355건이나 된다. 이 가운데 '인지 과학기술'과 '기업의 클라우드 플랫폼' 관련 분야가 2,000개 이상이다. IBM은 연구개발 분야에 매출의 6%를 매년 투자하고 있다. IBM은 다른 어느 기업보다 많은 변신을 통해 변화에 대응해 와 '변신의 귀재'로도 통한다.

거스너의 위기 극복법

고객중심 경영혁신으로 다시 일어선 IBM

① 비용감소

- 수입을 늘리기보다 나가는 비용 감축
- 고정비의 상당부분을 차지하는 부동산 대폭처분(1993~97년 간 2천5백 ft^2처분)
- 1991년~94년까지의 비용감축 프로젝트는 매년 50억 달러의 비용감소 효과 달성

② 당근과 채찍정책

- 변화에 민감한 기업문화
- 채찍과 당근정책을 통해 구성원들에게 긴장감 부여 및 주인의식 고취
- 종신고용정책 폐지 및 성과중심의 인센티브제 도입, 자사 주식 보유제 도입 등

③ 고객중심 경영

- 소비자중심으로 다시 변화
- 지역별 영업조직을 금융, 여행, 보험, 유통 등 산업별 고객중심 조직으로 개편
- 고객에게 단순기술 판매에 그치는 것이 아닌 토털 솔루션 회사로 변신
- 1995년 관련 서비스 업체인 로터스 인수를 통해 사업군 다각화

1절 지식재산권

지식재산권은 정신의 창조에 대해 사람들에게 부여되는 권리이다. 이것은 일반적으로 창작자에게 자신의 창작물을 일정 기간 동안 사용할 수 있는 독점적 권리를 부여한다. 창작 관련 권리 보호의 주요 사회적 목적은 창작물을 장려하고 보상하는 것이다. 이러한 보호는 소비자가 다양한 상품과 서비스 중에서 정보에 입각한 선택을 할 수 있도록 함으로써 공정한 경쟁을 촉진하고 보장하며 소비자를 보호하는 것을 목표로 한다.

1. 지식재산권

지식재산권(intellectual property right)은 무단 사용으로부터 보호를 받을 수 있는 인간의 지적 산물이다. 즉, 인간의 지적 창조물 중에서 법으로 보호할 만한 가치가 있는 것들에 법이 부여한 권리이다. 산업 활동과 관련된 사람의 정신적 창작물이나 연구결과나 창작된 방법을 인정하는 독점적 권리로 무형재산권이다. 또한 지식재산권의 소유자는 배타적 독점권을 갖는다. 지식재산은 특허권, 실용신안권, 디자인권과 상표권 등이 있다.

그림 7-1 재산권의 종류

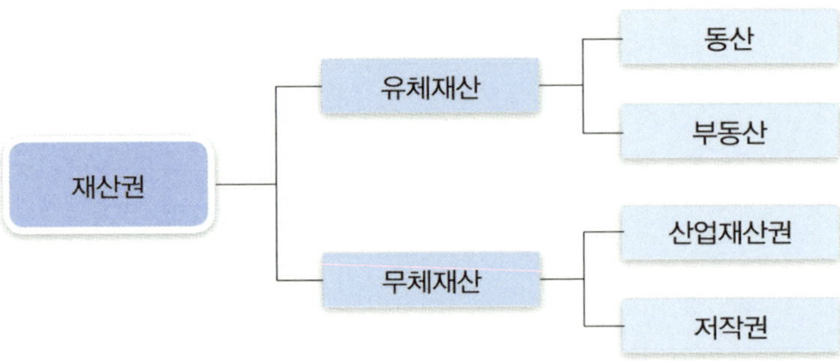

1) 지식재산권의 개념

재산(property)은 인간의 사회적 · 경제적인 욕구를 채우는 유형 · 무형의 수단이다. 재산권(property right)은 경제적 가치를 지니는 권리이다. 즉, 재산적 가치가 있는 물건을 사용,

수익, 처분할 수 있는 권리이다. 재산은 그 형태에 따라 토지 · 건물 · 보석 · 금전 등의 유체재산과 인간의 지적 활동의 결과로 얻어진 정신적 산물로써 재산적 가치가 있는 발명, 고안, 저작, 특허 등의 무체재산으로 구분한다. 무체재산을 지식재산이라고 한다.

지식재산은 인간의 창조적 활동 또는 경험 등에 의하여 창출되거나 발견된 지식 · 정보 · 기술, 사상이나 감정의 표현, 영업이나 물건의 표시, 생물의 품종이나 유전자원, 그 밖에 무형적인 것으로써 재산적 가치가 실현될 수 있는 것을 말한다(지식재산기본법 제3조 제1호). 산업재산권(industrial property)은 물질문화의 발전에 기여하는 권리이고, 저작권(copyright)은 정신문화의 발전에 기여하는 권리이다. 발명은 특허법, 고안은 실용신안법, 물품의 디자인은 디자인보호법, 상표나 서비스표는 상표법, 그리고 저작물은 저작권법에 의하여 권리를 부여하여 보호하고 있다. 지식재산권에는 산업재산권, 지식재산권과 신지식재산권이 있다. 기타 부정경쟁방지 및 영업비밀보호에 관한 법률, 산업기술의 유출방지 및 보호에 관한 법률, 종자산업법, 식물신품종보호법, 반도체집적회로의 배치설계에 관한 법률과 콘텐츠산업진흥법 등이 있다.

그림 7-2 지식재산권의 종류

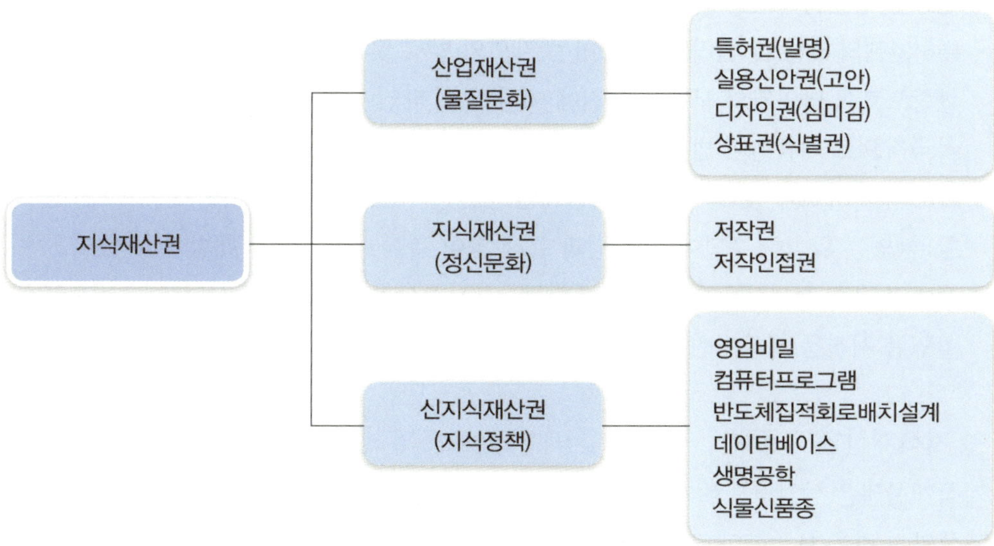

표 7-1 지식재산권의 관련 법률과 내용

권리의 종류	관련 법률	내 용
특허권	특허법	발명(기술적 사상의 창작으로써 고도한 것)
		물질발명, 화학발명, 의약발명, BM발명
실용신안권	실용신안법	실용적인 고안(기술적 사상의 창작)
		물품의 형상, 구조, 조합
디자인권	디자인법	디자인(시각적으로 미감을 주는 물품의 형태)
		제품디자인, 패션디자인, 인테리어 소품
상표권	상표법	상표(상품을 식별하기 위하여 사용하는 표장)
		문자상표, 서비스표, 업무표장, 단체표장
저작권	저작권법	저작물(인간의 사상, 감정의 표현창작물)
		생명공학, 도메인 이름, 인공지능

2) 지식재산권의 필요성

- **시장에서 독점적 지위 확보:** 특허 등 지식재산권은 독점적 · 배타적인 무체재산권으로 신용을 창출하고, 소비자의 신뢰도를 향상하며, 기술판매를 통한 수입을 얻을 수 있다.
- **특허분쟁의 예방 및 권리보호:** 특허는 자신의 발명 및 개발기술을 적시에 출원하여 권리화함으로써 타인과의 분쟁을 사전에 예방하고, 타인이 자신의 권리를 무단 사용할 경우 적극적으로 대응하여 법적인 보호를 받을 수 있다.
- **R&D 투자비 회수 및 향후 추가 기술개발의 원천:** 특허는 막대한 기술개발 투자비를 회수할 수 있는 확실한 수단이며, 타인과 분쟁 없이 추가 응용기술을 개발할 수 있다.
- **정부의 각종 정책자금 및 세제지원 혜택:** 지식재산권은 특허기술사업화 자금지원, 우수발명품 시작품 제작지원, 각종 정부자금 활용과 세제지원 혜택을 받을 수 있다.

3) 지식재산권의 종류

지식재산권은 상업적으로 사용되는 발명과 같은 정신적 창조물로 인간의 발전을 자극하는 창조성과 노력을 보상한다. 지식재산권은 권리자가 타인의 실시를 배제할 수 있는 배타적 독점권으로 특허권, 실용실안권, 디자인권, 상표권과 저작권 등이 있다. [표 7-2]는 지식재산권의 보호대상과 보호기간을 요약한 것이다.

표 7-2 지식재산권의 보호대상 및 보호기간

구 분	보호대상	보호기간
특허권	기술적 사상의 창작으로써 고도한 것(발명)	20년
실용신안권	제품수명이 짧고 실용적인 개량기술(고안)	10년
디자인권	물품의 형상, 모양(디자인)	20년
상표권	상품의 기호, 문자, 도형(표장)	10년
저작권	인간의 사상이나 감정 표현	생존기간과 사망 후 70년

2. 특허권

특허권은 기술적 사상의 창작물(발명)을 일정 기간 독점적 · 배타적으로 소유 또는 이용할 수 있는 권리이다. 특허권을 취득하기 위한 요건은 자연법칙을 이용한 발명, 신규성, 진보성과 산업상 이용가능성을 충족해야 한다.

1) 실체적 요건

특허권(patent right)은 자연법칙을 이용한 기술적 사상(idea)의 창작으로써 고도한 것이어야 한다. 아직까지 없었던 물건 또는 방법을 최초로 발명하였을 경우 그 발명자에게 주어지는 권리이다. 특허를 받을 수 있는 발명은 독창적 사상이고, 자연법칙을 이용한 것으로 기술적 효과를 낼 수 있고, 산업상 이용할 수 있는 것이어야 한다. 권리 존속기간은 출원일로부터 20년이다. 특허권을 취득하기 위한 요건은 자연법칙을 이용한 발명, 신규성, 진보성과 산업상 이용가능성을 충족해야 한다.

그림 7-3 특허권의 요건

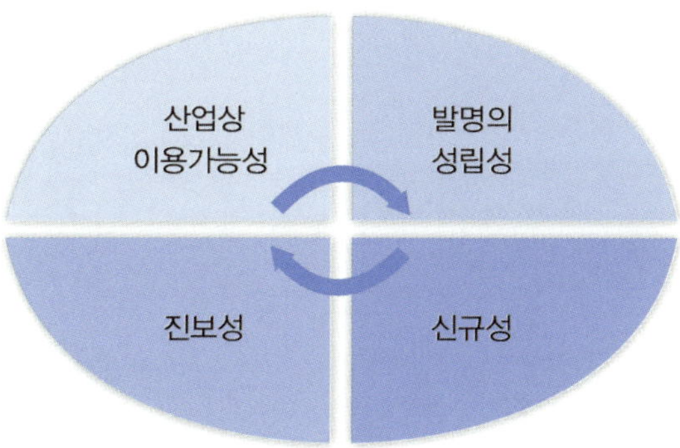

① 발명의 성립성: 자연법칙 이용

발명의 성립성이란, 발명이 자연법칙을 이용한 기술적 사상의 창작으로써 고도한 것을 의미한다. 발명은 단순한 아이디어가 아니라 목표를 달성하기 위한 기술적 수단으로 구체화된 아이디어이다. 자연현상 또는 자연법칙 자체는 특허의 대상이 될 수 없고, 반대로 자연법칙을 이용하지 않은 경우에도 특허의 대상이 될 수 없다. 자연법칙은 자연계에 존재하는 물리적 · 화학적 · 생물학적 원리원칙을 말한다. 자연계에서 경험으로 찾아낸 법칙으로 자연과학의 학문적 법칙, 경험법칙과 생리학법칙은 포함되지만, 정신 활동으로 창안된 법칙, 경제학법칙, 심리법칙이나 인간의 판단 등은 해당되지 않는다.[1)]

- 발명의 성립성: 발명이 자연법칙을 이용한 기술적 사상의 창작으로써 고도한 것

발명은 물건의 발명과 방법의 발명이 있다. 물건의 발명은 기계, 기구, 장치, 시설, 전자회로, 화학물질, 식물, 미생물과 같은 유형물을 구현하는 발명이지만, 방법의 발명은 물건의 생산 방법, 분석이나 측정 방법으로써 구체화되는 발명이다. 예를 들면, 기계장치의 취급 방법, 물건의 생산 방법, 물질의 생산 방법과 동식물의 사육 방법 등이 있다. 용도발명은 물건의 특정 성질을 발견하고, 이 성질을 유용하게 이용하는 발명으로 특허법에서는 이를 물건의 발명으로 규정한다. 이러한 방법의 발명도 자연법칙을 이용한 발명이어야 한다. 또 발명은 기본발명과 개량발명으로 구분한다. 기본발명은 발명이 속하는 기술 분야에서 기술문제를 최초로 해결한 발명이다. 이것은 발명적 기여가 크고 포괄하는 기술적 범위가 넓다. 예를 들면, 전기, 컴퓨터, 전화기 등이 있다. 개량발명은 선행발명을 기초로 하여 기술적으로 보완하여 개선한 발명을 말한다. 개량발명이 특허발명의 대부분을 차지한다.

그림 7-4 발명의 종류

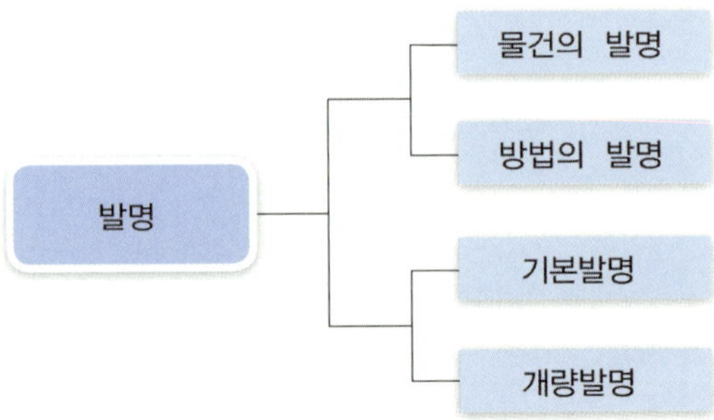

1) 윤선희(2015), 특허의 이해-제2판, 법문사.

② 신규성

특허발명은 특허출원 전에 국내 또는 국외에서 공지 · 공용 · 간행물 게재 · 전기통신회선으로부터 공중이 이용 가능하게 된 발명에 해당되지 않는 독창적인 기술적 사상이어야 한다. 신규성(novelty)은 독창적인 기술적 사상으로 발명이 새로움을 갖추어야 한다는 것을 말한다. 공지 · 공용기술이 아닌 것으로 발명의 내용인 기술적 사상이 종래의 기술적 지식, 선행기술에 비추어 알려져 있지 않은 새로운 것을 의미한다. 따라서 신규성은 특허출원 전에 세상에 새로운 것으로 어떠한 방법으로든 공개되지 않은 것을 뜻한다. 즉, 특허출원 전에 세상에 없는 새로운 것을 의미한다. 특허권은 새로운 기술을 발명한 자에게 사회 일반에게 공개하는 대신 그 보상으로 일정 기간 동안 독점권을 부여하는 것이다.

③ 진보성

진보성(inventive step)은 발명의 창작수준의 난이도로 당업자가 출원 시에 선행기술에 의하여 용이하게 발명할 수 없는 정도를 의미한다. 즉, 당업자가 쉽게 생각해 낼 수 없는 것이어야 한다. 종래 발명에 비해 진보된 발명에 대해서만 특허를 부여한다는 요건이다. 당업자란 발명이 속한 기술 분야에서 보통의 수준을 갖고 있는 기술자를 의미한다. 진보성은 목적의 특이성, 구성의 곤란성 및 효과의 현저성 여부를 판단한다.

④ 산업상 이용가능성

특허법은 산업의 발달이 목적이므로 특허를 받기 위해서는 산업상 이용가능성이 있어야 한다. 산업상 이용가능성이란 당해 발명이 산업 과정에서 반복 · 계속적으로 이용될 수 있는 가능성을 말한다. 따라서 산업상 이용가능성이 없는 발명이나 산업 이외의 분야에서만 이용할 수 있는 발명은 비록 신규성과 진보성을 갖추고 있더라도 특허를 받을 수 없다. 또한 반복 생산이 불가능한 발명이거나 특허명세서에 기재된 내용으로부터 실시가 불가능한 발명의 경우에는 출원은 거절되며, 특허된 경우라 하더라도 무효사유가 된다. 다음은 발명에 해당되지 않는 사항이다.

- 의료행위
- 업으로 이용할 수 없는 발명
- 현실적으로 명백하게 실시할 수 없는 발명

특허청구범위(claim)는 출원인에게 있어 특허권으로서 보호를 요구하는 범위를 말한다.

타인이 이를 침해하는 경우에는 특허권을 침해로부터 보호하는 권리범위로 발명의 상세한 설명에만 기재되고 청구범위에 기재하지 않은 사항은 특허권으로서 보호받을 수 없다.

2) 특허출원 및 등록절차

특허출원은 특허를 받기 위해 국가에 대하여 발명공개를 조건으로 특허권의 부여를 요구하는 행위이다. 발명이 특허요건을 구비하고 있는지의 여부에 대하여 일정 자격을 갖춘 심사관이 판단하여 발명의 요건을 충족하면 특허권이 부여된다. 특허를 받기 위해서는 특허출원 서류를 제출하여야 하는데, 특허출원에 필요한 필수 서류는 특허출원서, 요약서, 명세서 및 도면 등이다. 특허출원서는 특허출원의 본체로서 특허를 받고자 하는 의사표시를 나타낸 서면을 말하며 특허출원인의 성명 및 주소, 대리인이 있는 경우 대리인의 성명 및 주소나 영업소의 소재지, 발명의 명칭, 발명자의 성명 및 주소 등을 기재한다. 요약서는 기술정보의 용도로 사용하기 위해 제출을 의무화한 것으로서 출원서에 첨부하도록 하고 있다. 명세서란 특허를 받고자 하는 발명의 내용을 명확하고 상세하게 기재한 서면으로서 발명의 명칭, 도면의 간단한 설명, 발명의 상세한 설명, 특허청구범위로 구성된다. 도면은 발명의 실시 예를 구

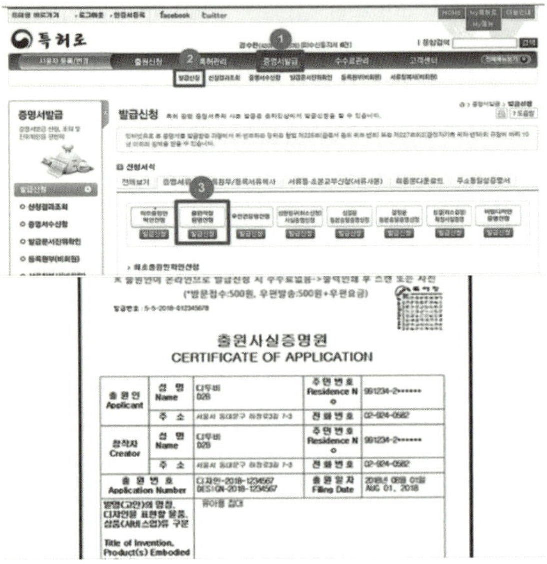

그림 7-5 특허출원에 필요한 서류 및 기재사항

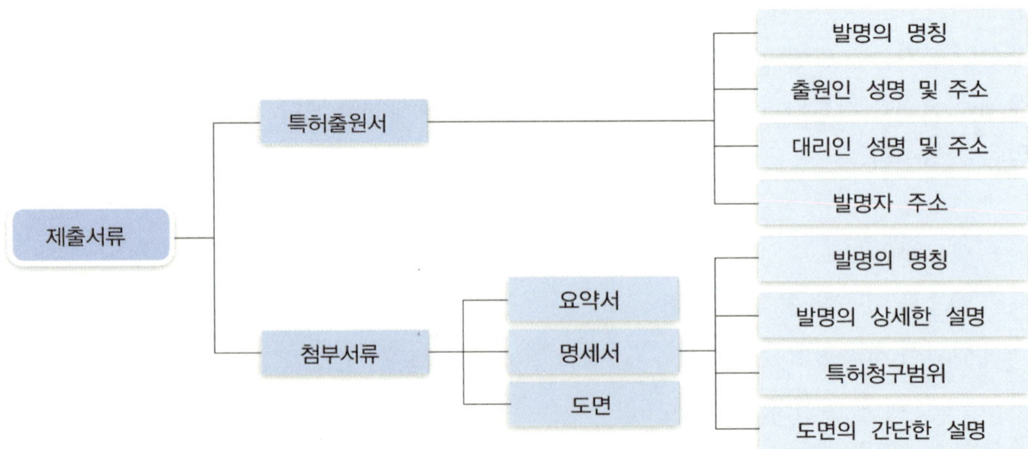

그림 7-6 특허출원 및 등록절차

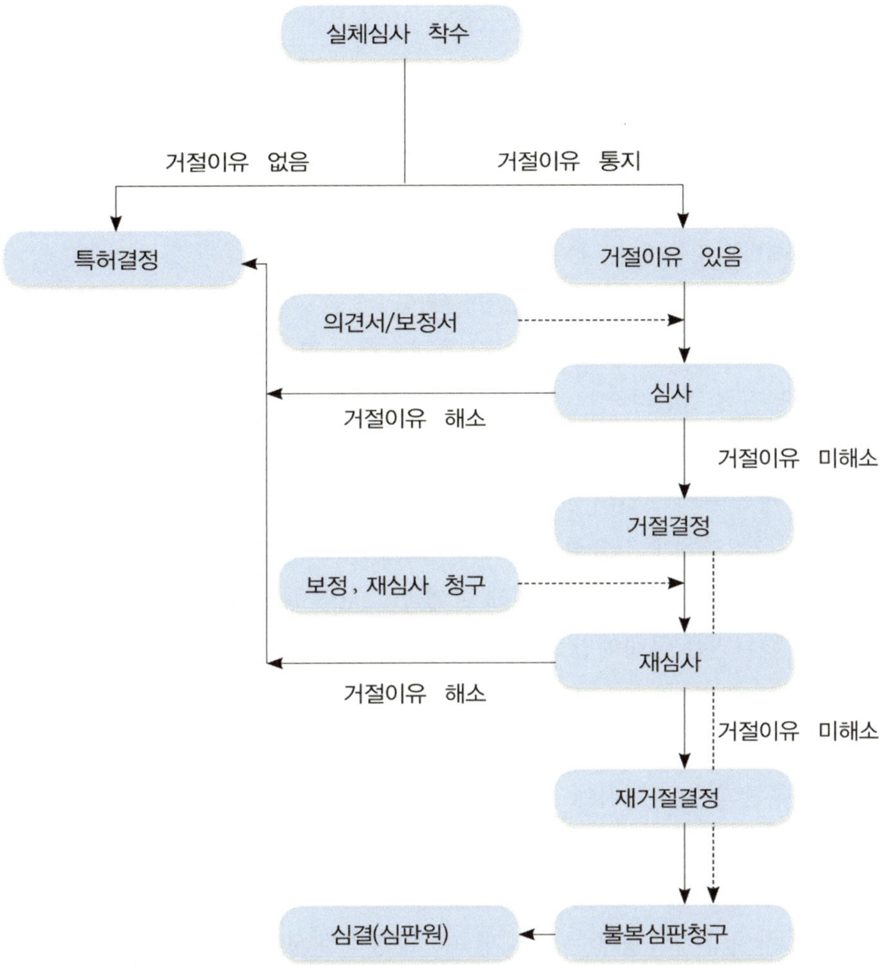

체적으로 표시하여 발명의 실체를 파악하는 데 도움을 주기 위한 것으로 명세서의 보조수단으로 이용되며, 발명의 요점을 충분히 이해할 수 있도록 작성하여야 한다.

3) 특허권의 효력

특허권은 설정등록에 의하여 발생하며, 설정등록일로부터 특허출원일 후 20년이 되는 날까지 존속한다. 특허권자는 특허발명을 업으로써 실시할 권리, 즉 물건의 발명인 경우에는 그 물건을 생산 · 사용 · 양도 · 대여 또는 수입하거나 그 물건의 양도 또는 대여의 청약을 하는 행위, 방법의 발명의 경우에는 그 방법을 사용하는 행위 및 물건을 생산하는 방법의 발명인 경우에는 위 행위 외에 그 방법에 의하여 생산한 물건을 사용 · 양도 · 대여 또는 수입하거나 그 물건의 양도 또는 대여의 청약을 하는 행위를 독점한다.

4) 특허제도의 원리

- **선출원주의**: 동일한 발명에 대하여 2 이상의 특허출원이 경합하는 경우 가장 먼저 출원한 자에게 특허권이 부여된다.
- **1특허출원 범위**: 1특허출원 범위의 요건에 위반된 출원은 거절이유는 되지만 특허무효사유에는 해당되지는 않는다. 1발명 1출원의 원칙이다.
- **권리주의**: 특허권이 법에 의하여 부여된다.
- **심사주의**: 신규성, 진보성 등의 실질적 특허요건의 판단에 대하여 심사가 행해진 후 특허허여 여부가 결정된다.
- **출원공개주의**: 출원에 대한 심사 여부와 관계없이 발명내용을 출원일로부터 1년 6개월이 경과한 때 또는 출원인의 신청이 있을 때에 특허공보에 게재하는 방식으로 행해진다. 출원공개는 제3자에게 기술정보를 제공하여 중복투자를 방지하기 위한 것이다.
- **등록주의**: 특허권은 설정등록에 의해 발생하고, 등록원부에 등재한다.
- **속지주의**: 특허권은 국내에만 효력이 있다.

5) 특허권 침해와 구제

특허권의 침해란 특허권 실시에 정당한 권한이 없는 자가 타인의 특허권의 보호대상인 특허발명을 업으로써 실시하는 것을 말한다. 특허권의 침해가 성립하려면 유효한 특허권 내지 전용실시권의 존재, 침해의 혐의를 받는 물건 또는 방법이 특허발명의 보호범위에 해당하는 것이어야 하며, 침해의 혐의를 받는 자에게 특허발명의 실시에 관한 정당한 권한이 없을 것을 요하며, 업으로써 실시하는 행위이어야 한다. 특허권자와 전용실시권자는 권한없이 특허발명을 업으로 실시하는 자에게 침해금지 및 예방청구권, 침해조성물 폐기 · 제거청구권, 신용회복청구권, 손해배상청구권 및 부당이득반환청구권을 행사할 수 있다.

6) PCT 출원

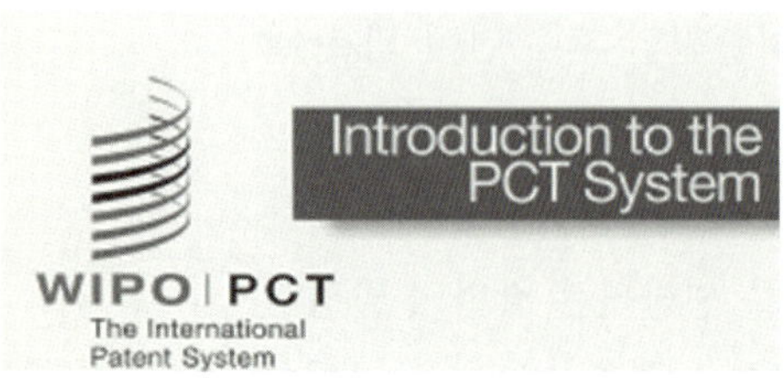

PCT(Patent Cooperation Treaty) 규정에 의한 출원으로써 국제출원일이 인정되면 지정국에서 실제 출원한 것과 같은 효과가 발생한다. 특허협력조약에 가입한 국가 간에 출원인이 출원하고자 하는 국가를 지정하여 자국 특허청에 PCT 국제출원서를 제출한 날을 각 지정국에서 출원일로 인정받을 수 있다. 한

번의 PCT 국제출원으로 다수의 가입국에 직접 출원한 효과를 얻을 수 있으며, 국제조사 및 국제예비심사보고서의 활용으로 발명의 평가 및 보완기회를 가질 수 있어 특허획득에 유리하고, 불필요한 비용의 지출을 방지할 수 있다. 아래는 PCT출원의 장점과 단점이다.

- 장점
  - 1회의 출원으로 다수국에 직접 출원한 효과
  - 국제조사, 국제예비심사보고서 활용으로 발명의 평가, 보완기회 부여
  - 발명의 평가결과가 부정적일 경우 절차를 정지하여 경비 절약
- 단점
  - 특허권 취득의 장기화, 절차가 복잡
  - 국제출원 언어: 국어, 영어, 일어
  - 국제예비심사 청구 시 우선일부터 30개월 이내

INSIGHT 특허괴물(patent troll): 특허관리 전문회사(NPEs)

특허괴물(patent troll)은 특허의 실제 가치 이상으로 피고발 침해자에 대해 특허권을 행사하려는 사람이나 회사를 기술하는 경멸적인 용어이다. 특허괴물은 문제가 되는 특허에 근거하여 종종 제품을 제조하거나 서비스를 공급하지 않는다. 특허괴물은 특허관리 전문회사를 의미하며, 특허관리 전문회사는 특허 지주회사(patent holding company: PHC), 특허권행사 전문기업(patent assertion entity: PAE)과 비활동 기업(non-practicing entity: NPE)을 포함한다. 특허괴물은 개인 또는 기업으로부터 특허기술을 사들여 로열티 수입을 챙기는 회사를 일컫는 말이다. 특허권을 침해한 기업에게 소송을 제기하여 막대한 이익을 창출하기도 한다. 제품을 제조하거나 판매하지 않고 특허권 또는 지식재산권만을 집중적으로 보유함으로써 특허권 사용료 수입으로 이익을 창출하는 특허관리 전문회사를 의미한다. 이들은 대량의 특허권을 개인 또는 기업으로부터 매입하거나 원천기술을 보유한 소규모 기업을 인수·합병하는 식으로 특허권을 확보한 후 특정 기업이 특허기술을 무단으로 사용한 제품이나 서비스를 선보일 경우 그 기업을 상대로 사용료를 요구하는 협상을 하고, 협상이 이루어지지 않을 경우 수입금지 · 판매금지 소송 등을 통해 기업을 압박하여 막대한 보상금을 챙긴다.

◆ 특허괴물의 유래

미국의 테크서치는 인터내셔널 메타 시스템스(IMS)라는 마이크로프로세서 생산업체의 특허권을 매입하였다. 그런 후 1998년 미국의 반도체 회사 인텔(Intel Corporation)에 특허침해 소송을 걸어 특허권 매입가

의 1만 배에 해당하는 배상액을 요구하였다. 당시 인텔 측 사내변호사인 피터 뎃킨(Peter Detkin)이 테크서치를 가리켜 특허괴물(Patent Troll)이라고 비난한 데에서 이 말이 유래되었다. 특허파파라치, 특허해적, 특허사냥꾼이라고도 불린다.

◆ 경계해야 할 잠수함 특허

잠수함 특허(Submarine Patent)는 출원인이 특허출원 후 심사를 고의로 지연시키고 있다가 어느 날 갑자기 특허등록을 진행시켜 무차별적으로 특허권을 행사하는 것으로써, 물속에서 잠망경만을 내놓고 있다가 물 위의 시장이 활성화되기를 기다린 뒤 특허된 발명을 어뢰처럼 발사시켜 특허권을 행사하는 잠수함형이다.

3. 실용신안권

실용신안권(utility model right)은 실용신안법에 의하여 실용신안을 등록한 자가 독점적·배타적으로 가지는 지배권이다. 기존의 물품을 개량하여 실용성과 유용성을 높인 고안을 출원하여 부여받는 권리이다. 실용신안권은 개량발명 또는 소발명을 보호, 장려하고 기술발전을 촉진하여 산업발달에 이바지하기 위한 제도이다. 특허는 보호기간이 등록 후 20년이지만, 실용신안은 10년이다. 특허등록의 대상은 물품 및 방법이지만, 실용신안등록의 대상은 오직 물품만이 출원 대상에 해당된다는 차이점이 있다. 유행에 민감하거나 수명이 짧은 기술은 실용신안으로 보호받는 것이 유리하다. 특허에 비해 구성이 간단한 단순 아이디어 제품이나 잡화 등에는 실용신안등록이 훨씬 권리화에 유리하다. 물품이 아닌 제조 방법 및 사용 방법 등의 방법을 개발한 것은 실용신안등록의 대상이 아니므로 반드시 특허출원을 해야 한다

실용신안권은 자연법칙을 이용한 기술적 사상의 창작물 중에서 산업상 이용할 수 있는 물품의 형상, 구조 또는 조합에 관한 고안이다. 일정한 형체가 없는 의약, 화학물질, 유리, 합금, 시멘트 등의 조성물은 등록될 수 없다. 특허출원을 하였으나 진보성과 고도성이 부족할 때 실용신안으로 변경출원하면 등록가능성이 크다. 다음은 실용신안권의 특징이다.

- 이미 발명된 것을 보다 편리하고 유용하게 쓸 수 있도록 개량
- 권리 존속기간: 설정등록일 후 출원일로부터 10년
- 목적: 소발명 보호
- 특허와의 차이점
  - 보호대상: 물품(특허는 방법도 포함)

- 등록요건: 진보성에서 고도성이 제외

4. 디자인권

디자인권(design right)은 디자인을 등록한 자가 그 등록디자인에 대하여 향유하는 독점적 · 배타적 권리이다. 디자인은 물품(물품의 부분 및 글자체 포함)의 형상, 모양, 색채 또는 이들을 결합한 것으로서 시각을 통하여 미감을 일으키게 하는 것을 의미한다. 즉, 물품이나 글자체의 외관 디자인을 보호하는 권리이다. 새로운 디자인을 만든 자가 등록하여 가지는 권리인 디자인권의 성립요건은 물품성, 형태성, 시각성 및 심미성 등을 갖추어야 한다.

- **물품성**: 독립성이 있는 구체적인 물품이다. 물품은 독립성이 있는 구체적인 유체동산으로써 통상의 상태에서 독립된 거래의 대상이고, 부품은 호환성이 있어야 한다.
- **형태성**: 물품의 형상, 모양, 색채 또는 이들이 결합된 것이다.
- **시각성**: 육안으로 식별할 수 있는 것이다.
- **심미성**: 미감을 일으키도록 미적 처리가 되어 있는 것이다.

1) 디자인권의 등록요건

디자인의 등록에 의해 디자인권이 발생하고, 디자인권자는 업으로서 등록디자인 또는 이와 유사한 디자인을 실시할 권리를 독점한다. 디자인권으로 등록되기 위해서는 공업상 이용가능성, 신규성, 창작 비(非)용이성이 구비되어야 한다.

- **공업상 이용가능성**: 공업적 생산 과정을 거쳐 동일한 형태와 모양의 물품을 반복해서 생산할 수 있는 정도이다.
- **신규성**: 출원 전에 이미 공지되었거나 공연히 실시된 디자인, 간행물에 게재되거나 전기통신회선을 통해 공중이 이용 가능한 디자인과 동일 · 유사한 디자인은 등록될 수 없다.
- **창작 비(非)용이성**: 출원된 디자인이 속하는 분야에서 통상의 지식을 가진 자가 선행 디자인을 결합하거나 국내에서 널리 알려진 형상 · 모양 · 색채 또는 이들을 결합하여 용이하게 창작할 수 있는 디자인은 디자인으로 등록될 수 없다.

2) 디자인권 보호제도

• 무심사 등록제도

유행 주기가 짧아 신속하게 등록될 필요가 있는 디자인을 조기에 등록할 수 있게 하기 위한 제도로써 출원된 디자인이 디자인 등록요건을 충족하면, 다른 요건을 심사하지 않고 등록할 수 있게 하는 제도이다. 각각의 디자인에 대해 별개의 등록출원을 할 필요가 없으며, 20개 이내의 디자인을 하나의 디자인등록으로 출원할 수 있다.

• 전체디자인권

전체디자인권이란 부분디자인의 디자인권에 대응하여 물품의 전체의 형상 · 모양 · 색체 또는 이들의 결합에 대하여 성립된 디자인권을 말한다. 부분디자인이 선출원으로 등록되고, 그 부분을 포함하는 전체디자인이 후출원으로 등록된 경우에는 이용관계가 발생한다.

• 부분디자인권

물품의 부분에 관한 디자인을 보호하는 제도이다. 이는 하나의 디자인에 독창적이고 특징적인 디자인이 여러 개 포함되어 있는 경우에도 전체로써 하나의 디자인으로만 보호될 수 있는 불합리함을 해소하기 위해 도입된 제도이다.

• 유사디자인권

자신의 등록디자인이나 디자인 등록출원한 디자인에만 유사한 디자인에 대해 유사한 디자인으로 등록할 수 있게 하는 제도이다.

• 한 벌 물품디자인권

2이상의 물품이 한 벌 물품으로 동시에 사용되는 경우 그 한 벌의 물품의 디자인이 한 벌 전체로써 통일성이 있다면, 그 한 벌에 대한 디자인을 하나의 디자인으로 등록할 수 있다.

• 비밀디자인권

출원인의 청구에 따라 설정등록일로부터 3년 이내의 기간을 정하여 그 등록디자인의 내용을 공개하지 않고, 비밀로 두는 제도이다. 이는 출원인이 특정한 디자인을 실시하기 위한 준비를 하는 기간 동안 그 디자인이 제3자에게 공개되는 것을 방지하기 위한 제도이다.

• 글자체디자인권

기록이나 표시 또는 인쇄 등에 사용하기 위하여 공통적인 특징을 가진 형태로 만들어진 한 벌의 글자꼴(숫자, 문장부호, 기호 등의 형태)의 형상 · 모양 · 색채 또는 이들의 결합에 대하여 성립된 디자인권이다.

3) 디자인권의 효력

디자인권은 설정등록에 의하여 발생하고(디자인보호법 제39조 제1항), 설정등록이 있는 날부터 20년간 존속한다. 디자인권자는 업으로서 등록디자인 또는 이와 유사한 디자인을 실시할 권리를 독점한다.

5. 상표권

상표(trade mark)는 다른 사람의 상품 또는 영업과 구별하기 위하여 사용하는 문자, 도형, 기호, 입체적 형상, 색채, 홀로그램, 동작, 소리, 냄새 등의 시각적으로 인식할 수 있는 것이다. 상표권(trade mark right)은 등록상표를 지정상품에 독점적으로 사용할 수 있는 권리이다. 상표의 기능은 식별기능, 출처표시기능, 품질보증기능, 광고 선전기능, 재산적 기능 등이 있다. 상표권의 독점기간은 10년이지만 갱신이 가능하다. 다음은 상표의 종류이다.

- **업체상표**: 타인의 상품과 구별하기 위해 사용하는 표장
- **서비스표**: 타인의 서비스업과 식별되도록 하기 위하여 사용하는 표장
- **단체표장**: 동종업자가 설립한 법인의 상품이나 서비스업에 사용하는 것(예, 새마을금고)
- **업무표장**: 비영리업무를 하는 자가 그 업무를 표시(예, YWCA)
- **증명상표**: 증명을 업으로 하는 자가 상품이나 서비스업의 규정 품질을 충족 여부 증명
- **색채상표**: 기호, 문자, 도형, 색채, 홀로그램, 동작이나 이들에 색채를 결합한 상표

동일한 상표가 없더라도 모두 등록이 되는 것은 아니고, 등록이 제한되는 경우가 있다. 보통명칭상표, 관용상표, 성질표시표장, 현저한 지리적 명칭, 흔한 성이나 명칭, 간단하고 흔한 상표 등은 등록을 받을 수 없는 상표이다. 다음은 등록이 불가능한 상표이다.

- **보통명칭상표**: 상품의 보통명칭은 등록이 불가능하지만, 식별력 있는 요소가 결합되면 가능하다. 가방, 모자, 라면 등은 불가능하지만, 농심라면이나 영안모자는 가능하다.
- **관용상표**: 정종, 메일, 호마이카, 나폴레옹, ~tex, ~lon, 깡
- **성질표시표장**: 콘디션, 파워크린, 엑셀, 청정, 무공해, 바이오, hitek
- **현저한 지리적 명칭**: 춘천, 소양호, 충주호, 런던, 뉴욕, 마이애미 등은 불가능하다.
- **흔한 성이나 명칭, 간단하고 흔한 상표**: President, 한글 한자, 영문 두자 이하의 문자
- 기타

- 국기, 국장 등과 동일 또는 유사한 상표
- 공공단체의 표장과 동일 또는 유사한 상표
- 공서양속에 반하는 상표
- 박람회의 상패, 상장과 동일 유사한 상표
- 상품 또는 그 포장의 기능을 나타내는 입체적 형상만으로 구성된 상표
- 저명한 타인의 성명 또는 명칭을 포함하는 상표

• 상표의 동일 · 유사
  - 유사판단의 3요소: 외관, 발음(칭호), 의미(관념)
  - 등록상표와 동일 유사한 상표를 지정상품과 동일 유사한 상품 사용금지
  - 예: 신세기와 신세계

6. 저작권

저작권(copyright)은 인간의 사상 또는 감정을 표현한 창작물에 대하여 주어진 독점적 권리이다(저작권법 제2조 제1호). 표현의 수단 또는 형식 여하를 불문하고, 사람의 정신적 노력에 의하여 얻어진 사상 또는 감정에 관한 창작적 표현물은 모두 저작물이 된다. 저작권은 저작물이 창작된 때부터 발생하며, 어떠한 절차나 형식적 요건을 필요로 하지 않는다. 저작권의 보호기간은 저작자의 생존 동안 및 사후 70년간이다. 특허는 아이디어를 보호하나, 저작권은 표현 자체를 보호한다. 다음은 저작권의 보호대상이다.

• 인간의 사상 또는 감정을 표현한 창작물(제2조 제1호)
• 저작물 예시(제4조)
  - 소설 · 시 · 논문 · 강연 · 연설 · 각본, 그 밖의 어문저작물
  - 음악저작물
  - 연극 및 무용 · 무언극, 그 밖의 연극저작물
  - 회화 · 서예 · 조각 · 판화 · 공예 · 응용미술저작물, 그 밖의 미술저작물
  - 건축물 · 건축을 위한 모형 및 설계도서, 그 밖의 건축저작물
  - 사진저작물(이와 유사한 방법으로 제작된 것을 포함한다)
  - 영상저작물
  - 지도 · 도표 · 설계도 · 약도 · 모형, 그 밖의 도형저작물
  - 컴퓨터프로그램저작물

- 보호받지 못하는 저작물: 아이디어, 관공문서, 시사보도

2절 신지식재산권

저작권과 산업재산권을 제외하고, 경제적 가치를 지니는 인간의 지적 창작물인 컴퓨터 프로그램, 유전자조작동식물, 반도체설계, 인터넷, 캐릭터산업 등과 관련된 지식재산권을 신지식재산권(intellectual property rights)이라 한다. 신지식재산권은 컴퓨터 프로그램, 인공지능, 데이터베이스와 같은 산업저작권, 반도체집적회로 배치설계, 생명공학과 같은 첨단산업재산권 및 영업비밀, 멀티미디어와 같은 정보재산권으로 분류되며, 이 외에도 만화영화 등의 주인공을 각종 상품에 이용하여 판매할 수 있는 캐릭터, 독특한 색채와 형태를 가진 독특한 물품의 이미지, 프랜차이징 등도 신지식재산권의 일종으로 포함되기도 한다.

1. 컴퓨터 프로그램

컴퓨터 프로그램 저작권은 저작권법에 의해 보호된다. 프로그램 등록을 하려면 특징, 주요 기능, 사용 방법 설명과 프로그램 복제물을 제출하여야 한다. 컴퓨터 프로그램은 컴퓨터 프로그램 저작권보다는 특허권으로 보호받는 것이 더 유리하다. 특허법에서는 프로그램의 소스뿐만 아니라 알고리즘에서 독점권을 보장받을 수 있다. 또한 소프트웨어 패키지에 사용되는 캐릭터나 상표도 디자인법이나 상표법에 따라 등록하면 제3자의 모방행위를 사전에 방지할 수 있다.

프로그램 저작권의 내용은 복제권, 배포권, 개작권, 대여권, 전송권, 저작권 관리정보의 변경금지권, 기술적 보호조치 무력화 금지권 등이 있다. 컴퓨터 프로그램 보호에서 제외되는 것은 프로그램 언어, 프로토콜, 해법 등이 있다. 프로그램 언어(language)는 모든 컴퓨터 프로그램의 작성의 원천적이고 범용성 있는 도구이다. 프로토콜(ptotocol)은 특정 프로그램의 용법에 관한 특별한 약속이므로 스포츠 경기의 규칙과 같은 것이다. 해법(solution)은 프로그램으로 작성되지 않은 알고리즘 상태의 아이디어를 의미한다.

2. 반도체집적회로 배치설계권

반도체집적회로(semiconductor integrated circuit)는 실리콘 등의 반도체 기판 내에 트랜지스터, 다이오드, 저항 등의 회로소자를 만들어 붙여 서로 접속시킨 회로이다.

반도체집적회로의 배치설계에 관한 법률에서 배치설계(layout design, mask work)는 반도체집적회로를 제조하기 위하여 각종 회로소자 및 그들을 연결하는 도선을 평면적 또는 입체적으로 배치한 설계이다. 배치설계권은 배치설계를 무단복제 등의 침해로부터 보호하고, 배치설계에 관한 창작자의 권리를 보호하기 위한 신지식재산권이다. 집적회로는 자동차, 선박, 항공기나 각종 가전제품, 컴퓨터제품, 전자제어장치 등 일상생활의 편의와 산업 각 분야의 효율성을 제고하고 있다. 집적회로 배치설계 제작은 막대한 인력과 자본이 투입되지만 복제가 쉽고 비용이 적다. 배치설계권은 창작성이 있는 배치설계를 특허청에 설정등록함으로써 발생한다. 특히 배치설계를 영리목적으로 최초 이용한 날로부터 2년 내에 신청해야 한다.

- **창작성**: 배치설계 제작자의 지적 노력의 결과로써 통상적이 아닌 특성이 나타나 있어서 기존의 제작물과 구별될 수 있는 배치설계이어야 한다.
- **설정등록**: 권리의 대상 설정등록

3. 영업비밀

영업비밀은 기업이 시장에서 경쟁상의 우위를 확보하기 위하여 스스로 개발하고 비밀로서 보유한 기술정보와 경영정보이다. 이러한 정보는 공연히 알려져 있지 아니하고 독립된 경제적 가치를 가지는 것으로 상당한 노력에 의하여 비밀로 유지된 기술상 및 경영상의 정보를 말한다.

1) 영업비밀의 요건

영업비밀은 공연히 알려져 있지 아니하고 독립된 경제적 가치를 가지는 것으로써 상당한 노력에 의하여 비밀로 유지된 생산 방법 · 판매 방법 기타 영업 활동에 유용한 기술상 또는 경영상의 정보를 말한다. 공연히 알려져 있지 않은 상태(비공지성, 非公知性)이어야 한다. 보유자 이외의 타인이 당해 정보를 알고 있다 하더라도 보유자와의 사이에 비밀준수의 의무가 형성된 경우라면 비공지 상태라고 할 수 있다. 보유자와 무관한 제3자가 독자개발 등에 의해 동일한 정보를 보유하고 있어도 그 제3자가 당해 정보를 비밀로써 유지하고 있는 경우 역시 비공지 상태의 정보라고 할 수 있다. 영업비밀 보유자가 시장에서 특정한 정보의 사용을 통해 경업자(競業者)에 대한 경제상의 이익을 얻을 수 있거나 정보의 취득 또는 개발을 위해 상당한 비용이나 노력이 필요한 경우 등을 의미한다. 일반 공개를 통해서는 가치를 잃게 되는 지적 노력이기 때문에 보호대상이 된다. 다음은 영업비밀의 요건이다.

- **비밀성**: 공연히 알려져 있지 아니하고
- **독립적 경제성**: 독립된 경제적 가치를 가지는 것으로써
- **비밀 관리성**: 상당한 노력에 의하여 비밀로 유지된
- **정보**: 생산 방법, 판매 방법, 기타 영업 활동에 유용한 기술이나 경영정보

2) 영업비밀의 보호대상

영업비밀의 보호대상은 노하우, 영업상 아이디어, 영업전략, 제품사양, 고객명단, 특정 원재료, 자재의 소재지, 구입처 정보, 특정 인사관리기법, 판매기법, 특허출원 중인 기술내용 등이 있다. 다음은 영업비밀의 대표적 예이다.

- **기술정보**: 설계 방법, 설계도면, 공정도, 실험데이터 등
- **상업정보**: 고객명부, 거래선 목록, 신제품의 생산계획, 판매 매뉴얼 등
- **기타 경영정보**: 인사 · 조직 · 사무관리법, 재산관리 방법 등

3) 영업비밀의 침해행위

첫째, 영업비밀을 부정 공개 · 사용하는 행위가 있다. 계약관계 등에 의하여 영업비밀을 유지해야 할 의무가 있는 자가 부정한 이익을 얻거나, 그 영업비밀의 보유자에게 손해를 가할 목적으로 그 영업비밀을 사용하거나 공개하는 행위를 말한다. 비밀유지의무란 법률에서 그 의무를 명시한 경우, 개별적인 계약관계가 있는 경우, 계약관계가 없더라도 이에 준하는 신뢰관계가 있는 경우 등을 포함하며, 재직 중 또는 퇴직 후, 계약 중 또는 계약만료 후 등의 상태를 묻지 않는다.

둘째, 부정 공개된 영업비밀을 악의 · 중과실로 취득 · 사용 · 공개하는 행위가 있다. 영업비밀이 공개된 사실 또는 그러한 공개행위가 개입된 사실을 알거나 중대한 과실로 알지 못하고 그 영업비밀을 취득하는 행위 또는 그 취득한 영업비밀을 사용하거나 공개하는 행위를 말한다. 악의 또는 중과실로 인하여 당해 영업비밀을 취득하거나, 취득한 영업비밀을 사용 또는 공개하는 행위를 금지시키는 규정이다.

셋째, 선의취득 후 악의 · 중과실에 의한 사용 · 공개 행위가 있다. 영업비밀을 취득한 후에 그 영업비밀이 공개된 사실 또는 그러한 공개행위가 개입된 사실을 알거나 중대한 과실로 알지 못하고, 그 영업비밀을 사용하거나 공개하는 행위를 말한다.

INSIGHT "영업비밀 훔쳤다" 웨이모, 우버에 소송 제기

자율주행 자동차기술 경쟁이 개발업체의 소송으로 이어지고 있다. 구글 자율주행 자동차 이니셔티브에서 분사한 웨이모가 우버와 우버 소속 신생업체 오토(Otto)를 대상으로 영업비밀 침해 소송을 제기했다. 웨이모는 우버와 오토가 웨이모에서 훔쳐간 지적 자산을 사용하고 있다고 주장했다. 이 소송은 업체 간 다툼이 확대되는 과정과 자율주행 기술 업계에서의 치열한 경쟁을 잘 나타낸다. 웨이모는 우버가 웨이모에서 빼 간 영업비밀로 단 9개월 만에 고유의 LiDAR(Light Detection and Ranging) 시스템을 구축했다고 주장했다. 웨이모는 이 기술을 약 7년간 개발해왔다. 웨이모는 소송에서 "공정경쟁은 새로운 기술혁신을 촉진하지만, 이번 사건은 단순한 공정경쟁이 아니다"라고 밝혔다. 지난해 우버가 인수한 오토는 전직 웨이모 운영진 앤서니 레반도프스키와 공동으로 설립됐다. 앤서니 레반도프스키는 우버의 무인 자동차 부문을 이끌고 있다. 웨이모는 레반도프스키가 이직 직전인 2015년 2월 "1만 4,000개 이상의 기밀 및 독점개발 서류를 다운로드했다"고 주장했다. 이 파일 목록에는 자율주행 차량이 주변환경을 매핑하는 데 필요한 핵심기술인 웨이모 LiDAR 시스템과 회로 기판 설계도가 포함돼있다. 웨이모는 우버가 내놓은 LiDAR 회로 기판에서 웨이모 기술과 "놀랍도록 닮은 점"을 발견했고, 우버와 오토에 합류한 다른 과거 웨이모 직원도 민감한 파일을 다운로드하는 것이 발견됐다고 주장했다. 또, 블로그 포스트를 통해 "이러한 행동은 웨이모의 영업비밀, 지적 자산을 훔치기 위한 공동 계획의 일부임을 확신한다"고 밝혔다.

출처: ITWorld 2017.02.24

4) 영업비밀 침해의 구제권

- **침해정지 청구권**: 현재 영업비밀의 침해행위뿐만 아니라 장래 침해할 가능성까지도 법원에 침해예방을 청구할 수 있다.
- **침해물 폐기 제거 청구권**: 영업비밀을 침해하여 사용된 물건의 폐기와 제거를 법원에 청구할 수 있다.
- **손해배상 청구권**: 영업비밀의 침해행위로 인하여 손해가 발생하였을 때에는 법원에 손해배상을 청구할 수 있다.

- **신용회복조치 청구권**: 영업비밀 침해로 영업비밀 보유자의 영업상 신용이 훼손된 때에는 필요한 회복조치를 법원에 청구할 수 있다.
- **형사고소**: 제3자에게 영업비밀을 누설한 기업의 임직원은 5년 이하의 징역이나 재산상의 이득액의 2배 내지 10배의 벌금에 처할 수 있다.

08

사업타당성 분석

FOCUS

간결성과 감성을 판매하는 스티브 잡스

◆ 스티브 잡스의 성장기

스티브 잡스(Steve Jobs, 1955~2011)는 태어나자마자 양부모 폴과 클라라에게 입양되었다. 양부모는 기독교 신앙을 가진 미국 서부의 농부였다. 스티브 잡스가 3살 때 아버지의 직장을 따라 사우스 샌프란시스코의 전자회사가 많은 산업단지로 이사하였다. 스티브 잡스는 홈스테드고등학교를 마친 뒤 오리건 주 포틀랜드에 있는 리드대학교에 입학하였으나 1년 만에 학교를 포기하고, 캘리포니아에 있는 아타리(Atari) 전자게임 회사에 취업하였다. 그러나 잠시 후 회사를 퇴직하고, 인도를 여행하고, 또 다시 복직하여 컴퓨터 게임을 만들었고, 이때 전자 분야의 지식이 해박했던 워즈니악과 친분을 쌓았다.

◆ 워즈니악과의 만남과 애플의 창업

사업적인 수완과 마케팅 감각이 뛰어난 스티브 잡스는 워즈니악과 함께 1976년 회로기판을 제조하는 회사를 공동창업하였다. 회로기판만 있는 퍼스널컴퓨터 애플 I 을 만들었고, 또 애플 II 를 만들어 냈다. 사업여건이 초기에는 좋지 않았지만 퍼스널 컴퓨터는 시장에서 큰 반응을 보이며 판매에 성공했고, 1980년에는 주식공개로 억만장자가 되었으며 미국에서 최고 부자 대열에 합류했다. 1984년에는 IBM에 대항하여 매킨토시 컴퓨터를 출시하여 대대적인 성공을 거두었다. 그러나 하드웨어의 성공에도 불구하고 소프트웨어가 부족하여 판매는 급속하게 감소하였고, 회사 내부 사정으로 애플을 떠났다.

◆ 넥스트의 창업과 애플의 복귀

스티브 잡스는 애플을 떠난 뒤 넥스트(NeXT)를 세워 세계 최초의 객체지향 운영체제인 넥스트스텝(NeXTStep)을 개발하였고, 1986년에는 조지 루카스 감독으로부터 픽사(Pixar)를 1,000만 달러에 인수하였다. 두 회사 모두 수익을 내지 못하여 스티브 잡스를 위기로 몰았다. 엔지니어와 그래픽 아티스트들은 하드웨어 사업을 포기하고, 장편 애니메이션 영화를 만들 것을 잡스에게 제안했다. 그러나 잡스의 기대와 생각과 달리 픽사는 애니메이션 영화로 회생의 기미를 보이기도 하였다. 픽사의 존 레스터가 감독한 토이스토리(Toy story)의 원형이 되는 '틴토이(Tin Toy)'를 만들어 아카데미상 단편 애니메이션상을 수상하였다. 1996년 적자로 고생하여 새로운 운영체계를 필요로 했던 애플이 넥스트를 인수하였다. 이 일로 13년 만에 다시 애플로 복귀하여 경영 컨설턴트로 근무하였고, 마침내 4억 달러 흑자를 실현하는 데 공을 세웠다. 또한 쓸모없는 회사로 생각했던 픽사는 존 래스터가 제작한 애니메이션 토이스토리의 대대적인 성공에 맞추어 주식시장에 상장하여 억만장자가 되었다. 스티브 잡스가 애플의 CEO로 복귀한 2년 동안 애플은 자본이 20억 달러에서 160억 달러로 증가했다. 스티브 잡스는 새로운 미디어인 인터넷과 접목한 신제품개발에 눈을 돌렸으며, 그 대상은 음악이었다. 제품에서 모양과 색깔 등의 디자인 결정을 매우 중요시 여겼다. 아이튠즈 개발에 이어 아이팟이라는 MP3 플레이어를 개발하여 세계적인 히트상품 반열에 올려놓았다. 그는 이제 사업가에서 세상을 바꾸는 인물로 인지되고 있었다.

◆ 성공은 인내로 시작하여 인내로 끝내

스티브 잡스는 많은 실패에도 불구하고 인내했기 때문에 성공하였다. 그는 실패에 무관한 것처럼 보였다. 실패는 여정의 한 부분이고 오히려 실패가 새로운 아이디어를 자극했다. 한 예로 1985년 애플에서 해고되었고, 그 후 몇 개월 안에 Pixar와 NeXT를 설립했지만 실패하였다. 성공한 기업가와 성공하지 못한 기업가 간의 차이는 순수한 인내심이라고 그는 1995년에 말하였다. 스티브 잡스는 마지막까지 애플의 주요 판매직위를 가졌다. 유튜브는 그에게 매우 다양한 고객들에게 제품을 판매하는 무한한 도구였다. 그의 기조발표는 쉽고 즉흥적으로 보지만 사실은 모든 발표는 세심하게 계획된 판매홍보였다.

◆ 독특한 시장 창조

스티브 잡스는 고객들이 원하는 것을 고객들에게 주어야 한다는 격언을 무시했다. 오히려 그는 시장조사 발견을 무시하고, 소비자는 만들 때까지 원하는 것을 알지 못한다고 말했다. 소비자는 너무 섹시하고 다른 것을 창조하기 때문에 억누를 수 없고, 그래서 이것을 시장이 원한다고 말한다. 스티브 잡스는 신제품개발에서 언제나 선도자는 아니지만, 시장에서 효과가 있는 것에 대한 비전과 직관을 갖고 있었다. 그의 많은 제품은 그의 아이디어가 아니고, 오히려 그는 아이디어의 다른 것을 보았다. 스티브 잡스의 특별한 재능은 그러한 아이디어를 정교화할 수 있고, 그것을 시장선도자로 전환할 수 있는 것이었다. 스티브 잡스는 컨셉을 갖고, 그것을 시장에 출시할 수 있는 정도로 차별화하는 데 뛰어났다.

◆ 간결성 판매

스티브 잡스는 복잡한 것을 싫어하기 때문에 애플의 모든 제품은 사용하기 쉽다. 그에게 사용의 용이성이 첫째이다. 사용의 간결성(simplicity)과 애플 제품과 다른 제품을 구별하는 제품에 관한 미적 최소성이 있다. 즉, 간결함이 최고의 정교함이다(Simplicity is the ultimate sophistication, Leonardo da Vinci). 스티브 잡스는 주류시장의 추세에 압력을 느끼지 않았다. 그는 모든 마케팅 기회를 끌어안고 전통적인 것부터 최신 경로를 모두 이용하였다. 유혹적인 고객경험을 창조하는 방법으로 명확하게 이야기를 하기 때문에 그의 마케팅 성공이 왔다.

그는 마케팅 분석을 무시했지만 대신에 애플에 관해서 말하는 방법과 장소에 관하여 직관을 따랐다.

스티브 잡스의 어록 명언

- 사람들은 자신이 필요한 것을 말할 수 없다.
- 사람들은 원하는 것을 보여주기 전까지는 무엇을 원하는지도 모른다.
- 우리가 이룬 것만큼 이루지 못한 것도 자랑스럽다.
- 혁신은 리더와 추종자를 구분하는 잣대이다.
- 가끔은 혁신을 추구하다 실수할 때도 있다. 하지만 빨리 인정하고 다른 혁신을 개선해 나가는 것이 최선이다.
- 디자인이 중요하다.
- 가치는 가격과 동일하지 않다.
- 디자인은 제품이나 서비스의 연속적인 외층에 표현되는 인간 창조물의 영혼이다.
- 작은 것에도 완벽하라.
- 전문가를 활용하라.
- 연구를 멈추지 말라.
- 단순화시켜라.
- 비밀을 지켜라.
- 팀을 작게 하라.
- 채찍보다는 당근을 많이 줘라.
- 견본품도 정성껏 만들어라.
- 계속 갈망하고 언제나 우직하게 전진하라(Stay hungry, stay foolish).

1절 수요예측

수요예측은 과거 판매자료를 사용하여 예상되는 고객수요를 예측하는 과정이다. 기업에게 수요예측은 고객이 가까운 장래에 구매할 상품 및 서비스의 예상 금액을 추정하는 것이다. 매출액, 이익 마진, 현금흐름, 자본 지출, 위험 평가, 생산 및 인력계획 등과 같은 중요한 사업 가정은 수요에 따라 달라진다. 수요예측은 또한 의사결정, 성과 평가, 제한된 환경에서 자원의 적절한 할당 및 사업확장 계획과 같은 중요한 관리 활동을 용이하게 한다.

1. 수요예측

신제품의 수요예측은 신제품개발에서 중요한 요소이다. 신제품의 시장수용, 기술적 타당성과 회사의 자원과 관련된 불확실성 때문에 신제품예측은 매우 어렵고, 때로는 경시하는 경향이 있다. 그러나 성공적인 신제품의 수요예측은 적절한 기법을 사용함으로써 가능하다. 수요예측(demand forecasting)은 미래의 일정 기간에 대한 기업의 상품이나 서비스에 대한 소비자들의 수요를 예측하는 것이다. 즉, 기업이 일정 기간 동안 소비자들에게 특정 상품이나 서비스를 판매하는 제품의 매출액 규모를 추정하는 것을 말한다.

1) 수요예측의 중요성

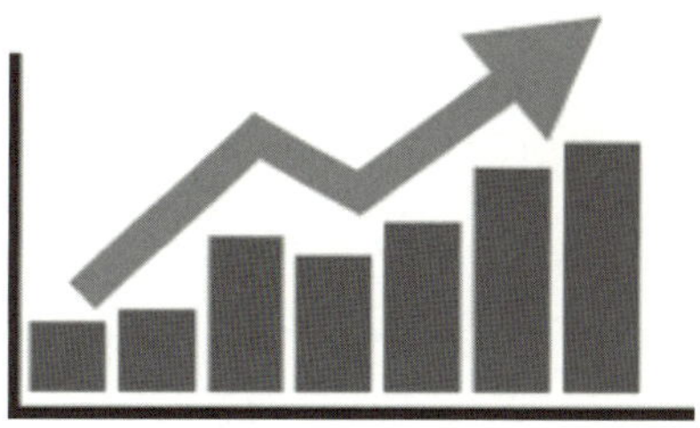

제품의 수요예측은 기업이 갖고 있는 과거의 경험이나 시장자료에 근거하여 특정 상품이나 서비스의 공급과 수요 간의 인과관계를 찾아내어 특정 상품이나 서비스의 미래수요를 예측하는 것이다. 그러나 특정 상품이나 서비스의 수요예측은 매우 불확실한 요소들이 많이 있고, 과거에 시장에 존재했던 인과관계가 미래에 계속될 것으로 가정하기 때문에 항상 오차가 발생한다. 따라서 상품이나 서비스의 수요예측 오차를 최소화할 수 있는 방법을 찾는 것이 중요하다. 신제품의 성공적인 예측은 예측 요인의 설정이다. 예측목적, 예측유형, 예측시간 범위, 예측간격과 형태에 관하여 예측 요인의 명확한 정의가 필요하다. 예측시간 간격은 예측이 얼마나 자주 어떻게 갱신하는 지뿐만 아니라 주간, 월간, 분기나 연간기준과 같은 시간단위이다. 예측형태는 금액, 판매량과 같이 예측을 위한 척도의 단위이다.

그림 8-1 수요예측의 개념 구분

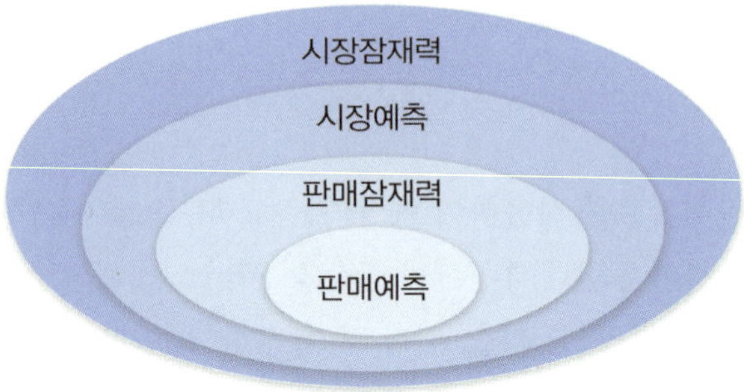

- 시장잠재력: 달성할 수 있는 전체시장의 최대추정치
- 시장예측: 기업이 할 수 있는 시장규모의 합리적 추정치
- 판매잠재력: 달성할 수 있는 회사 판매의 최대추정치
- 판매예측: 회사 판매의 합리적 추정치

2) 예측기법의 유형

수요예측의 용도는 재무계획, 가격결정정책, 생산정책, 판매 및 마케팅계획, 인력계획 및 자본지출이 포함된다. 신제품의 수요예측 방법은 정성기법과 정량기법으로 분류한다. 신제품의 수요예측은 제품도입기에는 정성분석으로 예측하고, 이후에는 신제품과 유사자료의 매출자료를 토대로 시계열이나 인과모형 등 정량기법을 사용하는 것이 좋다.

2. 정성기법

정성기법(qualitative techniques)은 경영자, 전문가, 판매원이나 소비자의 의견과 추정에 근거한 판단 방법이다. 이러한 전문가들은 신제품의 판매를 추정하기 위해 자신의 경험, 의견, 판단과 추정을 사용하고, 이러한 질적 예측을 계량적 예측으로 전환한다. 광범위한 시장조사는 판매예측의 정확성을 증가시킨다. 통계적 예측모델이 인간의 질적 판단보다 최적의 미래예측을 낳는다는 실증적 증거가 있지만, 예측의 정확성을 증가시키려면 정성기법과 정량기법을 함께 사용하는 것이 더 좋다.

1) 판단기법

판단기법(judgmental methods)은 제품의 미래 판매를 예측하기 위해 전문가들의 의견에 근거하는 예측기법이다. 전문가들은 개인들의 경험에 근거한 판단기법을 주로 부정확성과 위험으로 경시하지만, 경영자들은 복잡한 정량기법에 비해 판단기법을 더 선호한다. 판단기법의 과정은 경험, 판단과 직관을 형식적인 예측으로 전환하는 것이다. 이러한 기법에는 경영자 집단 의견법, 전문가 의견법, 판매원 의견 종합법, 시나리오분석, 델파이법, 의사결정나무법과 가정기반모델(ATAR) 등이 있다.

(1) 경영자 집단 의견법

경영자 집단 의견법은 경험이 있는 경영자들이 신제품의 미래 수요에 관하여 특별한 수요예측을 제공하는 것이다. 이러한 예측은 최고경영층들이 하부로 전달하는 방식으로 하향식 예측 방법이라고 한다. 예측결과는 개별적인 개인의 예측이 아니라 전문가들에 의한 경영층의 합의로 이루어진 단일예측이다.

(2) 판매원 의견 종합법

판매원 의견 종합법은 영업 영역에 대한 개별 판매직원들의 예측을 결합하는 방법이다. 고객과 가장 가까이 있는 직원들로부터 최적의 예측을 얻는다. 판매원은 고객욕구 파악과 예측의 책임이 자신들에게 있다는 것을 매우 잘 안다. 판매원의 의견을 종합하는 과정은 시간 소모와 의도적인 편견의 가능성이 매우 크다.

(3) 시나리오 분석법

시나리오 분석법은 계량적 예측을 하지 않는 이야기 예측 방법이다. 시나리오 분석의 목적은 미래상황을 표현하고 기술하는 것이다. 이 예측법은 탐색방식 또는 규범방식이 있다. 탐색방식에서 예측하는 사람은 미래를 예측하기 위해 현재 시장상황과 추세를 사용한다. 즉, 현재 추세에 근거하여 미래로 이동하는 것이다. 이와 달리 규범방식은 현재추세를 고려하지 않고 미래를 예측하는 것이다. 즉, 미래로 뛰어 들어가서 발생할 것으로 기대되는 것을 예측하는 것이다.

(4) 델파이법

델파이법은 전문가의 패널들이 익명으로 예측을 제공하고 논평하고, 그런 다음 이것들을 결합하여 패널들에게 보내는 방법이다. 설문을 통해 전문가들로부터 의견을 수렴하여 일치된 의견이나 예측을 도출하는 기법이다. 전문가들은 다른 패널들의 예측을 검토하고, 자신의 예측을 조정할 기회를 갖는다. 이러한 과정은 합의에 도달할 때까지 반복된다. 이 방법의 목적은 패널들이 익명을 유지함으로써 사회적 압력의 영향을 최소화하기 위한 것이다. 장기 수요예측, 과거의 자료가 없는 신제품의 수요예측, 그리고 신기술 예측 등에 유용하게 이용된다. 다음은 델파이법의 진행절차이다.

- 패널을 구성한다.
- 조정자는 1차 설문지를 작성하여 각 패널들에게 배포한다.
- 조정자는 1차 설문지에 대한 회답을 수집하여 정리한다.
- 조정자는 편집된 결과를 토대로 2차 설문지를 작성한다.
- 조정자는 2차 설문 조사결과를 패널들에게 보내고, 패널들은 예측치와 비교하여 새로운 예측치를 서면으로 제출하고, 조정자는 이를 분석한다.
- 전체의 의견이 충분히 수렴될 때까지 위의 과정을 3~6회 정도 반복한다.

그림 8-2 델파이법 진행절차

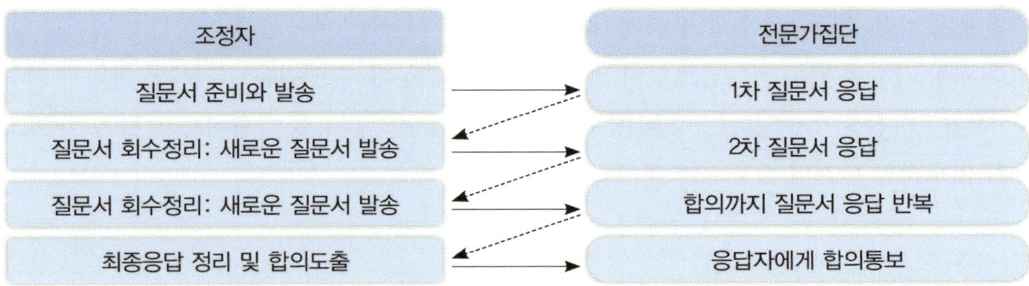

(5) ATAR 모델

가정기반모델인 ATAR 모델은 인지(Awareness), 시용구매(Trial), 구득가능성(Availability)과 반복구매(Repeat Purchase)의 두문자를 조합한 것으로 주로 소비재 상품을 예측하는데 사용된다. 그러나 내구소비재에 대한 소비자들의 구매에 대한 경험, 시용과 반복구매 평균개념이 다르기 때문에 내구소비재에는 유용성이 대체로 없다.

인지는 어떤 사람이 신제품의 존재에 관하여 아는 것이다. 인지율은 제품의 존재를 아는 사람의 비율을 말한다. 시용구매율은 소비자가 처음으로 제품을 구매하는 사람의 비율이고, 반복구매율은 제품을 구매한 사람 중에서 반복구매한 사람의 비율이다. 반복구매율은 자료를 얻기 위해 유사한 제품의 자료를 얻어 사용할 수 있다. 구득가능성은 구매자가 제품을 구매하려고 할 때 제품을 발견하는 노력이 성공할 확률이나 재고를 갖고 있는 점포의 비율이다. 따라서 구득가능성은 유통점에서 제품을 취급하는 비율로 50%라면 전체 점포 중에서 50%만이 제공하고자 하는 신제품을 출시 후 판매하는 것을 의미한다.

그림 8-3 ATAR

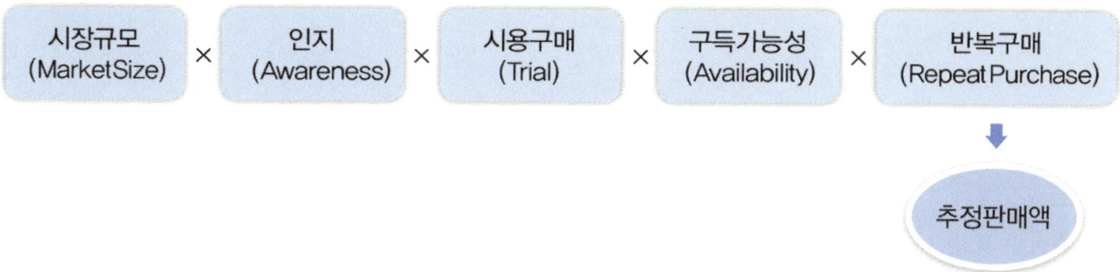

이 모델에 의하여 신제품의 판매액을 추정할 수 있다. 신제품의 전체 시장규모를 파악하고, 신제품 출시 후 소비자들의 인지율을 조사한다. 시용구매는 제품컨셉 테스트에서, 반복구매는 제품 사용자 테스트에서 조사한 재구매의도를 적용할 수 있다. 전국 유통점에서 신제품을 취급하는 비율인 구득가능성을 적용한다. 달리 반복구매율은 동일한 욕구와 유통경로를 갖는 동일 제품범주의 과거자료나 경쟁제품을 적용할 수 있다. 이를 근거로 추정판매액이 산출되면 판매이익을 추정할 수 있다. 추정하는 방식은 다음과 같다.

- 시용구매량 = 시장규모 × 구득가능률 × 인지율(또는 구매의도) × 시용구매율
- 반복구매량 = 시용구매량 × 반복구매율 × 반복구매횟수 × 반복구매량 × 기간
- 추정판매량 = 시용구매량 + 반복구매량
- 추정판매액 = 추정판매량 × 단가

표 8-1 ATAR에 의한 신제품 판매예측 사례

구 분	가정값/추정값	구 분	가정값/추정값
MS = 시장규모(개)	100,000개	반복구매량(개): 시용구매량과 동일 가정	1
AW = 인지율(%)	0.80	TH = 기간	1(년)
TR = 시용구매율(%)	0.10	단가(원)	50,000원
AV = 구득가능성(%)	0.80	추정판매량(개)	7,680개
RP = 반복구매율(%)	0.20	추정판매액(원)	384,000,000원
반복구매횟수(회)	1	M/S(%)	7.68%

소비재의 신제품을 출시하고, ATAR의 상황변수를 가정하여 시용구매량, 반복구매량, 추정판매량, 추정판매액과 시장점유율 등을 추정하면 다음과 같다. ATAR의 상황변수를 경쟁제품과 비교 · 평가하여 미달되는 부분을 발견하여 그 부분에 대한 마케팅전략을 강화할 필요가 있다.

- 시용구매량 = 100,000 × 0.8 × 0.8 × 0.1 = 6,400(개)
- 반복구매량 = 6,400 × 0.2 × 1 × 1 × 1 = 1,280(개)
- 추정판매량 = 6,400 + 1,280 = 7,680(개)
- 추정판매액 = 7,680개 × 50,000원 = 384,000,000원
- 시장점유율 = 7,680 / 100,000 = 7.68%

2) 소비자와 시장조사법

소비자와 시장조사(customer & market research)는 자료수집조사를 통해 가설을 생성하고 테스트함으로써 소비자의 관심을 예측하는 방법이다. 이것은 컨셉테스트, 제품사용테스트, 시장테스트와 사전시장테스트 등 4가지가 있다. 이 방법들은 신제품의 판매예측에 도움이 되는 결정을 하기 위해 자료를 수집하고 분석하기 위해 사용된다. 첫 설계단계에서 예측자들은 시장에서 제품실패를 회피하기 위해 중요한 역할을 하기 때문에 신제품의 출시보다 더 일찍 예측을 시작한다. 아이디어와 제품컨셉선정, 컨셉테스트, 사전테스트, 시장테스트와 출시 등 제품개발단계에서 각각 실시하는 것이 중요하다.

그림 8-4 소비자와 시장조사법

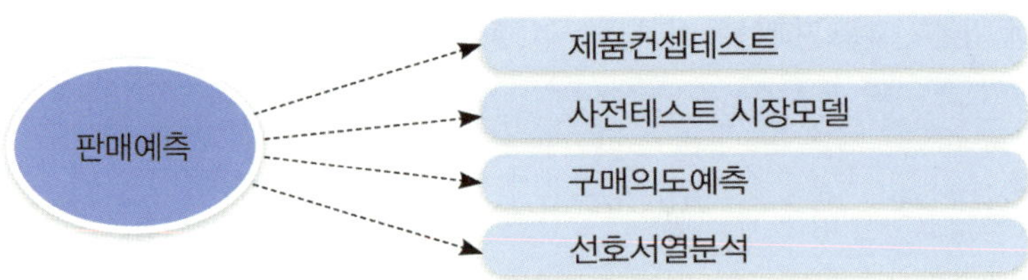

(1) 제품컨셉테스트

제품컨셉테스트 모델은 제품이 기존 제품범주에 속한다면 모든 종류의 제품에 적절하지만, 제품확산이 구전과 깊은 관계가 있을 때, 충성도를 측정할 때, 소매판촉이 판매에 중요한 영향을 미칠 때나 혁신적인 비약일 때는 정확성이 부족하다. 예측결과는 종종 단기적이다.

(2) 사전테스트 시장모델

사전테스트 시장모델은 제품출시 전에 제품의 시용구매를 평가하는 것이다. 이 모델은 가장 성공적인 방안을 확인하고 가장 실패하는 방안을 제거하는 데 정확하다. 사전테스트 시장분석결과가 제품이 실패할 것 같다는 분석이 나타나면 제품개발을 미리 중지하도록 유도할 것이다. 따라서 제품의 실패가능성이나 진행과 중지의 진단을 제시한다.

(3) 구매의도예측

구매의도조사는 상품이나 서비스에 대한 고객관심을 측정하기 위해 사용된다. 인터넷으로 쉽고 신속하게 조사할 수 있다. 잠재적 소비자들이 자사의 제품을 얼마나 구매할 의향이 있는지를 조사하는 것이다.

(4) 선호서열분석

선호서열분석은 소비자들의 선호도를 조사하여 서열화하는 분석이다. 이 선호도는 제품의 각 속성에 대한 상대적인 선호도를 분석하기도 하지만, 여기서는 제시된 브랜드에 대한 선호순서를 조사한다. 잠재적 소비자들에게 자사의 제품과 동일한 제품범주의 제품을 제시하고, 선호하는 제품을 묻는 설문조사를 실시한다.

3. 정량기법

정량기법은 역사적 수요자료를 사용한다. 이 방법의 전제는 예측을 위해 사용되는 패턴이 미래에도 일정하게 반복될 것으로 보고 역사적 수요를 평가하는 것이다. 정량적 방법은 수요 추정을 제공하지만, 과거는 언제나 미래의 정확한 예측을 제공하지 않는다.[1] 정량적 방법은 세 가지 조건을 충족할 때 사용할 수 있다.

- 역사적 자료를 이용할 수 있다.
- 역사적 자료는 수치자료의 형태로 계량화할 수 있다.
- 역사적 자료 패턴의 어떤 측면은 미래에도 계속될 것이라고 기대한다.

1) Makridakis & Hibon(2000).

1) 유사분석

유사분석은 신제품과 유사한 제품의 역사적 수요자료를 사용함으로써 신제품을 예측하는 기법이다. 이를 역사적 유추법이라고도 한다. 신제품이 과거자료가 없을 때 이와 비슷한 기존 제품의 도입기, 성장기, 성숙기와 쇠퇴기 때 판매추세를 보고, 신제품의 판매를 유추하는 것이다. 신제품의 수요가 다른 제품의 수요와 유사하다는 기대 때문이다. 제품수명주기 유추는 신제품이 기존제품의 확장일 때 좋은 방법이다.

2) 이동평균법

이동평균법은 이전판매 기간의 특정한 수만을 평균하는 기법이다. 미래수요를 예측하기 위해 이전 수요 기간으로부터 평균을 사용한다. 이동평균 기간을 길게 할수록 우연 요인이 더 많이 상쇄되어 예측선은 고르게 되나, 수요의 실제 변화에는 늦게 반응한다. 따라서 변화가 급격하지 않고 정적일 경우에 사용하는 것이 적절하다.

비교적 간단한 시계열분석기법인 단순이동평균은 확률오차의 영향을 제거하여 수요 시계열의 평균을 추정하는 방법이다. 수요의 계절적 변동이나 급속한 증가 또는 감소의 추세가 없고, 우연변동만이 크게 작용하는 경우에 유용하다. 이것은 이동평균을 통하여 우연변동을 제거하는 것이다. 예측식은 다음과 같다.

$$F_t = \frac{A_{t-1} + A_{t-2} \ldots + A_{t-n}}{n}$$

F_t: 기간 t의 수요예측치

A_t: 기간 t의 실제수요

n: 이동평균기간

가중이동평균법은 최근의 데이터에 더 큰 가중치를 부여하여 평균 값을 구하고, 이 평균 값을 차기의 예측 값으로 사용한다. 이때 가중치의 합은 1이다. 평균을 계산할 때 실적 값들에 대한 가중치를 다르게 할 수 있다. 글로벌 회사의 A제품의 월별 판매량은 아래와 같을 때 5월의 판매를 예측하고자 한다. 가중치는 4월 0.4, 3월 0.3, 2월 0.2, 1월 0.1로 설정하고, 5월의 판매를 가중이동평균으로 예측한다. 이때는 5개월 가중이동평균이 된다.

표 8-2 글로벌 회사의 A제품의 월별 판매량

월(t)	1	2	3	4	5
실제수요(A_t)	1,000	1,100	900	1,200	

F5 = 0.1×(1,000)+0.2×(1,100)+0.3×(900)+0.4×(1,200)=1,070

3) 인과관계모형

인과관계모형(causal model)은 관심의 대상인 변수의 값을 예측하기 위해 관련 변수를 파악하고, 과거의 자료를 이용하여 변수들 간의 인과관계를 파악하며, 미래수요를 예측하는 것이다. 회귀(regression)는 영국의 과학자 갈톤(Francis Galton)이 발표한 논문에서 유래하였다. 그는 아버지와 아들의 키가 유전적으로 직선관계가 존재한다는 것을 발견하고, 이 직선을 회귀직선이라고 하였다. 아버지의 평균 키와 성인이 된 자식의 키를 비교한 결과 키가 큰 부모의 자손들의 평균 키는 그들의 부모보다 작은 반면에, 키가 작은 부모의 자손들의 키는 그들의 부모보다 평균적으로 더 크다는 현상을 발견하고, 이를 전체 부모의 키의 평균으로 향한 회귀현상 혹은 복귀(reversion)현상이라 하였다. 즉, 전체 키 평균으로 돌아가려는(회귀하려는) 경향이 있다는 가설이다.

회귀분석(regression analysis)은 특정한 현상과 그 현상에 영향을 미칠 수 있는 변수들 간의 함수관계를 표현할 수 있는 모형을 이론적 근거나 경험적 판단에 의하여 설정하고, 관측된 자료로부터 함수관계를 추정하고, 예측하는 통계적인 분석 방법이다. 변수와 변수 사이의 관계를 알아보기 위한 통계로 독립변수와 종속변수 간의 관계를 규명하고 예측하는 것이다.

회귀분석에서 독립변수는 원인이 되는 변수이며, 종속변수는 독립변수의 영향으로 결과가 되는 변수이다. 따라서 회귀분석은 독립변수 X가 변화할 때 종속변수 Y에 미치는 영향을 통계적으로 예측하는 것이다. 회귀분석은 결과변수(종속변수)의 값을 결정하는 원인변수(설명변수, 독립변수)들로 구성된 방정식을 개발하는 것이다.

회귀식을 선형(직선)으로 보고 접근할 경우 선형모형, 직선이 아닌 경우는 비선형모형이라고 한다. 선형회귀모형은 독립변수와 종속변수와의 관계가 비례적인 선형을 이룬다. 독립변수의 수가 하나일 경우를 단순선형회귀분석, 복수일 경우 다중선형회귀분석이라 한다.

그림 8-5 독립변수와 종속변수

그림 8-6 단순회귀분석과 다중회귀분석

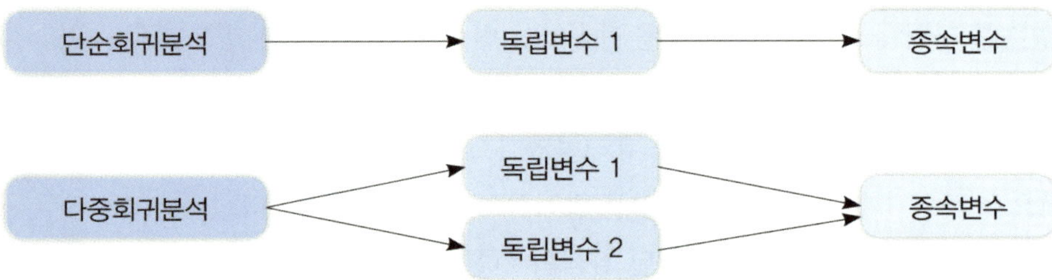

(1) 선형회귀분석

선형회귀분석법(linear regression)은 하나 이상의 독립변수와 관련된 종속변수가 있는 선형방정식을 사용한다. 이 방법은 그래프 선에서 실제 자료의 편차 제곱 합을 최소화하는 값을 발견하는 것이다. 예를 들면, 독립변수인 X를 가격의 인상이 종속변수 Y의 매출액을 추정할 수 있다.

(2) 다중회귀분석

현실세계에서 종속변수에 미치는 영향이 하나의 원인에 의한 경우는 극히 드물다. 대부분 여러 개의 독립변수에 의해 종속변수가 영향을 받는다. 다중선형회귀분석은 두 개 이상의 독립변수와 한 개의 종속변수 간의 인과관계를 분석하는 모형이다. 예를 들면, 매출액의 증가는 제품의 가격, 품질, 광고와 판촉 활동 등 많은 요인에 의해서 영향을 받는다. 다중회귀분석에서는 독립변수만 많을 뿐 이론적 배경은 선형회귀분석과 동일하다. n개의 독립변수로 이루어진 회귀방정식은 다음과 같다.

$$\hat{Y} = a + b_1X_1 + b_2X_2 + \cdots + b_nX_n$$

이러한 다중회귀모형은 선형회귀분석의 가정을 포함하여 추가되는 가정이 두 가지가 있다. 다중공선성(multicollinearty)은 독립변수끼리 관계가 강하면 종속변수에 허위관계와 과장관계를 유발시켜 현실이 왜곡된 결과가 나올 수 있는 성향을 의미한다. 독립변수가 선형관계로부터 비롯되는 문제가 다중공선성이다. 변수 간의 상관계수가 1이라면 추정 값 계산이 불가능해지고, 이 값이 1에 가까울수록 추정의 표준오차 값이 매우 크기 때문에 회귀분석에 대한 추정이나 가설검정이 무의미하게 나타난다. 일반적으로 허용오차(tolerance)가 0.30 이하이면 다중공선성을 의심할 수 있는 수준이므로 해당 독립변수 중에서 하나를 선택하여 활용하는 것이 바람직하다.

역인과관계(reversible causation)의 존재를 판단하는 것이 필요하다. 즉, 인과관계의 오류인 역인과관계는 원인과 결과가 바뀐 현상을 의미한다. A이기 때문에 B이지만, B이기 때문에 A는 아니다. 예를 들면, 의사 수의 증가가 질병을 증가시키는 것이 아니다. 질병이 늘어나기 때문에 의사가 증가하는 것이다.

2절 사업타당성분석

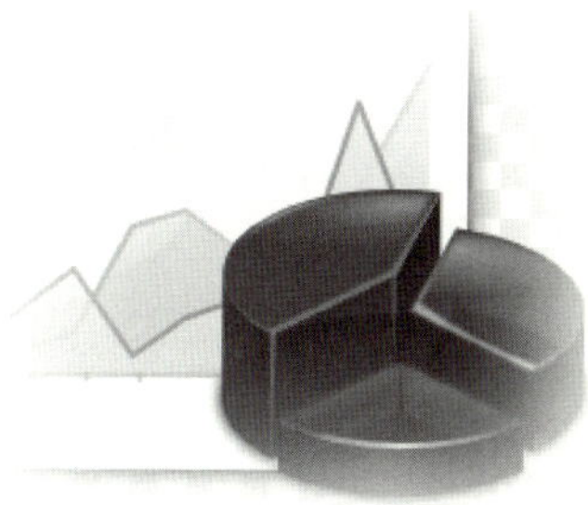

타당성분석(feasibility analysis)은 사업 아이디어가 실행 가능한지를 결정하는 과정이다. 사업 아이디어의 사전 평가로써 타당성분석은 자원을 투입하기 전에 아이디어가 추구할 가치가 있는지를 결정하고 아이디어를 심사하는 과정이다. 이러한 시장분석은 경험, 시간, 법률과 자금조달 사안과 같이 특정한 사업을 시작하기 위해 필요사항을 확인함으로써 정교한 의사결정에 도움이 된다. 타당성분석은 기회를 인식하고 사업계획을 개발하는 단계에서 실시한다. 사업 아이디어가 실행 불가능한 것으로 판단될 때 중단하거나 다시 생각해야 한다. 다시 생각하고, 원안과 좀 다른 아이디어가 나타난다면 새로운 아이디어는 동일한 수준의 타당성분석을 해야 한다.

타당성분석은 주간이나 월간 단위로 할 수 있으며, 분석결과는 성공에 대한 가능성을 증진한다. [그림 8-7]과 같이 아이디어가 목적에 적합할 때 시장분석으로 진행하고, 아이디어를 실행하기 위한 필요사항을 점검하여 의사결정을 하고, 사업계획을 수립하는 과정이다. 사업타당성분석 진행절차는 아이디어 정의, 제품타당성, 시장/산업타당성, 조직타당성, 재무타당성 등을 분석하여 진행 · 중단 · 재평가에 대한 의사결정과 사업계획으로 이루어진다.

그림 8-7 사업 아이디어의 타당성분석

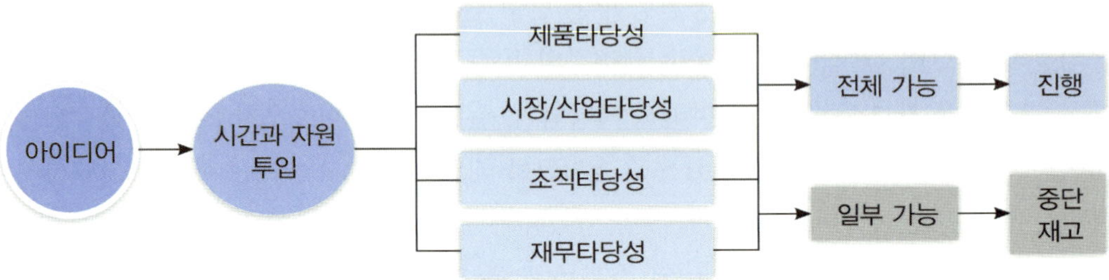

1. 아이디어 정의

사업타당성분석의 첫 단계는 사업 아이디어와 생각한 기회를 정의하는 것이다. 제공할 제품이나 서비스의 기술과 사업을 시작하는 이유와 계획하고 있는 사업 유형을 포함한다. 아이디어 정의는 사업목적과 고객관점에서 분석한다.

1) 사업목적

장 · 단기사업과 개인적 목적을 정의하고 아이디어의 타당성을 판단할 기준을 제정한다. 사업시작 의사결정은 사업과 개인적 목적을 달성할 수 있는지에 근거한다. 개인적 목적은 개인적 욕구를 충족하는 목표를 말한다.

- 왜 이 사업을 시작하는가?
- 동기가 무엇인가?
- 무엇을 달성하기를 원하는가?
- 금전적 보상보다 생활방식의 변화에 더 관심이 있는가?
- 몇 년 안에 사업이 어느 위치에 있기를 원하는가?
- 재무목적은 무엇인가?

연간 판매액, 시장점유율, 성장률, 수입 등으로 목표를 기술한다. 사업이 개인과 사업목표를 어떻게 만족하는지를 간략하게 기술한다. 이것은 사명기술서가 된다. 개인과 사업목표가 조화를 이루는가? 사업 아이디어와 일치하는가? 일치한다면 시장분석을 시작할 준비가 되어 있는가? 일치하지 않는다면 사업을 재평가해야 한다.

2) 고객관점

고객욕구를 충족하지 못한다면 사업은 실패할 것이기 때문에 고객의 관점을 중요하게 고려해야 한다. 판매할 제품을 고객이 어떻게 사용하는지를 기술한다. 그리고 고객들이 제품을 어떻게 정의하는지를 묻는다. 고객들의 관점은 제품이나 서비스가 실제로 어떻게 사용되는지에 관한 중요한 통찰력을 제공한다. 어떤 사람이 제품을 새로운 방식으로 사용한다면 마케팅전략에 추가할 수 있다. 연령, 성, 수입, 교육, 직업, 결혼상태와 생활양식과 같은 용어로 대표적인 고객을 기술한다. 제품이 어떤 욕구를 만족하는가? 고객은 제품을 사용하여 어떤 편익을 얻는가? 고객은 제품을 구입하는데 어떤 결과를 얻을 것인가? 고객은 제품사양이 아니라 편익과 결과에 근거하여 구매한다.

2. 제품 타당성분석

제품의 타당성분석은 제안된 상품이나 서비스의 전체 제안을 평가하는 것이다. 제품을 개발하기 전에 회사는 소비자가 원하는 것과 제품이 적절한 시장을 갖는지를 확신해야 한다. 제공하는 제품계열을 구체화하고, 이차 기회를 찾는다. 예를 들면, 제품과 공동으로 제공할 서비스가 있는지, 또는 제공하는 서비스로부터 파생되는 제품이 있는지를 찾는 것이다. 기업이 제공하는 제품의 독특한 품질을 정의한다. 무엇이 제품을 구매하도록 고객을 유인하는가? 고객이 선호하는 제품은 품질, 가격, 편의성이나 전문성인가? 따라서 제품의 경쟁력을 어디에 집중하는가를 정의한다. 실제 제품개발을 진행하는 중요한 단계와 과업에서 신제품 성공이나 실패는 진행의 첫 몇 단계에서 결정된다. 제품컨셉테스트와 사용성테스트는 상품이나 서비스의 타당성분석이다.

1) 제품컨셉테스트

제품컨셉테스트는 고객의 관심, 바람과 구매의도를 측정하기 위해 잠재고객에게 상품이나 서비스의 사전 기술을 보여주는 것이다. 제품컨셉테스트의 주요 목적은 세 가지가 있다. 첫째, 제품 아이디어의 기본가정을 검증한다. 잠재고객에게 제품컨셉을 보여주고, 간단한 설문을 완성하도록 요청하고, 아이디어를 어떻게 강화할 수 있는지에 관한 논평과 제안을 요청하는 것이다. 둘째, 아이디어 개발을 촉진하는 것이다. 예를 들면, 회사가 잠재고객에게 제품 아이디어를 보여주고, 피드백을 구하고, 아이디어를 수정하고, 그런 다음 추가적인 피드백을 위해 다른 집단의 고객에게 보여준다. 셋째, 상품이나 서비스가 지배할 시장점유율을 추정하기 위한 것이다. 확실히 구매하고, 아마 구매할 것이라고 응답하는 사람들의 수는 고객관심의 측정으로써 사용될 수 있다. 잘 계획된 제품컨셉테스트는 다음과 같다.

- **제공되는 제품의 서술**: 상품이나 서비스의 특징을 상세히 하고, 개요를 포함한다.
- **계획된 표적시장**: 상품이나 서비스 구매가 기대되는 사람의 목록이다.
- **제품편익**: 제품이 가치를 증가시키고, 문제를 해결하는 이유를 포함한다.
- **제품의 포지셔닝 기술**: 포지션은 제품이 경쟁자와 비교되어 어떻게 위치하는가를 기술한다. 경쟁영역과 경쟁제품을 기술한다.
- **판매와 유통에 관한 기술**: 유통업자나 프랜차이지를 통해 제품을 판매하거나 제조자가 직접적으로 판매하는지를 구체화한다.

2) 사용성테스트

제품컨셉은 시제품의 개발이나 제품의 모형으로 전개된다. 시제품은 대략적이거나 임시적인 모델인 상태로 있는 신제품의 첫 번째 물리적 묘사이다. 시제품은 제품컨셉 서술문으로부터 수집되는 것보다 실질적인 피드백을 통해 더 많이 얻는다. 시제품의 주요 장점은 사용성을 테스트할 수 있다는 점이다. 사용성테스트는 제품의 사용 용이성과 사용자의 경험 지각을 측정하는 것이다. 예산이 적은 사업가들은 기본적인 시제품을 개발하고, 친구나 동료들에게 제품사용을 요청하여 평가를 작성하거나 언어 피드백을 받는다.

3) 구매의도

구매의도는 소비자의 예상된 미래 행동으로 태도나 신념이 구매로 이어질 가능성이다. 가망고객에게 구매의도조사가 있는 제품컨셉 서술문을 제시한다. 각 참여자에게 제품컨셉 서술문을 제시하고 구매의도를 조사한다. 조사에 참여한 사람의 수와 조사결과를 기록한다. 제품이나 서비스의 요망, 수요나 제안과 같은 추가적인 질문을 구매의도조사에 덧붙일 수 있다.

3. 시장/산업 타당성분석

시장과 산업 타당성분석은 제공되는 제품에 대한 시장의 전체 제안을 평가하는 것이다. 시장분석은 주요 고객과 주요 경쟁자를 확인하고 탐지하는 데 도움이 된다. 사업은 사회와 문화가치, 경제조건, 정치와 법적 규제, 경쟁자전략과 기술발전에 의해서 끊임없이 재형성되는 세계에 존재한다. 시장분석은 매우 중요한 요소이지만, 복잡한 요인들이 많이 얽혀있기 때문에 쉬운 일이 아니다. 시장분석에는 산업분석, 경쟁자와 공급자분석, 표적시장분석, 고객분석, 시장수요분석과 마케팅믹스분석 등이 있다.

그림 8-8 시장분석의 대상

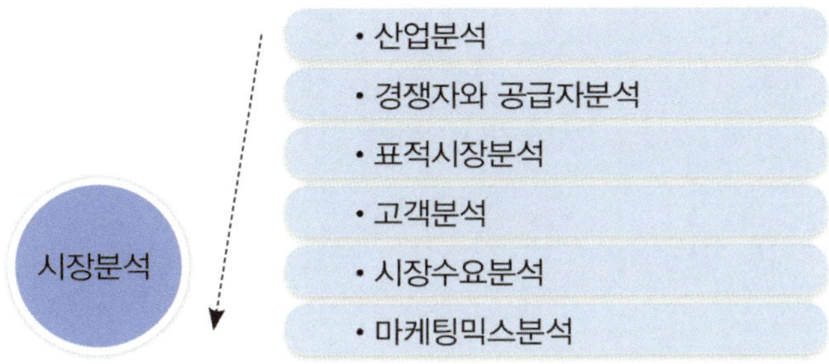

1) 산업분석

시장분석의 첫 단계는 산업분석이다. 아이디어가 시장기회인가? 산업추세를 조사하고 시장분할과 표적시장의 규모에 관한 정보를 수집함으로써 시장분석을 시작한다. 사업에 중요한 영향을 주는 변화를 확인하고 평가한다. 사회나 생활방식의 변화, 경제적 변화, 정치와 법적 변화, 기술적 변화, 인구 변화나 기타 사업에 영향을 주는 변화 등이다. 이차자료나 일차자료로부터 정보를 수집한다. 이차자료 원천은 필요한 정보를 모두 제공하지 않기 때문에 새로운 자료를 수집해야 한다. 일차자료 원천은 고객과 공급자 조사, 네트워킹, 표적집단면접과 개인면접, 경쟁자와 공급자를 포함한다. 일차조사는 표적시장을 발견하고 고객특성을 개발할 때 필요하고, 고객과 제품의 구매습관과 의견을 탐지하는 데 유용하다.

(1) 산업매력도분석

성장하는 산업은 신규진입자와 신제품 도입을 잘 받아들이기 때문에 더 매력적이다. 신규사업의 타당성을 결정하는 주요 요인은 선택하는 산업매력도이다. 경쟁자가 가득한 시장은 대체로 치열한 가격경쟁과 낮은 영업이익이 특징이다. 산업성장의 가능성은 많은 경쟁자를 심각하게 받아들여야 한다. 이러한 시장은 사업을 지원할 정도로 충분히 크지 않다.

표 8-3 산업의 매력도 평가

항 목	저 잠재력	중 잠재력	고 잠재력
경쟁자의 수	많다	적다	없다
산업의 역사	오래됨	중간	짧다
산업성장률	거의 없다	중간	고성장
산업계의 평균순이익	낮다	중간	높다
산업집중의 정도	집중	집중이나 분산	분산
산업수명주기의 단계	성숙기나 쇠퇴기	성장기	출현기
고객에 대한 제품의 중요성	불안정	갖고 싶다	가져야만 한다
환경이 산업계에 유리한 정도	낮다	중간	높다
감동적인 제품의 수	낮다	중간	높다
시장수요	약	중간	강

INSIGHT 가장 매력적인 산업의 특징

- 규모보다 더 중요한 것이 성장성이다.
- 고객에게 중요한 것이어야 한다.
- 제품수명주기상에서 성숙기나 쇠퇴기보다는 성장기이어야 한다.
  이러한 시장은 가격경쟁이 치열하지 않을 때 제품수명주기에서 초기에 해당한다.
- 영업이익이 높아야 한다.
- 경쟁자가 가득 차지 않아야 한다.

(2) 시장수요분석

시장수요가 부족하다면 사업 아이디어를 재평가할 필요가 있기 때문에 시장수요를 아는 것은 중요하다. 상품이나 서비스에 대한 총수요를 추정하기 위해 상품이나 서비스에 대한 현재 판매량과 성장잠재력을 고려한다.

- 경쟁자의 사업상태가 안정, 성장 또는 위축인가?
- 표적고객의 특성은 무엇인가?
- 표적시장에 얼마나 많은 고객이 있는가?
- 구매능력은 얼마인가?
- 제품에 대한 고객의 욕구는 무엇인가?

- 시장점유율이 얼마나 될 것인가?
- 시장의 잠재성장률은 얼마나 될 것인가?

(3) 시장적시성

사업 아이디어나 시장타당성에 관한 고려사항은 제품을 도입하는 시장적시성(market timeliness)이다. 상품이나 서비스가 시장에서 이미 이용할 수 있는 것을 개선한 것이라면, 상품이나 서비스에 대한 기회의 창이 개방되거나 폐쇄되었는지를 알아내는 것이다. 인터넷 검색엔진과 같은 시장은 새로운 진입자에게 본질적으로 닫혀 있는 충분한 시장지배력을 갖고 있는 경쟁자에 의해서 지배되거나 경쟁자로 포화되어 있다. 특별요리 같은 시장은 새로운 진입자에게 열려있고 받아들이는 기회의 창으로 특징을 이룬다.

장차 비약적인 상품이나 서비스를 개발하는 새로운 기업을 위해서 선도자 이점을 포착하는 것이 중요하다. 선도자 이점(first-mover advantage)은 새로운 시장에 먼저 진입한 회사가 얻는 이점이다. 시장에 처음으로 진입하는 것이 실제로 이점인지 여부는 토론할 여지가 있다. 선도자 이점의 지지자들은 선도자들이 산업표준을 설정하고, 브랜드 인지도와 시장지배력에 의해 이점을 갖는다고 주장한다. 그러나 높은 조사 · 개발비용, 상품이나 서비스가 유행할지를 찾는 위험과 경쟁자가 선도자의 상품이나 서비스를 연구하여 본질적으로 동일한 제품의 경미한 개선으로 빨리 생산할 위험과 같이 시장에 최초로 진입하는 것이 불이익이라는 주장도 있다. 두 번째 진입자는 첫 번째 진입자에 의해서 이루어지는 실수를 연구하는 이점이 있다. 어떤 학자들은 두 번째 진입자가 더 좋은 상품이나 서비스를 구축하는 데 도움이 된다고 주장한다.

표 8-4 시장의 적시성 평가

항 목	저 잠재력	중 잠재력	고 잠재력
고객의 구매방식	특별한 방식 없다	중간 방식	공격적 구매방식
시장의 추진력	추진력 상실	점진적 추진력	급속한 추진력
시장에서 신생기업에 대한 욕구	저	중간	고
기업과 환경의 표적시장에 대한 호의	저	중간	고
거대기업의 최근 시장진출 계획	진출	진출 루머	없다

2) 경쟁자와 공급자분석

경쟁자와 경쟁자전략을 분석하는 것은 직접적인 경쟁을 확인하는 것이다. 자사와 경쟁자

전략 간의 차이점과 유사점을 기술한다. 경쟁자의 표적시장은 무엇인가? 경쟁자들은 시장에 어떻게 도달하는가? 중요한 경쟁범주에서 경쟁자들의 성과를 평가하고 강 · 약점을 기술한다. 경쟁자에 관하여 가능한 모든 것을 탐지한다. 수집한 정보를 사용하여 경쟁자 윤곽을 편집한다. 또한 제품이나 서비스에 대한 중요한 대체품을 탐구해야 한다. 고객들은 제품의 다른 유형과 다른 방식으로 그들의 욕구를 충족하는 것을 선호할 수 있다. 경쟁을 파악한 후 자사의 운영방식이 경쟁자와 어떻게 다른지를 비교한다.

3) 표적시장분석

산업과 시장의 타당성분석의 마지막 단계는 기업이 참여할 수 있는 틈새시장을 확인하는 것이다. 틈새시장(niche market)은 동일한 관심이 있는 고객의 좁은 집단을 나타내는 시장분할이다. 가장 성공적인 기업은 넓은 시장에서 시작하지 않는다. 대신 넓은 시장 안에 있는 신흥이나 과소제공된 틈새를 발견함으로써 시작한다.

틈새시장과 비슷한 수직시장은 구체적이고 전문화된 욕구를 갖는 유사한 사업에 집중한다. 수직시장은 유사한 방법을 사용하여 유사한 제품들을 개발하는 특정 산업이나 기업들의 집단을 말한다. 보험, 부동산, 금융, 제조업, 소매, 수송, 병원, 그리고 정부 등이 수직시장의 예이다. 예를 들면, 기업이 작은 커피점이나 레스토랑과 같은 전문음식점용 회계프로그램을 공급하는데 집중할 수 있다. 수평시장은 전문시장보다는 오히려 광범위한 산업의 공통적인 욕구를 충족하는 시장이다. 즉, 대중마케팅이 가능하거나 혹은 매우 넓은 범위의 표적마케팅이 가능한 보다 보편적인 시장이다. 모든 중소기업에 회계프로그램을 출시하려는 기업은 수평시장 안에서 판매하려고 노력할 것이다.

- **수직시장**: 유사한 제품들을 개발하는 특정 산업이나 기업들의 집단
- **수평시장**: 전문시장보다는 광범위한 산업의 공통적인 욕구를 충족하는 시장

사업이 성공하려면 기업은 모든 소비자를 다 상대할 수 없다. 제품을 가장 가치 있게 평가하는 시장을 확인해야 한다. 시장은 인구, 지역, 구매역사, 개인적 특성이나 집단을 연결하는 어떤 것에 근거하여 분할할 수 있다. 첫 단계는 제품이 제공할 거래 영역과 지역을 정의한다. 그런 다음은 제품을 위한 가장 큰 기회를 제공할 표적시장을 정의하는 것이다. 일반적인 사업은 고객의 20%가 매출의 80%를 만든다. 중요한 20%를 확인함으로써 수익을 얻을 수 있는 고객집단에 노력과 경비를 집중할 수 있다. 주요 고객의 욕구와 그들을 만족하는 방법을 탐지할 필요가 있다. 소수의 고객이 대부분의 매출을 차지하는 경우이다.

INSIGHT 파레토 법칙

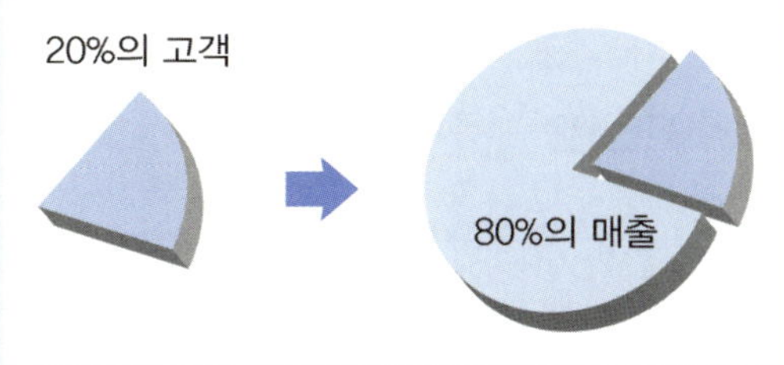

파레토 법칙(Pareto Theory)은 이탈리아 경제학자 파레토(Vilfredo Pareto)가 주장한 것으로 부의 80%는 인구의 20%가 소유하고 있다는 이론이다. 이 이론은 기업매출의 80%는 20%의 제품에서 나온다는 80:20의 법칙으로 발전하였다. 20%의 상품이 총 매출의 80%를 창출하거나, 20%의 충성고객들이 총 매출의 80%를 차지한다. 이에 따라 기업들은 여러 고객의 다양한 욕구를 충족시키기 위해 다양한 제품을 출시하는 전략을 탈피하고, 소수의 VIP에 집중하는 마케팅전략으로 활용하기도 한다. 예를 들면 항공사, 백화점, 카드회사들은 상위 VIP 고객을 대상으로 특별한 최고의 서비스를 제공하기도 한다. 따라서 파레토 법칙은 20%의 고객이 전체 매출의 80%을 이룬다거나, 20%의 특정 제품이 전체 매출의 80%을 구성하는 경우이다. 명품이나 고가의 제품 마케팅에 흔히 활용되는 방법이기도 하다. 소수가 전체를 거의 다 구성하는 것이다.

신생기업이 틈새나 수직시장에 제품을 판매하는 이유가 있다. 첫째, 주요 참여자들에 대항하여 정면으로 경쟁하지 않고, 산업 내에서 선도자를 수립하는 것이다. 둘째, 신입자에게 거의 불가능한 넓은 시장에 대량마케팅을 하는 대신 전문화된 틈새시장, 즉 수직시장에 집중하는 것이다. 매력적인 틈새나 수직시장을 확인하는 어려움은 산업 선도자들과 함께 초기 직접적인 경쟁을 회피하려고 아주 작은 사업에 집중하기 때문이다. 만일 명확하게 정의된 틈새시장을 확인할 수 없다면 새로운 사업모험의 산업과 시장타당성을 생각하는 것은 어렵다. 목표

표 8-5 표적시장의 매력도 평가

항 목	저 잠재력	중 잠재력	고 잠재력
표적시장에서 경쟁자의 수	많다	적다	없다
표적시장에 있는 기업의 성장률	거의 없다	조금 성장	급속한 성장
표적시장에 있는 기업의 평균순이익	저	중	고
산업에서 수익창출 방법	불명확	조금 명확	명확
잠재적 경쟁자에 대한 진입장벽 창출능력	창출불가	조금 가능	창출 가능
기존제품에 대한 고객만족 정도	만족	불만족	매우 불만족
판촉비용수준	저	중간	고
표적시장에서 신제품의 감동 정도	저	중간	고

로 하는 산업 내에 있는 특정 표적시장을 확인한다. 그런 후 [표 8-5]에 의해 표적시장의 매력성을 평가한다.

INSIGHT 롱테일 법칙

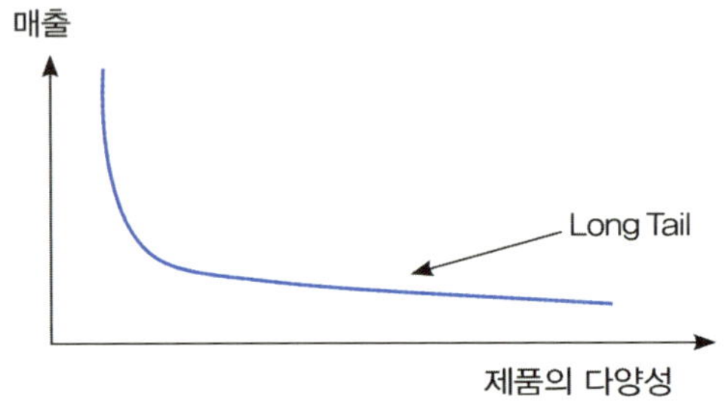

파레토 법칙과 다른 경우가 있다. 롱테일 법칙(Long Tail Theory)은 80%의 다수가 20%의 핵심 소수보다 뛰어난 가치를 창출한다는 것으로 역 파레토법칙이다. 예를 들면, 온라인 서점 아마존닷컴의 전체 수익 중에서 절반 이상은 오프라인 서점에서는 진열되지 않는 비인기 도서나 특정 주제의 도서인 비주류 단행본이나 희귀본 등으로 소위 팔리지 않는 책들이다. 또한 인터넷 포털 구글의 주요 수익원은 《포춘》에서 500대 기업으로 선정한 거대기업들이 아니라 꽃배달 업체나 제과점 등 작은 업체의 광고이다. 따라서 이러한 80%의 비인기 상품에서 발생하는 총수익을 절대 무시해서는 안 된다. 롱테일 법칙은 그래프상의 하위 매출품목이 20%를 차지하는 부분이 긴 꼬리처럼 그려진다고 해서 붙여진 이름인데 하위 매출 20%를 차지하는 품목들이 기업이익에 큰 부분을 차지한다. 다수가 전체를 다 구성하는 대중전략이다.

4) 고객분석

물리적 특성, 욕구와 생활양식에 의해 선정된 표적시장을 기술한다. 고객은 어떤 특정한 편익을 찾는가? 제품이 어떤 욕구와 필요를 충족하는가? 구매를 결정하는 개인에 관하여 알 필요가 있다. 제품을 구매하고 사용하는 방식이나 형태는 사람마다 다르다. 예를 들면, 어른은 음식을 사지만 어린이는 그것을 먹고 구매결정에 영향을 미친다. 소비자에게 제품이나 서비스를 판매하기 위해 고객을 분석할 때 일반적인 질문에 답을 할 수 있어야 한다.

- 고객은 왜 구매하는가?
- 어떻게 구매하는가? 카드, 현금, 외상?
- 언제 구매하는가? 매일, 주간, 월간?
- 가장 가치 있게 생각하는 것은 무엇인가?
- 얼마나 구매하는가?
- 자사제품을 왜 구매하는가?
- 고객의 수입은 어느 정도인가?

- 그들의 연령은?
- 그들의 직업은 무엇인가?

5) 시장수요분석

시장수요가 부족하다면 사업 아이디어를 재평가할 필요가 있기 때문에 시장수요를 아는 것은 중요하다. 제품이나 서비스에 대한 총수요를 추정하기 위해 제품이나 서비스에 대한 현재 판매량과 성장잠재력을 고려한다.

6) 마케팅믹스분석

사업이 성공적이기 위해서는 마케팅 요소들이 적절해야 한다. 적절한 장소와 적절한 시간에, 적절한 촉진노력을 사용하여, 적절한 가격으로 적절한 제품이나 서비스를 제공해야 한다. 마케팅믹스(marketing mix)는 4P's라고 하며, 이는 마케팅 네 가지 변수의 결합이다. 즉, 제품(product), 가격(price), 촉진(promotion)과 유통(place) 등 네 변수를 배합하여 마케팅전략을 수립하는 것이다.

4. 조직 타당성분석

조직 타당성분석은 기업이 제품을 성공적으로 출시하기 위해 충분한 경영전문가, 조직역량과 자원을 갖고 있는지를 알아내기 위해 수행된다. 이것은 경영 노하우와 자원충족도가 주요한 사안이다.

1) 경영 노하우

회사는 경영 노하우나 경영능력을 솔직하게 평가해야 한다. 자기평가는 상세한 자기성찰을 필요로 한다. 중요한 점은 기업가나 경영팀이 사업 아이디어에 대하여 갖는 열정과 기업이 참여하는 시장을 이해하는 정도이다. 이러한 영역에서 강점을 실무적으로 대체할 수 없다. 예를 들면, 자금조달이 중요하더라도 고객의 지식과 사업에 대한 열정만큼 중요한 것은 없다. 자금조달은 실제로 가장 중요한 사안은 아니다. 사업을 한다면 고객을 알아야 하고, 경쟁자를 이기기 위해서 탁월한 경영 노하우가 있어야 한다.

경영 노하우에 관한 다른 요인을 고려한다. 광범위한 전문성과 사회적 네트워크를 갖고 있는 경영자들은 경험이나 지식 격차를 보완하려고 동료와 친구들에게 접근하는 경우이다. 이외에도 잠재적 새로운 사업은 그것을 만들 수 있는 새로운 모험팀을 생각해야 한다. 새로운 모험팀은 기업에서 새로운 사업을 관리하는데 도움이 되는 핵심직원과 조언자의 집단이다. 지식은 잠재적인 모험의 조직타당성에 신뢰성을 준다.

2) 시간몰입과 자원집중

사업을 소유하는 것은 자신이 우두머리가 되고, 자신의 재무적 미래를 책임지고, 보수를 주는 사람 없이 일주일에 거의 7일을 일하는 놀랄 만한 기회일 수 있다. 사업의 성공은 부의 축적, 사회적 인정과 고급품 사용기회를 증가시키기 때문이다. 자신의 사업을 경영하기 위해 개인적 수요와 희생을 준비하는가? 따라서 사업 소유자가 되는 좋은 시간인지를 결정하기 위해 다음 질문을 사용한다.

- 오랫동안 일하고 여가시간을 희생할 각오가 되어있는가?
- 사업이 얼마나 많은 시간을 요구하는가?
- 사업에 얼마나 많은 시간을 투입할 수 있는가?
- 이익을 내기 전에 얼마나 오랫동안 기다릴 수 있는가?
- 사업에 집중하는 것을 방해하는 환경을 갖고 있는가?

표 8-6 경영 노하우의 평가

항 목	저 잠재력	중 잠재력	고 잠재력
사업 아이디어에 대한 열정	저	중간	고
관련 산업 경험	없다	중간	넓다
이전 사업 경험	없다	중간	넓다
전문성과 사회적 연결망의 깊이	저	중간	고
경영팀 구성원의 창의성	저	중간	고
현금흐름관리의 경험과 전문성	없다	중간	고
대학 동료	없다	조금	많다
시간몰입	저	중간	고

3) 자원충족도

조직 타당성분석의 세 번째 영역은 잠재적인 새로운 모험이 제품 아이디어를 성공적으로 개발하기 위해 투입할 충분한 자원을 갖고 있는지를 알아내는 것이다. 재무타당성을 분리하여 고려하는 경우에 조직 타당성분석의 초점은 비재무자원이다. 사업이 위치한 지역에서 노동력의 질, 사무실 공간의 이용도와 새로운 사업의 지식재산 보호를 확보하기 위한 가능성을 포함하여 검토해야 한다. 자원충족도는 유사한 기업과의 접근성이다. 참여하는 기업의 생산성이 증가하기 때문에 산업단지가 생긴다. 기업이 다른 기업과 가까이 위치하기 때문에 종업원들이 서로 네트워킹이 쉽고, 기업이 전문화된 공급자, 과학적 지식, 기술전문가와 접근하기가 쉽다. 자원충족도를 검사하기 위해서 아이디어를 추진하고, 사업을 위한 자원을 확보하기 위해 타당성을 평가하는데 필요한 가장 중요한 비재무자원 목록을 작성하는 것이 필요하다. 아래는 자원충족도를 평가할 때 활용할 수 있는 문항으로 5점 척도이다.

① 해당 사항 없다.
② 이용할 수 없다.
③ 이용할 수 있을 것 같지 않다.
④ 이용할 수 있을 것 같다.
⑤ 확실히 이용할 수 있다.

표 8-7 자원충족도의 평가

평 점	자원충족도
① ② ③ ④ ⑤	사무실 공간
① ② ③ ④ ⑤	사업을 시작할 공간, 연구실, 제조 공간
① ② ③ ④ ⑤	제조업자나 외주업자 접촉
① ② ③ ④ ⑤	핵심 관리직원(현재와 미래)
① ② ③ ④ ⑤	핵심 기술직원(현재와 미래)
① ② ③ ④ ⑤	사업운영에 필요한 핵심장비
① ② ③ ④ ⑤	사업 핵심 측면에 대한 지식재산권 보호능력
① ② ③ ④ ⑤	사업시작에 해당되는 경우 정부나 단체의 지원
① ② ③ ④ ⑤	호의적인 사업협력자 형성 능력

5. 재무 타당성분석

재무 타당성분석은 자금의 조달과 운영에 관한 타당성분석이다. 사업의 특성은 변화하고 진화하기 때문에 이 시점에서 상세한 재무예측으로 초기에 많은 시간을 보내는 것은 비현실적이다. 이 단계에서 고려할 가장 중요한 사안은 필요한 총 창업현금, 유사한 기업의 재무성과와 사업의 전체 재무적 매력성이다. 새로운 사업은 1~3년간 유지에 필요한 기업의 자금능력을 증명할 추정 재무상태를 완성할 필요가 있다.

1) 창업 총 필요 현금

첫 단계는 첫 판매를 위해 사업을 준비하는데 필요한 총 현금에 관한 것이다. 실제 예산은 모든 기대한 자본이 수입을 창출하기 위해 필요한 구매와 운영비용이다. 창업비용이 어디에서 오는지를 기술하여야 한다. 돈이 친구, 가족이나 다른 수단으로 온다면, 합리적인 자금조달이 아니다. 창업비용을 충분히 대고 현금흐름이 긍정인 관점으로 기업을 만들어야 한다. 창

표 8-8 창업기업 총 필요 현금

자본투자	산출근거	금 액
자산		
가구와 비품		
컴퓨터 장비		
기타 장비		
자동차		
운영비		
법률, 회계와 전문 서비스		
광고와 판촉		
시설 담보금		
특허		
선급보험		
리스료		
급여와 임금		
공과금		
여비		
표지, 간판, 인장		
도구 및 소모품		
초기 재고		
운영자금		
기타 비용		
창업 총 필요 현금		

업비용을 충분히 충당하는 방법을 보여주는 것은 중요한 사안이다. 벤처는 유망하게 보이지만 발전과 유지를 위한 돈을 조달하는 방법이 없거나 비용을 회수할 수 없는 경우가 있다.

창업비용을 계획할 때 비용을 과소추정하는 것보다 과대추정이 더 낫다. 창업계에 머피법칙은 널리 퍼져있다. 머피의 법칙(Murphy'Law)은 일이 좀처럼 풀리지 않고 갈수록 꼬이기만 하는 경우로 자신이 바라는 것은 이루어지지 않고, 우연히도 나쁜 방향으로만 일이 전개될 때 쓰는 말이다. 일종의 경험법칙으로 미국 에드워드 공군기지에 근무하던 머피(Edward A. Murphy) 대위가 1949년 처음으로 사용하였다. 생존과 발전에 어떤 장애가 없다는 것은 창업기업에게는 드문 일이다. 따라서 추정하지 못한 비용을 포함하거나 시장에 진출하는 것을 지연하는 경우를 예상하여야 한다. 기업가들은 창업비용을 충분히 대는 현명하고 창조적인 방법을 익혀야 한다. 사업계획에 참여하고 보조금을 신청하는 동안 자금부족 때문에 사업을 중지해야만 하는 경우가 발생할 수 있다.

2) 재무분석

사업을 창업하고 수익이 발생할 때까지 필요한 자금규모를 결정한다. 구체적인 장비와 구매나 임차비용 목록을 작성한다. 재무분석은 판매와 수요예측, 손익분기점분석, 현금흐름분석 및 자금조달 등을 포함한다.

(1) 판매와 수익예측

첫 해 동안 매월 판매와 수익을 예측한다. 시장조사로부터 판매, 비용과 수익을 예측한다.

(2) 손익분기점분석

사업의 총고정비와 변동비를 충당하는데 필요한 판매와 수익을 계산하는 공식을 사용한다. 손익분기점(break-even point)은 이익과 손실이 없는 곳이다. 기업은 손익분기점 이상의 제품가격과 매출액을 추정하고 전략을 수립한다. 특정한 가격을 책정하였을 때 총수익과 총비용이 같아지는 매출액을 산출한다. 이때 손익분기점 이상으로 매출을 실현하면 수익이 발생하고, 이하로 매출하면 손실이 발생한다. 고정비는 판매수준과 관계없이 충당해야 할 비용으로 고정자산의 감가상각비, 임금과 급여, 보험료, 임차료, 이자, 제세공과 등이다. 변동비는 판매에 따라서 발생하는 비용으로 판매수수료, 광고와 마케팅 비용과 재료비 등이다. 손익분기점을 구하는 공식은 다음과 같다.

- 총수익 = 판매량 × 판매단가
- 총비용 = 변동비 + 고정비
- 총수익 = 총비용
- 판매량 × 판매단가 = 변동비 + 고정비

예를 들면, 판매단가가 12,000원, 고정비가 50,000,000원, 단위당 변동비가 2,000원일 때 손익분기점 매출수량과 매출액을 구하면 다음과 같다.

- 총수익 = 총비용 = 변동비 + 고정비
- 판매량 Q, 단가 P이면 총수익은 판매량(Q) × 단가(P)이다.
- 총수익: 수량 × 단가 = Q × 12,000
- 총비용: 고정비 + 변동비 = 50,000,000 + Q × 2,000
- 따라서 총수익 = 총비용이므로 Q × 12,000 = 50,000,000 + Q × 2,000
- Q = 5,000개

- 판매액 = 판매수량 × 판매단가: 5,000(개) × 12,000(원) = 60,000,000원
- 손익분기점 매출수량과 매출액: 수량 5,000개, 매출액 60,000,000원

그림 8-9 손익분기점과 매출액

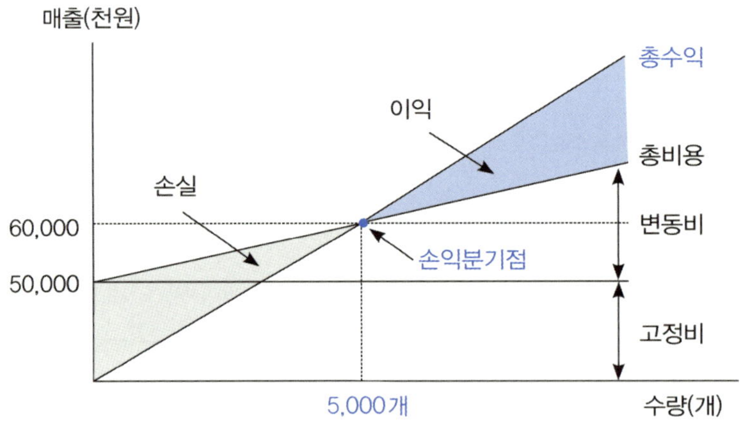

(3) 현금흐름분석

현금흐름(cash flow)분석은 지급하는 돈과 수입으로 들어오는 돈을 월별로 추정하는 것이다. 대부분의 사업은 판매의 부족보다 현금흐름의 부족으로 실패한다. 과거 현금의 조달과 사용에 관련하여 포괄적인 현금흐름의 내용과 변동원인, 현금창출능력에 대한 분석으로 현금의 유입 및 유출에 관한 정보를 제공한다.

(4) 자금조달

자금조달은 모든 새로운 사업소유자에게 도전이지만, 고려해야 할 요소가 있다. 신규사업자들은 개인저축액, 가족과 친구로부터 창업자금을 조달한다. 대부분의 은행은 창업기업을 위험이 있는 것으로 인식하고 신중하다. 벤처캐피탈 회사는 작은 창업상태에 관심이 있지는 않지만 시장잠재력을 갖고 있는 회사는 벤처자금을 조달할 수 있다.

3) 유사기업의 자금 성과

유사기업과 비교함으로써 사업의 잠재적 재무 성과를 추정한다. 이러한 노력은 정확한 숫자보다 개략적인 결과가 될 것이다. 이것은 몇 가지 방법이 있다. 첫째, 이용할 수 있는 많은 보고서가 있다. 상세한 산업동향분석과 개별 회사에서 제공하는 보고서이다. 가장 유망한 원천을 찾아서 살펴본다. 또 사업가들이 간단한 관찰과 공공기록 열람으로 판매자료를 추적하는 방법이 있다. 기본적인 방법은 점포를 자주 방문하고, 하루의 다양한 시간 동안 점포를 방문하는 고객의 수를 세는 것이다.

4) 사업의 전체 재무적 매력성

사업가는 시장에서 아이디어를 구하는데 성급하고, 전체 타당성을 분석하는 데는 소홀하다. 이러한 점이 언제나 실수나 실패로 이를 수 있다. 다른 많은 요인들은 사업의 재무매력성 평가와 관련이 있다. 이러한 평가는 주로 새로운 벤처의 추정재무 투자수익률에 근거한다. 보다 더 정확한 추정은 추정현금흐름, 손익계산서와 재무상태표의 1~3년 추정을 포함하여 추정재무상태를 준비함으로써 계산될 수 있다. 이러한 작업은 시간과 환경이 허용된다면 이루어질 수 있으나 일반적으로 신사업개발의 타당성분석 단계보다는 사업계획 단계에서 이루어진다. 다음은 예상수익이 사업시작을 정당화하는데 적절한지를 알기 위해 고려되어야 한다.

표 8-9 사업의 전반적인 재무 매력도

항 목	저 잠재력	중 잠재력	고 잠재력
1~3년 동안 견실하고 빠른 매출성장	가능성 희박	중간	높음
고객확보와 반복구매율	낮음	중간	높음
합리적인 수입과 비용 예측능력	약함	중간	강함
2년 동안 성장에 필요한 자금	가능성 희박	중간	높음
투자자의 자금회수에 대한 대안 자금	낮음	중간	높음

- 필요한 투자자금
- 수익을 내는데 필요한 시간
- 사업에 가정된 위험
- 투자되는 돈에 합당한 기존 대안
- 기업가의 시간과 노력에 대한 기존 대안

6. 종합 타당성분석

사업을 진행하기 위해 사업이 수익성이 있는지를 발견하는 타당성분석을 한다. 시장분석, 경쟁자분석, 개인기능분석과 자금조달이 필요하다. 이러한 분석결과는 진행과 중단을 결정한다. 모든 분석이 긍정적이면 진행을 시작하는 것이고, 부정적이라면 중단이나 재평가를 하는 것이다. 진행을 결정하면 사업계획서를 작성한다. 따라서 사업타당성분석을 요인별로 완료한 후 [표 8-10]에 요약과 결론을 집계한다. 그런 후 각 요소별로 타당성 개선을 위한 제안을 도출하여 타당성이 부족한 부분을 재평가하거나 개선하여 보다 더 성공적인 사업 아이디어를 재구성하는 데 활용한다.

표 8-10 타당성분석의 요약과 결론

구 분	사업타당성	타당성 개선을 위한 제안
제품/시장타당성	타당하지 않다	
	불확실하다	
	타당하다	
산업/시장타당성	타당하지 않다	
	불확실하다	
	타당하다	
조직타당성	타당하지 않다	
	불확실하다	
	타당하다	
재무타당성	타당하지 않다	
	불확실하다	
	타당하다	
종합평가	타당하지 않다	
	불확실하다	
	타당하다	

09 사업계획서의 작성

FOCUS

10년 미래를 준비한 신경영의 이건희 회장

◆ 장난감에서 사물의 본질을 깨닫다

이건희 회장에게는 사물에 대한 연구나 사람에 대한 탐구가 끝이 없다. 그의 탐구방식은 끊임없는 질문과 끊임없는 사색을 통해서다. 이건희 회장은 아무리 세계 1등의 품목을 만들어도 "아직 멀었다"고 답한다. 이건희 회장은 어린 시절부터 아버지 이병철 선대 회장은 물론, 형제들과 떨어져 살아야 했다. 그는 3남 5녀라는 대가족이었음에도 항상 외톨이였다. 초등학교 5학년부터 3년 동안은 일본으로 유학을 떠나는 통에 아버지 앞에서 재롱이나 투정도 부릴 나이였지만 그럴 기회조차 갖지 못했다. 그런 그에게 유일한 친구는 장난감이었다. 하지만 누군가에게는 장난감이었지만 소년 이건희에겐 직접 뜯어보면서 장난감의 구조를 익히며 사물의 본질을 파악하게 해준 스승이었다. 성장하면서 이건희 회장은 자전거, 텔레비전, VTR, 카메라, 심지어 자동차까지 분해하고 조립하는 경지에 이르게 되었다. 이처럼 이건희 회장은 어려서부터 스스로 경험하고 혼자서 고민하고 스스로 해답을 찾으며 사물에 대한 본질을 사색하게 되었다.

◆ 인문학과 예술을 좋아했던 청년 이건희, 삼성 신경영의 초석을 만들다

1987년 11월 이병철 선대 회장은 셋째 아들 이건희에게 삼성그룹 회장 자리를 넘긴다는 유언을 남기고 작고했다. 그때 이건희의 나이는 46살이었다. 인문학과 예술을 좋아하고 스포츠와 개를 사랑했던 이건희는 비로소 삼성그룹의 회장이 되었다. 삼성그룹의 회장이 된 이건희는 "나는 삼성의 메기다"라는 메기론을 내세운다. 이 메기론은 이건희 회장의 어린 시절에 경험한 일화에서 유래를 찾을 수 있다. 이건희 회장이 어렸을 때 농부들이 논에서 미꾸라지를 키웠는데, 미꾸라지만 넣은 논에는 미꾸라지가 시들시들하며 죽어나갔는데, 메기와 함께 논에 넣은 미꾸라지는 팔팔하게 살았으며 살까지 통통했다고 한다. 미꾸라지는 메기가 잡아먹으려 다니니까 항상 긴장하고 계속 움직여야만 했고, 끊임없이 움직이기 위해서 많이 먹고 통통해진 것이다. 메기보다 빨라야 살아남지 않겠는가? 결국 이 메기론은 삼성의 성장을 이끌어 온 가장 기본적인 경영 원칙 중의 하나가 되었으며, 1993년 이건희 회장이 선언한 삼성 신경영의 초석이 되었다. 이건희 회장은 삼성그룹의 경영을 맡은 후 끊임없이 위기를 부르짖으며 경영진에게 위기의식과 혁신을 강조하며 깨어 있으라고 주문하고 있다.

◆ 신(新)경영 선언과 위기경영

이건희 회장(1942~2020)은 1987년 이병철 선대 회장의 사후부터 2020년까지 삼성그룹의 회장을 유지했고, 삼성전자는 실적과 시장점유율 면에서 큰 성장을 이룩하였다. 그는 1993년 6월 7일 "처자식 빼놓고 다 바꿔라"는 신(新)경영을 선언하였다. 신경영은 기존 경영관행에 대한 철저한 부정에서 출발했다. 삼성은 양(量) 중심의 경영을 버리고 질(質) 중심의 신경영으로 대대적인 경영혁신을 단행했다. 1993년 6월 4일 이건희 회장은 일본 도쿄에서 삼성의 경영 현장을 지도해 온 일본인 고문들과 삼성이 지닌 문제점들에 대해 회의를 가졌다. 삼성은 상품기획이 약하다. 개발을 해도 시간이 오래 걸리고, 시장에 물건을 내놓는 타이밍도 놓치고 있다는 것이 주요 내용이었다. 도쿄에서 프랑크푸르트로 향하는 기내에 동승했던 사장단에게 이 사실을 이야기하고 그 이유가 무엇인지를 논의하게 했다. 1993년 6월 7일 마침내 이건희 회장은 비장한 각오로 임원과 해외주재원 등 200여 명을 프랑크푸르트 캠핀스키 호텔로 불러 모아 새로운 삼성을 여는 회의를 주재했다. 회장으로 취임한 이후 이건희 회장은 세기말적 변화에 대한 기대와 위기감으로 잠 못 이루는 밤이 많았다. 때로는 찬란한 비전과 희망에 흥분하기도 했고, 때로는 무섭게 엄습해오는 책임감 때문에 등골이 오싹해지기도 했다. 사장단 회의를 갖고 여러 선진국들을 둘러보면서 이건희 회장은 국가도 기업도 개인도 변하지 않으면 살아남지 못한다는 결론에 도달했다. 그러기 위해서는 우선 회장 자신부터 변해야겠다고 결심했다. 삼성이 뼈를 깎는 아픔을 감내하고 스스로 변하지 않으면 안 된다고 판단했고, 마침내 1993년 6월 7일 프랑크푸르트에서 "삼성은 이제 양 위주의 의식, 체질, 제도, 관행에서 벗어나 질 위주로 철저히 변해야 한다"고 선언하며 삼성 신경영을 선언했다. 신경영 10주년 기념에서 이건희 회장은 "신경영을 안 했으면 삼성이 이류, 삼류로 전락했거나 망했을지도 모른다는 생각에 등골이 오싹하다"고 말했다.

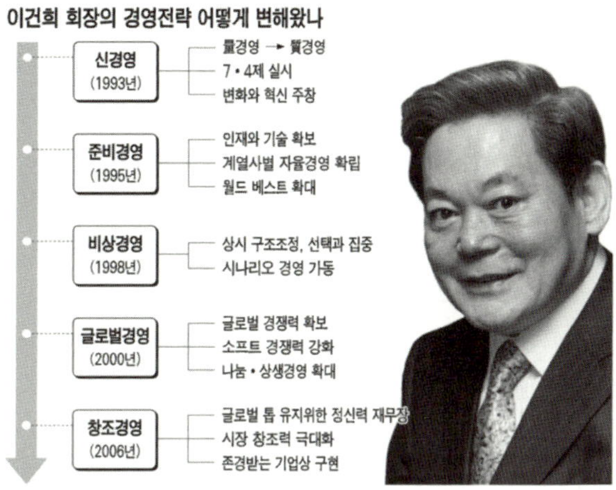

1993년 신경영 선언 이후 삼성의 변화

	1993년		2012년
매출	29조원	→	380조원
세전 이익	8000억원	→	38조원
인력	14만명	→	42만명
시가 총액	7조6000억원	→	338조원

◆ 신경영전략

- 라인스톱 제도: 생산현장에서 불량이 발생할 경우 즉시 해당 생산라인의 가동을 중단하고 제조 과정의 문제점을 완전히 해결한 다음 재가동함으로써 문제 재발을 방지하는 혁신적인 제도이다.
- 불량 무선전화기 화형식: 라인스톱제와 함께 질 위주로 가기 위한 삼성의 뼈를 깎는 의지를 보여 준 사례가 1995년 3월에 있었던 불량 무선전화기 화형식이다. 삼성에서 수준 미달의 제품을 만드는 것은 죄악이다.
- 기회균등 인사: 학력이나 성별을 이유로 기회조차 주지 않던 닫힌 제도와 관행을 모두 철폐하고, 능력과 의욕만 있으면 모든 사람에게 문호를 열어주는 것이었다.
- 능력주의 인사: 급여 인상이나 승진 · 승격 때 본인 스스로 일구어 낸 능력과 업적에 따라 대우받게 하는 것이었다. 1년간의 고과 결과에 따라 개인별로 급여가 차별화되고, 능력만큼 보상받는 능력급제를 단계적으로 모든 계열사에 실시했다.
- 가능성을 열어주는 인사: 고졸, 현장직 사원도 장기적인 가능성과 비전을 갖고 부족한 능력을 보충할 수 있도록 제도와 여건을 확충했다. 사내대학을 설립하고 조기출퇴근제를 활용해 야간대학에 진학할 경우 지원하는 제도를 마련했다.

◆ 신(新)경영의 성과

삼성의 신경영전략은 10년 동안 대단한 성과를 냈다. 삼성은 D램 · 초박막 액정표시장치 · 모니터 등 20개 제품을 세계 1등으로 만들었고, 휴대전화 애니콜이 세계 톱 3으로 도약했다. 후발주자의 한계를 극복하기 위해 선견, 선수, 선제, 선점의 사업전략을 전개했다. 휴대전화, 디지털 TV, DVD 플레이어 등 시장이 원하는 기능과 디자인을 갖춘 제품을 경쟁사보다 빨리 시장에 출시했다. 고품질 · 고가전략을 통해 디지털기업 이미지를 심었다. 라인스톱제는 생산현장에서 불량이 발생할 경우, 즉시 해당 생산라인의 가동을 중단하고 제조 과정의 문제점을 완전히 해결한 다음 재가동함으로써 문제재발을 방지하는 혁신적인 제도이다. 신경영의 변화는 혈연 · 지연 · 학연이 끼지 않는 공정한 인사의 전통을 조직에 뿌리 내리고, 연공서열이나 각종 차별 조항을 철폐해 시대 변화에 맞는 능력주의 인사가 정착되는 계기가 되었다. 학력이나 성별을 이유로 기회조차 주지 않던 닫힌 제도와 관행을 모두 철폐하고, 능력과 노력만 있으면 모든 사람에게 문호를 열어주는 것이었다.

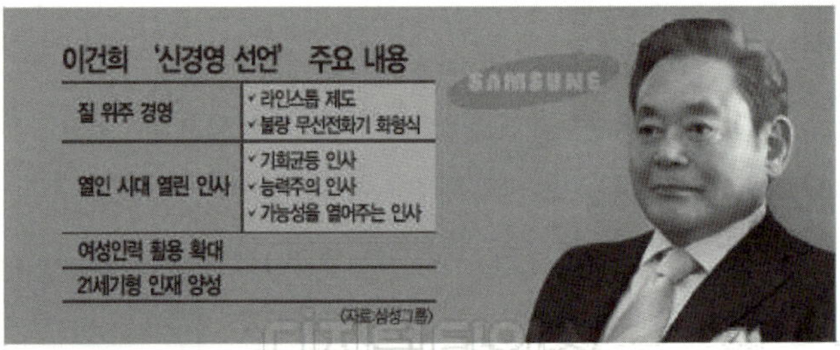

이건희 '신경영 선언' 주요 내용

질 위주 경영	✓ 라인스톱 제도 ✓ 불량 무선전화기 화형식
열인 시대 열린 인사	✓ 기회균등 인사 ✓ 능력주의 인사 ✓ 가능성을 열어주는 인사
여성인력 활용 확대	
21세기형 인재 양성	

(자료:삼성그룹)

삼성그룹 세계 1위 달성 품목 (분기 1위 달성도 포함)

삼성전자	평판TV, 모니터, 휴대폰, D램, 낸드플래시, SSD(솔리드스테이트드라이브), 디스플레이구동드라이버IC(DDI), 스마트카드IC, 스마트폰용 CMOS 이미지센서(CIS), 정보표시 대형모니터(LFD)
삼성SDI	리튬이온 2차전지
삼성전기	반도체용 기판
삼성디스플레이	중소형 능동형유기발광다이오드(AMOLED), 중소형 패널 전체(OLED+LCD)
삼성중공업	드릴십, LNG선, FPSO, LNG-FPSO(액화천연가스 생산저장 하역설비)

자료:삼성그룹

반도체는 전형적인 장치산업이고, 시장 선점이 중요하다. 일본 업체들이 경기 침체기에 투자를 줄이는 동안 삼성은 투자를 증가하였다. 경기회복기를 대비해 오히려 공격적 투자에 나섰다. 경기침체기에는 설비가격이 저렴한 것을 기회로 삼았다. 경기회복기에 투자를 확대하여 제품이 생산될 즈음에는 공급과잉으로 가격이 인하된다. 삼성이 소니를 압도한 분기점은 2009년이다. 2009년 3분기 삼성전자의 영업이익(4조 2,300억 원)은 소니, 파나소닉 등 일본 주요 9개 업체의 같은 기간 영업이익을 모두 합한 것보다 2배 이상 많았다. 일본기업의 패배는 기술력이 아닌 경영능력의 차이에서 비롯된 것이다.

구매의 예술화는 이건희 회장이 직접 지어낸 말이다. 조립산업은 원가의 80%가 구매원가이기 때문에 협력업체를 잘 육성해 질을 높여야만 경쟁력을 높일 수 있다. 조달만 하는 단순한 구매가 아니라 협력업체와 상생하는 관계가 양질과 저렴한 부품의 신속한 구매로 이어져야 한다. 삼성전자에는 협력업체 모임인 협성회가 조직되어 있다. 이건희 회장의 일화이다. 그는 "우리 회사에 오시면 어디에 주차하십니까?"라는 질문을 던졌다. 이 회장의 생각은 협력회사 사장이 들어오면 삼성전자 사장 옆에 주차할 수 있어야 한다는 것이었다. 협력업체에 대한 파트너십을 표현한 것이다. 그는 협력회사 대표에게 삼성전자의 상시 출입이 가능한 프리 패스제를 도입했다. "부품의 품질이 확보되지 않으면 100년이 가도 일류가 될 수 없다"는 것이 그의 지론이다. 이 회장이 강조한 납품업체와의 공존체제는 협력포털, 공급망관리 등으로 시스템화됐다. 협력포탈은 삼성전자가 어떤 물건을 언제 어떻게 얼마만큼 만들지 등의 정보를 3개월 전에 협력

회사와 연결된 인터넷 사이트에 띄워 공유하는 시스템이다.

출처: 명진규(2013), 청년 이건희, 삼성 신경영을 구상하다, 팬덤북스.

이건희의 어록

- 마누라와 자식만 빼고 다 바꿔라.
- 2등은 아무도 기억해주지 않는다.
- 천재 한 사람이 10만 명을 먹여 살린다.
- 앞으로 자만하지 말고 위기의식으로 재무장해야 한다.
- 미꾸라지가 있는 물속에 메기를 풀어놓으면 미꾸라지들이 잡아먹히지 않기 위해 더 열심히 헤엄치기 때문에 오히려 건강해진다.
- 항상 기뻐하라. 그래야 기뻐할 일들이 줄줄이 따라 온다.
- 들어온 떡만 먹으려 하지 말라. 떡이 없으면 나가서 떡을 만들라.
- 헌 돈은 새 돈으로 바꿔 사용하라. 새 돈은 충성심을 보여준다.
- 세상에 우연은 없다. 한번 맺은 인연을 소중히 하라.
- 돈 많은 사람을 부러워 말라. 그가 사는 법을 배우도록 하라.
- 본전 생각을 하지 말라. 손해가 이익을 끌고 온다.
- 돈을 내 맘대로 쓰지 말라. 돈에게 물어 보고 사용하라.
- 느낌을 소중히 하라. 느낌은 신의 목소리다.
- 돈을 애인처럼 사랑하라. 사랑은 기적을 보여준다.
- 기회는 눈 깜빡하는 사이에 지나간다. 순발력을 키워라.
- 작은 것 탐내다가 큰 것을 잃는다. 무엇이 큰 것인가를 판단하라.
- 돌다리만 두드리지 말라. 그 사이에 남들은 결승점에 가 있다.
- 돈의 노예로 살지 말라. 돈의 주인으로 기쁘게 살아가라.
- 지갑은 돈이 사는 아파트다. 나의 돈을 좋은 아파트에 입주시켜라.
- 돈이 가는 길이 따로 있다. 그 길목을 지키며 미소를 지어라.

1절 사업계획서의 이해

등산할 때는 지도가 필요하고 항해를 할 때는 해도가 필요하듯이 창업을 하는 데는 사업계획서가 필요하다. 사업계획서란 사업의 내용을 정리하거나 계획을 나타낸 문서를 말한다. 사업계획은 사업운영에 도움이 되는 지침이다. 사업계획은 기업이 목표를 정의하는 방법과 목표를 달성하는 방법을 자세히 설명하는 문서이다. 이러한 사업계획은 마케팅, 재무 및 운영 관점에서 회사를 위한 지침을 제시한다. 사업계획서를 작성하면 회사를 시작하는 모든 단계를 신중하게 생각할 수 있으므로 모든 문제를 더 잘 준비하고 처리할 수 있다.

1. 사업계획서의 의의

사업계획서(business plan)는 회사발전을 위한 지침(road map)으로 사업에 관한 종합적인 기술이다. 회사의 상품이나 서비스, 판매예측, 생산기술과 설비, 시장과 고객, 마케팅전략, 인적자원, 조직, 공급자, 자금의 조달과 운용에 관한 상세한 보고서이다. 사업계획서는 사업의 과거와 현재 상태를 기술하지만 주요 목적은 사업의 미래를 표현하는 것이다. 사업계획서는 자금을 조달할 때 중요한 요소로 완전하고, 진실하고, 사실적이고, 잘 구조화되고, 읽기 편하여야 한다. 사업계획서는 창업자에게 많은 이점을 제공한다. 첫째, 사업계획서는 사업을 체계적으로 준비하고, 기업운영을 원활하게 할 수 있다. 둘째, 사업계획서는 사업성공 가능성을 높여준다. 셋째, 사업계획서는 자본조달과 정부지원에 대한 도구이다. 자본조달이나 정부지원을 받기 위해서는 사업계획서를 제출해야 한다.

2. 사업계획서의 독자

핵심적인 종업원들, 임원과 주주, 특정의 사업협력자, 현재나 장래 채권자와 투자자들은 사업계획서의 독자들이다. 사업계획서 안에 전략적 의사결정이나 기밀을 포함하고 있다면 사본을 배포할 때 제한적이어야 한다. 가장 중요한 표적독자들은 잠재적인 채권자나 투자자일 수 있다. 사업을 확대하기 위해 외부자금을 찾는다면, 사업계획서로 접근할 수 있는 많은 가능한 원천이 있다. 가장 중요한 원천은 다음과 같다.

1) 은행

은행들은 표준적인 시장조건으로 성공할 수 있는 사업에 자금을 공급한다. 그들은 보통 매우 위험 의식적이고, 추가적인 조건으로 적절한 담보를 요구한다. 이것은 당좌계정, 받을어음, 토지, 건물, 기계, 외상매출금과 재고로 구성된다. 이러한 자산 중에서 추가적인 조건으로 받아준다면 은행에서 더 많은 대출을 얻을 수 있다. 이자율은 경제 조건에 달려있으나 은행은 프로젝트의 위험에 근거한다.

2) 사모투자 펀드

사업적 기준에 따라 운용하는 사모벤처 자금의 수가 급속도로 증가하고 있다. 이러한 펀드의 목적은 이익창출이고, 그들은 지분에 실질적인 수입을 얻을 수 있다고 확신할 때까지 사업계획서를 면밀하게 검토한다. 은행대출과 비교하여 펀드의 이점은 추가적 조건 없이 지분을 갖고 사업에 자금을 줄 수 있다. 한편 그들은 양호한 수익률을 기대하고, 사업에서 관리기능을 요구할 것이다. 예를 들면, 이사회에 그들의 직원 임명을 요구할 수 있다.

3) 개발기금

벤처투자 펀드는 사회와 거시경제 개발의 목적을 갖고 있다. 개발기금은 상업이나 사모벤처 자금 펀드보다 더 위험을 감수하는 경향이 있으며, 제한된 기간 동안만 참여하고, 사업이 재정적으로 자립될 때 회수된다. 또한 특정한 사회와 환경적인 효용이 있는 사업을 선호한다. 이러한 펀드를 조달할 목적으로 사업계획을 설명한다면 사업계획서에서 이러한 사안을 잘 다루어야 한다.

4) 개인 투자자

개인 투자자들은 보통 독립적이며, 유망한 사업에 돈을 투자할 기회를 찾는 부유한 개인들이다. 투자 유인책은 시장성이 있는 유가증권보다 더 높은 투자수익률을 제공하는 것이다. 그들은 창업이나 성장 프로젝트에 자금을 투자한다. 다양한 사업에 자금을 투자하는 것은 투자 포트폴리오에서 전체 위험을 감소시킨다.

5) 기술지원과 기부

사업의 유형과 위치에 따라서 대출이나 투자하는 정부 펀드에 접근하는 기회가 있다. 이러한 자금은 직원훈련, 타당성조사 준비, 투자 전 사전 프로젝트 실시와 환경보호 목적이다. 기부자는 의사결정하기 전에 사업계획을 대부분 평가하고, 잘 계획되고 성공할 수 있는 벤처에만 지원한다. 이러한 지원은 사회, 미시경제와 거시경제에 영향을 준다.

3. 사업계획서의 편집 관점

사업계획서의 내용을 토의하기 전에 형식과 표현에 관한 기본적인 사안을 고려하는 것이 중요하다. 사업계획이 전문적으로 보이고 유용한 도구가 되려면 다음과 같이 특별한 관심을 이끌어낼 수 있는 관점을 갖는 것이 필요하다.

- **문의처**: 사업계획과 관련하여 연락을 받을 수 있는 담당자의 이름을 기록한다.
- **종이**: 양질의 종이에 사업계획서를 프린트한다. 종이의 한 면에만 프린트한다.
- **활자체**: 읽기 쉬운 서체와 눈의 피로를 예방하기에 충분한 큰 글꼴 크기를 사용한다. 이것은 가독성(legibility)을 유지하기 위해 여러 페이지에 걸쳐 사용한다.
- **여백**: 적절한 여백을 유지한다. 이것은 독자가 질문과 지적을 기록하는 데 유용하다.
- **용어 · 약어**: 사업계획서에서 전문용어나 약어를 적게 사용하며, 전문지식이 없는 사람들이 이해하지 못하는 용어는 정의해야 한다.
- **페이지 번호**: 목차와 정확하게 일치하는 페이지 번호를 기록한다.
- **문서 크기**: 사업계획서는 짧고 간결하게 작성한다. 관련이 없는 자료는 포함하지 않는다. 꼭 필요하다면 부록에 게재한다.
- **부록**: 광고, 마케팅 자료와 사업계획서의 표현에 도움이 되는 정보는 부록에 싣는다.
- **편집**: 오타와 문법 오류가 나지 않도록 문서를 신중하게 편집한다.
- **제본**: 문서가 열려 있을 때 평평하게 되도록 제본한다.
- **표현의 전체 품질**: 양질의 품질을 계획한다.

2절 사업계획서의 작성

사업계획서는 자금을 확보하고 노력의 우선순위를 정하고 기회를 평가하는 데 도움이 된다. 사업계획서 작성은 처음에는 많은 작업처럼 보일 수 있고 경쟁자와 산업의 미래를 고려하는 것은 그렇게 간단치 않다. 사업계획을 준비하는 것은 여행 일정을 계획하는 것과 같다. 사업을 개발하는 동안 단계별로 따를 수 있는 명확한 사업을 고려한다. 잘 준비된 사업계획은 장기적으로 시간과 비용을 절약할 수 있다.

1. 사업계획서 작성절차

사업계획서는 사업의 유형, 기업의 구조와 규모에 따라 많이 다르다. 중소기업에서는 계획수립과 초안 작성은 경영자에 의해서 이루어지지만, 대기업에서는 많은 사람들이 관여한다. 사업계획의 준비에 관여하는 경영자와 직원의 수가 많을수록 실행할 수 없는 계획에 이르게 되는 기회는 더욱 적다. 결국 종업원들은 계획을 수립할 때 책임감을 갖게 된다. 종업원들은 회사운영의 다양한 측면에서 최고 지식을 갖고 있다. 핵심 종업원들이 목표와 방법을 확인하지 않는다면 어떠한 계획도 실시될 수 없다.

1) 사업계획서 준비자

사업계획에 관여하는 사람들은 일반적으로 CEO, 마케팅과 판매임원, 제품개발과 생산임원과 재무임원 등이다. CEO에게는 사업계획을 감독하는 주된 책임이 있다. 마케팅과 판매임원은 시장수요, 성장잠재력, 고객의 특정한 요구, 고객들이 수용할 수 있는 가격과 경쟁자의 이동에 관하여 이해를 가장 잘 하는 사람이다. 개발과 생산임원은 신제품개발에 대한 리드 타임(lead time),[1] 새로운 생산기계와 장비, 직원의 욕구와 원재료처럼 사업계획에 중요한 투입자원을 제공한다. 재무임원은 사업계획을 위한 재무정보를 제공하고, 회사의 필요자금을 조달하고, 투자자와 대출기관의 필요사항을 해결한다. 사업계획서 작성자는 이들이 제공한 자료를 통합하고, 조직하고, 이것은 보고서를 작성하는 데 사용되어야 한다.

---

1) 제품을 제조하는데 소요되는 기간을 뜻한다. 주문을 받아 생산을 계획하여, 생산에 착수하는 시점부터 제품이 완성되어 완제품 창고에 입고되거나 완성된 제품이 출고되는 시점까지의 기간이다.

2) 사업계획서 작성절차

사업계획서는 한 번 준비하여, 서류함에 넣고 잊는 것이 아니다. 역동적인 계획은 사업을 관리하는 중요한 부분이다. 대부분의 성공한 벤처는 매년 3년에서 5년 단위의 사업계획서를 준비한다. 이것은 계획된 수치와 목표를 달성한 결과와 비교함으로써 마지막 해의 사업계획서를 갱신하고, 변화, 새로운 정보, 경험과 새로운 아이디어를 고려하는 것을 포함한다. 따라서 사업계획서의 작성절차는 [그림 9-1]과 같다.

그림 9-1 사업계획서 작성절차

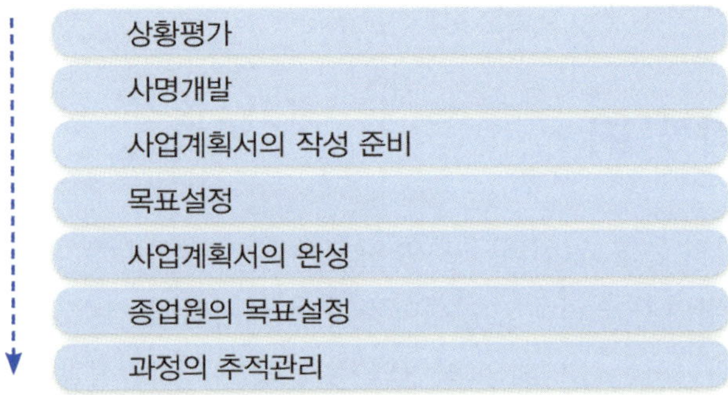

(1) 상황평가

상황평가는 고객, 협력자, 경쟁자와 공급자들이 회사의 사업을 어떻게 생각하는지를 평가하는 것이다. 우리 회사는 지금 어디에 있는가에 대한 질문에 답한다. 어떤 사업가가 일반적으로 묻고 있는 중요한 질문에 대답할 때 정직하고 자기 비평적이어야 한다.

- 회사의 중요한 장점과 약점은 무엇인가?
- 회사는 무엇을 잘 할 수 있고, 무엇을 전혀 할 수 없는가?
- 회사는 과거에 한 주요 실수는 무엇이고, 그것들로부터 무엇을 배울 수 있는가?
- 회사는 어떤 실수를 할 수 있는가?

(2) 사명개발

사명(mission)은 회사가 달성하기를 원하는 것으로 사업이 고객, 종업원, 주주와 지역사회에 주는 혜택을 진술한다. 사업계획을 더 진행하기 전에 기업을 위한 명확한 사명 선언문을 구축한다. 사명은 목적의식을 제공하고, 사업이 지향하는 것을 소통하는 도구이다. 주주, 종업원과 사업 협력자들이 사명이 무엇인지를 안다면 동기부여가 더 잘 되고 사명을 적극적으로 지원할 수 있다. 사명은 규칙적으로 정밀하게 살펴야 하고 달성하기를 원하고 최신의 모습을 제공할 수 있어야 한다.

비전(vision)은 먼 미래에 회사를 보는 방법으로 회사가 나아가야 할 미래이다. 사업에 관계된 모든 사람들이 공유한 비전은 성공적인 발전에 중요한 요소이다. 철학(philosophy)은 조직의 문화에 대한 가치와 신념을 표현한다. 전략(strategy)은 도달하는 방법을 나타낸다. 기업이 성장함에 따라 조직은 원래의 존재이유를 상실하고 사명은 변할 수 있다.

(3) 사업계획서의 작성 준비

사명, 비전, 목적과 목표 등의 근거를 정의한 후 사업계획서를 준비하는 실제적인 작업을 시작한다. 다음은 사업계획서를 준비할 때 다루어야 할 중요한 문제이다.

- **조정자 임명**: 사업계획을 조정하고 전달하는 직원을 임명한다.
- **조력자 선정**: 사업계획을 수립하는데 필요한 경험이 있는 조력자를 선정한다.
- **과업 정의**: 과업, 과정에 포함된 단계, 작업의 전체 일정과 타이밍을 정의한다.
- **구성원 정의**: 참여하는 구성원들을 확인하고, 역할, 역량, 책임, 기대를 정의한다.
- **정보수집**: 시장조사, 경쟁자, 신기술개발 등에 관한 기본적인 정보를 수집한다.

(4) 목표설정

사업의 미래성장을 위한 목표설정은 사업계획의 준비에서 전제조건이다. 사업의 목표는 시간 제한적이고, 현실적이고, 측정 가능해야 한다. 이러한 목표의 예는 다음과 같다.

- 향후 3년이 지나서 매출액이 매년 평균 20%씩 증가한다.
- 내년에 제품라인의 대폭적인 자동화로 생산비용 10%를 절감한다.
- 계획 2차년도 말까지 지역시장에 3개의 신제품을 출시한다.

(5) 사업계획서의 완성

사업계획서를 완성하는 것은 전체목표를 충족할 수 있는 방법으로 기본적으로 마케팅, 판매, 개발, 제조, 운영과 자금조달 목표를 종합하고 조정하는 것이다. 작업연결은 사업의 모든 요소가 전부 일치할 때까지 일반적으로 반복적인 과정에서 수행된다.

(6) 종업원의 목표설정

회사는 사업단위와 개인의 목표를 설정하기 위한 근거로써 사업계획서를 사용한다. 판매임원의 목표는 계획안에 있는 판매량을 달성하는 것이다. 생산임원은 양질기준과 기대한 생산율을 충족해야만 한다. 개발직원은 신제품을 생산하기 위해 계획된 일정을 충족해야 한다. 이러한 개별적인 목표는 문서를 작성할 때 고정되어야 하고, 과업의 결과는 주기적으로 추적 · 관리되고 평가되어야 한다. 이것은 종업원의 금전적 보상을 위한 기준을 형성한다.

그림 9-2 사업계획 과정에서 종업원의 역할

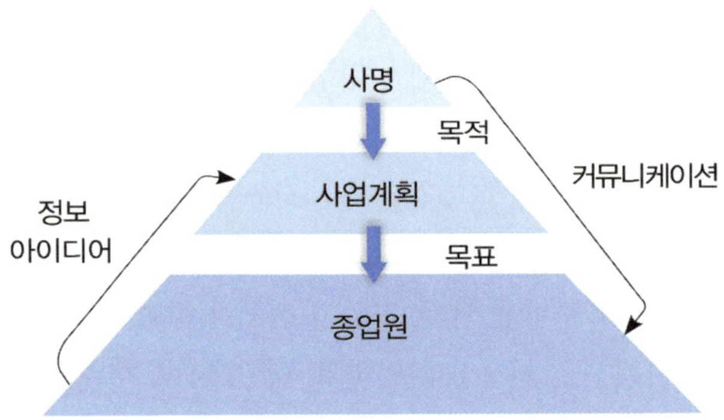

(7) 과정의 추적관리

사업계획 추진을 체계적으로 추적 · 관리하는 것은 사업성공에 매우 중요한 요소이다. 행동계획, 추적시스템과 지속적인 피드백은 계획의 성공적인 추진과 목표달성을 확실히 하기 위해 통합되어야 한다. 이 과정에 참여하는 팀 구성원들은 기업에서 성과에 큰 영향을 줄 수 있다. 사업계획이 완성되고 서랍 안에 넣고 일년 동안 잊고 있다면, 종업원들은 다시는 진지하게 사업계획을 하지 않을 것이다. 따라서 사업계획의 추진은 작성보다 더 중요하다. 중요한 가정이 변한다면 계획은 조정되어야만 한다. 그래서 중간 수정을 추천한다. 역동적인 계획의 장점을 극대화하는 비결은 시행, 행동과 계획을 갱신하는 데 있다.

INSIGHT 사업계획서 작성 시 유의사항

- 초고수준의 사본: 독자에게 사업계획 과정을 진지하게 생각하지 않는다는 것을 말하는 것이다.
- 과거 재무자료나 비현실적인 산업비교: 기업가의 계획능력에 관한 의심을 준다.
- 근거 없는 가정: 사업계획은 계획안에 있는 모든 점의 오해를 설명할 수 있어야 한다.
- 과도한 추측: 독자에게 이상이 현실적이지 않다는 결론에 이르게 한다.

- 구체적이고 상세한 전략 부족: 중요한 정보 없이 일반적인 전략의 설명은 단지 보고서이다.
- 소유자의 자금부담 기피: 대출자는 기업가가 사업에 투자한 약간의 자본을 갖고 있다고 기대한다. 그런데 소유자가 위태로운 어떤 것도 갖고 있다는 표시가 없다.
- 소유자의 위험회피: 개인적으로 어떤 차입도 보증하려는 의지가 없다. 기업 소유자가 자신의 회사를 후원하려고 하지 않는다면 왜 은행이 지원해야 하는가?
- 비현실적인 차입금이나 조건: 현실적인 구조를 제시한다.
- 과도한 담보 집중: 현금 확보 대출이라도 은행은 대출의 상환을 위해 계획된 수입을 기대한다. 현금흐름은 상환의 원천으로 강조해야 한다.

2. 사업계획서의 구성

사업계획서는 사업, 목적, 전략, 시장과 재무예측을 기술한 기록 문서이다. 사업계획서는 사업목표를 진술하고, 달성할 수 있다고 믿는 이유를 주장하고, 사업목표에 이르는 계획을 보여준다. 또한 사업 성과가 제대로 진행되고 있는지를 추적 · 관찰하는 유용한 도구이다.

INSIGHT 사업계획서를 망치는 길

- 실현 가능하고, 현실적이라는 것을 확실히 한다.
- 계획은 유연하게 하고, 의사결정의 도구라는 것을 기억한다.
- 사업목표를 갖고 정직하게 관찰하고, 자신의 판단을 피한다.
- 이해관계자들이 확실하게 이해할 수 있고, 복잡한 추리로 길을 잃지 않도록 한다.

1) 표지와 목차

표지(cover)의 목적은 사업계획서를 읽어야 하는 이유와 회사에 관심을 가져야 하는 이유를 제3자에게 말하는 것이다. 표지는 어떤 이해관계자나 투자자에게 접근하는 사업의 첫 인상(First Impression)으로 사업계획서가 알려지는 길이다. 금융업자는 많은 사업계획서를 받지만, 양질의 종이로 만든 표지에 관심이 끌린다. 양질의 표지는 사업계획보다 더 우선하는 경우가 많다. 또한 회사를 상징하는 로고는 사람들이 회사를 인지하고 기억하는데 필수적이다. 표지는 사업계획이라는 단어를 나타내어야 하고, 다음과 같은 것이 포함되어야 한다.

- 기업명
- 기업체의 로고
- 문서 작성일자
- 주소
- 전화번호
- 팩스번호
- 이메일과 웹사이트 주소
- 기타 연락정보
- 선택사항
  - 독자에게 사업계획서가 비밀이라는 주의사항을 알린다.
  - 사업계획서의 표지 위에 사본 번호를 기재한다.
  - 표지는 매력적이고 전문적으로 보여야 한다. 사용된 활자는 쉽게 읽을 수 있고, 색상 대비는 눈에 잘 띄어야 한다.
  - 훌륭한 그래픽이나 사진은 더욱 매력적으로 보이게 한다.

목차(table of contents)는 독자에게 사업계획서에 있는 개별 항목을 찾는데 신속하고 쉬운 방법을 제공한다. 주요 항목에 대해서는 제목을 확실하게 나열한다. 목차가 한 페이지 이상이라면 사업계획서의 분량과 매력이 있다고 생각되는 문서의 수를 재고한다.

2) 사업개요

사업개요(executive summary)는 독자가 보는 사업과 마케팅 계획의 첫 페이지이지만, 사업계획서를 다 작성하고 난 후 마지막에 작성하는 것이 바람직하다. 사업개요는 전체 계획의 요약이고 문서의 각 부분에서 강조점을 포함해야 한다. 독자에게 정보를 제공하고 흥미를 주는 방법으로 사업의 근본을 설명하는 것이다. 요약은 한 페이지가 이상적이다. 간결하지만, 더욱 예리한 눈으로 계획서의 나머지 부분을 읽기에 충분한 독자의 관심을 불러일으켜야 한다. 개요가 끝나면 독자는 계속하여 읽고, 사업 아이디어의 전체 이야기를 구할 것이다. 다음은 개요에서 다루어야 할 영역이다.

- 기업소개: 업종, 사업방식, 경영진, 위치, 표적시장과 경쟁자
- 사명 선언문과 비전 선언문: 5년 안에 달성하고자 하는 회사의 목적과 위상
- 잠재적인 투자자:

- 사업형태가 개인사업자, 합자회사, 주식회사인지를 설명
- 사업기회, 예상성장률과 예상투자수익률
- 사업의 재무적 필요사항, 자금조달 원천을 명시하고, 상환일정을 제시한다.
- 마케팅 계획의 개요를 제시한다.

INSIGHT 사업개요 작성 관점

- 간결하게 한다. 한 페이지 이내로 한다.
- 사업과 관련된 핵심질문에 대한 간단한 답변을 제공해야 한다.
  무엇을, 어디에, 누구에게, 왜?
- 목차를 하나 이상으로 확대하지 않는다.
- 어떤 정보도 과장하지 않는다.
- 자료는 정확하게 기재한다.

3) 회사개요

회사개요는 회사의 기본적인 배경정보와 사업전망을 제공한다. 사명 선언문, 기업문화와 기업 이미지 등 회사의 특성, 회사가 무엇을 하는 회사인지, 회사연혁, 즉 어떻게 지금까지 왔으며 향후에 어디로 향할 것인지 설명한다. 또한 회사의 구조, 조직도, 인적자원 등 경영개요를 기술한다. 다음과 같은 세부적인 사항에 대하여 설명한다.

표 9-1 회사개요와 경영개요

회사개요	경영개요
• 사명 선언문, 기업문화와 기업 이미지 • 창업개요 • 사업유형 • 회사연혁 • 사업전망	• 회사의 법적구조 • 회사의 조직도 • 인적자원과 프로젝트 관련 부서 • 프로젝트 관리 방법 • 인력계획: 고용계획과 관련 비용

4) 시장분석

현재 산업과 시장의 현황과 추세를 분석한 내용이 기재된다. 회사는 어디에 있는가? 수요와 공급을 분석한다. 과거, 현재와 미래의 산업과 시장에 대한 분석을 기재하는 곳이다. 외부요인과 내부 요인, 즉 강점, 약점, 기회와 위협 요인을 분석한다.

(1) 산업기술

산업기술은 제품 또는 용역의 개발 · 생산 · 보급 및 사용에 필요한 제반 방법이며, 산업에 대한 심층조사와 이해를 소개하는 곳이다. 산업과 미시경제의 개요, 미래추세, 과거와 현재 상황을 고려하고, 가장 관련이 있는 변수가 무엇인지를 개략적으로 기술한다. 시장진입의 가능한 장벽을 잊지 않는다. 다음과 같이 산업이 현재 보이는 상세한 기술을 보여준다.

- 산업의 규모와 관련 요인
- 산업시장, 인구와 틈새 영역에 관한 중요 정보
- 산업의 시장지배자와 경쟁자
- 이용할 수 있는 공급자와 유통경로
- 산업에 영향을 주는 핵심산업과 경제추세
- 사회, 문화, 환경이나 지리적 요인
- 인증, 보험과 산업규제
- 산업의 전체 잠재성장률

(2) 시장분석

시장분석은 사업을 하는 시장의 성장, 잠재력과 시장위험을 분석하고, 사업이 산업과 적합하다는 것을 입증할 수 있는 곳이다. 회사가 경쟁할 표적시장과 경쟁에 관한 요소를 분석한다. 시장분석의 주요 요소는 제품, 가격, 품질, 서비스, 신뢰성, 안전성, 전문성, 회사평판, 접근성, 외양, 판매 방법, 신용정책, 광고, 제품 이미지 등이다. 이러한 요소를 주요 경쟁자와 비교분석한다. 시장분석은 다음과 같은 질문에 대한 답변을 제공한다.

① 시장

- 잠재시장과 표적시장을 기술한다.
- 표적시장과 가능한 잠재시장의 성장 추정
- 시장점유율 추정
- 직접적이고 간접적인 경쟁자와 그들의 신규 진입자에 대한 반응
- 다른 잠재적 장애나 위험에 대한 상세한 분석
- 회사의 경쟁자는 어떤 위치인가?
- 회사가 진입이나 확장하고자 하는 영역
- 유통경로를 어떻게 운영하는가?

- 고객은 회사의 제품을 어떻게 받는가?

② 경쟁

- **직접 · 간접 경쟁자 확인**: 대상자, 대상자의 시장위치와 시장점유율
- **회사의 제품과 경쟁자의 제품 비교**: 품질, 가격, 이미지, 브랜드 이름
- **회사와 주요 경쟁자 비교**: 평판, 규모, 유통경로, 위치
- **표적시장의 진입정도**: 경쟁자가 회사의 표적시장에 진입하는 어려움의 정도 평가
- **경쟁자의 판매추세**: 경쟁자의 판매추세가 증가, 정체, 감소하는지와 이유 포착

③ 기술

- 기술이 회사상품과 서비스에 미치는 영향
- 신기술이 상품과 서비스에 미치는 정도와 신기술 투자가 필요한 시기
- 회사가 변화를 얼마나 신속하게 적응할 수 있는지를 기술

④ 사회정치적 환경

- 변하는 태도와 추세
- 회사가 얼마나 유연하고 반응적인지 기술
- 사업에 영향을 주는 법률과 규제, 재무적 영향 고려

⑤ 기타

- **법적 영향**: 사업에 영향을 주는 규제와 입법을 고려한다.
- **경제적 영향**: 벤처캐피탈 접근성, 무역장벽, 세계경제 문제와 같은 마케팅 계획에 영향을 주는 상황적 요인
- **문제와 기회정의**: 사업 아이디어에 영향을 주는 문제, 잠재적 문제와 기회 확인
- **목표정의**: 사업목표를 정확하고, 측정할 수 있는 용어로 개괄과 목표의 수치화
- **전략정의**: 목표에 접근하는 방법 개괄

(3) 수요와 공급 관점

회사가 취급하는 제품이나 서비스의 수요와 공급에 관한 정성과 정량 측면을 기술한다.

① 수요 관점

- 세분시장의 정의
- 고객의사결정의 기준
- 상황분석과 세분시장의 진화
- 기존 시장의 유형, 개요와 구매행동: 충족이나 미충족욕구, 가치, 동기, 선택기준
- 수요의 변화
- 경쟁자의 성과분석: 세분시장 경쟁과 시장점유율

② 공급 관점

- 관련 시장의 상황: 공급규모, 제조자, 제품형태, 브랜드 명, 시장점유율, 선택시장, 표적 고객이 회사의 제품에 왜, 어떻게 관심을 가질 것인가?
- 경쟁강도: 현재 경쟁자의 수, 개요, 상대적 중요도
- 잠재적 경쟁자: 대체품, 영역의 진화
- 유통과 마케팅 경로: 기존 경로, 상대적 중요도, 과거와 미래의 진화

(4) SWOT 분석

상황분석에 근거하여 조직은 그들의 강점, 약점, 기회와 위협 등 회사의 내 · 외부환경을 분석한다. SWOT 분석은 강점(strength), 약점(weaknesses), 기회(opportunities)와 위협(threats)을 종합적으로 고려하여 기업 내부의 강점과 약점, 그리고 외부환경의 기회와 위협 요인을 분석 · 평가하고 전략을 개발하는 도구이다.

5) 마케팅전략

시장에서 어떻게 마케팅전략을 운용하려고 하는지를 기술한다. 회사는 어디로 가기를 원하는가? 목표의 결과는 시장점유율, 수익성, 판매량, 시장에서의 상대적 위치뿐만 아니라 제품의 이미지를 향상하는 것과 관련이 있다. 도표가 유용하다. 4P's[2]를 설명하는 곳이다.

- 상품과 서비스: 품질, 브랜드, 포장, 부가서비스와 서비스의 장소
- 가격: 경쟁력이 있고, 수익성이 있는 제품이나 가격결정 방법
- 촉진계획: 제품에 대한 광고와 촉진의 방법, 장소와 시기

---

2) product, price, promotion and place(제품, 가격, 촉진과 유통)

- **유통 방법**: 고객이 제품을 구매하거나 서비스에 접근하는 장소, 판매 방법과 판매원의 수와 훈련, 향후 5년간의 판매예측(낙관, 비관, 현실적 예측)

(1) 상품과 서비스

모든 상품과 서비스를 열거한다. 제품이 어떻게 다른가? 가장 중요한 상품이나 서비스의 특징을 기술한다. 제품이 고객에게 무엇을 제공하는가? 제품의 편익을 기술한다. 판매 후 서비스, 배송, 보장, 지원이나 환불정책을 기록한다. 독특하거나 혁신적인 특징을 강조함으로써 상품과 서비스를 상세히 기술한다. 그런 다음 표적시장에서 제공물을 판매하기 위한 전략계획을 개괄한다. 주요 상품과 서비스 전략은 제품 포트폴리오,[3] 제품차별화, 브랜드, 견본, 포장, 관련 서비스의 개발, 기존제품의 수정과 제거, 새로운 제품의 계획 등이 있다.

(2) 가격정책

- 원가, 이익, 할인
- 단일 제품에만 설정하는 가격
- 전체 제품라인에 설정하는 가격

(3) 유통정책, 촉진과 확장정책

- **유통경로**: 고객을 어떻게 접근하는가? 유통경로상에 어떤 협력자가 필요한가?
- **판매관리**: 어떻게 판매할 것인가? 판매계획을 갖고 있는가? 전화, 인터넷, 대면이나 소매점 등 시장에 가장 효과적이고 적절한 판매 방법을 고려하는가? 판매 방법은 마케팅 계획과 일치하는가? 목표판매를 확보하기 위한 적절한 기술을 갖고 있는가?
- **판매촉진**: 상품이나 서비스를 어떻게 촉진하고 새로운 고객을 어떻게 유인할 것인가? 직접마케팅, 광고, PR, 온라인, 소셜 마케팅 등 판매 과정 방법을 확인한다.
- **이미지**: 기업과 제품 이미지

(4) 시장세분화와 포지셔닝 전략

회사가 다루는 전략적 세분시장을 알아내고, 가격전략, 포지셔닝 전략, 비용과 부가가치 분석을 제시한다. 제품 포지셔닝 맵은 고품질이면서 저가인 염가 브랜드, 고품질이면서 고가격인 프리미엄 브랜드, 저품질이면서 저가격인 경제 브랜드나 저품질이면서 고가격인 악덕

3) product portfolio: 회사가 갖고 있는 모든 제품이다. 제품 포트폴리오는 다른 제품범주, 다른 제품라인과 개별제품으로 구성된다.

브랜드 등이 있다. 회사가 악덕 브랜드를 취급한다면 성장하기 힘들 것이다.

그림 9-3 제품 포지셔닝 맵

	저품질	고품질
저가격	경제 브랜드	염가 브랜드
고가격	악덕 브랜드	프리미엄 브랜드

6) 생산계획

비용 효율적인 방식으로 생산운영을 관리하는 방법을 입증하는 것이 중요하다. 회사는 표적고객에게 상품이나 서비스를 제공하고, 품질을 적시와 예산 내에 전달하는 것을 신중하게 계획한다. 사용기술, 원자재의 구매조달과 생산능력 등이 주요 요소이다.

(1) 시설 및 자산

- 시설의 위치와 규모
- 자재와 설비의 시설능력
- 시설과 장비의 임차나 소유 여부
- 공급업자와의 접근성
- 기계와 설비의 품질
- 교통접근성
- 확장이나 이전을 위한 미래 고려사항
- 자재와 공급
- 적절한 재고시설
- 자재와 공급자와 관련된 위험

(2) 직원

- 과거, 현재와 미래 계획을 포함한 종업원의 수
- 조직도
- 훈련비용을 포함한 종업원의 필요 기술, 훈련과 경험
- 급여, 초과수당과 복리후생을 포함한 각 지위에 제공하는 보상과 혜택

(3) 운영

- 생산에 필요한 산업규격: ISO 요건, 환경, 건강과 안전규격
- 관련된 정부규제: 환경안전, 위험물취급, 보험
- 창업을 시작한다면 운영을 시작하기 전에 시설, 장비와 직원의 확보 시기

7) 재무계획

필요한 재무자원을 어떻게 조달하는가? 자금입출금 내역서와 도표에 의해 사업의 금액명세를 나타내는 곳이다. 사업의 재무 영역과 마케팅 계획은 모두 숫자에 관한 것이다. 투자자는 정확하고 이해할 수 있는 정보를 찾는다. 매력적인 투자기회로써 사업 아이디어를 표현한다. 이러한 영역에서 열거해야 하는 항목에 대한 가정이다.

- 사업에 필요한 자금의 총액
- 장비, 수선, 재고, 운전자본과 같은 자금의 사용
- 투자, 보증과 설비자금과 같은 자금의 원천
- 상환도래 기일
- 환경과 기타 위험을 처리하는데 필요한 보험 부담과 채무 한계
- 투자수익률의 추정
- 추정과 예측에 영향을 주는 경제적 가정: 인플레이션, 경제적 추세와 이자율 등
- 투자수익률에 대한 대략적인 시간

(1) 시장점유율

시장점유율(market share)은 총 시장판매 규모에 대한 당사가 점유한 판매비율로 총 연간 시장판매규모와 회사판매를 구분한다. 각 기업의 판매량을 알아내기 위해 공급자, 소매상, 무역협회나 다른 정보원천과 접촉한다. [그림 9-4]와 같이 파이 도표로 시장점유율을 표시하는 것은 이해를 쉽게 한다. 파이 도표를 표시할 때는 비중이 큰 항목부터 시계방향으로 차례대로 배열한다. 다른 정보의 원천은 다음과 같다.

- 각 기업의 연차보고서
- 산업, 시장추세 등에 관한 정부보고서
- 무역 출판물 또는 저널
- 통계청 자료

그림 9-4 시장점유율의 예

회사명	시장점유율
ABC	45%
DEF	30%
GHI	20%
JKL	5%

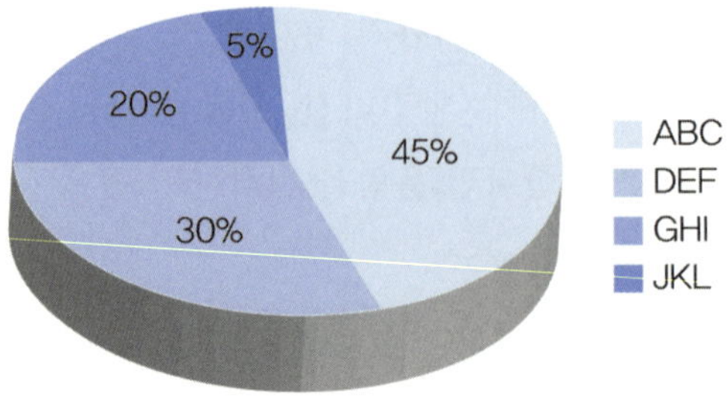

(2) 판매예측과 손익분기점분석

사업을 창업하고 수익이 발생할 때까지 운영하는데 필요한 자금규모를 결정한다. 구체적인 장비의 구매나 임차비용 목록을 작성한다. 첫 해 동안 매월 판매와 수익을 예측한다. 판매, 비용과 수익을 예측한다. 비용과 수입의 계수계획은 실행할 수 있어야 한다. 판매예측은 판매로 기대하는 돈의 양을 추정하는 과정이다. 손익분기분석은 각기 다른 가격수준에서 판매, 비용과 수익 간의 관계에 대한 역동적인 시각을 제공해주는 유용한 도구이다. 손익분기점분석은 회사가 돈을 벌어들이기 시작하는 매출액을 알아내는 것이다. 따라서 손익분기점은 가격과 판매의 변화가 수익성에 어떤 영향을 주는지를 밝히기 위해 사용된다.

(3) 투자수익률

투자수익률(Return on Investment: ROI)은 자본구조가 다른 기업과 비교를 위해 기업 자산의 효율적 사용을 나타낸다. 투자수익률은 가장 널리 사용되는 경영 성과 측정기준 중의 하나로 기업의 순이익을 투자액으로 나누어 구한다. ROI의 계산 공식은 다음과 같다.

- ROI = 순이익/투자액

(4) 계절성과 시나리오

사업은 대체로 계절적 요인에 의해서 많은 영향을 받는다. 따라서 사업이 계절에 영향을 받는 경우라면 순환의 각 국면에 대한 상황을 설명하고 실제 계절적 변동 도표를 제공한다. 예측은 적어도 최악과 최선의 시나리오를 포함하여야 한다.

(5) 위험분석

사업은 항상 미래가 불확실하기 때문에 위험이 있다. 사전에 계획 요소의 불확실성 요소를 고려한다. 즉, 사업이 직면할 수 있고, 위험을 방어할 수 있는 우발성을 고려해야 한다. 위험은 다음을 포함할 수 있다.

- **경쟁자 행동:** 신제품이나 마케팅 활동
- **사업문제:** 판매, 가격, 전달
- **운영문제:** IT, 기술, 생산실패
- **내부자원:** 직원, 기술, 활용성, 비용
- **기타:** 불가항력

(6) 현금흐름

현금흐름(cash flow)분석은 지급하는 돈과 수입으로 들어오는 돈을 월별로 추정하는 것이다. 대부분의 사업은 판매의 부족보다 현금흐름의 부족으로 실패한다. 과거 현금의 조달과 사용에 관련하여 포괄적인 현금흐름의 내용과 변동원인, 현금창출능력에 대한 분석으로 현금의 유입 및 유출에 관한 정보를 제공한다. 현금흐름 추정의 기간은 적어도 12개월에서 18개월이다. 목적은 사업이 생존하기에 충분한 운영자본을 유지하는 것을 보여주는 것이다. 간접비, 급여, 장비, 직접비용, 대출 등과 같은 개별비용을 설명한다.

현금흐름표는 현금가용능력을 나타내는 재무제표이다. 기업회계기준에 의하여 작성되는 재무제표는 발생주의에 의하여 작성되므로 손익계산서의 당기순이익이 실제로 기업의 이익과 일치하지 않을 수 있다. 또 손익계산서의 당기순이익이 많다고 하여 반드시 현금이 많은 것은 아니다. 따라서 현금주의에 의한 손익계산서를 작성하여 현금흐름을 파악하도록 하는 것이 현금흐름표이다. 현금흐름표의 활동의 구분은 다음과 같다.

- **영업 활동으로 인한 현금흐름:** 일반적인 제품의 생산과 구매 판매 활동으로 투자 및 재무활동 이외의 모든 것
- **투자 활동으로 인한 현금흐름:** 투자 활동은 현금의 대여와 회수 활동 및 투자유가증권, 투자자산 등의 취득과 처분 활동
- **재무 활동으로 인한 현금흐름:** 재무 활동은 현금의 차입 및 상환 활동으로 부채와 자본계정에 영향을 미치는 활동

표 9-2 현금흐름 월별 예측표

(단위: 원)

구 분			1월	2월	3월
Ⅰ 영업 활동으로 인한 현금흐름			22,000,000		
1. 당기순이익		35,000,000			
2. 현금유출이 없는 비용 등의 가산					
감가상각비 등	2,500,000	2,500,000			
3. 현금유입이 없는 수익 등의 차감					
투자유가증권 처분이익	-500,000	-500,000			
4. 영업 활동으로 인한 자산 · 부채의 변동					
매출채권의 증가 등	-15,000,000	-15,000,000			
Ⅱ 투자 활동으로 인한 현금흐름			-20,000,000		
1. 투자 활동으로 인한 현금유입액		5,000,000			
투자유가증권 처분	5,000,000				
2. 투자 활동으로 인한 현금유출액		-25,000,000			
토지의 취득	-25,000,000				
Ⅲ 재무 활동으로 인한 현금흐름			0		
1. 재무 활동으로 인한 현금유입액		200,000,000			
보통주의 발행	200,000,000				
2. 재무 활동으로 인한 현금유출액		-200,000,000			
사채의 상환	-200,000,000				
Ⅳ 현금의 증가(감소)			2,000,000		
Ⅴ 기초의 현금			10,000,000		
Ⅵ 기말의 현금			12,000,000		

- 당기에 현금이 2,000,000원이 증가된 내용
  - 영업 활동으로 현금 22,000,000원 증가
  - 투자 활동으로 현금 20,000,000원 감소
  - 재무 활동으로 현금 0원 감소

8) 출구전략과 추적과 관찰

사업은 성공과 실패의 교차로에 있다. 따라서 사업실패의 경우 출구전략을 제시한다. 초기 예측으로부터 가능한 편차를 측정하기 위해 결과를 평가할 필요가 있다. 편차의 원인을 분석하고, 적절한 시정행동을 취한다. 시간에 따른 시장 변화를 안다면 사업계획의 실현을 통제하고 재평가하는 것이 필요하다. 필요하다면 최초의 목표를 변경하는 것이 바람직하다.

9) 부록

- 제품정보
- 자산평가
- 재무제표와 감사보고서
- 법인등기부등본
- 주요 경영자의 이력서
- 시장조사
- 기타 중요정보

창업용 사업계획서

기업체 명	
대 표 자	

■ 윤리경영 실천을 위한 협조 확약

본인은 신용보증 신청과 관련하여 신용보증기금(이하 '신보')의 윤리경영 실천에 적극 협조하기 위하여 아래와 같이 서약합니다.

- 보증거래 등과 관련하여 신보의 임직원은 물론 어떤 자에 대하여도 일체의 금품, 향응, 편의 등을 제공하지 않으며, 제3자에게도 보증청탁을 하지 않는다.
- 신보의 임직원과 일체의 금전거래를 하지 않는다. 이에 불구하고 금전거래에 따른 피해가 발생할 경우 그 책임은 본인에게 귀속된다.
- 신보의 임직원 등이 금전거래, 금품, 선물, 향응, 편의 제공 등을 요구한 경우에는 즉시 신보의 윤리경영팀 또는 홈페이지 감사제보센터에 신고한다.
- 신보의 임직원 등에게 금품, 선물, 향응, 편의 등을 제공한 사실이 있거나, 제공 요구를 받고도 그 사실을 신고하지 않은 경우 또는 신보의 임직원과 금전거래를 하거나, 금전거래를 요구받고도 그 사실을 신고하지 않는 경우에는 신규보증 중단, 기보증의 해지, 최고보증료율 적용 등의 불이익을 받게 되어도 이의를 제기하지 않는다.

「신보 윤리경영팀」 전화번호: 1588-6565 (관련법률과 신보의 내규에 따라 신고자의 신분은 철저하게 보호됩니다.)

■ 허위자료 제출 시 제재사항

이 「사업계획서」는 귀사가 신용조사 및 신용보증을 받는데 중요한 자료로 활용되므로, 사실과 다르거나 허위의 자료를 제출한 경우에는 저희 신보 내규에서 정하는 바에 따라 앞으로 신용보증을 받을 수 없음은 물론, 고소 · 고발 조치될 수 있습니다.

■ 자금사용내역서 제출

'청년창업 특례보증'으로 지원받은 자금에 대하여 신보에서 사후관리를 실시할 경우 '자금사용 내역서'를 통장사본 등 근거자료와 함께 제출할 것을 확약합니다.

■ 신용정보 제공·활용 동의

이 자료는 기업을 널리 홍보하고 신용정보를 보급하기 위하여 저희 신보가 필요한 경우 활용할 수 있으며 이에 동의합니다.

작 성 일: 20××년 월 일 작 성 자:	기업체명: 대 표 자: (인)

1. 기업체 현황

업체명	국문			대표자명	
	영문				
설립(개업)일자				업종(산업분류)	
소재지	주소			전화번호	팩스
본사					
사업장					
E - mail		Homepage		상시근로자	
주요연혁				관계회사	
년월	내용				
				기업체명	
				대표자명	
				법인(주민)번호	
				업종	
				관계내용	
기술자격 보유여부	〈자격증, 산업재산권, 규격표시허가, 기술제휴, 대외수상실적 등〉				

2. 대표자 및 경영진 현황

성명			주민번호		
현주소			전화	유선	
				무선	
최종학력	년 월 학교 과 (졸업, 수료, 중퇴)				
경력	근무기간	근무처	업종		최종직위(담당업무)
	. . ~ . .				
	. . ~ . .				

경영진					주주상황		
직위	성명	주민번호	실제경영자와의 관계	담당업무 및 주요경력	주주명	실제경영자와의 관계	지분율
							%
							%
							%
							%
							%

3. 사업장 및 주요 시설

(단위: 백만 원)

사 업 장				
기보유	소재지		소유자(관계)	( )
			면 적	대지 ㎡ 건물 ㎡
	임차관계	전세 백만원, 월세 천원	가동상황	월평균 일, 1일평균 시간
	생산방식	자사제조 %, 외주가공 %	주문생산 %, 시장생산 %	
추가 도입 예정	소재지		소유자(관계)	( )
			면 적	대지 ㎡ 건물 ㎡
	임차관계	전세 백만원, 월세 천원	도입예정일	20 년 월 일

주 요 시 설							
구분	시 설 명	구입년도	수 량	단위	용 도	소요자금	제작사
기보유		. .					
		. .					
도 입 예 정		. .					
		. .					

4. 영업 현황 및 매출액 추정

(단위: 백만 원)

주 요 거 래 처													
구 매 처							판 매 처						
상호	사업자 등록번호	전화 번호	월평균 매입액	거래조건			상호	사업자 등록번호	전화 번호	월평균 매입액	거래조건		
				거래 비율	거래 기간	결재 기간					거래 비율	거래 기간	결재 기간
최근판매실적(. . ~ . .) : ( )							수주상황(. . 현재) 국내계약액 ( )						

매 출 액 추 정		
구 분	보증신청년도 (20 . . . ~ 20 . . .)	보증신청 다음년도 (20 . . . ~ 20 . . .)
예상매출액		
추 정 근 거		

(주1) 결제조건은 "비율"란에 현금 · 외상비율 기재, "기간"란에 외상거래의 결제기간 기재(예: 90일 어음 등)
(주2) ( )내에는 수출실적(단위: 천불) 및 L/C보유액을 기재

5. 금융기관 거래상황

(단위: 백만 원)

차입금(년 월 일 현재)							
기관명	운전				시설		계
	일반운전	무역금융	할인어음	지보 등	시 설	시설대여	

담보물명세(년 월 일 현재)					
소재지	종류	수량	소유자 (관계)	설정액	설정권자

6. 자금소요 및 조달계획

(단위: 백만 원)

총소요자금		
구분		금액
운전		
	소 계(①)	
시설		
	소 계(②)	
합 계(①+②)		

자금조달계획	
구분	금액
자기자금	
금융차입	
(보증신청)	
기 타	
합 계	

(주1) 자금소요 및 조달계획 작성은 사업개시일로부터 최초 매출발생시점까지이며, 매출발생시점이 보증신청 접수일보다 빠른 경우에는 보증신청 접수일까지를 대상으로 기재 (자금조달 계획 작성 시에는 이번 보증신청으로 차입할 금액을 포함하여 기재)

(주2) 사업개시일은 법인기업은 법인등기사항전부증명서상의 설립일, 개인기업은 사업자등록증상의 개업일 기재

(주3) 자금소요 및 조달계획 작성 시 사업개시일 전에 창업준비단계에서 이미 지출된 금액도 포함하여 총소요자금 및 자금조달계획 작성

(주4) 운전, 시설자금 '구분'란에는 구체적인 항목 기재(예: 선반기계, 원자재 구입, 인건비 지급 등)

7. 사업계획

(주) 자유롭게 기재하되, 반드시 대표자(실제경영자, 동업자 포함)가 직접 작성

기업개요표

※ 총보증금액 3억 원 이하 신청기업 작성

1. 기업체 개요

기 업 체 명			대 표 자 명	
소 재 지		주 소	전 화 번 호	FAX 번호
	본 사			
	사 업 장			
홈페이지 주소			e-mail 주소	

연혁	연 월	내 용	관계기업	기 업 체 명		
				대 표 자 명		
				법인(주민)등록번호		
				설 립 일 자		
				업종(주요제품)		
				관계내용		

2. 대표자 및 경영진 현황

대표자					
성 명		주민등록번호	–		
자택전화번호		휴대폰번호			
취임일자		사업관련 자격증			
경영형태	창업자( ), 승계( ), 인수( ), 동업( ), 전문경영인( ), 기타( )				
주요경력	기간(년/월)	근 무 처	근무처 업종	최종직위(담당업무)	
현 거주주택		소유관계	자가(소유자: 관계:) 전세( )백만원, 월세 ( )천원		
기타소유자산 (배우자포함)					

경영진(년 월 일 현재)					주주(년 월 일 현재)		
직 위	성 명	주민등록 번 호	실제경영 자와관계	주요경력	주주명	주민등록 번 호	소유자식 금액
		–				–	
		–				–	
		–				–	
		–			합계(주주수: 명)		

※ 대표자가 2인 이상인 경우 별지를 이용하여 추가 작성하시기 바랍니다.

3. 사업장 및 기술력 현황

(단위: 백만 원)

주사업장	소 재 지			소유관계	자가(소유자: 관계:) 전세( )백만원, 월세 ( )천원
	가동상황	월평균 일, 1일평균 시간			
	생산방식*	자사제조 %, 외주가공 %		주문생산 %, 시 장 생 산 %	
	공사방식*	관급공사 %, 민간공사 %		원청공사 %, 하 청 공 사 %	
	판매방식*	도매판매 %, 소매판매 %		고정판매 %, 비고정판매 %	

주요시설	종 별	수량	장부가격	도입연도	용 도

상시종업원 (명)	기술직	기능직	사무직	기 타	비상시종업원 (명)
	명	명	명	명	

산업재산권 각종인증등	규격표시/인증	산업재산권	경영혁신형기업 등
	KS( ), ISO( ), 기타( )	특허( ), 실용신안( ), 기타( )	벤처( ), 이노비즈( ), 메인비즈( )

※ 생산방식(제조업), 공사방식(건설업), 판매방식(기타업종)은 업종별 해당항목만 작성

4. 주요거래처 및 결제조건 등

(단위: 백만 원)

주요거래처	구매처 상호	사업자번호	거래기간	결제기간	판매처상호	사업자번호	거래기간	결제기간
			년 월	일			년 월	일
			년 월	일			년 월	일
			년 월	일			년 월	일
			년 월	일			년 월	일
			년 월	일			년 월	일

매 출 채 권 (받을어음)	( )	매 입 채 무 (지 급 어 음)	( )
판 매 조 건	현금 %, 외상 %(일)	구 매 조 건	현금 %, 외상 %(일)

공사수주 및 잔고	전년도 이월공사(A)	금년도 수주공사(B)	금년도 수입금액(C)*	현재 수주잔액(A+B-C)

※ 금년도 수입금액은 작성일 현재 기준으로 금년도에 발주처로부터 받은 기성금, 선수금 등 공사대금 수입금액을 기재

5. 판매계획 및 자금사용계획

(단위: 백만 원)

제품명	금년도 판매계획	내년도 판매계획	자금사용계획(자금용도)

6. 보증료 환급 시 입금계좌

(법인기업: 법인명의 계좌, 개인기업 등: 대표자명의 사업용 계좌)

금융회사명		계좌번호		예금주		입금동의	동의함(서명)

- 보증기한 전에 대출금이 상환되어 보증이 해지된 경우에는 상환일 다음날 이후의 보증료 수납분을 환급해 드립니다.
- 보증료 환급은 제출하신 환급계좌로 송금받으실 수 있으며, 환급계좌 미제출, 변경 등으로 환급받지 못한 경우에는 신용보증기금 홈페이지에서 확인 및 환급 신청이 가능합니다.
  (신보 홈페이지www.kodit.co.kr-사이버영업점-보증료조회 및 납부-미환급보증료조회 및 신청)

7. 경영진단보고서 제공에 대한 요청

- 본인은 신보의 신용보증(보증금액 5천만원 초과)을 받는 경우 기업의 경영개선을 위한 참고자료인 경영진단보고서를 아래의 수령방법으로 제공해 줄 것을 요청합니다. (아래의 수령방법 중 하나를 선택)

직접 방문(대표자/실제경영자)	e-mail(대표자/실제경영자)*	등기우편(주사업장 주소지)

* e-mail 수령 시 대표자 또는 실제경영자 e-mail: ( )

8. 신용보증기금 업무 담당자

담당자	(직위)	(성명)	(전화)	(e-mail)

▣ 윤리경영 실천을 위한 협조 확약

본인은 신용보증 신청 등과 관련하여 신용보증기금(이하 '신보')의 윤리경영 실천에 적극 협조하기 위하여 아래와 같이 서약합니다.

- 보증거래 등과 관련하여 신보의 임직원은 물론 어떠한 자에 대하여도 금품, 선물, 향응 등을 제공하지 않으며, 제3자에게도 보증청탁을 하지 않는다.
- 신보의 임직원과 일체의 금전거래를 하지 않는다. 이에 불구하고 금전거래에 따른 피해가 발생할 경우 그 책임은 본인에게 귀속된다.
- 신보의 임직원 등이 금전거래, 금품, 선물, 향응 등을 요구한 경우에는 즉시 신보의 윤리경영팀 또는 홈페이지 감사제보센터에 신고한다.
- 신보의 임직원 등에게 금품, 선물, 향응 등을 제공하거나, 제공 요구를 받고도 그 사실을 신보에 신고하지 않은 경우 또는 신보의 임직원과 금전거래를 하거나, 금전거래를 요구받고도 그 사실을 신고하지 않은 경우에는 신규보증 중단, 기보증의 해지, 최고보증료율 적용 등의 불이익을 받게 되어도 이의를 제기하지 않는다.

「신보 윤리경영팀」 전화번호: 1588-6565

- 관련법률과 신보의 내규에 따라 신고자의 신분은 철저하게 보호됩니다.

■ 유의사항

<table>
<tr><td>❑ 허위자료 제출 시 제재사항
이「기업개요표」는 귀사가 신용조사 및 신용보증을 받는데 중요한 자료로 활용되므로, 사실과 다르거나 허위의 자료를 제출한 경우에는 저희 신보 내규에서 정하는 바에 따라 향후 신용보증을 받을 수 없음은 물론, 고소 · 고발 조치도 될 수 있습니다.

❑ 신용정보 제공 · 활용 동의 등
제출자료는 반환하지 않으며, 신보에서 정보업무 등에 활용하는데 동의합니다.</td></tr>
</table>

작 성 일: 20××년 월 일 작 성 자:	기업체명: 대 표 자: (인)

10

창업세무와 자금

◆ 1절 창업세무
◆ 2절 사회보험
◆ 3절 재무관리
◆ 4절 자금지원
◆ 5절 보증지원

FOCUS

유한양행을 설립한 국민자본주의자 류일한 박사

◆ 류일한 박사의 발자취

지난 날 온 겨레가 외세의 압제 아래 가난과 질병 속에서 허덕일 때 기업을 통한 사회봉사로 이 땅에 빛을 던진 이가 있었으니 유한양행과 유한중고등학교의 창설자 류일한 박사이시다. 유한양행을 창립한 류일한(柳一韓)(1895~1971: 晋州柳氏) 박사는 아홉 살 때 홀로 미국으로 건너가 초등학교를 마쳤고, 그 후 독립운동가 박용만이 독립군을 양성하는 한인소년병학교를 다녔다. 독학으로 헤스팅스 고등학교와 미시간 대학 경영학과를 졸업하였다. 또한 스탠퍼드 로스쿨 법학 박사(Juris Doctor)이다. 대학 졸업 후에는 GE의 회계사로 잠시 일했으나 라초이 식품회사를 설립해 숙주나물을 중국 요리점에 판매하기도 하였다. 중국 음식점과 미국 가정집에서 숙주나물을 많이 사용하지만 숙주나물의 신선도 유지가 관건이었다. 숙주를 유리병에 보관하는 방법, 열 처리법을 이용한 통조림 보관을 연구하여 기업을 성장시켰다. 한국에 귀국하여 유한양행을 창립하였다. 1942년에는 로스앤젤레스에서 한인국방경위대 창설에 관여했고, 1945년에는 한국인을 무장시켜 한국에 침투시키려는 계획인 NAPKO작전에 참여해 공작원 훈련까지 받았다. 광복이 되면서 북한과 중국에 소재한 시설을 모두 잃었다. 류일한 박사는 무상교육을 위해 1964년 유한공고를 설립하고, 자신의 재산은 대부분 학교재단에 증여했다. 세습경영에서 탈피해 전문경영인 체제를 확립했다.

◆ 서재필 등과 함께 류일한주식회사 설립

1924년에는 서재필 등과 함께 한국, 중국, 러시아의 토산품을 수입하는 류일한주식회사(New-Il Han & Company)를 설립하였다. 1926년에 한국에 귀국하여 귀국 시에 갖고 온 약품 등을 밑천으로 유한양행을 창립하였다. 유한(柳韓)은 류일한을 줄여서 쓴 말이며, 양행(洋行)은 세계로 통하는 넓은 바다를 의미한다. 유한양행에서는 의약품을 위주로 수입했고, 1936년에 안티푸라민을 생산·판매하여 큰 이익을 실현하였다. 그러나 성장을 시샘하듯 6·25전쟁으로 공장이 모두 파괴되었다. 전쟁을 경험한 류일한 박사는 조국의 통일과 질병으로부터 고통받는 국민을 위해 헌신할 것을 다짐하였다. 1955년에 ICA 원조자금으로 기계설비를 새로 도입하고, 항생물질 공장 시설을 확충하여 한국 최대의 제약회사로 부상했다. 1962년 대방동에 사옥과 공장을 건축하였고, 1964년 결핵치료제 원료 파스칼(pascal)의 합성제조 공장을 신축하였다.

유한양행 설립 초기에는 제약회사보다는 의약품, 농기구, 염료, 사료, 화장품 등을 수입하여 판매하였다. 유한양행의 사세가 확장됨에 따라 미국 물품을 수입하는데 장기간의 시

일이 필요하여 중국 대련에 지점과 창고를 설치하였다. 1935년 일본보다 앞서 이질 치료약인 프론토실(prontosil)을 수입하여 엄청난 판매를 실현하였다. 멘소래담, 아스피린, 안티프라민 등 특효약을 도입 · 개발하여 일본제약사를 누르고 국내시장을 석권하였다. 이러한 약의 성공적인 판매는 유한양행을 대기업으로 성장시킨 원동력이었다. 류일한 박사는 불리한 여건에서 일본계 제약회사와 처음부터 경쟁하였기 때문에 가능했다.

◆ 류일한 박사의 기업가정신

류일한 박사의 기업가정신은 국민의 건강과 위생을 위한 헌신이었다. 당시 한국국민은 많은 질병에도 불구하고 부족한 의약품으로 치료를 받지 못했다. 좋은 약품을 만들어 국민에게 봉사한다는 기업비전이었다. 1936년 6월 20일 유한양행은 본사에서 총회를 개최하고 주식회사 유한양행을 발족시켰다. 기업은 종업원의 것임을 분명히 하기 위해 종업원들에게도 액면가 10퍼센트 정도의 가격으로 주식을 균등분배해 국내기업으로서는 최초로 전사원지주제를 도입하였다. 1952년 12월 유한양행 소사공장 안에 고려공과기술학교를 세우고 사비로 지원하였다. 1964년 개교한 유한공업고등학교는 전원 장학금 혜택을 받을 수 있는 정규고등학교로 개교하였다. 류일한 박사는 1969년 제44기 정기총회에서 제11대 사장직을 사임하고 경영권을 전문경영인에게 이양하여 전문경영인 체제를 구축하였다. 한때 아들이 부사장을 지내고 조카도 회사에 있었지만, 가족이 회사에 있으면 회사 발전에 지장이 있다고 류일한 박사는 모두 해고하였다. 류일한 박사는 철저한 합리주의와 애국애족 정신을 보유한 선구자적 기업가였다. 정치인들의 요구에 응하지 않고서는 기업들이 생존하기 힘든 역사에도 불구하고 다른 기업가들과는 달리 정경유착을 거부했다. 정치자금 제공을 거부한 탓에 세무사찰을 비롯한 탄압까지 받았으나, 세무조사가 끝난 후에 완전히 깨끗한 기업으로 입증되어 오히려 동탑 산업 훈장을 받았다. 류일한 박사의 기업가정신은 정성껏 좋은 상품을 만들어 국가와 동포에 봉사하고 정직, 성실하고 양심적인 인재를 양성 · 배출하며 기업 이익은 기업을 키워 일자리를 만들고, 정직하게 납세하며, 그리고 남은 것은 기업을 키워 준 사회에 환원한다는 이념이었다. 류일한 박사는 독립운동가, 민족주의자, 교육자, 노사공생의 산업평화주의자, 기업의 사회적 책임 실천자, 윤리경영 기업가, 그리고 국민자본주의 실천자였다.

유한양행(주)

◆ 류일한 박사의 기업관

사후에 밝혀진 류일한 박사의 유서로 세상 사람들은 또 한 번 그의 훌륭한 삶과 재산의 사회환원에 존경을 표하게 되었다. 류일한 박사는 기업은 가족이 아니라 나라를 위해서 일하는 것이라고 굳게 믿었다. 1971년 사망한 그는 "주식은 전부 학교에 기증하고 아들은 대학까지 공부를 시켜 줬으니 이제부터 자신의 길은 스스로 개척하라"라는 유서를 남겼다. 아버지의 마지막 유언을 이행하듯 류일한 박사 가족은 현재 유한양행의 경영에 일절 참여하지 않고 있다. 또한 류일한 박사의 딸인 류재라는 세상을 떠나며 200억 원 대의 재산을 사회에 환원하여 2대에 걸쳐 전 재산을 사회에 환원한 기업가이다. 높은 지위와 금력을 개인의 이윤추구 대신 사회를 위해 쓴 류일한 박사 가족의 이야기는 그래서 경영인이 본받아야 할 지표처럼 느껴지는 이유다.

"그것이 알고 싶다"에서는 전문 경영인에게 회사경영을 맡긴 사례로 유한양행을 소개했다. 그것이 알고 싶다 제작진은 류일한 박사의 자녀들을 만나기 위해 유한양행에 전화를 걸었다. 전화 통화에서 유한양행 관계자는 "저희가 류일한 박사 자녀와 연락을 할 수 있을지는 모르겠어요. 류일한 박사님이 "자립해서 살아가라" 는 말씀을 하시고 유언을 남기신 이후에 아드님이 회사에 참여하신다거나 회사 경영을 하신다는 그런 일은 없었거든요"라고 답했다. 류일한 박사는 국민예산으로 쓰일 돈이라며 세금을 원칙적으로 냈다. 기업은 가족이 아닌 민족을 위해 일하는 것이란 게 류일한 박사의 생각이었다. 그래서 류일한 박사의 기업가정신이 더욱 빛난다.

출처: SBS 그것이 알고 싶다 2015.01.11

류일한 박사의 어록

- 결코 부정한 방법으로 이윤을 창출하지 않는다.
- 기업을 키워 일자리를 만들고 정직하게 납세하며 남은 것은 기업을 키워 준 사회에 환원한다.
- 정성껏 좋은 제품을 만들어 국가와 동포에 봉사하고 정직 · 성실하고 양심적인 인재를 양성·배출한다.
- 경영자는 시장기회의 발견과 이해조정의 책임이 있다.
- 기업은 생명력을 가진 조직체이다.
- 기업은 고객의 신뢰감에 좌우된다.
- 인사는 객관적 기준에 의한 공정성 원칙을 유지한다.

류일한 박사의 유언

- 류일한의 소유주식 14만 941주는 모두 한국사회 및 교육원조 신탁기금에 기증한다.
- 아내 호미리는 딸 류재라가 그 노후를 돌봐주어라.
- 아들 류일선은 대학까지 졸업시켜줬으니 앞으로는 자립해서 살아가거라.
- 손녀인 류일링에게는 대학 졸업할 때까지 학자금 1만 달러를 남긴다.
- 딸 류재라에게는 유한공고 안에 있는 묘소와 그 주변의 땅 5천 평을 준다. 그 땅을 유한동산으로 꾸미고 결코 울타리를 치지 말고 유한중학교, 유한공고 학생들이 마음대로 드나들 수 있게 하여서 그 어린 학생들의 티 없이 맑은 정신이 깃든 젊은 의지를 지하에서나마 더불어 느끼게 해 달라.

1절 창업세무

창업은 계속적인 경제적 활동이므로 창업기업은 세무 문제에 직면하게 된다. 회계의 기장과 재무제표의 작성, 세금의 계산, 신고와 납부를 성실하게 이행하여야 한다. 창업기업에서 주로 발생하는 세금사항은 원천징수, 부가가치세와 소득세나 법인세 등이 있다. 다음은 주요 세금의 신고와 납부기한이다.

표 10-1 주요 세금 신고납부 기한

구 분	대 상	신고 납부 기한		비 고
원천징수	원천징수사업자	다음달 10일까지		반기 납부 제외
부가가치세	신고납부: 법인 연 4회 개인 연 2회 고지납부: 2회	1기 예정	4. 25	1월~3월
		1기 확정	7. 25	3월~6월
		2기 예정	10. 25	7월~9월
		2기 확정	다음 해 1. 25	9월~12월
	간이과세자	1기 확정	7. 25	1월~6월
		2기 확정	1. 25	7월~12월
소득세(법인세)	모든 사업자	확정신고	5. 1~5. 31	다른 소득과 합산
			(법인: 3. 31)	
		중간예납	11. 30 고지납부	전년 부담액의 1/2
			(법인: 8. 31)	

1. 원천징수

원천징수란 납세의무자의 소득 또는 수입이 되는 금액을 지급할 때 이를 지급하는 자가 그 지급금액의 일부를 세금으로 미리 징수하여 국가에 납부하는 제도를 말한다. 원천징수는 소득세(국세)와 지방소득세 특별징수분(지방세)을 합한 것이다. 근로자 등 소득자가 자신의 소득에 대한 세금을 직접 신고 납부하지 않고 소득을 지급하는 회사가 소득을 지급하면서 관련 세금을 미리 징수하여 납부하는 제도로 근로자 등 소득자는 번거로운 세금 신고 납부 부담을 덜 수 있으며, 소득을 지급하는 원천징수의무자는 관련 지출증빙을 갖출 수 있는 장점이 있다. 원천징수하여야 할 소득세, 법인세 및 농어촌특별세가 1,000원 미만인 때에는 당해 소득세, 법인세, 농어촌특별세를 징수하지 아니한다.

그림 10-1 원천징수절차

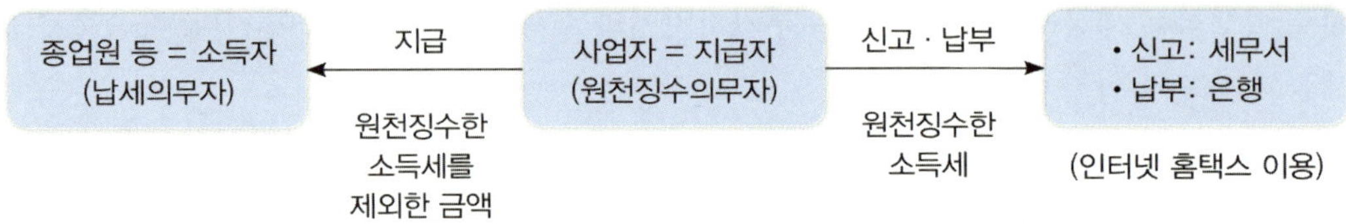

원천징수대상소득: 근로 · 퇴직 · 사업 · 기타 · 연금 · 이자 · 배당소득 등

1) 원천징수대상소득

- 근로소득 급여, 상여금
- 일용근로소득
- 연금소득
- 이자(배당)소득
- 퇴직소득 퇴직금
- 기타소득 원고료
- 사업소득 학원 강사의 강사료

2) 원천징수의무자

- 원천징수대상이 되는 소득이나 수입금액을 지급하는 개인이나 법인

3) 지방소득세 특별징수

- 원천징수의무자가 지방소득세를 소득세 등과 동시에 특별징수
- 특별징수 하는 지방소득세의 납세지: 근무지 관할 지방자치단체
- 특별징수 하는 지방소득세의 세율: 소득세액(법인세액)의 100분의 10

표 10-2 원천징수세율

소득 구분		원천징수세율
근로소득	거주자, 비거주자 근로소득	6/100~42/100
	일용근로자	6/100
퇴직소득	퇴직자	기본세율
사업소득	특정사업소득	3/100
기타소득	일반적 기타소득	20/100
이자소득	일반적 이자소득금액	14/100
배당소득금액	일반적 배당소득금액	14/100

4) 원천징수세액 신고 · 납부 방법

(1) 원천징수세액 신고 · 납부 방법

- 소득을 지급한 날이 속하는 달의 다음 달 10일까지 관할세무서에 신고 · 납부(원칙)
- 세무서나 인터넷 신고 및 납부

(2) 근로소득 원천징수 신고 및 납부절차

- 근로자에게 매월 급여(상여금 포함)를 지급하는 경우 근로소득 간이세액표를 참조하여 소득세를 원천징수하여 납부
- 근로자가 퇴직하는 경우 퇴직하는 달의 급여를 지급하는 때에 연말정산
- 계속 근로자의 경우에는 다음해 2월에 연말정산
- 근로소득 간이세액표
  - 원천징수의무가 근로자에게 매월 급여를 지급하는 때에 원천징수해야 하는 세액을 급여수준 및 가족 수별로 정한 표: 국세청 홈페이지(www.nts.go.kr) ⇒ 조회 · 계산 ⇒ 간이세액표에서 내려 받기 및 조회 가능
- **신고 납부 시기:** 급여 등을 지급한 다음달 10일까지 소득지급액과 원천징수세액을 기재한 원천징수이행상황신고서를 원천징수 관할 세무서장에게 제출하고, 세금은 납부서에 기재하여 금융기관을 통해 납부한다.
- 절차
  - 소득세 ⇒ 국세 ⇒ 국세청 홈택스(http://www.hometax.go.kr)
  - 지방소득세 특별징수분 ⇒ 지방세 ⇒ e-택스(http://etax.seoul.go.kr)

5) 자료의 제출

(1) 원천징수영수증 교부

원천징수의무자는 원천징수대상소득별로 원천징수영수증을 교부한다(근로소득원천징수영수증, 퇴직소득원천징수영수증 등). 원천징수영수증은 다음의 시기에 교부한다.

표 10-3 원천징수영수증 교부시점

구 분	원천징수영수증 교부시점
근로소득	① 원칙: 해당 과세기간의 다음 연도 2월 말일 ② 중도퇴사자: 퇴직한 날이 속하는 달의 근로소득의 지급일이 속하는 달의 다음 달 말일 ③ 일용근로자: 근로소득의 지급일이 속하는 분기의 마지막 달의 다음 달 말일(4분기에 지급한 근로소득의 경우에는 다음 연도 2월 말일)
퇴직소득	퇴직금 지급일이 속하는 달의 다음 달 말일
사업소득	① 원칙: 소득을 지급하는 때 ② 연말정산 대상 사업소득: 연말정산일이 속하는 달의 다음 달 말일
기타소득	① 원칙: 소득을 지급하는 때 ② 원고료, 일시적인 인적 용역(강연료, TV해설료): 기타소득이 100만원 이하인 경우는 발급을 요구하는 때
이자, 배당소득금액	소득지급시점. 다만, 지급한 날이 속하는 과세기간의 다음 연도 3월 말까지 이자소득 또는 배당소득을 받는 자에게 그 이자소득 또는 배당소득의 금액과 그 밖에 필요한 사항을 통지하는 경우에는 해당 원천징수영수증을 발급한 것으로 본다.

(2) 원천징수이행상황 신고서 제출

원천징수의무자는 원천징수한 소득세 또는 법인세를 그 징수일이 속하는 달의 다음 달 10일까지 「국세징수법」에 의한 납부서와 함께 원천징수 관할세무서 · 한국은행 또는 체신관서에 납부하여야 하며, 기획재정부령이 정하는 원천징수이행상황신고서를 원천징수 관할세무서장에게 제출(국세정보통신망에 의한 제출을 포함한다)하여야 한다. 원천징수이행상황신고서에는 원천징수하여 납부할 세액이 없는 자에 대한 것도 포함하여야 한다.

(3) 지급명세서 제출

지급명세서는 일정한 소득금액 또는 수입금액을 지급받는 자의 인적사항, 소득금액 또는 수입금액의 종류와 금액, 소득금액 또는 수입금액의 지급시기와 귀속연도 등을 기재한 과세자료이다. 소득을 지급하는 자는 이에 관한 지급명세서를 제출해야 한다.

2. 부가가치세

1) 부가가치세의 의의

상품을 판매하거나 서비스를 제공할 때 거래금액에 일정 금액의 부가가치세를 징수하여 납부해야 한다. 물건 값에 부가가치세가 포함되기 때문에 이 세금은 최종소비자가 부담하게 된다. 부가가치세(value added tax)란 생산 및 유통 과정의 각 단계에서 창출되는 부가가치에 대하여 부과되는 조세로 사업자가 소비자로부터 부가가치세 10%를 미리 징수해서 납부하는 제도이다. 부가가치세 면세사업자는 부가가치세를 신고할 의무가 없으나 사업장 현황신고를 한다. 다음과 같이 일부 생활필수품을 판매하거나 의료 · 교육 관련 용역의 공급에는 부가가치세가 면제된다.

- 곡물, 과실, 채소, 육류, 생선 등 가공되지 아니한 식료품의 판매
- 연탄, 무연탄, 복권의 판매
- 허가 또는 인가 등을 받은 학원, 강습소, 교습소 등 교육용역업
- 병 · 의원 등 의료보건 용역업
- 도서, 신문, 잡지(광고 제외)

2) 부가가치세액의 계산

부가가치세는 부가가치에 대하여 부과하는 세금이다. 부가가치는 가치의 증가분이므로 매출액에서 매입액을 차감하는 구조이다. 따라서 일반과세자의 부가가치세는 매출세액에서 매입세액을 차감하여 계산한다.

- 납부세액 = 매출세액(매출액 × 10%) − 매입세액(매입액 × 10%)
  = 매출세액 − 매입세액

표 10-4 일반과세자와 간이과세자의 구분 및 차이점

구 분	일반과세자	간이과세자
유 형	1년간 매출액 8,000만원 이상이거나 간이과세 배제되는 업종 · 지역인 경우	1년간 매출액 8,000만원 미만이고 간이과세 배제되는 업종 · 지역에 해당되지 않는 경우
매출세액	공급가액 × 10%	공급대가 × 업종별 부가가치율 × 10%
매입세액 공제	전액공제	매입세액 × 업종별 부가가치율

광업 · 제조업 · 도매업 · 전문직 사업자, 다른 일반과세 사업장을 이미 보유한 사업자, 간이과세배제기준(종목 · 부동산임대업 · 과세유흥장소 · 지역)에 해당되는 사업자 등은 간이과세 적용이 배제된다. 간이과세자의 부가가치세는 업종별 부가가치율을 적용한 매출세액에서 업종별 부가가치율을 적용한 매입세액을 차감하여 계산한다.

- 납부세액 = 매출액 × 부가가치율 × 10% – 공제세액(매입세액 × 부가가치율)

3) 부가가치세의 과세기간

과세기간은 세법에 의하여 국세의 과세표준계산에 기초가 되는 기간으로 부가가치세는 6개월을 과세기간으로 하여 확정신고 · 납부한다. 일반과세자의 경우 4월과 10월에는 세무서장이 고지하는 예정고지세액을 납부하고 납부한 예정고지세액은 다음 확정신고납부 시에 공제된다. 매입 시에 세금계산서를 받지 않으면 그 세액을 공제받지 못하므로 세 부담이 그 만큼 늘어나므로 거래할 때는 반드시 세금계산서를 받아야 한다.

4) 세금 관련 주의사항

(1) 현금영수증 · 신용카드 발급 및 수취에 대한 혜택

개인사업자는 현금영수증과 신용카드 등 발행금액의 1.3%(음식 · 숙박업의 간이과세자 2.6%)를 부가가치세 납부할 세액에서 공제(연간 1,000만원 한도) 받을 수 있다. 일반과세자로부터 사업에 필요한 물품 등을 매입하고 '지출증빙용 현금영수증' 또는 부가가치세액이 별도로 기재된 '신용카드매출전표'를 받으면 부가가치세 매입세액공제 및 소득세(법인세) 계산 시 필요경비로 인정되고 증빙 미수취가산세 대상에서 제외된다.

(2) 세금계산서의 중요성

재화나 용역의 매입 시 매입세금계산서를 받아야 부가가치세 매입세액을 공제받을 수 있다. 다음의 경우 부가가치세 매입세액을 공제받을 수 없다.

- 세금계산서를 교부받지 않거나, 필요적 기재사항이 누락 또는 사실과 다르게 기재
- 매입처별세금계산서합계표를 제출하지 않거나 부실 기재한 경우
- 사업과 직접 관련이 없는 매입세액
- 비영업용 소형승용차의 구입과 임차 및 유지에 관련된 매입세액

- 접대비지출 관련 매입세액
- 면세 관련 매입세액 및 토지 관련 매입세액
- 사업자등록 전 매입세액(등록신청일로부터 역산하여 20일 이내의 것은 공제 가능)

(3) 세금계산서를 주고받을 때 유의사항

세금계산서를 수취할 때에는 거래상대방의 사업자등록 상태, 과세유형(간이과세자인지 여부)과 아래의 필요적 기재사항이 정확히 기재되었는지 확인하여야 한다.

- 공급자의 사업자등록번호, 성명 또는 명칭
- 공급받는 자의 사업자등록번호
- 공급가액과 부가가치세액
- 작성연월일은 재화 또는 용역의 공급일자와 동일한지

3. 소득세

1) 소득세의 개요

소득세(income tax)는 개인의 소득을 과세대상으로 하여 부과하는 조세이다. 사업자는 1년 동안 얻은 소득에 대하여 소득세를 신고 납부하여야 한다. 이때 개인사업자가 납부하는 세금을 종합소득세이고, 법인사업자가 법인소득에 대하여 납부하는 세금은 법인세이다. 종합소득세는 개인이 지난해 1년간의 경제 활동으로 얻은 소득에 대하여 납부하는 세금으로서 모든 과세대상 소득을 합산하여 계산하고, 다음해 5월 1일부터 5월 31일까지 주소지 관할 세무서에 신고 · 납부하여야 한다. 소득세는 사업자가 스스로 소득을 계산하여 신고 · 납부하는 세금이므로 모든 사업자는 장부를 기장하고 비치하여야 한다. 연도 중에 폐업을 하였거나 사업에서 손실이 발생하여 납부할 세액이 없는 경우에도 종합소득세 신고는 해야 한다. 신고를 하지 않는 경우의 불이익은 다음과 같다.

- 특별공제와 각종 세액공제 및 감면을 받을 수 없다.
- 무신고가산세와 납부불성실가산세를 추가로 부담하게 된다.

2) 소득세의 과세 방법

소득세의 과세대상은 종합소득, 퇴직소득과 양도소득 등이 있다. 종합소득은 이자소득, 배당소득, 부동산임대소득, 사업소득, 근로소득, 연금소득과 기타소득이 있다. 이러한 소득에 대한 과세 방법은 종합과세, 분리과세와 분류과세가 있다. 종합과세는 소득의 발생원천을 불문하고 모든 종류의 소득을 종합하여 과세하는 제도이다. 종합과세는 누진세율구조로 소득분배를 도모한다.

표 10-5 소득세의 과세 방법

구 분	설 명
종합과세	이자소득, 배당소득, 부동산임대소득, 사업소득, 근로소득, 연금소득과 기타소득을 합산과세
분리과세	이자소득, 배당소득, 근로소득, 연금소득 등 일부소득은 완납적 원천징수에 의해 분리과세
분류과세	퇴직, 양도소득 등 장기간에 걸쳐 발생하는 소득은 일시에 누진 과세되어 종합소득과 별도로 분류과세

3) 소득금액 계산

장부를 비치 · 기장하고 있는 사업자는 총수입금액에서 필요경비를 공제하여 계산한다. 장부를 비치 · 기장하지 않은 사업자의 소득금액은 다르게 계산한다.

- 장부를 비치 · 기장한 사업자의 소득금액
  - 소득금액 = 총수입금액 – 필요경비

- 장부를 비치 · 기장하지 않은 사업자의 소득금액
  - 기준경비율적용 대상자 소득금액 = 수입금액 – 주요경비 – (수입금액×기준경비율)
  - 단순경비율적용 대상자 소득금액 = 수입금액 – (수입금액×단순경비율)

4) 장부의 비치 · 기장

간편장부대상자는 해당 과세기간에 신규로 사업을 시작하였거나 직전 과세기간의 수입금액의 합계액이 일정 금액 이하인 사업자를 말한다. 사업자는 사업과 관련된 모든 거래사실을 복식부기 또는 간편장부에 의하여 기록 · 비치하고 관련 증빙서류 등과 함께 5년간 보관하여야 한다. 복식부기의무자는 재산상태와 손익거래 내용의 변동을 빠짐없이 거래 시마다 차변과 대변으로 나누어 기록한 장부를 기록 · 보관하여야 하며, 이를 기초로 작성된 재무제표를 신고서와 함께 제출하여야 한다. 장부를 기장하지 않는 경우의 불이익을 받지만, 장부를 기장하는 경우의 혜택은 다음과 같다.

- 스스로 기장한 실제 소득으로 소득세를 계산하므로 적자(결손)가 발생한 경우 10년 간 소득금액에서 공제 받을 수 있다.
- 간편장부대상자가 단순경비율 · 기준경비율에 의해 소득금액을 계산하는 경우보다 최고 40%까지 소득세 부담을 줄일 수 있다. 100만 원 한도로 기장세액공제(5%, 복식부기 시 20%) 적용, 무기장가산세(20%) 적용배제
- 전문직사업자의 범위, 간편장부대상자에 대한 간편장부 작성요령 및 업종별 작성사례, 서식 등이 국세청 홈페이지에 상세히 게시되어 있으니 참고하면 좋다.
- 국세청 홈페이지(www.nts.go.kr): 신고납부, 종합소득세, 간편장부 작성요령

표 10-6 종합소득세 세율

과세표준	세 율	누진공제
12,000,000원 이하	6%	
12,000,000 초과 46,000,000원 이하	15%	1,080,000원
46,000,000 초과 88,000,000원 이하	24%	5,220,000원
88,000,000 초과 150,000,000원 이하	35%	14,900,000원
150,000,000원 초과 300,000,000원 이하	38%	19,400,000원
300,000,000원 초과 500,000,000원 이하	40%	25,400,000원
500,000,000원 초과	42%	35,400,000원

4. 법인세

법인세(corporate tax)는 법인이 일정 기간 수입한 소득에 대해서 부과하는 조세이다. 법인세 신고는 사업연도 종료일이 속하는 달의 말일부터 3월내「법인세 과세표준 및 세액신고서」에 기업회계기준 및 국제회계기준에 의해 작성한 재무제표(재무상태표, 손익계산서, 이익잉여금처분계산서), 세무조정계산서 및 기타 부속서류(결산보고서 및 부속명세서)를 첨부해 본점의 납세지 관할세무서장에게 신고해야 한다. 조세특례제한법 8조에 따른 '창업벤처중소기업 법인세감면'에 따라서 인증된 벤처기업은 법인세를 감면받을 수 있다. 창업벤처기업인증을 받으면, 그 확인받은 날로부터 최초로 소득이 발생한 사업연도와 그 다음 사업연도의 개시일부터 3년 이내에 끝나는 사업연도까지 해당 사업에서 발생한 소득에 대한 법인세를 50% 감면해 준다. 법인의 각 사업연도의 소득은 그 사업연도에 속하는 익금의 총액에서 그 사업연도에 속하는 손금의 총액을 공제한 금액으로 계산한다. 내국법인의 각 사업연도 소득에 대한

법인세의 과세표준금액은 각 사업연도 소득의 범위 안에서 다음의 소득 또는 금액을 순차로 공제한 금액으로 한다.

- 법인세의 과세표준 = 소득금액 – 이월결손금 – 비과세소득 – 소득공제

표 10-7 법인세 세율

과세표준 금액	세 율	누진 공제
2억원 이하	10%	–
2억원 초과 200억원 이하	20%	20,000,000원
200억원 초과 3,000억원 이하	22%	420,000,000원
3,000억원 초과	25%	9,420,000,000원

2절 사회보험

사업자와 근로자에게 관계되는 사회보험은 국민연금보험, 건강보험, 고용보험과 산재보험이다. 국민연금보험은 정부에서 운영하는 공적 연금으로 일정한 연령, 갑작스러운 사고, 각종 질환으로 생계를 지속하기 힘들 때 기본 생활을 유지할 수 있도록 연금을 지급하는 것이다. 건강보험에는 건강보험 자체와 장기요양보험료가 포함되어 질병이나 부상으로 인해 발생한 고액의 진료비로 가계에 과도한 부담이 되는 것을 방지하기 위한 보험이다. 고용보험은 근로자가 실직한 경우에 생활안정을 위하여 일정 기간 동안 급여를 지급하는 실업급여사업과 함께 구직자에 대한 직업능력개발 · 향상 및 적극적인 취업알선을 통한 재취업의 촉진과 실업예방을 위하여 고용안정사업 및 직업능력개발사업 등의 실시를 목적으로 하는 보험이다. 산재보험은 산업 재해로부터 근로자를 보호하기 위한 보험이다.

1. 사회보험의 개요

사회보험(social insurance)은 국가가 보험제도를 활용하여 법에 의하여 강제성을 띠고 시행하는 보험제도이다. 사회보험은 근로자나 그 가족을 상해 · 질병 · 노령 · 실업 · 사망 등의

위협으로부터 보호하기 위하여 실시하는 것이다. 사회보험은 개인보험처럼 자유의사에 의해서 가입하는 것은 아니며, 보험료도 개인 · 기업 · 국가가 서로 분담하는 것이 원칙이다. 보험료의 계산에 있어서도 위험의 정도보다는 소득에 비례하여 분담함을 원칙으로 함으로써 소득의 재분배기능을 가진다. 근로자 1인 이상의 모든 사업장은 4대 보험에 가입하여야 한다. 이러한 사회보험은 노동능력의 상실에 대비한 산업재해보험 · 건강보험과 노동기회의 상실에 대비한 연금보험 · 실업보험으로 구분할 수 있다.

1) 국민연금

국민연금은 노령, 장애, 사망 등으로 소득 활동을 할 수 없을 때 기본적인 생활이 가능하도록 연금을 지급하는 제도이다. 국민연금은 국가가 보험의 원리를 도입하여 만든 사회보험으로 가입자, 사용자 및 국가로부터 일정액의 보험료를 받아 이를 재원으로 하여 노령으로 인한 근로소득 상실을 보전하기 위한 노령연금이다.

2) 건강보험

건강보험은 국민건강보험법에 따라 국민의 질병, 부상에 대한 예방, 진단, 치료, 재활과 출산, 사망 및 건강증진에 대하여 보험급여를 실시함으로써 국민건강 향상 및 사회보장증진에 기여하는 제도이다. 건강보험 가입자는 직장가입자와 지역가입자로 구분된다.

3) 고용보험

고용보험은 근로자에게 실업급여와 능력개발비용을, 사업주에게는 고용유지와 교육훈련비용을 지원하는 제도이다. 근로자가 실직한 경우에 생활안정을 위하여 일정 기간 동안 급여를 지급하는 실업급여사업과 함께 구직자에 대한 직업능력개발 · 향상 및 적극적인 취업알선을 통한 재취업의 촉진과 실업예방을 위하여 고용안정사업 및 직업능력개발사업 등의 목적으로 하는 사회보험의 하나이다.

4) 산재보험

산재보험은 공업화 진전과 더불어 발생하는 산업재해 근로자를 보호하기 위하여 1964년에 도입된 우리나라 최초의 사회보험제도이다. 산재보험은 산업재해로부터 근로자를 보호하기 위해서는 산업재해 자체를 예방하는 것이 가장 바람직하나, 이미 발생한 산업재해로 부상을 당하거나 사망한 경우는 피해근로자나 가족을 보호 내지 보상해 주는 사회보험이다. 산재보험은 산재근로자와 그 가족의 생활을 보장하기 위하여 국가가 사업주에게서 소정의 보험료를 징수하여 그 재원으로 사업주를 대신하여 산재근로자에게 보상을 해주는 제도이다. 근로자의 업무상 재해는 사용자의 고의 · 과실 유무를 불문하는 무과실 책임주의이다. 보험사업에 소요되는 재원인 보험료는 원칙적으로 사업주가 전액 부담한다. 산재보험급여는 재해 발생에 따른 손해 전체를 보상하는 방식이 아니라 평균임금을 기초로 정률보상방식으로 지급된다. 한편 산재보험은 자진신고와 자진납부를 원칙으로 한다.

표 10-8 4대보험의 비교

<table>
<tr><th colspan="2">구 분</th><th>국민연금</th><th>건강보험</th><th>고용보험</th><th>산재보험</th></tr>
<tr><td rowspan="2">가입 대상</td><td>연령</td><td>18세 이상 60세 미만</td><td>연령제한 없음</td><td colspan="2">근로기준법에 의한 모든 근로자 (근로를 제공하고 소득 받는 자)</td></tr>
<tr><td>사용자</td><td>가입대상 (무보수 대표이사 제외)</td><td>가입대상 (무보수 대표이사 제외)</td><td colspan="2">가입불가</td></tr>
<tr><td colspan="2">보험료율</td><td>기준소득월액의 9%
사용자와 근로자가 1/2씩</td><td>보수월액의 6.67%(장기요양은 건강보험료에서 10.25%)
사용자와 근로자가 1/2씩</td><td colspan="2">고용보험: 1.6%(사업주 + 근로자)
산재보험: 업종별 상이(사업주 부담)</td></tr>
<tr><td colspan="2">신고마감
납부마감</td><td colspan="4">매월 15일 신고 마감 후 다음달 10일까지 납부</td></tr>
</table>

2. 사회보험의 신고

4대보험에서 산재보험은 법적으로 사업주가 전액 부담하며, 나머지 3대 보험료는 법적으로 사업주와 직원이 각각 반씩 부담한다. 4대보험 가입, 상실 방법은 방문 제출은 물론, 우편이나 팩스에 의한 신고도 가능하며, 4대보험이 통합되었기 때문에 국민연금공단, 국민건강보험공단, 고용노동부 중 어느 한 곳에만 신고하여도 된다. EDI 서비스를 이용하거나 4대 사회보험 정보연계센터(http://www.4insure.or.kr)를 통하여 인터넷으로도 신고할 수 있다.

3절 재무관리

재무관리는 기업에서 가장 중요한 측면 중 하나이다. 성공적인 사업을 운영하려면 재무관리에 대한 지식과 정밀한 계획이 필요하다. 재무관리는 기업의 자금업무를 전략적으로 계획, 조직, 지시 및 관리하는 활동이다. 기업의 활동에는 항상 자금의 흐름이 뒤따른다. 자금이 없으면 사업기회를 상실하게 되고 심지어는 도산할 수 있다. 이처럼 자금의 흐름이 양호하지 못하거나 수입과 지출이 불균형을 이루면 기업의 영업 활동은 지장을 받게 된다.

1. 재무관리의 기능

재무(finance)는 자본의 조달 및 운용과 관련되는 활동을 의미한다. 즉, 재무는 기업이 필요한 자금을 조달하고, 관리하는 기능이다. 기업들은 사업을 운영하고, 목표를 달성하기 위해 자금이 필요하고, 그래서 자금을 기업의 혈액이라고 한다. 적절한 자금 없이 어떤 기업도 목적을 성취할 수 없다.

1) 재무관리의 성격

재무관리는 기업의 재무자원을 계획하고, 통제하는 것과 관련된 관리의 한 부분이다. 이것은 기업을 위해 자금조달의 다양한 원천을 발견하는 것을 다룬다. 재무관리(financial management)는 재무의사결정의 분야에서 자금투자, 다양한 자금조달 활동 및 이익처분 등의 분야에서 일반적인 관리원칙의 적용이다. 기업의 목표와 목적을 달성하기 위해 자금을 조달하고 활용하는 과정이다. 즉, 자금의 조달과 운용을 조직하고, 지휘하고, 통제하는 기술이다. 따라서 재무관리는 자금의 조달, 투자와 배당 등을 결정하는 관리 활동이다.

재무 활동에는 예산계획, 현금흐름분석과 자금계획 등이 있다. 예산(budget)은 수입을 예상하고, 특정 자원들을 배분하는 과정이다. 예산은 미래 수입과 지출에 대한 계획이다. 예산계획은 재무목적을 수립하고, 미래 재무자원과 수요를 예측하고, 수입과 지출을 추적관찰하고, 재무목적의 달성을 평가하는 과정이다. 현금흐름분석은 미래의 현금유입과 유출을 분석하는 것이다. 자금계획은 단기와 장기의 현금흐름을 분석하는 것이다. 자금계획은 필요한 자본을 추정하고, 자금의 사용을 계획하는 것이다. 즉, 기업의 재무 활동에 관한 목적, 정책, 절차, 프로그램과 예산을 구성하는 과정이다.

그림 10-2 재무관리의 상호관련성

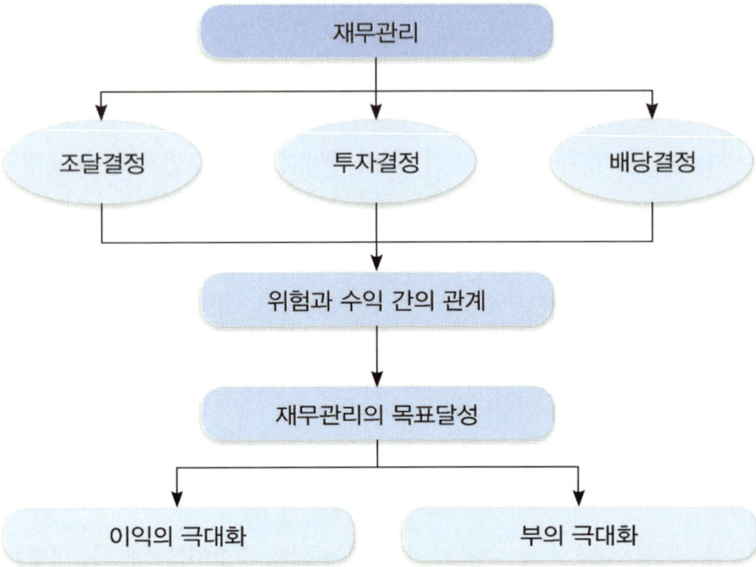

2) 재무관리의 기능

재무관리는 기업의 생존과 성장에 중요한 관리의 한 부분이다. 재무관리의 기능에는 자금수요의 추정, 자본구조의 결정, 자금원천의 선정, 투자유형의 선택, 적절한 현금관리, 재무통제의 실행과 유보금의 적절한 사용 등이 있다.

(1) 자금수요의 추정

재무임원은 기업의 단기와 장기자금 수요액을 추정한다. 미래뿐만 아니라 현재를 위한 자금계획을 준비한다. 또한 운전자본과 고정자산 구입에 필요한 금액을 확인한다. 부적절한 추정은 기업 활동에 부정적인 영향을 주고, 초과자금은 경영진이 과도한 지출을 하게 된다.

(2) 자본구조의 결정

자본구조는 기업이 자본조달의 원천인 자기자본과 부채의 구성비율의 조합을 의미한다. 필요자금액을 결정한 후 조달할 자금의 유형을 결정해야 한다. 즉, 장기부채에 의해서 고정자산 자금을 조달하고, 유동자산을 취득하는 것이 현명하다. 자금의 다양한 원천에 관한 의사결정은 자금조달비용과 연결되어야 한다. 자금조달비용이 크다면 유용하지 않다. 자금의 유형과 규모에 관한 의사결정은 기업의 단기와 장기계획에 영향을 주는 중요한 의사결정이다.

(3) 자금원천의 선정

자본구조를 준비한 후 자금의 적절한 원천을 선택한다. 자금이 조달되는 다양한 원천은 자본금, 차입금과 예금을 포함한다. 자금이 단기적으로 필요하면 단기차입금이 적절하고, 장기자금이 필요하면 자본금과 장기차입금이 적절하다. 그러나 단기자금으로 고정자산을 취득한다면 단기자금을 상환하기 위하여 또 다른 부채를 차입하는 악순환이 될 수 있다.

(4) 투자유형의 선택

자금이 확보되면 투자유형에 관한 의사결정이 이루어진다. 투자유형의 선택은 자금의 사용과 관련된다. 어떤 자산을 구입할 것인가에 관한 의사결정이다. 고정자산과 운전자본은 적절한 균형을 유지한다. 자본예산과 같은 의사결정기법은 자본지출에 관한 의사결정에 적용된다. 다양한 자산을 사용할 때 안전, 수익성과 유동성의 원리를 무시해서는 안 된다.

(5) 적절한 현금관리

현금관리는 재무임원의 중요한 과업이다. 재무임원은 다양한 시점에서 필요한 현금을 평가하고, 현금을 배정하는 일정을 수립해야 한다. 현금은 채무상환, 원자재 구매, 임금과 당일 비용을 충족하는데 필요하다. 현금의 원천은 현금판매, 채권회수나 단기예금 등이다. 현금관리는 과부족이 있어서는 안 된다. 현금의 부족은 기업의 신뢰가치에 손상을 주고, 유휴현금은 자금비용의 낭비이다. 현금흐름표를 통해 현금의 다양한 원천과 사용을 발견할 수 있다.

(6) 재무통제의 실행

재무관리의 효율적인 시스템은 다양한 통제 방법의 사용이 필요하다. 일반적으로 사용되는 재무통제 방법은 투자수익, 비율분석, 손익분기점분석, 비용통제와 내부감사 등이 있다. 다양한 통제기법의 사용은 재무임원이 다양한 자산의 성과를 평가할 때 유용하고, 필요할 때마다 시정조치를 할 수 있다. 따라서 재무자원의 최적 사용을 목표로 한다.

(7) 유보금의 적절한 사용

수익이나 유보금의 사용은 재무관리에서 중요한 요인이다. 유보금의 현명한 사용은 확장과 다각화 계획에 필수적이고, 주주의 이익을 보호한다. 수익의 재투자는 더 많은 자금조달을 위한 최상의 정책이다. 배당금 지급과 자금조달 비용 간의 균형을 이루어야 한다.

3) 위험과 수익 간의 관계

주식가격(share price)을 극대화하기 위해 재무임원은 위험과 수익을 평가한다. 재무의사결정은 위험과 수익 특성을 제시하고, 이러한 특성의 독특한 결합은 주가에 영향을 받는다. 재무임원은 위험, 수익과 위험회피에 관한 기본적인 생각이 중요하다. 위험(risk)은 재무적 손실의 기회이다. 어떤 위험은 재무임원과 주주에게 직접적으로 영향을 미친다. 사업위험과 재무위험은 기업에 밀접하고, 그래서 재무임원은 관심이 크다. 이자율, 유동성과 시장위험은 주주에게 밀접하고, 그래서 주주는 관심이 크다. 환율, 구매력과 세금위험은 회사와 주주 양자에게 직접적으로 영향을 준다.

위험은 특정한 자산과 관련된 수익의 변동성이다. 어떤 자산의 수익이 클수록 변동성과 위험은 더 크다. 수익의 변동성에 근거하여 위험을 평가한다면 수익이 무엇인지와 어떻게 수익을 측정하는지를 알아야 한다. 수익(return)은 주어진 기간 동안에 투자에서 초래하는 총이득이나 가치이다. 이것은 일정 기간 동안 가치의 변화이다.

표 10-9 기업과 주주의 위험

위험 관리자	위험의 원천	설 명
기업	사업위험	기업이 운영비용을 충당할 수 없는 위험이다.
	재무위험	부채를 충당할 수 없는 위험이다.
주주	이자율위험	투자가치에 부정적인 영향을 주는 위험이다. 금리가 상승할 때에 투자가치는 하락한다.
	유동성위험	기업이 파산하여 투자를 회수할 수 없는 위험이다.
	시장위험	경제, 정치와 사회적 사건처럼 투자와 관계없는 시장 요인으로 투자가치가 하락할 위험이다.
기업과 주주	사건위험	예측치 못한 사건이 기업이나 투자가치에 큰 영향을 주는 위험
	환율위험	환율의 변동성으로 바람직하지 않은 환율변동성이 클수록 기업이나 투자의 가치가 더 하락할 위험이다.
	구매력위험	인플레이션이나 디플레이션으로 가격수준의 변동이 기업이나 투자에 부정적인 영향을 주는 위험
	세금위험	세법의 불리한 변경이 발생할 위험

4) 재무관리의 목적

기업의 주요 목적은 소유주의 경제적 번영을 극대화하는 것이다. 재무관리는 행동의 적절한 방향을 선택하고, 수익이 있는 전략을 결정하는 기본적인 틀을 제공한다. 따라서 재무관리의 목적은 이익의 극대화(profit maximization)와 부의 극대화(wealth maximization)이다.

(1) 이익의 극대화

이익획득은 모든 경제적 활동의 기본적인 목적이다. 기업은 비용을 충당하고, 주주들에게 배당금을 지급하고, 성장을 위한 자금을 제공하기 위해 이익을 확보해야 한다. 어떤 기업도 이익을 얻지 않고 생존할 수 없다. 이익은 기업의 효율성의 척도이다. 이익은 보장될 수 없는 위험에 대해 기업을 보호하는 역할을 한다.

(2) 부의 극대화

기업의 이익이 증가하면 주가가 상승하고, 주가가 상승하면 주주의 가치가 증가한다. 주주의 부는 주식 소유자들의 결과물이 된다. 주주의 현재 부는 현재 보유한 주식의 수에 주당 현재 주가에 비례한다. 주당 현재 시가가 높을수록 주주의 부는 더 크다. 따라서 기업은 이익의 극대화를 통해서 시장에서 주식의 가치를 증가하고, 주식가격을 극대화하는 것을 목표로 한다.

그림 10-3 이익극대화의 결과

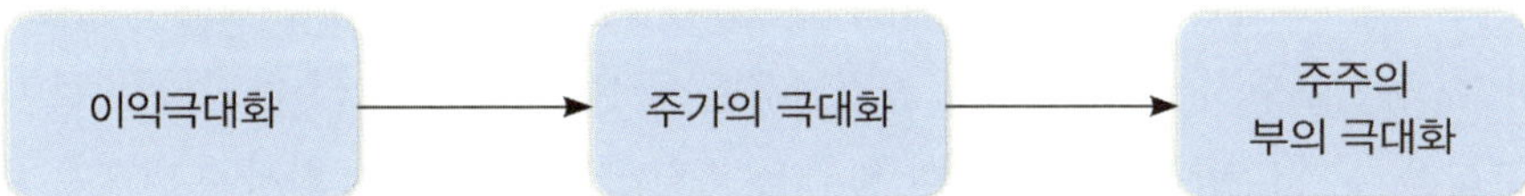

2. 자금조달의 원천

기업 활동은 자금의 흐름과 연결되어 있고, 기업의 유지와 성장은 자금을 필요로 한다. 따라서 기업은 자금을 조달하여 기업 활동에 지원한다. 자금조달 방법은 자금의 출처에 따라 내부금융과 외부금융이 있다. 외부금융은 기업의 외부에서 조달하는 것이나 내부금융은 기업 내부에서 조달하는 것이다. 상환기일에 따라 단기자금과 장기자금이 있다. 단기자금은 상환기일이 1년 이하인 자금이나 장기자금은 상환기일이 1년 이상인 자금이다.

1) 내부금융

내부금융(internal financing)은 기업의 영업 성과에서 나오는 이익금에서 배당금이나 세금을 제외한 나머지를 사내에 준비금으로 적립하고, 필요할 때 자본으로 전환하는 금융방식이다. 내부금융은 이익잉여금, 자본잉여금, 감가상각 등이 있다. 내부금융은 외부금융에 비하여 조달비용이 낮고 상환할 필요가 없고, 가장 바람직한 자금조달 형태이다. 이러한 내부금융은 주로 기업의 투자자금이나 운전자금으로 사용된다. 따라서 내부금융은 차입이나 신주발행으로 조달된 외부자금과는 구별된다.

그림 10-4 자금조달의 원천

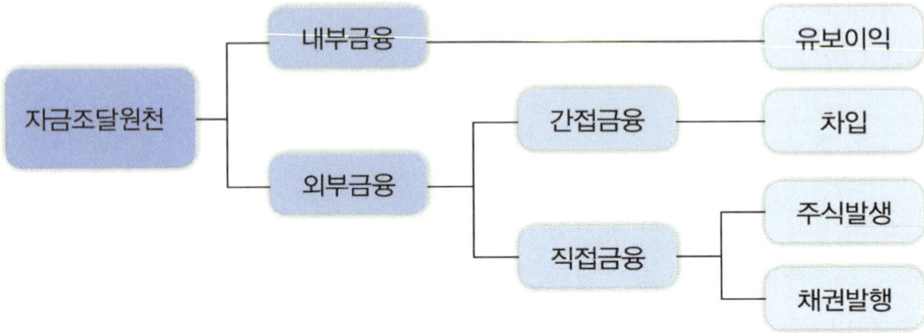

2) 외부금융

외부금융(external financing)은 기업이 필요한 자금을 외부에서 차입하여 조달하는 것이다. 외부금융에는 직접금융과 간접금융이 있다. 직접금융은 증권시장에서 주식이나 채권을 발행하여 자금을 조달하는 것이지만, 간접금융은 금융기관으로부터 차입하는 것이다. 주식발행은 주식을 추가로 발행하여 필요한 자금을 조달하는 방법이며, 회사채 발행은 회사가 채권을 발행하여 소요자금을 조달하는 방법이다.

직접금융은 자금조달 과정에 있어서 금융기관을 개입시키지 않고 주식이나 회사채를 발행하여 투자자로부터 직접 자금을 조달하는 것을 의미한다. 즉, 기업이 자본시장에서 투자자들로부터 자금을 직접 조달하는 방식이다. 간접금융은 기업이 금융기관을 통해 일반으로부터 흡수된 예금을 차입하는 것을 의미한다. 간접은 은행이라는 중개기관이 예금자와 차입자를 간접적으로 연결시켜준다는 뜻이며, 금융은 자금조달을 의미한다.

그림 10-5 간접금융과 직접금융

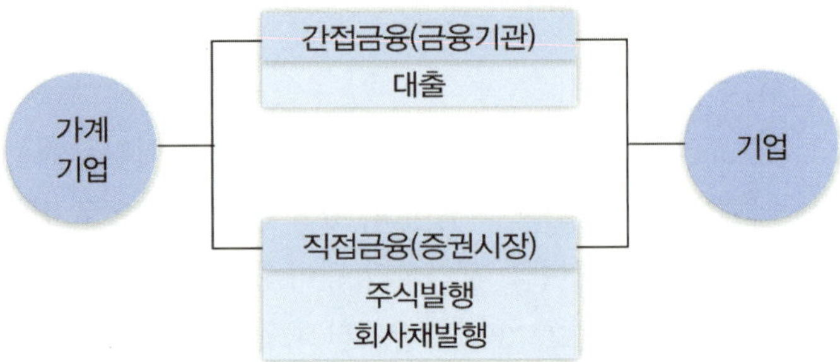

(1) 간접금융

간접금융은 금융기관을 통한 차입이다. 은행에서의 장기차입은 대체로 시설투자를 목적으로 차입하며, 단기차입은 운영자금용으로 차입한다. 차입의 중요한 기준은 차입금액, 이자율과 만기이다. 부채가 상환될 때까지 채권자는 기업의 현금흐름의 일부에 관한 법적 청구권을 갖는다. 채권자는 지급을 요청할 수 있고, 극단적인 경우 연체를 이유로 기업을 파산시킬 수 있다.

차입금의 원금은 빌린 돈의 원래 액수이다. 차입금의 이자율은 빌린 자금의 가격이다. 이자를 지급해야만 하는 고정비용이다. 이자지급을 못한다면 채무불이행(default)으로 간주될 수 있고, 전체 차입금의 상환을 요청받을 수 있다. 자금 대여자는 이자 지급시기를 연간, 반기, 분기, 월간, 주간이나 일간으로 구성할 수 있다. 대출금의 이자는 고정금리나 변동금리가 있다. 고정금리는 전체 대출기간 동안에 동일한 이자율을 유지하지만, 변동금리는 시간에 따라서 변하는 금리이다. 변동금리는 고정금리보다 더 많은 모험 요소가 있다. 변동금리 대출은 기준금리의 변동에 따라서 조정된다. 고정금리 대출은 대체로 변동금리 대출보다 더 높은 이자율을 갖는다. 창업기업은 영업의 첫해에 낮은 현금흐름을 상쇄하기 위해 변동금리를 고려한다.

대출금의 만기는 차입자가 자금을 사용할 수 있는 시간의 길이이다. 즉, 차입금이 차입일로부터 상환되는 날까지의 기간을 말한다. 단기차입은 일년 안에 차입금을 상환해야 하고, 중기차입은 일년 이후에 상환해야 하는 조건이다. 차입목적에 따라 만기를 선택할 수 있다. 일년 안에 판매를 기대하는 구매는 단기차입금을 사용한다. 고정자산이나 고정설비는 장기 대출을 고려한다. 차입금의 만기는 차용자의 자금사용과 일치하는 것이 필요하다. 일반적으로 만기가 길수록 이자율이 더 높아진다.

대출보증은 대출이 상환되도록 대출자에 대한 차입자의 보증이다. 차입에 대한 기업가의 서명이 채권자에 의해서 충분한 안전으로 고려되지 않는다면 채권자는 대출을 보증하기 위한 또 다른 사람의 서명을 요구할 것이다. 대출에 서명하는 개인들은 배서이다. 배서[1]는 서명한 어음에 대한 채무이다. 배서인은 연대보증인과 보증인이 있다. 연대보증인은 차입자와 함께 책임을 공유한다. 대출자는 차입자나 연대보증인에게 배서를 요청할 수 있다. 보증자는 보증서에 서명함으로써 어음의 상환을 확실히 할 수 있다. 대출자는 효과적인 경영의 계속성을 확보하기 위해 회사의 임원들로부터 보증을 요구할 수 있다.

---

1) 배서(endorsement): 어음의 수령인 및 그 후의 어음의 소지인이 일정사항을 증권배면에 기재하여 타인에게 교부하는 행위이다. 양도인을 배서인, 양수인을 피배서인이라 한다.

(2) 직접금융

직접금융은 기업이 주식 등 소유지분을 매각하거나 신규로 모집하여 자금을 조달하는 방식으로 상환할 필요가 없는 자금이다. 즉, 기업의 현금흐름을 제한하는 지급이 없고, 자금에 대한 이자도 없다. 투자자들의 자금을 지분으로 조달하는 것이기 때문에 기업이 손실을 볼 경우 투자자들이 투자한 금액에 비례해 직접 손실을 입게 된다. 또한 담보를 설정하지 않아도 되어 기업은 상당히 안정적 자금이다. 그러나 수익이 투자금액에 따라 분배되므로 기업가 개인에게 돌아오는 수입은 적어진다. 지분 제공자는 기업의 일부를 소유하고 배당금, 기업가치의 증가와 기업경영의 발언권에 관심이 크다.

배당금(dividends)은 회사의 순이익에 근거하여 지급하고, 반기나 연간 단위로 지급되는 돈이다. 많은 중소기업은 미래 성장을 위해 이익잉여금의 형태로 순이익을 유지하고 신규투자에 필요한 금액 이상으로 이익을 보일 때만 배당금을 지급하는 배당정책을 고려한다. 기업가치의 증가는 성공적인 기업의 자연스런 결과이다. 투자자들은 종종 기업의 장기적 성공만큼 배당에 관심이 없다. 기업이 성공한다면 지분 제공자들은 상당한 이익으로 투자의 전부나 일부를 매도할 기회를 갖게 될 것이다. 경영의 발언권은 지분의 제공자에게 추가적인 고려사항이다. 소유자들에게는 기업이 실패한다면 손실을 보기 때문에 그들의 돈이 어떻게 사용되는지를 알 권리가 있다.

3. 유가증권

유가증권(securities)은 어떤 재산적 권리를 나타내는 증서이다. 유가증권은 화폐증권, 상품증권과 자본증권이 있다. 화폐증권은 화폐의 대용으로 유통하는 수표나 어음 등이고, 상품증권은 운송 또는 보관 중에 있는 화물의 청구를 표시하는 화물증권이고, 자본증권은 주식 · 공사채 등 증권시장에서 거래하는 증권이다. 자본증권은 권리의 특성에 따라 주식, 채권과 수익증권이 있다. 주식은 출자자의 권리 또는 지위를 나타내는 증권이다. 채권은 금전에 대한 채무관계를 나타내는 증권이다. 수익증권은 신탁재산에 대한 수익권을 나타내는 증권이다. 이러한 증권은 발행자의 측면에서는 장기자본의 조달수단이지만, 투자자의 측면에서는 재산증식을 위한 투자수단이 된다.

1) 주식

주식(stock)은 주주의 권리 · 의무의 단위이다. 주식회사에 대한 사원의 지위를 지분이라 하고, 지분, 즉 주주의 지위를 주식이라 한다. 기업이 발행할 수 있는 주식의 종류에는 이익배당과 잔여재산의 분배에 관한 권리의 순서에 따라 보통주, 우선주, 후배주, 혼합주가 있다. 보통주(common stock)는 배당 등의 표준이 되는 주식을 말한다. 보통주는 주식회사가 자기자본을 조달하기 위해 발행하는 것으로 사채와 더불어 기업의 장기적인 자금조달의 원천이 된다. 보통주의 주주는 기업의 소유주로서 경영참가권과 이익배분의 권리를 갖고 있는 반면 기업의 위험도 부담하게 된다. 우선주(preferred)는 이익배당이나 잔여재산분배에 관해 보통주보다 우선적인 권리를 갖는 주식이다.

2) 사채

사채(corporate bond)는 기업이 일반대중으로부터 장기간에 걸쳐 거액의 자금을 조달하기 위해 발행한 유가증권이다. 대체로 사채의 만기는 3~5년으로 기업의 장기자본 조달수단으로 이용되고 있다. 기업이 사채를 발행할 때 여러 가지 다양한 옵션을 부가하여 발행하기도 하는데 이를 옵션부사채라고 한다. 전환사채(CB: convertible bond)는 사채소유자에게 일정한 기간 이내에 일정한 조건으로 발행회사의 주식으로 전환할 수 있는 권리가 부여된 사채이다. 사채권자는 발행회사의 주가가 상승하면 주식으로 전환하여 높은 투자수익률을 얻을 수 있는 이점이 있다. 신주인수권부사채(BW: bond with warrants)는 발행회사가 유상증자를 할 때 채권자에게도 주주와 마찬가지로 신주를 인수할 수 있는 권리를 부여한 사채이다.

4. 기업공개와 상장

기업공개는 소수의 주주들에게 국한되었던 주식을 일반대중에게 공개적으로 판매하는 것을 말한다. 기업공개로 기업은 일반대중들로부터 대규모의 신규자금을 조달할 수 있고, 결과적으로 주식소유가 일반대중에게 분산된다. 기업공개 방법은 기존 대주주들이 신주인수권을 포기하고 일반대중으로부터 신주를 공모하는 방법인 신주공모와 기존 대주주들의 소유 주식을 일반대중에게 매출하는 방법인 구주매출이 있다. 두 방법을 병행할 수도 있다. 공개한 주식은 증권거래소에 상장, 코스닥시장에 등록, 제3시장에 등록하여 공개적으로 거래된다.

1) 기업공개

기업공개(initial public offering: IPO)는 일정 규모의 기업이 상장을 목적으로 여러 사람들을 대상으로 주식을 매출하는 행위를 말한다. 대주주들이 가지고 있던 주식을 일반인들에게 널리 팔아 분산을 시키고, 기업경영을 공개하는 것이다. 상장(listing)은 기업이 증권을 발행해서 유가증권시장, 즉 매매될 수 있도록 증권거래소에 등록하는 일이다. 이와 같이 기업공개는 국민경제적으로 기업 성과를 모든 국민이 공유하는 목적에 부합되며, 기업 입장에서는 자금조달 수단과 공신력이 확대되어 효율적 경영의 계기가 마련된다. 그러나 기업공개는 기업에게 여러 가지 책임을 요구하게 된다. 기업에 자금을 공급한 주주, 은행 및 기타 채권자 등에게 투명경영과 보고의 책임이 강화된다.

2) 코스닥시장

코스닥시장(KOSDAQ: The Korea Securities Dealers Association Automated Quotation)은 법률상으로는 '협회중개시장'이라 부르는데 한국증권업협회가 운영하는 유통시장으로서 거래소 없이 네트워크 시스템에 의하여 주식거래가 이루어지는 시장이다. 코스닥시장은 미국의 나스닥시장(NASDAQ)을 모방하여 1996년 7월 1일에 증권업협회와 증권사들이 출자하여 개설하였다. 코스닥시장은 증권거래소 상장에 비하여 요건이 까다롭지 않기 때문에 벤처기업들이 많이 등록되어 있다. 코스닥시장은 자금조달 및 투자시장으로서의 역할을 수행하고 있으며, 급속도로 성장하였다.

3) 코넥스

코넥스(KONEX: Korea New Exchange)는 코스닥시장 상장요건을 충족시키지 못하는 벤처기업과 중소기업이 상장할 수 있도록 2013년 7월 1일부터 개장한 중소기업 전용 주식시장이다. 코넥스 진입 요건으로는 자기자본 5억 원, 매출액 10억 원, 순이익 3억 원 가운데 한 가지만 충족하면 된다. 특히 코넥스 시장에는 지정자문인이 된 증권사가 중소기업을 발굴해 코넥스에 상장시키고 관리하는 역할까지 담당하게 되는 지정자문인 제도가 있다. 지정자문인은 상장 예비기업에 대한 적격성 심사, 전문투자자 대상 주식 판매 주선 등을 관할하고, 상장 이후에는 공시 · 신고 대리 업무, 유동성 공급자 호가 제출의무 등을 수행한다.

INSIGHT "혁신과 도전 그리고 신화창조"...방준혁 의장의 '넷마블 성공신화'

◆ 진품 흙수저가 일궈낸 신화

방준혁 의장은 진품 흙수저 출신이다. 서울 구로구 가리봉동에서 자란 그는 어려운 가정형편 탓에 고등학교 2학년을 채 마치지 못하고 중퇴했다. 돈을 벌기 위해 중소기업에 취직했지만 가난에서 벗어나고 싶어 사업을 시작했다. 고교를 중퇴한 이른바 흙수저의 화려한 성공신화다. 두 번의 창업 실패 이후 2000년 넷마블을 설립한 뒤 그의 인생 역전이 시작됐다. 테트리스 등 웹보드게임으로 1년 만에 1,000만 명의 회원을 확보했다.

창업 4년 만인 2004년엔 회사 지분 대부분을 CJ그룹에 팔고 800억 원을 손에 쥐면서 게임업계 화제의 인물로 떠올랐다. 야근을 밥 먹듯이 하다 보니 건강이 나빠져 2006년엔 은퇴를 선언했다. 그가 회사를 떠나자 넷마블은 힘없이 주저앉았다. 주력 온라인 게임 '서든어택' 서비스권을 2010년 넥슨에 빼앗기면서 위기에 처했다. 모기업인 CJ는 그를 '구원투수'로 불러들였다.

2012년 당시 회사 지분 48.2%를 380억 원에 되사오면서 다시 경영에 참여했다. 넷마블에 복귀한 방 의장은 "5년 내에 매출 1조 원 회사를 만들겠다"고 공언했다. 당시 매출은 2,000억 원 수준으로 주위에서는 터무니없는 소리라며 고개를 저었다. 하지만 방 의장은 스마트폰 보급률이 늘고 있다는 점에 착안, 모바일 게임에 모든 역량을 집중하면 승산이 있을 것으로 봤다. 그는 복귀 후 2년간 거의 퇴근하지 않고 회사에서 숙식을 해결하면서 일에 매달렸다. 그의 처절한 노력이 결실을 봐 넷마블은 2012년 이후 연평균 60%의 고성장을 거듭하면서 지난해 매출 1조 5,000억 원을 돌파했다.

게임업계에서 방 의장은 뛰어난 사업 감각을 지닌 경영인으로 평가받는다. 그를 오랫동안 지켜본 넷마블 관계자들은 "최신 트렌드를 재빠르게 포착해 게임에 적용하는 능력이 탁월하다"고 입을 모은다. 회사 내에서 별명이 '방 대리'일 정도로 세세한 것까지 직접 챙긴다. 반면 성과를 내기 위해 직원을 가혹할 만큼 밀어붙이는 경영 스타일에 대한 부정적인 시각도 있다. 서울 구로동 넷마블 사옥은 야근이 잦아 밤늦게까지 불이 켜져 있어 '구로의 등대'로 불렸다. 이에 비난 여론이 일자 회사 측은 지난달 야근과 주말근무를 없애고 퇴근 후 메신저 업무지시를 금지하는 업무환경 개선안을 내놨다.

방 의장은 2020년 넷마블 매출목표를 5조 원으로 잡고 있다. 목표에 넷마블을 '대기업'으로 키우겠다는 의지가 담겼다. 노동환경을 둔 제약 때문에 게임을 빠르게 만들어내는 데도 한계가 커 게임을 적게 내는 대신 품질을 높이겠다는 계획을 세웠다. 게임 이용자들이 PC게임과 콘솔게임도 요구하는 만큼 게임의 장르와 플랫폼을 다양화할 것으로 보인다.

출처: 한국경제 2017.03.20 FETV 2020.10.19

4절 자금지원

창업자의 자기자본에 의해서만 사업을 한다면 기업의 성장에는 한계가 있다. 법률이나 제도적인 자금조달뿐만 아니라 금융기관으로부터의 차입도 필요하다. 투자자나 투자기관으로부터 자금을 투자받으면 안정적으로 사업을 유지할 수 있고 기업의 신인도와 평판도 얻을 수 있다. 또한 창업자는 기업의 유지와 성장을 이어가기 위해서는 자금조달 방법을 다양화하는 방법을 알아두는 것이 바람직하다. 특히 투자금을 회수하고 창업자들의 재산을 증식하기 위해서도 코스닥이나 상장을 염두에 두어야 한다.

1. 창업기업지원자금

창업에 필요한 자금이나 창업 후 성장을 위한 자금이 모두 필요하다. 이때 자금조달 방법 중 중소기업청의 창업기업지원자금이 가장 적절한 정책자금이라고 할 수 있다. 창업기업지원자금은 우수한 기술력과 사업성은 있으나 자금력이 부족한 창업초기기업의 기업 활동 자금을 지원하는 자금이다. 창업기업지원자금은 업력 7년 미만 중소기업 및 예비창업자가 우수한 기술력과 사업성은 있으나 자금력이 부족한 중소·벤처기업의 창업을 활성화하고 고용창출을 위한 창업기업지원이다.

1) 융자범위

❖ 시설자금

- 생산설비 및 시험검사장비 도입 등에 소요되는 소요자금
- 정보화 촉진 및 서비스 제공 등에 소요되는 자금
- 공정설치 및 안정성 평가 등에 소요되는 자금
- 유통 및 물류시설 등에 소요되는 자금
- 사업장 건축자금(토지구입비 제외), 임차보증금
- 사업장 확보자금(매입, 경·공매): 기업당 1회에 한정
- 부지매입비 및 조성공사비(협동화 및 협업사업 승인기업에 한함)

❖ 운전자금

- 창업소요비용, 제품생산 비용 및 기업경영에 소요되는 자금
  단, 구매기업의 계약이행능력, 계약내용 등을 확인하여 융자를 제한할 수 있음

2) 융자방식

- **창업기업지원:** 중소기업진흥공단이 자금 신청 · 접수와 함께 기업평가를 통하여 융자 대상 결정 후 중소기업진흥공단(직접대출) 또는 금융회사(대리대출)에서 신용, 담보부(보증서 포함) 대출
- **청년전용창업:** 중소기업진흥공단이 자금 신청 · 접수와 함께 교육 · 컨설팅 실시 및 사업계획서 등에 대한 평가를 통하여 융자대상 결정 후 직접대출
- **신청 · 접수:** 중소기업진흥공단 홈페이지(www.sbc.or.kr)를 통한 온라인 신청

2. 신성장기반자금

신성장기반자금은 사업성과 기술성이 우수한 성장유망 중소기업의 생산성 향상과 고부가가치화 등 경쟁력 강화에 필요한 자금을 지원하는 내용으로, 취약업종의 산업경쟁력 강화와 인적자원 투자유도를 통한 성장잠재력 확충 및 중소기업의 해외진출 글로벌 기업으로의 성장을 지원하는 자금이다. 즉, 업력 7년 이상 중소기업의 시설투자 촉진을 목적으로 지원하는 자금이다. 사업성과 기술성이 우수한 성장유망 중소기업의 생산성향상, 고부가가치화 등 경쟁력 강화에 필요한 자금을 지원하여 성장 동력 창출을 지원한다. 융자범위는 시설자금과 운전자금이다.

1) 지원대상

- **신성장기반:** 업력 7년 이상 중소기업
- **기술사업성 우수기업 전용:** 업력 7년 이상 중소기업 중 기업평가등급 우수기업
- **협동화 · 협업사업 승인기업 지원:** 3개 이상의 중소기업이 규합하여 협동화실천계획의 승인을 얻은 자 또는 2개 이상의 중소기업이 규합하여 협업사업계획의 승인을 얻은 자
- **가젤형 기업[2] 전용자금:** 업력 4년 이상 중소기업
- **기초제조기업 성장자금:** 업력 3년 이상, 매출액 10억 원 미만의 기초소재형 및 가공조립형 중소기업

2) 가젤형 기업(gazelles company): 상시 근로자 10인 이상이면서 매출이나 순고용이 3년 연속 평균 20% 이상인 기업

2) 융자범위

❖ 시설자금

- 생산설비 및 시험검사장비 도입 등에 소요되는 자금
- 정보화촉진 및 서비스 제공 등에 소요되는 자금
- 공정설치 및 안정성 평가 등에 소요되는 자금
- 유통 · 물류시설 등에 소요되는 자금
- 무역 · 수출 안전시설 설치 등에 소요되는 자금
- 사업장 건축자금, 토지구입비, 임차보증금: 토지구입비는 건축허가가 확정된 사업용 부지 중 6개월 이내 건축착공이 가능한 경우에 한함
- 사업장확보자금: 사업장확보자금은 사업영위 필요에 따라 기업당 3년 이내 1회로 한정 지원
- 생산성 향상, 생산환경 개선 및 후생복지시설 등에 소요되는 자금
- 조성공사비(협동화 및 협업사업 승인기업에 한함)

❖ 운전자금

- 시설도입 후 소요되는 초기 가동비(시설자금의 30% 이내)
- 혁신형기업, 협동화 및 협업사업 승인기업은 시설자금의 50% 이내
- 지식서비스산업, 문화콘텐츠산업 영위기업, 협동화 및 협업사업 승인기업은 제품생산비용, 제품개발비용 및 시장개척비용에 소요되는 자금을 시설자금과 별도로 융자 가능

3. 긴급경영안정자금

긴급경영안정자금은 경영애로 해소, 수출품 생산비용 등 긴급한 자금소요를 지원하여 중소기업의 안정적인 경영기반 조성을 위한 자금이다. 소상공인 긴급경영안정자금의 경우 폭설, 화재, 집중호우 태풍 등으로 피해를 입은 재해 소상공인을 대상으로 대출금액 최고 7천 만원, 금리 2.5%, 대출기간 5년으로 대출을 받을 수가 있다. 재해확인증은 지자체 및 지방중소기업청에서 발급을 받으면 된다.

❖ 지원대상

- 긴급경영안정사업: 재해 피해를 입거나 일시적 경영애로 상태에 있는 중소기업
- 수출금융지원사업

- 융자 제외 대상 업종에 해당되지 아니하는 중소기업의 생산품(용역, 서비스 포함)을 수출하고자 하는 중소기업
- 수출금융지원사업 이용기간이 5년을 초과한 기업은 융자지원 제외(단, 해외조달 시장 참여 중소기업은 신청 가능)

4. 개발기술사업화자금

개발기술사업화자금은 우수기술의 제품화 · 사업화 지원제도로 중소기업이 보유한 우수기술의 사장을 방지하고 개발기술의 제품화 · 사업화를 촉진하여 기술기반 중소기업을 육성하는 지원 자금이다. 정부정책자금인 개발기술사업화자금은 특허 및 실용신안 등 우수기술을 발굴하거나 개발했음에도 운전자금이 부족해 제품화하지 못해 시장진입에 어려움을 겪고 있는 기업에 장기 저리로 기술의 사업화를 위해서 직접 대출방식으로 지원된다.

❖ 지원대상

「중소기업기본법」의 중소기업으로서 다음 중 하나에 해당되는 기술을 사업화하고자 하는 기업, 자체 기술을 사업화하고자 하는 Inno-Biz[3] 또는 지식재산경영인증 기업(특허청 인증)

- 산업통상자원부, 중소기업청 등 정부출연 연구개발사업에 참여하여 기술개발에 성공(완료)한 기술
- 특허, 실용신안 또는 저작권 등록 기술
- 정부 · 정부 공인기관이 인증한 기술(NET[4], 전력신기술, 건설신기술, 보건신기술)
- 국내 · 외의 대학, 연구기관, 기업, 기술거래기관 등으로부터 이전받은 기술
- 기술평가기관으로부터 기술 평가 인증을 받은 기술
- 기업부설연구소(한국산업기술진흥협회 인정) 보유 기업이 개발한 기술
- 지원이 안 되는 기업: 최근 3년 이내 개발기술사업화자금을 2회 이상 지원받은 기업

---

3) 기술혁신형 이노비즈(INNO-BIZ)란 Innovation(혁신)과 Business(기업)의 합성어로 기술 우위를 바탕으로 경쟁력을 확보한 중소기업이다. 연구개발을 통한 기술 경쟁력 및 내실을 기준으로 선정하기에 과거의 실적보다는 미래의 성장성을 중요시한다.

4) 국산신기술인정제도(net excellent technology): 국내 기업 및 연구기관 등에서 개발한 신기술의 조기 발굴을 통해 그 우수성을 인증해 줌으로써 신기술의 상용화와 기술거래를 촉진하고 신뢰성을 제고시켜 초기 시장 진출의 기반을 조성하기 위해 제정한 인증제도이다.

5. 소상공인지원 창업자금 지원

소상공인지원 창업자금 지원은 소상공인 창업 및 경영개선 자금(융자)은 소상공인의 창업 및 경영개선을 위한 필요자금을 최대 5,000만 원(장애인 창업 및 기업은 최대 1억 원)까지 저리로 대출해주는 제도이다. 사업자등록증을 소지한 소상공인이면 가능하다.

1) 자금규모

- 최대 5,000만 원(장애인 창업 및 기업은 1억 원)까지 대출 가능
- 1년 거치 후 대출금액의 70%는 4년간 3개월(또는 매월)마다 균등분할상환, 대출금액의 30%는 상환기간 만료 시 일시상환
- 장애인 창업 및 기업은 2년 거치 후 대출금액의 70%는 5년간 3개월(또는 매월) 균등분할상환 후 대출금액의 30%는 상환기간 만료 시 일시상환

2) 지원요건

- 사업자등록을 한 후 영업 중이거나 영업이 확실시 될 것
- 금융기관 대출금을 빈번하게 연체하고 있지 않을 것
- 소상공인 지원자금 융자 제외 대상 업종에 해당하지 않을 것

3) 대출취급 은행

- 국민, 기업, 신한, 우리, 하나, 외환, 한국씨티, 부산, 대구, 광주, 전북, 경남, SC제일, 제주은행, 농협중앙회, 저축은행중앙회, 수협중앙회, 새마을금고

6. 벤처캐피탈의 창업자금 지원

벤처캐피탈(venture capital: 모험자본)이란 고도의 기술력과 장래성은 있으나, 자본과 경영능력이 취약한 벤처기업에 창업 초기단계부터 자본과 경영을 지원하여 기업을 육성한 후 투자자본을 회수하는 첨단금융기관을 말한다. 기존 금융기관이 일정한 담보를 조건으로 융자 형태의 자금을 지원하고 투자기업의 경영 성과에 관계없이 일정한 금리를 얻는 대신 벤처캐피탈은 담보 없이 무담보 주식투자를 통해 투자기업의 경영 성과에 따라 많게는 투자금의 수십 배의 이익을 얻을 수 있는 반면 실패하는 경우 투자금을 전혀 회수할 수 없는 투자위험을 가지게 된다.

표 10-10 벤처캐피탈과 은행의 자금조달 차이

구분	지원 형태	회수 방법	성과보수	위험
벤처캐피탈	투자	상장 후 지분매각	투자기업의 가치	많음
은행	융자	만기 후 원금회수	금리	없음

1) 지원대상

- 창업한지 7년 이내의 중소기업
- 「벤처기업육성에 관한 특별 조치법」에 의한 벤처기업

2) 투자 대상 및 방법

❖ 투자 대상

- 유가증권시장이나 협회중개시장에 등록되지 않은 창업자 또는 벤처기업

❖ 투자 방법

- 신규로 발행하는 주식의 인수, 지분의 취득
- 신규로 발생되는 무담보전환사채 또는 무담보신주인수권부사채의 인수
- 신제품이나 신기술의 개발 자금을 지원하고 수익을 분배하는 방식의 투자

3) 투자회사의 투자심사 일반절차

그림 10-6 투자회사의 투자심사 일반절차

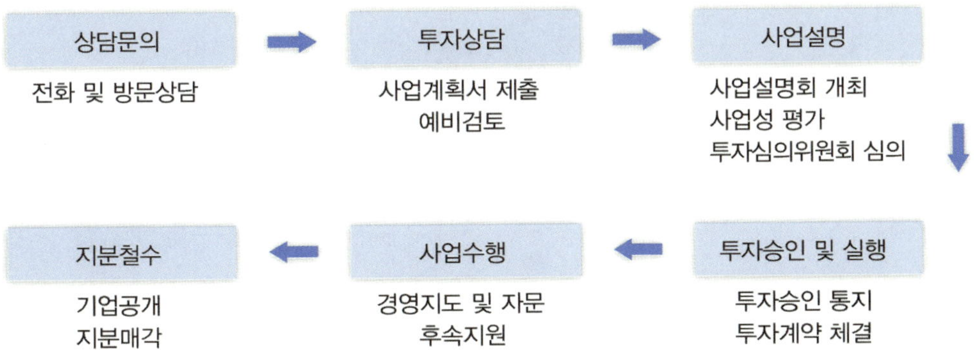

7. 엔젤의 창업자금 지원

엔젤은 미국 브로드웨이에서 1920년대 초 자금이 없어 무산될 오페라 공연에 후원자들이 나타나 자금을 공급해 줌으로써 공연을 성공리에 마치게 되자 이들을 천사라 했다. 그 후에 벤처기업에 투자하는 개인들을 지칭하는 용어가 되었다.

1) 엔젤의 개념

엔젤(angel)은 기술과 아이디어를 갖고 천사처럼 창업기업에 자본과 노하우를 지원하는 개인 투자자들이다. 이들은 창업초기에 기업에 필요한 자금을 지원하고 경영자문을 수행하기도 한다. 엔젤투자는 기술은 있으나 자금이 부족한 신생 벤처기업에 투자하여 첨단산업을 육성하는 개인투자자들의 투자이고, 그 자본을 엔젤 캐피털이라고 한다.

엔젤 캐피털은 아이디어만 있고 제품이 없는 창업 초기단계에 자금을 공급하는 것을 기본으로 한다. 엔젤은 초기성장단계에 벤처캐피탈은 후기 성장단계에 집중적으로 투자된다. 우리나라에서는「벤처기업육성에 관한 특별조치법」에서 창업 7년 이내의 벤처기업 또는 전환한지 7년 이내의 벤처기업에 투자하는 개인 또는 개인들로 구성된 조합을 말한다. 창업 3년 이내의 벤처기업 또는 전환한지 3년 이내의 벤처기업 투자는 조세감면 혜택을 받을 수 있다.

그림 10-7 엔젤투자가가 벤처투자에서 차지하는 위치

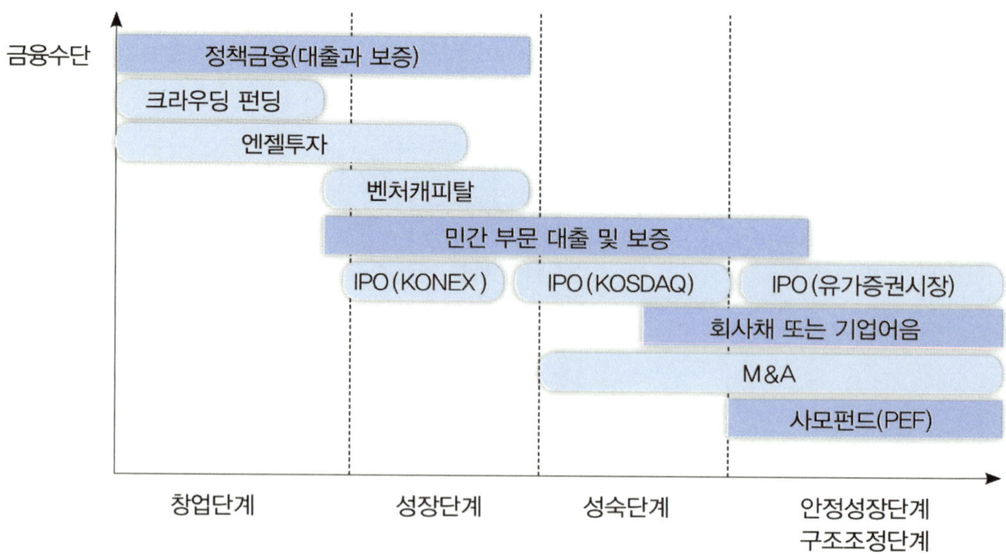

자료: 자본시장연구원(2013), 창조금융 활성화를 위한 자본시장의 역할.

2) 엔젤의 종류

창업초기에 집중되고 높은 수익을 추구하는 엔젤은 역할에 따라 분류하면 리드 엔젤과 서포트 엔젤이 있다. 리드 엔젤(lead angel)은 벤처기업 자금지원에 주도적인 역할을 하는 엔젤로 대부분 창업경험이 있는 성공한 은퇴 경영자들이고, 풍부한 자금, 기업경영이나 기술평가능력 등을 갖고 있으며, 회사에 비상근 이사 등으로 경영에 참여하기도 한다. 서포트 엔젤(support angel)은 변호사, 회계사, 컨설턴트 등 전문지식으로 창업자를 자문하거나 투자한다.

또한 투자주체에 따라 분류하면 비즈니스 엔젤, 엔젤클럽, 엔젤투자조합, 창업투자조합으로 구분할 수 있다. 비즈니스 엔젤(business angel)은 개인의 전문지식 및 경험을 토대로 독자적인 벤처기업의 발굴 및 투자를 결정하는 개인투자자이다. 엔젤클럽(angel club)은 회원 다수의 전문지식 및 경험을 모아 공동 기업 발굴 및 투자정보 교류를 목적으로 엔젤투자에 관심이 있는 개인투자자들의 자발적 모임이다. 이것은 구성원의 제한 및 출자의무 등 법적 제한이 없는 임의적인 동호회이다. 엔젤투자조합은 벤처기업육성에 관한 특별조치법과 동시행령 및 중소기업청 고시에 의한 「개인투자조합등록 및 투자확인서발급규정」에 근거하여 "출자액 총액이 5억 원 이상이며 조합원 수가 49인 이하인 개인들로 구성된 조합"을 말한다. 창업투자조합은 투자전문회사인 창업투자회사(벤처캐피탈회사)가 기관 및 개인들로부터 투자자금을 모집하고 직접 업무집행조합원이 되어 자금을 위탁 운용하면서 투자하는 경우이다.

8. 크라우딩 펀딩

크라우딩 펀딩(crowding funding)은 후원, 기부, 대출, 투자 등을 목적으로 웹이나 모바일 네트워크 등을 통해 다수의 개인으로부터 자금을 모으는 행위를 말한다. 군중(crowd)으로부터 자금조달(funding)을 받는다는 의미로 자금이 필요한 개인, 단체, 기업이 웹이나 모바일 네트워크 등을 이용해 불특정다수로부터 자금을 모으는 것을 말한다. SNS를 통해 참여하는 경우가 많아 소셜 펀딩이라고도 한다. 소셜 네트워크 서비스를 이용해 소규모 후원이나 투자 등의 목적으로 인터넷과 같은 플랫폼을 통해 다수의 개인들로부터 자금을 모으는 행위이다. 크라우딩 펀드의 모집목적은 자선 활동, 이벤트 개최, 상품개발 등이다. 투자목적에 따라 지분투자, 대출, 보상, 후원과 기부 등으로 분류된다.

- **지분투자**: 소자본 창업자를 대상으로 엔젤투자 형식으로 자금을 지원하고, 투자목적은 지분취득, 수익창출이다.
- **대출**: 인터넷 소액대출로 자금이 필요한 개인 및 개인사업자를 지원한다. 온라인 마이크

로 크레딧, P2P 금융(peer to peer finance) 등이 이에 해당한다.

- 후원: 모금자가 추진하는 프로젝트에 자금을 후원자들이 지원하고 금전적 보상 이외의 특정한 형태로 보상을 받는다. 공연, 음악, 영화, 교육, 환경 등에서 활용된다.
- 기부: 순수 기부의 목적으로 지원하는 유형이다.

한국 크라우드 펀딩 협회(http://www.crowdfunding.or.kr)는 크라우드 펀딩 산업의 발전, 정보 및 지식의 교류를 통한 상호협력을 활성화하고, 크라우드 펀딩 관련 사업의 발전과 크라우드 펀더 육성 및 투자자 네트워크 구축, 크라우드 펀딩 시장의 저변 확대를 목적으로 설립된 크라우드 펀딩 관련 비영리단체이다. 100여 개의 입주사가 입주해 있는 크라우드 펀딩 지원센터를 기반으로 보다 실질적인 지원사업과 교육사업을 진행하고 있다.

5절 보증지원

창업기업은 자금도 부족하지만 기업 자체의 신용이 없기 때문에 대출이 어렵다. 이러한 경우 담보나 신용으로 자금을 융자받아야 한다. 또한 용역을 수주하여 계약할 때에도 계약이행보증이 필요하다. 돈이 필요해도 담보가 없어 은행으로부터 대출을 받지 못하는 사업자나 보증금이 없어 공사계약을 하지 못하는 경우 신용보증기관들이 보증을 해줌으로써 돈을 융통하여 쓸 수 있게 하거나 공사를 계약할 수 있게 해주는 제도를 말한다. 신용보증의 종류에는 공사이행보증, 어음보증, 지급보증 등이 있다.

1. 신용보증기금지원

신용보증기금지원은 기업의 미래성장성과 기업가치를 평가하여 기업 경영에 필요한 각종 채무에 대한 보증을 지원함으로써 중소기업이 자금융통을 원활히 할 수 있도록 지원하는 제도이다. 보증기관이 중소기업의 채무에 대하여 보증을 하고, 금융기관에서 대출받는 제도이다.

1) 지원대상

- 영리를 목적으로 사업을 영위하는 개인 및 법인과 이들의 단체

- 지원이 안 되는 기업
  - 도박 · 사행성 게임, 사치, 향락, 부동산, 주류 · 담배 등 일부 업종은 보증지원 제한
  - 보증기관이 보증채무를 이행한 후 채권을 회수하지 못한 기업 및 채무관계자
  - 신용상태가 악화되어 기업의 계속적 유지가 어려울 것으로 판단되는 기업
  - 휴업 중인 기업, 대출금을 빈번히 연체하는 기업, 신용관리정보 보유기업 등

2) 보증내용

- 기업이 금융기관 등에 대하여 부담하는 각종 채무에 대한 보증
- 수출중소기업 특례보증, 유망창업기업 보증지원 프로그램, 고부가서비스 기업보증, 시설자금 특례보증, 지식재산보증, SMART 융합보증, M&A 보증, 고용창출 특례보증

2. 기술신용보증기금지원

기술신용보증기금지원은, 기술력은 보유하고 있으나 담보력이 부족한 중소기업의 기술성, 사업성 등 미래가치를 평가하여 보증서를 발급해 줌으로써 금융기관 등으로부터 원활하게 자금을 지원을 받을 수 있는 제도이다.

1) 지원대상

- 신기술사업을 영위하고 있는 중소기업
- 지원이 안 되는 기업
  - 도박 · 사행성게임, 사치, 향락, 부동산, 주류 · 담배 등 일부 업종은 보증지원 제한
  - 보증기관이 보증채무를 이행한 후 채권을 회수하지 못한 기업
  - 휴업 중인 기업, 대출금을 빈번히 연체하는 기업과 현재 연체 중인 기업

2) 보증내용

- **대출보증**: 금융기관으로부터 각종 자금을 대출받을 경우 담보로 이용
- **어음보증**: 기업의 영업 활동과 관련된 담보어음에 대해 지급을 보증
- **이행보증**: 기업이 공사, 물품의 공급, 용역제공 등을 위한 입찰 또는 계약 시 납부하여야 할 각종 보증금에 대한 담보로 이용
- **무역금융보증**: 수출기업의 원재료 구입을 위한 무역금융에 대한 보증
- **전자상거래보증**: 전자상거래 대금결제를 위한 대출금이나 외상구매 자금보증

- **구매자금융보증**: 기업구매자금 대출과 기업구매전용카드 대출에 대한 보증
- **보증료**: 기업의 기술사업 평가 등급에 따라 0.5~3.0%까지 차등 적용

3. 지역신용보증재단지원

지역신용보증재단지원은 물적 담보력이 부족한 소기업 · 소상공인 등에게 보증서를 제공함으로써, 소기업 · 소상공인 등이 은행에서 자금을 원활히 조달할 수 있도록 지원해 주는 제도이다. 지원대상은 중소기업 기본법상 중소기업으로써 영리를 목적으로 사업을 영위하는 개인사업자나 법인이다.

1) 우선선정 대상

- 소기업, 소상공인
- 재해복구자금을 추천받은 기업
- 중소기업청장 또는 시 · 도지사가 지역경제의 활성화 또는 지역특화산업의 육성을 위하여 필요하다고 인정하는 자금을 추천받은 기업

2) 지원금지 기업

- 도박 · 사행성게임, 사치, 향락, 부동산, 주류 · 담배 등 일부 업종은 보증지원 제한
- 보증기관이 보증채무를 이행한 후 채권을 회수하지 못한 기업 및 채무관계자 등

3) 보증금지 기업

- 휴업 중인 기업, 대출금을 빈번히 연체하는 기업, 금융거래확인서 기준일 현재 연체 중인 기업 등

4) 보증내용

- 소기업 · 소상공인 등이 금융기관 등에 대하여 부담하는 각종 채무에 대한 보증
- 대출보증, 어음보증, 이행보증, 지급보증의 보증, 시설대여보증, 특례보증 등
- 보증한도: 동일 기업당 최고 8억 원(신용보증기금 및 기술보증기금의 기 보증금액 포함)

11 창업마케팅

- 1절 창업마케팅
- 2절 마케팅관리
- 3절 시장전략
- 4절 유통전략

FOCUS

소통을 확대하는 승부사적 열정파 김택진

◆ 김택진 엔씨소프트 대표는 누구인가?

어린 시절은 무척 가난했다. 아버지 사업이 부도가 나는 바람에 빚쟁이들로부터 심하게 빚 독촉을 받았다. 전국 방방곡곡을 돌아다니면서 악착같이 양말과 옷 등을 팔아 빚을 갚았다. 이런 가정환경에서 자란 김택진은 고생하는 아버지를 위해 공부에 몰두해 부모의 기대에 부응했다. 1985년 대일고등학교를 졸업하고 서울대학교 공과대학 전자공학과에 입학해 1989년에 졸업했다. 1991년 서울대학교 공과대학 대학원에서 전자공학 석사학위를 받았고, 같은 대학교 대학원 컴퓨터공학 박사과정을 다니다 1997년 중퇴했다. 대학교를 다니던 1985년부터 1989년까지 서울대 컴퓨터 연구회에서 활동했다. 프로그래머 출신으로 대학 재학시절 1989년 이찬진 현 드림위즈 사장과 '아래아한글'을 공동 개발했으며, 한메소프트를 창업했다. 한메소프트를 세워 도스용 '한메타자교사'를 개발하는 등 소프트웨어 개발자로서 명성을 얻기도 했다. 1991년부터 1992년까지는 병역특례 전문요원으로 현대전자 보스턴 R&D Center에서 근무했다. 1996년까지 현대전자에서 국내 최초의 인터넷 온라인 서비스 아미넷(신비로)의 개발팀장으로 일했다. 정주영 현대그룹 회장은 김택진에 대해 '주목하고 있는 젊은이'라고 공공연히 말하기도 했다. 그러나 현대그룹 내부에서 김택진이 개발한 아미넷을 두고 분열이 일어났다. 이러한 싸움에 염증을 느낀 김택진은 현대전자를 퇴사했다.

◆ 엔씨소프트 창업

김택진은 현대전자에서 일하던 중 동료 16명과 함께 자본금 1억 원으로 엔씨소프트를 창업했다. 이듬해 9월 세상에 내놓은 온라인게임 '리니지'는 미국 블리자드가 만든 '스타크래프트'와 함께 게임업계의 양대산맥으로 떠올랐다. 당시 그의 나이는 31살이었다. 이후에도 '리니지2', '길드워' 등을 통해 엔씨소프트를 세계적 게임기업으로 성장시켰으며 게임산업 발전에 대한 공로를 인정받아 대한민국문화콘텐츠 해외진출유공자포상 대통령표창을 받았다. 김택진의 대표작은 리니지다. 그는 1998년 리니지를 시작해 17년 째 서비스를 이어가고 있다. 리니지는 엔씨소프트 전체 매출 가운데 40%를 차지한다. 리니지는 한국 온라인 게임업계에서 살아 있는 신화로 자리 잡았고 지금도 연 매출이 2,500억 원에 이르는 엔씨소프트의 효자 게임이다. 2010년 대통령직속 2기 미래기획위원회 위원으로 활동했다. 2011년부터 프로야구단 NC다이노스의 구단주로 활동하고 있다.

◆ K팝 플랫폼 '유니버스' IT 기술 접목

엔씨소프트는 K팝 엔터테인먼트 플랫폼 유니버스(UNIVERSE)의 주요 콘텐츠 정보를 공개했다. 유니버스는 다양한 온 · 오프라인 팬덤(Fandom) 활동을 모바일에서 즐길 수 있는 올인원(All-in-one) 플랫폼이다. 이것은 인공지능 음성합성, 모션캡처, 캐릭터 스캔 등 IT 기술과 엔터테인먼트 콘텐츠를 결합한 것이 특징이다. 이용자는 아티스트의 실제 목소리를 활용해 개발한 AI 보이스로, 원하는 시간과 상황에 맞춰 전화를 받을 수 있는 프라이빗, 모션캡처 및 바디 스캔 캐릭터 꾸미기, 캐릭터 활용 뮤직비디오 제작 스튜디오 콘텐츠를 즐길 수 있다. 또한 뮤직비디오, 화보, 라디오, 예능 등 오리지널 독점 콘텐츠를 매일 제공하는 미디어, 팬과 아티스트가 자유롭게 소통하는 공간 FNS(Fan Network Service), 아티스트 관련 팬아트, 영상 등을 제작해 공유하는 콘텐츠 크리에이터, 스트리밍, 팬미팅, 콘서트 참여 등 온 · 오프라인의 팬덤 활동을 기록하고 보상을 받는 컬렉션도 마련된다.

◆ 리니지와 엔씨소프트의 성공 신화

한국의 온라인게임 산업이 발전하는 데 기폭제가 된 것은 바로 엔씨소프트의 리니지다. 다중 온라인 롤플레잉 게임(MMORPG)인 리니지는 1998년 서비스를 시작해 3년 만에 동시 접속자 수가 30만 명을 넘어설 정도로 단기간에 큰 성장을 이뤘다. 리니지가 등장하기 전까지 국내 게임 및 PC방 산업은 미국 블리자드의 PC게임인 스타크래프트가 장악하고 있었다. 리니지가 많은 게임 사용자를 온라인게임 서비스로 끌어들이는 데 성공한 것이다. 리니지는 현금을 주고 게임 아이템을 구입하는 새로운 비즈니스 모델을 도입해 온라인게임사(社)의 새로운 수익원을 만들어냈다. 리니지의 성공으로 많은 기업이 앞 다퉈 온라인게임을 내놓기 시작했고, 1999년 20여 종에 그친 MMORPG는 2000년 한해 100개 이상이 출시됐다. 온라인게임에 대한 지식과 경험이 부족했던 다른 개발사들이 리니지를 모방한 게임을 만들면서 리니지는 국내뿐 아니라 세계 MMORPG의 표준이 되었다. 새로운 성장동력인 리니지 II를 새롭게 선보였다. 초기에 반짝할 줄 알았던 인기가 점점 커지면서 엔씨소프트는 국내 시장의 성공을 발판으로 해외시장 진출을 모색하게 되었다. 2003년 10월 일본과 미국에 이어 11월 대만과 홍콩에서 베타서비스를 시작했으며, 다음해 9월에는 중국 전역에서 서비스를 개시했다. 2004년 6월에는 일본에서 최고 사용료로 상용화를 시작해 4개월 만에 9만 명의 유료 회원을 확보했다. 높은 수준의 그래픽을 선호하는 일본 게이머들의 취향과 잘 맞아떨어진 덕분이다. 같은 해 8월 리니지 II는 전 세계적으로 동시 접속자 15만 명을 돌파했다. 2007년 말 한국과 북미, 유럽, 중국, 일본, 동남아, 호주, 브라질 등에서 1,400만 명의 회원을 확보하며 성공을 이어가고 있다.

◆ PC 및 콘솔게임업체와의 협력 및 경쟁전략

PC게임업체와의 경쟁전략은 온라인게임의 장점을 살려 기존의 온라인게임에 충성도를 보이는 이용자들을 기반으로 하는 전략에 초점을 맞춰야 한다. 엔씨소프트는 온라인 서버관리 기술과 고객의 니즈를 게임 기획에 반영하는 능력, 버그 수정 및 게임관리 기술 등에서 우위에 있다. 이러한 강점을 바탕으로 고객의 니즈를 반영하는 게임을 지속적으로 개발하고 서비스하면 지속적인 경쟁 우위를 차지할 수 있을 것이다. 협력전략은 PC게임과 콘솔게임에서

비슷한 양상으로 전개될 것이다. 온라인 콘텐츠와 서버관리 기술 등의 서비스 역량을 바탕으로 PC게임과 콘솔게임의 온라인 콘텐츠를 개발하면서 기술적 측면에서 도움을 줄 수 있는 파트너가 돼야 한다. 이러한 기회를 잘 활용하면 콘솔게임 기반의 온라인게임이나 PC 기반 온라인게임이라는 새로운 시장에 진출할 수 있는 교두보를 마련할 수 있을 것이다. 엔씨소프트는 빠른 진출을 통한 네트워크 선점 전략으로 네트워크 효과를 강화하는 전략을 구사했다. 온라인게임은 온라인 친구의 권유가 게임 선택에서 가장 중요한 역할을 한다. 엔씨소프트는 이러한 특징을 반영하고 혈맹·길드 등의 온라인 소모임을 통해 단체의식을 강화하며 게임 사용자들의 이탈을 막는 전략을 썼다.

출처: 비즈니스 포스트 2016.01.20.; 동아비즈니스리뷰 28호; ZDNET 2020.11.23.

김택진의 어록

- 결국 운명을 결정짓는 것은 삶에 대한 태도이다.
- 계획이나 설계가 아닌 몰입적 도전만이 결정적 사건을 만들어내는 유일한 방법이다.
  계획이나 설계는 통찰 후의 유희이기 때문이다.
- 무언가를 만든다는 건 장기간의 집중을 필요로 한다.
  그건 강박적으로 보일 수 있으나 실은 도전적 몰입 상태의 지속이다.
- 열정이 이끄는 것이 아니라 결과에 정렬되어 있는 충만한 동기가 진정한 동력이다.
  꼭 해내겠다는 순수한 아이의 마음이 유지되어야 하는 것이다.
- 우리가 함께 가치관을 공유하고 시행착오를 두려워하지 말아야 한다.
- 살아 있는 창의적인 문화를 만드는 데 집중하자.
- 보이져 1호가 지구를 떠난 지 38년째다. 원래는 목성 및 토성 탐사가 목적이었지만 지금은 성간 탐사의 꿈을 안고 나아가고 있다. 17년 전 리니지가 처음 세상에 나왔을 때 긴 여행을 떠날 거라고 믿은 사람은 거의 없었다. 그런데 리니지가 17년 째 기나긴 임무를 수행 중이다. 보이져가 태양계를 벗어나 성간 여행에 진입했듯 리니지도 더 큰 여행을 준비하고 있다.
- 우리 스타일의 게임을 만들어보려고 10년 넘게 서양 환타지로 경험을 쌓아왔다.
  처음으로 도전하는 우리 스타일의 게임이 블레이드 앤 소울이다.
- 동양의 자부심을 그리고 싶다.

1절 창업마케팅

마케팅은 고객욕구와 제품개선에 초점을 두어 고객을 확보하는 것이다. 초기단계의 창업기업에게는 고객욕구 탐색이 보다 더 중요하다. 창업기업은 고객의 불만이나 불편을 더 빨리 해결하고 시장수요에 맞게 제품을 개선할수록 장기적으로 이길 가능성이 높다. 창업기업은 마케팅의 자원이 부족하기 때문에 마케팅할 때 고려할 사항이 있다. 우수한 제품만으로는 성공할 수 없다는 것과 마케팅 없이는 고객들을 확보하기 어렵다는 것이다. 따라서 성공적인 창업마케팅을 위해서는 우수한 제품과 훌륭한 마케팅전략이 필요하다.

1. 창업마케팅의 개념

창업마케팅은 기업가정신으로 혁신적이고 효과적인 가치창출을 통하여 고객만족을 선제적으로 제공하는 활동이다. 창업마케팅은 기업가정신과 마케팅을 결합한, 주로 창업가에 의해서 실행되는 마케팅 활동이다. 창업마케팅의 기능은 고객집중, 자원 지렛대효과, 바이럴 마케팅과 가치창조 등이 있다.[1] 따라서 창업마케팅은 위험관리, 자원의 지렛대효과와 가치창조의 혁신적인 접근으로 수익 있는 고객을 획득하고 유지하기 위한 기회의 탐구와 선제적 확인이다.

시장지향이 시장을 탐색하고 고객욕구를 평가하여 제품을 개발한다. 이와 달리 기업가지향은 아이디어를 창조하고 제품을 개발하여 고객과 직접적인 접촉을 한다. 그런 후 제품을 구매한 사람들과 동일한 특성을 갖는 새로운 고객을 추가한다. 새로운 고객이 최초 고객의 추천인 경우가 많아 고객과의 직접이나 개인적 접촉을 선호하는 창업마케팅은 기업가들이 상호작용 마케팅을 채택하기 때문에 4P's 모델은 적합하지 않다. 기업가들은 인적판매와 관계마케팅 활동 중에 고객과 상호작용을 하고, 그러한 상호작용은 구전마케팅에 의해서 증가되고 고객추천에 필수적이다.

1) Becherer, Richard, Haynes and Helms(2008).

그림 11-1 기업가지향 마케팅 과정

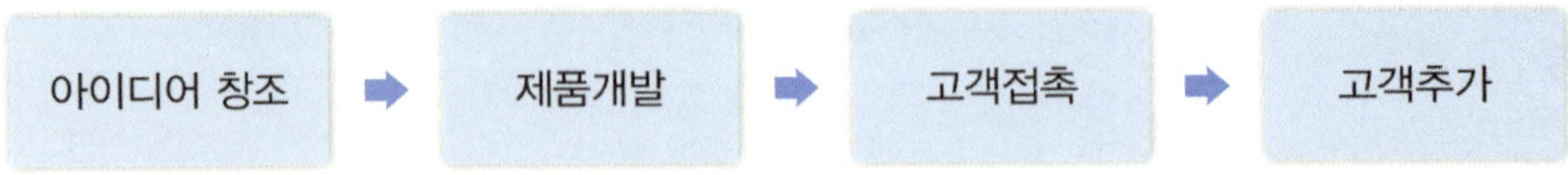

2. 창업마케팅의 특성

창업마케팅은 기업가지향과 시장지향을 결합한 마케팅이다. 소규모 신생기업은 일반적으로 자원이 부족하므로 창의성과 노력을 통해 마케팅 방법을 강구해야 한다. 제한된 자원은 시련을 야기하지만, 기업 규모가 작다는 것은 유리한 측면도 있다. 예를 들면, 신생기업은 기존 업체보다 행동이 더 유연하고 민첩하며 창의적일 수 있다. 이러한 특질을 통해 신생기업은 기업가 마케팅 관행을 활용하여 업계를 혁신하고 주요 글로벌 기업이 될 수 있다.

기업가 마케팅(entrepreneurial marketing)은 신생기업이 경쟁시장에서 우위를 차지하도록 도울 수 있는 비전통적인 마케팅이다. 기업가 마케팅은 위험관리, 자원 활용 및 가치창출에 대한 혁신적인 접근방식을 통해 수익성 있는 고객을 확보하고 유지하기 위한 기회를 사전에 식별하고 활용하는 것이다. 기업가 마케팅은 보다 적극적이고 혁신적이며 기회와 성장지향적이며 기존 마케팅보다 위험을 감수한다. 기업가 마케팅은 표적시장에 호소하는 혁신적인 제품과 서비스를 제공함으로써 고객만족과 신뢰구축에 초점을 맞추는 경향이 있다.

표 11-1 전통적 마케팅과 기업가 마케팅의 차이점

전통적 마케팅	기업가 마케팅
많은 자원, 전문가 주도	자원 빈약, 창업자 주도
기존 브랜드관리, 상기광고	스토리와 브랜드를 개발하기 위해 창의적 노력
재무 및 시장점유율 목표	고객만족 및 고객인지 목표
기존고객관리	최초 고객확보, 고객기반 및 장기적 관계 개발
기존 제품, 판촉, 가격, 유통, 사람, 물적환경 및 프로세스 관리	신제품, 가격, 유통, 커뮤니케이션, 프로세스, 교육 및 디자인 개발
과업지속	시행착오, 시장조사
고객과의 표준화된 의사소통, 단방향 관계	고객과의 유연한 의사소통, 양방향 관계

기업수준의 속성이다.[2] 혁신은 R&D에서 신제품이나 투자의 도입을, 위험감수는 신기한 절차와 방법에 관한 신뢰와 불확실한 프로젝트에 대한 기업의 감수와 보상을, 선제성은 대담하고 방대한 전략적 행동과 도전하는 경향이다. 기업가지향 회사는 경험, 몰입과 직관에 의존하는 경향이 있기 때문에 예산은 덜 통제되고 전략이 적응적이다.

시장지향은 현재 마케팅 수요에 대한 회사의 반응을 나타내는 마케팅 개념의 하나로 구매자를 위한 가치창조와 시장에서 효과적인 성과를 거두는 데 필요한 행동을 창조한다. 따라서 시장지향은 회사가 소비자의 욕구를 분석하고 평가하여, 소비자욕구를 만족시키는 과정으로 자원의 지렛대효과, 고객지향과 가치창조 등을 포함한다.

그림 11-2 창업마케팅의 특성

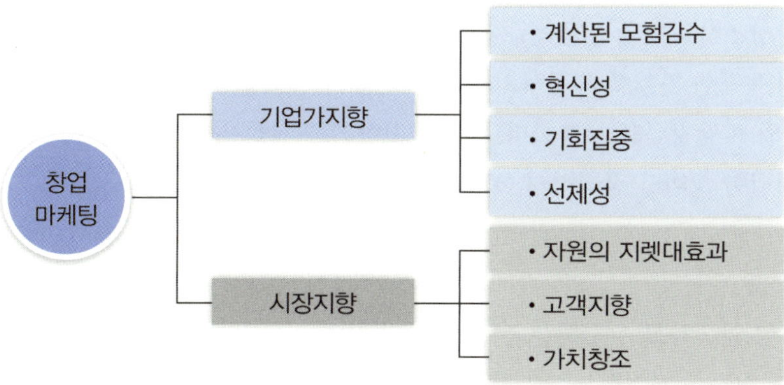

1) 기업가지향

기업가는 사업을 아이디어로 시작하고, 그런 다음에 시장을 탐색한다. 기업가 마케팅은 신속하고 연속적으로 소규모 출시를 자주하고, 시장반응에 대해 학습하는 기법이다. 이것은 새롭고 발견되지 않은 시장에 진입하여 성장을 추구하는 마케팅이다. 창업기업은 자원이 부족하므로 창의성과 노력을 통해 마케팅 방법을 강구해야 한다. 창업기업은 기존업체보다 행동이 더 유연하고 민첩하며 창의적일 수 있다. Apple은 최고의 기업가 마케팅 회사이다. 2000년까지 그들은 거의 전적으로 컴퓨터 회사였다. 그러나 그 후 10년 동안 그들은 잠재고객들이 회사에 대해 생각하는 방식을 바꿀 세 가지 혁신적인 장치를 발명했다. 아이팟, 아이폰과 아이 패드의 출시는 미지의 새로운 시장으로 이동하는 위험한 전략이었지만 각각 엄청난 수익을 내는 성공이었다. 기업가지향은 계산된 모험감수, 혁신성과 기회집중과 선제적인 행동에 의해서 제시되는 지속적인 기업수준의 속성이다.

2) Covin, Jeffrey and Lumpkin(2011).

(1) 계산된 모험감수

기업가가 결과를 예측한 사업전략을 사용하여 기회를 이용하기 위한 자원을 기꺼이 사용하려는 모험감수능력은 사업 성과가 매우 불확실하다. 창업마케팅을 채용하는 기업은 계산된, 합리적인, 예측된 모험을 감수한다. 현재의 사회적, 기술적, 그리고 경제적 환경에서의 혁신은 원래 불확실하다. 따라서 기업가는 장기적으로 합리적인 결과를 요구하는 계산된 위험을 감수한다. 위험관리의 한 방법은 다른 협력자와 협력하여 사업을 하는 것이며, 이러한 회사는 역량을 상호보완하고, 다른 협력자에게 위험을 이전하는 데 도움이 된다.

(2) 혁신성

혁신성은 기업이 신시장, 제품이나 공정을 제공한다. 성공적인 기업은 혁신적이고, 독특한 새로운 시장창조자로부터 점진적인 시장구축자의 역할을 수행한다. 시장창조자는 소비자에게 혁신적인 독특한 가치를 제공하기 위해 과거의 해결책을 파괴한다. 점진적인 혁신자는 기존고객관계와 시장지식을 구축한다. 기업가지향의 혁신성은 변화와 창조성을 촉진하고, 아이디어의 활발한 교환을 장려하며, 신제품개발에서 신기성과 독특성을 향상시킨다.

(3) 기회집중

시장기회를 인식하고 추구하는 것은 기업이 찾아낸 유리한 기회에 집중하는 중요한 마케팅 행동이다. 성공을 결정하는 적절한 기회를 선택하는 것은 회사의 능력이다. 창업마케팅은 새로운 기회를 선제적으로 탐구하여 경쟁자가 시장기회를 먼저 활용하기 전에 고객의 불만족한 욕구와 나타난 기회를 포착할 수 있어야 한다. 따라서 혁신과 창조성은 기업가적 기업이 기회를 실현하는데 중요한 도구이다.

(4) 선제성

선제성은 경쟁자보다 미리 신상품이나 서비스를 출시하고, 변화를 창조하고, 환경을 형성하기 위해 미래수요를 예상하여 행동하는 의지이다. 따라서 선제적이고 공격적인 조치의 결합을 통하여 경쟁자를 지배하려는 기업가적인 의지를 반영한다. 선제적 지향은 고객과 경쟁자 정보를 수집하여, 고객의 잠재적 · 미표현욕구를 발견하는 것을 의미한다.

2) 시장지향

전통적인 마케팅은 기존 마케팅 프로그램 및 브랜드를 관리하고 성장시키는 데 초점을 맞춘다. 대기업은 상당한 재정 지원 및 많은 마케팅 전문가와 같은 자원을 활용한다. 시장지향은 회사가 소비자의 욕구를 분석하고 평가하여, 소비자욕구를 만족시키는 과정으로 자원의 지렛대효과, 고객지향과 가치창조 등을 포함한다.

(1) 자원의 지렛대효과

지렛대효과는 외부로부터 자본이나 자금 등을 들여와서 이용하는 것으로 적은 것으로 더 많은 활동을 하는 것을 의미한다. 특정한 마케팅 활동을 위해 지출된 자원의 양을 축소하기 위한 전략과 전술은 다른 조직과의 제휴를 형성하는 전략뿐만 아니라 무임승차전략이 있다. 또는 틈새전략, 점진적인 마케팅 활동의 개발과 저비용 게릴라 전술을 채용하는 것이다.

(2) 고객지향

고객지향는 조직에서 마케팅의 가장 중요한 추진력으로 고객관계를 창조하고, 구축하고, 유지하는 혁신적인 접근을 사용하는 고객중심지향이다. 성공적인 조직은 고객지향을 매우 강조한다. 그러나 극단적인 고객지향은 시장을 창조하고 균형을 깨트리는 혁신의 비약을 방해한다. 기업 내에서 고객지향의 개념은 마케팅의 기념비로 여긴다.

(3) 가치창조

기업은 가치를 생산하기 위해 고객가치의 미개발 자원을 발견하고 자원의 독특한 결합을 창조하는 것이다. 창업마케팅을 채택하는 기업은 제공물의 편익을 증가하고, 비용을 감소하기 위해 혁신을 강화함으로써 매력적인 기회를 확인하고 이용한다. 고객에게 경쟁자가 모방하기 어려운 탁월하고 독특한 가치를 제공하여 시장지배력을 얻는 것이다.

3. 창업마케팅의 기법

성공적인 창업마케팅을 위해서는 훌륭한 제품과 훌륭한 마케팅이 모두 필요하다. 따라서 이 지침은 고객 확보와 제품 시장 적합성 개선에 초점을 두는 것이다. 창업 초기단계에 있는 기업은 피드백이 고객보다 더 중요하다. 사용자 문제를 더 빨리 해결하고 시장 수요에 맞게 제품을 개선할수록 장기적으로 성공할 가능성이 높아진다.

1) 게릴라 마케팅

비즈니스 작가이자 전략가인 레빈슨(Jay Conrad Levinson)이 1984년에 창안한 게릴라 마케팅(guerrilla marketing)은 소규모 전술처럼 때와 장소를 막론하고 잠재고객이 많이 모인 곳에 갑자기 나타나 상품을 선전하거나 판매를 촉진하는 활동을 의미한다. 즉, 장소와 시간에 구애받지 않고 표적고객이 많이 모이는 장소에 예고 없이 나타나 상품이나 서비스를 알리는 마케팅 방법이다. 주로 야외에서 제품을 홍보하여 대중에게 인지도를 높여서 구매를 유도하는 방법이다. 게릴라 마케팅의 긍정적인 효과는 감흥, 확산 및 저비용이 있다.

- 감흥: 비교적 저렴한 비용으로 많은 감흥을 불러일으킨다.
- 확산: 추가적인 비용 없이 노출되는 사람들의 수를 확산하거나 증가시킨다.
- 저비용: 저비용으로 수행할 수 있다.

게릴라 마케팅도 부정적인 영향을 미칠 수 있는데, 그것은 잠재고객들에게 분노, 두려움, 슬픔, 정신적 스트레스의 감정을 줄 수 있고, 브랜드에 대한 혐오감을 유발할 수 있다. 이것은 캠페인이 도덕성 또는 일반적으로 받아들여지는 윤리 측면을 벗어나거나 정치적으로 잘못된 경우에 발생할 수 있다. 도로 한가운데 솟아오르고 운전자의 주의를 분산시켜 사고를 유발하는 광고 캠페인은 이러한 마케팅의 부정적인 영향의 예이다. 물론 논란과 불필요한 위험을 피함으로써 부정적인 영향을 줄일 수 있다.

게릴라 마케팅이 기존의 대중 미디어를 이용한 마케팅보다는 노출범위가 적지만 낮은 비용과 뛰어난 구전효과로 후발주자들이 많이 이용한다. 게릴라 마케팅은 종종 브랜드 또는 제품에 대한 관심을 끌기 위해 고안된 일종의 이벤트 또는 상호작용을 준비하는 것을 의미한다. 목표는 일상적인 판매 메시지와 매일 노출되는 수천 개의 광고에서 눈에 띄는 방식으로 소비자의 관심을 끄는 것이다. 이러한 접근방식에는 잠재고객이 회사 또는 제품과 재미 있는 방식으로 상호작용하도록 장려하는 구성 요소가 있다.

습격, 매복, 기습 요소와 같은 전술을 사용하는 게릴라전과 유사하게 게릴라 마케팅은 같은 형태의 전술을 사용하는데, 이러한 요소는 창의성에 의존한다. 이러한 전략의 이면에 있는 아이디어는 소비자를 놀라게 하고 지속적인 인상을 남기고 많은 양의 소셜 미디어 소재를 만든다. 전통적인 마케팅 및 광고와 비교할 때 목표는 소비자에게 기억에 남고 지속적인 인상을 주는 것이다. 성공적인 게릴라 광고 전략에는 다음 요소가 포함된다.

- 창의성: 시청자의 시선을 사로잡을 흥미로운 내용이어야 한다.
- 설득력: 시청자의 관심을 끌고 광고를 이해할 수 있어야 한다.

- **기억성:** 시청자의 기억에 남고 감정적 반응을 이끌어 내야 한다.
- **대화형:** 시청자와 대화할 수 있어야 한다.

(1) 게릴라 마케팅의 유형

게릴라 마케팅은 불특정 고객을 대상으로 갑자기 나타나 이벤트를 벌이는 마케팅전략이다. 마케터들에게 호소력이 있는 게릴라 마케팅의 한 가지 측면은 저비용이지만 마케팅 캠페인이 새롭고 확실한 무언가를 만들도록 시청자에게 영감을 줄 수 있어야 한다. 성공적인 캠페인을 만들기 위해서는 창의적이고 지적인 투자가 필요하다. 게릴라 마케팅의 유형은 야외 및 실내 게릴라 마케팅, 이벤트 매복 게릴라 마케팅, 존재 게릴라 마케팅, 와일드 포스트 게릴라 마케팅, 스텔스 게릴라 마케팅과 체험 게릴라 마케팅 등이 있다.

▶ 야외 및 실내 게릴라 마케팅

야외 게릴라 마케팅(outdoor guerrilla marketing)은 사람들이 많이 모인 곳에서 잠재고객들은 제품의 실물을 보거나 기획한 이벤트를 경험하면 추후에 제품 및 서비스를 이용하게 될 확률이 커진다는 전제이다. 이러한 캠페인은 많은 사람들이 붐비는 도시의 일부 지역에서 진행되며 그 목적은 잠재고객들이 이벤트나 제품을 보거나 심지어 상호작용하도록 하는 것이다. 사람들이 이러한 이벤트의 멋진 사진 배경을 만들어 소셜 미디어에서 활발하게 공유할 수 있다. 실내 게릴라 마케팅(indoor guerrilla marketing)은 야외 게릴라 마케팅과 유사하나 기차역, 상점 및 대학 캠퍼스 건물과 같은 실내에서만 이루어진다.

▶ 이벤트 매복 게릴라 마케팅

이벤트 매복 게릴라 마케팅(event ambush guerilla marketing)은 콘서트 또는 스포츠 게임과 같은 진행 중인 이벤트의 청중을 활용하여 이벤트 스폰서의 허가 없이 눈에 띄는 방식으로 제품 또는 서비스를 홍보한다. 월드컵에 공식 스폰서가 아닌 기업들이 공식스폰서인 것처럼 위장한 마케팅을 전개하여 고객들에게 공식 스폰서인 것처럼 혼란을 주기도 한다. 매복 마케팅은 게릴라 작전처럼 기습적으로 행해지며 교묘히 규제를 피해 가는 마케팅 기법이다. 영상 속에서 김연아는 한쪽 팔에 SK텔레콤의 로고가 새겨진 스피드스케이팅 유니폼을 입고 등장한다. 헬멧과 화면에는 'SEE YOU'라는 문구가 보이고 광고의 마지막에는 특정 회사를 알리는 글자와 엠블럼, 음성이 노출된다(출처: 국민일보 2018.01.10).

▶ 존재 게릴라 마케팅

존재 게릴라 마케팅(presence guerrilla marketing)은 기업이나 브랜드 이름을 눈에 띄게 하여 알아볼 수 있고 친숙하게 만드는 마케팅 기법이다. 회사나 브랜드가 단순히 존재함으로써 얻는 인식과 노출이다. 가시성이 높은 블로그, 소셜 네트워크에 활동함으로써 회사와 브랜드는 존재 마케팅에 참여하고 있는 것이다. 예를 들면, 노키아는 런던 한복판에 세계에서 가장 큰 이정표를 만들었다. 이 거대한 표지판은 Nokia의 새로운 GPS(Global Positioning System)에 대한 제품 인지도를 높이기 위한 목적으로 제공되었다. 이러한 존재 마케팅을 통해 소비자는 전 세계 어디에서나 지역 명소를 추천하는 문자를 보낼 수 있다. 추천 문자가 제출되면 참가자의 목적지가 거대한 표지판에 표시되고 목적지와 해당 위치까지의 거리가 표시된다. 이 표지판은 런던 사람들에게 Nokia GPS를 소유하는 것과 같은 경험을 제공한다.

▶ 와일드 포스트 게릴라 마케팅

와일드 포스트(wildpost)는 도시 지역의 여러 위치에 포스터를 많이 배치하여 최대의 관심을 끄는 광고이다. 이 기술은 일반 전단지 게시와 전혀 다르지 않지만 와일드 게시물은 눈에 띄는 시각적 효과와 반복을 사용하여 메시지가 더 눈에 띄고 반응을 유도할 가능성을 높다. 와일드 포스트는 마케팅 담당자, 특히 엔터테인먼트 산업(앨범 출시, 콘서트나 출연)에서 인지도를 높이기 위해 높은 수준의 노출을 제공하는 저렴한 광고이다. 이 기법은 소비자에게 다가가고 브랜드 신뢰도를 높이는 효과적인 방법 중 하나이다. 포스터는 대부분의 도시와 같이 보행자가 많은 지역에서 특히 효과적이다. 환경을 손상시키거나 악영향을 미치지 않도록 주의한다.

▶ 스텔스 게릴라 마케팅

스텔스 마케팅(stealth marketing)은 위장 마케팅이라고도 한다. 이 기법은 주로 동일 집단, 유명인 및 제품 배치와 연결할 때 사용된다. 제품의 기능을 조작하기 위해 최고의 배우와 뮤지션을 고용하는 것은 목표고객을 접근하는 데 사용하는 전략이다. 예를 들면, 현대자동차는 미식축구 경기의 공식 스폰서로 최고의 배우를 고용하고 직접 관련이 있고 자동차의 특징을 보여주는 최고의 슈퍼볼 광고를 내놓았다. 또한 Apple 제품이 영화에 등장하고 로고가 표시되고 제품이 모두 동일하게 사용한다. 제품 배치는 제품을 마케팅하고 시청자는 마케팅전략이라는 단서가 없다. 회사는 단순히 제품을 영화나 TV에 표시하기 위해 비용을 지급한다.

▶ 스티커 및 임시 문신

대부분의 사람들은 무료 콘텐츠를 좋아한다. 스티커(stickers)와 임시 문신(temporary tattoo)은 회사나 브랜드의 이름을 알리고 고객에게 "무료 마케팅에 대한 감사"를 표시하는 매우 저렴한 광고 방법이다. 스티커를 주변에 전략적으로 배치하거나 고객에게 제공하여 홍보할 수 있다. 고객이 볼 수 있는 임시 문신을 표시하고 회사에 도움이 되는 기념품을 보고 고객을 즐겁게 할 수 있다. 스티커는 모든 비즈니스가 참여할 수 있는 일반적인 기법이다. 또한 스티커의 창의성과 탁월한 구현은 훌륭한 게릴라 마케팅 전술이다.

▶ 체험 게릴라 마케팅

체험 게릴라 마케팅은 상기의 모든 게릴라 마케팅을 다 포함하지만 대중이 브랜드와 상호작용하는 방식으로 실행된다. 이러한 형태의 마케팅에서 아이디어는 잠재고객이 해당 제품 또는 서비스를 체험하는 것이다. 이를 통해 소비자는 브랜드, 제품 또는 서비스와 상호작용할 수 있다. 체험을 제공하는 것을 목표로 한다. 체험 게릴라 마케팅(experiential guerilla marketing)을 통해 제품과 상호작용하고 즉각적인 감정 반응을 해당 브랜드와 연결할 수 있다. 이와같이 체험 게릴라 마케팅은 고객이 구매 또는 투자에 대해 더 많은 정보에 입각한 결정을 내릴 수 있다. 파리는 다채로운 문화 체험 게릴라 마케팅으로 도시를 연결한다. 철도회사 SNCF는 다른 유럽 도시 사람들에게 연결된 경험을 제공하는 캠페인을 벌였다. 이 밝은 색상의 문은 밀라노, 슈투트가르트, 제네바, 바르셀로나, 브뤼셀 주변의 공공장소에 배치되어 지나가는 사람들이 손잡이를 돌려 다른 장소를 경험할 수 있도록 했다. 이것은 "유럽은 바로 옆집"이라는 아이디어를 홍보하는 여러 지역의 다양한 행인을 참여시키는 측면에서 환상적인 체험 게릴라 마케팅 아이디어이다.

(2) 게릴라 마케팅 방법

캠페인이 처음에는 어려워 보이지만 약간의 창의성과 용기만 있으면 게릴라 마케팅 캠페인을 시작할 수 있다. 게릴라 마케팅은 또한 고객에게 동기를 부여하는 좋은 방법이 될 수 있다. 새롭고 혁신적인 아이디어는 어려운 시기에 우울한 분위기를 전환하는 데 도움이 될 수 있다. 고객이 판매중인 제품을 구매하지 않더라도 게릴라 마케팅은 마케팅 캠페인이 입소문이 날 수 있다는 이점이 있다. 즉, 새로운 잠재고객에게 도달하고 팬층을 늘릴 수 있다.

- **잠재고객 파악:** 누가 회사의 제품이나 서비스를 사용하는가? 그들의 습관은 무엇인가? 고객을 파악하면 그들의 관심을 얻을 수 있다.
- **이상적 장소 탐색:** 잠재고객을 결정하면 광고를 위한 이상적인 장소를 탐색한다. 예를 들면, 대중적인 소비품은 번화가 상점 앞이 올바른 장소가 될 수 있다.
- **독창적 · 창의적 아이디어:** 잠재고객의 시선을 사로잡을 흥미로운 아이디어를 창안한다. 게릴라 마케팅 캠페인은 새롭고 확실한 무언가를 만들어야 한다.
- **진심 메시지 작성:** 잠재고객의 두뇌와 마음에 호소한다. 잠재고객들은 사진을 찍어 소셜 미디어에 게시할 수도 있다.
- **결과 측정:** 성과를 측정하고 그것이 판매 및 수익에 어떻게 반영되는지 추적한다.

2) 관계마케팅

신생기업과 기존기업의 차이는 고객과의 관계유지이다. 이것은 관계마케팅(relationship marketing)을 통해 이루어질 수 있는데, 개인적인 상호작용과 장기적인 참여를 통해 고객충성도가 창출된다. 중소기업은 고객들에게 개인화된 서비스를 제공함으로써 고객과 더 긴밀한 관계를 유지할 수 있다. 예를 들면, 고객이 여자 친구에게 선물로 구입한 옷을 반품했다. 그 고객은 반품에 대한 설명에서 "여자 친구가 나를 차 버렸다"고 썼다. 회사는 이를 고객과 소

통할 수 있는 기회로 보고 그에게 위문품을 보냈다. 위문품 상자에는 셔츠, 스티커 및 기타 상품이 들어 있었다. 또한 직원의 메모가 적힌 카드도 있었다. 이러한 회사의 위문품을 받은 고객은 감동하여 이 내용을 자신의 소셜 미디어에 게시하였다. 이러한 사연이 소셜 미디어에서 널리 퍼져 회사 인지도와 이미지가 널리 상승하게 되었다.

기업이 고객과 관계를 유지하는 또 다른 방법은 정기적인 이메일 뉴스 레터를 이용하는 것이다. 뉴스 레터(newsletter)는 신문, 전단과 같이 주요한 주제에 대하여 관심을 가지고 있는 독자를 대상으로 정기적으로 정보를 제공하는 간행물로 고객에게 고객의 관심을 끌만한 정보를 제공하는 것을 말한다. 판매 내역 및 기타 시장 자료를 사용하여 회사는 일반적으로 무료 뉴스 레터의 내용을 대상 시장의 동향이나 고객의 욕구에 맞게 사용할 수 있다. 이를 통해 고객과의 연결을 유지하면서 브랜드 충성도를 개발할 수 있다.

(1) 관계마케팅의 이점

신규고객 확보는 어렵고 비용이 많이들 수 있다. 관계마케팅은 장기적으로 고객을 유지하고, 고객충성도를 얻는 방법이다. 관계마케팅은 고객과 밀접한 관계를 유지하는 활동이 중요하다. 고객이 제품 및 서비스를 사용하는 방법을 이해하고, 충족되지 않은 욕구를 관찰함으로써 이러한 사항을 충족하는 새로운 기능과 제품을 만들어 관계를 더욱 강화할 수 있다. 기업의 관점에서 관계마케팅은 다음과 같은 이점을 제공할 수 있다.

- **수익성**: 회사와 고객 간의 관계가 장기적일수록 수익성이 높아진다. 기존고객을 유지하는 것이 신규고객을 확보하는 것보다 수익성이 더 높다. 따라서 구매비용 감소, 교차판매 증가, 높은 고객추천율, 가격민감도 감소 및 운영비용 감소가 이루어진다.
- **브랜드 충성도**: 브랜드 충성도는 효과적인 관계마케팅전략이 제공하는 이점이다. 관계마케팅은 고객이 회사 및 제품과 장기적인 관계를 촉진한다. 항공사들이 고객들에게 마일리지를 적립하는 것은 관계마케팅을 통해 만들어질 수 있는 브랜드 충성도이다.
- **제품차별화 및 경쟁우위**: 브랜드 충성도와 밀접한 관련이 있는 것은 제품차별화 및 경쟁우위이다. 글로벌 경쟁시대에 경쟁우위로 이어지는 제품차별화는 필수이다. 회사는 고객이 원하는 것을 효과적으로 결정하고 적합하게 제품을 조정할 수 있다.

(2) 효과적인 관계마케팅전략

전통적 마케팅은 특정 마케팅 캠페인으로 더 많은 판매를 빠르게 증가시키는 것과 같은 단기목표에 더 중점을 둔다. 반면 관계마케팅은 장기적으로 관계를 형성하기 위해 신뢰를 구축하고 고객유지율을 높이고 평생 가치를 연장하는 것이다. 관계마케팅은 새로운 고객을 확보하고 해당 고객충성도를 높이는 데 중점을 둔다. 목표는 고객들에게 제품이나 서비스를 일시적으로 판매하는 것이 아니라 앞으로 몇 년 동안 계속해서 판매하는 것이다. 이것을 어떻게 성취하는가? 물론 회사와 서비스를 제공하는 사람들 사이에 유대감을 구축하는 효과적인 전략은 많이 있다.

▶ 완전한 고객 경험 집중

잠재고객이 처음 회사와 접촉함과 동시에 즉시 관계는 단기적이든 장기적이든 시작된다. 고객들이 회사를 어떻게 찾았든 잠재고객은 상호작용을 기반으로 브랜드 이미지를 형성하기 시작한다. 이것이 관계마케팅의 시작이다. 회사는 익명의 방문자를 충성도 높은 고객으로 전환하기 위해 장기적 관계를 육성하고 유지해야 한다. 그러나 고객은 실제로 지갑을 꺼내고 거래하기로 동의하기 전에 여러 단계를 거치게 된다. 이를 구매자의 여정이라고 하며 다음과 같은 몇 가지 단계로 구성된다.

- 인식단계: 잠재고객이 직면한 문제를 파악하고 해결 방법을 모색하는 단계이다.
- 고려단계: 잠재고객은 직면한 과제에 대한 명확한 아이디어를 가지고 있으며 문제를 해결하기 위해 사용할 수 있는 모든 옵션을 평가한다.
- 결정단계: 고객들은 자신의 과제와 이를 가장 잘 해결하는 방법을 결정한다.

고객들은 최고의 제품이나 서비스를 찾는다. 구매자의 여정은 초기 판매에 전적으로 초점을 맞추고 있지만 고객의 경험은 첫 구매로 끝나지 않는다. 회사는 고객에게 두 번째, 세 번째, 네 번째로 판매할 기회가 있다. 즉, 판매하는 제품 또는 서비스에 따라 고객에게 여러 번 판매할 수 있다. 그러나 이를 위한 방법은 완전한 고객 여정에 집중하는 것이다. 마케팅은 고객충성도를 높여 반복적으로 구매하도록 하는 것이다.

▶ 고객의 소리 경청

고객은 기업이 존재하는 이유이다. 회사는 고객들의 문제나 욕구에 귀를 기울여야 한다. 고객은 자신이 원하는 것과 원하는 방식을 말하는 것을 주저하지 않는다. 이것은 회사를 위한 고객정보이다. 따라서 고객의 리뷰를 읽고, 브랜드와 관련된 뉴스 기사 및 해시 태그를 검색하고, 가장 충성도가 높은 고객에게 특정 사항에 대한 의견을 직접 물어볼 수도 있는데, 이러한 활동이 바로 고객의 소리를 경청하는 것이다.

회사는 뉴스 레터, 소셜 미디어 또는 이메일을 통해 고객과 정기적으로 소통하고, 고객에게 피드백을 요청해야 한다. 충성도 높은 고객이 제공하는 가치 있는 자료는 건설적인 피드백이다. 고객의 소리는 그들의 욕구를 충족시키는 데 도움이 된다. 고객의 정보는 새롭고 창의적인 사업 아이디어를 촉발할 수 있다. 따라서 정보를 수집하기 위해 고객들에게 쉽게 연락할 수 있는 방법을 만든다. 이메일, 전화, 문자 또는 소셜 미디어를 통해 가능한 연결망을 구축한다. 고객의 우려사항을 주의 깊게 듣고 실행 가능한 해결안을 제공한다. 고객에 대한 반응과 관심을 갖고 있다는 것을 보여주어 신뢰를 쌓는다.

▶ 추가적 가치 제공

고객이 떠나지 않도록 하려면 어떻게 해야 하는가? 그것은 다른 곳에서는 얻을 수 없는 것을 추가적으로 고객들에게 제공하는 것이다. 추가적 가치는 쿠폰, 할인, 블로그 게시물, 특별 이벤트 등의 형태이다. 기존고객에 대한 투자는 신규고객 유치보다 더 저렴하다. 충성고객을 만들기 위해 쿠폰, 선물 및 기타 특전을 제공한다. 충성도 또는 회원 프로그램을 만든다. 충성도가 높은 고객은 더 많이 지출하고 브랜드 홍보 대사가 된다.

▶ 이벤트 계획

특별 이벤트에 잠재고객들을 초대하여 회사에 그들이 가치가 있다는 것을 보여준다. 이벤트는 대면 커뮤니케이션과 모든 종류의 부가적인 가치를 경험할 수 있는 기회를 제공한다. 재미 있는 이벤트는 사람들이 쿠폰을 사용하거나 새로운 제품 또는 서비스를 사용해 보도록 유도하는 쉬운 방법이다. 또한 설문조사나 피드백을 통해 참석자로부터 정보를 수집한다.

▶ 고객용 콘텐츠 제작

고객관계관리 자료가 준비되면 고객집단에 맞는 콘텐츠로 맞춤형 마케팅 이메일을 쉽게 만들 수 있다. 또한 관련성이 높고 유용한 블로그 게시물을 정기적으로 게시하거나 소셜 미디어에 공유하면 웹사이트 트래픽이 증가하고 고객이 참여하는 데 도움이 된다. 고객에게 중요한 교육 콘텐츠를 제공하는 것도 관계구축의 한 형태이다. 교육용 비디오 또는 설명 자료가 이해하기 쉽고, 흥미롭고 재미 있으며 고객 여정을 순조롭게 할 수 있다. 고객을 파악하고, 제품을 개인화하고, 장기적인 이점을 창출할 장기적인 관계를 구축하는 것이 필요하다.

3) 바이럴 마케팅

바이럴 마케팅(viral marketing)은 대중들이 소셜 미디어 네트워크를 통해 자발적으로 기업이나 기업의 제품을 홍보하는 마케팅 기법이다. 즉, 회사는 대중들이 소셜 미디어 네트워크에서 공유할 수 있기를 바라며 매력적인 콘텐츠를 사용하는 마케팅이다. 성공적인 콘텐츠는 바이러스처럼 퍼져 기업의 메시지가 기하급수적으로 노출된다. 바이럴 마케팅의 가장 중요한 요소는 잠재고객들에게 매력적이고, 공유할 수 있는 콘텐츠를 개발하는 것이다. 결국 이러한 방식으로 제품이나 브랜드는 사람들이 소비하고 싶어 하는 콘텐츠의 일부가 되는 간접적인 노출을 거두게 된다. 바이럴 마케팅 캠페인을 통해 회사는 실시간으로 결과를 추적하고, 시청자의 의견을 적시에 답변하고 브랜드 인지도를 높일 수 있다.

바이럴 마케팅은 소비자들이 자발적으로 메시지를 전달하여 상품에 대한 긍정적인 입소문을 내게 하는 마케팅 기법이다. 바이러스처럼 빠르게 퍼지는 메시지를 통해 브랜드나 제품에 대한 관심과 잠재적인 판매를 유도할 수 있다.

INSIGHT 동아오츠카, 음료 데미소다 춤 바이럴 마케팅 시동

동아오츠카는 음료 데미소다의 바이럴 마케팅을 이어간다고 밝혔다. 이 회사는 지난 5일 댄스 영상을 선보이는 등 '잇츠 데미스타일' 캠페인을 전개하고 있다. 새로 공개한 영상은 5가지 맛을 강조한 춤이 특징이다. 이와 함께 '누구나 따라 할 수 있는 데미소다 춤'을 콘셉트로 했다. 영상은 공식 유튜브와 소셜 네트워크 서비스(SNS) 페이스북 등에서 확인할 수 있다.

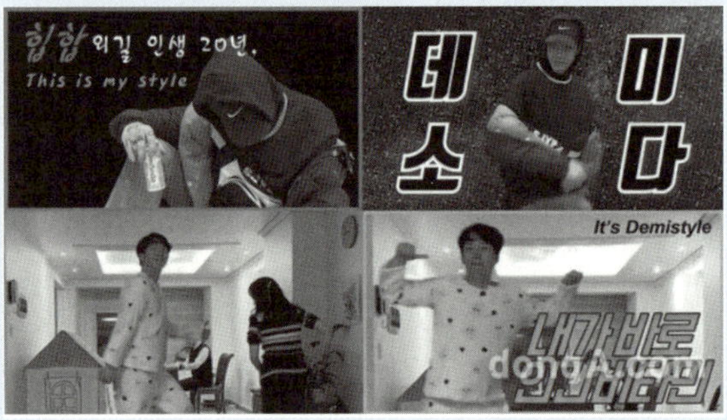

(1) 효과적인 온라인 바이럴 마케팅 기법

바이럴 마케팅은 소비자들이 자발적으로 메시지를 전달하여 상품에 대한 긍정적인 입소문을 내게 하는 마케팅 기법으로 콘텐츠가 개발되면 거의 또는 전혀 노력이나 투자 없이 막대한 노출로 이어질 수 있다. 그러나 문제는 성공적인 콘텐츠가 무엇인지 예측하기 어렵다는 점이다. 바이럴 마케팅은 제품이나 서비스의 메시지를 창안하기 위해 청중에 의존하는 프로모션이다. 메시지가 공유하는 지점에 도달하면 바이러스처럼 전파된다. 실제로 성공적인 바이럴 마케팅은 특정 사람들에게 귀중한 콘텐츠를 제공하여 그들과 연결하는 방법이다. 바이럴 마

케팅은 고객중심의 접근방식이므로 첫 단계는 표적고객과 제품에서 가장 중요하게 생각하는 항목을 식별하여 마케팅 담당자가 잠재고객 자료를 조사하고 분석한다. 기업이 표적고객이 원하는 것이 무엇인지, 그리고 전달 방법을 파악하고 잠재고객들이 공유하고 싶어 할 콘텐츠를 만든다. 바이럴 마케팅은 많은 예산을 지출할 필요가 없기 때문에 효과적인 마케팅 유형 중 하나이다. 다음은 효과적인 온라인 바이럴 마케팅 기법이다.

▶ 목표고객과 채널 표적화

바이럴 마케팅 캠페인을 개발하는 첫 번째 단계는 목표고객이 누구인지, 그리고 목표고객이 어떤 온라인 매체를 사용하는지를 알아내는 것이다. 적절한 사람들에게 올바른 메시지를 보내야 한다. 목표고객에게 메시지가 도달할 수 없다면 관심을 얻을 수 없다. 또한 다른 사람들과 공유하려면 메시지가 흥미를 유발해야 한다.

▶ 동영상 제작

입소문을 내는 또 다른 훌륭한 방법은 동영상을 만드는 것이다. 동영상은 시청자가 제품에 관심을 갖도록 할 수 있다. 유튜브에 동영상을 추가하면 시청자들은 해당 동영상을 친구와 공유할 수 있다. 그들은 동영상이 흥미롭고 유용하다고 생각하면 공유할 것이며 인기를 얻으면 인터넷 전체에 퍼질 수 있다. 또한 동영상이 정말 흥미롭다면 사람들은 웹사이트나 블로그에 동영상을 삽입할 것이다. 결과적으로 사람들은 비디오 공유 플랫폼에서 동영상을 시청할 뿐만 아니라 다른 웹사이트에서 볼 수 있고, 이것은 더 인기가 증가한다. 동영상이 색다르거나 기억에 남거나 재미있을수록 전파 가능성이 한층 더 높아진다.

▶ 가치 있는 제품 또는 서비스 무료 제공

시청자들에게 가치 있는 것을 제공함으로써 사람들의 관심을 끌 수 있다면 곧 회사는 이익을 얻을 수 있다. 무료로 가치 있는 것을 좋아하지 않는 사람이 있는가? 가치 있는 것을 공짜로 받고 싶지 않다고 말하는 사람들은 거의 없다. 그렇기 때문에 무료 제공은 마케팅에서 가장 강력한 도구이다. 대부분의 바이럴 마케팅 프로그램은 관심을 끌기 위해 가치 있는 제품이나 서비스를 무료로 제공한다.

▶ 정서적 호소력 자극

바이럴 마케팅이 정서적 호소력이 없으면 큰 영향을 미칠 수 없다. 정서적 호소는 모든 바이럴 마케팅 기법 중에서 가장 효과적인 기법이다. 그렇다면 어떻게 매우 강한 감정을 만들 수 있는가? 모든 바이럴 캠페인의 정서적 추진력은 관심을 끌 수 있을 만큼 충분히 강해야 한다. 다음은 잠재고객들의 정서를 생성하기 위해 따라야 할 사항이다.

- 사랑이나 증오로 가득 찬 것을 창조한다.
- 바보 또는 천재적으로 표현한다.
- 사람들을 행복하게 하거나 미친 듯이 화나게 할 무언가를 만든다.

▶ 예상치 못한 뜻밖의 행동

청중들이 마케팅 캠페인에 관심을 갖게 하려면 예상치 못한 뜻밖의 일, 즉 다른 일을 해야 한다. 사람들은 누군가가 전에 해본 적이 있다는 것을 안다면 관심을 크게 갖지 않을 것이다. 사람들은 항상 새로운 것을 보고 배우고 싶어 한다. 캠페인이 멋지게 보이도록 노력하는 것이 아니라 뜻밖의 사건을 제시한다. 제품이나 서비스를 단지 훌륭하다고 홍보하려고 하는 것을 지양한다. 이것은 다른 사람들도 그렇게 하고 있기 때문에 너무 진부하다. 예상치 못한 광고는 가장 효과적인 바이럴 광고 중 하나이다.

▶ 공유, 삽입 및 다운로드 활성화

의사들이 코로나 바이러스를 조언하듯이, 외출할 때는 반드시 마스크를 착용하고, 기침을 하는 사람을 멀리하고, 눈, 입 또는 코를 만지지 말고, 손을 자주 씻는다. 바이러스는 전염되기 쉽기 때문이다. 이와 마찬가지로 메시지나 콘텐츠를 공유, 다운로드 또는 삽입하기 쉬운 경우 바이러스만큼 빠르게 확산된다. 또한 마케팅 관점에서 잠재고객들이 메시지를 다른 사람들과 공유하도록 유도하려면 쉽게 이해할 수 있도록 메시지를 단순화해야 한다. 다음 사항은 콘텐츠가 쉽게 널리 전파되는 방법이다.

- 콘텐츠 또는 메시지를 쉽게 공유할 수 있다.
- 자신의 사이트에 쉽게 삽입할 수 있다.
- 콘텐츠를 다운로드할 수 있다.

▶ 전통적 마케팅 탈피

전통적 마케팅은 제품이나 서비스를 홍보하고 그것이 얼마나 좋은지, 어떻게 도움이 될지에 집중하고, 그리고 시청자들의 관심을 유도하기 위해 영화배우나 슈퍼 모델을 사용한다. 이러한 방법이 광고에 효과가 크다고 생각하기 때문이다. 그러나 사람들이 회사의 제품에 관심이 있다고 생각하는가? 전혀 아닐 수 있다. 사람들은 항상 흥미로운 이야기로 좋은 것을 기대한다. 예를 들면, 어떤 회사가 TV 광고를 만들었을 때 시청자들은 광고 전체에 제품이 보이지 않았지만 제품이 광고에 있을 때보다 더 많이 기억하는 경우가 많다. 따라서 제품 또는 회사에 초점을 맞추기보다는 좋고 흥미로운 이야기를 만드는 데 전적으로 집중한다.

▶ 인플루언서 활용

인플루언서 활용은 또 다른 효과적인 바이럴 마케팅 기법이다. 업계의 영향력 있는 개인이 제품 또는 서비스를 추천하거나 잠재고객들에게 콘텐츠를 제공할 때 많은 사람들에게 쉽게 다가 갈 수 있다. 이 기법은 업계의 추종자에게 유용하다. 중요한 것은 팔로워나 독자에게 진정으로 혜택을 줄 수 있는 매우 독특한 콘텐츠를 제공하고 그 측면을 활용하여 콘텐츠를 공유하도록 하는 것이다. 따라서 업계 전문가가 기사를 공유하거나 제품 또는 서비스를 추천하면 다른 사람들도 공유할 것이다.

기업가는 인플루언서 마케터를 활용하여 브랜드에 대한 정보를 전달할 수 있다. 여기에는 일반적으로 유튜브, 페이스북, 인스타그램, 카카오톡 또는 유사한 플랫폼에서 수백만 명의 팔로워를 보유한 소셜 미디어 유명인을 활용하는 것이 포함된다. 이는 최근 마케팅의 가장 큰 트렌드 중 하나이다. 인플루언서와 협력할 때 법적 위험을 피하기 위해 말하는 제품이나 서비스에 대해 보상을 받는다는 사실을 공개하는 것이 중요하다.

▶ 강화

일회성 바이럴 메시지는 금방 잊혀질 수 있다. 사람들은 방금 캠페인을 보았고, 그것이 흥미롭고 예측할 수 없었고 그들의 감정이 높은 수준에 도달하여 회사는 그들의 완전한 관심을 사로잡을 수 있다. 그러나 바이럴 메시지는 금방 잊혀질 수 있다. 그렇기 때문에 그들의 관심과 기억을 강화기 위해 바이럴 메시지를 지속적으로 강화하는 것이다.

4) 디지털 마케팅

디지털 마케팅은 소셜 미디어, 이메일, 웹사이트, 블로그 및 검색엔진 최적화를 포함하는 모든 디지털(온라인) 마케팅 활동을 말한다. 디지털 채널과 온라인 분석을 활용하는 방법을 배우는 것이 기술 시대에서 경쟁력을 유지하는 데 중요하기 때문에 기업가가 탐색해야 하는 중요한 영역이다. 디지털 광고 지출이 텔레비전 광고 지출을 앞지르고 있다. 디지털 광고에는 디스플레이 광고, 키워드 광고, 다이렉트 메일 및 소셜 미디어 광고가 포함된다. 이는 목표시장의 특정 사용자를 표적하는 데 매우 성공적일 수 있으며 제작 및 게재 비용이 TV 광고보다 저렴하다. 이러한 광고는 비교적 저렴한 비용으로 구매할 수 있다.

디스플레이 광고(display ad)는 온라인 사이트에서 볼 수 있는 배너 광고, 동영상 광고, 바이럴 마케팅, SNS, 스폰서십 광고 등으로 노출량에 따라 단가가 산정된다. 이것은 웹사이트에 제품이나 회사를 눈에 띄게 표시하는 광고이다. 광고가 독자의 화면에 나타난다. 기업가는 광고 공간을 제공하는 타사 웹사이트 또는 검색엔진에서 구입할 수 있다. 이러한 광고는 대체로 클릭당 지급 모델을 사용된다. 즉, 누군가가 광고를 클릭한 횟수에 대해서만 비용을 지급하거나 노출에 대해 지급할 수 있다. 즉, 광고가 발생한 횟수에 따라서 지급한다.

다이렉트 메일은 관심 표적에게 메일을 발송하는 광고로 발송당 또는 메일 오픈당 단가로 산정된다. 키워드 광고는 포털 사이트 검색 상단의 스포서 링크, 파워 링크처럼 검색결과에 따라 노출되는 광고로 클릭당 단가로 산정된다. 소셜 미디어 광고는 SNS나 블로그 등의 소셜 미디어를 통하여 이루어지는 광고이다. 목표고객이 누구인지, 그들이 어떤 플랫폼을 사용하는지, 게시물의 형태를 어떻게 할 것인지 등을 정하는 것이 중요하다. 또한 소셜 미디어 플랫폼은 사용자가 자신의 행동, 좋아요, 프로필 및 온라인 제품검색을 기반으로 사람들을 표적하기 위해 시스템에 유사한 광고를 만들 수 있는 기능이 있다.

블로그는 사업주에게 중요한 도구이다. 이를 통해 회사, 제품 및 경험에 대한 정보를 서면 또는 비디오 형식으로 공유할 수 있다. 기업가를 돕는 전략에는 청중에게 중요한 흥미로운 주제 선택, 블로그를 더 잘 보이게 하는 기술이 포함된다. 청중의 참여를 유도하고 일종의 행동을 취하도록 유도할 수 있다.

콘텐츠 마케팅(contents marketing)은 브랜드 이미지 개선을 위해 소셜 미디어나 광고주 웹사이트 등에 음악, 동영상 등을 업로드 하는 것을 말한다. 콘텐츠는 스토리, 블로그, 웹사이트, 소셜 미디어 게시물, 뉴스 레터, 기사, 비디오 또는 소비자에게 메시지를 전달할 수 있는 형태이다. 고객에게 유익한 정보를 생산하여 기업을 알리고 긍정적인 이미지와 홍보를 촉진하는 것이다. 기업가는 온라인에서 현재 및 잠재고객과 연결하기 위해 유용한 콘텐츠를 만드는 데 시간을 투자해야 한다.

5) 구전 마케팅

사람들은 누구나 이야기하고 싶은 욕구가 있다. 구전 마케팅 또는 입소문 마케팅(word-of-mouth marketing)은 만족한 고객이 다른 사람에게 상품이나 서비스에 대한 긍정적인 경험을 자발적으로 전달하는 방식이다. 입소문은 일반적으로 고객이 경험한 것에 의해 유발된다. 고객들이 제품이나 서비스에 만족하면 그들은 좋은 경험을 다른 사람들에게 전달하는데 이를 긍정적 구전이라 하고, 이와 달리 그들이 나쁜 경험을 다른 사람들에게 전달하는 데 이를 부정적 구전이라고 한다. 그들은 직접 또는 소셜 미디어에서 자신의 네트워크로 직접 홍보하므로 입소문을 비용 효율적일뿐만 아니라 매우 가치 있게 만든다. 온라인 및 소셜 미디어 덕분에 공유하는 내용이 단 몇 초 만에 수백만 명에 도달할 수 있다. 입소문은 멈추지 않는다. 한 사람이 다른 사람에게 말하고 그 사람이 또 다른 사람에게 말하는 식이다. 공유, 재게시 또는 리트윗할 때마다 입소문 마케팅은 기하급수적으로 퍼져나간다.

Nielsen 보고서에 따르면 92%의 사람들이 다른 모든 광고보다 입소문이나 알고 있는 사람들의 추천을 더 신뢰한다. 즉, 누군가 특정 브랜드에 대해 열광하는 친구나 가족을 보면 구매할 가능성이 훨씬 더 높다. 다양한 방법으로 입소문 광고를 만들 수 있다. 가장 좋은 방법 중 하나는 긍정적인 고객 리뷰를 받는 것이다. 방문자의 90%가 리뷰를 읽고, 72%는 긍정적인 리뷰를 읽은 후에 구매를 진행한다. 또한 좋은 리뷰는 브랜드의 사회적 증거를 구축하고 온라인 평판을 높인다. 고객 리뷰를 통해 다른 채널과 플랫폼으로 확장할 수도 있다. 소비자들의 신뢰는 구전이 92%, 온라인 의견이 70%, 그리고 광고가 58%로 구전의 신뢰가 가장 크다. 다른 어떤 출처보다 훨씬 더 많은 친구의 입소문 추천을 신뢰한다. 입소문은 제품탐색 및 구매단계에서 주요 요인이다.

그림 11-3 소비자들의 신뢰 정도

구전 마케팅은 바이럴 마케팅과 유사하지만 마케팅 담당자의 적극적인 참여 없이 고객만 참여하는 방식인 반면, 바이럴 마케팅은 마케팅 담당자의 적극적인 참여로 인지도를 높이고 입소문을 내는 것이다. 소비자가 구매에 매우 만족하면 직접 방문하든 소셜 미디어를 통하든 사람들에게 알릴 것이다. 회사는 이러한 유형의 마케팅은 통제하기 어렵다. 구전을 장려하는 방법은 만족한 고객에게 친구 및 가족과 이야기하거나 웹사이트, 포털 또는 소셜 미디어를 통해 온라인으로 의견을 공유하여 소식을 전할 수 있도록 도움을 요청하는 것이다. 회사는 잘못된 리뷰로 인해 마케팅 활동이 약화되지 않도록 내용을 추적하고, 부정적인 경험을 한 고객에게 신속하게 응답하고 고객과 함께 수정하고 문제를 해결해야 한다.

(1) 구전 마케팅 전략

새로운 고객을 찾는 것보다 만족한 고객을 유지시키는 것이 더 쉽고 비용 측면에서 더 저렴하다. 만족한 고객이 구전 마케팅 캠페인의 핵심이다. 그렇다면 만족한 고객을 어떻게 동원하여 브랜드 또는 제품에 대해 공유할 수 있는가? 구전 마케팅 전략을 시작하기 전에 탄탄한 기반을 구축하는 것이 중요하다. 다음은 확고한 구전 마케팅 전략이다.

▶ 양질의 제품 제공

입소문 마케팅 전략의 첫 번째 단계, 가장 간과되기 쉬운 단계는 실제로 자랑할 만한 제품이나 서비스를 갖는 것이다. 잠재고객이 제공하는 제품을 실제로 좋아할 만한 것인지를 확인한다. 이것은 호의적인 고객 리뷰를 증가시킬 수 있다. 고객이 긍정적인 리뷰를 남길 경우 사회적 증거가 될 뿐만 아니라 부정적 리뷰를 남길 경우 시장에 대한 장벽을 알려주는 것이 된다. 제품을 자세히 이해하면 대상고객을 더 잘 이해하고 입소문 마케팅 캠페인을 개선하는 데 도움이 된다. 제공하는 제품의 품질이 좋은지 여부를 알 수 없다면 직접 검사해 본 후 다음과 같이 스스로에게 다음 질문한다.

- 제품은 사용하기 쉬운가?
- 제품이 일상생활을 크게 개선하는가? 어떻게 개선하는가?
- 제품을 계속 사용할 것인가? 그 이유는 무엇인가?
- 친구에게 제품을 추천할 것인가? 그 이유는 무엇인가?
- 제품을 어떻게 개선할 수 있는가?

▶ 완벽한 고객지원 제공

고객문제 해결에는 양질의 제품을 제공하는 것 외에 또 다른 중요한 측면은 고객들이 만족하도록 판매 후 완벽한 고객지원을 제공하는 것이다. 회사가 제공하는 고객지원에 고객들이 만족한다면 고객들은 회사의 브랜드나 제품을 다른 사람들에게 추천할 것이다. 고객서비스가 충분하다면 고객은 긍정적인 경험을 기꺼이 공유할 것이다. 수많은 온라인 소매업체들 중 적어도 하나 이상은 자사와 비슷한 제품을 취급할 것이다. 그리고 경쟁자들이 고객에게 더 나은 고객지원을 제공한다면, 그 만족한 고객은 긍정적인 온라인 리뷰를 공유할 것이며, 잠재고객은 경쟁자에게 갈 것이다.

▶ 리뷰 및 평가를 요청한 다음 공유

회사가 고객들에게 제품을 리뷰 및 평가하도록 요청하고 이를 다른 사람들과 공유를 요청한다. 다른 사람들의 좋은 리뷰와 평가는 잠재고객들에게 호의적인 관심과 구매의도에 영향을 미친다. 그래서 리뷰와 평가를 요청하는 노력은 가치가 있다. 연구에 의하면 고객들은 구매결정 전에 평균 7개의 리뷰를 읽고, 또한 소비자의 49%는 평점 4점(5점 만점)을 받은 제품 또는 서비스를 구매한다. 고객들이 리뷰를 남길 수 있도록 향후 구매 시 할인을 제공한다는 이메일을 보낸다.

▶ 사용자 창작 콘텐츠(UCC) 장려

사용자 창작 콘텐츠(User Created Contents)는 브랜드의 입소문을 내도록 하는 현대적인 마케팅전략이다. 만족한 고객이 자신의 소셜 미디어 계정에 아름다운 이미지를 업로드하고 브랜드에 태그를 지정하도록 장려하는 것이다. 소셜 미디어 마케팅과 인플루언서 마케팅이 사업을 위한 강력한 도구이다. 실제로 소셜 미디어 사용자의 85%는 브랜드 콘텐츠나 기존 마케팅을 신뢰하는 것보다 UCC를 더 신뢰한다.

▶ 업계 인플루언서 및 여론 주도자와 연결

인플루언서 마케팅은 매우 강력하다. 사람들은 어떤 이유로든 인플루언서를 좋아하게 되므로 특정 브랜드나 제품에 대한 그들의 추천을 신뢰한다. 인플루언서는 페이스북, 트위터, 인스타그램 등의 SNS 유명인과 유튜브, 아프리카TV, 카카오TV 등이 있다. 인플루언서(influencer)는 '영향력을 행사하는 사람'이다. 인플루언서 마케팅은 이들을 활용해 제품이나 서비스를 홍보하는 마케팅 수단이다. 이들은 광고 협찬 제안을 수락하고 이에 따라 수익을 지급받기도 한다. 광고주는 이들을 활용하면 유명 연예인을 모델로 쓰는 것보다 훨씬 저렴한 가격에 마케팅을 할 수 있고, 인플루언서는 광고비를 얻음은 물론 인지도까지 쌓을 수 있다.

여론 주도자는 일반대중들의 의견이나 행동에 영향을 주는 사람이다. 이들은 특정 제품이나 서비스를 잘 알거나 사용한 경험이 있는 사람들로 일반대중의 구매에 영향을 미친다. 소셜 미디어에서 #를 본 적이 있을 것이다. 해시태그(hashtag)는 게시물의 꼬리표를 다는 기능이다. 특정 단어 또는 문구 앞에 해시(#)를 붙여 연관된 정보를 한데 묶을 때 쓴다. 해시(hash) 기호를 써서 게시물을 묶는다(tag)고 해서 해시태그이다. 해시 기호 뒤 문구는 띄

어 쓰지 않는다. 띄어 쓸 경우 해시태그가 아닌 것으로 인식한다.

표 11-2 기업가 마케팅 기법

유형	의미	활용
게릴라 마케팅	색다른 수단을 통해 최대한의 노출을 목표로 한다.	이벤트, 상호작용, 인지도
관계 마케팅	개인적인 상호 작용을 통해 고객충성도를 창출한다.	개별 고객에 대한 개인화된 커뮤니케이션
탐험 마케팅	기존 회사와 제품을 새로운 시장으로 옮기기 위해 노력한다.	신제품을 만들거나 새로운 시장을 탐험
바이럴 마케팅	시청자가 개인 및 소셜 미디어 네트워크에서 콘텐츠를 공유하기를 바라면서 매력적인 콘텐츠를 사용한다.	사용자가 공유하고 싶은 스토리에 포함된 미묘한 브랜딩
디지털 마케팅	온라인 마케팅전략 사용	온라인 광고 및 검색엔진 최적화
구전 마케팅	만족한 고객들이 긍정적인 경험을 다른 고객들에게 전달하도록 한다.	온라인 고객 리뷰

2절 마케팅관리

마케팅은 제품이 제공하는 편익, 제품을 구매하는 이유를 고객들에게 전달하는 활동으로 고객의 욕구에 대한 깊은 심리적 이해가 필요하다. 마케팅관리는 기업 및 조직 내부의 마케팅 방향, 기술 및 방법의 실제 적용과 회사의 마케팅 자원 및 활동관리에 초점을 둔다. 따라서 마케팅은 고객의 욕구를 충족시키기 위해 고객의 가치를 창조하고, 가치를 전달하고, 이를 통해 판매를 증진하는 기업의 활동이다.

1. 마케팅의 이해

마케팅은 기업과 고객 간의 교환 과정에서 일어나는 가치창출 활동이다. 즉, 마케팅은 구매자와 판매자가 상호이익을 위해 교환을 수행하는 과정이다. 고객을 확인하고, 고객의 욕구를 충족하고, 충성고객으로 유지하는 마케팅 능력은 기업의 성공에 매우 중요한 자원이다. 좋은 제품을 개발하고, 좋아 보이는 상품을 만드는 마케팅 활동은 기업의 생존과 발전을 이끄는 가장 중요한 경영 활동이다.

1) 마케팅의 개념

기업은 고객욕구를 충족하여 수익성이 있는 고객관계를 관리한다. 마케팅(marketing)은 고객들, 협력자들, 그리고 더 나아가 사회 전반에게 가치 있는 것을 만들고, 의사소통하며, 전달하고, 교환하기 위한 활동과 일련의 제도 및 과정들이다(미국마케팅학회). 따라서 마케팅은 탁월한 가치를 창조하여 고객에게 전달하고, 그 대가로 이익을 창출하는 활동이다. 즉, 마케팅관리란 표적시장을 선택하고, 우월한 고객가치의 창조, 의사소통 및 전달을 통해 고객을 획득, 유지, 확대하는 기술과 과학이다.[3] 이러한 마케팅의 4가지 활동은 창조, 의사소통, 전달과 교환이다.

- 창조(creating): 탁월한 가치를 창조한다.
- 의사소통(communicating): 고객에게 제공물을 알린다.
- 전달(delivering): 고객에게 제공물을 전달한다.
- 교환(exchanging): 제품과 대가를 교환한다.

그림 11-4 마케팅의 활동

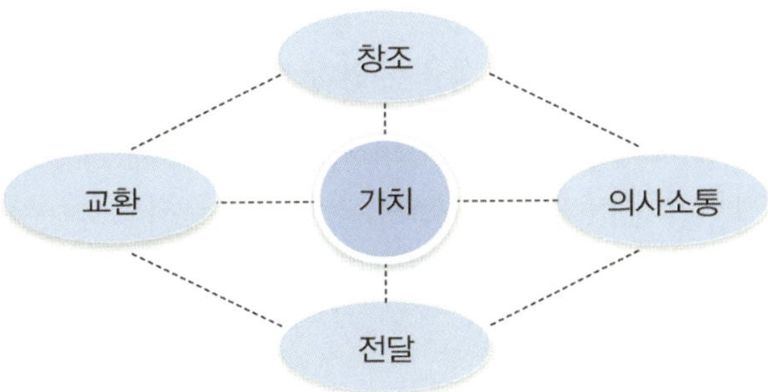

2) 마케팅의 기본 요소

욕구(needs)는 기본적인 만족의 결핍을 느끼고 있는 상태로 본원적 욕구이다. 예를 들면, 허기, 갈증이나 추위를 느끼는 것은 생리적인 욕구이다. 인간은 생존을 위해 욕구를 충족해야 하는데, 결핍을 느낄 때나 고객이 특정의 상품을 갖고 있지 않다고 느낄 때 욕구가 발생한다.

3) Kotler & Keller(2019).

필요(wants)는 욕구에 대한 구체적인 상품이나 서비스에 대한 바람이다. 즉, 욕구가 구체적인 형태를 가지면 필요가 된다.

인간의 필요는 끝이 없지만 자금은 한정되어 있다. 수요(demands)는 구매력이 있는 구체적인 욕구이다. 즉, 잠재고객이 제품에 대한 지급능력을 갖고 있을 때 필요는 수요가 된다. 상품이나 서비스에 대한 필요가 구매의사와 능력이 있을 때 수요라고 한다. 교환(exchange)은 가치 있는 상품이나 서비스를 제공하고, 대가를 획득하는 행위이다. 당사자들은 교환을 통하여 교환 이전보다 더 나은 상태가 되어야 한다.

시장(market)은 기업의 상품이나 서비스를 실제적이고 잠재적으로 구매하는 모든 사람들의 집합으로 구매자와 판매자가 재화를 교환하는 물리적 시장인 남대문시장, 동대문시장, 청과물시장이나 어시장 등이 있으며, 추상적 시장으로 국내시장, 국제시장, 도매시장, 소매시장, 소비재시장, 산업재시장, 금융시장, 증권시장, 외환시장 등 비가시적인 시장이 있다.

- 욕구(needs): 기본적인 만족의 결핍을 느끼고 있는 상태로 본원적 욕구
- 필요(wants): 욕구에 대한 구체적인 상품이나 서비스에 대한 바람
- 수요(demands): 구매력이 있는 구체적인 욕구
- 교환(exchange): 가치 있는 상품이나 서비스를 제공하고, 대가를 획득하는 행위
- 시장(market): 상품이나 서비스를 실제적이고 잠재적으로 구매하는 모든 사람들의 집합

3) 마케팅의 역할

마케팅의 주요 역할은 회사의 표적고객을 유인하고, 유지하고, 이익을 증가시키는 것이다. 이러한 역할을 수행할 때 마케팅 부서는 고객과 시장조사를 수행하고, 해결책을 준비하고, 시장에 브랜드 가치를 알리고, 계속적인 고객관계를 추적 · 관리한다. 고객욕구의 만족과 기업의 유지를 위한 수익창출의 극대화는 기업경영의 핵심적인 과제이다. 다음은 성공적인 마케팅의 핵심적인 역할이다.

- 고객의 욕구만족: 마케팅은 고객의 욕구를 확인하고, 예측하고, 만족시키는 것이다. 기업은 지각된 소비자 욕구를 분석하고 추적하는 지속적인 과정을 수행한다.
- 마케팅 기회 확인: 시장에 있는 마케팅 기회를 확인하고 인식하는 능력을 제공한다.
- 매력적인 가치제안: 마케팅은 소비자들의 욕구를 충족하고, 문제를 해결하는 매력적인 가치제안이나 약속을 창조하고 전달한다.
- 차별화와 경쟁우위: 마케팅은 경쟁자와 차별화할 수 있고, 경쟁우위를 강화할 수 있다.

- **자원의 배분능력:** 마케팅은 고객의 욕구를 통찰하고, 경제적 수익을 향상하기 위해 필요한 자원을 할당하고, 가치를 관리할 수 있다.

4) 마케팅믹스

사람들이 마케팅에 대해 가지고 있는 가장 큰 오해 중 하나는 마케팅이 홍보에 관한 것이거나 회사가 제품이나 서비스를 판매를 촉진하거나 광고하는 방법에 관한 것이다. 판촉은 마케팅믹스의 한 측면일 뿐이며, 마케팅은 목표시장을 식별하고 도달하는 데 사용하는 기본 전략 및 접근방식을 설명한다. 목표시장은 기업이 상품이나 서비스를 제공하고자 하는 특정 소비자집단이다. 신생기업은 제공할 제품의 경쟁우위를 확보해야 한다.

마케팅의 전통적인 관점은 4P's이다. 마케팅은 McCarthy가 제안한 마케팅의 4P's로 마케팅믹스(marketing mix)를 다룬다. 4P's는 고객욕구를 충족시키기 위해 사용되는 마케팅 도구의 결합을 의미한다. 제품(product)은 고객의 욕구와 필요를 만족시키는 제품, 서비스나 아이디어이며, 가격(price)은 제품에 제공하는 대가로 부과한 화폐량이다. 유통(place)은 고객이 구매할 수 있는 곳으로 제품을 전달하는 장소이며, 촉진(promotion)은 광고, 홍보, 판매촉진과 같은 전달의 수단이다.

그림 11-5 마케팅믹스

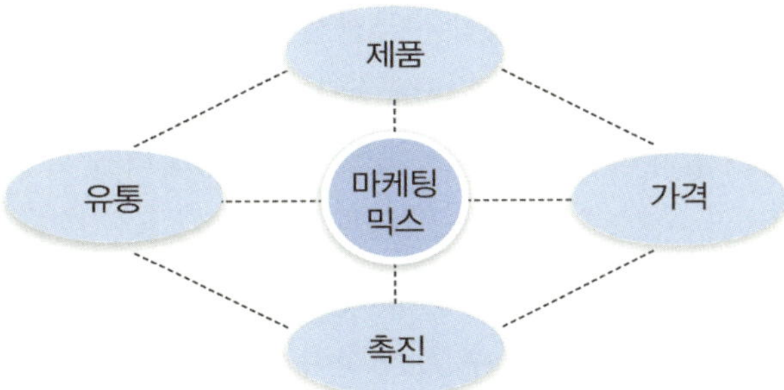

▶ 제품

마케팅믹스에서 제품은 고객의 욕구나 필요를 충족시켜 가치를 창출하는 상품 또는 서비스를 의미한다. 상품은 운동화, 가구, 옷, 향수, 음악, 영화 또는 사과와 같이 만지고, 냄새 맡고, 듣고, 보고, 맛볼 수 있는 유형의 제품이다. 반대로 서비스는 무형의 제품으로 의료, 보건, 교육, 자문, 자동차 수리 또는 집 청소와 같은 작업을 수행하기 위해 전문가에게 비용을 지급한다. 기업은 상품과 서비스를 함께 묶어 고객에게 추가 가치를 창출할 수 있다.

INSIGHT 젖은 운동복을 자주 바꾸는 데 지쳐

언더아머(Under Armour)는 미국의 의류, 신발, 스포츠용품 제조사로 메릴랜드주 볼티모어에 본사가 있다. 1996년 메릴랜드 대학교의 미식축구 선수였던 케빈 플랭크(Kevin Plank)가 설립했다. 언더아머의 창립자인 케빈 플랭크는 젖은 운동복을 자주 바꾸는 데 지친 많은 운동선수에게 제품의 가치가 도움이 될 것임을 알고 있었다. 전직 축구선수였던 그는 많은 시간을 훈련하고 흠뻑 젖은 관행을 견디며 회사가 면화 스포츠웨어로 잘 해결하지 못 하는 이 문제를 어떻게 완화할 수 있는지 궁금했다. 대학 졸업 후, 그는 자신의 아이디어를 상품화하기로 결심하고 연습과 경기 내내 운동선수를 건조하게 유지하는 특수 마이크로 화이버가 있는 운동복을 만드는 회사를 창업했다. 그런 다음 그는 자신의 가치제안을 동부 해안의 대학 축구팀에 판매하기 위해 여행을 시작했다. 1996년 말에 그는 조지아 공대(Georgia Tech)에 셔츠를 처음으로 판매하여 총 17,000 달러에 이르렀다. Under Armour는 운동선수를 건조하게 유지하여 성능에 혁명을 일으킨 새로운 유형의 운동복을 제공함으로써 Nike 및 Adidas의 강력한 경쟁자가 되었다.

▶ 가격

마케팅믹스에서 중요한 요소 중 하나는 가격결정이다. 가격(price)은 고객이 제품이나 서비스를 받기 위해 교환하는 가치이다. 가격은 금전적이며 판매에 직접적인 영향을 미친다. 많은 기업가들이 재정적 문제로 목표시장에 관한 정보와 예측에 한계가 있다. 제품의 가격을 올바르게 책정하면 제품의 잠재적인 수익을 극대화하면서 경쟁력을 확보할 수 있다.

▶ 유통

유통(place)은 고객이 제품을 구매할 수 있는 물리적 · 디지털 경로 또는 장소를 의미한다. 기업가에게 유통 장소 선택은 어떤 경로가 가장 많은 수익을 창출할 것인지 파악하는 것이다. 즉, 어떤 경로가 가장 효율적인 비용으로 목표시장에 도달할 수 있는가이다. 적절한 유통경로를 선택하는 것은 경쟁우위를 확보하고 기업이 더 많은 판매를 올릴 수 있는 방법이다. 더 많은 고객확보를 위해 촉진을 제공하고, 신용을 제공한다.

▶ 촉진

촉진(promotion)은 광고, 소셜 미디어, 홍보, DM, 판촉, 인적판매 등이 있다. 제품의 이점을 고객에게 전달하는 것은 모든 마케팅믹스의 중요한 측면이다. 제품이 동급 최고라 하더라도 회사는 이 가치를 고객에게 전달해야 한다. 그렇지 않으면 고객들은 회사의 제품을 알기 어렵다. 이것이 바로 촉진의 역할이다. 고객이 상품이나 서비스를 구매하도록 장려하는 방식으로 가치를 전달하는 과정이다. 프로모션에는 측정할 목표, 예산, 전략 및 결과가 있어야 한다. 기업은 캠페인 전반에 걸쳐 일관된 메시지를 사용하여 판매, 수익 및 인지도를 포함하여 최상의 성과를 창출하기 위해 홍보 예산을 현명하게 사용해야 한다.

5) 서비스 마케팅믹스

서비스에 대한 마케팅믹스는 7P's이다. 제품, 가격, 판촉 및 장소(마케팅의 4P's)는 제품과 더 관련이 있고, 사람(people), 과정(process)과 물적증거(physical evidence)는 서비스와 더 관련이 있다. 실제로 모든 서비스는 고객을 직접적으로 다루고 수행하는 데는 사람에 의존한다. 서비스는 대체로 고객의 존재로 수행되기 때문에 서비스가 전달되는 과정은 소비자가 돈을 지급하는 것의 일부이다. 대부분의 모든 서비스는 어느 정도 물적 증거를 포함하고 있다. 예를 들면, 레스토랑 음식은 서비스의 무형적인 요소를 제공하더라도 유형적인 물건이다. 이와 마찬가지로 미장원은 완성된 머리 모양을 제공하고, 심지어 보험회사는 화려한 보험증서의 문서를 제공한다.

그림 11-6 서비스 마케팅믹스의 7P's

Product	Price	Promotion	Place	People	Process	Physical Evidence
상품이나 서비스의 가치 정의	경쟁력과 수익 극대화	고객에게 혜택 전달	표적시장과 효과적 비용 도달	효율적 절차로 신뢰 구축	회사와 고객 연결	환경을 통한 가치 전달
물리적 특성 품질 보조서비스 상품계열 브랜드	가격 유연성 차별화 거래조건 할인	인적판매 판촉 매체광고 홍보 옥외광고	매장위치 경로방식 복수 입지 체인화	종업원선발 종업원교육 동기부여 고객관계	서비스 활동의 흐름 서비스 제공고객참여	건물, 시설 장비, 설비 복장, 명함 팸플릿 문서

▶ 사람

사람(people) 또는 인적자원은 성공적인 사업의 가장 핵심적인 요소이다. 서비스 지향 기업에서는 고객과 상호작용하는 사람들이 특히 중요하다. 서비스는 제품이기 때문에 브랜드의 얼굴이며 회사와 고객 사이의 직접적인 연결고리이다. 직원이 수용 가능하거나 뛰어난 서비스를 제공하면 고객은 서비스를 다시 구매하거나 긍정적인 경험을 다른 사람들과 공유할

수 있다. 고객이 보석 가게에 가서 영업사원으로부터 좋은 서비스를 받으면 개인 추천이나 소셜 미디어를 통해 친구와 가족에게 긍정적인 경험을 전달할 수 있다. 서비스가 좋지 않으면 고객은 다시 오지 않는다. 고객이 레스토랑에서 나쁜 경험을 하는 경우, 더 이상 식당을 애용하지 않고 부정적인 구전을 전파할 가능성이 높다. 때때로 서비스 불량은, 특히 시장에 진입하려는 신생기업에게 브랜드에 심각한 영향을 미칠 수 있다. 숙련된 인력을 고용하고 직원들이 고객에게 최고의 서비스를 제공하는 데 도움이 되는 보상과 함께 좋은 교육시스템을 갖추는 것이 중요하다. 기업은 사업의 규모에 관계없이 고객뿐만 아니라 직원에게도 마케팅 해야 한다. 왜냐하면 직원은 기업의 얼굴이자 고객과 상호작용하는 사람으로 브랜드를 강화하거나 손상시킬 수 있기 때문이다.

▶ 과정

과정(process)은 고객에게 서비스를 제공하는 데 필요한 일련의 절차 또는 활동이다. 즉, 과정은 서비스 공급자와 고객 사이에서 처음부터 끝까지 일어나는 모든 활동이다. 병원 진료의 경우 예약, 서류 작성, 진료 대기, 의사 진료 및 비용 지급이 포함된다. 과정은 길고 복잡할 수 있으므로 가능한 한 효율적이고 논리적으로 진행되도록 설계한다. 온라인으로 제공되는 서비스의 과정에는 웹사이트의 디자인과 기능, 그리고 고객이 검색할 때까지 취하는 모든 단계가 포함된다. 추가 정보를 클릭하거나 제품을 구매할 수 있는 기능을 클릭하거나 서비스를 이용할 수 있는지 여부를 확인하고 서비스를 예약하거나 약속을 잡을 수 있는지 확인하는 것까지 다양한 작업을 수행할 수 있다. 훌륭한 웹사이트의 예로는 디자인에 초점을 맞추고 영감을 불어 넣을 수 있어야 한다.

▶ 물적 증거

서비스가 제공되는 물적 증거(physical evidence) 또는 물적 환경(physical environment)은

마케팅믹스의 중요한 부분이다. 이러한 물적 증거는 회사의 이미지에 영향을 미치고 제품, 서비스, 회사 또는 브랜드의 품질에 대한 많은 정보를 전달할 수 있다. 기업이 고객의 첫인상을 만들 수 있는 기회는 고객이 기업의 물적 증거와 처음으로 접촉할 때 단 한 번뿐이다. 장식, 냄새, 음악, 온도, 색상과 같은 확실한 단서는 품질과 전문성에 대한 즉각적인 메시지를 고객에게 보낸다. 예를 들어, 두 곳의 치과병원에 들렀는데 한 병원은 깨끗해 보였고 다른 하나는 그렇지 않은 경우 어떤 것을 선택하겠는가? 식당, 소매점 및 기타 물적 환경도 마찬가지이다. 서비스를 받기 전에 서비스의 품질을 검사할 수 없기 때문에 단서는 고객이 결정을 내리는 데 도움이 된다.

2. 제품전략

마케팅믹스(marketing mix)는 상품과 서비스를 출시하기 위해 회사가 사용하는 상이한 의사결정 변수의 결합이다. 마케팅믹스는 회사가 수익, 판매, 시장점유율, 투자수익과 같은 목표를 성취하기 위한 모든 마케팅 요소의 결합이다. 4P's인 제품(product), 가격(price), 유통(place)과 촉진(promotion)의 네 가지 요소를 배합하는 것이 마케팅믹스이다.

제품은 소비자가 지급의도가 있는 물리적 상품이나 서비스이다. 이러한 물리적 제품에는 제품품질과 제품특징이 중요한 요소이다. 제품특징(product feature)은 기업이 출시하여 판매하는 제품의 물리적 특징으로 이는 외관, 형태, 크기, 색상, 무게, 속도, 내구성, 재료, 기능, 성능과 같은 품질이나 변수를 포함한다. 이러한 특징이 있는 제품은 마케팅믹스의 핵심 요소이다. 제품은 속성들의 결합으로 색상, 디자인, 특징, 성능과 같은 물적 요소와 가치, 품질과 같은 비물적 요소를 포함한다.

1) 품질과 기술

제품품질(product quality)은 제품기능을 작동할 수 있는 능력으로 품질수준과 품질일치성으로 평가된다. 품질수준은 제품이 본래의 기능을 제대로 작동할 수 있는 능력으로 성능품질을 뜻한다. 품질일치성은 제품이 결점이 없고, 목표성능이 일정하게 전달되는 정도이다. 기술은 제품을 구현하고 차별화하고, 사용자가 선호하는 신제품을 개발하는 공법이다.

2) 제품의 유용성

제품의 유용성(usefulness)은 시장에서 경쟁우위를 갖는 필수적인 요소이고, 시장에서 이용할 수 있는 동일한 제품과 비교하여 제품의 만족과 반복적인 사용을 이끌어 내는 요소이다. 제품차별화는 제품의 유용성을 증가시킴으로써 확립된다.

3) 제품의 가치와 편의성

제품의 가치(value)는 고객이 제품의 제조비용보다 더 크다고 느끼고, 대체로 만족을 느끼는 주관적인 평가이다. 제품성능과 관련된 고객수요를 충족하거나 초과하는 제품성능이 개발되어야 가치가 향상된다. 편의성(convenience)은 제품의 사용과 관련된 변수로 제품이 고객의 생활에 편리성을 가져다줄 수 있어야 한다.

4) 제품 디자인

제품 디자인(product design)은 고객의 주의를 끌어들이고, 제품에 집중하고, 고객의 구매결정에 영향을 주는 중요한 요소이다. 디자인은 제품의 스타일과 기능을 결합한 것으로 제품성공과 직접적으로 연결되어 있고, 다른 제품과의 차이를 나타내는 요소이다. 제품 디자인은 색상, 형태, 질감과 같은 심미적 속성, 촉감, 미각, 후각, 청각, 시각기능, 인체공학, 기술과 사용성을 포함한다. 디자인은 회사의 상품과 서비스를 차별화하고, 포지션하는 매우 효과적인 방법으로 회사에 경쟁우위를 제공한다.

5) 포장 디자인

포장(packaging)은 제품보관을 위한 용기를 디자인하고 제조하는 모든 활동이다. 포장은 제품의 내용물을 보호하고, 제품정보를 제공하며, 제품 이미지를 전달함으로써 제품의 가치를 향상시킨다. 포장은 제품, 가격, 촉진과 유통 다음으로 마케팅의 다섯 번째 요소로 간주된다. 좋은 포장은 고객의 주의를 끌고, 고객에게 제품정보를 제공하여 마침내 판매를 이끌어내는 유인력이 매우 크다. 포장은 물리적 구조이지만, 동시에 많은 환상 요소가 있다. 그래서 이성(reason)뿐만 아니라 감성(emotion)에 호소한다. 이처럼 포장은 구매자에게 감성과 기능적 편익을 전달하고, 제품차별화의 강력한 수단이 된다. 따라서 좋은 포장이 갖추어야 할 특징(VIEW)은 가시성, 정보제공, 감정적 소구와 가동성이다.

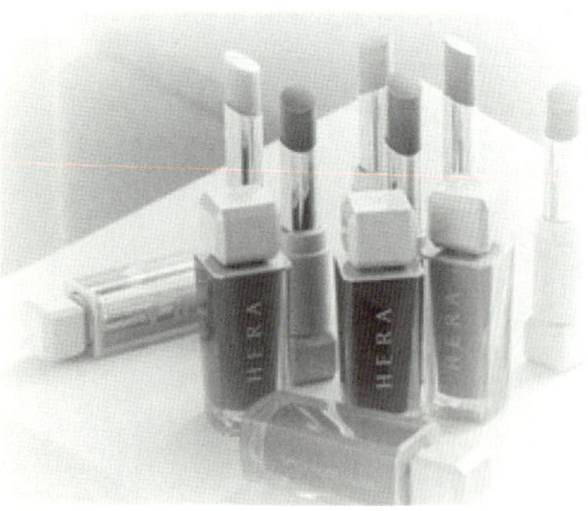

그림 11-7 좋은 포장의 요건

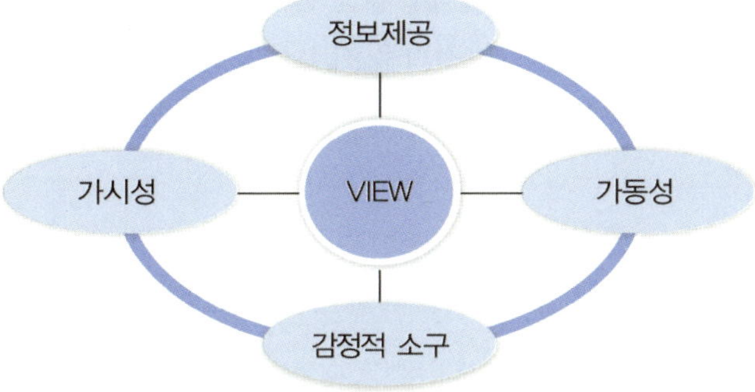

- **가시성**: 포장은 구매시점에 주의를 유발할 수 있어야 한다. 강렬한 색상의 패키지나 색다른 그림, 형태, 사이즈를 통하여 시각적 자극을 강화한다.
- **정보제공**: 제품 사용법, 제품이 제공하는 편익, 슬로건, 기타 제품정보(요리법, 판매촉진 제공물)를 제공한다. 시용구매를 자극하고, 반복구매를 유발하며, 정확한 제품 사용법이나 적절한 제품정보를 제공한다.
- **감정적 소구능력**: 소비자가 원하는 느낌이나 무드를 유발하고, 즐거움, 환상, 쾌감 등 감정 유발 요소를 제공한다.
- **가동성**: 제품의 본래 기능이 제대로 작동할 수 있을 뿐만 아니라 제품내용을 보호하고, 저장과 제품사용의 편리함을 제공하고, 환경보호에 기여한다.

3. 가격전략

가격(price)은 상품이나 서비스를 소유 또는 사용하는 대가로 지급하는 금전적 가치이다. 마케터에게는 가격은 달성해야 할 수익(profit)일 뿐만 아니라 판매할 제품의 가치(value)이기 때문에 가격결정(pricing)은 중요하다. 고객은 상품이나 서비스의 주어진 양을 얻기 위해 돈을 지급한다. 이러한 가격은 기업의 수익을 결정하는 마케팅믹스의 유일한 변수로 중요한 경쟁의 도구이다. 가격의 하한선은 제품원가이고, 가격의 상한선은 고객가치이다.

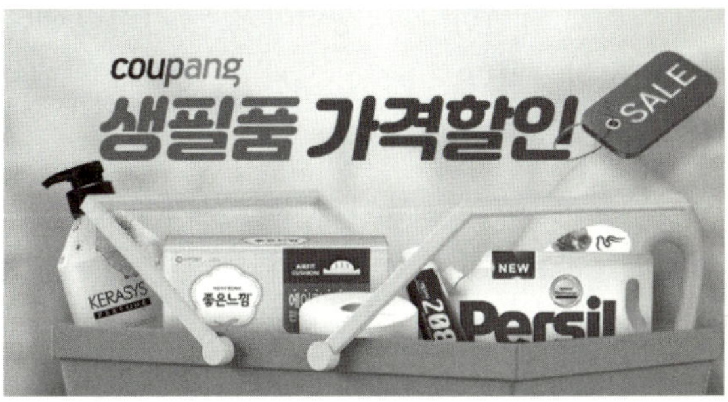

가격은 대체로 제품원가와 지각가치 안에서 설정된다. 경쟁자들의 가격은 가격결정에 중요한 영향을 미

친다. 고객이나 자사의 원가구조에 의하여 가격결정을 하는 것이 아니라 경쟁자와 비용구조, 시장과 고객 등이 동일하다는 전제로 가격결정을 실무에서는 많이 적용한다. 새로운 사업을 시작할 때 가격을 책정해야 하지만 가격전략을 지속적으로 검토해야 한다. 특히 다음과 같은 경우를 고려해야 한다.

- 신제품 또는 서비스를 출시할 때
- 시장, 소비자 또는 기타 요인으로 인해 수요가 변화할 때
- 새로운 시장에 진입할 때
- 경쟁업체가 가격을 변경하는 경우
- 비용이 변할 때
- 제품 또는 서비스 전략을 조정할 때

1) 가격결정 정책

- 경쟁기반 가격결정: 가격선도자는 가격에 의해서 산업을 이끄는 지배적인 시장점유율을 갖는 기업이다. 경쟁자들은 가격선도자를 관찰하고, 가격을 변경할 것이다. 어떤 가격선도자들은 매우 우세하여 가격 관행을 통하여 경쟁자를 봉쇄할 수 있는 능력을 갖고 있다.
- 비용기반 가격결정: 손익분기점을 결정하는 것이다. 손익분기점 분석은 품목의 판매와 제조와 판매비용 간의 손익분기점을 달성하는데 필요한 판매량을 결정하는 것이다.
- 고객지각 가치 가격결정: 비가격변수의 사용으로 시장에서 고객들에게 지각되고 있는 상품의 상대적 가치를 파악하여 상품의 가격을 결정한다.

2) 출시가격 정책

회사는 제품가격을 결정할 때 제품원가, 마케팅과 유통비용, 광고비용이나 시장에 있는 모든 가격 변화를 고려한다. 가격결정은 동적이다. 모든 변수가 변하기 때문에 제품의 가격도 변한다. 경쟁력이 있는 가격결정전략은 차별화 요소, 브랜드 이미지, 우수한 유통, 광고소구 등을 기준으로 결정한다.

- 침투가격전략: 초기에 동일한 제품에 대해 비교적 저렴하게 가격을 책정하고, 나중에 제품가격을 인상하는 전략이다.
- 초기고가전략: 신제품을 출시할 때 유사한 제품에 비해 초기에는 비교적 높게 제품가격을 책정하고, 점진적으로 가격을 인하하는 것을 의미한다.

- **중립가격전략**: 자신들의 비용구조나 수요보다는 경쟁자의 가격을 보다 중요하게 생각하고, 주된 경쟁자의 제품가격과 동일하거나 비슷한 수준에서 책정하는 방법이다.

3) 판촉가격 정책

- **제품계열가격**: 동일한 제품범위에 있는 서로 다른 품목을 상이한 가격대로 설정하는 것이다. 특징과 편익이 클수록 소비자는 더 많이 지급하는 경향을 활용하여 가격대별 차이가 있는 품목에 적용한다.
- **묶음가격**: 유사하거나 동일한 제품을 묶어서 구입하면 낱개로 구입하는 것보다 더 저렴하게 가격을 설정하는 것이다.
- **심리적 가격**: 최종가격의 선정에 있어 가격에 대한 소비자 지각을 반영하는 방법이다. 예를 들면, 소매상들이 9,990원, 990원과 같은 가격표를 사용한다.
- **사양제품가격**: 주제품 이외에 각종 액세서리나 선택제품을 고가로 설정한다. 이 전략은 주로 자동차, PC나 아파트에서 일반적으로 사용된다. 보통 자동차의 기본모델은 비교적 싸게 하고 사양제품은 비싸게 책정한다.
- **종속제품가격**: 주제품과 함께 사용하는 제품을 동시에 판매하는 것이다. 예를 들면, 면도기와 면도날, 프린터와 잉크 카트리지이다.
- **손실유도**: 특정 제품을 끌기 위해 저가격을 사용한다. 그러나 경쟁력이 있는 가격결정 전략을 선택하는 마케터는 비가격경쟁을 사용하려고 한다.
- **명성가격**: 자사 브랜드를 탁월한 품질이나 사회적 지위의 표상으로 만들기 위해 최고급 제품의 가격을 설정하는 전략이다.

4) 가격할인 정책

- **현금할인**: 제품을 구입하고 현금으로 대금을 지급할 경우 일정 금액을 할인해주는 경우이다. 대손을 방지하고, 유동성을 확보하기 위해 사용된다.
- **수량할인**: 대량으로 구매하는 경우 일정 금액을 할인해 주는 제도이다. 대량판매는 판매비용, 보관비용, 배송비용, 주문처리비용 등을 절감할 수 있다.
- **거래할인**: 중간상이 판매업자가 하는 일을 대신 해주는 경우 그 역할에 대한 보상으로 일정 금액을 할인해 주는 제도이다.
- **계절할인**: 계절이 지난 제품을 구매하는 소비자들에게 재고를 소진하고 유동성을 확보하기 위해 일정 금액을 할인해 주는 제도이다.
- **공제**: 보상판매로 기존제품을 신제품으로 교체 구매할 때 기존제품의 가격에서 일정한

비율만큼을 공제해주는 제도이다.

4. 브랜드전략

브랜드(brand)는 판매자의 상품이나 서비스를 식별하고, 경쟁자와 구별하기 위해 의도된 이름, 용어, 신호, 상징, 디자인이나 이들의 결합이다. 브랜드는 어떤 기대를 충족하겠다는 고객에 대한 약속이며, 회사의 가장 중요한 자산이다. 브랜드가 기존과 잠재고객의 욕구와 핵심 가치를 표현하는 것을 확실히 하기 위해 끊임없이 브랜드를 추적하는 것이 중요하다. 브랜드의 목적은 간결한 메시지를 전달할 수 있어야 한다. 브랜드는 회사의 신뢰성을 확인하고, 표적고객과 감성적으로 연결하고, 구매자를 자극하고, 고객충성도를 강화한다.

1) 브랜드의 유형

브랜드(brand)의 유형은 기업브랜드, 공동브랜드, 개별브랜드와 브랜드수식어가 있다. 삼성, 현대, LG, SK, 농심과 쿠쿠와 같이 기업의 이름을 그대로 사용하는 브랜드는 기업브랜드(corporate brand)이다. 여러 가지 상품에 공동으로 사용하는 브랜드는 공동브랜드(family or umbrella brand)이다. 갤럭시, 쏘나타, 신라면 등 특정 제품에만 사용하는 브랜드를 개별브랜드(individual brand)라고 한다. K5, SM5, 갤럭시 7처럼 구형 모델과 구별하기 위해 붙이는 숫자, 문자 등 수식어를 브랜드수식어(brand modifier)라고 한다.

2) 브랜드전략

브랜드를 부착할 것인가의 여부와 브랜드의 소유자를 누구로 할 것인가 등 브랜드의 기본 방향을 결정하는 것을 브랜드전략이라 한다. 제조업자브랜드(national brand)는 제조업자 자신이 브랜드명을 소유하며, 생산된 제품의 마케팅전략을 제조업자가 직접 통제한다. 유통업체브랜드(private brand)는 도소매상이 하청을 주어 생산된 제품에 도소매상의 브랜드명을 부착한다. 무브랜드(generic brand)는 제품에 브랜드를 붙이지 않고, 철물, 맥주, 콜라, 설탕 등 제품의 내용만 표시한다. 브랜드확장(brand extension)은 2080 치약이 성공하여 2080 칫솔이나 구강용품에 사용하는 것처럼 기존 브랜드를 다른 제품에 사용하는 경우를 의미한다. 브랜드확장은 원래의 브랜드와 관련성이 있어야 바람직하다.

3) 브랜드명의 결정

브랜드는 브랜드가 표현하는 것을 신뢰하는 충성고객을 갖는다. 이것이 신규 진입자들이 브랜드와 경쟁하는 것을 어렵게 하는 이유가 된다. 바람직한 브랜드명은 제품의 편익이나 품질과 연관성이 있다. 경쟁자와 명백히 구별되고, 세상에서 흔하지 않고, 독특한 느낌을 주고, 기억이나 발음하기 쉽고, 브랜드명의 의미가 부정적이거나 혐오의 대상이 아니어야 한다. 또한 글로벌 브랜드명에 적합한지와 진출국가의 언어와 문화를 검토할 필요가 있다. 우수한 브랜드 네임이 갖추어야 할 요건은 브랜드와의 연관성, 유연성, 독특성과 기억용이성이 있다.

INSIGHT 종교가 된 브랜드의 비밀

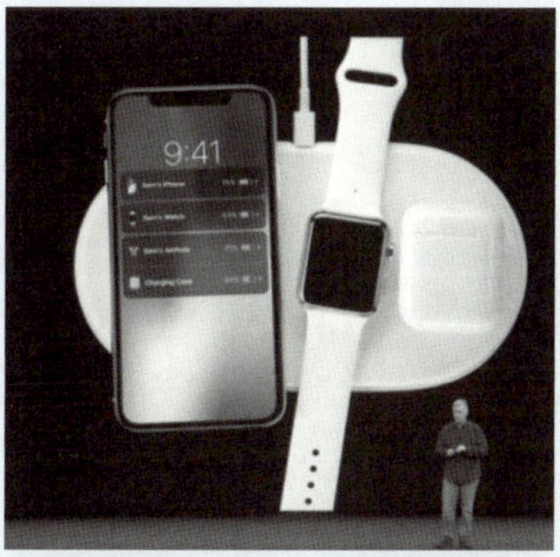

애플에는 마치 종교의 신도를 방불케 하는 일부 충성고객이 존재한다. 설령 제품이 비싸고 하드웨어 성능이 부족하더라도 애플 제품만을 원하는 소비자가 있다. 스마트폰과 컴퓨터뿐 아니라 좀더 비싸더라도 이어폰과 마우스, USB 등 부속품도 애플의 제품으로 맞추고 싶어 하는 사람들이다. 나이, 사는 곳, 직업이 다르더라도 애플에 대한 열정 하나로 커뮤니티를 구성하기도 한다. 스티브 잡스의 사망 소식에 전 세계 애플 팬들은 각자의 SNS에 'IP 잡스'(Rest In Peace: 평화롭게 잠들기를)를 올리는 등 애도 물결을 이어갔다. 쇼핑학의 창시자인 마틴 린드스트롬(Lindstrom)은 "성공하는 브랜드는 종교적 요소를 가지고 있다"고 설명했다. 그는 "할리 데이비슨, 애플, 헬로키티, 디즈니, 레고 등 이름만으로 소비자를 설레게 하는 브랜드를 구매하는 고객들은 단순 소비자라기보다는 철저한 신자에 가깝다"고 말했다.

브랜딩은 이성이 아니라 감성이다. 머리로는 이해할 수 없는 비합리적 소비를 이끌어내는 게 바로 브랜딩이다. 일본 산리오사(社)는 30년 넘게 수십억 달러를 벌어들였다. '헬로키티는 오염되지 않은 천사다. 신이 태초에 만든 창조물이다. 헬로키티 고객들은 제품의 질과 관계없이 헬로키티가 그려진 칫솔, 치약 등 거의 모든 제품을 사들인다. 많은 소비자는 헬로키티가 단순히 귀여운 캐릭터를 넘어서 친구, 나를 나타내는 존재, 숭배 대상이라고 말한다. 첫째로 독특한 소속감으로, 구속력 있는 커뮤니티 의식이 조성돼 있다. 팬들끼리 브랜드에 대한 애정을 공유하면서 구성원 간의 관계가 강해지고 강한 소속감이 일어난다. 둘째는 목표 의식이 있는 비전이다. 애플은 '복잡한 것을 단순하게' 만드는 비전을 가지고 있다. 셋째는 리더나 숭배 대상이 존재해야 한다. 천재 스티브 잡스, 동심으로 돌아가서 환상을 경험하게 하는 미키마우스 등 믿음을 투영할 수 있는 인물이나 대상이 있어야 한다. 브랜딩의 모든 부분이 하나의 가치를 형성해야 하는데, 이를 위해 시각 · 청각 · 후각 등의 감각까지 활용해야 한다.

그림 11-8 바람직한 브랜드 네임의 요건

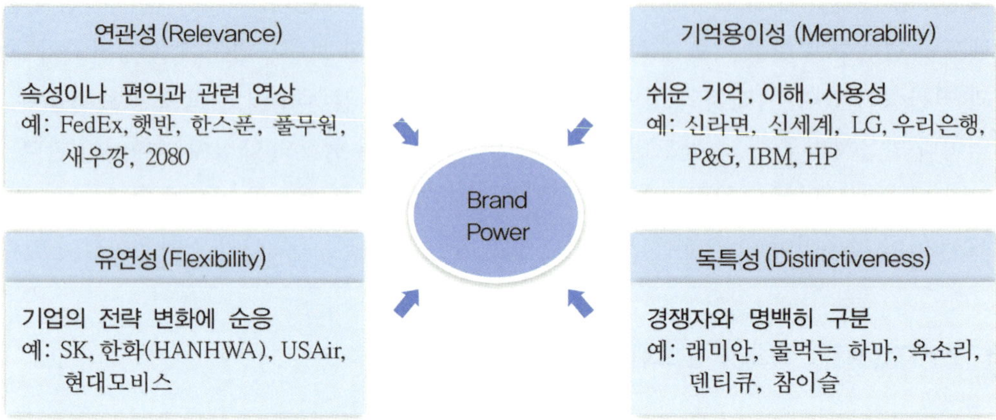

3절 시장전략

우수한 시장전략을 갖추는 것은 모든 기업의 성공의 열쇠이다. 시장전략이 없으면 집중력이 부족하고, 집중하지 않으면, 기업이 설정한 목표에 도달하지 못할 것이다. 기업은 시장에서 경쟁자와 고객을 확보하기 위해 우수한 시장전략을 수립하고 추진한다. 시장세분화, 표적화와 포지셔닝은 시장에서 경쟁자보다 더 유리한 위치를 차지하여 판매를 증진하려는 전략이다. 시장전략의 초점은 제품과 서비스가 고객의 요구를 충족하는지 확인하고 해당 고객과의 장기적이고 수익성 있는 관계를 개발하는 것이다. 이를 위해서는 고객의 인식과 수요의 변화에 대응할 수 있는 유연한 전략이 필요하다.

1. 시장세분화

시장세분화(segmentation: S)는 전체시장을 비교적 동일한 욕구를 가진 고객의 집단으로 나누는 것이다. 표적시장(target market)은 특정 제품을 구입할 가능성이 가장 높은 소비자의 특정 시장을 의미한다. 표적화(targeting: T)는 시장세분화를 통해 목표로 하는 시장의 고객 집단을 선정하는 과정이다. 포지셔닝(positioning: P)은 소비자의 마음속에 경쟁제품보다 더 유리하게 자사제품을 자리잡게 하는 과정이다. STP 전략은 조직의 현재상황, 자원이나 능력,

그림 11-9 세분화, 표적화와 포지셔의 과정

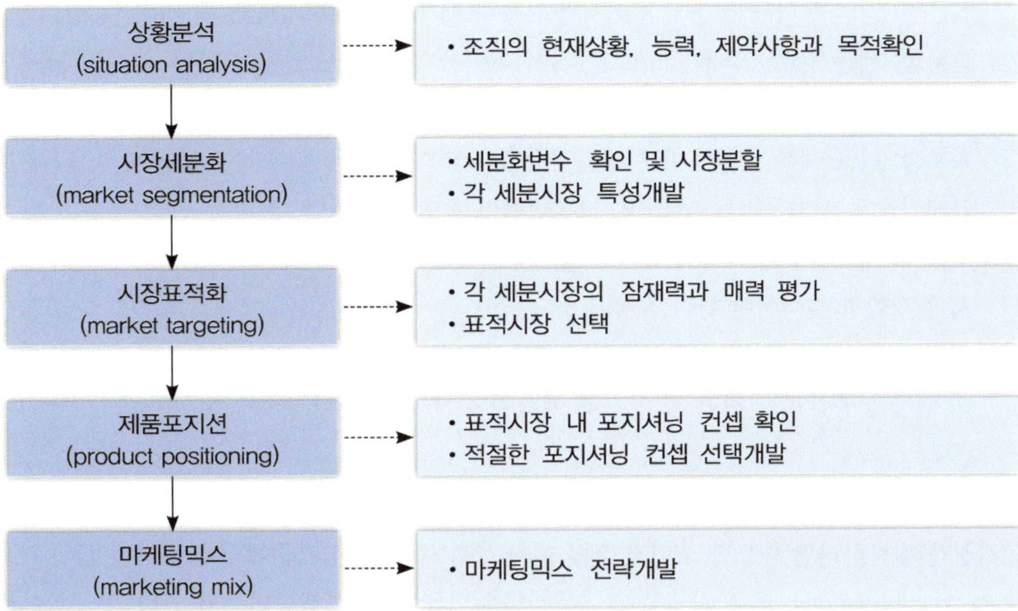

제약사항과 시장진출 목적에 대한 상황분석부터 시작한다.

마케팅을 대량마케팅, 제품다양화 마케팅과 표적마케팅으로 분류할 수 있다. 대량마케팅은 기업이 한 종류의 제품으로 모든 구매자에게 판매하는 전략으로 대량생산, 대량유통과 대량촉진이 특징이다. 대량마케팅은 규모의 경제나 경험효과로 생산원가의 절감과 단일마케팅 프로그램으로 인한 마케팅 비용을 절감할 수 있다. 제품다양화 마케팅은 기업이 제품의 기능, 형태, 크기, 색상, 디자인 등에서 차이 있게 보이는 2개 이상의 품목을 생산하여 판매하는 방식이다. 소비자들의 취향과 싫증에 대처하기 위해 회사가 다양성과 변화를 도모하는 전략이다. 표적마케팅은 하나 또는 복수의 시장을 선택하여 이에 적합한 차별적인 제품과 마케팅믹스로 노력을 집중하는 것이다.

1) 시장세분화의 요건

시장세분화는 전략과 전술의 두 수준에서 작동한다. 전략수준에서 세분화는 포지셔닝에 관한 이사결정과 직접적인 관련이 있다. 전술수준에서는 어느 고객집단을 목표로 하는지와 관련이 있다. 이러한 목적을 정당화하기 위한 시장세분화에 대하여 만족해야 할 요건이 있다. 효과적인 세분시장의 요건은 측정성, 접근성, 충분성, 독특성, 적합성과 실행성이다.

- 측정성: 세분시장의 규모나 고객들의 구매력 등을 측정할 수 있어야 한다.
- 접근성: 기업은 목표 세분시장을 유통경로나 매체를 통해서 접근할 수 있어야 한다.
- 충분성: 세분시장은 충분히 규모가 커서 이익을 창출할 수 있어야 한다. 회사가 규모의 경제와 경험효과를 활용할 수 있어야 한다.
- 독특성: 목표 세분시장은 다른 세분시장과 차별화된 다른 특성이 있어야 한다. 다른 세분시장으로부터 구별될 수 있고, 고객반응에 독특해야 한다.
- 적합성: 세분시장은 회사의 목적, 기술, 자원과 적합해야 한다. 기업의 사명, 규모와 이미지에 적합한 것이어야 한다.
- 실행성: 회사는 세분시장에 접근할 수 있는 효과적인 마케팅 프로그램을 개발하고, 미래의 행동을 충분히 신뢰할 수 있도록 예측할 수 있어야 한다.

2) 시장세분화의 기준

시장을 세분하려면 중요한 소비자, 제품이나 상황 등 관련된 기준에 근거하여 수집된 자료를 사용한다. 세분화기준은 대체로 인구통계변수, 심리변수와 행동변수가 있다. 인구통계변수는 인구, 연령, 소득, 사회계층과 지리 등이 있다. 심리변수는 라이프스타일, 성격, 지각과 태도 등이 있다. 행동변수는 추구편익, 제품사용, 사용자 상태, RFM, 충성도와 브랜드 열성, 중요 행사와 매체 이용경험 등이다. 이러한 자료는 전술수준의 마케팅 활동에 유용하다.

그림 11-10 세분화를 위한 소비자기준

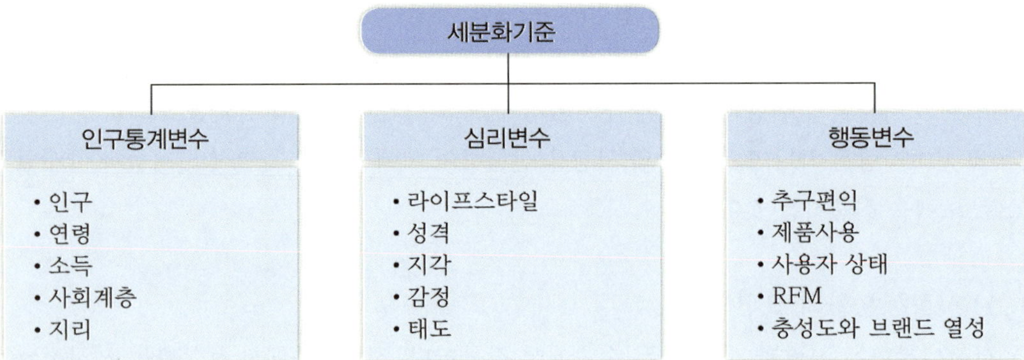

2. 표적시장

시장표적화(market targeting)는 시장세분화를 통해 목표로 하는 시장의 고객집단을 선정

하는 과정이다. 이것은 세분화 과정 동안에 확인된 다양한 세분시장을 평가하고, 가장 잘 제공할 수 있는 세분시장의 수와 위치를 결정하는 것이다. 세분시장이 확인되면 기업은 표적마케팅 방법을 선택할 필요가 있다. 표적시장 마케팅(target marketing)은 기업이 소비자의 욕구와 필요에 따라 시장을 몇 개로 세분하여 각기 다른 마케팅믹스를 제공하는 것이다. 마케팅전략은 4개가 존재한다. 즉, 비차별 마케팅, 차별화 마케팅, 집중화 마케팅과 맞춤 마케팅이다.

1) 비차별 마케팅

비차별 마케팅은 시장에 존재하는 고객의 욕구나 필요의 차이를 무시하고 공통점에 중점을 두어 전체시장을 단일제품과 단일 마케팅 프로그램으로 공략하는 대량마케팅전략이다. 이것은 다양한 구매자에게 적용하거나 공통적으로 보이는 특징에 집중하는 것이다. 예를 들면, 초기에 Ford의 T모델 자동차는 동일한 제품으로 전체시장에 접근하였다. 기업이 표준화된 제품을 취급하는 비차별 마케팅의 이점은 제조, 촉진과 유통에서 엄청난 비용의 경제에 대한 기회를 제공하는 것이다.

2) 차별화 마케팅

차별화 마케팅은 전체시장을 여러 개의 세분시장으로 나누고 각 세분시장의 상이한 욕구에 적합한 마케팅믹스를 활용하는 전략이다. 시장의 경쟁강도 심화와 정교화로 시장의 탈 대중화 현상이 증대함에 따라 제품다양성 마케팅과 표적마케팅의 전략이 점점 중요하다. 새롭고 다른 세분시장에 호소하는 것보다 차라리 제품차별화나 제품다양성 마케팅으로 기존 구매자들에게 더 큰 다양성을 제공하는 방향으로 이동할 필요성이 있다. 회사는 주요 세분시장을 확인하고, 하나 이상의 세분시장을 목표로 하고, 그런 다음 각 세분시장의 특정한 수요에 맞추는 마케팅 프로그램을 개발하는 것이다.

3) 집중화 마케팅

집중화 마케팅은 세분시장 중에 한 시장을 선택하고, 단일 마케팅믹스로 단일 표적시장에 노력을 집중하는 전략이다. 집중화의 장점은 특정한 시장을 확인하고, 주요 표적으로써 세분시장에 광고하고 유통함으로써 비용을 통제할 수 있다. 집중화의 단점은 목표로 하지 않는 고객을 놓칠 수 있다. 기업이 경쟁자에 의해서 직접적이고 지속적인 공격을 받게 되고, 표적시장의 수요가 침체할 경우 취약할 수 있다. 이것 때문에 많은 기업들은 다중시장 정책을 추구하고, 다양한 다른 세분시장 정책에 집중하고, 그런 다음 각 세분시장에 적합한 마케팅믹스를 개발한다. 집중화 마케팅은 마케팅 노력을 분산하기보다는 오히려 만족할 수 있는 가장 큰 기회를 갖는 구매자에게 집중하여 수익을 창출하는 것이다.

4) 맞춤 마케팅

맞춤 마케팅은 마케팅전략이 각 시장세분화와 관계없이 개별고객을 위해 개별적인 전략을 개발하는 미시마케팅이다. 미시마케팅은 모든 고객 속에서 개별고객을 보는 방법이다. 개별적인 고객의 욕구나 선호를 충족하기 위해 개별적인 맞춤 제품과 마케팅 프로그램을 제공한다. 개별적인 마케팅은 충족되지 않은 고객의 욕구를 발견해 내고, 그러한 욕구를 충족시켜 줄 제품을 생산하여, 고객에게 제공하는 일대일 마케팅이다. 이것은 B2B나 고객의 주문에 의한 맞춤식 자동차 제작처럼 높은 가치가 있는 주문제품에서 매우 지배적이다. 주로 소비재에서는 자동차, 보석, 식품이나 의복이, 산업재에서는 특정한 산업제품이 주문자의 요구사양에 따라 제작된다. 예를 들면, Dell컴퓨터는 온라인 주문으로 맞춤형 PC를 제작하여 판매한다. 남들과 같은 것을 싫어하는 고객에게 맞춤형 제품을 제공한다.

3. 포지셔닝

포지션(position)은 제품이 점유하는 시장에서의 위치이다. 포지션은 제품이 표적시장 내에 있는 고객의 마음 혹은 인식 속에서 차지하는 상대적 위치를 의미한다. 즉, 포지션은 어떤 제품이 소비자의 마음속에 인식되고 있는 모습이다. 포지셔닝(positioning)은 자사제품이 경쟁제품에 비하여 소비자의 마음속에 가장 유리한 위치를 차지하게 하는 과정이다. 따라서 포지셔닝은 표적고객의 마음속에 의미 있고, 특징적인 경쟁적 위치를 점유하기 위해 회사의 제공물과 이미지를 계획하는 활동이다. 포지셔닝은 소비자의 마음 또는 인식에서 경쟁 브랜드에 비해 특정 브랜드가 차지하고 있는 위치를 강화하거나 변화시키는 전략이다. 따라서 포지셔닝은 세분화된 시장에서 제품차별화를 통해 경쟁우위를 확보하는 방법이다.

그림 11-11 포지셔닝의 진행 과정

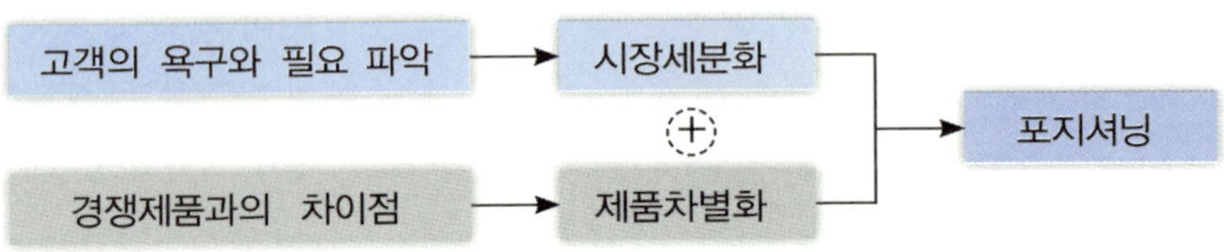

1) 포지셔닝의 전략

경쟁상태 내에서의 자사 브랜드의 위치, 소비자의 욕구와 제품특성 등을 통합적으로 고려한다. 고객들이 특정 제품범주를 생각할 때 자사의 브랜드가 최초로 또한 우수한 제품으로 상기하도록 하는 것이다. 포지셔닝 전략에는 제품속성과 편익, 제품범주, 사용상황, 사용자, 가격과 품질, 경쟁자 대항, 경쟁자와 반대 설정과 브랜드 이미지 등이 있다.

- 제품속성과 편익: 제품이 표적고객에게 제공하는 속성과 편익에 집중한다.
- 제품범주: 제품을 제품범주의 선도자나 최초 브랜드로 인식하게 한다.
- 사용상황: 고객들이 제품을 언제 또는 어떻게 사용하는지를 강조한다.
- 사용자: 제품을 사용자의 독특한 특성이나 특정 계층의 사용자 집단과 연결한다.
- 가격과 품질: 가격으로 품질을 연상하게 하는 포지션이다.
- 경쟁자 대항: 구체적인 제품의 우수성을 주장한다.
- 경쟁자와 반대: 어떤 제품이 우위를 차지하는 시장에서 주의를 얻는 데 도움이 된다.
- 브랜드 이미지: 브랜드를 특정한 상징과 연결하고 이미지와 결합한다.

2) 포지셔닝 전략의 수립

제품포지셔닝 전략은 제품을 차별화하고, 중요한 고객에게 구매기준을 설명하고, 핵심적인 제품속성을 분명히 표현한다. 제품, 표적시장과 경쟁력이 있는 포지셔닝의 상호 관련 요소는 경쟁우위를 달성하기 위해 균형을 이룰 수 있도록 요소의 적절한 결합을 고려한다.

▶ 표적시장의 이해

정보를 수집하고 해석하기 위하여 표적고객의 특성을 사용하고, 표적고객이 사용하는 구매기준을 파악한다. 각각의 구매기준에 대하여 속성의 중요도를 사용하여 우선순위를 작성한다. 잠재구매자들로부터 속성의 중요도를 조사하여 선정할 수 있다. 표적고객으로부터 직접 수집한 자료가 타당성이 없다면 판매원이나 산업의 전문가에게 자문을 구한다.

▶ 경쟁자의 이해

진출하고자 하는 표적시장에 경쟁자들이 그들의 제품을 이떻게 포지션하고 있는지를 지각도로 판단한다. 경쟁제품이 위치하는 영역이 각각 다르고, 치열한 경쟁 영역과 비어 있는 공백이 발견된다. 경쟁 영역과 공백에서 자사의 제품이 경쟁할 위치를 찾는 것은 매우 중요한 과업 중의 하나이다. 지각도는 소비자가 어떤 제품과 관련하여 중요시하는 속성에 따라 다차원 공간상에서 경쟁제품들이 차지하는 상대적 위치를 나타내는 지도이다.

▶ 고객의 구매기준 분석

성공적인 포지셔닝을 위해 고객이 가장 중요하게 생각하는 구매기준을 선정한다. 제품을 포지션하는 각 경쟁자를 주목하기 위해 고객의 구매기준 목록에 경쟁자의 포지션을 추가한다.

▶ 자사의 제품강점 평가와 위치 선정

고객이 가장 중요하게 생각하는 구매기준이 자사제품과 적합해야 한다. 이를 위해서는 자사제품의 강점을 평가하고, 제품차별화 요인을 찾아야 한다. 경쟁제품에 없는 제품차별화 요인을 찾고, 이를 포지션에 차별적으로 활용한다. 제품차별화 의미와 유형을 설명한다.[4)]

- 자사의 제품강점 평가
- 제품강점 요인 추출과 위치 선정

▶ 마케팅믹스 개발

제품 상업화는 신제품을 시장에 출시하는 것으로 제품출시, 안정적인 생산량 증가, 마케팅 자료와 프로그램개발, 공급사슬개발, 판매경로개발, 훈련개발과 지원개발을 포함한다. 출시는 최초 판매를 위해 신제품을 시장에 도입하는 과정이다. 이러한 시장출시를 위한 마케팅믹스를 개발하는 단계로 이전한다.

INSIGHT 한겨울 빨간색 찜통의 유혹…1초당 7.6개 팔리는 국민간식

호빵은 고(故) 허창성 회장이 1969년 일본 방문 당시 거리에서 파는 찐빵에서 영감을 얻어, 제빵업계의 비수기를 타개하려는 목적으로 개발됐다. 허 회장은 찐빵과의 차별화를 위해 '뜨거워서 호호 분다'는 의미의 '호빵'이라고 이름을 지었다. 반응은 폭발적이었다. 서울 구로구 가리봉동 공장의 호빵 라인을 24시간 가동하며 사무직원까지 포장 작업에 투입될 정도로 바빴다고 회사 관계자는 전했다. 출시 첫해인 1971년 12월 31일에는 하루 만에 100만 개의 호빵이 팔리며 당시 식품 판매

---

4) 유순근(2016), 센스 마케팅, 무역경영사.

신기록을 달성하기도 했다. 지금까지 판매된 호빵을 나란히 늘어뜨리면 지구를 약 15바퀴 돌고, 위로 세워 쌓으면 에베레스트 산을 약 1만7,000번 왕복할 수 있는 높이에 해당한다. 1초당 7.6개의 호빵이 팔리고 있는 셈이다. 지난해 기준 호빵 매출은 1,000억 원에 달했다.

SPC삼립은 변화하는 트렌드에 맞춘 제품을 계속해서 선보이기 위해 연구·개발(R&D)에 꾸준히 투자해 왔다. 최근 SPC그룹 특허 토종 유산균과 우리 쌀에서 추출한 성분을 혼합해 개발한 '발효미(米)종'을 올해 출시되는 호빵 전 제품에 적용해 호빵의 쫀득하고 촉촉한 식감을 강화했다. 특허받은 포장기술인 '호빵 스팀팩'도 개발했다. 스팀팩은 포장지를 뜯지 않은 채 전자레인지로 제품을 가열하면 적절한 시점에 포장지가 알맞게 열리도록 개발된 기술이다. 내부 습도가 유지되어 찜기를 사용하지 않아도 촉촉하고 폭신한 호빵의 식감을 잘 느낄 수 있다.

출처: 중앙일보 2020.10.24

4절 유통전략

1. 유통경로

유통(distribution)은 상품을 최종 소비자에게 이전시켜주는 활동이다. 따라서 유통은 생산자와 소비자 간의 공간과 시간적 간격을 줄여주는 가치창출 활동이다. 이 과정에 참여하는 경로 구성원들은 제조업자, 중간상과 구매자들이다. 유통구조는 생산자와 소비자 간의 상품의 이동을 위해 구축된 유통기관 및 경로를 의미한다. 제조에서 소비로 가치가 이동하는데 관계가 있는 모든 중개기관으로 구성된 조직 간 시스템이다. 유통경로조사는 상품이 목표고객에게 가장 효율적으로 전달되는지를 파악하는 것이다. 대체로 중소기업은 대기업보다 판매량이 적기 때문에 유통경로에 따라서 하나 이상의 중개경로를 갖는다.

그림 11-12 유통경로

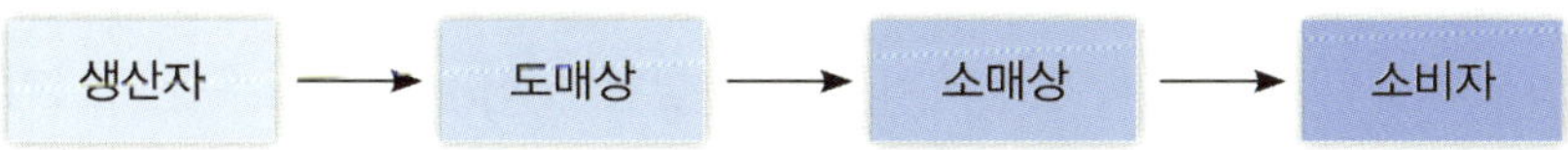

유통경로(distribution channel)는 제조업자로부터 최종 소비자에게 상품이나 서비스가 이

동하는 과정에 참여하는 조직이나 개인들을 뜻한다. 유통은 가상점포뿐만 아니라 물적 점포를 포함한다. 운송 방법은 유통경로나 마케팅 경로에 의해서 영향을 받는다. 상품은 제조업자로부터 소비자에게 직접 전달되는 경우는 드물지만, 대신 도매상, 대리인이나 기타 요인의 손을 통하여 이동된다. 소매상(retailer)은 소비자, 가족이나 친구의 사용을 위해 상품을 판매한다. 도매상(wholesale)은 최종 소비자에게 상품을 판매하지 않고, 주로 소매상, 다른 도매상이나 기업 고객들에게 판매하는 중간상이다.[5)]

그림 11-13 소비재의 유통경로

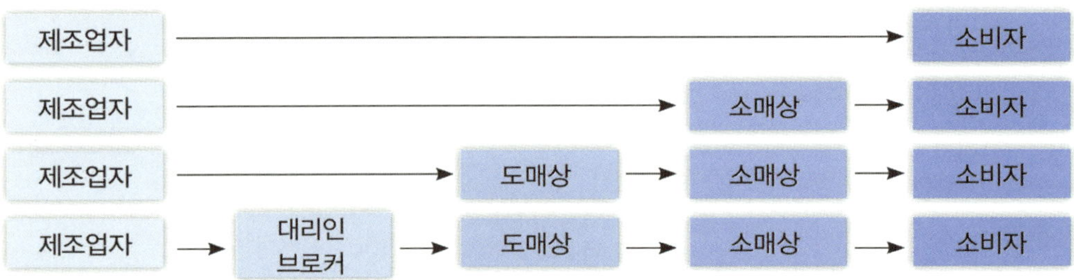

2. 촉진믹스

촉진믹스(promotional mix)는 광고, PR, 판매촉진과 인적판매 등이 있다. 광고는 촉진믹스의 매우 효과적인 요소이다. 매체는 회사가 메시지를 전달하는 방법이다. PR은 매체를 통하여 기업과 좋은 관계를 유지하고, 기업의 이미지를 높여 판매를 증대하는 활동이다. 판매촉진은 마케팅믹스에서 단기적으로 가장 효과적인 요소로 판매원이 고객에게 효과적인 방법을 제시하고, 구매를 유인하는 데 도움이 된다. 따라서 회사의 제품을 구매하도록 표적고객을 설득하고 의사소통하는 것을 의미한다.

촉진믹스는 표적시장에서 제품의 포지셔닝을 결정하는 것이지만, 제품의 원가를 추가하는 요인이기 때문에 사전에 지출을 고려한다. 이러한 촉진믹스를 마케팅 커뮤니케이션 믹스라고도 한다. 촉진믹스는 고객들에게 정보를 제공하고, 고객들을 설득하고, 상기하고, 연상하는 것이다. 그럼으로써 제품판매를 증대하는 목표를 달성한다. 촉진 활동은 대부분 예산이 확정되고 동의한 후에 많은 목표를 달성하기 위해 수행된다. 신제품 출시뿐만 아니라 제품이 성숙기에 접어들었을 때 또는 시장점유율을 끌어올릴 목적으로 실행하여 매출을 증가하는데

5) 유순근(2016), 센스마케팅, 무역경영사.

기여한다. 결과적으로 제품판매를 증대하려는 촉진믹스의 목적에는 이미지 구축, 제품차별화, 포지셔닝 전략과 직접반응 등이 있다.

그림 11-14 촉진믹스

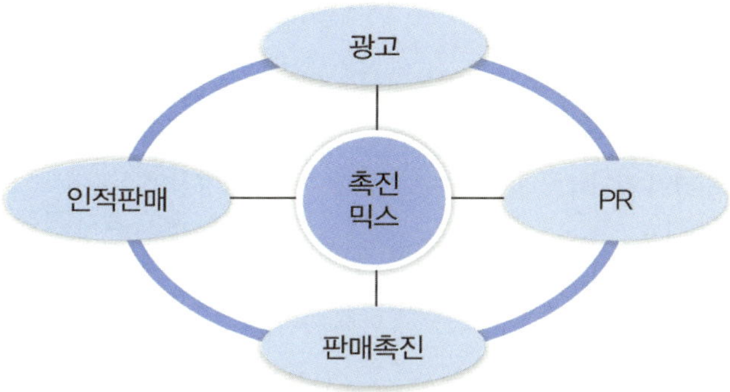

- **제품 이미지 구축**: 제품 이미지 구축은 제품의 특정한 위치를 전달하기 위해서, 사용자의 라이프스타일을 보충하는 방법을 강조하기 위해 계획한다.
- **제품차별화**: 제품차별화는 차이점을 강조함으로써 경쟁제품보다 더 우수한 것을 나타내는 것이 목적이다. 대부분 이것은 독특한 판매제안의 형태를 띤다.
- **포지셔닝 전략**: 포지셔닝 전략은 경쟁제품의 지각과 비교하여 제품을 소비자들이 지각하는 방법과 관련이 있다. 예를 들면, 소매상이 큰 점포보다 더 싼 가격을 강조할 수 있다.
- **직접반응**: 직접반응은 구매, 광고 전단의 요청이나 점포 방문 시 소비자의 즉각적인 반응이 나타나는 것이다.

1) 광고

광고(advertising)는 광고주가 비용을 지급하고, 매체를 통해서 제품, 품질, 특징과 이용성에 관하여 현재와 잠재고객들에게 정보를 알리는 수단이다. 광고는 확인된 광고주에 의해 제품, 아이디어, 서비스나 조직에 관하여 매체를 통해 비인적 커뮤니케이션의 유료 형태이다. 광고는 표적시장으로부터 고객을 확보하기 위해서 의사소통의 중요한 수단이고, 인지를 창조하고, 정보를 전달한다. 광고는 신문, 잡지, 광고판과 같은 인쇄매체와 라디오, TV 같은 공중매체로 이루어진다. 매체를 통하여 광고되는 제품은 소비자들에게 표준적이고 합법적인 제품임을 전달하는 효과가 있다. 또한 동일한 메시지를 반복적으로 전달함으로써 소비자들을 수동적으로 학습시킨다.

표 11-3 광고매체의 특성

매 체	장 점	단 점
TV	• 시청각 효과가 크다. • 짧은 시간 내에 다수 청중 전달 • 강한 주의력과 유인력	• 고가의 광고비와 긴 제작기간 • 짧은 광고시간과 큰 간섭효과 • 표적화 어려움
신문	• 제작기간이 짧다. • 다량의 정보전달 • 특정 독자층 전달 가능	• 짧은 광고수명 • 시각에만 의존 • 주의력 유인 어려움
잡지	• 광고수명이 길다. • 표적화 가능 • 다량의 정보전달 가능 • 인쇄의 질이 높다.	• 한정적인 독자층 • 급한 광고 게재 곤란 • 큰 간섭효과 • 페이지 위치에 따라 광고효과의 차이
라디오	• 저렴한 광고비 • 전문채널로 표적화 용이 • 제작, 변경의 즉시성	• 청각에만 의존 • 정보 전달량과 광고시간 제약 • 주의력 유인 어려움
옥외광고	• 저렴한 광고비 • 반복적 시각 접근 • 특정 지역 표적 가능	• 정보 전달량 제한 • 환경과 미관 지장 • 표적청중 전달 난이

(1) 광고목표의 설정

- **정보제공광고**: 신제품을 처음 출시하는 시장 초창기에 소비자를 대상으로 브랜드 명, 사용 방법, 효과 및 특성 등에 관한 정보를 제공하는 것을 목적으로 한다.
- **설득광고**: 성장기나 성숙기 초기에 소비자에게 제품에 대한 태도를 긍정적으로 형성시키고, 제품에 대한 선호도나 제품속성에 대한 확신 등을 심어 주어 구매를 유도한다.
- **상기광고**: 특정 브랜드를 기억하고 있는 성숙기 시장이나 쇠퇴기 시장의 소비자에게 브랜드를 상기시킴으로써 반복구매를 유도하기 위한 광고이다.

표 11-4 광고의 목표

정보제공광고	설득광고	상기광고	강화광고
기본적 수요	선택적 수요	성숙기 상기	제품구매 확신
제품정보 전달	상표선호도 구축	제품 구득이용성 증대	인지부조화 감소
기존제품의 신용도 제안	상표전환 유도	제품 회상력 유지	긍정적 구전
제품의 가격 변화 전달	제품속성의 변화 유도	최초상기군 형성 효과	구매취소 방지
기업 이미지 구축	구매 설득	회상과 상기 유지	고객관계 유지와 강화

- **강화광고**: 소비자가 특정 브랜드를 구입하고 나서 올바른 선택을 했다거나 현명한 구매를 했다는 점을 강조함으로써 구매 확신을 주기 위한 광고이다.

(2) 메시지의 표현방식

- **이성적 광고**: 소비자에게 제품의 성능, 속성, 편익 등을 논리적으로 강조하여, 제품구매를 유도하는 광고로 주로 제품정보 제공을 기초로 하는 광고이다.
- **감성적 광고**: 감성에 호소하는 광고로 호의적인 느낌이나 감정을 형성하는 것을 광고목표로 하며, 제품기능이나 편익보다는 이미지를 표현 방법으로 사용한다.
- **성적 소구 광고**: 성적인 매력을 제품 호소의 기본으로 사용하는 광고이다. 화장품 등 성적 매력과 관련성이 높은 제품범주에서 주로 사용되는 광고이다.
- **증언형 광고**: 이성적 광고의 한 유형으로 유명인이나 표적시장 고객과 일치하는 일반인 소비자가 광고모델이 되고, 제품의 사용경험을 증언하는 표현형식이다.
- **티저 광고**: "괴롭히다, 놀리다"라는 의미를 지닌 'tease'에서 시작된 용어로 소비자의 호기심이나 주의를 환기시키는 광고이다. 시작 부분에서는 메시지의 일부만 노출시키고, 시간이 지남에 따라 점차 구체적으로 광고내용을 밝히는 방식이다.

2) PR

PR(Public Relations)은 홍보보다 더 넓은 개념으로 매체를 통하여 기업과 좋은 관계를 유지하고, 기업의 이미지를 높여 판매를 증대하기 위한 활동이다. 매체에서 돈을 받지 않고 신제품개발, 뉴스나 행사를 보도한다. PR에 사용되는 메시지가 일종의 정보라고 생각하기 때문에 광고보다 소비자들로부터 높은 신뢰를 얻을 수 있다. 따라서 제품속성이나 기능에 대한 신뢰를 형성하는데 효과적이다. PR의 수단은 홍보 활동을 포함하고, 언론, 사회, 봉사 활동, 정치, 정부기관에 기업 활동에 관한 것을 합법적으로 설득하는 행동이다.

3) 홍보

홍보(publicity)는 제품과 기업에 대한 호의적인 태도에 기여하는 방대한 커뮤니케이션을 만들어내는 무료 활동이다. 회사가 어떠한 돈도 지급하지 않는 형태이다. 회사는 회사와 제품의 호의적인 이미지를 얻기 위해 많은 시간과 노력을 들인다. 홍보에는 신문기사, 기자회견, 발표나 뉴스가 있다.

4) 인적판매

인적판매(personal selling)는 판매원이 고객과 직접 대면, 상품이나 서비스의 구매를 권유하는 커뮤니케이션 활동이다. 대면접촉을 통하여 메시지가 전달되기 때문에 소비자들이 제품에 대하여 확신을 갖게 하고, 구매를 유도하는 촉진 방법이다. 특히 고객과의 대면적인 상호작용으로 추가적인 질문이나 불만을 즉각적으로 처리할 수 있고, 고객의 반응을 신속하게 포착할 수 있다.

5) 판매촉진

판매촉진(sales promotion)은 광고, PR, 홍보, 인적판매 이외의 단기간에 판매를 증진하기 위해 중간상, 소비자, 판매원들을 대상으로 실시하는 모든 프로그램 활동으로 중간상 판매촉진과 소비자 판매촉진이 있다. 중간상 판매촉진은 중간상들이 자사의 신제품을 판매하고, 많은 재고를 보유하며, 넓은 진열공간을 확보하기 위한 것이다. 소비자 판매촉진은 단기적으로는 판매를, 장기적으로는 시장점유율을 증대하기 위한 것이다. 판매촉진은 구매나 좋은 제품의 시용을 유인하기 위한 단기적이고 임시적인 유인이다. 무료나 쿠폰, 할인, 무료 액세서리, 출시 기념품 등이 있다. 판매촉진 활동은 종종 소매점 수준에서 추진한다.

- 중간상 판매촉진: 중간상 할인, 협동광고, 교육훈련 프로그램
- 소매상 판매촉진: 가격할인, 쿠폰, 특수 진열, 소매점광고
- 소비자 판매촉진: 샘플, 쿠폰, 사은품, 경연, 추첨, 보너스 팩, 가격할인, 환불

3. 인터넷 마케팅

기업들은 전 세계를 연결하는 네트워크인 인터넷(world wide web)을 이용하여 상호 연결과 쌍방향 커뮤니케이션을 바탕으로 마케팅 활동을 한다. 인터넷 마케팅(internet marketing)은 인터넷과 다른 전자수단을 통해서 상품, 서비스, 정보와 아이디어 마케팅이다. 즉, 인터넷 기술의 사용을 통해 온라인으로 수행하는 마케팅 활동이다. 광고뿐만 아니라, 이메일과 소셜 네트워크와 같은 온라인 활동을 포함한다. 인터넷 마케팅의 모든 측면은 컴퓨터나 유사한 기구로 전송되는 전자정보를 의미한다. 인터넷 마케팅은 온라인 마케팅, 이마케팅이나 디지털 마케팅과 동일한 의미로 사용된다. 본서에서는 인터넷 마케팅으로 용어를 통일한다.

1) 인터넷 마케팅의 5P's

인터넷은 무형성 요소가 많고, 서비스가 생산과 동시에 소비된다. 이러한 요소들은 서비스 제공자와 이용자 간의 상호작용으로 이루어진다. 인터넷 마케팅은 인터넷을 이용하여 제품이나 서비스의 판매를 촉진하는 활동이다. 따라서 인터넷 마케팅은 고객, 시장, 가격, 판매, 유통을 충분히 아는 것이 필요하다. 인터넷 마케팅의 5P's는 제품(product), 사람(people), 가격(price), 촉진(promotion)과 장소(place)이다.

그림 11-15 인터넷 마케팅의 5P's

제품(Product)	사람(People)	가격(Price)	촉진(Promotion)	장소(Place)
• 기능성	• 표적고객	• 판매의 극대화	• 광고	• 채널동기
• 외관	• 서비스공급자	• 목표수익률	• 인적판매	• 광고범위
• 품질	• 지식	• 가치기반가격	• PR	• 물류
• 포장	• 서비스	• 저가격대	• 메시지	• 서비스수준
• 브랜드	• 태도	• 적정가격	• 매체	
• 보장			• 예산	
• 서비스와 지원				

2) 인터넷 마케팅의 구성 요소

인터넷 마케팅은 판매를 촉진하기 위해 인터넷으로 상품이나 서비스를 광고하고 마케팅하는 것을 뜻한다. 인터넷 마케팅은 사용자를 납득시키기 위해 웹사이트나 이메일에 의존하고, 사업거래를 촉진하기 위해 이커머스를 결합한다. 인터넷 마케팅에서는 특정한 도구, 즉 웹사이트, 검색엔진, 블로그, 배너, 이메일, 소셜 미디어나 모바일 앱을 통해 상품과 서비스를 촉진한다. 이와 같이 인터넷 마케팅은 다양한 요소로 구성되어 있다.

그림 11-16 인터넷 마케팅의 구성 요소

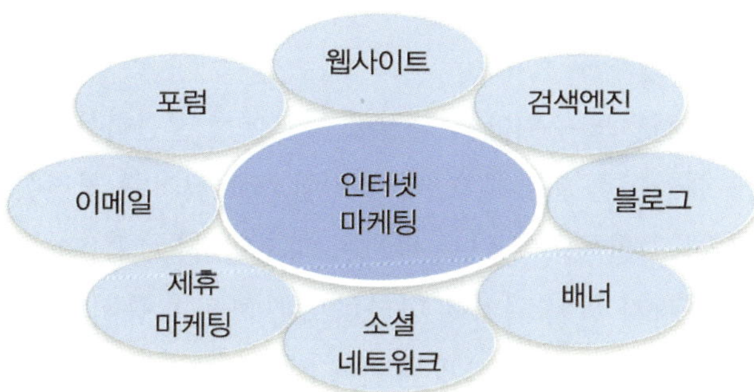

(1) 시장조사

인터넷 마케팅은 웹사이트의 사용자들을 표적으로 끌어들이고, 웹사이트에서 판매를 증가시킬 목적으로 실행되는 과정이다. 따라서 기업은 인터넷 마케팅의 명확한 목적을 수립하고, 강력한 시장이해가 필요하다. 다음과 같은 시장 요소를 조사한다.

- 웹사이트 소통량(traffic) 검토
- 광고전환율(ad conversion rate) 검토
- 기존고객의 요청질문 검토
- 고객의 고민점(pain points) 확인
- 분명한 답이 있는 FAQ의 목록 예상과 편찬

(2) 웹사이트 구축

인터넷 마케팅을 수행하는 첫 단계는 웹사이트의 구축이다. 회사는 매력적인 사이트를 디자인하고, 고객들이 사이트를 방문하고, 주위에 머무르고, 다시 자주 돌아오는 방법을 찾아야 한다. 웹사이트는 목적과 콘텐츠가 매우 다양하다. 가장 기본적인 유형은 회사 웹사이트이다. 이러한 사이트는 고객의 호의를 구축하고, 고객의 피드백을 수집하고, 판매채널을 보충한다. 고객문의에 답하고, 고객관계를 밀접하게 구축하고, 회사나 브랜드에 대한 흥분을 자아내기 위해 다양하고 풍부한 정보와 특징을 제공한다. 회사와 브랜드 웹사이트 방문자들은 다른 사람들에게 많은 영향을 주고, 그들에게 브랜드를 추천한다. 웹사이트는 직접 구매로 유인하는 상호작용에 소비자들을 관여하도록 한다.

(3) 검색엔진의 최적화

사용자가 검색하려는 키워드 주위에서 적절한 핵심어를 발견하는 것은 효과적인 웹사이트가 된다. 주제 순으로 핵심어를 분류하고, 각각의 글과 핵심어를 연결한다. 정확하고 관련된 핵심어의 선정은 신선하고 설득력이 있는 광고를 디자인하는 데 유용하다. 검색엔진의 최적화는 결과적으로 검색결과가 상위 위치에 나타나도록 하는 활동이다. 적절한 제목, 웹사이트 속도와 연결과 같은 요소는 핵심어의 전체 순위에 기여한다. 이것은 장기적으로 수익이 된다. 핵심어 조사 도구를 선정하기 전에 고려할 사항이 있다.

- 검색어 유입률을 얼마나 분명하게 기술할 수 있는가?
- 사용자들이 페이지에서 찾는 모든 고민점을 얼마나 분명하게 대답하는가?
- 핵심어가 사용자의 의도와 관련이 있는가?
- 해답을 찾는 동안 사용자들이 어떤 문장에 들어오는가?

3) 인터넷 광고

소비자들이 인터넷에서 많은 시간을 보냄에 따라 많은 기업들은 브랜드를 구축하거나 방문객들을 웹사이트에 유치하기 위해 온라인 광고에 많은 돈을 들이고 있다. 온라인 촉진은 콘텐츠 후원, 연합과 제휴 프로그램, 바이럴 광고 등이다. 콘텐츠 후원을 사용할 때 회사는 뉴스, 재무정보나 특별한 인터넷 주제와 같은 다양한 웹사이트의 특별한 콘텐츠를 후원함으로써 상호명이나 브랜드명을 노출할 수 있다. 바이럴 마케팅은 구전 마케팅의 인터넷 버전으로 전염성이 매우 강해, 고객들이 다른 친구들에게 넘겨주기를 원하는 웹사이트, 비디오, 이메일 메시지나 기타 마케팅 이벤트를 창조한다. 바이럴 마케팅은 웹사이트, 전화, 메시지 게시판이나 심지어 현실 세계의 이목을 끄는 행동 안에서 살아 있는 중독성이 있는 자기 선전광고이다. 고객들이 메시지나 촉진을 다른 사람들에게 전달하기 때문에 바이럴 마케팅은 매우 저렴하다. 정보가 친구로부터 올 때 수신인은 열린 마음으로 읽는다.

- **블로그**: 개인이나 집단에 의해서 구성된 웹 페이지이다. 주기적으로 갱신하고, 사업촉진을 위해 블로그를 작성할 수 있다.
- **배너**: 웹사이트에 띠 모양의 부착하는 광고이다. 인기 있는 페이지의 한쪽에 특정 웹사이트의 이름이나 내용을 부착하여 홍보하는 그래픽 이미지를 의미한다.
- **모바일 광고**: 스마트 폰으로 기업과 제품 인지도를 창조하고 촉진한다.
- **소셜 미디어**: 기존고객이나 잠재고객과 연결을 유지하고, 제품이나 서비스 인지도를 구축하고, 관심을 창조하고, 제품을 구매하도록 하고, 고객과 상호작용한다.
- **이메일**: 고객들의 질문에 답하기 위해 고객들과 상호작용하고, 웹사이트에 대한 고객경험을 향상한다. 수신인이 귀찮지 않도록 이메일을 재미 있고, 산뜻하게 작성한다.
- **콘텐츠 마케팅**: 고객을 획득하고, 유지하기 위해 매체를 구성하고, 공유하고, 콘텐츠를 게시한다.
- **인터넷 포럼**: 사람들은 메시지를 게시하고 대화에 관여한다.

4) 소셜 네트워크

소셜 미디어(social media)는 쌍방향 커뮤니케이션이 가능한 인터넷 미디어를 말한다. 신문이나 방송처럼 일방향으로 정보를 전달하는 것이 아니라 사용자들이 참여하고 정보를 공유할 수 있도록 만드는 참여형 미디어로 트위터, 블로그, 유튜브, UCC 등이 있다. 페이스북이나 카톡과 같은 소셜 미디어는 콘텐츠를 공유하고, 수정하고, 반응하거나 새로운 콘텐츠를 만듦으로써 커뮤니케이션의 과정에 있는 참여자들에게 권한을 주는 전자매체이다. 콘텐츠(contents)는 인터넷이나 컴퓨터 통신 등을 통하여 제공되는 각종 정보나 그 내용물을 의미한다.

▶ 소셜 네트워크의 개념

소셜 네트워크(social network)는 유사한 관심, 활동, 배경이나 실제 연결을 공유하는 사람들 간의 사회적 네트워크나 사회적 관계를 구축하는 플랫폼(platform)[6]이다. SNS는 웹사이트라는 온라인 공간에서 공동의 관심이나 활동을 지향하는 사람들이 공개적으로 또는 비공개적으로 자신의 신상정보를 드러내고, 정보를 교환함으로써 대인관계망을 형성해 주는 웹 기반의 온라인 서비스이다. 개인과 조직구성원들에게 연결을 형성하고, 정보를 공유하게 하는 소셜 네트워크는 최근에 비즈니스 커뮤니케이션에서 중요한 영향력이 되고 있다. 페이스북 이외에 다양한 공적 · 사적 소셜 네트워크를 사업가와 전문가들이 사용한다.

▶ 소셜 네트워크의 마케팅전략

소셜 미디어는 하나의 실체가 아니라, 사람과 웹 콘텐츠를 서로 연결하는 다양한 네트워크의 복합이다. 적절하게 사용된다면, 소셜 미디어는 가치 있는 마케팅 도구로 브랜드뿐만 아니라 회사의 존재를 증가시킬 수 있다. 회사의 소셜 네트워크의 규범과 관행은 온라인 환경의 변화에 따라서 진화한다. 다음은 소셜 네트워크를 활용하는 지침이다.

- **구성 방법 선정**: 메시지, 목적과 네트워크를 위한 구성 방법을 선정한다. 다양한 소셜 네트워크를 방문할 때 메시지의 다양한 형태를 관찰할 시간을 가진다.
- **가치 있는 콘텐츠 선정**: 콘텐츠 마케팅은 커뮤니티 회원에게 가치가 있는 정보를 무료로 제공한다. 이것은 현재와 잠재고객을 더 밀접하게 묶는 데 도움이 된다.

6) 용도에 따라 다양한 형태로 활용될 수 있는 공간, 컴퓨터 시스템의 기본이 되는 특정 프로세서 모델과 하나의 컴퓨터 시스템을 바탕으로 하는 운영체제.

- 대화참가: 지금 일어나는 온라인 대화를 탐색한다. 질문에 답하고, 문제를 해결하고, 루머와 오보에 반응한다.
- 커뮤니티 구축 촉진: 고객이 회사와 서로를 연결하는 것을 쉽게 한다. 특정한 제품의 소유자처럼 특정한 주제에 관심이 있는 사람을 연결하는 방법이다.
- 전통적인 촉진노력 축소: 적절한 시간과 적절한 장소에 전통적인 촉진노력을 축소한다. 설득 커뮤니케이션 노력은 특정한 커뮤니케이션 과업에 타당하지만, 소셜 네트워크 대화에 판매를 끌어들이는 노력은 청중들이 언제나 거절한다.
- 일관적인 개성 유지: 소셜 네트워크는 커뮤니케이션의 특정한 규범이 있는 독특한 환경이다. 현재 활동하고 있는 모든 네트워크에 일관적인 개성을 유지해야 한다.

12

창업기업의 경영전략과 성장전략

FOCUS

콘텐츠로 세계를 사로잡는 아이코닉스 최종일

◆ 뽀로로, 콘텐츠로 세계를 사로잡는 아이코닉스 최종일

최종일 대표는 1996년부터 금강기획 애니메이션 신사업팀으로 발령이 나면서 애니메이션에 관한 지식과 관련 업무를 진행하게 되었다. 당시 우리나라는 미국, 일본 다음으로 세계 3위의 애니메이션 제작국이었지만, 기술수준은 미국과 일본에서 기획한 애니메이션을 임가공하는 수준밖에 되지 않았다. 애니메이션을 기획하는 미국, 일본과는 달리 뛰어난 기술과 저렴한 인건비로 미국의 디즈니나 일본의 도에이 애니메이션 등으로부터 하청을 받아 그림을 색칠하고, 촬영하는 등의 OEM이 주류였다. 2001년 최종일 대표는 금강기획 애니메이션팀에 있던 직원 4명과 (주)아이코닉스(ICONIX Co.Ltd)를 설립했다.

◆ 뽀로로는 국산 캐릭터의 세계화

애니메이션 산업은 프리프로덕션(pre-production: 기획, 캐릭터 개발, 시나리오), 프로덕션(production: 색칠, 촬영)과 포스트프로덕션(post-production: 녹음, 효과음, 음악)의 단계를 거친다. 또 제작된 이후에는 배급과 캐릭터 산업이라는 단계를 거치게 된다. 뽀로로를 기획한 최종일 아이코닉스 대표는 "왜 우리는 미국과 일본처럼 못하지?"라는 생각으로 경쟁국인 일본의 성공사례를 분석했다. 일본의 경우 아동, 청소년, 성인을 대상으로 하는 애니메이션이 대부분이며, 유아용 애니메이션이 거의 없었다. 또한 대부분 오락성이 강해 폭력적이고 선정적이라 7세 미만이 시청하기 적합하지 않았다. 이 점에 주목하여 경쟁자들이 시도하지 않은 유아물로 목표를 정했다. 일본은 상대적으로 유아용 애니메이션을 많이 만들지 않는다는 것을 알게 되었고, 유아용 애니메이션을 제작한다면 해외진출에 유리하겠다고 생각했다. 아이들이 좋아하는 동물 펭귄을 주인공으로 하는 애니메이션에 관심이 있었다. 그러나 핑구는 강력한 펭귄 캐릭터로 시장에서 구축되었다. 핑구를 극복하기 위해서 더 좋은 디자인, 좋은 스토리, 좋은 이름을 가진 애니메이션을 제작한 것이 몇 차례의 실패 끝에 바로 '뽀롱뽀롱 뽀로로'였다. 뽀로로는 EBS와 공동으로 제작하고 EBS에서 방영되었다. 뽀로로 애니메이션은 아이들 사이에서 '뽀통령'이라는 별명으로 선풍적인 인기를 끌게 되면서 킬러 콘텐츠가 되었고 자연스레 아이코닉스도 성장하게 되었다. "야~뽀로로다! 노는 게 제일 좋아~♬" '뽀롱뽀롱 뽀로로'오프닝 곡이 들리면 울던 아이는 울음을 멈추고, 떼쓰던 아이가 순식간에 얌전해지는 '뽀로로 효과'를 톡톡히 본 부모들은 "육아의 절반은 부모가 하고, 나머지 반은 뽀로로가 한다"는 말에 크게 공감하게 된다. 2003년 이후 뽀로로는 아이들의 사랑을 한 몸에 받으며 아이들의 대통령으로 군림을 하고 있다. 뽀로로의 출시로 뽀로로의 경제적 효과는 5조 7,000억 원, 브랜드 가치는 8,000억 원으로 추정된다. EBS에서 시청률 5%로 시작한 뽀로로는 이후 전 세계 100여 개국으로 수출되어 프랑스에서는 4~7세 대상 평균 시청률이 47%를 기록하기도 했다. 영국, 인도, 멕시코 등 세계 110여 개국에 수출되고 있으며, 중국, 네덜란드까지 확장되며 새로운 한류 붐을 일으키고 있다. 외국 아이들 사이에서는 대한민국이라는 국가명보다도 뽀로로의 나라가 더 익숙하다. 뽀로로의 성공을 발판으로 꼬마버스 타요, 코코몽, 로보카 폴리, 라바 등의 다양한 국산 캐릭터들이 제작하여 해외로 수출한다.

◆ 뽀로로·타요 만든 아이코닉스 투자 유치

애니메이션 제작 회사 아이코닉스는 급변하고 있는 전세계 미디어 콘텐츠 산업 환경에 적극적으로 대응하기 위해 200억 원의 투자를 유치했다. 뽀로로와 꼬마버스 타요는 한국을 대표하는 유아용 콘텐츠다. 전세계 160여 개 나라에 관련 애니메이션과 캐릭터 상품을 수출하고 있다. 유튜브에선 매달 7억 건 이상의 조회수를 기록하고 있다. 아이코닉스는 뽀로로파크, 모린, 플레이스원, 아이코닉스미디어, 스튜디오게일 등 계열사와 중국법인을 보유하고 있다.

◆ 세계로 향하는 아이코닉스

꼬마버스 '타요'가 아이들에게 선풍적인 인기를 얻으며 애니메이션 한류를 이끌고 있다. 아이코닉스는 국내 및 해외시장에서의 다양한 프로젝트 경험을 통해 축적된 기획력과 노하우, 범세계적 네트워크를 기반으로 창작 애니메이션의 개발과 캐릭터 비즈니스 사업을 전개하고 있다. 수호요정 미셸, 뽀롱뽀롱 뽀로로, 치로와 친구들, 제트레인저, 태극 천자문 등 매년 2개 이상의 창작 애니메이션 프로젝트를 수행하고, 자체 제작 애니메이션 및 국내 대표 애니메이션의 적극적인 해외 배급을 하고 있다. 애니메이션 캐릭터를 기반으로 출판, 완구, 음악, 공연, 테마파크, 라이선스, 뉴미디어 등의 다양한 국내 캐릭터 사업을 전개하여 캐릭터 산업 영역을 확장하고 있다.

◆ 최종일 대표의 기업가정신

어떤 일을 하건 사회 구성원의 일부라는 걸 잊어선 안 된다. 가치 있는 것을 만들고 수익을 내는 것이 기업가정신이자 책임이라고 생각한다. 어린이들에게 밝고 건전한 가치관과 꿈을 심어 주는 것이 내 역할이다. 끊임없는 학습의 결과물이 창의력이다. 창의력은 기발한 상상력에서 나오는 게 아니다. 이 세상에 없는 기발한 생각은 없다. 애니메이션 한 편에 170에서 180여 컷이 들어간다. 한 컷에 3초 정도다. 그 한 컷마다 어린이들이 공감하는 표정을 찾아야 한다. 그러려면 컷 하나 하나에 대해 고민하고 학습해야 한다. 그래야 어린이들이 재미 있다고 반응한다. 창의력은 고대 그리스의 수학자이자 물리학자인 아르키메데스가 목욕하다가 밀도 측정법을 발견해 "유레카(알아냈다)"라고 외친 말처럼 갑자기 떠오르는 게 아니다. 더 많이 고민하고 끊임없이 학습하는 것이 창의력을 기르는 방법이다.

1절 창업기업의 경영전략

창업전략은 기존기업과는 다른데, 창업기업은 기존기업에 비해 자원, 고객, 노하우나 인지도가 취약하기 때문이다. 사업을 시작할 때 사업계획을 작성하고, 고객에 대해 알아야 할 모든 것을 배우고, 측정 가능한 목표를 설정한다. 이러한 모든 창업전략은 회사의 비전과 방향을 만드는 데 도움이 된다. 사업 목표를 설정하고 기록하고 진행 상황을 추적한다. 창업을 시작하는 것의 대부분은 타이밍, 계획 및 시장과 관련이 있으므로 경제조건이 회사를 시작하기에 적합한지, 해결안으로 시장에 성공적으로 진입할 수 있는지 고려한다.

1. 전략계획의 수준

전략계획은 조직이 시장에서 기회를 활용하기 위해 자원을 할당하는데 도움이 되는 과정으로 일반적으로 장기적인 과정이다. 큰 조직에서는 전략계획을 다수의 다른 수준에서 수립한다. 예를 들면, 최고경영자는 전체로서 회사를 위한 전략계획을 개발하는데 이를 기업수준계획(corporate level plan)이라 한다. 사업수준계획(business level plan)은 특정 제품시장에서 경쟁우위를 확보하는 방법계획이다. 회사는 마케팅 계획, 회계계획이나 재무계획을 개발할 수 있는데 이를 기능수준계획(functional level plan)이라고 한다. 수준의 수는 조직의 크기와 구조에 따라서 변할 수 있다. 모든 조직이 모든 수준이나 모든 수준의 계획을 갖고 있는 것은 아니다. 기능수준에서 시행되는 전략과 행동은 서로 일치해야 하고 사업과 기업수준에서 조직이 목적을 달성하는 데 도움이 되어야 한다.

예를 들어, 기업수준계획은 음료의 판매와 이익을 증가하는 것이지만, 각 사업부는 전체

그림 12-1 전략계획수준

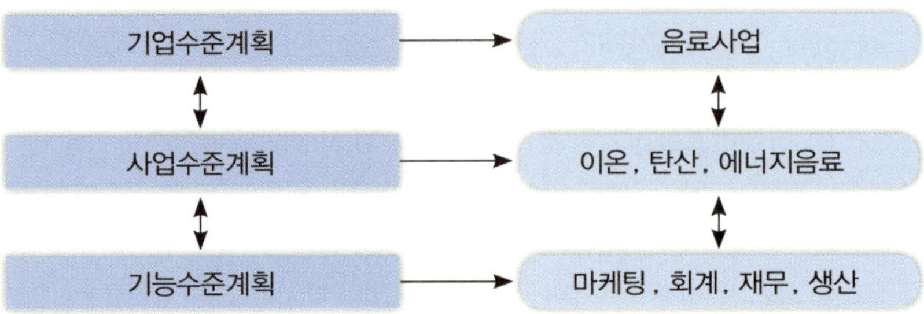

기업수준계획 및 기능수준계획과 일치하는 사업수준계획을 수립하여 판매와 이익을 실현해야 한다. 모든 세 사업단위는 사회와 환경에 기여하면서 동시에 이익이 있는 제공물을 위한 전략계획을 개발해야 한다. 기능수준에서 종업원들은 회사가 더 큰 시장점유율을 확보하기 위해 더 건강한 제품을 개발하고 환경친화적인 포장을 사용해야 한다. 조직은 조직의 다양한 목적을 달성하기 위해 기업 내에 있는 다른 수준에서 복합적인 방법과 전략을 이용할 수 있다. 그러나 전략계획 과정의 기본적인 구성 요소는 각 다른 수준에서 동일하다.

2. 전략계획의 수립

전략계획의 한 부분으로써 상황분석은 회사가 구체적인 행동을 결정하기 전에 수행된다. 상황분석은 외부와 내부환경을 분석하는 것이다. 재무자원, 기술자원, 인적자원과 그들의 성과와 같은 기업의 내부환경을 조사해야 한다. 또한 경제와 경쟁자와 같이 기업이 직면하는 외부환경을 조사하는 것이 중요하다. 외부환경은 기업의 의사결정에 상당한 영향을 주고 그래서 계속적으로 평가해야 한다. 예를 들면, 경제침체 동안 많은 경쟁자들이 제품가격을 인하하였다. 어떤 회사들은 포장 크기나 제품의 양을 줄였다. 어떤 회사들은 무료배송, 무료 기프트카드, 리베이트 등 소비자 인센티브를 제공하였다.

한 회사가 경쟁자들이 하는 것을 통제할 수 없지만, 내부자원에 의존하여 경쟁을 유지하기 위해 어떤 행동을 결정해야 한다. 전략계획의 수립 과정은 외부환경과 내부환경을 평가하고,

그림 12-2 전략계획 과정

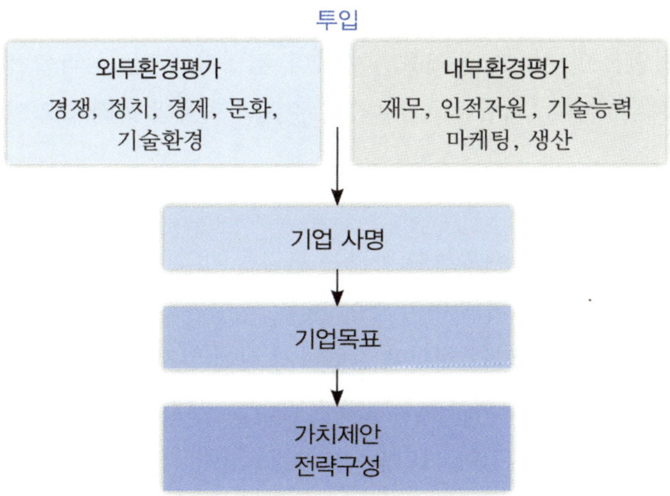

조직의 목적, 기업 사명과 회사가 지향할 목표를 설정한다. 회사가 고객들에게 제공할 가치제안을 설정하고 이를 실현하기 위한 구체적인 전략을 수립하는 절차이다.

1) 기업의 사명 선언문 설정

비전(vision)은 기업이 되고자 하는 미래이며, 비전 선언문은 장기적 목적과 회사가 되고자 하는 것, 즉 회사가 지향하는 것을 명확하게 설명한 것이다. 이와 달리 기업의 사명 선언문은 조직의 목적과 존재이유를 기술한다. 사명 선언문은 회사의 강령으로 사업의 기본적인 성격을 분명하게 표현한 것이다. 즉, 회사가 존재하는 이유와 활동 영역을 설명한 것이다. 사명 선언문에는 명확한 가치의 제공, 기업이 활동할 사업 영역, 종업원들의 동기유발과 기업 장래에 대한 비전 등이 포함되어야 한다. 다음은 사명 선언문에 반영할 내용들이다.

- 어떤 사업을 하고 있는가?(What is our business?)
- 고객은 누구인가?(Who is the customer?)
- 고객들에게 어떤 가치를 제공하는가?(What is value to the customer?)
- 사업이 앞으로 어떻게 될 것인가?(What will our business be?)
- 사업이 앞으로 어떻게 되어야 할 것인가?(What should our business be?)

2) 기업목표의 개발

목적(objective)은 최종적으로 성취하기 원하는 방향이다. 목표(goal)는 행동을 통해 달성하고 싶은 대상으로 목적의 특정 사항에 초점을 둔 구체적이고, 현실적이고, 측정 가능하고, 일관성이 있고, 계층적으로 서술된다. 예를 들면, 내년도의 매출목표는 10% 매출 증가이다. 목적은 회사 종업원을 안내하고, 동기를 부여하며, 경영자에게는 성과를 평가하는 준거점을 준다. 회사의 마케팅 목표는 기업수준과 사업수준처럼 회사의 목적과 일치해야 한다.

3) 가치제안

개인 구매자와 조직 구매자는 그들이 바라는 편익을 파악하기 위해 제품과 서비스를 평가한다. 예를 들면, 여행을 하기 위해 여러 곳에 가서 각 여행지의 편익과 가치를 알기 원한다. 회사가 전략을 개발하거나 전략적 계획을 수립하기 전에 먼저 가치제안을 개발해야 한다. 가치제안(value proposition)은 고객이 제품이나 서비스를 구매하는 이유를 기업이 고객에게 알리는 것이다. 가치제안은 제품이나 서비스 제공물이 구매자에게 제공하는 구체적인 편익이고, 제품이나 서비스가 경쟁자의 제공물보다 왜 우수한지를 나타낸다. 회사가 소비자에게 가치제안을 제시할 때 회사의 이익을 언급하지 않는다.

4) 전략구성

전략(strategies)은 목적에 이르는 수단이거나 회사가 목적을 달성하고자 하는 것이다. 성공적인 전략은 경쟁자가 쉽게 모방할 수 없는 경쟁우위를 수립하는 것이다. 회사는 목적을 달성하고 마케팅 기회를 이용하기 위해 여러 가지 전략을 사용한다. 예를 들면, Walmart는 저비용전략을 추구하는 것 이외에 동시에 전 세계적으로 신속하게 신설점포를 개점하는 전략을 추구한다. 많은 회사가 전사적인 계획의 일부분으로써 마케팅전략을 개발한다.

(1) 앤소프 매트릭스

앤소프는 4가지 전략 중 하나를 사용함으로써 기업이 성장잠재력을 갖는다는 Ansoff Product-Growth Matrix를 발표하였다. 이 전략은 기존의 제품과 시장, 신제품과 시장을 도입하여, 시장침투, 시장개발, 제품개발과 다각화로 설명한다. 앤소프 매트릭스는 기업의 제품과 시장의 복합적인 4가지 가설과 방향을 바탕으로 기업의 성장방향과 위험도를 예측하고 분석하여 기업의 성장방향을 결정하는 도구이다.

그림 12-3 Ansoff's Matrix

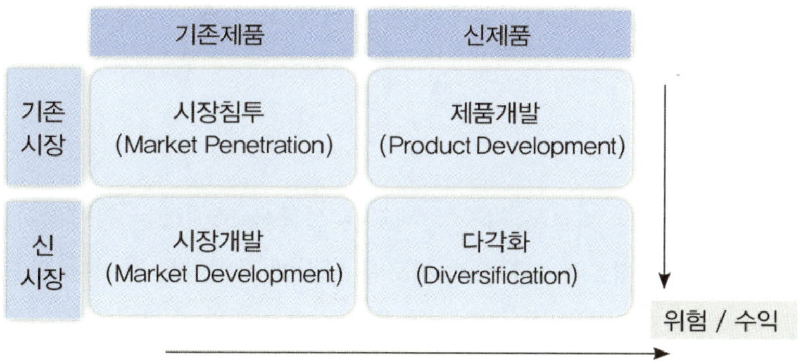

▶ 시장침투전략

시장침투(market penetration)는 기업이 판매를 증가시키기 위해 판매촉진을 하거나 가격을 인하함으로써 기존제품의 판매를 증가시키고 시장에 침투하는 것이다. 회사가 기존고객에게 기존제품의 판매를 증대하는 것에 집중하는 전략이다. 회사는 제품의 사용을 증가하고 제품구매를 촉진하기 위해 소비자들에게 특별한 촉진이나 저가격을 제공한다. 이 전략은 기업이 제품과 시장을 알기 때문에 가장 낮은 위험전략이다. 시장침투는 슈퍼마켓과 큰 소매점에서 자주 사용된다.

▶ 제품개발전략

제품개발(product development)은 기존고객에게 신제품을 판매할 목적으로 신제품을 기존시장에 도입하는 전략이다. 즉, 기존고객에게 새로운 제품을 제공하는 것이다. 신제품은 전반적으로 새로운 혁신, 개선된 제품이나 향상된 가치이다. 예를 들면, 삼성전자가 스마트폰 갤럭시를 생산하면서 웨어러블 갤럭시 기어를 생산한 경우이다. 기존시장을 목적으로 기존 모델에 추가할 필요가 있는 신제품의 예이다. 기업이 시장을 잘 알지만 새로운 제품을 잘 알지 못하기 때문에 제품개발은 중간수준의 위험전략이다.

▶ 시장개발전략

시장개발(market development)은 기업이 신시장에 기존제품을 판매하는 전략이다. 즉, 기존제품으로 새로운 시장에 진입하는 것이다. 신시장은 다른 연령집단, 새로운 지역이나 국제시장과 같은 새로운 고객집단이다. 예를 들면, 어느 한 지역에서 잘 판매하고 있는 주방가전 판매점이 다른 지역에 또 다른 주방가전 판매점을 개점하는 전략이다. 시장개발을 통해 주방가전 판매점은 전국적인 체인점이 되는 잠재력을 갖는다. 연령, 배경, 관심과 소득이 다른 고객집단을 대상으로 제품을 판매하기 위해 다른 지역을 포함하는 새로운 시장으로 정의하기도 한다.

▶ 다각화전략

다각화(diversification)는 새로운 시장에 새로운 상품을 판매하는 전략이다. 현재 사업이 아닌 다른 사업을 하거나 새로운 제품으로 새로운 시장에 진출하는 것이다. 다른 시장이나 다른 제품에 대한 경험이 적은 기업이 다른 회사를 인수함으로써 제품계열을 다각화한다. 다각화는 수익성이 있으나 회사가 전략을 성공적으로 추진하는데 필요한 전문지식이나 자원이 없다면 위험하다. 예를 들면, 식품을 가정에 판매하는 기업이 우레탄 수지를 기업에 판매하는 경우이다. 기업이 제품과 표적시장을 잘 알지 못하기 때문에 매우 높은 위험전략이다.

INSIGHT 억만장자 대열 오른 20대 창업자들

사진 및 영상 메시지를 보낼 수 있는 SNS 애플리케이션. 보낸 메시지는 확인 후 최대 10초 안에 사라진다는 독특한 시스템을 갖고 있는 스냅챗의 모기업 스냅이 2017년 3월 2일 뉴욕증시에 상장했다. 이로써 스냅의 두 공동창업자는 억만장자 대열에 진입하게 됐다. 에번 스피걸 CEO와 보비 머피 최고기술책임자는 각각 스냅의 주식 20%(2억 2,300만주)를 갖고 있다. 작년 말 스냅의 주가를 16.33달러로 평가했을 때 스냅의 기업가치는 340억 달러를 상회한다. 이에 따라 스피걸과 머피는 최소 6조 원 이상의 재산을 보유한 20대 재산가가 됐다. 티머시 센 스냅 엔지니어링 담당 수석부사장도 약 700만주를 보유했으며 임란 칸 스냅 최고전략책임자도 280만주를 지닌 것으로 전해졌다.

(2) 제품수명주기

제품수명주기(product life cycle)에 따르면 제품은 시장에 처음 출시되어 도입기, 성장기, 성숙기와 쇠퇴기 등의 과정을 거친다. 대체로 제품이 시장에 처음 출시되는 도입기, 매출액이 급격히 증가하는 성장기, 제품이 소비자들에게 확산되어 성장률이 둔화되는 성숙기, 그리고 매출이 감소하는 쇠퇴기의 네 단계로 구분한다. 전형적인 제품수명주기는 S자 곡선 형태를 띠고 있지만, 제품이나 시장에 따라 다양한 형태의 제품수명주기 유형이 있다. 초기에 도입부

그림 12-4 제품수명주기

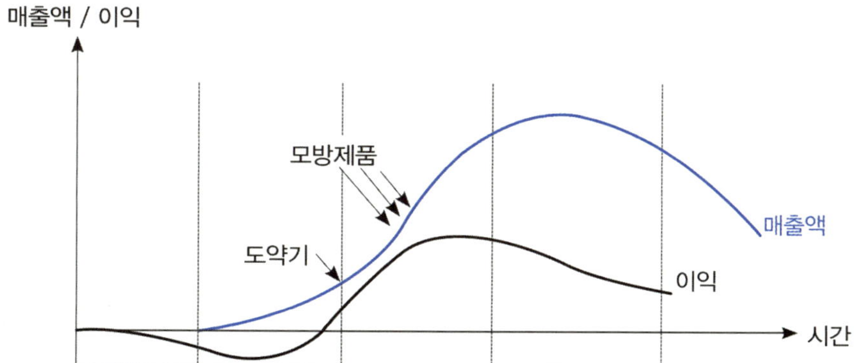

단계	도입기	성장기	성숙기	쇠퇴기
시장규모	소	보통	대	보통
성장률	저-고	고	저	역

분이 완만한 곡선을 보이는 것은 구매자들의 관심을 유도해 신제품의 시용구매를 자극시키는 것이 매우 어렵기 때문이다. 초기 수용자들이 도입기에서 제품을 구매하는 선도구매자들이다. 제품의 우수성이 입증되면 많은 구매자들이 제품을 구매하면서 성장기에 진입하게 된다. 이후 제품의 잠재적 구매자까지 구매하여 시장이 포화상태에 이르면서 성장률이 하락하고 안정세를 보이는 성숙기에 이른다. 마지막으로 새로운 대체품이 등장하면서 제품은 쇠퇴기를 맞게 된다.

(3) 출시시기

신제품의 출시지역은 단일지역, 전국시장과 국제시장에서 동시 또는 단계적으로 결정할 수 있다. 신제품 출시시기에 관한 의사결정은 회사의 목적과 경영전략에 달려있다. 최종적으로 전국시장에 신제품을 도입할 것을 결정하는 단계를 결정하는 전략은 아래와 같다.

- 초기진입전략: 경쟁제품보다 먼저 출시하여 유통경로를 선점하거나 특정 제품군에서 선도자의 이미지를 확립하는 전략이다.
- 동시진입전략: 경쟁제품과 동일한 시기에 출시하는 것이다.
- 후발진입전략: 경쟁제품의 문제점을 활용하여 경쟁제품보다 늦게 출시하는 전략이다.

(4) 시장전략

새로 진출하고자 하는 산업은 시장의 규모가 커서 충분한 이익을 창출할 수 있어야 하지만, 중요한 것은 시장의 성장성과 제품수명주기 단계이다. 제품수명주기상에서 성숙기나 쇠퇴기보다는 가격경쟁이 치열하지 않은 도입기나 성장기이어야 한다. 이러한 시장은 신규진입자와 신제품 도입을 잘 받아들이기 때문에 매력적이다. 따라서 신사업의 타당성을 결정하는 주요 요인은 산업의 매력성이다. 사업전략 유형은 시장선도자전략, 시장도전자전략, 시장추종자전략과 틈새시장 추구자전략이 있다. 다음은 매력적인 시장에서 기업의 시장위치에 따라서 추진할 수 있는 시장전략이다.

- 선도자전략: 전체시장 규모 확대, 현 시장점유율 방어나 확대
- 도전자전략: 시장점유율 확대
- 추종자전략: 현 시장점유율 유지
- 틈새시장 추구자전략: 특정 세분시장에서의 전문화를 통한 수익성 추구

(5) 경쟁전략

마이클 포터(M. Porter)는 저서「경쟁전략(Competitive Strategy)」에서 기업이 취할 수 있는 경쟁전략의 유형을 크게 3가지로 유형화했다. 첫째, 전반적 원가우위(overall cost leadership) 전략은 제품의 저원가나 저비용을 통해 경쟁우위를 확보하기 위한 것이다. 둘째, 차별화(differentiation)전략은 경쟁자들이 제공하지 못하는 독특한 가치의 제공을 통해 경쟁우위를 획득하는 것이다. 셋째, 집중화(focus)전략은 기업의 목표 또는 자원의 제약으로 전체시장을 대상으로 하지 않고 특정 세분시장에 자원과 노력을 집중하는 것이다.

표 12-1 본원적 전략의 특징

구분	원가우위전략	차별화전략	집중화전략
제품차별화	저	고	저 또는 고
	가격집중	독특성 집중	가격이나 독특성 집중
시장세분화	저	고	저
	대량생산과 단일시장	다량의 세분시장	하나 또는 소수
차별적 역량	제조와 물류	연구개발	다양한 차별적 역량

2절 창업기업의 성장전략

기업의 성장 과정에는 여러 주요 단계가 있다. 환경과 기업의 상황이 다르고 변하기 때문에 이러한 단계가 항상 모든 기업에게 동일한 것은 아니지만, 기업이 창업되고 성장하는 과정에는 일정한 패턴이 있다. 이에 따라 단계별로 실행해야 할 성장전략이 있다. 어떤 기업이 이러한 패턴을 뛰어넘는 성장을 이룩한다면 그 기업은 대단한 성장을 이룩한 우수 기업으로 모든 기업에 최우수 사례로써 벤치마킹 대상이 될 것이다. 그러한 기업이 많이 출현하여 기업가에게는 성취와 존경을 안겨주고 사회에는 유익한 기업이 되길 바란다.

1. 기업수명주기

만물은 유한하고 유전하듯이 기업도 유한하고 흥망성쇄가 있으며, 창업은 성공하였으나 수성하지 못한 기업이 있다. 기업이 성공하는 이유가 있고 실패하는 이유가 있다. 창업기업이 단계별로 나타나는 공통적인 현상을 검토함으로써 사전에 다음 단계를 준비하여 기업의 실패를 줄일 수 있다. 이러한 관점에서 기업수명주기는 의미가 있다. 창업기업의 수명주기는 제품수명주기(그림 12-4)와 유사하다. 따라서 본서에서는 [그림 12-5]와 같이 기업수명주기를 창업기, 도입기, 성장기, 성숙기, 정체기 및 양극기로 구분한다. 시장, 고객 및 경쟁자조사를 통해 기업은 모든 단계에서 수행하여 변화에 선제적 대응이 필요하다.

창업기의 과업은 기회의 발견과 식별, 아이디어 개발, 비즈니스 모델의 개발, 시장, 고객 및 경쟁자조사, 지원체계, 창업팀과 창업계획 수립, 기업의 유형 결정, 필요 자원조달 등이 있다. 창업가는 아이디어를 개발하고, 제품컨셉을 선정하고, 프로토타입을 만들고 제품생산을 지원할 기반을 구축하고, 이러한 활동을 지원할 자원을 조달한다. 기업은 창업부터 현금이 필요하지만 창업 초기에 매출이 거의 발생하지 않는다. 현금이 필요하지만 판매를 통해 현금이 보충되지 않는다는 것을 알고 사업계획을 세우는 것이 중요하다.

도입기의 과업은 소규모 시장진입, 제품 인지도 구축과 시용구매 유도, 조직구조 및 시장 요구사항 평가, 현금흐름 관리, 진행 상황 관리, 제품 및 마케팅전략수립, 시장, 고객 및 경쟁자조사 등이 있다. 도입기에는 제품이 생산되어 시장에 출시하기 시작하는 시기이다. 이 시기에는 매출이 조금씩 증가하나 매출로 자금지출을 감당할 수 없다.

성장기의 과업은 시장확대, 품질향상, 인지도 제고, 조직관리, 공급업체와 유통업체 강화 및 조정, 사업계획 검토 및 재창조, 고객 및 경쟁자 조사 등이 있다. 성장기에는 제품 또는 서비스의 수요가 증가하면서 판매가 빠르게 성장한다. 이 단계에서는 성장을 지원하기 위한 자

그림 12-5 기업수명주기

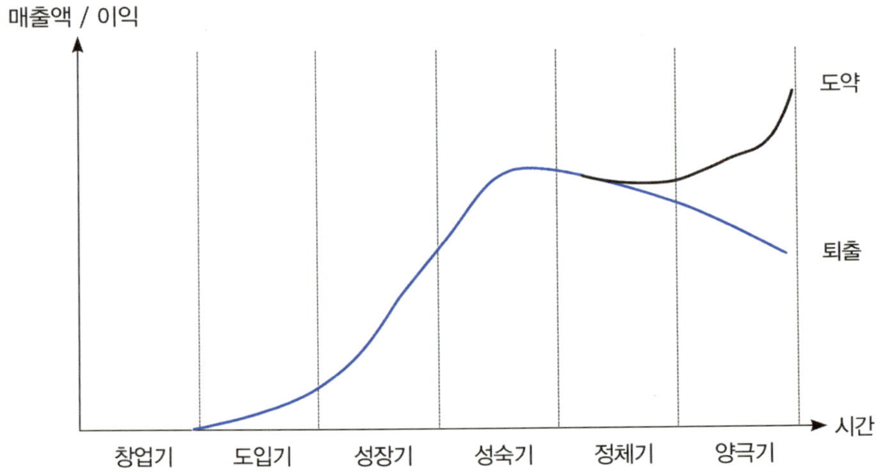

원이 많이 필요하다. 즉, 자금, 생산능력, 인적자원 등 많은 부문에서 수요가 급격하게 증가하는 시기이다. 생산부족으로 판매기회가 상실되지 않도록 생산계획을 점검한다.

성숙기의 과업은 시장점유율 강화, 제품의 다양화, 제품편익 강조, 변화에 대한 인식과 의지, 새로운 환경에 적합한 사업추진, 투자수익률 검토 등이 있다. 성숙기에는 매출이 정점을 이루고, 높은 성장에 따른 부작용이 여러 부문에서 나타나지만 급격한 성장에 취해 경영 부실에 둔감할 수 있다. 앞만 보고 달려온 시기에 전후와 좌우를 돌아보는 시각을 갖고 오히려 급격한 성장에 따른 혁신과 정비가 필요한 시기이다.

정체기의 과업은 시장과 고객욕구 파악, 기업문화 강화, 조직의 진단 및 혁신, 조직결속 및 조직구성원에 대한 복지 강화, 미래를 위한 계획, 즉 기업가 여정의 다음 단계 결정, 창업팀과 투자자의 기대와 의도 파악 등이 있다. 단기적으로 회사 전체 부문에서 성장이 둔화되는 정체기에 들어갈 수 있다. 정체기에는 매출의 증가는 이루어지나 증가율이 감소하게 되어 재성장을 추진하거나 쇠락하는 양극기로 접어들 수 있다. 정체기에 제품수명주기를 연장하기 위해 제품을 변경하거나 개선할 필요가 있으며, 이는 또한 기업의 수명주기를 연장하는 결과로 이어질 수 있다. 그렇지 못하다면 양극기에서 사업은 와해될 수도 있는 벤처기업의 수명은 다할 수 있다. 양극기의 과업에는 도약이나 퇴출이 있다.

2. 기업수명주기별 성장전략

제품수명주기관리는 제품에 따라 다를 수 있지만 관리의 목표는 지속적인 성장을 위해 제품을 관리하는 것이다. 제품수명주기에 따라 기업의 흥망성쇄에도 영향을 미친다. 즉, 기업과 제품의 수명주기는 서로 다른 두 개념이지만 밀접하게 관련되어 있다. 기업은 성장과 성공을 위해 수명주기의 각 단계에서 서로 다른 전략이 필요하다. 따라서 제품수명주기 단계를 알면 의사결정에 도움이 된다. 매출이 감소한다면 지속적 성장을 회복하기 위해 제품의 가치를 향상시켜야 한다. 제품수명주기관리는 기업의 지속적인 성공을 위해 필요하다.

성공적인 신생기업은 지분매각 또는 기업공개로 알려진 주식공모는 기업의 쇠퇴 또는 파산을 피하고, 기업이 향후 성장에 필요한 안정적인 자금을 조달할 수 있게 한다. 예를 들면, 넷마블이나 줌은 주식공모로 성장을 가속한 우수기업이다. 넷마블은 2000년 방준혁이 자본금 1억 원과 직원 8명으로 설립된 회사로 2017년 주식공모 주당 157,000원으로 2조 6,600억 원의 자금을 조달하였다. 방준혁 창업자는 증시 상장으로 단숨에 한국 10대 억만장자로 등극하였다.

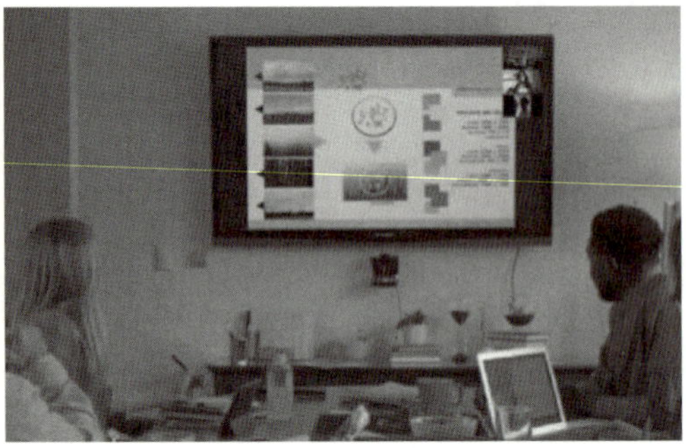

에릭 위안이 설립한 줌 비디오 커뮤니케이션은 화상회의 서비스를 제공하는 미국의 기업이다. 화상회의, 온라인 회의, 채팅, 모바일 협업을 하나로 합친 원격회의 서비스를 제공한다. 클라우드 기반 P2P 소프트웨어 플랫폼을 경유한다. 2019년 기업을 공개하였고, 코로나19 유행으로 온라인 개학을 실시한 학생들이 늘어남에 따라 이용자가 증가하여 주가가 전년 대비 2배 상승하였다.

1) 창업기

창업기에는 모든 것을 처음 시작하고 구성하기 때문에 해야 할 과업들이 너무 많다. 창업기에 기업가가 집중해야 할 과제는 기회와 아이디어의 발견과 개발, 창업팀의 구성과 자금조달이다. 창업 활동은 잠재적인 아이디어에 대한 창안, 아이디어 개발 방법 및 적절한 기회를 인식하는 방법과 관련이 있다. 이 단계에서 중요한 활동은 제품 아이디어를 성공 가능성이 높은 실현 가능한 사업으로 개발할 기회를 정의하는 것이다. 이 단계에서는 아이디어를 보다 고객의 욕구를 충족하는 제품으로 전환하고, 현재 및 미래의 상황과 목표에 맞는지 결정한다. 아이디어의 검증을 통해 수익성 있고, 실행 가능한 사업인지를 판단한다. 특히 아이디어나 비즈니스 모델이 경쟁자와 중복되는지에 관한 조사가 중요하다. 이미 존재하는 아이디어를 복제하지 않도록 하는 등 위험을 최소화하는 시장정보에 입각하여 결정을 내린다. 창업기에 준비해야 할 전반적인 주요 과업이 있다.

- 기회의 발견과 식별
- 아이디어 개발
- 비즈니스 모델의 개발
- 시장과 고객의 조사
- 아이디어나 비즈니스 모델의 독창성
- 지원 체계, 창업팀과 창업계획 수립
- 기업의 유형 결정
- 필요 자원조달

(1) 개발 과업

창업은 창업가가 구상한 아이디어로부터 시작된다. 창업가의 아이디어를 상품화하기 위해 기업이나 조직이 필요하다. 사업을 개발하는 단계에서는 기업가는 제품 아이디어나 비즈니스 모델을 선택하고, 창업팀을 조직하여 대망의 기업을 구축한다. 비즈니스 모델은 사업이 가치를 창안하여 고객에게 독특한 가치를 제공하고, 수익을 창출하는 방법이다. 개발단계의 기업가 결정에는 자금조달 및 적정 자본의 결정, 제품컨셉의 결정 또는 개선, 비즈니스 모델, 사업계획 및 목표, 창업팀 구성, 운영 조직구조 설계, 프로토타입 제작, 제품개발 및 비즈니스 모델 운영 등이 있다. 기업가는 제품 아이디어로부터 정교화 과정을 통해 제품컨셉이나 비즈니스 모델을 개선하고 결정한다. 기업가가 창안한 제품 아이디어나 비즈니스 모델에 대한 사업성을 확신하였다면 아이디어에 가장 적합한 기업의 유형을 결정할 때이다. 기업이 조직되면 아이디어를 유형화하는 제품개발, 프로토타입 제작 및 제품개발 과정으로 이어진다. 개발과업에서 준비해야 할 주요 과업이 있다.

- 제품컨셉의 결정
- 비즈니스 모델 결정
- 사업계획 및 사업목표 수립
- 목표, 창업팀 구성 및 조직구조 설계
- 기업의 유형 결정
- 프로토타입 제작
- 제품개발 및 비즈니스 모델 운영
- 시장, 고객 및 경쟁자조사

(2) 자원조달 과업

기업이나 사업은 생물이기 때문에 사회적 기구와 상호작용한다. 이러한 상호작용에는 조직의 행동이 일어나고, 조직의 행동을 일으키는 데는 자원이 필요하다. 자원은 인적자원과 물적자원이 있다. 결국 인적자원도 물적자원 없이는 조직화되지 못한다. 따라서 기업가는 조직 운영에 필요한 재무자원을 기여하거나 조달해야 한다. 재무자원을 조달하지 못한다면 창업의 과정은 더 이상 진행될 수 없다. 따라서 창업자는 조직을 운영하는데 소요되는 자원을 평가해야 한다. 재무자원에는 창업가의 자기자본, 차입이나 투자 등이 포함된다. 생산시설, 생산장비, 생산기술, 제조 위치, 교통 여건, 인적자원, 전문지식 및 기술, 특허, 정부 및 지역사회 지원을 평가한다. 자원조달 과업에서 준비해야 할 주요 과업이 있다.

- 인적 및 재무자원 조달, 투자자 확보
- 생산시설, 장비조달 및 생산기술
- 인적자원, 전문지식, 기술, 특허
- 정부 및 지역사회 지원

2) 도입기

도입기는 그 동안 개발한 제품을 시장에 출시하는 시기이다. 소규모 시장진입, 제품 인지도 구축과 시용구매 유도에 집중한다. 예상은 실제 상황과 다를 수 있다. 시장진입은 예상치 못한 문제에 노출될 수 있다. 이러한 문제를 최소화하기 위해 제한된 시장 내에서 제품을 출시하는 경우가 많다. 기업가는 특정 시장에 신제품을 출시하여 시장에서 얼마나 잘 수용되는지를 확인한다. 신제품이 계획대로 궤도에 잘 수용되는지를 검토하고, 유지 · 수정하거나 개선한다. 따라서 항상 추적과 관리가 필요하다. 이 단계에서 제품을 시장 상황에 맞게 조정할 수 있지만 중요한 부분은 시장이 제품에 어떻게 반응하는지 확인하는 것이다. 예상치 못한 문제에 대한 해결안과 효율성 향상을 위해 모든 측면을 면밀히 조사하고 제품에 대한 고객 반응을 추적하는 것은 실패를 줄이는 방법이다.

이 시점에서 현금이 기업의 성공을 위해 필수적이기 때문에 기업가의 중요한 책임 중 하나는 현금흐름을 관리하는 것이다. 즉, 현금수지와 유동성 관리가 필요하다. 도입기에서는 판매가 아직 활발하지 않기 때문에 운영 활동에 자금을 조달하기 위해 많은 양의 현금이 필요하다. 자재비용, 생산비용, 급여, 소모품, 재고, 리스 지급 및 마케팅 비용 등 이러한 모든 비용에는 현금유출이 수반된다. 성공적인 기업은 제품과 서비스를 위해 사용 가능한 현금과 고객이 필요하다. 그렇지 않으면 기업은 생존할 수 없다. 이 시기에 준비해야 할 주요 과업이 있다.

- 소규모 시장진입
- 제품 인지도 구축과 시용구매 유도
- 시장 요구사항 평가
- 현금흐름관리
- 진행 상황 추적
- 제품 및 마케팅전략 수정
- 시장, 고객 및 경쟁자조사

3) 성장기

도입기를 거쳐 성장기로 진입하면 기업가는 많은 부문의 의사결정을 해야 한다. 특히 시장을 확대하여 시장점유율을 증가시켜야 한다. 성장기에는 모방제품이나 유사제품의 출현이 증가하여 회사는 제품품질을 향상하고 회사나 제품에 대한 인지도 향상에 역량을 투입해야 한다. 이러한 과업은 판매증가와 함께 더욱 증가한다. 사업이 확장되어 관리할 부문이 많아지고, 자원은 부족하고, 시장은 급격하게 변화한다. 또한 성장단계에는 기업의 미래 성장을 위한 의사결정이 포함된다. 소규모의 조직으로 본격적으로 제품의 판매를 처리해야 하는 기업은 벅찬 과업일 수 있다.

기업은 이 시점에서 성장 추세에 맞게 조직구조를 정비한다. 마케팅부서, 생산부서, 재무부서, 인사부서 또는 관리부서의 재정비는 물론 새로운 기능수준을 고려할 수 있다. 또한 시설규모의 증설이 포함된다. 현재 생산규모 또는 생산능력이 기업의 성장에 적합한가? 공급업체와 유통업체가 회사의 전략을 수행하는데 적합한가? 제품품질 및 배송시간이 회사의 요구를 충족하는가? 결제조건이 회사에 적합한가? 이 단계에서는 기업의 성장을 추적하고 적절하게 조정해야 한다. 예를 들어, 기업이 예상대로 성장하지 않으면 사업계획으로 돌아가서 어떤 부문을 조정할 수 있는지 확인한다. 이 시기를 조직화하고 정비하지 않는다면 성숙기에는 대처하기 힘들어 결국 짧은 성숙기를 거쳐 정체기로 들어갈 수 있는 결정적인 시기가 올 수 있다. 이 시기에 준비해야 할 주요 과업이 있다.

- 시장점유율 확대
- 품질향상
- 인지도 제고
- 조직관리
- 공급업체와 유통업체 강화 및 조정
- 사업계획 검토 및 재창조
- 시장, 고객 및 경쟁자조사

4) 성숙기

성장기에는 회사 전체가 정신없이 과업에 매달렸으나 성숙기에는 다소 여유가 생긴다. 신생기업수준에서 탈피하여 시장과 고객들에게 평판도 쌓이게 되어 제품에 대한 인지도가 강화되어가는 시기이다. 성숙단계에서 기업은 시장점유율을 더욱 확대하고, 제품의 다양화를 추진하고, 고객에게 제공하는 편익을 강조한다. 이러한 활동은 결국 시장점유율을 강화하는 조치들이다. 이와 병행하여 기업의 유지와 개선 조치를 추진한다. 사업계획과 실적을 비교하고, 기업이 어떻게 성장하고 발전하고 있는지 추적한다. 기업이 예상보다 빠르게 성장하고 있는가? 기업이 예상보다 느리게 성장하고 있는가? 사업목표를 어느 정도 달성했는가? 기업의 성공을 계속하려면 어떤 변화가 필요한가? 그러한 변화를 어떻게 해결할 수 있는가? 여전히 시장이나 고객들의 욕구를 충분히 충족시킬 수 있는가?

성장기에 발생된 문제가 성숙기에도 존재하는가? 상황에 따라 기업을 지원하기 위한 조치를 취해야 한다. 기업이 효율적이고 예측 가능한 방식으로 운영되고 있더라도 외부환경의 변화로 전략을 변경하거나 개선할 사항이 있는가? 예를 들면, 제품 또는 서비스를 개선하고, 새로운 목표시장을 찾고, 새로운 기술을 채택할 수 있다. 제품에 가치를 더하여 시장의 신뢰와 고객의 충성을 강화시킨다. 이 단계에서 중요한 사항은 기업이 실패할 수 있고 종종 실패한다는 것이다. 기업가는 보상을 얻기 위해 계산된 위험을 감수한다. 때때로 기업은 계획한 대로 되지 않을 수도 있다. 열린 마음을 유지하고 경험을 통해 새로운 변화에 대한 새로운 기회를 찾는다. 이전에 성공을 거둔 기업가나 실패 사례를 고려한다. 예를 들면, 월트 디즈니는 창의력이 부족하고 신문사에서 해고되었고, 스티브 잡스는 한때 자신의 회사인 애플에 의해 해고당했다. 이 시기에 준비해야 할 주요 과업이 있다.

- 시장점유율 강화
- 제품의 다양화
- 제품편익 강조
- 변화에 대한 인식과 의지
- 새로운 환경에 적합한 사업추진
- 투자수익률 검토
- 시장, 고객 및 경쟁자조사

5) 정체기

정체기에 들어서면 자사의 제품보다 더 우수한 개선제품으로 시장에 진출하는 경쟁자들이 증가하고, 회사의 매출은 소폭으로 증가하는 등 판매가 정체되는 느린 조직이 되지만 비대해진 조직의 규모로 비용은 대폭적으로 증가한다. 매출채권의 관리가 부실해질 수 있고, 신규고객의 증가가 낮고, 기존고객의 이탈이 나타나는 현상이 있을 수 있다. 또한 조직구성원들은 열기가 떨어지고 창업정신이 쇠퇴해질 수 있다. 직원들은 경력을 쌓아 이직하려는 징검다리 현상이 나타날 수 있다. 조직을 혁신하고 새로운 제품이나 사업을 추진하지 않는다면 정체기에는 힘든 상황을 맞게 된다. 즉, 양극기로 진입하게 되어 성장을 지속할 수 있는 도약이거나 사업을 종료해야 하는 불행한 퇴출을 맞을 수 있다.

회사는 창업한 후 일정한 시점에 이르면 도전, 꿈, 야망 또는 열정으로 계획을 능가하는 성적을 낼 수 있다. 기업가는 이 단계에서 기업의 지분구조를 변경하는 방법을 계획하면서 투자수익을 가장 많이 얻는 방법을 모색할 수 있다. 어떤 기업가들은 기업을 시작하고 구축하는 즐거움을 누리지만 회사를 관리하는 일상적인 측면에는 관심이 적다. 기업가정신이 있는 창업팀은 해당 기업을 수확하는 것을 목표로 기업을 만든다. 수확은 투자자를 포함한 창업팀의 투자된 돈, 시간 및 재능에 대한 상당한 수익을 통해 모든 노력과 독창성이 보상을 받는 단계이다. 이 단계에서 창업팀은 투자수익과 기업의 지속적인 성공을 위한 목표를 달성하기 위해 증시 상장 방법을 찾는다. 이 시기에 준비해야 할 주요 과업이 있다.

- 시장과 고객의 욕구 파악
- 기업문화 강화
- 조직의 진단 및 혁신
- 조직결속 및 조직구성원에 대한 복지 강화
- 미래를 위한 계획, 즉 기업가 여정의 다음 단계 결정
- 창업팀과 투자자의 욕구와 희망 파악

6) 양극기

경기에도 승패가 있듯이 기업도 승패가 있는 양극화 현상을 겪는다. 성공하는 기업이 있는가 하면 실패하는 기업도 있다. 이러한 결과는 결국 기업의 실적과 미래에 대한 전망에 달려 있다. 기업이 더욱 발전할 수 있는지 또는 더 이상 존속할 수 없는지 갈림길에 놓이게 된다. 기업의 수명을 연장하고 건강한 체질을 강화하기 위해 기업가는 성장전략을 수립하고 추진한다. 이렇게 잘 준비된 계획과 실행은 회사의 수명을 연장하고 건실하게 더욱 성장시킬 수 있지만, 그렇지 못하다면 결국 기업의 수명은 다하게 된다. 시장에서 퇴출되는 기업은 의외로 많다. 사전에 철저하게 준비하지 않고 유지와 성장의 노력을 집중하지 않는다면 어떤 기업도 장기적으로 존속할 수 없다. 기업의 유지와 성장은 결국 사전의 철저한 준비와 집중적인 실행이다. 양극기에 이르는 길은 도약이나 퇴출의 갈림길이다.

- 도약
- 퇴출

(1) 도약

어떤 기업가에게는 새로운 기업을 창업하는 흥분이 성공적인 기업을 통해서 얻는 재무적 이익보다 더 클 수 있다. 이들은 창업과 성취가 목적일 수 있는 기업가 유형이다. 이들에게는 아이디어를 실현 가능한 기회로 전환한 다음 번성하는 또 다른 기업을 만드는 스릴은 다른 곳에서 찾기도 한다. 또한 이러한 유형의 기업가들은 기업의 재창업을 통해서 괄목할 만한 성장을 목표로 더 큰 야망을 갖고 널리 뛰는 도약을 추진하는 의지와 행동이 있다. 그래서 기업은 소규모에서 시작하여 대규모로 발전되고, 많은 고용을 창출하고, 사회에 바람직한 업적을 많이 축적한다. 이들은 사업을 새롭게 재설계하거나 창조하고, 새로운 인재를 확보하고, 조직을 재정비하여 새로운 성장기를 항상 모색한다.

- 사업 재설계 또는 창조
- 조직 재구축
- 새로운 인재 영입
- 시장, 고객 및 경쟁자조사

(2) 퇴출

퇴출은 말 그대로 시장에서 사라지는 바람직하지 않은 현상이다. 대부분 기업의 유지와 성장을 달성하려는 목적을 충족하지 못한 지점에 이르는 경우이다. 그러나 기업을 성공하여 자산과 경영권을 매각하여 투자수익을 거두려는 경우도 있다. 전자는 청산이며, 후자는 매각이다. 청산과 매각은 기업가로서의 정신, 도전, 생각, 시간 및 노력을 투자한 기업으로부터의 감정적 철수를 선택하는 것이다. 이 시기에 준비해야 할 주요 과업이 있다.

- 출구전략 수립 및 추진
- 기업 양도 또는 사업 종료

13

협상과 설득

- 1절 협상
- 2절 설득

FOCUS

미래를 샀다 SK 최종현 회장

◆ 제1의 창업 시대: 최종건 회장

선경의 창업주 최종건 회장(1926~1974)은 짧은 생애를 살면서 많은 업적을 이룩한 기업인이었다. 그는 경성직업학교 기계과를 졸업하고 1944년 18세의 나이로 일본인이 경영하는 선경직물에 견습 기사로 입사하여 6·25 직전까지 생산부장으로 재직하였다. 8·15해방 후 공장을 그만둔 최종건은 포목상, 석유유통업, 비료판매업 등에 손을 댔으나 경험 부족으로 잔뜩 손해만 입고 말았다. 그러던 중 6·25전쟁이 일어나 선경공장은 폭격으로 완전히 폐허가 되었다. 폐허가 된 공장을 1953년 3월 정부로부터 인수하였다. 1956년 3월 24일 선경직물주식회사가 설립되었다. 1953년 직물직기 4대로 출범한 선경직물은 5년 사이에 직물직기 1천대를 돌파하였고, 곰보나이론 직물을 국내 최초로 개발하였다. 최종건 회장의 경영방침은 품질제일주의로 제품생산에 심혈을 기울였다. 성장기는 1960년대 초반 국내 굴지의 직물생산업체로 성장하여 선경합섬(주)를 비롯한 섬유 기업집단으로 성장하였고, '섬유에서 석유까지'전략으로 1973년 선경석유(주)를 설립하였다. 선경직물의 사세는 최종건 회장을 1964년 4월 한국직물공업협동조합 연합회 회장에 피선되게 하였고, 1967년 3월에는 한국직물수출조합 이사장으로 피선되어 업계에 많은 업적을 남겼다.

◆ 제2의 창업 시대: 최종현 회장

최종현 회장(1929~1998)은 1950년대 서울대 농대 재학 중 미국 위스콘신대 생화학과에 편입해서 그 대학을 졸업했다. 시카고대 경제학대학원에서 경제학 석사 학위까지 땄다. 대부분 총수들이 국내파나 일본파가 많았던 시기에 일찌감치 미국 유학파로 글로벌 경영감각을 선보였다. 최종현 회장은 선경직물 창립 초기 서울대학교 농과대학 농화학과를 다니면서 최종건 선대회장을 도와서 원사를 사들이고, 직물판매 업무에 종사한 적이 있었다. 1962년 11월 미국 유학중 급거 귀국하여 선경직물(주)의 부사장으로 취임하였다. 그는 미국 유학 시절 사귄 미 8군사령부의 장교로부터 중요한 정보를 얻어 인견사 수입권을 최대한 사들였다. 이게 대박을 쳤다. 미국 대외원조처가 이듬해 원사수입권을 가진 한국 회사만 실을 수입할 수 있도록 하는 조치를 내렸기 때문이다. 최 회장은 다른 무역상들로부터 사들였던 원사수입권을 이용해 실을 대거 사들여 비싸게 팔았다. 나일론 실크 원단을 홍콩에 대규모로 수출하는 데 성공했다. 자금난에 숨통이 트였다. 그 결과 3천여만 원의 회사 채무 전액을 1년 만에 반제하고 직기증설의 박차를 가하여 선경직물(주)을 정상의 자리로 끌어 올렸다.

◆ 석유에서 원사

최 회장은 1975년 '석유에서 원사'까지 수직계열화를 선언하고 제2창업에 나섰다. 1980년에는 비디오 테이프도 개발하는 성과를 거뒀다. 미국 3M, 독일 바스프, 일본 소니에 이어 세계 4번째로 이룩한 성과였다. 세계최고를 추구하는 일등주의, 선진국 기업을 따라잡아야 한다는 도전정신, 남보다 앞서야 한다는 혁신의 열정이 낳은 귀중한 열매였다. 1980년 11월 유공을 인수한 것은 SK그룹사에 획기적인 이정표가 됐다. 그룹 사업구조를 석유에서 원사까지 수직계열화를 완성하는 계기가 됐기 때문이다. 최 회장은 1970년대 초기부터 정유사업을 추진해 왔다. 유공은 이후 SK에너지로 상호를 변경하였고, 한국이동통신 인수 후 SK텔레콤으로 상호변경하여 에너지와 정보통신사업이라는 양대축을 형성하였다.

최 회장이 타계하기 전인 1997년 그룹 외형은 45조 원으로 재계 5위였다. "사람은 일정 기간 기여하다 떠나는 것이고 기업은 영원히 존속한다"는 SKMS(SK Management System)는 최 회장이 1970년대 창안한 경영원칙과 가치였다. SKMS는 패기, 지식, 사교 자세, 가정 및 건강관리 등 핵심 부문별로 SK맨이 되기 위한 자격요건을 정립했다. 수펙스(SUPEX)는 SKMS를 실천하려는 지침이었다. 수펙스는 인간의 능력을 이룰 수 있는 최고의 단계를 계속 추구하는 것이다. 그는 수펙스 5단계 추구법도 제시했다. 회사의 목표를 이루기 위해 필요한 일이 무엇인지 파악한다. 파악한 일을 성공시키기 위해 필요한 것이 무엇인지 찾아낸다. 그 성공 요소를 바탕으로 수펙스 목표를 세운다. 수펙스 목표를 이루는데 장애가 되는 것이 무엇인지 파악한다. 패기로 장애를 극복한다. 청년들을 위한 공익사업도 많이 했다.

◆ 신뢰와 존중의 경영철학

거대한 기업을 일구고 이끌어가는 최종현 회장의 원동력은 무엇이었을까? 바로 꿈이었다. 사람들이 안 된다며 포기하는 일도 최 회장은 '할 수 있다'고 생각하고 오랜 시간과 정성을 들여 추진해나갔다. 『도전하는 자가 미래를 지배한다』는 그의 경영서 제목에서 알 수 있듯 그는 미래를 내다보고 대담하게 도전하는 사람이었다. 유공 인수, SK텔레콤 설립도 에너지와 정보통신사업이 미래 성장동력이라는 것을 꿰뚫어보는 혜안을 갖고 꾸준히 준비하였기에 가능한 것이었다. 구성원 하나하나가 성실을 다할 때 신뢰가 생기며 비로소 좋은 기업이 형성된다는 뜻이다. 중국 청도에 있는 유비와 제갈량의 신주를 모신 사당엔 '명랑천고(明浪千古)'란 편액이 걸려 있다. 1인자 유비와 2인자 공명이 끝까지 좋은 관계를 유지해 촉한(蜀漢)을 경영한 것을 이르는 말이다. 최종현 회장과 1965년 선경직물 공채 1기로 입사한 손길승의 관계가 그러했다. 1971년 성탄절 아침 대연각호텔 대형 화재 당시 손길승은 불이 꺼지기도 전에 먼저 뛰어가 회사 장부를 챙겼다. 감동한 최 회장은 누구를 만나더라도 "손길승은 나의 사업 동지"라는 말을 하고 다녔다. 다른 직원들도 듣고 배우란 의미였다. 그리고 젊은 사원들에게도 '유(You)'라는 호칭을 사용했다. 고용과 피고용의 관계가 아니라 일을 통해 맺어진 인간관계를 깊이 존중하겠다는 의미였다.

◆ 인간 위주의 경영, 합리적인 경영, 현실을 인식한 경영

그는 경영철학으로서 인간 위주의 경영, 합리적인 경영, 현실을 인식한 경영을 내세우고 이의 실천을 위해 노력해왔다. 최 회장이 내세웠던 경영철학은 무엇보다도 인간 위주의 경영이다. 그는 사람관리와 인재육성에 대한 의지가 남달리 강했다. 최회장은 "기업경영에서는 사람이 가장 중요하다. 첫째도 인간, 둘째도 인간, 셋째도 인간이다. 그러므로 기업경영에서 가장 역점을 두어야 하는 것은 인간 위주의 경영이며, 이를 위해 사람을 사람답게 다룬다는 기본원칙을 철저히 준수해야 한다"고 누누이 강조하곤 했다. 기업의 발전은 그 기업을 운영하는 사람들 손에 달려있기 때문에 무엇보다도 인재를 양성하는 것이 가장 중요하다는 것이 그의 생각이었다. 그러기 위해서는 SK의 기업관을 함께 공감할 수 있는 사람을 뽑아 능력을 100% 발휘할 수 있도록 최선의 제도와 교육환경을 조성하는 데 노력해야 한다는 생각을 실천에 옮겼다. 그는 또한 전문경영인제도와 과감한 권한이양 및 책임경영을 표방했다.

최종현의 어록

- 우리는 미래를 샀다.
- 도전하는 자가 미래를 지배한다.
- 사람은 일정 기간 기여하다 떠나는 것이나 기업은 영원히 존속한다.
- 사업에 실패하면 책임자가 회사를 떠난다는 식이 되면 아무도 도전을 안 한다.
- 실패해도 좋으니 끊임없이 시도하라.
- 오히려 아무것도 안 한 사람에게 책임을 묻겠다.
- 실패의 원인을 연구해 회사의 자산으로 삼도록 한다.
- 기업들은 국제적으로 통용되는 규범을 경영 활동의 기준으로 삼아 세계시장을 상대로 치열한 경쟁에서 이겨 나가야 한다.
- 경제는 경제인들이 자유롭게 움직이면서 발전하는 것이다.
- 인간은 무한한 자산이다.
- 믿으면 전부 맡긴다.
- 노사는 한솥밥을 먹는 식구가 아닌가?

1절 협상

상품을 구입할 때 판매원과 상품가격에 대해 흥정하는 것처럼 개인들은 매일 협상한다는 것을 인식하지 못하고 있거나 공식적인 협상을 두려워하는 경향이 있다. 또한 조직구성원들은 조직생활 전반에 걸쳐 공식적인 협상에 직면한다. 예를 들면, 인사담당자와 연봉이나 근무조건을 논의하고, 노사가 복지를 협의하고, 다른 부서와 공동 업무를 해결하고, 공급업체와 계약조건을 협상한다. 또한 국가 간에 무역협정이나 영토분쟁을 협상한다. 협상은 상호 간에 차이를 해결하는 방법이다. 이것은 분쟁을 피하면서 타협이나 합의에 도달하는 과정이다. 공정성의 원칙, 상호 이익 추구 및 관계 유지는 협상에서 성공의 열쇠이다.

1. 협상의 의미

협상은 잘할수록 결과에 더 만족한다. 게다가 협상기술을 잘 사용하면 협상하는 사람들도 만족한다. 어떤 사람이 다른 사람으로부터 무엇인가를 원하고 그것을 얻기 위해 협상한다. 사업에서 협상기술은 판매, 임대, 서비스 제공 및 계약 등에서 중요하다. 좋은 협상은 각 당사자들이 모두 만족하고 서로 계속적인 관계를 갖게 된다. 협상은 이익에 도달하고, 차이점을 해결하거나, 당사자의 다양한 이익을 만족시키는 것을 포함하는 둘 이상의 사람들 간의 대화이다. 이처럼 협상은 타협을 목표로 한다. 전문적 협상가는 노조 협상가, 부채인수 협상가, 평화 협상가, 인질 협상가처럼 전문화되어 있다.

1) 협상의 개념

협상(negotiation)은 문제에 대한 해결책을 찾기 위해 노력하는 두 명 이상의 분쟁 당사자 간의 토론이다. 이러한 대인관계는 개인수준뿐만 아니라 기업 또는 국제수준에서도 발생할 수 있다. 협상은 일반적으로 당사자가 스스로 할 수 없는 새로운 것을 만들거나 그들 사이의 문제 또는 분쟁을 해결하기를 원하기 때문에 발생한다. 당사자들은 그들 사이에 약간의 이해상충이 있음을 인정하고 상대방이 자발적으로 제공하는 것을 단순히 취하는 것보다 더 나은 거래를 얻기 위해 어떤 형태의 영향력을 사용할 수 있다고 생각한다. 그들은 공개적으로 싸우거나, 포기하거나, 접촉을 끊는 것보다 합의를 찾는 것을 선호한다.

협상은 주고받기 과정이다. 양측 모두에게 이익이 되는 정중하고 건설적인 상호작용을 만

드는 것을 목표로 해야 한다. 성공적인 협상은 상대방에게 큰 의미가 있는 무언가를 제공하면서 자신에게 별 의미가 적은 것을 양보를 할 수 있는 지점이다. 협상의 성공은 계획과 준비에 달려 있다. 따라서 성공적인 협상은 계획에서 종료까지 안내할 수 있는 명확한 전략, 메시지 및 전술을 사용하여 협상에 접근하는 것이다. 협상가가 어떤 협상을 계획하고 실행할 때 지속적으로 명심해야 할 주요 요소는 주제, 관계, 과정과 결과이다.

주제(substance)는 당사자 간에 합의하기 위한 대상이다. 당사자들이 상호 간에 관련이 있는 대상에 관하여 대화를 통하여 합의하려고 한다. 관계(relationship)는 대화 상대자와 실질적인 교섭관계를 수립하는 것이다. 이것은 대화를 계속하고, 합의를 존중하고, 실행의 공동 감시를 허용하는 연결이 있어야 한다. 과정(process)은 대화 행동 자체를 돕기 위해 회의 장소와 시간을 결정하고, 기본적인 규칙과 절차를 설정하는 것이다. 결과(result)는 당사자들 간에 차이를 조정하여 합의에 이른 긍정적인 변화이다. 합의에 도달하는 것은 필요조건이지만 합의만으로는 충분하지 않다. 즉, 합의사항이 이행되는 것인데, 어떤 합의가 실행될 수 있도록 확실히 하는 것은 협상결과의 검증이다.

그림 13-1 협상의 4요소

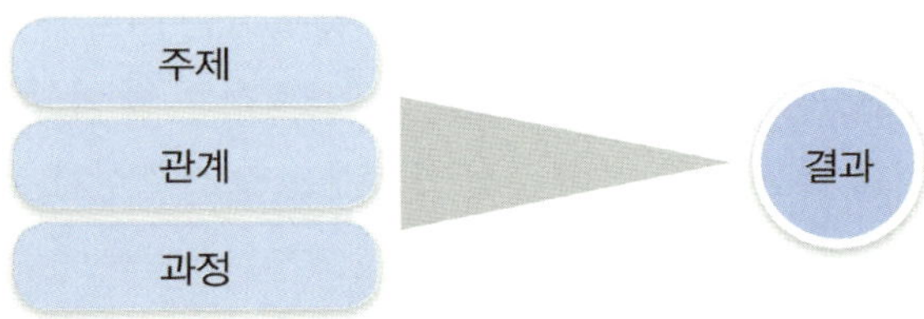

INSIGHT 협상장벽

- 까다로운 협상가를 제압하려는 생각
- 정보의 부족과 협상가의 딜레마
- 강탈하려는 자세
- 의사소통의 문제
- 신뢰부족
- 구조적 장해
- 문화와 성 차이
- 대화의 힘

2) 협상의 유형

협상은 기업이나 특정한 조직의 공식적인 협상으로부터 친구들 간의 비공식적인 협상이 있다. 협상전략에는 분배협상과 통합협상이 있다. 분배협상은 사전에 그 규모가 제한되어 있는 자원의 배분을 둘러싼 경쟁적 교섭전략으로써 제로섬(zero-sum) 교섭으로 협상 일방의 이득은 다른 일방의 손실을 가져온다. 통합협상은 협상 당사자들이 자신들의 이해관계를 통합한 합의를 도출하고, 서로 극대화된 이익을 얻는 협력하는 경우이다. 분배협상은 협상자가 이익을 보면 상대방은 손해를 보는 승-패(win-lose) 협상이나, 통합협상은 상호협조에 의해 양쪽이 모두 이익을 얻을 수 있는 승-승(win-win) 협상이다.

(1) 분배협상

분배협상(distributive negotiation)은 거의 양보하지 않는 협상이다. 이것은 시장에서 흥정의 모델로 협상에 접근하는 경향이다. 분배협상에서 각 측은 수용되지 않을 것이라는 것을 알면서 종종 극단적인 입장을 취하고, 그런 다음 결론에 이르기 전에 가능한 적게 양보하기 위해 교활, 허풍, 그리고 벼랑 끝 전술[1)]을 사용한다. 분배적(distributive)이라는 용어는 관계된 사람들 간에 분배되거나 나누어지는 확정된 양을 의미한다. 이러한 협상은 확정된 몫의 분배라고 한다. 돌아갈 몫이 많지 않지만, 배분될 비율은 가변적이다. 한 사람의 이득이 다른 사람의 손실이 된다는 가정 때문에 승-패(win-lose)라고도 한다. 분배협상은 종종 이전에 상호관계가 없었거나 가까운 미래에도 그럴 것 같지 않은 사람들을 포함한다. 다음은 합의에 도달하기 어려운 경우이다.

- 상충되는 목표
- 비밀스럽고 숨겨진 사안
- 낮은 신뢰
- 일방적 승리
- 정면대응의 대립적인 접근
- 경쟁적이고 유연하지 못한 협상
- 갈등, 의견충돌과 오류정보
- 기타 소송

(2) 통합협상

통합협상(integrative negotiation)이란 협상 당사자들이 자신들의 이해관계를 통합한 합의

1) 배수진을 치고, 협상을 막다른 상황까지 몰고 가는 초강수를 띄워 위기에서 탈출하는 특유의 협상전술.

를 도출해 냄으로써 서로 극대화된 이익을 얻기 위해 협력하는 경우를 말한다. 이런 협상에서는 가치창출과 자기 몫 획득이 동시에 추구된다. 즉, 협상 당사자 혹은 관련자 모두가 승리하는 협상을 말한다. 분배협상이 당사자들 간에 분배되는 확정된 가치의 양이 있다고 가정하지만, 통합협상은 협상 과정에서 가치를 창조하려고 한다. 즉, 몫을 확대한다. 개인적인 전투보다는 공유된 문제에 중점을 두고, 합의의 기준으로 객관적인 태도와 원칙을 고수한다. 통합은 협력을 포함한다. 그래서 상호이익을 달성하기 위한 창의적 문제해결이고, 상생(win-win) 협상이다. 다음은 합의에 쉽게 도달할 수 있는 경우이다.

- 공동의 목표 발견
- 투명한 의제와 문제
- 양자를 위한 수락할 수 있는 해결책
- 윤리적 협상태도
- 위험의 공유와 비용절감
- 조정이나 중재와 같은 단계적 확대 과정
- 우호적, 비공격적 접근

표 13-1 협상의 비교

특 징	분배협상	통합협상
목적	지금 승리	합의 및 지속적 관계
전략	최대한 이익 요구	가치창조
참여자	적	동지
분위기	불신, 경멸	신뢰
행동	공격적이고 강인	양보, 이해
관계	압력, 보복	양보
요구사항	위선적 최소 요구사항	최소 요건 충족
합의 태도	교환 계약에서 일방적 이익	합의를 위한 손실 수용
해결 태도	최고의 이익 추구	동의와 합의 추구
양보 태도	양보는 관계 유지 조건	장기적 관계 유지 고려

2. 협상전술

전략은 목적을 달성하기 위한 계획이지만, 전술은 목표를 달성하기 위해 사용하는 기술이다. 협상의 필수적인 요소는 내용, 과정과 행동이다. 내용은 당사자들이 협상하는 대상으로 의제, 문제, 선택과 합의사항이 있다. 과정은 당사자들이 협상하는 방법이다. 즉, 협상의 맥락, 협상 당사자, 양측이 사용하는 전술과 이 모든 것을 유발하는 후속 조치와 단계이다. 행동은 당사자들 간의 의사소통이다.

전략은 관계와 최종 결과를 포함하는 최고수준의 목표이다. 과정과 도구는 준비하고 협상할 때 취하는 역할을 포함한다. 전술은 상세한 말, 행동과 다른 사람의 말과 행동에 대한 반응을 포함한다. 추가되는 요소로 설득과 영향력이 있다. 협상에 접근하는 방법은 다른 전술을 필요로 한다. 분배협상에서 각 협상가는 몫의 가장 큰 부분을 위해 싸우고, 그래서 제한된 범위 내에서 적절할 수 있다. 그러나 좋은 합의는 최대한의 이익이 아니라 최적의 이익이다. 통합협상의 태도는 균형이 맞게 배당하는 것이다. 얻는 것이 다른 사람을 희생하는 것이 아니라 함께 하는 것이다.

1) 협상전술의 유형

협상전술은 항상 협상 과정에서 중요한 부분이다. 종종 전술은 미묘하고 식별하기가 어렵고 여러 목적으로 사용된다. 전술은 협상 테이블에서 최대한 많은 가치를 얻는 데 집중할 때 더 자주 사용된다. 많은 협상전술이 존재하지만 많이 사용되는 Richard Shell 교수가 제시한 협상전술에는 5가지 유형이 있다. 그는 수천 명의 기업 리더, 관리자 및 기타 전문가에게 때때로 거칠고 험난한 협상 세계에서 살아남고 번성하는 방법을 제시했다. 개인들은 다양한 유형에 대해 강력한 성격을 갖는다. 협상하는 동안 사용하는 유형은 상대방의 이익과 맥락에 의존한다. 또한 유형은 시간에 따라 변할 수 있다.

그림 13-2 협상전술의 5가지 유형

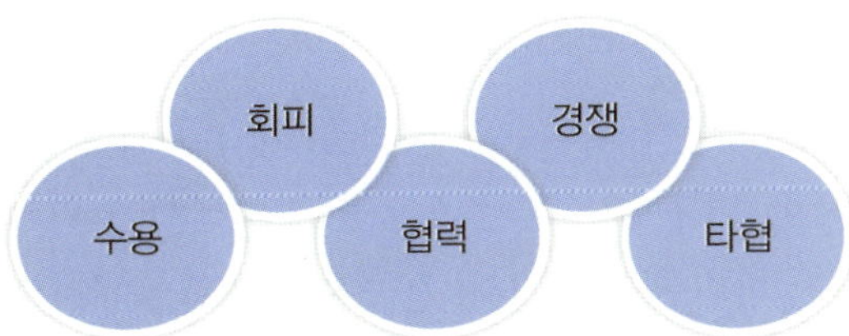

- 수용: 상대방의 문제를 해결하고 개인적인 관계를 유지하려고 한다. 수용하는 사람들은 상대방의 정서상태, 신체언어와 구두신호에 민감하다.
- 회피: 보장되지 않는다면 협상을 하려 하지 않고 하지도 않는다. 협상할 때 회피자들은 협상의 대립국면을 미루고 회피하는 경향이 있다.
- 협력: 창조적인 방법으로 문제를 해결하려는 협상을 즐긴다. 협력자는 상대방의 관심과 이익을 이해하기 위해 협상을 사용하는 데 능숙하다.
- 경쟁: 이길 수 있는 기회가 나타나기 때문에 협상을 즐긴다. 협상가들은 협상의 소질이 능숙하나 관계의 중요성을 소홀히 한다.
- 타협: 당사자들에게 공정하고 균등하게 행동함으로써 거래를 종결하려고 한다. 타협은 거래를 종결할 시간이 임박할 때 유용하다. 그러나 타협은 종종 불필요하게 협상 과정을 서두르게 하고 너무 빠르게 양보를 한다.

표 13-2 협상 유형의 비교

유 형	의 미	결 과
수용	상대방의 문제를 해결하고 개인적인 관계를 유지한다.	lose-win
회피	협상을 싫어하고 보장하지 않는 협상은 하지 않는다.	lose-lose
협력	창조적인 방법으로 문제를 해결하려는 협상을 즐긴다.	win-win
경쟁	이길 수 있는 기회를 제공하기 때문에 협상을 즐긴다.	win-lose
타협	공정하고 평등하게 행동함으로써 거래를 성실히 한다.	partial(win-lose)

2) 다양한 협상전술

분쟁이 발생했을 경우 당사자들이 대화로 갈등을 해결하는 방법이 바로 협상이다. 갈등이 존재하는 하나 이상의 문제에 대해 유익한 결과에 도달하기 위한 두 명 이상의 사람 또는 당사자 간에 대화를 시도한다. 유익한 결과는 관련된 모든 당사자 또는 그들 중 하나 또는 일부를 위한 것일 수 있다. 따라서 협상은 거래를 성사시키고, 갈등을 피하고, 상대방과의 관계를 구축하고 이익을 얻을 수 있는 기회이다.

상대방과의 거래를 원만히 하거나 갈등을 해결하기 위한 협상전술이 필요하다. 협상전술은 협상하는 과정의 중요한 부분이다. 협상은 종종 펄쩍펄쩍 소리치는 것이 아니다. 협상은 다양한 목적으로 사용되고 까다롭고 어렵다. 전술은 분배협상에서 자주 사용된다. 많은 협상전술이 있지만, 다음은 주로 사용하는 전술이다.

- 경매(auction): 입찰은 경쟁을 유도하는 것이다. 사람들이 무엇인가를 잃는다고 알 때, 사람들은 더 많은 것을 원한다. 다른 사람의 경쟁심을 이용하는 것은 값을 올리는 것이다.
- 벼랑 끝 전술(brinksmanship): 협상하는 한 측이 동의를 받아 내거나 압승해야 할 정도로 공격적으로 추구하는 전술이다. 벼랑 끝 전술은 제안을 수락할 수밖에 없고, 채택할 다른 대안이 없는 것을 확신할 때 사용한다.
- 유령전술(bogey): 자신에게 거의 중요하지 않은 문제를 가장 중요한 척하고, 그런 다음 협상에서 실제로 중요한 것의 양보를 얻기 위한 방법이다.
- 겁쟁이(chicken)[2]: 협상가는 상대방이 겁을 먹고 그만 두고 자신들이 원하는 것을 내놓도록 강요하는 극단적인 조치를 취한다. 이러한 전술은 상대방이 굽히지 않으려 하고 극단적인 조치를 고수할 때는 위험하다.
- 심층방어(defence in depth): 제안이 의사결정자에게 갈 때마다 의사결정자가 거래를 종결하기 위해 또 다른 양보를 추가하도록 요청하는 것이다. 여러 수준의 의사결정 권한이 있고, 합의가 권한의 단계를 통과할 때마다 더 많은 양보를 허용하기 위해 사용된다.
- 마감시한(deadline): 상대방에게 결정하도록 마감시한을 주는 것으로 상대방에게 압력을 적용하는 시간을 사용한다. 마감시한은 실제적이거나 가상적일 수 있다.
- 꽁무니 빼기(flinch): 강한 부정적인 신체적 반응을 보이는 것이다. 예를 들면, 한숨을 쉬거나 충격의 놀라는 표정을 보인다. 신체적 반응을 보이는 것은 내가 충격을 받았다고 말하는 것을 상대방이 듣게 하는 것보다 더 신뢰받을 수 있다.
- 선인과 악인(good guy & bad guy): 팀의 한 사람은 극단적이거나 불합리한 요구를 하고, 다른 사람은 합리적인 요구를 한다. 선인은 합리적이고 이해심이 있고 그래서 함께 협상하기 쉽게 보인다. 선인은 악인보다 비교적 더 동의하는 것처럼 보인다.
- 높은 공과 낮은 공(highball & lowball): 결코 이루어질 수 없는 터무니없는 높거나 낮은 개시 제안을 사용한다. 극단적인 제안이 상대방에게 자신의 제안을 재평가하고 합의에 도달하려는 점으로 가깝게 이동하도록 하는 것이다.
- 약간 관심 보이기(nibbling): 작은 것 하나를 더 받아 내는 기술이다. 거래를 종결하기 전에 이전에 토의하지 않은 작은 양보를 요청하는 것이다. 이 방법은 한 가지 더 추가함으로써 상대방의 종결 희망을 이용하는 것이다.
- 감언이설(snow job): 협상가는 어떤 것이 중요한지를 판단하는데 어려움이 있는 상대방

2) chicken game: 두 대의 차가 마주 보고 돌진하다가 먼저 피하는 쪽이 패배하는 게임이다. chicken은 겁쟁이로 미국의 갱들이 주도권 쟁탈을 위해 벌이던 사망 유희로 충돌 직전 핸들을 꺾으면 살 수 있지만 먼저 피한 쪽은 목숨을 건지는 대신 겁쟁이로 조직의 문패를 내려야 한다.

을 많은 정보로 제압하는 것이다. 협상가들은 비전문가가 물은 질문에 간단히 답하기 위해 기술언어나 전문용어를 사용한다.

- 옹호자(advocate): 옹호자는 한 측을 위해 가장 유리한 결과를 얻으려고 노력한다. 이러한 과정에서 협상가는 다른 측이 기꺼이 받아들이는 최소한의 결과를 결정하려고 하고, 그런 다음 요구를 조정한다. 요구의 직접적인 제시, 사전조건이나 기만적인 방법에 이르기까지 다양한 전술을 사용한다.

2절 설득

개인의 태도나 행동은 언어적 위협, 신체적 강압, 생리적 상태나 다른 사람의 의사소통에 의해 영향을 받는다. 정치, 법적 결정, 대중매체, 뉴스 및 광고는 모두 특정한 대중을 설득하는 것이다. 모든 의사소통이 설득력이 있는 것은 아니다. 효과적인 설득은 상대가 문제의 공유된 해결책에 이르도록 협상과 학습을 포함하는 과정으로 발견, 준비와 대화를 포함한다. 효과적인 설득을 기대한다면 상대의 관심과 욕구와 일치하는 아이디어를 검토하고 수정하는 것이다. 설득의 주요 목적은 설득자의 생각과 느낌과 마침내 같아지기 위해 특정한 대상이나 주제에 관한 상대의 태도, 신념이나 가치를 변화하는 것이다.

1. 설득의 개념

설득은 차를 판매하려는 강박적인 판매원이나 제품을 구매하도록 유도하는 TV 광고가 아니다. 설득을 생각할 때 종종 부정적인 예가 가장 먼저 떠오르지만 설득은 긍정적인 힘으로도 사용될 수 있다. 사람들에게 재활용 또는 금연을 촉구하는 공익광고는 사람들의 삶을 개선하는 데 사용되는 설득의 좋은 예이다. 설득은 의사소통을 통해 다른 사람의 정신적 상태에 영향을 주기 위해 의도된 과정으로 자유스런 선택의 환경에서 메시지의 교환을 통해 다른 사람이 특정한 문제에 관한 태도나 행동을 변화하도록 노력하는 과정이다.

1) 설득의 정의

설득에 대해 생각할 때 무엇이 떠오르는가? 시청자에게 특정 제품을 구매하도록 촉구하는 광고 메시지를 생각할 수 있고, 투표에서 자신을 선택하도록 유권자를 선동하는 정치 후보를 생각할 수 있다. 설득은 일상생활에서 강력한 힘이며 사회와 전체에 큰 영향을 미친다. 설득(persuasion)은 의사소통자가 자유로운 선택의 분위기에서 메시지를 전달하여 문제에 대한 태도 또는 행동을 변경하도록 다른 사람들을 납득시키는 상징적 과정이다. 설득은 다른 사람의 신념, 가치, 태도나 행동을 변경하는 것을 목표로 한다. 즉, 전달자가 수신인으로부터 바람직한 반응을 끌어내려는 의사소통 과정이자 의미의 전달로 수신인의 태도나 신념을 변화시키려는 의식적인 시도이다.

2) 설득저항

설득은 상대방의 생각을 바꾸고 생각의 변경을 통해서 상대방의 행동을 변화시키는 것이다. 상대방을 논리적으로 권유하면 설득될 것이라고 기대하지만 그렇지 않다. 설득의 어려움은 논리적 권유에 대한 상대방의 저항 때문이다. 누군가 또는 무언가가 자신의 선택을 박탈하거나 대안의 범위를 제한하고 있다고 느낄 때 이러한 심리적 저항이 발생한다. 설득저항은 스스로 독립된 존재로서 느끼는 자유 의지를 지키려는 본능과 관련이 있다. 상대방이 나를 조정하고 독립성을 훼손시킬 것이라고 느끼는 저항이 심리적으로 일어난다. 따라서 설득저항은 사람들이 설득 메시지가 태도 변화를 막는 과정이다. 설득저항(resistance to persuasion)은 누군가가 특정 견해나 태도를 받아들이도록 압력을 많이 받을 때 그들의 견해나 태도를 수용하지 않으려는 심리이다. 이때 반응은 상대방이 의도한 것과 반대되는 견해나 태도를 채택하거나 강화할 수 있으며 또한 설득에 대한 저항을 증가시킬 수 있다.

2. 설득의 수사학

모든 커뮤니케이션의 목적은 표적을 설득하는 것이다. 받아들이는 것이 어떤 사람에게는 쉽지만 어떤 사람에게는 어렵다. 그리스 철학자 아리스토텔레스(Aristotle)[3]에 의하면 화자

3) 그리스의 철학자(BC384 ~ BC322), 저서로는 범주론, 명제론, 분석론 전서, 분석론 후서, 토피카, 소피스트적 논박, 자연학, 천체에 관하여, 생성과 소멸에 관하여, 기상학, 자연학 소논문집, 영혼론, 동물지, 동물의 부분에 관하여, 동물의 운동에 관하여, 동물의 이동에 관하여, 동물의 생성에 관하여, 형이상학, 니코마코스 윤리학, 에우데모스 윤리학, 정치학, 대윤리학, 수사학, 시학.

가 수사학의 logos, ethos와 pathos를 사용함으로써 상대방을 효과적으로 설득할 수 있다. ethos는 신뢰성 호소, pathos는 감정 호소, logos는 이성 호소를 의미한다.

- 신뢰성 호소: ethos(credibility)
- 감정 호소: pathos(emotion)
- 이성 호소: logos(logic)

표 13-3 설득의 방법과 기능

설득의 방법	설득의 기능
Ethos(윤리적 호소)	주인공이 신뢰할 만하다고 설득하여 청중을 설득
Pathos(정서적 호소)	감정에 호소하여 청중을 설득
Logos(논리적 호소)	사실, 논리 또는 이유를 사용하여 청중을 설득

[그림 13-4]는 설득의 삼 요소가 서로 어떻게 작용하는지를 생각하는 방법을 제시한다. 하나의 호소를 사용하면 설득이 되지 않는다. 삼 요소가 배합되는 정도는 화자, 청자, 주제와 내용에 달려있다. 궁극적으로 세 가지 설득방식은 서로 연결되어 있다. 그것들을 선형으로 생각하지 말고 겹치는 세 개의 원과 비슷하다. 따라서 설득자는 에토스, 로고스 및 파토스를 사용하여 무언가를 만들어 청중의 신념 체계에 묶을 수 있다면 매우 강력한 설득이 될 것이다.

그림 13-4 설득의 삼 요소

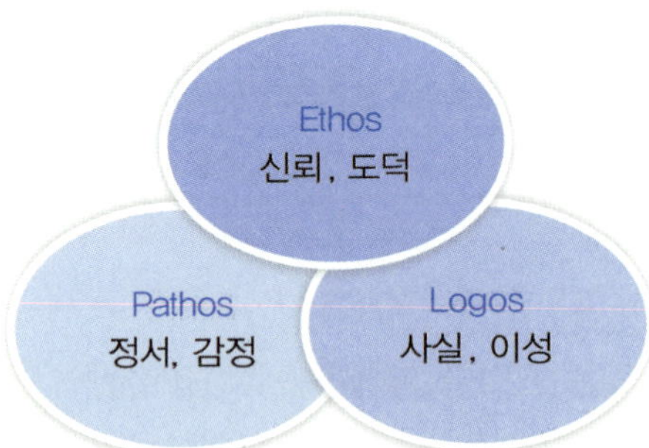

1) 에토스

에토스(Ethos)는 설득의 첫 번째 방식으로 성격 · 인격 · 개성 등을 의미하는 그리스어이다. 에토스는 의사전달자의 성격이나 태도를 말한다. 설득은 화자의 힘과 권위에 달려있다.

아리스토텔레스는 커뮤니케이션의 가장 중요한 요소로 간주하였다. 청중은 작가나 화자의 성격이 신뢰할 수 있는지를 발견하려고 한다. 그렇지 않다면 어떠한 것도 설득적이지 못하다. 특정 주제에 대해 청중에게 이야기할 자격 증명을 설정하는 것이다. 예를 들면, 의사의 진료실에 걸려 있는 모든 학위나 자격증에 해당하는 언어적 표현이다. 주제에 대한 권한이 있는 이유를 설정한 후에는 관계를 구축해야 한다. 에토스는 신뢰에 관한 것이다. 아리스토텔레스는 에토스를 설득의 가장 중요한 방식으로 생각했고, 에토스에 기여하는 세 가지를 지혜, 좋은 성격과 아름다운 생각으로 정의했다.

▶ 지혜: 좋은 감각

프로네시스(phronesis)는 목적과 달성 수단을 결정하는 지혜이다. 이것은 작가라면 작가로서 가지고 있는 지혜나 지능이다. 일반적인 적성과 능력을 확립함으로써 독자와 교류하고 신뢰를 쌓을 수 있다. 특히 설득력 있게 글을 쓸 때는 사례를 사용하고, 적절한 경우 외부 조사를 통해 다루는 주제 영역에 대한 광범위한 지식 기반을 보여준다.

▶ 좋은 성격: 도덕적 미덕

아레테(arete)는 사람이나 사물이 갖고 있는 탁월성이나 주장에 대한 일반적인 도덕적 미덕이다. ethos 사용은 독자에게 자신의 도덕성을 설명하는 것이다. 그러나 독자가 동의하거나 선입견을 공유한다고 가정하지 않는다. 자신의 입장에 어떻게 도달했는지, 그리고 왜 자신의 견해가 정당하고 도덕적인지를 설명한다.

▶ 아름다운 생각: 선의

유노이아(eunoia)는 청중과 함께 하는 선의이다. 독자와 관계를 형성하고 신뢰하는 것이 필수적이다. 논증의 배경을 설명하고 독자와의 관계를 구축할수록 청중이 더 많이 참여할 수 있다. 만약 자신의 글이 모호하거나 소외된다면 독자가 이해하기 어려운 주장이다.

청중이 화자와 긍정적인 관계를 가지고 있고 감사할 때 설득이 일어날 가능성이 더 높다. 화자가 신뢰성, 카리스마 및 통제력이 있을 때 더욱 설득적이다. 신뢰성은 누군가 믿을 수 있다는 사실로 출처 또는 메시지의 신뢰성에 대한 객관적이고 주관적인 요소이다. 즉, 믿음을 불러일으키는 힘으로 몇 가지 구성 요소가 포함된다. 각 특성의 핵심 요소는 청중 인식이다. 청중이 말하는 사람의 전문지식, 신분 등을 이해하는 것이 중요하다.

- **전문성**: 특별한 지식을 가지고 있다는 청중 인식
- **신분**: 메시지 전달자의 사회적 위치, 명성에 대한 청중 인식
- **역량**: 다른 사람들에게 메시지를 전할 때 명확하고 역동적이라는 청중 인식
- **정직**: 제시된 정보가 신뢰받고, 진실 또는 청중을 위해서 하고 있다는 청중 인식

에토스 호소의 예

- 나는 매년 자선단체에 돈을 기부합니다. 절약으로 더 많이 기부할 수 있었습니다. *그는 자신의 도덕적 행동의 예를 보여줌으로써 훌륭한 성품을 나타낸다.*
- 하바드 대학교 경제학 교수는 지금 국가의 추가예산이 필요하다고 말합니다. *대통령은 경제 분야에서 그의 권위를 인용함으로써 정당성을 보여준다.*

2) 파토스

파토스(Pathos)는 설득의 두 번째 방식이다. 열정, 경험, 고통이나 기타 일반적으로 깊은 감정을 뜻하는 파토스는 정서에 근거한 호소이다. 의도는 어떤 사람들이 행동을 하도록 유발하는 것이다. 파토스의 효과적인 사용 없이 설득은 어떤 사람들에게 행동을 변경하도록 하기 어렵다. 감성적 호소를 전달하는 방법은 이야기로 하는 것이다. 의사전달자의 가치, 신념과 이해는 이야기 속에 내포되어 있고, 표적에게 상상으로 전달된다. 이것은 전달자의 메시지가 결정이나 행동으로 이동하는 힘이다. 파토스는 심오한 호소력이다.

화자는 파토스를 사용하여 청중의 감정에 호소하고, 공유된 정체성을 통해 공통의 유대를 형성하며 행동을 고취시킨다. 핵심은 청중을 아는 것이다. 인간은 단순히 생각하는 기계가 아니다. 대신 감정에 크게 의존하며, 효과적인 의사소통자들은 설득력 있는 의사소통에 긍정적인 느낌과 부정적인 느낌을 모두 사용하는 방법을 고려한다. 파토스는 감정적인 메시지를 사용하는 것이다. 감정 호소에는 긍정적 감정 호소 또는 부정적 감정 호소가 있다.

▶ 긍정적 감정 호소

- **사랑 호소**: 씁쓸하면서 달콤한 감동적 사건에서 가족까지, 향수에서 동정심이나 연민까지, 민감성에서 동정심까지 다양할 수 있다. 유쾌한 이미지는 청중에게 설득력 있는 메시지를 기억할 뿐만 아니라 메시지에 대해 행동할 가능성을 높인다.
- **미덕 호소**: 사회나 개인이 존중하는 가치를 불러일으킬 수 있다. 미덕의 범위에는 정의, 충성, 재량, 용기, 경건, 존중 및 이타심, 사회적 또는 개인적 발전에 대한 호소가 있다.

- **유머 호소**: 오락과 관객이 재미 있다고 생각하는 것에 근거한다. 이러한 호소는 종종 관심을 끌고 메시지를 강화하고, 때로는 청중이 더 좋아하는 연사를 만들 수 있다. 그러나 유머는 사람이나 문화마다 다르기 때문에 달성하기가 어렵다.
- **성적 호소**: 과도한 노출이나 성행위와 관련된 메시지의 미묘하거나 충격적인 사용에 근거한다. 일부 문화권에서는 이러한 호소가 제품에 적합한 것으로 간주되나 어떤 문화권에서는 성적 호소가 불쾌한 것으로 간주된다.

▶ 부정적 감정 호소

- **공포 호소**: 불안이나 걱정에 대한 인간의 경향에 근거한다. 젊은이들은 노인보다 공포 호소에 대한 내성이 더 높고, 청중이 높은 자존심을 가질 때 공포 호소의 효과가 증가한다.
- **죄책감 호소**: 개인적 수치심, 미덕의 매력에 대한 반박에 중점을 둔다. 죄책감 호소는 적절한 청중에게 효과적일 수 있다.
- **증오 호소**: 특정한 윤리적 문제를 수반한다. 사람들의 증오에 대한 호소가 비윤리적이고 부적절할 수 있으나 특히 교육수준이 낮은 청중들에게는 효과적일 수 있다.

파토스 호소의 예

- 기부하지 않으면 아프리카 아이들이 굶어 죽게 됩니다. *단체 회원들은 청중에게 다른 사람들의 생명에 대해 생각하도록 요청함으로써 동정심을 자극한다.*
- 여러분들의 자녀가 등교할 때 매우 안전하기를 원하지 않습니까? *학부모들이 피해 학부모의 주장을 거부하면 그들의 아이들을 위험에 빠뜨릴 수 있다고 제안함으로써 두려움을 자극한다.*

3) 로고스

로고스(Logos)는 논리를 통한 호소로 이성을 뜻한다. 사물의 존재를 한정하는 보편적인 법칙, 행위가 따라야 할 준칙, 법칙과 준칙을 인식하고 이를 따르는 분별과 이성을 뜻한다. 주장의 명료성, 추리의 논리와 지지 증거의 효과성 등 메시지의 내적 일관성이다. 표적에 대한 논리의 영향은 주장의 논리적 호소라고 한다. 로고스의 수사학이 갖는 위험은 청중을 사로잡는 데 어렵거나 비논리적으로 지각하는 약하거나 복잡한 주장이다. A=B이고 B=C이면 A-C이다. 예를 들면, 숭배자는 사람이다. 인디언은 사람이다. 그러므로 모든 인디언은 숭배자이다. 로고스는 기본적인 상식으로 신중하게 구축되는 주장일 때 신뢰성이 있다. 이성과 주장은 열정의 추진력을 강화하는 데 사용될 수 있다.

해결하려는 주제에 대해 잘 아는 사람들을 설득할 때 로고스가 특히 중요하다. 결론을 뒷받침하기 위해 사실, 그림 및 증거를 사용하여 강력한 증거 기반을 입증하는 것이다. 로고스는 에토스 구축에 도움이 되기 때문에 중요하다. 예를 들면, 연기하려고 하는 연극배우를 고려한다. 배우가 관객에 대해 아무 것도 모른다면 감정을 표현하기 어렵다. 청중이 믿을만하고 신뢰할 수 있고 권위 있는 것으로 보기 전에 배우가 에토스를 구축해야 한다. 배우는 에토스를 어떻게 구축하는가? 배우는 연기 경력에 대한 경험을 공유하거나 함께 작업한 유명한 배우 사진을 무대에서 보여줄 수 있다.

효과적으로 설득하기 위해서는 최소한 부분적으로 논리와 합리성에 기초한 의사소통이 필요하다. 부당한 결론, 즉 증거에 의해 뒷받침되지 않는 추론 또는 잘못된 가정, 즉 청중이 받아들일 수 없는 결론과 같은 논리적 오류를 피한다. 설득력 있는 의사소통의 합리적인 측면에 대한 몇 가지 일반적인 원칙이 있다.

▶ 논리적 제안의 종류

- **사실 제안**: 입증 가능한 증거에 근거하여 제안한다.
- **추측 제안**: 합리적으로 추론하여 청중에게 동의하도록 요청한다.
- **가치 제안**: 무엇인가의 미덕을 식별한다.
- **정책 제안**: 새로운 행동 과정을 식별하고 채택을 권장한다.

▶ 구두 증거의 종류

- **유추**: 두 사물이 특정한 속성을 공유한 경우 다른 속성도 유사할 것이라고 추론한다.
- **비교**: 다른 것과 관련하여 특성이나 가치를 강조한다. 긍정적 비교는 청중이 호의적으로 평가하는 요소와 함께, 부정적 비교는 호의적으로 평가하지 않는 요소와 함께 사용된다.
- **사례**: 경험에서 얻은 결론을 제공한다. 사례는 짧은 이야기인 일화와 관련이 있다.
- **통계**: 통계 사례를 만들기 위한 수학적 사례이다.

로고스 호소의 예

- 시민들은 조위선을 투표해서는 안 됩니다. 작년에 그는 권력을 남용했습니다. *시민들은 과거의 예를 사용하여 동일한 일이 다시 일어날 것이라고 제안합니다.*
- 학급 대표는 유튜브 수업이 더 필요하다고 주장합니다. 여론 조사에서 90%의 학생들은 유학식의 유튜브를 즐겼다고 답했습니다. *학급 대표는 통계를 사용하여 자신의 주장에 신뢰성을 부여합니다.*

- **증언 및 보증**: 제품을 사용한 경험이 있거나 관련이 있는 증인들의 의견이다.
- **시각적 지원 증거**: 사진, 그림, 영상, 차트, 그래프 및 다이어그램을 제공함으로써 언어 증거를 향상시키고 명확하게 할 수 있다.

3. 설득기법

설득은 특정 전략을 통해 사람들의 생각과 행동에 영향을 줄 수 있는 능력이다. 능숙한 설득자가 되기 위해서는 먼저 설득의 법칙이라고 하는 몇 가지 기본 원칙을 이해해야 한다. 이 설득의 법칙은 대부분의 사람들이 특정 상황에 어떻게 대응하는지 설명한다. 마케팅과 광고가 성공적인 기업을 만드는 이유는 무엇인가? 대부분의 광고는 소비자들이 광고에 홍보하는 제품과 서비스에 호의적으로 반응하여 구매를 하게끔 유도한다. 설득기법을 이해함으로써 다른 사람들이 자신에게 부당한 영향을 미치는 정도를 통제할 수 있다.

1) 설득의 6가지 법칙

설득은 다른 사람의 생각과 행동을 바꾸는 기술이다. 이러한 기술에 능숙해지기 위해서 설득의 법칙을 먼저 이해해야 한다. 심리학자인 Robert Cialdini(1993)는 「설득의 심리학(Influence: The Psychology of Persuasion)」을 저술하였다. 생활의 복잡성을 감소하기 위해 정보를 찾을 때 의사결정을 하는 지름길을 제시하기 때문에 이러한 법칙은 효과적이다. 협상에서 설득의 기술은 판매증가뿐만 아니라 고객의 욕구를 충족하려는 성공적인 판매원이 되는데 유용하다. 협상에서 모든 당사자들은 좋은 결과를 얻었다고 느끼는 결론에 도달해야 한다. 힘들거나 어려운 협상가를 다룰 때 설득의 법칙을 사용한다. 이러한 법칙으로 어떻게 성공할 수 있는가? 게임의 규칙을 토의할 수 있다. 상대방이 설득의 법칙 중 하나 이상을 사용하고 있다는 것을 알 때 직접적으로

그림 13-5 설득의 6가지 법칙

주목할 수 있거나 더 객관적인 해결책으로 대화를 조종할 수 있다.

(1) 상호성의 법칙

사람들은 누군가로부터 무엇을 받는다면 보답할 필요를 느낀다. 어떤 사람이 원하는 것을 제공받는다면 빚을 졌다고 느끼기 때문이다. 무료샘플을 잠재고객에게 제공하는 것은 판매원이 사용하는 법칙이다. "이것은 우리가 줄 수 있는 모든 것이다"와 같이 협상을 위한 실제 이유를 고백하면 상대방의 양보를 유발할 수 있다. 이러한 방법은 임금인상 협상에서 종종 볼 수 있다. 양보는 치고받기를 따른다. 이 법칙은 형평성에 호소하기 위해 사용한다. 어떤 사람이 생일에 선물을 준다면 그의 생일에 선물을 주어야 한다.

상호성의 법칙은 많은 사회적 상황에서 다른 사람들로부터 받은 것을 갚는다는 의미이다. 무엇인가를 먼저 제공받은 사람들은 빚을 느끼게 되어 후속 요청에 더 잘 응할 수 있게 된다. 왜 그러한가? 사람들은 서로 연결되어 있기 때문이다. 이 상호성의 법칙을 보다 효과적으로 만드는 세 가지 요소는 선제성, 독점성과 특별성이 있다.

- **선제성**: 먼저 제공한다. 상대방이 자신에게 빚을 느끼게 한다.
- **독점성**: 독점적인 것을 제공한다. 특별하다고 느끼게 한다.
- **특별성**: 제안을 특정한 사람만을 위해 개인화한다. 상대방이 특별하게 대우받은 중요 인물이라고 느끼게 한다.

(2) 약속과 일관성의 법칙

아주 작은 약속을 주는 것으로 시작하고, 그런 다음 더 큰 것을 요청한다. 증가는 천천히, 교묘하게, 은밀하게 할 수 있다. 일단 약속을 하면 변경하기가 매우 어렵다. 최초 준거집단에서 거절되면 사람은 새로운 집단의 강압과 설득에 민감하다. 이것은 사이비 종교집단이 사용하는 기법의 하나이다. 어떤 원칙이나 제품을 약속하면 아무리 작더라도 증가를 확신하는 것은 쉽다. 이것은 특히 약속이 호의적인 방법으로 견해를 변경하는 경우에도 사실이다. 이것은 판매원이 여러 번 고객들이 동의하도록 시도하는 이유이다. 언어든 문서든 무언가 약속하면, 약속한 것에 대해 어떤 입장을 취한다는 것을 의미한다.

사람들은 다른 사람들이 행동하기 전에 그들이 하는 것을 알려고 한다. 사람들은 생각, 느낌과 행동에서 일관성이 있는 것을 좋아한다. 사람들이 일단 일정한 입장을 취하면 계속적으로 고수하는 경향이 있고, 초기 결정을 정당화하는 방법으로 행동하는 경향이 있다. 사람들은 무언가에 투자하거나 결정한 후에는 더욱 확실하게 된다. 약속과 일관성은 행동하려고 하는 바람직한 특징이고, 이것을 벗어나려고 하는 것은 자연스럽지 못하다. 많은 사람들에게 벗어나서 말을 하거나 행동한다면 실제로 이것은 더욱 나쁘게 된다.

일관성의 원칙은 사람들이 이미 내린 결정을 고수하는 자발적인 강압감을 말한다. 이는 잠재고객에게 무언가를 하도록 설득하는 데 걸리는 시간을 단축하고 그들의 입장에 가장 적합한 제품이나 서비스를 연결하는 데 더 많은 시간을 할애한다는 것을 의미하기 때문에 비즈니스에서 특히 유용하다. 이 법칙을 활용하려면 다음 방법을 따르게 한다.

- **작은 것 요청**: 고객에게 작은 행동으로 시작하도록 요청한다. 따라서 고객은 이를 큰 부담감을 갖지 않고 준수한다.
- **공개적 행동**: 공개적 행동을 장려한다. 철회 가능성이 감소된다.
- **보상**: 시간과 노력을 투자한 고객에게 보상한다.

(3) 호감의 법칙

사람들은 자신과 비슷한 사람을 좋아한다. 자신과 유사한 사람과 함께 일하는 경향이 있다. 사람들은 유명연예인을 좋아하고, 이것은 신체적 매력성 때문이고, 일단 그들에게 매력을 느끼면 그들과 연결을 원한다. 칭찬이 사실이든 거짓이든 사람들은 다른 사람들로부터 칭찬받는 것을 좋아한다. 칭찬이 효과적이지 않다고 아무리 부인하더라도 대부분의 사람들은 칭찬에 홀딱 반한다. 칭찬은 기분 좋게 하기 때문에 사람들은 칭찬을 좋아한다. 감미로운 사람과 말하고 그가 칭찬을 퍼붓는다면 더 가깝고, 좋은 연결을 맺기 시작한다. 그러나 반복적으로 칭찬을 하면 역효과가 발생할 수 있다. 사람들은 무언가 잘 알려지지 않은 것보다도 친숙하게 보이는 것을 대체로 좋아하고, 매우 협력적인 사람들과 관계를 맺는 것을 좋아한다.

어떤 사람들을 좋아하거나 자신과 동일하고 믿고 즐겁게 할 때 그들은 제품을 기꺼이 구매하는 경향이 있다. 이것은 성공적인 판매원이 사용하는 방법이다. 잠재적 구매자와 어떻게 같은지를 보여줌으로써 라포를 형성한다. 이것은 동일시하게 하고 신뢰하게 한다. 그래서 그들의 양보로 동의를 이끌어낸다. 좋아하는 사람들에 의해 영향을 더 받는다.

사람들은 자신이 좋아하는 사람들의 요청에 기꺼이 응할 가능성이 더 높다. 자신이 좋아하는 사람들은 자신이 싫어하는 사람들보다 더 많은 신뢰를 받는 경향이 있다. 사람들은 좋아하는 사람들이 자신과 같은 믿음, 관심사 및 언어를 가지고 있다고 생각한다. 그래서 자신이 좋아하는 사람이 더 신뢰할 만하다고 믿는 경향이 있다. 그렇지 않으면 왜 좋아하는가? 이것은 좋아하는 가수, 배우, 소셜 미디어 영향력자가 좋아하는 것들뿐만 아니라 동료의 구전을 신뢰하는 이유이다. 호감의 법칙을 작동시키는 요소가 있다.

- 물리적 매력: 잘 디자인되고 기능적인 제품을 더 좋아한다.
- 유사성: 취미나 관심사가 동일한 친구처럼 행동한다.
- 칭찬: 고객들을 칭찬하고 그들과 호의적인 친밀한 관계를 구축한다.
- 문의 및 협력: 고객과 같은 견해를 갖는다. 오랜 친구처럼 친밀감을 구축한다.
- 연관성: 브랜드와 소통하고 싶은 가치를 동일하게 연결한다.

(4) 희소성의 법칙

독점적 정보는 더욱 소중하고 더 쉽게 믿게 된다. 풍부성은 무엇인가 희소할 때보다 훨씬 적게 평가된다. 사기집단은 투자나 안전에 유일한 방법이라고 말함으로써 이것을 사용한다. 예를 들면, 최고, 최신, 가장 빠른 길 등을 집단이 주장할 때 등이다. 상품의 희소성과 정보의 독점성은 수입을 증가시킨다. 정보는 신뢰의 관계를 유지하기 위해서 사실이어야 한다. 희소하다고 느낄 때 사람들은 신속하게 반응한다. "한정판, 곧 매진, 서두르십시오"라고 쓰여 있는 제품을 볼 때 제품을 신속하게 구매하기를 원한다. 이런 전술은 사람들이 중요한 것을 놓치는 것처럼 느끼게 하는 것이다. 이용할 수 있는 것이 제한될 때 더 매력적으로 느낀다. 이것은 사람들이 잠재적 이익보다도 손실의 위험에 더 민감하게 반응하기 때문이다.

기본적으로 희소성은 공급과 수요와 관련이 있다. 사람들은 희귀하고 가치 있는 것을 더 갈망한다. 무엇인가 제한이 없을 때 품목을 즉각적으로 구매할 필요성을 느끼지 않지만, 재고가 없기 때문에 더 이상 품목을 구매할 수 없다고 느낄 때 기회를 덥석 붙잡는다. 이것은 판매자가 제품을 쉽게 판매하는 방법이다. 그들은 인간의 심리가 어떻게 작동하는지를 안다. 그러나 조만간 많은 사람들은 회사가 제품을 판매하기 위해서 사용하는 술책이라고 알게 될 것이다. 또한 사람들은 항상 독특하고 배타적이고 찾기 어려운 것들에 이끌린다. 사람들은 구하기 어려운 것이 일반적으로 쉽게 구할 수 있는 것보다 낫다고 가정하는 경향이 있다. 희소성은 차별적인 가치와 남과 다르다는 상징을 강화할 수 있다. 따라서 희소성의 법칙은 내용이나 판촉 어휘 내에 긴박감을 만든다. 다음과 같은 방법은 고객의 긴급성을 유발하는 방법이다.

- 수량 제한: 품목 수량의 부족으로 상품이 소진될 수 있다.
- 기간 한정: 해당 기간 동안만 상품을 판매한다.
- 경쟁 활용: 다른 사람들도 원한다는 성향은 종종 경매나 입찰에 활용된다.

(5) 권위의 법칙

권위의 법칙은 유명인의 보증이나 전문가의 증언을 사용하는 법칙이다. 제품이나 서비스를 판매촉진할 때 다른 사람에게 충분히 좋은 것이라면 자신에게도 좋은 것이라는 느낌이다. 자신이 사용한다면 좋은 외모, 부나 명성처럼 동일한 특성을 얻을 수 있다. 전문가가 좋다고 말한다. 그러나 누가 전문가인가? 자격이 있는 사람은 누구인가? 협상 초기에 신뢰성을 확립하여 권위를 세우는 것이 중요하다.

사람들은 권위자를 따르거나 전문가를 믿는다. 이것은 어떤 사람이 권위자가 아닌 경우에도 심지어 사실이다. 권위자가 그렇게 말하기 때문에 생각하지 않고 자동적으로 반응한다. 가장 신뢰할 수 있는 권위자는 지식이 있고 신뢰가치가 있는 사람이다. 어떤 사람은 공정하고, 편향되지 않고, 정직하다. 신뢰를 얻는 지름길은 어떤 사람의 입장과 조금 다른 말을 하는 것이다. 그러면 어떤 사람은 부정직하게 보이고, 자신은 부정적인 측면을 기꺼이 알려 정직하게 보이고, 신뢰를 형성한다. 신뢰는 정직하고 믿음을 제공함으로써 형성된다.

권위의 법칙은 교수, 과학자, 의사, 연구소, 기관, 지도자, 판사, 의사, 변호사 및 다른 분야의 기타 인식된 전문가와 같이 권위 있는 위치에 있는 사람들을 따르는 경향이다. 이것은 자신이 전문가가 아닌 분야에서 특히 그렇다. 왜 그러한가? 주어진 주제에 대해 직접 조사하는 것보다 현장에서 권위를 신뢰하는 것이 더 쉽기 때문이다. 사람들은 교수의 말, 과학자의 말, 전문가의 말, 연구소의 견해 또는 과학적으로 입증된 결과와 같은 문구가 포함된 제목을 잘 신뢰한다. 권위의 법칙을 작동시키는 요소가 있다.

- **제목**: 권위자의 위치, 연구결과, 경험
- **복장**: 권위를 알리는 외적 신호
- **과시적 요소**: 권위 있는 역할을 수반하는 간접적 단서

(6) 사회적 증거의 법칙

규칙이 불확실할 때 사람들은 안전을 추구한다. 그래서 검증된 인사나 사례를 활용한다. TV에서 웃음을 주는 연예인을 사용하는 이유는 무엇인가? 제작자가 그런 연예인이 청중으로부터 웃음을 끌어내지 못하거나 높은 시청률을 올리지 못한다면 고용하지 않을 것이다. 능력이 있는 사람을 등용하려면 그 사람이 사회적으로 올바른 행동이 무엇인지를 어떻게 결정하는지를 관찰하는 것이다. 이것이 바로 인사검증이다. 결정할 일을 정확하게 알지 못한다면 주위에 있는 다른 사람들을 의지할 것이다. 새로운 잠재고객이 제품과 서비스를 구매하도록 장려하기 위해 이 법칙은 만족한 고객으로부터 증언에 의지할 때 작동한다. 사람들은 작동되고 있는 곳을 이미 아는 사회의 일부라고 느끼기를 원한다.

사람들은 자신이 신뢰하는 사람들에 의해 대중적이거나 보증되는 것들에 대해 더 많은 신

뢰를 갖는 경향이 있다. 소셜 미디어 영향력이 어떻게 강력해졌는지 궁금한 적이 있는가? 사회적 증거의 법칙 때문이다. 사람들은 제품이나 서비스를 보증하거나 친구, 가족 또는 업계 전문가인지 여부에 관계없이 이미 신뢰하는 사람이 승인한 특정 행동을 수행할 가능성이 높다. 사회적 증거의 법칙을 작동시키는 요소가 있다.

- **전문가**: 관련 분야에서 신뢰할 수 있는 전문가의 승인
- **연예인**: 배우, 가수, 연예인 등 유명인의 승인
- **사용자**: 현재 또는 이전 사용자의 승인(등급, 리뷰 및 평가)
- **군중의 지혜**: 많은 대중들의 승인
- **동료**: 알고 있는 친구나 동료의 승인

4. 설득 과정

설득은 일상생활의 일부이다. 판매원이 직접 구매하지 않으려던 제품을 구매하도록 설득했다고 생각하는가? 친구나 가족이 무언가를 하도록 얼마나 자주 이야기한다고 생각하는가? 매일 얼마나 많은 광고를 보거나 듣는가? 성공적인 회사와 영업사원은 잠재고객의 태도와 행동을 조작하는 많은 설득기술을 알고 있다. 설득은 모든 사람에게 필요한 기술이다. 효과적인 설득기술은 영업사원이 판매하고 목표를 달성하는 데 도움이 될 뿐만 아니라 시장에서 경쟁사보다 우위를 점할 수 있게 한다. 효과적인 설득에는 독특하고 필요한 4단계가 있다. 설득 과정은 신뢰도 구축, 공동목표의 형성, 생생한 증거제공과 정서적 연결이다.[4)]

그림 13-6 설득의 4단계

① 신뢰도 구축	→	② 공동목표의 형성	→	③ 생생한 증거제공	→	④ 정서적 연결
전문지식 강력한 관계 경청 개인적 관계	→	혜택의 명확화 상호 유용한 해결 장점 설명 타인의 관점 이해	→	논리와 사실 이미지와 은유 이야기와 사례 표와 통계	→	정서적 반응 전문성과 입장 균형 정서적 헌신 상대방의 입장 공감

1) 신뢰도 구축

신뢰는 전문지식과 강력한 관계에서 증가한다. 상대방의 제안을 신중하게 경청하고 의도

4) 유순근(2016), 비즈니스 커뮤니케이션, 무역경영사.

를 아는 것이 중요하다. 주장을 지지하거나 부인하는 자료와 정보를 수집함으로써 설득을 준비해야 한다. 전문지식은 박식, 철저한 문제 조사, 명석하고 합리적인 신념, 반대에 대한 근거와 증거 제공, 어리석거나 과장된 의견 회피, 전문화되고 훈련된 지식 등을 포함한다. 관계는 언행일치, 실수의 용인, 확신, 타인을 위한 염려, 정서적 안정, 협박 · 횡포 · 복종의 배제, 사업이 아닌 개인적 관계 등을 포함한다.

2) 공동목표의 형성

당사자들이 공동목표를 갖는다면 해결하려는 태도가 매우 협력적이고 적극적이다. 이러한 경우에 협상과 설득은 순조롭다. 효과적인 설득자는 설득하려고 하는 이점을 알리는 용어로 상태를 기술하는데 능숙해야 한다. 이것은 공유된 혜택을 확인하는 과정이다. 이를 위해서 신중하게 질문함으로써 필요한 정보를 수집한다. 이러한 과정은 종종 최초 주장을 변경하게 하거나 타협을 포함한다. 다음은 관리자가 공동목표를 형성할 때 고려할 요소이다.

- 혜택의 명확화
- 상호 유용한 해결책 제시
- 장점 설명
- 타인의 관점 이해

3) 생생한 증거제공

설득은 생생한 언어와 매력적인 증거의 제시를 필요로 한다. 즉, 이야기, 도표, 이미지, 은유와 사례 등이다. 설득자는 도표를 보완하는 생생한 언어를 사용함으로써 상태를 살아 있게 할 필요가 있다. 다음과 같은 경우는 설득적인 주장이다.

- 논리와 사실
- 이미지와 은유
- 이야기와 사례
- 표와 통계

4) 정서적인 연결

유능한 설득자는 정서를 알고 정서적으로 반응한다. 그들은 전문성과 자신들이 지지하는 입장 간의 균형을 유지하는 법을 안다. 상대와의 연결은 자신들의 입장에 대한 지적이고 정서적인 헌신을 나타낸다. 성공적인 설득자들은 상대방의 정서 상태를 정확하게 북돋우고, 그들의 주장을 조정한다. 입장이 어떠하든 그들은 메시지를 받는 상대방의 정서와 일치시키고 상대방의 입장을 공감한다. 다음은 정서적 연결을 강화하는 방법이다.

- 정서적 반응
- 전문성과 입장 간의 균형
- 지적이고 정서적 헌신
- 상대방의 입장 공감

14 판매기술과 고객만족

- 1절 고객의 발견
- 2절 판매기술
- 3절 고객만족

FOCUS

세기의 경영인 잭 웰치

◆ 세계 최고, 최대의 기업 GE

제너럴일렉트릭(General Electric Company)은 1878년 발명가 토머스 에디슨(Thomas Edison)이 설립한 에디슨제너럴일렉트릭과 톰슨휴스턴을 1892년에 합병한 회사로 2015년 매출액 1,404억 달러, 브랜드 가치는 480억 1,900만 달러로 세계 8위이다. 현재 사업 영역은 크게 에너지, 기술인프라, 금융, 소비자, 산업의 5개 부문으로 나뉜다. 뉴욕증권거래소 상장기업인 제너럴일렉트릭(GE)은 1896년 새로 구성된 다우존스산업평균지수(Dow Jones Industrial Average)에 이름을 올린 12개 회사 가운데 하나였다. GE는 오늘날까지 유일하게 다우지수에 남아 있다. 현재 다우지수는 뉴욕증권거래소에 상장된 우량기업 30개 주식을 기준으로 산출된다. 직원 수는 33만 3,000명이다. 세계 100대 혁신기업은 특허 출원 규모와 특허 승인 성공률, 적용 범위, 발명의 영향력 등을 평가해 선정한다. 애플과 퀄컴, 3M, GE, 듀폰, 마이크로소프트, 도요타, 캐논, 파나소닉, 삼성전자, LG전자, LS산전 등이 100대 혁신기업으로 선정됐다.

◆ 경영의 달인 잭 웰치의 GE 성과 방정식

잭 웰치는 1935년 메사추세츠 피바디에서 태어났다. 1960년 일리노이 대학에서 화공학 박사 학위를 받았고, 같은 해 제너럴일렉트릭(GE)에 입사했다. 독특하면서도 뛰어난 경영방식으로 승진을 거듭해 1981년 45세의 나이로 GE의 제8대 회장에 선임되면서 관료주의를 척결하고 품질혁신운동인 6시그마를 실현하는 등 경영혁신에 많은 선례를 남겼다. 그 결과 GE를 20년 만에 세계 최고 기업으로 성장시켰다. 퇴임까지 경영의 달인, 세기의 경영인 등 많은 별칭으로 불리며 1,700여건의 기업 인수합병을 성사시켰다. "고쳐라, 매각하라, 아니면 폐쇄하라"는 경영전략을 통해 10만 명 이상의 직원을 해고함으로써 중성자탄 잭이라는 별명을 얻었다. 개인과 팀의 노력을 통해 업무를 단순화하고 시간을 효율적으로 사용하는 조직을 만들기 위한 경영혁신 프로그램인 워크아웃(Work Out)을 실시했다. GE는 이후 '통합된 다양성', '세계화', '기업문화', '벽없는 조직', '스트레치 목표', '변화가속운동', '6시그마 품질경영운동' 등 지속적인 경영혁신운동으로 세계초일류기업의 모범을 보여 왔다. 속도(speed), 간결성(simplicity), 자신감(self-confidence)으로 요약되는 웰치의 3S 리더십으로도 유명하다.

◆ 인재가 꼭 갖춰야 할 요소 4E 1P

회사에서는 인재 양성하는 것이 중요하다. 잭 웰치의 스타일은 'E'로 시작되는 네 개의 단어로 압축하여 4E 리더십이라 불리기도 한다. 즉, 인재가 꼭 갖춰야 할 요소는 4E 1P이다. 잭 웰치가 강조하는 성공하는 리더의 첫 번째 덕목은 에너지(Energy)이다. 인재는 어려운 결단을 내리는 용기가 있어야 한다. 적극적인 힘이 있는 사람들은 외향적이고, 낙관적이며, 의욕적으로 과업을 수행한다. 에너지는 열정이다. 경영자에게 필요한 열정은 경영자의 내면 깊숙이 있는 연료다. 성공하는 조직은 경영자가 열정을 갖고 중간관리자들의 열정을 점화하고 양성할 수 있도록 조직 내 자유로운 소통을 장려한다. 경영자는 조직에 에너지를 불러일으키는 사람이다. 훌륭한 경영자는 사람들이 도전적이고 자극적인 업무를 수행하고 있다고 자각하도록 해준다. 소수의 목표를 제시해 비전을 명료하게 만들고 사람들이 명확한 기준을 실천하게 만든다. 경영자는 항상 모호하고 복잡한 상황에서 결단을 강요받는다. 이때 단순한 목표를 달성하기 위한 결단을 내릴 수 있는 리더십이 결단력이다. 앞의 세 가지를 충족시키더라도 실제로 계획을 실행시켜 결과를 산출하지 못한다면 아무 소용이 없다. 리더들은 열정을 갖고 에너지를 불러일으키고 결단을 해야 하지만 그 결단이 결과로 이어지도록 실행해야 한다. 실행력은 저항과 혼란, 예기치 못한 장애를 뚫고 결정을 실행에 옮겨 추진하고 완수해 내는 것을 의미하고, 열정은 마음에서 우러나오는 깊고 진실된 흥분을 의미한다. 열정(Passion)을 가진 사람들은 동료와 직원, 그리고 친구들이 승리하도록 진심으로 배려한다. 이들은 배우고 성장하는 것을 사랑하며 주위 사람들이 배우고 성장하는 것을 통해 커다란 자극을 받는다.

- 에너지(Energy): 환경을 대처하고 과업을 추진하는 능력
- 동기부여(Energize): 사람이나 집단에 활기와 격려를 주고, 동기부여하는 능력
- 결단력(Edge): 어려운 일이라도 판단하고 결정을 내릴 수 있는 용기
- 실행력(Execute): 과업을 수행하는 실행력
- 열정(Passion): 마음에서 우러나오는 깊고 진실된 흥분

◆ 기업을 움직이는 가치인 차별화

기업을 실질적으로 움직이는 가치 중에서 가장 소중히 생각하는 것은 바로 차별화이다. 기업이 승리하려면 실적이 우수한 사업과 그렇지 못한 사업 혹은 우수한 직원과 그렇지 못한 직원을 명확하게 구분해야 한다. 강점은 개발하고 약점은 버려야 하는 것이다. 결과적으로 차별화는 자원배분의 문제이다. 세계가 덜 경쟁적이던 시절에는 사업과 제품라인에 차별화를 두지 않고도 기업을 경영하는 것이 가능했다. 하지만 디지털화가 이루어지는 현대에는 그것이 불가능하다. 모든 관리자들은 어려운 결정을 내려야 하고 그 결정을 실행해야 한다.

◆ 위기를 이용하는 좋은 기회는 변화

대부분의 사람들은 자기가 자주 가던 커피숍이 문을 닫아도 서운해 한다. 이처럼 사람들은 친숙하고 익숙한 것을 좋아한다. 따라서 변화를 관리하는 것이 때로는 산을 옮기는 것처럼 막막하게 느껴질 수 도 있다. 하지만 변화는 흥미진진하고 보람된 일이다. 특히 변화의 성과가 눈에 보이기 시작할 때는 더욱 그렇다. 변화의 뜻에 동조하는 사람이 일부라도 있다면 충분히 변화를 이끌어낼 수 있다. 모든 기업 혁신에는 분명한 목적과 목표가 있어야 한다. 변화를 위한 변화는 어리석고 불필요하다. 변화를 해야 하는 목표가 설정되면 그 변화를 진정으로 신봉하는 사람들을 기용하고 승진시켜야 한다. 그리고 변화에 저항하는 사람들은 실적이 만족스럽더라도 제거해야 한다. 변화가 필요하다고 생각될 때는 위기를 이용하는 것도 좋은 기회이다. 9·11테러 이후 새롭게 등장한 보안 사업이 좋은 예이다.

◆ 조직 확장을 통한 성장

비즈니스를 하면서 가장 가슴 설레는 일 중 하나는 아마도 기존의 것과 다른 새로운 무엇인가를 시작하는 일일 것이다. 새로운 제품라인 혹은 서비스를 출시하거나 새로운 글로벌 시장을 개척하는 일 등을 예로 들 수 있다. 이런 일들은 즐거운 일일 뿐만 아니라 성장에 이르게 하는 가장 보람된 일이다. 새로운 벤처사업에 싸워 볼 기회를 주기 위해서는 해당 부문의 직원들이 자유스럽게 운영할 수 있게 놔두어야 한다. 또한 생각보다 많은 자금을 투자하고 생각보다 오랜 기간 떠들썩한 격려와 응원을 해주어야 한다.

잭 웰치의 어록

- 변화를 받아들이고 변화를 두려워하지 마라.
- 관리자가 되지 말고 리더가 되라.
- 간결하고 일관성 있게 메시지를 꾸준히 전달하라.
- 모든 직원의 두뇌를 활용하라.
- 사람에게 투자하라. 가장 소중한 것은 일하는 사람들이며 그들의 자질이다.
- 시장을 지배하지 못하면 차라리 물러나라. 주저는 시간과 돈을 낭비할 뿐이다.
- 현실에 안주하지 마라. 한 곳에 머물지 말고 끊임없이 변화하라.
- 세계의 경쟁이 점점 심화되고 있다는 현실을 직시하라.
- 서비스를 지향하라. GE를 제조업체 겸 서비스업체로 변모시켜라.
- 과거는 버리고 미래를 준비하라.
- 고쳐라, 매각하라, 아니면 폐쇄하라.
- IT나 인터넷 등 새로운 것은 무엇이든 포용한다.
- 학습하는 리더가 되어라.
- 끊임없이 학습하고 올바른 의사결정을 위해 노력하라.
- 실패를 통한 학습은 성공의 기쁨보다 훨씬 중요하다.
- 독불장군은 곤란하다. 사람들과의 의사소통을 중시한다.
- 관료주의를 타파하라.
- 인내심을 가져라.
- 한 조직에 머물면서 모든 것을 이루어 낸다.
- 구멍가게라도 경영하라.

1절 고객의 발견

모든 기업이나 모든 제품이 다르지만, 창업기업이든 기존기업이든 상관없이 고객을 발굴하는 것은 매우 중요하다. 제품 아이디어만 가지고 있거나 시제품을 디자인하거나 제품을 제작하거나 제품을 생산했지만 고객이 거의 또는 전혀 없는 경우라면 회사는 유지하기 어렵다. 고객 발견의 장점은 제품개발 또는 판매에 필요한 시간과 비용을 소비하지 않는다. 창업기업이 고객개발을 적절하게 수행하면 고객이 집중되고 자본 및 자원효율성이 뛰어나고 제품과 시장의 적합성을 달성하고 투자를 유치할 가능성이 높아진다.

1. 고객의 특성

기업의 활동은 고객의 존재를 전제로 한다. 고객(customer)은 화폐나 다른 가치 있는 대상을 지급하고 공급자나 제조자로부터 얻는 제품, 서비스나 아이디어를 구매하는 사람이거나 기업이다. 때때로 기업가들은 모든 고객들이 자신들의 편이고 그들의 제품이 광범위한 소구를 갖고 있다고 생각한다. 회사가 모든 고객들에게 판매하려고 한다면 모든 사람에게 광고를 해야 하기 때문에 불가능하고 바람직하지도 않다. 해답은 회사가 제공할 사람들에게 정확하게 집중하기 위해 고객특성을 발견하여 고객정의를 좁히는 것이다.

1) 고객의 정의

회사는 고객이 존재하는 곳을 알아낸 후 다음 단계는 회사의 고객특성에 적합한 사람들에게 마케팅 의사결정을 하기 위해서 고객들이 누구인지를 정의하는 것이다. 연령, 교육수준, 인종적 배경, 수입, 결혼상태, 전문직, 성별과 가족규모를 근거로 하여 고객을 정의하기 시작한다. 그리고 다음과 같은 고객에 관한 질문에 답한다.

- 고객들은 여성인가? 남성인가?
- 고객들은 어린이들, 십대, 젊은 성인, 조기 은퇴자나 노인인가?
- 고객들의 학력은 학생, 고졸, 대졸인가?

- 고객들의 직업은?
- 고객들은 독신, 무자녀 부부, 가장, 조부모나 최근 빈둥지가족[1]인가?

2) 유통경로 추적

유통은 상품을 최종 소비자에게 이전시켜주는 활동이다. 따라서 유통은 생산자와 소비자 간의 공간과 시간적 간격을 줄여주는 가치창출 활동이다. 유통경로는 상품이나 서비스를 최종 소비자에게 이전하는 과정에 참여하는 조직체나 개인들이다. 이 과정에 참여하는 경로 구성원들은 제조업자, 중간상과 구매자들이다. 유통구조는 생산자와 소비자 간의 상품의 이동을 위해 구축된 유통기관 및 경로를 의미한다. 회사가 고객을 창출하는 경로와 각각 유통경로를 통해서 오는 사업의 기회를 조사한다.

- 유통경로에 의한 변화를 추적한다.
- 유통경로의 수입비중이나 판매비중을 비교한다.
- 유통경로의 의사결정자와 커뮤니케이션한다.

2. 고객의 발견

기업은 경쟁, 경영층의 변경 등으로 고객을 계속적으로 잃는다. 현재 경쟁제품을 구매하고 있는 사람들도 자사의 고객이 될 수 있다. 이것은 표적마케팅이 고객지식으로 시작하는 이유이다. 자사에서 현재 구매하는 사람들에 관하여 가능한 한 모든 것을 앎으로써 그와 동일한 특성을 갖고 있는 다른 사람에게 마케팅 노력을 기울일 수 있다. 신규고객을 발견하는 방법은 여러 가지가 있다. 고객의 발견과 유지는 중소기업의 주요한 기능 중의 하나이다. 새로운 시장에 진입하거나 영업을 확장한다면 관심이 있는 시장의 현재와 미래 측면을 조사할 필요가 있다. 새로운 고객을 발견하기 위해 기존고객으로부터 시작한다.

1) 잠재고객 관찰조사

소비자들은 욕구가 다르기도 하지만 동일한 욕구를 갖고 있는 사람들이 있다. 따라서 소비자들을 공통적인 기준으로 분류할 수 있는데 이를 토대로 시장을 세분화할 수 있다. 왜냐하면 고객들은 공통적인 특성을 갖고 있는 집단들이기 때문이다. 자사의 제품이나 서비스를 구매

1) 빈둥지가족(empty nesters)은 자녀들이 취업이나 결혼으로 분가하면서 부모로만 구성된 가족 형태이다. 이러한 가족이 경험하는 슬픔, 외로움과 상실감을 빈둥지증후군(empty nest syndrome)이라 한다.

할 소비자 특성을 파악하는 것은 고객의 욕구를 충족시킬 수 있는 가장 효과적인 방법이 된다. 고객들은 어떤 종류의 차를 운전하는가? 점포에 얼마나 머무르는가? 그들은 혼자, 친구나 가족과 함께 도착하는가? 그들은 어떤 제품을 주로 보고 구매하는가? 이러한 관찰은 고객특성을 정의하는 데 도움이 된다.

- **광고의 반응 추적**: 광고와 직접우편의 반응을 추적한다. 광고, 광고전단, 제품샘플, 이벤트에서 나타난 반응을 분석하여 잠재고객의 특징을 발견한다.
- **웹사이트 방문자 분석**: 사이트에 방문하는 잠재고객을 알기 위해 웹 보고서를 조사한다. 수집한 정보를 분석하기 위해 웹사이트 회사와 함께 작업한다.
- **대면조사**: 현재의 고객과 대화한다. 질문을 통하여 알기 원하는 고객특성을 찾아낸다. 현재고객에게 잠재적인 새로운 고객의 추천을 요청한다.
- **표적집단면접**: 신제품 아이디어에 관하여 호의적인 고객집단에게 면접을 실시한다.
- **전화번호부**: 직업별 전화번호부를 살펴봄으로써 잠재고객을 확인할 수 있다.
- **무역박람회와 산업협회 행사**: 제품과 시장잠재력을 조사할 수 있다.
- **협회 간행물, 대학연구소와 정부기관의 정보**: 간행물, 뉴스레터, 회원명부, 연구자료, 통계자료나 보고서를 검토한다.

2) 경쟁자 관찰

경쟁자의 행동관찰은 시장이 얼마나 건강한지에 관한 통찰력을 제공한다. 경쟁자가 신제품을 출시하거나 제품을 철수하는지를 조사하는 것은 시간이 걸리지만 중요한 정보를 얻을 수 있다. 경쟁자의 광고가 신문과 협회 간행물에 종종 나타난다면 경쟁자들은 시장이 건강하고 많은 잠재적 새로운 고객들이 있다는 것을 알고 있는 것이다.

3) 시장 영역 관찰

목표시장을 지리적으로 결정하기 위해서 어디에서 잠재고객을 더 잘 찾을 수 있을까와 어디에서 회사의 마케팅 투자를 상쇄할 정도로 충분한 판매를 이룰 수 있을까를 질문할 필요가 있다. 다음은 이러한 질문에 대한 답이다.

- **기존고객의 영역 탐구**: 기존고객의 지역에서 시작한다. 기존고객이 집중한 곳이라면 대체로 잠재고객이 집중한 곳이다. 기존고객은 동일한 특성과 동일한 구매행태를 갖고 있기 때문에 브랜드 전환을 위해서는 제품차별화를 부각하여야 한다.

- **문의자 관심 정도 분석**: 문의자의 관심은 제품이나 서비스를 기다리는 고객이다. 문의는 회사가 제공하는 제품과 서비스에 관심을 보이는 표적을 정의할 수 있다.
- **비고객의 발견**: 비고객은 현재고객의 특성을 갖고 있으나 자사 제품을 구매하지 않는 사람들이다. 이러한 비고객들이 집중된 지역이나 집단을 확인한다.

4) 고객분석

대부분의 고객들은 제품의 가치, 편의성, 서비스, 품질, 가격이나 전문성을 평가하여 구매결정을 한다. 대부분의 중소기업은 기업가가가 개인적 서비스를 제공하기 때문에 고객들에게 두드러진 서비스를 제공하는 경우가 많다. 고객은 특별한 품목이나 시의적절한 서비스를 제공하려는 예의가 바르고 개인적인 노력을 하는 사람을 높게 평가한다. 중소기업은 큰 기업보다 이것을 효과적으로 제공할 수 있기 때문에 이점이 된다. 크고 확립된 경쟁자들이 규모의 경제와 풍부한 자금을 갖기 때문에 중소기업이 제품의 가격으로 경쟁하는 것은 어렵다.

표적시장에 있는 고객의 특성, 욕구와 생활양식을 분석한다. 고객은 어떤 특정한 편익을 찾는가? 제품이 어떤 욕구와 필요를 충족하는가? 제품을 구매하고 사용하는 방식이나 형태는 사람마다 다르다. 예를 들면, 어른은 음식을 사지만 어린이는 그것을 먹고 구매결정을 통제한다. 소비자에게 제품이나 서비스를 판매하기 위해 고객을 분석할 때 일반적인 질문에 답을 할 수 있어야 한다.

- 왜 제품을 구매하는가?
- 어떻게 제품을 구매하는가? 카드, 현금, 외상?
- 언제 제품을 구매하는가? 매일, 주간, 월간?
- 가장 가치 있게 생각하는 제품속성은 무엇인가?
- 얼마나 구매하는가?
- 고객의 수입은 어느 정도인가?
- 그들의 연령은?
- 그들의 직업은 무엇인가?

3. 고객의 유형

구매 유무에 따른 고객과 구매자의 구매특성에 따른 유형으로 고객의 유형을 구분할 수 있다. 구매 유무에 따른 고객은 구매준비고객, 잠재고객, 반복고객 등이 있다.

1) 구매준비고객

구매준비고객은 구매의 필요성을 갖고 제품탐색과 구매의사결정 중에 있기 때문에 종종 긴박감을 갖고 있다. 그들은 예비조사를 실시하거나 적어도 필요로 하는 것을 생각한다. 왜냐하면 필요한 것과 충족할 수 있는 것이 무엇인지 알고 실제적인 욕구가 있기 때문이다. 고객에게 필요한 것을 제시하면 고객이 된다. 가장 좋은 방법으로 상황을 충족시켜 주면 가장 수익이 있는 결과가 가능하고, 반복고객이 된다.

2) 잠재고객

잠재고객은 점포나 웹사이트를 방문한 모든 사람이지만, 이러한 고객은 단순히 정보를 수집하거나 제품을 구경할 수 있다. 제품구매가 당장 필요가 없기 때문에 이러한 유형의 고객은 언제나 구매를 서두르지 않는다. 이때 쉽게 판매하거나 서비스를 계약하도록 적절한 판매 메시지 전략을 갖고 있는 것은 도움이 된다.

INSIGHT 한국씨티은행 신규고객 대상 연 10% 적금 이벤트

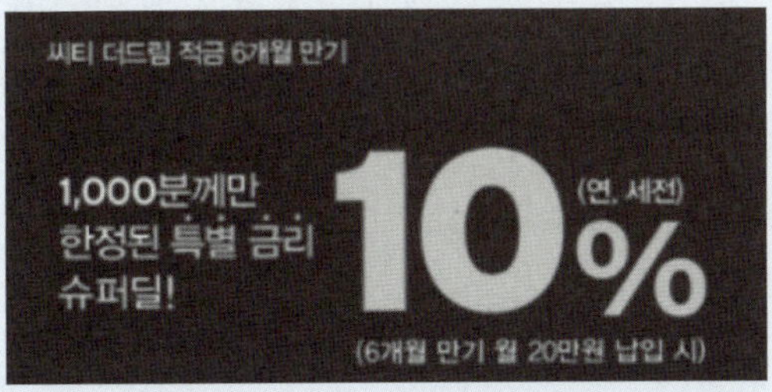

한국씨티은행은 신규고객을 대상으로 연 금리 10% 적금 이벤트를 진행한다. 1,000만 원 상품권부터 삼성 비스포크 냉장고, 플레이스테이션5 등 총 1억 원 상당의 경품을 제공하는 '슈퍼 싹쓸 2' 이벤트도 진행한다. 씨티 더드림 적금 10% 이벤트는 씨티은행을 처음으로 거래하는 고객에게 제공하는 특별 금리 이벤트다. 씨티 모바일앱을 통해 매월 20만 원씩 6개월 만기 가입하는 선착순 1,000명에 한해 제공된다. 세전 금리에 6개월 만기다보니 실제 받는 금액은 10%보다 낮아진다. 추가 상품이나 카드 가입 없이 적금 납입 계좌를 씨티은행 통장으로 연결하는 것으로도 특별 금리 혜택을 받을 수 있다.

출처: 조선비즈 2020.10.22

3) 반복고객

반복고객은 가장 충성스런 고객으로 정기적으로 서비스를 사용하고 제품을 구매하는 고객이다. 이런 유형의 고객은 사업의 원천이다. 고객의 욕구를 계속 만족시켜 주는 한 반복고객을 유지할 수 있다. 신규고객을 유치하는 것은 기존고객을 유지하는 노력보다 5배 이상이 든다는 연구결과가 있다. 따라서 자사의 제품을 한 번이라도 구매한 고객의 유지를 위해 고객관계관리에 마케팅 노력을 집중할 필요가 있다.

2절 판매기술

성공적인 판매를 위해서는 신중하고 지속적인 판매 활동과 시장과 서비스에 적응할 수 있는 능력이 필요하다. 판매기술은 고객들을 철저하게 분석하고 연구된 규칙과 규칙을 가진 과학이다. 다양한 업종과 회사 유형이 있지만 특정 판매기술이 있다. 판매사원들은 잠재고객을 식별하고, 신뢰관계를 구축하고, 거래를 성사시키는 데 도움이 되는 판매기술을 익힌다. 또한 판매사원은 효과적으로 판매할 수 있도록 적절한 교육과 판매기술이 필요하다.

1. 판매기술

진실성은 모든 관계에서 필수적이다. 진실성이 있는 사람은 자신의 약속을 지킨다. 진실성이 있다는 것을 고객에게 보여줄 때 신뢰받을 수 있고, 고객을 위해 최선의 의도라는 것을 고객이 알 수 있다. 판매사원은 고객과 일을 할 때마다 자신의 진실성을 보여줄 수 있는 기회가 있다는 것과 반면에 고객으로부터 평가받고 있다는 것을 모두 기억해야 한다.

고객들이 많은 것을 기대하기 때문에 기대에 기꺼이 반응하고 충족하는 제품이나 서비스를 제공해야 고객을 획득하거나 유지할 수 있다. 판매는 제품만으로 이루어지지 않는다. 우수한 제품에 우수한 판매기술이 결합되어야 탁월한 판매실적을 올릴 수 있다. 훌륭한 판매사원은 우수한 판매기술이 판매도구이다. 이러한 기술은 배우고 개발할 수 있다. 자신의 약점을 확인하고 기술과 정보를 통하여 강화하는 것이 영업하기 전에 갖추어야 할 요소이다. 성공적인 판매사원이 갖춰야 할 판매기술에는 청취기술, 의사소통기술, 문제해결기술, 대인관계기술, 정리기술, 자아동기부여 기술, 설득기술과 고객서비스 기술 등이 있다.

1) 청취기술

판매사원은 고객이 말하는 것을 경청하고, 고객이 필요로 하는 것을 포착하고, 고객이 해결하려고 하는 문제를 확인해야 한다. 판매사원은 구매자가 하는 말을 청취하고 이해할 수 있는 기술이 있어야 한다. 훌륭한 청취자는 오늘날 드물다. 상사, 동료나 고객과 대화할 때 들을 기회는 보통 절반인데도 불구하고 의사소통이 잘 안 된다. 훌륭한 판매자는 훌륭한 청취자가 되어야 하고, 훌륭한 청취자가 되기 위해서 적극적인 청취기술을 익혀야 한다. 적극적인 청취자가 되는 5가지 측면이 있다. 이미 일부는 사용하고 있을 수 있지만 다른 것은 연습할 필요가 있다. 청취기술을 익히면 고객에 관해서 더 많은 것을 알게 되고 더 훌륭한 대화를 할 수 있다.

그림 14-1 청취기술

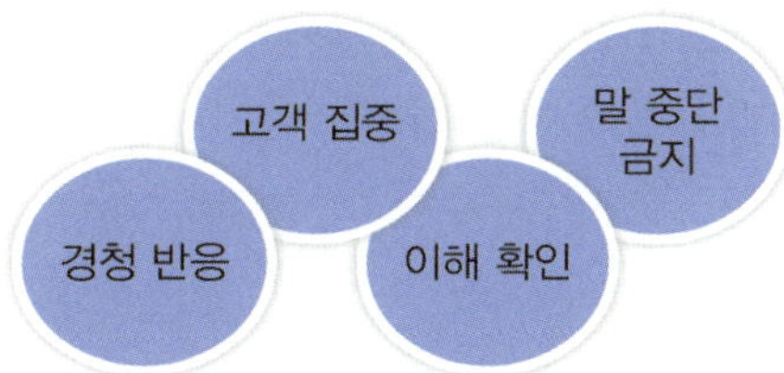

(1) 고객 집중

고객이 말하는 것에 세심한 주위를 기울인다. 고객에게 전념하면 고객이 이를 인정하게 되어 훌륭한 의사소통이 이루어질 수 있다. 커뮤니케이션은 양방향 소통이기 때문에 상호 간에 세심한 주의가 필요하다. 실제로 청취하고 있다는 증거는 언어와 비언어 도구를 사용할 때 나타난다. 다음은 적극적인 청취자가 되기 위한 자세이다.

- 고객의 눈을 본다.
- 어떤 잡념이라도 멈춘다.
- 다른 사람이 말하고 있는 동안 반응이나 반박을 준비하지 않는다.
- 환경이 주의를 분산하지 않도록 확실히 한다.
- 화자의 신체언어와 음성의 톤에 관심을 기울인다.

- 집단 안에 있다면 측면 대화(side conversations)를 피한다.

(2) 경청 반응

판매사원은 고객과 대화할 때 듣고 있는 것을 언어나 신체적으로 보여 주여야 한다. 적극적인 청취를 하는 것은 얻고자 하는 정보를 입수할 있을 뿐만 아니라 고객에게 존경을 보여주는 것이다. 상대방이 대화할 때 적절한 맞장구나 반응을 보임으로써 상대방이 청취하고 있다는 것을 알 수 있게 한다. 생각을 표현할 때 정직과 개방, 존경과 철저가 포함되어야 한다. 세상과 인간의 몸은 모두 언어이다. 판매에서 주로 사용하는 언어는 구두언어, 신체언어나 공간언어이다. 상대방이 말할 때 모든 언어를 상황에 적절하게 사용하여 주의 깊게 듣고 경청하고 있다는 신호를 보여준다. 언어와 비언어 신호를 적절하게 사용한다. 다음은 경청의 자세를 보여줄 수 있는 비언어 요소의 일부이다.

- 적절할 때 때때로 고개를 끄덕인다.
- 적절한 안면표정을 사용한다.
- 자신의 신체언어를 점검한다. 긴장한 모습보다는 편안한 자세를 유지한다.
- '음', '예', '맞아'와 같은 맞장구 언어를 사용한다.

(3) 이해 확인

고객과 대화 하고 있는 판매자는 고객이 말한 것을 어느 정도 이해하는지를 확인하는 것이 필요하다. 사람들은 지각의 차이와 주관적 해석으로 다른 사람의 메시지를 오해할 가능성이 있다. 그래서 의도되지 않은 메시지를 듣는 경우가 발생한다. 응답하기 전에 청취기술을 사용하여 상대방의 대화에 대한 자신의 이해를 확인하는 것이 중요하다.

- 고객이 한 말을 전체의 의미에 따라 의역한다.
  "귀하가 말하고 있는 것을 내가 듣기로는 ~", "나는 귀하가 말하는 것을 ~ 라고 생각합니다"처럼 말함으로써 메시지를 정확하게 들었는지를 확인한다.
- 고객의 의미를 명확하게 하는 질문을 한다.
  "귀하는 ~ 에 관하여 나에게 말하는 거죠?", "귀하가 말하는 것은 무엇을 의미하나요?", "나는 귀하가 말하는 것은 ~ 라고 생각합니다"처럼 질문을 한다.
- 때때로 들은 것을 요약한다.
  들은 것을 정확히 기억하기 위해서 대화가 끝날 때까지 기다리지 않고 때때로 들은 것을 요약해서 말하여 상대방으로부터 피드백을 얻는다.

(4) 말 중단 금지

사람들은 상대방이 말하는 것을 자주 중단시키거나 끼어들기를 잘하는 경향이 있다. 고객이 말할 때 말을 가로채기 하는 것은 매우 좋지 않다. 고객의 말을 가로채는 것은 대화가 단절되어 중요한 메시지를 모두 들을 수 없고, 고객이 좌절하게 되기 때문에 메시지를 이해할 수 있는 기회를 제한할 뿐이다.

2) 의사소통기술

직접적인 대면대화뿐만 아니라 전화나 문서로 고객에게 잘 반응할 수 있어야 한다. 회사는 고객의 문제에 대한 해결안을 제공하기 위해 고객과 의사소통한다. 청자는 벽의 한쪽에 있고 화자는 벽의 다른 쪽에 있다고 상상해 보자. 벽은 장애물로 둘러싸여 있다. 이 장애물이 각 개인마다 다를 수 있는 가치관, 문화, 기대, 지식, 경험, 지각이나 의사소통 스타일 등이다. 이러한 장애물 중 하나만을 경험할 수 있고, 또는 그들 중 모두를 경험할 수 있다. 다른 사람에게 메시지를 전달할 때 장애물이 존재한다는 것을 인식해야 한다.

사람들은 신체언어와 다른 비언어로 말하는 것을 본능적으로 지각한다. 다른 사람과의 의사소통에 하나의 요소만 있는 것은 아니다. 의사소통은 언어와 비언어가 결합된다. 다른 사람과 의사소통할 때 말하는 비언어 측면은 실제로 사용하는 언어보다 더 중요하다. 언어와 비언어가 충돌한다면 사람들은 대부분 비언어 의사소통을 믿는다.[2] 비언어 의사소통은 주로 목소리 톤과 신체언어이다. 목소리 톤은 전달하는 메시지의 약 35~40%에 해당하고, 말할 때 음성의 음량, 감정과 강세를 포함한다. 전달하는 메시지의 절반 이상은 신체언어에 기인한다. 신체언어는 의사소통하는 무의식적인 반응이지만 본능적으로 인식한다. 기본적으로 언어는 말하는 것과 언어 이외의 몸으로 하는 것을 모두 포함한다.

3) 문제해결기술

판매사원은 고객이 갖고 있는 문제를 확인하기 위해 고객과 함께 일하는 문제해결자이며 고객의 문제나 상황에 맞는 해결안을 제시하기 위해 정보를 제공하는 동반자이다. 고객이 해결하려는 문제가 고객에게 실제로 존재하는지, 실제 문제가 어떤 상황에서 발생하는지를 확실히 파악해야 한다. 예를 들면, 고객은 특정한 소프트웨어를 필요로 한다고 말을 한다. 고객에게 소프트웨어를 단지 팔기만 하면 그것이 끝이 아니다. 대신에 고객이 해결하려고 하는 문

2) 유순근(2016), 비즈니스 커뮤니케이션, 무역경영사.

제가 무엇인지를 파악하기 위해 고객에게 질문하면 해결해야 할 고객의 문제가 복합적일 수 있다. 그런데 제공하려고 하는 해결책과 다를 수 있다. 고객에게 진실을 말하는 것이 신뢰를 쌓을 수 있다. 이때 고객에게 제시하는 방법이다.

- 고객이 필요하거나 알지 못했던 더 넓은 해결책을 제시한다.
- 고객이 묻는 특정한 것보다 더 좋은 제품이나 해결책을 제시한다.
- 고객기대를 초과하는 추가적인 제품이나 서비스를 제시한다.
- 고객의 추가욕구를 확인하고 추가욕구를 해결하기 위해 다른 대안을 제시할 수 있다.
- 고객 문제를 해결할 수 있는 제품이나 서비스를 실제로 갖고 있는지 파악한다.

4) 대인관계기술

대인관계기술은 대인관계에서 복잡한 문제를 풀고 상호 간의 이익을 가져오는 의사소통 기술로 갈등을 해결하는 사람을 다루는 기술, 즉 대인관계기술(people skill)이다. 대인관계기술은 고객들과 함께 일하고 그들과 라포를 구축하는데 도움을 줄 뿐만 아니라 조직 내에서 동료와 함께 고객을 지원하는 데도 도움이 되고, 오랫동안 고객을 유지하는데 중요한 장기적 관계를 구축하는 데 도움이 된다. 다음은 대인관계기술이다.

- **공손**: 공손은 비용이 들지 않는다. 공손은 관계를 증진하고 사람을 편안하게 해준다.
- **존경**: 남에게 대접받고자 원한다면 다른 사람을 대접하라는 황금률(golden rule)을 적용한다. 판매사원이 고객을 존경하는 만큼 고객은 판매사원을 존경할 것이다.
- **역지사지(易地思之)**: 고객이 어떠한 일로 흥분해 있다면 판매사원은 과도하게 반응한다고 느낄 것이다. 일어난 일이 고객에게 어떻게 영향을 주었는지를 파악할 필요가 있다. 판매사원에게 하루 늦게 배달된 것은 큰 일이 아니지만 고객은 다르다.
- **다양한 의사소통 유형 이해**: 사람들에게 각자 의사소통하는 특유한 방법이 있듯이 고객의 의사소통 방법은 구매자 입장이기 때문에 매우 다를 수 있다.

5) 정리기술

판매사원으로서 성공하려면 자료준비와 정리를 잘해야 한다. 판매사원은 제품, 고객과 사업에 관한 정보를 필요로 한다. 고객이나 내부직원과의 회의 일정표, 촉진과 절차에 관한 정보도 갖게 된다. 이러한 자료가 잘 정리되면 고객과의 신뢰와 소통이 원활하고 친밀한 관계구축이 가능하다. 다음은 정리기술을 향상하기 위한 제안이다.

- 업무와 개별적인 약속이 있는 일정표를 유지한다.
  함께 만나는 사람에 관한 접촉정보뿐만 아니라 회의위치도 포함한다. 다음 날 해야 할 일을 작업종료 시점에 작성하는 습관이 중요하다.
- 고객과 접촉하는 판매단계를 추적하기 위해 판매 깔때기를 만든다.
  이 깔때기는 판매를 성사하기 위해서는 수많은 가망고객을 확인하고 최종 판매지점에 가서는 소수의 사람과 협상하여 판매를 종결짓는 과정을 설명한다.

그림 14-2 판매협상 깔때기

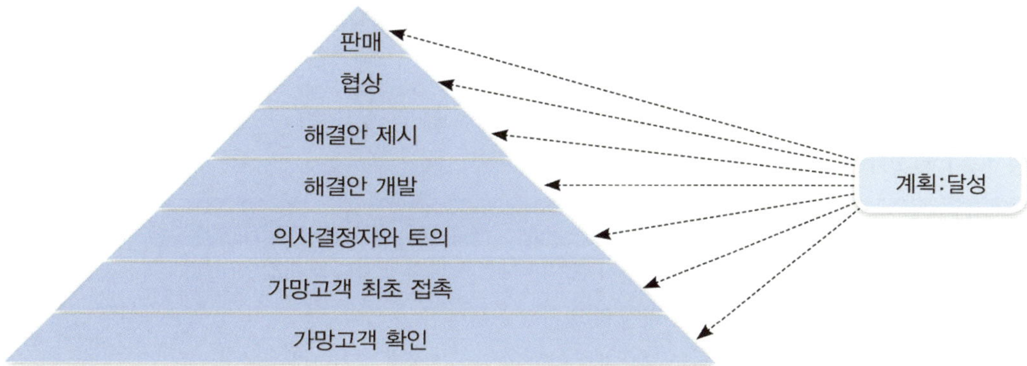

6) 자아 동기부여기술

판매사원이 동기가 부족하다면, 목표가 없다면, 성취욕이 없다면, 그는 어떻게 고객을 설득할 것인가? 동기부여는 자발적으로 자신의 과업을 수행하는 힘이다. 따라서 판매사원은 스스로 자신을 동기부여할 수 있어야 한다. 동기부여는 추구하려는 목적을 필요로 한다. 다음은 동기를 부여하는 방법이다.

- 동기부여는 목표를 필요로 한다.
  목표가 무엇인지를 결정하고 기록한다. 그리고 단기, 중기와 장기목표를 고려한다.
- 목표를 실행한다.
  일을 하고 싶지 않은 날이 있다. 그러나 판매에서 모든 날과 모든 접촉은 항상 중요하다. 하고 싶지 않더라도 그것을 어떻게든 한다. 하면 할수록 일은 더욱 쉬워진다.
- 미루지 않는다.
  꾸물거리는 순간에 기회는 허공으로 날아가 버리고, 남는 것은 초조함과 아쉬움이다.
- 자신을 위해 보상을 설정한다.

목적을 완성할 때 자신을 위해서 성공을 축하한다.

7) 설득기술

설득기술(persuasion skill)은 고객이 자사 제품이나 서비스를 선택하도록 장려하는 기술이다. 설득에서 가장 중요한 기술은 고객의 관점을 이해하고, 제품편익에 관한 정보를 제공하는 것이다. 시연은 지각된 위험을 감소시킨다. 사람들은 대체로 보이지 않는 것은 믿지 않는 경향이 있다. 그래서 판매사원은 고객에게 보다 많은 증거를 보여주고, 전문가로서의 지식과 경험을 제공해야 한다. 예를 들면, 알람시계를 판매한다고 가정하자. 간단한 예이지만 특징과 편익의 차이를 알아야 한다. 더 복잡한 제품에 대해 제품특징과 편익이 무엇인지를 고려하고 집중해야 한다. 다음은 고객을 설득하는 방법이다.

표 14-1 특징과 편익의 예

특 징	편 익
알람시계	늦잠을 자지 않거나 다른 사람과의 약속을 지킬 수 있다.
큰 조명 LED 넘버	불을 켜지 않고 시간을 쉽게 볼 수 있다.
내구성 플라스틱 케이스	취급 부주위로 인한 케이스 손상을 방지한다.
AM/FM Radio	언제나 음악을 즐기고 방송을 들을 수 있다.
보증기간 일 년	투자를 보호한다. 지각된 위험을 감소한다.

- **이해표현**: 고객의 입장에서 고객을 이해한 것을 고객에게 설명한다면 고객으로부터 공감을 얻을 수 있고, 공감은 설득의 큰 자원이 된다. 고객과 함께 대화할 때 나타나는 상호작용은 고객에 관한 것이어야 한다.
- **우호성과 반응성**: 고객과 함께 대화할 때, 요청을 처리할 때의 태도는 반응성과 우호성이 중요하다. 반응성은 고객의 요구에 얼마나 신속하게 반응하는지와 그들의 기대를 얼마나 잘 충족하는 정도이다. 좋은 규칙은 과소약속과 과도전달이다.
- **많은 증거 제공**: 고객에게 많은 증거로 증명할 수 있어야 한다. 제공물이 경쟁사가 할 수 없는 방법으로 고객에게 얼마나 이익이 되는지를 정확하게 설명한다. 만족한 고객으로부터 고객증언을 제시하고 제공물이 경쟁사가 갖지 못한 차별성을 증명하는 증거를 보여준다. 이때 중요한 것은 충분히 검증 가능해야 한다.
- **전문지식**: 제시하는 것은 모두 충분히 이해하고 있다는 것을 고객들에게 보여준다. 이렇게 하면 신뢰성이 스며들어 고객들이 경쟁제품보다 자사의 제품을 선택할 수 있게 된다.

8) 고객서비스기술

판매사원과 회사는 가능한 한 최고의 서비스 주준을 제공한다. 제품을 판매하고 고객을 유지할 때 고객서비스의 힘을 과소평가해서는 안 된다. 고객들이 필요할 때마다 회사가 신속하게 반응하고 효과적인 우수한 고객서비스 직원이 접근한다는 것을 안다면 고객들은 어떤 특징이 없이도 높은 가격을 지급한다.

- **고객에 대한 책임**: 고객의 사용경험에 책임을 진다. 고객들은 한번 구매 또는 반복구매를 할 수도 있다. 구매를 하지 않는다고 해도 다른 사람들에게 좋든 싫든 말할 수 있다.
- **고객은 첫경험**: 고객은 처음이라는 것을 기억해야 한다. 고객들의 문제가 어떻게 자신들에게 영향을 주는지를 이해하기 위해 노력해야 한다.
- **소통**: 고객에게 진행되는 것을 알려주는 동안 고객은 상황을 더욱 잘 이해할 수 있고 회사에 대한 신뢰가 높아진다.
- **약속 준수**: 약속을 할 때 지킬 수 있는지를 확인한다. 지키지 않은 말은 고객에게 그 동안 구축되었던 명성을 파괴할 수 있다. 한번 한 말은 반드시 지켜야 한다.

2. 인적판매

판매(selling)는 마케팅 개념의 확장이다. 이것은 기업의 장기적 생존을 위해 고객욕구를 확인하고 고객의 필요에 가장 적합한 제품을 제공함으로써 고객의 의사결정을 돕는 것이다. 판매면담은 특정한 고객과의 상호작용을 통하여 행동을 일치하기 위한 기회이다. 고객이 욕구를 충족할 수 있는 제품의 구매를 결정하도록 판매사원이 돕는 것은 고객 지향판매이다. 고객 지향판매는 다음과 같은 특징이 있다.

- 고객의 만족스런 구매결정 지원
- 고객이 그들의 욕구를 평가하도록 조력
- 고객의 욕구를 만족하는 제품제공
- 제품을 정확하게 설명
- 사기나 조작적인 전술회피
- 고압적 판매기법 사용금지

고객 지향판매를 촉진하기 위해 회사는 고객을 이해하고 고객을 위해 가치를 창조하는 기업문화를 확립해야 한다. 판매사원은 구매자가 바라는 이상적인 판매사원의 특성을 알아야 한다. 다음은 구매자가 바라는 판매사원의 핵심 특성이다.

- 회사의 제품과 시장에 관한 전문지식
- 좋은 의사소통능력
- 문제해결능력
- 고객의 욕구를 해결하고 만족하는 능력
- 준비의 철저성
- 주문의 신뢰와 신속한 배달능력

고객의 반대나 거절은 제시나 협상 중에 발생하고, 구매자의 관심이 높을 때 판매사원은 시용주문을 요청할 수 있다. 협상은 특정 단계에서 발생하거나 하지 않을 수 있다. 판매사원이 고객에게 제품이나 서비스를 판매하는 기술을 습득하고, 실천한다면 판매가 성공적으로 이루어질 수 있다. 각 상황별로 판매사원이 해야 할 적절한 과업이 있다.

1) 준비와 시작

판매사원의 첫인상(initial impression)은 훗날 지각에 영향을 줄 수 있다. 그래서 호의적인 첫 반응을 얻을 수 있는 방법을 고려한다. 구매자들은 판매사원이 개인적인 외모와 행동에서 실무적이기를 기대한다. 단정치 못한 머리와 엉성한 옷차림은 신뢰를 얻지 못한다. 구매자가 바쁜 사람이라는 사실을 인식하지 않는 판매사원은 구매자가 짜증을 낼 수 있다. 판매사원은 첫 만남에서 미소, 악수로 시작하고, 구매자를 잘 알지 못하는 상황에서 자신과 회사를 소개한다. 고객을 방문했을 때 일반적인 예절을 따라야 한다. 예를 들면, 구매자가 앉으라고 가리키는 때를 기다려야 하고, 적어도 구매자에게 앉는다고 요청한다. 오른손은 악수하기 위해 사용되기 때문에 왼손에 서류가방을 든다. 구매자에게 인사할 때 서류가방이 혼란스럽게 좌우로 흔들리지 않도록 한다.

판매사원이 추후 판매 면담을 위해서는 주도권을 잡아야 하기 때문에 첫 말은 매우 중요하다. 방문의 목적이 사업이기 때문에 보통 판매사원은 사업과 관련된 대화를 해야 한다. 또 구매자에게 시간을 낭비하지 않으려는 것을 보여주어야 한다. 구매자가 잘 알고 구매자의 견해가 사회적인 문제에 관하여 기꺼이 말할 때 판매사원은 이를 분명히 따르는 것이 좋다. 이것은 구매자와 밀접한 라포(rapport)를 형성할 수 있으나 판매사원은 방문하는 목적을 알아야 하고 대화가 방문 목적과 지나치게 떨어지지 않아야 한다.

2) 고객 문제와 욕구확인

대부분 판매사원은 판매할 제품의 범위를 갖고 있다. 예를 들면, 자동차 판매사원은 소형의 경제적인 차부터 대형 고급차까지 많은 모델을 갖고 있다. 판매자의 첫 목적은 고객의 문제와 욕구를 발견하는 것이다. 자동차 판매사원은 차를 팔기 전에 고객의 환경을 이해해야 한다. 자동차의 크기, 연비, 배기량, 가격, 디자인이나 색상 등에 관한 고객의 욕구를 고려해야 한다. 이러한 정보를 얻으면 판매사원은 구매자의 욕구에 가장 적합한 모델을 판매할 상황에 놓여있다. 판매사원은 구매자가 자신의 문제와 욕구를 말하는 것을 장려하고, 폐쇄형 질문보다는 오히려 개방형 질문을 사용한다. 개방형 질문은 한 단어나 한 구절의 답변보다 더 많은 것을 대답하게 하는 질문이다. 이와 달리 폐쇄형 질문은 한 단어나 한 구절로 대답하는 것으로 이것은 사실적 정보를 얻기 위해 사용되지만 계속적인 질문으로 라포를 방지하고 대화의

표 14-2 인적판매에 사용되는 질문의 유형

질문의 유형	목 적	예
고정형질문	확인이나 전망	바지를 원합니까?
유도질문	고객의 생각 안내	이 바지는 어떻습니까?
선택질문	복수의 대안 중 택일 강요 질문	흰색 또는 청색 바지 중 어느 색을 좋아합니까?
설명질문	설명을 강요하는 질문	이 기계는 분당 10개를 생산합니다. 생산성에 대해 어떻게 생각하십니까?
수용질문	고객을 어떤 상황으로 수용	우리 상점이 흰색 바지를 구해오는 것을 원합니까?
정보수집질문	사실 수집	종업원은 몇 명입니까?
의견수집질문	의견이나 느낌 수집	높은 제품가격을 어떻게 느낍니까?
확인질문	동의나 거부 확인	저의 추천을 이해하시나요?
명료화질문	모호성 배제	상대방이 말할 때, 정확히 무슨 말입니까?
포함질문	위험이 적은 방식 제시	나는 당신이 대형자동차에 관심이 있다고 생각하지 않습니다. 그런 건가요?
전환질문	판매 과정의 다음 단계 연결	이것 외에 원하는 다른 것이 있습니까? 배달일자를 말씀해 드릴까요?
역질문	질문을 질문으로 대답	제가 언제 배달할 수 있을까요? 언제 배달을 원하는가요?

단절로 이어질 수 있다. 판매사원은 고객의 욕구를 발견하지 않고 제품을 소개하는 유혹을 피해야 한다. 질문은 고객의 상황을 이해하기 위해 유용하다. 질문의 끝 부분에서 판매사원은 구매자를 이해하기 위해 확인한 문제를 요약하는 것이 유용하다.

3) 제품소개와 시연

구매자의 문제와 욕구가 확인되면 제품을 자연스럽게 소개한다. 첫째, 판매사원은 고객이 원하는 것을 충분히 토의한 후 강조해야 할 제품편익을 포착해야 한다. 소개할 제품은 소비자에게 제품편익을 제공하는 잠재적 특징이 있을 것이지만, 고객들마다 우선순위가 다를 수 있다. 고객의 문제와 욕구를 확인한 후 제품소개는 구매자에게 해결안을 제공한다는 것을 확신하게 할 수 있는 기회이다. 둘째, 고객의 요구사항을 충족하는 범위에서 가장 적절한 제품을 선택한다. 셋째, 제품소개와 설명이다. 이 과업의 핵심은 고객에게 제품을 소개하는 동안 구매자가 어떤 제품특징과 제품편익에 관심이 있는지를 확인하는 것이다. 판매사원은 고객이 관심 갖는 고객편익을 끌어내는데 집중해야 한다.

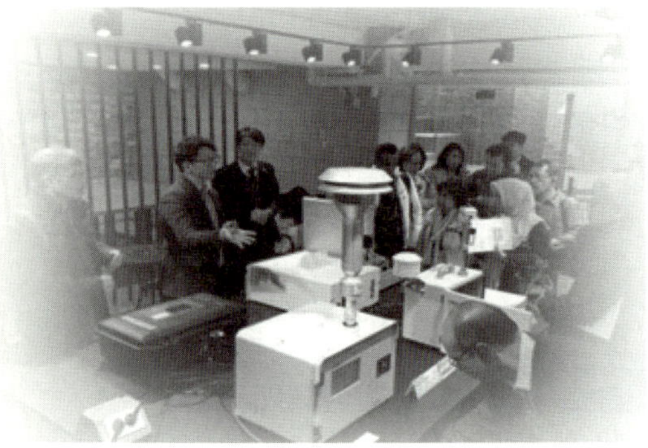

제품편익은 두 가지 수준에서 분석해야 한다. 제품 자체에서 얻는 편익과 제품의 공급자로부터 얻는 편익이다. 예를 들면, 자동세탁기 판매사원은 회사의 자동세탁기가 경쟁제품보다 우수한 편익 이외에도 반자동과 비교되는 자동세탁기의 독특한 편익을 고려한다. 이것은 다양한 판매상황을 만날 때 판매사원에게 최대한의 유연성을 제공한다. 제품편익보다 오히려 제품특징을 판매하는 것은 위험할 수 있다. 제품을 소개할 때 제품특징과 제품편익을 관련하는 간단한 방법은 다음과 같은 구절을 사용함으로써 양자를 연결할 수 있다.

- 특징은 ~ 이라는 편익을 의미한다.
- 특징은 ~ 이라는 결과를 의미한다.
- 특징은 ~ 을 가능하게 해준다.

예를 들면, 자동차 판매사원은 "이 모델은 과속방지 장치를 장착하고 있고(제품특징), 이것은 고속도로에서 연료소비를 절감한다(제품편익)"라고 말할 수 있다. 제품을 소개할 때 질문은 두 가지 기능이 있다. 첫째, 구매자가 찾고 있는 편익을 이해했는지를 확인한다. 편익을 설명한 후 "이것이 귀하께서 찾고 있는 것입니까?"라고 구매자에게 묻는 것은 건전한 방식이다. 둘째, 질문은 판매자가 한 말을 구매자가 이해했는지를 확인하는 것이다. 기술적인 전문 용어의 사용은 구매자가 이해하기 어렵다. 제품소개는 부득이 전문적이고 복잡하고 길지만, 판매사원은 구매자가 어떤 질문이 있는지를 간단히 묻는다. 이것은 구매자가 잘 이해하지 못한 부분을 질문할 기회를 주는 것이다. 구매자들은 배경, 기술지식과 정보수준을 다르게 갖고 있다. 구매자에게 질문하는 것은 판매자에게 필요한 정보를 제공해준다.

판매사원은 고객욕구를 정확하게 확인하고 제품편익과 고객의 욕구를 관련짓는다. 구매자가 많은 반대를 하지는 않지만 왠지 구매하지 않는 경우가 있다. 제품교체로 인한 상황 악화의 위험을 우려하여 안전 위주로 현재 공급자나 현재 모델을 고수하기 때문이다. 그렇다면 판매사원은 위험을 어떻게 줄일 수 있을까? 이러한 구매자의 우려와 위험을 줄이는 방법은 준거판매, 제품시연, 제품보증과 시용주문 네 가지 주요 방법이 있다.

그림 14-3 구매자 위험 감소 방법

(1) 준거판매

준거판매는 제품의 효과성과 신뢰성을 구매자에게 확신시키기 위해 만족한 고객을 인용하는 것이다. 준비단계에서 사전에 제품유형에 따라 만족한 고객의 명단을 작성해야 한다. 고객의 신뢰를 구축하기 위해 판매소개 때 만족한 고객의 일화나 편지를 제시하고 활용한다. 이때 고객은 다른 고객에 의해서 문제가 해결된 것을 확신할 수 있기 때문에 제품을 확신시키고자 할 때 이 기법은 매우 효과적이다.

(2) 제품시연(試演)

제품시연은 제품을 구매자 앞에서 실제로 사용해 보면서 제품의 작동 과정이나 사용 방법을 설명하는 과정이다. 이것은 제품기능과 제품편익을 증명하기 때문에 지각된 위험을 감소시킨다. 지각된 위험(perceived risk)은 제품의 구매사용에 의하여 발생할 수 있는 예상치 않은 결과에 대한 소비자의 불안감을 뜻한다. 소비자들은 위험을 줄이기 위하여 보다 많은 정보를 탐색하거나 소량으로 구매한다. 다음은 지각된 위험이다.

- **재무적 위험**: 구매한 제품을 수선, 대체 또는 구매를 위하여 소비한 금액의 손실이 발생할 가능성으로 소비자가 지각하게 되는 위험이다.

- **성능위험**: 구매한 제품이 제대로 기능이 수행되지 못할 가능성이다.
- **신체적 위험**: 구매한 제품의 안전성이 결여되어 신체에 상해를 줄 가능성이다.
- **심리적 위험**: 구매한 제품이 자아 이미지나 자아개념과 일치하지 못할 가능성이다.
- **사회적 위험**: 구매한 제품이 타인들로부터 인정받지 못할 가능성이다.
- **시간적 위험**: 구매한 제품이 제 기능을 수행하지 못할 때 수선이나 대체를 위하여 시간이 소요될 가능성이다.

자동차 판매사원은 고객들에게 자동차 시운전을 허용한다. 단순한 제품을 제외하고는 시연을 두 단계로 구분한다. 첫 번째 단계는 제품특징과 편익을 설명하고 제품이 어떻게 작동하는지를 실제로 보여준다. 두 번째 단계는 고객이 실제로 제품을 사용하도록 한다. 이러한 이유는 제품이 작동하는 것을 관찰하고 동시에 제품이 작동하는 원리를 이해하도록 설명하는 것이 어렵기 때문이다. 판매사원이 관찰과 설명을 동시에 진행하기 때문이다. 판매자의 관리하에 구매자가 사용해보도록 권유한다. 구매자의 욕구에 적합한 제품이 시연용으로 선택되고 신뢰할 수 있게 기능을 수행하면 시연은 구매하는데 더 가까워진다. 이때 실용적인 조언을 곁들인다. 다음은 판매획득에 중요한 시연절차이다.

▶ 사전 예행연습

동료와 함께 고객의 입장에서 그럴 듯한 반대에 접근하는 방법을 연습한다. 이 동료는 거북한 구매자, 즉 악마의 옹호자[3]로 행동하게 한다. 시연 후에 그러한 반대를 어떻게 다루고 극복할 것인지를 알아낸다. 더 나은 시연과 소개를 위해 예행연습은 꼭 필요한 사전절차이다. 제품의 판매요점을 정리하고 시연의 과정 중에 진행하는 것을 미리 준비한다.

▶ 시연은 짧고 적절하고 간단하게

시연 과정은 가능한 짧게 하지만 주문을 얻을 수 있을 정도이어야 한다. 어떤 잠재구매자들은 다른 사람들보다 기술적 시연을 더 길거나 많이 요구한다. 잠재구매자들은 기술적으로 복잡하면 집중력이 떨어지고 흥미를 잃는다. 그래서 시연 과정을 가능한 간단하게 한다. 잠재구매자들이 체면손상을 우려해서 이해하는 척하기 때문에 기술성을 과장하지 않는다. 잠재구매자들은 시연을 관찰하고도 구매결정을 지연하기 위해 끝부분에서 어떤 이유를 말할 수도 있는데, 대개 구매하지 않는다. 과도한 기술적 시연 후에 많은 잠재적 판매가 실제로 사라질 수 있다.

3) 악마의 옹호자(devil's advocate): 의도적으로 반대 입장을 취하면서 선의의 비판자 역할을 하는 사람.

▶ 만일의 사태 예상과 준비

적절하게 미리 예행연습이 이루어졌다면 시연이 잘못되지 않을 것이다. 그러나 때때로 기계가 고장 나고 전원이 들어오지 않을 수 있다. 이러한 만일의 사태를 준비한다. 예기치 않게 우발적으로 발생할 수 있는 것을 사전에 준비하는 것이다. 그렇지 않다면 잠재고객 앞에서 판매자는 당황하게 되고 이들은 신뢰를 하지 않을 수 있다.

(3) 제품보증

보증 조항에 의해 지원되는 제품 신뢰성, 판매 후 서비스와 배달 등의 보증은 판매사원의 판매 주장에 대한 자신감을 향상시키고 제품이 잘못될 경우 구매자의 비용을 감소해준다. 이러한 규정제정은 판매사원의 재량권보다는 회사의 정책이 더 중요하다.

(4) 시용주문

시용판매가 회사와 판매사원에게 비용을 발생시키는 요소일지라도 잠재적 구매자들은 구매위험을 감소시킬 수 있다. 회사는 높은 품질의 제품을 제공하는 회사의 능력을 잠재고객들에게 시연할 기회로 작은 주문을 확보하는 것이고, 이것은 결국 잠재고객들이 제품을 사용한 후 만족하게 되면 반복구매와 고객신뢰로 이어질 수 있다. 이렇게 구축된 신뢰는 장기적으로 이어지고, 결국 회사의 점유율을 높인다.

4) 반대처리기법

반대는 잠재적 구매자가 제기한 우려 또는 질문의 표현이다. 어떤 반대는 판매사원이 제시한 설명이나 정보에 대한 혼돈, 의심이나 부정의 표현이지만, 판매사원은 이를 언제나 실망으로 간주할 필요는 없다. 많은 반대는 많은 관심의 표현이다. 특히 판매사원이 말한 것에 관심이 있기 때문에 구매자가 질문하는 것은 추가적인 정보이다. 문제는 잠재적 구매자가 아직도 확신하지 못하는 것이다. 반대는 잠재적 구매자에게 중요한 사안에 집중된다. 고객의 반대는 실제로 마음속에 있는 것에 대한 단서일 뿐만 아니라 추가적인 욕구에 대한 정보이다. 반대를 다루는 효과적인 방법은 두 가지가 있다. 확신하는 답을 준비하는 것과 구매자의 편에서 체면 손상 없이 대답을 수용하는 것이다.

(1) 경청과 간섭 금지

잠재고객이 반대한다고 해서 고객의 말을 가로채면 고객은 실제적인 본질을 오해할 수 있다. 따라서 고객의 말을 오해하지 않는 정확한 방법은 신중하고, 주의 깊고, 존경스럽게 경청하는 것이다. 이렇게 하면 판매사원은 문제의 본질을 충분하고 명확하게 이해할 수 있다. 잠재적 구매자는 판매사원이 심각하게 문제를 다루고 있는 사실을 신뢰할 것이다. 판매사원이 잠재고객이 말하는 도중에 말을 가로채어 중단시킨다면, 판매사원은 구매자에게 다음과 같은 인상을 줄 수 있고, 이것은 판매를 더욱 어렵게 할 수 있다.

- 반대는 분명히 잘못된 것이다.
- 반대하는 이유는 제품의 이해가 부족한 것이다.
- 구매자가 계속 말하는 것은 더 이상 가치가 없다.

(2) 동의와 존경

판매사원이 잠재적 구매자의 의견에 동의하는 것은 구매자에게 보여주는 존경의 표현이다. 판매사원은 대안을 제시하기 전에 구매자가 말하는 것이 현명하고 합리적이라는 것을 동의한다. 이것은 반대를 완화하고 갈등보다는 오히려 우호적인 분위기를 만든다. 준거판매기법의 사용은 강력한 반대나 구매결정의 지연을 어느 정도 완화할 수 있는 방법이다.

(3) 솔직한 거절

고객 요청에 대한 과도한 거절은 적대감을 가져올 위험이 있기 때문에 신중해야 한다. 회사의 제품과 편익이 구매자의 기대와 필요사항을 충족하기에는 너무 거리가 먼 경우 회사의 이미지와 신뢰를 도모하고, 긍정적인 구전을 형성하기 위해 진솔하게 표현하는 것이 바람직하다. 이것은 구매자가 실제로 사실적 정보를 찾을 때 사용될 수 있다.

(4) 반대의 본질 질문

때때로 대응하기 어려운 너무 일방적인 반대가 발생한다. 예를 들면, 고객이 제품의 외양을 좋아하지 않아 제품의 품질이 좋지 않다고 말할 것이다. 이러한 상황에서 판매사원은 현재의 특정한 문제를 명확하게 하기 위해 반대의 본질을 질문할 수 있다. 때때로 이것은 쉽게 처리할 수 있는 정도로 약한 반대이거나 관심의 표현이 된다. 잠재적 구매자들은 산업에서 극소수의 회사에서 작용하는 문제를 끊임없이 제기할 수 있다. 이럴 때를 예상하고 문제를 거론하여 해결책을 제시할 수 있다.

(5) 숨겨진 반대

어떤 가망고객은 반대를 잘 말하지 않는다. 반대하는 것은 상대방의 불쾌를 야기하기 때문에 아무 것도 말하지 않는 것을 선호한다. 그러한 사람들은 판매사원과 우호적인 말로 기다리는 것과 제안에 대해서 생각하겠다고 면담 끝에 말하고 구매하지 않는 상황이 최선의 전략이라고 믿는다. 숨겨진 반대를 파악하는 것은 성공적인 판매에 중요하다. 숨겨진 반대를 찾기 위한 방법은 고객의 본심을 파악하기 위한 질문을 하는 것이다. 구매자가 진짜 반대를 나타내지 않으려는 것을 안다면 판매사원은 다음 질문을 할 수 있다.

- 아직도 확신이 가지 않는 것이 있습니까?
- 귀하의 마음은 무엇인가요?
- 무엇이 귀하를 불안하게 하는가요?

5) 협상

판매사원은 판매의 조건에 대해 재량권을 어느 정도 갖고 있다. 협상(negotiation)은 판매과정에서 재량권의 범위 내에서 판매조건의 타협을 이루어내는 과정이다. 판매자는 가격, 신용조건, 배송시간, 거래금액과 기타 상업적 거래 등을 협상할 수 있다. 구매의도에 도달한 거래는 힘의 균형과 각 당사자의 협상기술에 달려있다. 구매자의 욕구, 기업에 관한 지식과 압박, 판매 경쟁자 등을 추정한다. 다음은 협상 과정에서 실제로 판매사원을 돕는 지침이다.

(1) 협상은 크게 시작하되 현실적인 고객의 기대 안에서

협상할 때 처음부터 조건을 높게 하는 이유가 있다. 첫째, 구매자가 동의할 수 있다. 둘째, 협상할 여지를 제공한다. 잠재적 구매자는 구매에 대한 보답으로 판매자로부터 양보를 기대하게 된다. 예를 들면, 자동차 판매사원은 자동차의 광고된 가격을 할인하지 않는 것이 일반적이다. 그 대신 옵션에서 협상을 시작하려고 한다. 조건을 높게 진행할 때 고려 요소는 구매자의 현실적인 기대 안에서 있어야 한다. 그렇지 않으면 잠재고객은 판매자와 시작부터 협상하는 것을 꺼릴 것이다.

(2) 양보를 위한 양보를 얻으려는 시도

때때로 판매를 확보하기 위해서 양보를 하는 것이 필요하다. 판매자가 가격을 대폭 인하한다면 구매자는 구매하려는 것을 말할 것이다. 판매자가 어떤 협상 여지를 남겨둔다면 대체로 수용할 수 있을 것이다. 그러나 특히 판매자가 구매자의 요구사항을 경쟁자보다 더 잘 만족시킬 수 있는 힘을 갖고 있을 때 판매자는 구매자로부터 양보를 비교적 쉽게 얻어낼 수 있다. 이를 달성하는 간단한 방법은 '만일 ~ 그러면'기법이다. 구매자에게 비용과 가치의 견지에서 가

INSIGHT Graham의 성공적인 협상기술

- 다량의 질문: 질문은 정보를 찾고 구매자의 느낌을 확인하는 방법이다. 질문자가 대화의 주제를 이끈다. 구매자는 대답하는 동안 판매사원에게 통제권을 주고, 생각할 시간을 준다.
- 정리 행동: 행동을 확인하는 것이다. 예를 들면, 정리하는 행동은 "내가 질문을 해도 좋은가요?", "나는 두 가지를 반드시 하고 싶습니다", "요약해도 될까요?"이다.
- 모순의 충돌: 자신의 주장을 정당화하는 가능한 방법은 잠재적 구매자의 주장과 모순되는 다른 사람의 예를 들어, 설명하는 것이다.
- 이해와 요약 점검: 이해 점검은 이해되었는지를 확인하려는 행동이다. 요약은 이전 토의의 내용을 압축하여 다시 확인과 인식을 시키는 행동으로 지각의 객관성을 확보한다.
- 감정 표현: 능숙한 협상가는 무표정한 얼굴이 아니라 감정을 표현하고, 신뢰의 분위기를 창조하고, 확실한 정보를 제공한다.
- 역제안 회피: 역제안은 언제나 중지를 의미한다. 구매자는 구매할 의사를 갖고 있지 않기 때문에 역제안은 대부분 현실적이지 못하다.
- 짜증사용 금지: 이것은 고객에게 불쾌감이나 불안을 주는 행동이다.
- 우호적 표현: 우호적인 표현은 채택을 얻는 가장 정확한 방법이다. 우호적인 표현을 보이면서 자신의 주장을 약화시키지 않는다.

능한 양보의 범위를 사전에 준비하는 것은 매우 현명하다.

6) 주문요청

효과적으로 제품을 소개하더라도 구매자가 제품을 주문하는 것은 아니다. 아무리 판매사원이 구매자욕구를 확인하고 반대를 극복하더라도 구매자의 마음속에는 아직도 어떤 의심이 있다. 이 의심은 결정을 지연하고자 하는 의도가 명백하다.

(1) 잠재적 구매자의 구매 신호 파악

왜 판매사원들은 주문을 요청하는 것을 꺼리는가? 대부분의 판매사원들이 거절을 두려워하기 때문이다. 주문요청은 구매자에게 긍정이나 부정을 말하도록 요청하는 것이다. 때때로 판매사원은 거절을 당한다. 주문요청을 피한다고 판매가 되는 것이 아니지만, 거절당했을 때의 심리적 상실감을 우려한다. 그러나 가장 중요한 점은 주문요청을 두려워하지 않아야 한다. 어떤 구매자들은 불가피하게 부정적으로 반응하지만, 주문요청을 하지 않는다면 구매가 이루어지기 어렵다. 주문요청은 타이밍이다. 일반적인 규칙은 구매자가 관심과 제품을 구매하려는 분명한 의도를 보일 때 주문을 요청하는 것이다. 판매사원은 구매신호를 정확하게 찾아

내야 하고 신속하게 반응해야 한다.

(2) 구매의도의 변동성

구매의도는 판매소개 내내 계속적으로 증가하는 것이 아니라 제품소개가 진행되는 동안 등락이 있다. 이러한 상황은 일련의 최고점과 최저점에서 움직인다. 판매자가 구매자의 욕구와 정확히 일치하는 핵심편익에 관하여 말할 때 구매의도는 급상승한다. 그러나 구매자가 문제를 제기하거나 의문이 생기면 구매의도가 떨어지지만, 판매자가 반대를 극복하거나 주장을 구체화하면 증가한다. 실제로 주문을 요청할 때를 아는 것은 어렵다. 구매자는 관심이 거의 없는 것으로 위장할 수 있고 사실 판매 면담 중에 구매의도는 몇 번 정점이 발생한다.

(3) 주문요청 시기 포착

경험이 있는 판매사원은 주문요청에 충분히 호의적인 때를 직관적으로 안다. 판매사원은 고객의 욕구와 문제를 확인하면 대체로 주문을 요청할 시점이라는 것을 안다. 판매자는 구매의도가 정점일 때 주문을 요청해야 한다. 판매사원은 계획된 판매소개가 완전히 끝나지 않았을 때에도 주문요청을 준비해야 한다. 주문요청의 타이밍이 시기상조라면 시용 주문을 요청한다. 구매자가 아직 결정하지 않았다고 말하더라도 판매사원은 상품소개를 계속하거나 고객에게 질문할 수 있다.

(4) 주문요청기법

판매사원이 모든 제품편익을 설명하고 고객의 질문에 답하는 판매 면담 중에 구매의사결정 시간이 온다. 그러나 구매자들은 열정적이지만 주저한다. [그림 14-4]는 이럴 때 판매사원이 주문을 요청할 수 있는 주문요청기법이다. 판매사원은 잠재고객에서 긍정이나 부정을 포함하는 폐쇄형 질문을 한다. 주문을 간단히 요청한다. 판매자는 주문을 요청한 후 이때 침묵을 유지하고, 구매자의 주의분산을 방지한다. 그러면 구매자는 판매사원의 주문요청에 대답할 것이다. 다음은 주문을 요청할 때 사용하는 질문이다.

- 주문을 예약해도 될까요?
- 제품을 구입하시겠습니까?
- 이것을 원하시나요?

그림 14-4 주문요청절차

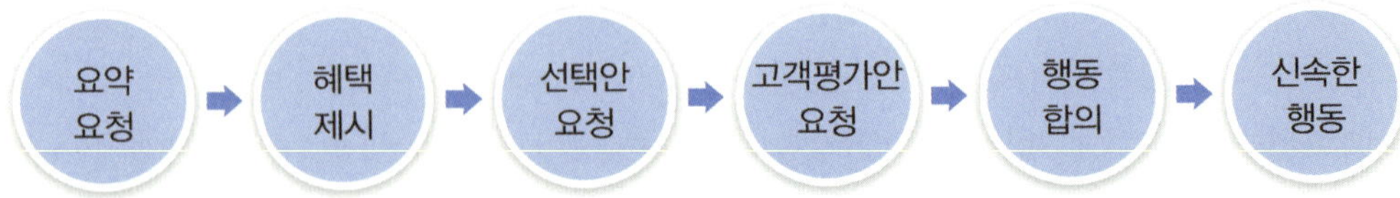

▶ 요약과 주문요청

이 기법은 마침내 구매자에게 의사결정할 순간이 오고 상품소개는 구매의 과정이다. 구매자가 결정하는 순간에 판매자는 판매주장의 주요 요점을 구매자가 상기하도록 한다. 따라서 구매자의 별 다른 반대가 없는 경우에 상품소개를 요약하고 주문을 요청한다.

▶ 혜택 제시

양보주문 요청은 동의에 대한 최종 독려로써 양보를 정해 놓는 것이다. 구매자의 입장을 고려하여 양보할 수 있는 준비된 안을 제시하여 구매가 이루어지도록 한다. 주문한다면 추가적으로 5% 할인을 제안할 수 있다. 그러나 과도한 양보는 역효과가 난다.

▶ 선택안 요청

선택안 요청은 구매자가 구매를 기꺼이 하려고 하지만 색상, 배송일자나 지급조건 등에 관하여 유보적이라고 가정한다. 선택안은 고객의 욕구에 근거하여 제시한다. 이러한 상황에서 판매사원은 주문을 요청하기 위해 두 가지 제안을 할 수 있다.

- 붉은 색 혹은 푸른 색 중 어느 색을 좋아하시나요?
- 화요일 또는 수요일 중 어느 날에 배송할까요?

▶ 고객평가안 요청

판매사원이 소개한 제품이 아니라 고객이 평가하는 대안이 있다면 구매를 자극하는 수단으로 고객의 선호제품을 주문하도록 요청한다. "이 모델이 동급에서 가장 경제적이라고 귀하가 확신한다면 이것을 구매하시겠습니까?" 구매자로부터의 긍정적인 반응과 판매자의 반대제시를 위한 통계비교의 근거는 주문을 효과적으로 받을 수 있다.

▶ 행동합의

산업재의 판매주기는 길다. 예를 들면, 의약품을 판매할 때 판매사원은 즉시 주문을 요청하지 않고 대신 의사와 무엇인가를 하기로 행동을 합의한다. 이 기법은 의사와 판매사원의 관계를 진전시키고 유지하는데 효과가 있다. 대부분 판매상황에서 평가기준으로 경쟁자보다 더 좋은 것은 없다. 이것은 제품이 경쟁제품보다 좋다는 것을 전제로 한다. 고객을 설득할 때 가장 끈기 있는 판매사원에게 최종 구매결정이 넘어갈 수 있다. 어린아이들은 그들이 원하는 것을 거절을 받는다면, 두세 번 요청으로 성공한다는 것을 안다.

▶ 공손과 신속한 행동

일단 고객이 판매를 동의하면 판매사원은 두 가지 규칙을 따라야 한다. 첫째, 판매사원은 감정을 결코 보이지 않는다. 판매가 아무리 중요하고 판매사원이 즐겁더라도 판매사원은 침착하고 전문가적인 기질을 유지해야 한다. 행복감에 도취할 기회는 나중에 많이 있다. 둘째, 가능한 업무는 신속하고, 태도는 공손하게 유지한다. 오래 머무를수록 구매자가 마음을 변경할 기회는 더욱 커지고, 주문을 취소할 기회도 더욱 커진다. 그래서 신속한 마무리가 중요하다.

7) 추적조사

추적조사(follow-up)는 판매 과정의 마지막 단계로 고객이 구매에 만족하고 배송, 설치, 제품사용 등에서 어떠한 문제도 발생되지 않도록 확실히 하는 것이다. 반복구매는 성공의 보증이기 때문에 추적조사는 판매에만 관심이 있다는 것보다 오히려 고객을 실제로 돌보는 것을 보여줌으로써 고객관계를 관리하는 것이다. 이것은 구매가 적절했다는 확신을 제공하는 것이다. 고객들은 적절한 선택을 했는지를 걱정하는 인지부조화로 고통을 당할 수 있다. 따라서 고객과의 동반자관계를 유지하는 것은 판매 후 관리에 달려있다.

3절 고객만족

고객만족은 고객유지와 수익성의 기본적인 개념이고, 기업성공의 비결이다. 고객의 불평을 분석하는 것은 고객의 기대가 불합리한 잠재적인 오해뿐만 아니라 제품에 있는 서비스 과정이나 설계결함의 약점을 발견하는 데 도움이 된다. 이러한 분석을 하기 위해 불평의 완전한 기록이 필요하다. 불평처리 과정 자체가 불평이 될 수 있다는 것을 기억해야 한다. 고객이 어떻게 만족하는지와 불평이 어떻게 처리되었는지를 회사는 추적 · 검사해야 한다. 불평기록은 실패한 제공물에 대한 주요 이유를 찾아내고 재발을 방지하는 방법이다.

1. 고객관계전략

기업은 고객들과 더 밀접하게 하는 관계를 유지함으로써 고객충성을 추진하는 전략을 실행한다. 모든 수준에서 효율적으로 전략을 실행함으로써 고객관계가 강화될 수 있는 유대를 창조한다. Parasuraman은 관계마케팅전략을 계획하는데 도움이 되는 틀을 개발하였다. 그가 개발한 고객관계전략은 서비스 공급자가 효율적으로 사용할 수 있는 유대 전략이다.

그림 14-5 고객관계전략

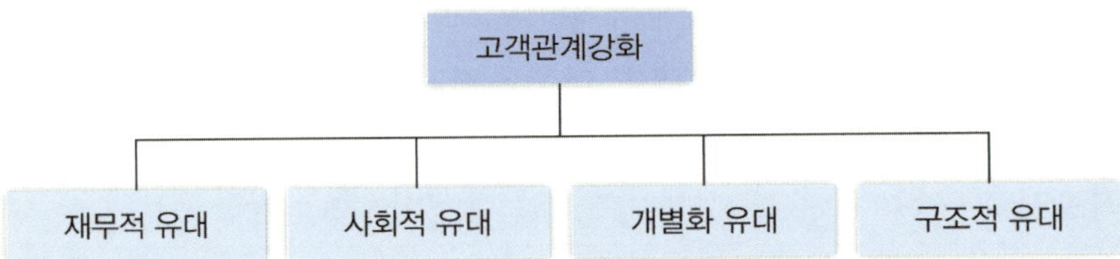

1) 재무적 유대

고객들에 경제적 이득이 있다면 고객들은 회사와 더 관계가 깊어질 수 있다. 재무적 유대(financial bonds)는 고객관계의 기반이 된다. 고객들은 회사가 제공하는 할인가격에 자극을 받게 되고, 할인금액은 구매량의 증대로 이어진다. 그러나 재무적 유대가 모호하게 사용된다면, 고객들은 핵심서비스의 일부분으로 기대하게 된다. 재무적 유대는 다른 시장에서 구매와 연결된다. 서비스의 교차판매와 묶음판매는 이러한 원리를 이용한 것이다. 예를 들면, 항공사와 호텔은 자동차 임대회사와 연결하여 할인율을 적용한다.

2) 사회적 유대

사람과 사람과의 관계가 깊다면 서로를 배려하는 마음이 생긴다. 회사도 이와 마찬가지이다. 회사는 대인관계 또는 사회적 유대(social bonds)를 통해서 고객들과 더욱 친밀한 관계를 형성한다. 고객들은 얼굴이 없는, 정체 불명한 존재이다. 고객들은 협력자이고, 어떤 경우에는 이해관계자이다. 기업은 고객과 사회화하는 것을 기대하고, 고객의 문제에 귀를 기울인다. 고객은 문제가 발생할 때 불평을 할 수 있다. 대중마케팅은 기업이 고객과 접근하기 어렵지만, 기업은 고객관계관리로 사회적 유대수준에 고객에게 접근할 수 있다. 사회적 유대는 고객과 서비스 공급자를 연결하는 관계이다.

3) 개별화 유대

기업은 고객의 욕구에 맞추어 서비스를 제공한다. 개인에게 적합한 서비스를 제공받는 고객은 자신이 특별하게 대우받는 것으로 느낀다. 다른 사람과 달리 개별적으로 특별하게 대우를 받는 것은 존중받고 있다는 느낌이 든다. 고객에게 전달되는 서비스를 개별화할 때 서비스 공급자는 개별화 유대(customization bonds)를 창조할 수 있다. 개별화를 통해 고객은 서비스 공급자와 유대하게 된다. 다른 서비스 공급자로 고객이 전환하면 기업은 높은 비용이 든다. 그래서 서비스를 개별화하는 것은 서비스 전달의 필수적인 요소이고, 서비스 공급자는 고객이 회사에 남아 있는 것을 확실히 하기 위해 관계를 추적한다.

4) 구조적 유대

구조적 유대(structural bonds)는 장비나 내구재의 설치처럼 관계 종결 시 회수될 수 없는 구매자의 조직에 투자할 때 발생한다. 즉, 서비스 공급자가 제시하는 서비스가 고객 회사의 시스템이나 프로세스 안에 설계될 때 구조적 유대는 발생한다. 공급자 지식과 경험은 구매자의 전환행동을 금지하는 구조적 유대를 창조할 수 있다. 고객문제에 대한 해결안이 서비스 전달시스템 안에 설계될 때도 마찬가지이다. 구조적 유대는 다른 회사가 제공하는 것이 어렵거나 비용이 들거나 다른 데에서 쉽게 얻을 수 없는 부가가치 혜택을 표적고객에게 제공하는 것이다. 이것은 고객에 대한 개별화 서비스가 될 수 있다.

2. 고객관계관리

고객관계관리(customer relationship management: CRM)는 고객의 행동양식에 대한 이해를 바탕으로 기업경영의 질을 높이기 위한 전략 과정 및 기술상의 변화 과정을 의미한다. 고객관계관리는 고객에 대한 정보를 수집하고, 수집된 정보를 효과적으로 활용하여, 신규고객을 획득하고, 우수고객을 유지하고, 제공하는 고객가치를 증진하여, 고객을 평생 고객화 하는 사이클을 통하여 고객을 관리하는 과정이다. 기업은 고객이탈의 최소화와 고객유지의 극대화를 통해 비용절감과 수익증대를 기대할 수 있다.

어떤 구매자와 판매자는 서로 강한 관계를 구축하는데 관심이 크다. 마케터들은 큰 고객들과 강한 관계를 형성하는 데 관심이 있다. 왜냐하면 고객이 수량할인을 받더라도 큰 고객에게 제공하는 것은 작은 고객보다 더 큰 수익이 있기 때문이다. 많은 작은 고객들에게 제품과 서비스를 제공하는 것은 모든 주문을 처리하고, 불평을 다룰 때 시간과 비용이 든다. 그래서 마케터는 더 크고, 더 수익성이 큰 고객을 원한다.

판매사원은 고객이 아닌 시장 영향력이 있는 사람들과 관계를 유지하기 위해 노력한다. 친구나 다른 사람들과의 관계는 친밀성이나 신뢰의 연속선을 따라 움직인다. 사람들을 신뢰할수록 그 사람들과 더 많은 친밀한 정보를 공유하고, 결과적으로 관계는 더욱 강력해진다. 판매원과 고객과의 관계는 젊은 연인들과의 관계와 유사하다. 몰입의 수준은 종종 결혼에 비유된다. 사업관계는 한 번 구매로부터 종종 결혼에 비유되는 전략적 관계(strategic partnership)에까지 이른다. 거래관계에서 구매자는 모든 거래 후에 얻은 가치를 계산한다. 관계가 강화됨에 따라 가치계산은 덜 거래 지향적이 된다. 5%의 고객이탈을 방지하면 최소한 이익이 25% 늘어난다는 말이 있다. 따라서 신규고객의 창조와 고객이탈을 최소화하는 고객유지는 고객만족과 고객과의 장기적 동반자관계가 형성될 때 더욱 강한 기업이 될 것이다. [그림 14-6]처럼 친구와 같이 보이는 기능과 친화관계는 중앙에 위치해 있다. 관계의 유형은 거래적 관계, 기능적 관계, 친화적 관계와 전략적 관계가 있다.

그림 14-6 관계의 연속선

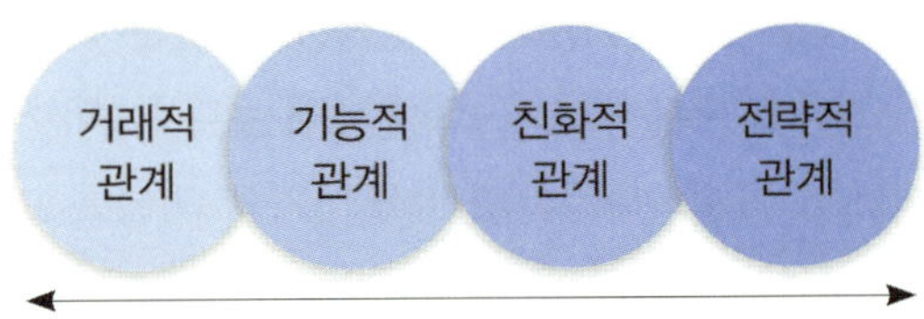

- 거래적 관계: 범위의 한 끝에 있다. 각 판매가 독립된 교환이고, 당사자들이 계속적인 거래를 유지하는데 관심이 거의 없다.
- 기능적 관계: 가격, 품질과 서비스가 차이가 없는 경우에는 기능적 관계가 형성된다.
- 친화적 관계: 구매자가 판매자로부터 필요한 많은 지식을 얻고, 신뢰가 중요한 문제일 때 발생된다. 이러한 관계는 판매자의 전문성과 우호성이 전제가 된다.
- 전략적 관계: 구매자와 판매자가 서로를 위해 전체규모를 확대하기 위해 시간과 돈을 쓰는 경우이다. 즉, 전략적 관계는 상호 성장과 발전을 위해 상호 자원을 공유한다.

3. 고객만족관리

고객의 마음속에 있는 적절한 기대를 형성하는 것은 판매자의 구매 전 의사소통이다. 판매자가 고객기대를 너무 낮게 설정하면 사람들은 제품을 구매하지 않을 것이나 이와 달리 판매자가 고객기대를 너무 높게 설정하면 초기 구매는 이루어지나 구매 후 구매자들은 실망할 위험이 있다. 그래서 과소제안(underpromise)과 과대전달(overdeliver)이라는 평범한 말이 있다. 즉, 열광하는 감동고객을 창조하기 위해 고객의 기대를 조금 낮게 설정하고, 실제 고객의 기대를 초과하는 제품을 제공하는 것이다. 판매자는 열광적인 고객이 그들의 친구에게 판매자의 제품에 대해 많은 긍정적인 구전을 확산할 것이라고 희망한다.

1) 고객만족관리

고객만족을 향상시키기 위해서 어떻게 해야 하는가? 고객만족을 향상시키기 위해서는 중요한 두 가지 방법이 있다. 첫째, 고객의 마음속에 적절한 기대를 형성하는 것이다. 둘째, 적절한 기대를 전달하는 것이다. 일반적으로 만족한 고객이 좋은 경험을 말하는 것보다 불만족한 고객이 많은 친구들에게 부정적인 경험을 더 많이 말한다. 미충족 기대에는 극적인 사건이 많이 있기 때문이다. 충족된 기대에 관한 이야기는 지루하여 평균적으로 짧게 친구들에게 말하는 경향이 있지만, 감동한 고객은 만족을 과장함으로써 반복구매와 긍정적인 구전이 일어난다. 평범한 만족에 관한 이야기는 따분하다. 영향력이 있는 사람은 이야기할 새로운 소재가 있고, 주제가 재미 있고, 다른 구매자들이 그들의 의견을 알기를 원한다.

2) 고객불만관리

구매자들이 제품이나 회사에 관하여 불평을 할 때는 많은 이유가 있다. 그들은 속이 상한 것을 회사에 불평하고, 친구들에게 말하거나 인터넷에 게시하기도 한다. 회사를 맹비난하기 위해 가능한 모든 인터넷 사이트를 사용하는 사람을 언어테러자(verbal terrorist)라고 한다. 회사는 언어테러를 왜 걱정해야 하는가? 고객불평 점수가 고객만족 점수보다 회사의 성공이나 실패에 더 큰 영향을 미친다. 회사가 고객의 불평을 잘 해결한다면 회사에 대한 고객의 태도는 심지어 원래의 만족수준보다 더 높게 향상된다.

아무리 회사가 고객의 욕구를 충족하더라도 불평하는 고객은 있기 마련이다. 때때로 불평은 제안의 형태로 있고, 제품이나 서

비스의 실패이다. 불평이 있을 때 반응하는 과정은 결과만큼 중요하다. 고객은 원했던 것을 얻을 수 있을 때 회사를 올바르게 판단한다. 이러한 이유로 어떤 회사들은 불평에 잘 반응할 수 있는 직원으로 고객서비스부서를 둔다. 불평해결은 고객과의 과정을 의사소통하고 해결안에 대한 동의를 얻는 과정이다. 화가 나거나 속이 상한 고객은 단골고객이 되는 것을 원하지 않을 수 있다. 고객에게 상황이 중요하면 불평반응과 경청도 중요하다. 다음은 회사가 신속하고 정확하게 처리해야 할 과업이다.

- 불평에 주의 깊게 경청한다.
- 고객의 느낌을 알아준다.
- 문제의 근본적인 원인을 파악한다.
- 해결책을 제시한다.
- 해결책에 대한 동의를 얻고 해결 과정을 전달한다.
- 적절하다면 추적 검사한다.
- 불평과 조치를 기록한다.

INSIGHT e커머스, 고객만족 이어 '판매자 만족' 경쟁시대

e커머스 업체들이 '판매자 만족' 경쟁에 돌입했다. 코로나19에 따른 비대면(언택트) 소비 확산으로 시장이 커지면서 고객만족의 바로미터로 우수한 판매자를 확보하는 것이 경쟁력으로 떠올랐다. 경쟁이 치열한 기존 e커머스 시장에 신세계그룹 SSG닷컴까지 오픈마켓 도입을 확정하면서 차별화된 상품 소싱을 위한 판매자 유치 및 지속 입점이 가격과 빠른 배송, 멤버십 혜택만큼 중요한 요소로 작용할 전망이다. e커머스 업체들은 중소판매자들을 위한 지원정책을 잇따라 내놓고 있다. 그 가운데 가장 눈에 띄는 정책을 실행하는 곳은 11번가다. 11번가는 이달 초부터 '11번가 빠른정산' 서비스를 제공하고 있다. '오늘발송' 카테고리에서 고객이 주문 당일 바로 제품을 발송한 판매자를 위해 마련한 무료서비스다. 배송된 바로 다음날 정산금액의 70%를 먼저 지급한다. 나머지 30%는 고객이 11번가에서 구매확정한 다음날 정산된다. 또한 11번가는 중소 판매자들이 해결하기 어려운 매출 지표, 고객의 상품 구매 유입 경로, 쿠폰 효율, 판매자 평점 등을 무료로 분석해주는 판매자 맞춤형 서비스 '셀러 애널리틱스(Seller Analytics)'도 운영하고 있다.

출처: 전자신문 2020.10.15

참고문헌

- 김성수(2007), 성공한 창업자의 기업가정신-제3판, 삼영사.
- 김위찬, 르네 마보안(2005), 블루오션전략, 서울: 교보문고.
- 명진규(2013), 청년 이건희, 삼성 신경영을 구상하다, 팬덤북스.
- 박정웅(2015), 정주영 이봐, 해봤어?, 서울: 프리이코노미북스.
- 송년식(2007), 대한민국 기업인 이병철, 서울: 영림카디널.
- 유순근(2015), 중소기업 마케팅, 서울: 북넷.
- ______(2016), 서비스 마케팅, 서울: 무역경영사.
- ______(2016), 센스 마케팅, 서울: 무역경영사.
- ______(2016), 비즈니스 커뮤니케이션, 서울: 무역경영사.
- ______(2017), 창의적 신제품개발 2판, 서울: 진샘미디어.
- ______(2017), 창업 온오프마케팅, 서울: 박영사.
- ______(2018), 글로벌 리더를 위한 전략경영, 서울: 박영사.
- ______(2019), 부의 수직상승, 서울: 박문사.
- ______(2020), 신제품개발론, 서울: 박영사.
- ______(2021), 벤처창업과 경영 3판, 서울: 박영사.
- 유영수(2007), 연암 구인회(전자화학 산업의 선구자), 서울: 소담출판사.
- 유일한연구편찬위원회(1994),유일한 연구, 서울: 경영사학회.
- 윤선희 (2015), 특허의 이해(제2판), 서울: 법문사.
- 이경윤(2013), 구인회처럼(불모의 땅에서 개척자 정신으로), 서울: FKI미디어.
- 이병철(2014), 호암자전, 서울: 나남.
- 자본시장연구원(2013), 창조금융 활성화를 위한 자본시장의 역할, 서울: 자본시장연구원.
- 정주영(2001), 시련은 있어도 실패는 없다, 서울: 제삼기획.
- 서울산업통상진흥원, http://www.sba.seoul.kr.
- 소상공인시장진흥공단, http://www.semas.or.kr.
- 소상공인포털, http://www.seda.or.kr.
- 중소기업연구원, http://www.kosbi.re.kr.
- 중소기업진흥공단, http://www.sbc.or.kr.
- 중소기업청, http://www.smba.go.kr.
- 창업넷, http://www.startup.go.kr.
- 창업보육네트워크시스템, http://www.bi.go.kr.
- 창업정보관리시스템, http://www.changupnet.go.kr.
- 창업진흥원, http://www.kised.or.kr.
- 한국산업단지공단, http://www.kicox.or.kr.
- 한국창업보육협회, http://www.kobia.or.kr.

- Acs, Z. J. and E. Amorós(2008), "Entrepreneurship and Competitiveness Dynamics in Affect Identification and Discounting," *Journal of Personality and Social Latin America, Small Business Economics*, 31(3),

305-322.
- Albarracin D. & Kumkale, G. T.(2003), "Affect as Information in Persuasion: A Model of Affect Identification and Discounting," *Journal of Personality and Social Psychology*, 84(3) 453-469.
- Alexander Ardichvilia, Richard Cardozob, & Sourav Ray(2003), "A Theory of Entrepreneurial Opportunity Identification and Development," *Journal of Business Venturing*, 18, 105-123.
- Alexander Hiam(1998), *Creativity*, Amherst, MA: Harvard University Press. Press.
- Andersen, H. H., Fl ø cke, T., Mikkelsen, K., & Roepstorff, C.(2010), "Measuring Enterprise Proactiveness in Managing Occupational Safety," *Safety Science Monitor*, 14(1), 1-8.
- Armstrong, G., Adam, S., Denize, S., & Kotler, P.(2014), *Principles of Marketing* 15E: Global Edition, Pearson.
- Armstrong, Robert, Neil Bodick and Eric Bonabeau(2008), "A More Rational Approach to New-Product Development," *Harvard Business Review*, March, 96-102.
- Arora, Raj,(2006), "Product Positioning based on Search, Experience and Credence Attributes Using Conjoint Analysis," *Journal of Product and Brand Management*, 15, No:5, 285-292.
- Barry, B., Fulmer, I. S., & Van Kleef, G. A.(2004), I laughed, I cried, I settled: The Role of Emotion in Negotiation, *The handbook of negotiation and culture*, 71-94.
- Bayus, B. L.(2008), "Understanding Customer Needs," *Handbook of Technology and Innovation Management*, Edited by Scott Shame, 115-141.
- Belliveau, P., Griffin, A., & Somermeyer, S. M.(2004), *The PDMA Toolbook 2. for New Product Development*, New York: Wiley.
- Booz, Allen, & Hamilton(1982), *New Product Management for the 1980's*, New York: Booz, Allen, & Hamilton, Inc.
- Carlgren, L.(2013), "Identifying Latent Needs: Towards a Competence Perspective on Attractive Quality Creation," *Total Quality Management & Business Excellence*, 24(11-12), 1347-1363.
- Casson, M.(2003), *The Entrepreneur: An Economic Theory*, Northampton: Edward Elgar Publishing.
- Charles, Hill & Jones(2004), *Strategic Management: An Approach*, Houtghton Mifflin Company, Boston.
- Christensen, Clayton M., Richard Bohmer, and John Kenagy(2000), "Will Disruptive Innovations Cure Health Care?." *Harvard Business Review*, 78(5), 102-112.
- Clarence Danhof(1949), "Observation on Entrepreneurship in Agriculture," in Arthur H. Cole (Ed), *Change and the Entrepreneur*, Harvard University, Cambridge, 22-24.
- Cooper, Robert G. (2001), *Winning at New Products: Accelerating the Process from Idea to Launch*, Cambridge, MA: Perseus Publishing.
- Cooper, R. G., & Edgett, S.(2008), "Ideation for Product Innovation: What are the Best Methods," *PDMA Visions Magazine*, 1(1), 12-17.
- David Lewin Kurtz(2011), *Contemporary Business*, 13th Edition Update, Hoboken, NJ: John Wiley & Sons.
- DeCormier, R. and Jobber, D.(1993), "The Counsellor Selling Method: Concepts, Constructs and Effectiveness," *Journal of Personal Sales and Management*, 13 (4), 39-60.
- Deming, W. E.(1981), "Improvement of Quality and Productivity through Action by Management," *National Productivity Review*, 1(1), 12-22.

- Dew, N., Read, S., Sarasvathy, S.D. and Wiltbank, R.(2009), "Effectual versus Predictive Logics in Entrepreneurial Decision-Making: Differences between Experts and Novices," *Journal of Business Venturing*, 24(4), 287-309.
- Ducker, Peter(1985), *Innovation and Entrepreneurship*, William Heinemann Ltd., London Publishing.
- Drucker, Peter(2014), *Innovation and Entrepreneurship*. Routledge.
- Goffin, K., & Mitchell, R.(2010), *Innovation Management*(2nd ed.), Hampshire, UK: Palgrave Macmillan.
- Gutman, Jonathan(1982), "A Means-End Chain Model Based on Consumer Categorization Processes." *Journal of Marketing*, 46(2), 60-72.
- Hagan, Everett-E (1962), *Theory of Social Change: How Economic Growth*, The Dorsey Press, Homewood, Illinois, USA.
- Hisrich, R., Peters, M., and Shepherd, D.(2010), *Entrepreneurship*, 8th ed., New York: McGraw Hill.
- John M. Ivancevich and Thomas N. Duening(2007), *Business: Principles, Guidelines, and Practices*, Mason, OH: Atomic Dog Publishing.
- Jones, R., & Rowley, J.(2011), "Entrepreneurial Marketing in Small Businesses: A Conceptual Exploration," *International Small Business Journal*, 29(1), 25-36.
- Kahn, K. B.(2006), *New Product Forecasting: An Applied Approach*, Armonk, NY: ME Sharpe.
- Kahn, K.(2014), "Solving the Problems of New Product Forecasting," *Business Horizons*, 57.5, 607-615.
- Kano, N., N. Seraku, F. Takahashi, and S. Tsuji(1984), "Attractive Quality and Must-be Quality," *Journal of the Japanese Society for Quality Control*, 39-48.
- Kärkkäinen, H., Piippo, P., Puumalainen, K., & Tuominen, M.(2001), "Assessment of Hidden and Future Customer Needs in Finnish Business to Business Companies," *R&D Management*, 31(4), 391-407.
- Kariv, D.(2011), *Entrepreneurship: An International Introduction*, New York: Routledge.
- Kilby, P., (1971), *Entrepreneurship and Economic Development*, New York, Free Press
- Koners, U., Goffin, K., & Lemke, F.(2010), *Identifying Hidden Needs: Creating Breakthrough Products*, New York: Palgrave Macmillan.
- Kotler, P., Armstrong, G., Saunders, J. and Wong. V.(2013), *Principles of Marketing* 14/e. Pearson.
- Kotler, P., Keller, K. L., Ancarani, F., & Costabile, M.(2019), *Marketing Management* , Pearson.
- Kuratko, D. F. & Hodgetts, R.M. (2007). *Entrepreneurship: Theory, Process, Practice*. 7th ed., Mason, OH: Thomson.
- Leach, C., & Melicher, W.(2012), *Entrepreneurial Finance* (4th ed.), Boulder: University of Colorado.
- Levy, Michael, and Barton A(2004), *Retailing Management*, McGraw-Hill/Irwin.
- Li, H. and Sun, J.(2013), "Predicting Business Failure Using an RSF-based Case-Based Reasoning Ensemble Forecasting Method," *Journal of Forecasting*, Vol. 32(2), 180-192.
- Lou, X., & Homburg, C. (2007), "Neglected Outcomes of Customer Satisfaction," *Journal of Marketing*, 71(3), 133-149.
- McClelland, D. C. (1961), *The Achieving Society*, D. Van, Nostrand Co., Princeton, New York, 210-30.
- Mc Namee, P., Greenan, K., & Mc Ferran, B.(1999), "The Competitive Analysis Model: A New Approach to Strategic Development for Small Businesses Benchmarking," *An International Journal*, 6(2), 125-146.
- Mintzberg, H.(1973), *The Nature of Managerial Work*.

- Morrish, M.H., Pitt, L.F., and Honeycutt, E.D. (2001), *Business to Business Marketing*, 3rd ed., London: Sage Publications Ltd.
- Morrish, M. H., Schindehutte, M., & LaForge, R. W.(2002), "Entrepreneurial Marketing: A Construct for Integrating Emerging Entrepreneurship and Marketing Perspectives," *Journal of Marketing Theory and Practice*, 1-19.
- Morrish, S.(2011), "Entrepreneurial Marketing: A Strategy for the Twenty-first Century?," *Journal of Research in Marketing and Entrepreneurship*, 13(2), 110-119.
- Osterwalder, A. and Pigneur, Y.,(2005), "Clarifying Business Models: Origins, Present, and Future of the Concept," *Communications of the Association for Information Systems*, 16(1), 1.
- Osterwalder, A. & Pigneur, Y.(2010), *Business Model Generation: A Handbook for Visionaries, Game Changers and Challengers*, Wiley.
- Peng, L., & Finn, A.(2008), "Concept Testing: The State of Contemporary Practice," *Marketing Intelligence & Planning*, 26(6), 649-674.
- Porter, M. E.(1980), *Competitive Strategy: Techniques for Analyzing Industries and Competitors*, New York: Free Press
- Sarasvathy, S. D., Dew, N., & Velamuri, S. R.(2002), "A Testable Typology of Entrepreneurial Opportunity: Extensions of Shane & Venkataraman(2000)," *Academy of Management Review*.
- Say, Jean-Baptiste(1821), *A Treatise on the Political Economy*, Wells and Lilly, Boston.
- Schumpeter(1959), *Theory of Economic Development*, Cambridge, Mass. Harvard University Press, 89-105.
- Schumpeter, Joseph A(2013), *Capitalism, Socialism and Democracy*. Routledge.
- Schuster, C. P. and Danes, J.E.(1986), "Asking Questions: Some Characteristics of Successful Sales Encounters," *Journal of Personal Selling and Sales Management*, 6, May, 17-27.
- Shell, R. G. (2006), *Bargaining for advantage*, New York, NY: Penguin Books.
- Singh, R. (2001), "A Comment on Developing the Field of Entrepreneurship through the Study of Opportunity Recognition and Exploitation," *Academy of Management Review*. 26: 10-12.
- Terwiesch and Ulrich(2009), *Innovation Tournaments: Creating and Identifying Exceptional Opportunities*, Harvard Business Press, Boston.
- Timmons, J. A.(1999), *New Venture Creation*(5th. ed.), Burr Ridge, IL: Irwin McGraw-Hill.
- Ulrich K. T. and S. D. Eppinger(2011), *Product Design and Development* 5th ed., McGraw-Hill, New York.
- Urban, B.(2011), *Frontiers in Entrepreneurship*, 1st ed., Johannesburg: Heinemann.
- Vesper, K. H., and W. B. Gartner(1997), "Measuring Process in Entrepreneurship Education," *Journal of Business Venturing*, 12(5), 403-421.
- Young, Frank (1971), A Macro Sociological Interpretation of Entrepreneurship in Peter Kilby(ed.), *Entrepreneurship and Economic Development*, Free Press New York, 139.
- Yunus, M., Moingeon, B., & Lehmann-Ortega, L.(2010), "Building Social Business Models: Lessons from the Grameen Experience," *Long Range Planning*, 43(2), 308-325.
- Zacharakis, A. and W. Bygrave(2013), *Entrepreneurship* 2nd ed., New York, John Wiley and Sons.

찾아보기

ㅂ

ㅅ

ㅇ

ㅈ

저자약력

유순근

- 숭실대학교 초빙교수
- 전 한림대학교 교수
- 고려대학교 경영대학 졸업
- 숭실대학교 대학원(경영학 박사)
- 법무부장관상 수상(2013)

[주요 저서]

- 창업을 디자인하라 2판(무역경영사)
- 섹세스 시크릿(박문사)
- 신제품개발론(박영사)
- 부의 수직 상승: 아이디어에 길을 묻다(박문사)
- 글로벌 리더를 위한 전략경영(박영사)
- 벤처창업과 경영 3판(박영사)
- 지옥에서도 악마들끼리는 거짓말하지 않는다(박문사)
- 논리와 오류: 비판적 사고와 논증 개정판(박영사)
- 행동변화 이론과 실제(박문사)
- 벤처창업과 경영 2판(박영사)
- 논리와 오류: 비판적 사고와 논증, 2018년 세종도서(박영사)
- 창업을 디자인하라(무역경영사)
- 창업 온 · 오프 마케팅(박영사)
- 서비스 마케팅(무역경영사)
- 비즈니스 커뮤니케이션(무역경영사)
- 기업가정신과 창업경영(비앤엠북스)
- 센스 경영학(진샘미디어)
- 창의적 신제품개발 2판(진샘미디어)
- 센스 마케팅(무역경영사)
- 신상품 마케팅(무역경영사)
- 중소기업 마케팅(북넷)

저자와의
협의하에
인지생략

기업가정신과 창업
창업을 디자인하라 【정가 : 29,000원】

2017년 7월 15일 1판 1쇄 발행
2021년 1월 20일 2판 1쇄 발행

저 자 유 순 근
발행자 채 규 호

발행처 **무 역 경 영 사**

서울특별시 영등포구 양평로 21길
26(2504호)
전화: (719) 3621 ~ 4
FAX: (719) 3 6 2 5
E-mail: muyok@unitel.co.kr
홈페이지: www.muyokpub.co.kr
등록: 1992년 2월 19일 제10-675호

ISBN: 978-89-468-0715-0